新时代高校辅导员素质能力提升系列丛书
新时代高校辅导员工作室建设参考用书

新时代高校辅导员名师工作室
建设理论与实务

主　编 ⊙ 饶先发　伍晓芸　蒋晓敏
副主编 ⊙ 张晓惜　李　萍　敬晓娟　王乃婧
徐　丹　欧阳超群

中南大学出版社
www.csupress.com.cn
·长沙·

编委会

◇ **参　编**(按姓名首字母排序)

艾　力	安　鑫	曾秀芳	常　徕	陈　佳	陈　亮
陈　璐	陈国成	陈丽敏	范新宇	方　瑞	付妍妍
高晓莉	高晓霞	高艳丽	郜晋瑜	宫婷婷	郭海棠
郭鹤男	郭立军	韩超男	韩　飞	胡邦宁	黄　芸
贾可好	蒋艳平	金　笛	兰大伟	李　莉	李昌锋
李丹丹	林燚宁	刘柏君	刘　博	刘国权	刘金玲
刘明耀	刘乔丹	马　赫	马　静	马　军	马红健
马丽娇	沐　牧	农　贵	彭恒辉	任凯利	邵清友
舒小立	谭丽琼	万　娟	王　晨	王洪燕	王佳寅
王水双	吴达慧	吴田波	杨　可	杨　毅	叶海燕
叶维明	袁　利	张　肃	张春旺	张金学	张俊华
张盼盼	张婷婷	张晓英	周海燕	朱　丹	祝伟华

序

辅导员是开展大学生思想政治教育的骨干力量，是高等学校学生日常思想政治教育和管理工作的组织者、实施者、指导者。辅导员的政治素养、业务水平、综合素质等对大学生成长成才具有重要影响。近年来，党和国家高度重视辅导员队伍建设，相继发布了多项文件，对辅导员配备比例、素质要求、岗位培训、职称评定等方面提出了相应要求。辅导员队伍专业化职业化发展是辅导员队伍建设的必由之路，也是新时代加强高校思想政治工作的必然选择。高校辅导员工作室是助推高校辅导员队伍专业化职业化的有效载体，也是破解学生工作难点、打造工作亮点的重要途径。

历时三年，倾力编著，作为教育部高校思想政治工作中青年骨干队伍建设项目、国家级大学生创新创业训练计划平台和江西省高校辅导员工作室建设项目的阶段性成果之一，《新时代高校辅导员名师工作室建设理论与实务》一书终于与读者见面了。

本书分为三篇：理论部分、实践部分和附录。

理论部分由高校辅导员工作室的历史缘起、内涵价值、发展沿革和优化策略四个部分组成，以全局性和历史性的视角回答了高校辅导员工作室为何建、建什么和怎么建的问题。此部分以时间为轴，可视化地展示了高校辅导员工作室的发展历程；采用扎根理论这一质性研究方法，完成了从“数据”到“概念”再到“范畴”，最终形成“理论”的研究过程，构建了高校辅导员工作室建设的理论模型并进行了详细阐释。

实践部分收录了全国70个高校辅导员工作室的建设经验文本，其中包括11个国家级立项的辅导员工作室、34个省级立项的辅导员工作室。70个工作室以辅导员九大工作职责进行分类，以工作室主持人简介、工作室简介和定位、工作室的建设情况、工作室建设的优势和特色、工作室建设的未来规划的顺序予以呈现，图文并茂地展现了高校辅导员工作室的实践探索、建设经验与优化举措。

附录收集整理了2012年至2023年12年间28个省(区、市)立项的1182个省级高校辅导员工作室的信息，以省级行政区为单位，客观地呈现了省级辅导员工作室的建设方向、立项数量和建设单位等情况。2023年12月，教育部公布了2024年度高校思想政治工作质量提升综合改革与精品建设项目的遴选结果，80个辅导员工作室获批立项为2024年度高校辅导员名师工作室，此名单也收录在本书的附录部分。

本书具有以下特点：

一是理论研究与实践指导相统一。在理论阐释部分，以辅导员从"一元"到"多元"的角色嬗变来推导团队兴起的成因，即高校辅导员工作室出现的必然性和重要性；从高校辅导员工作室的概念解析、多种类型、特点特色、价值意蕴等方面来描述高校辅导员工作室的丰富内涵；用数据呈现省级高校辅导员工作室在12年间从个到千、从上海到全国、从学业指导到全方位覆盖、从省级立项到国家级立项的发展历程和培育现状；用质性研究来建构以建设时间为轴，以建设准备、建设过程、优化策略为主范畴的高校辅导员工作室建设模型。在实践指导方面，收录了70个高校辅导员工作室的建设经验文本供读者参考。

二是量化研究与质性研究相统一。一方面，从省级辅导员工作室的立项时间、立项次数、立项内容、立项地域差别等角度统计分析高校辅导员工作室的发展情况，总结高校自发探索期、各地区自主建设期、全国范围的稳步发展期和示范引领期等四个发展阶段及其发展规律，以回答高校辅导员工作室为何建、建什么的问题。另一方面，从扎根理论的角度，历经开放式编码、主轴编码、选择性编码，通过477个编码参考点，抽象出90个初始概念，聚拢为18个范畴，归纳成3个主范畴，构建出新时代高校辅导员工作室建设的理论模型，以解释说明高校辅导员工作室应该"怎么建"。

三是基础数据与数据可视化相统一。在附录中，整理了首批教育部立项的高校辅导员名师工作室名单和1182个省级高校辅导员工作室名单。这部分工作用的是"笨办法"，完全靠人工以年份、省(区、市)为单位，在网络上搜索、整理、汇总而成。希望这部分数据不仅为本书所用，还能成为高校辅导员在工作室立项时的重要参考，甚至可以成为高校思想政治工作者研究"高校辅导员工作室"这一主题的基础数据。在第一篇的第三章中，编者运用文本可视化的方式来展示首批教育部立项的高校辅导员名师工作室和省级高校辅导员工作室的建设主题词等，这部分工作用的是"巧办法"：将相关基础数据输入软件后自动生成，一目了然地观察工作室建设主题、立项年份、立项省(区、市)等信息，把握省级高校辅导员工作室立项的基本规律。

从面向全国征集高校辅导员工作室建设经验，到甄选建设经验并发布至"高校辅导员工作室"微信公众号、推荐至"学习强国"学习平台，再到汇总建设经验、编写理论部分、整理省级工作室名单，编委会一次次斟酌行文结构、打磨文字内容、修订附录名单。本书的编写过程是一次高校辅导员工作室建设的生动实践：基于高校立德树人根本任务，以提升辅导员育人能力、促进辅导员成长发展为主线，锚定辅导员工作职责进行理论研究与实践探索，开展育人实践、总结典型经验、进行科学研究，产出有价值、能复制、易推广的工作指南、典型案例、实践理论和育人模式。

本书由饶先发、伍晓芸、蒋晓敏、张晓惜、李萍、敬晓娟、王乃婧、徐丹、欧阳超群等人合作编写，中南大学出版社谢金伶为书稿的策划、编写、出版做了大量的工作，西南石油大学的蒋欣岑、袁鸿霄、刘祥为本书的数据统计提供了专业性的支持，江西理工大学发哥辅导员工作室的50多位学工同仁在交稿前对本书提出了大量修改建议，借此机会，向他们表示诚挚的感谢。

由于编者水平与经验有限，书中疏漏和不足之处在所难免，恳请广大读者、同仁予以批评指正。

本书编委会

2024年7月

目录

第一篇 理论部分

第二篇　实践部分

第一篇 理论部分

第一章 高校辅导员工作室的历史缘起：角色嬗变与团队兴起

党的二十大报告指出："教育是国之大计、党之大计。培养什么人、怎样培养人、为谁培养人是教育的根本问题。育人的根本在于立德。全面贯彻党的教育方针，落实立德树人根本任务，培养德智体美劳全面发展的社会主义建设者和接班人。"这是以习近平同志为核心的党中央在全面总结新时代党领导人民教育事业取得新的历史性成就、发生新的历史性变革的基础上，对迈入全面建设社会主义现代化国家新征程的教育事业做出的总体要求，深刻阐释了新时代中国特色社会主义教育事业的发展方向和基本原则，为我国加快推进教育现代化、加快建设教育强国、促进人的全面发展、实现第二个百年奋斗目标，提供了重要遵循。深刻认识和把握教育的根本问题，对高校培养更多符合教育强国建设需求的高水平人才具有重大意义。

2016 年，习近平总书记在全国高校思想政治工作会议上指出："我们对高等教育的需要比以往任何时候都更加迫切，对科学知识和卓越人才的渴求比以往任何时候都更加强烈。"2017 年，中共中央、国务院印发了《关于加强和改进新形势下高校思想政治工作的意见》（中发〔2016〕31 号），开篇就指出："加强和改进高校思想政治工作，事关办什么样的大学、怎样办大学的根本问题，事关党对高校的领导，事关中国特色社会主义事业后继有人，是一项重大的政治任务和战略工程。"2018 年，全国教育大会在北京召开，会上习近平总书记明确指出了坚持中国特色社会主义教育发展道路，培养德智体美劳全面发展的社会主义建设者和接班人这一根本任务。2020 年，教育部等八部门印发《关于加快构建高校思想政治工作体系的意见》（教思政〔2020〕1 号），指出要把立德树人融入思想道德、文化知识、社会实践教育各环节，贯通学科体系、教学体系、教材体系、管理体系，加快构建目标明确、内容完善、标准健全、运行科学、保障有力、成效显著的高校思想政治工作体系，努力培养担当民族复兴大任的时代新人，培养德智体美劳全面发展的社会主义建设者和接班人。

由此可见，高校思想政治工作在人才培养中有着不可替代的重要作用，而高校辅导员作为开展大学生思想政治教育的骨干力量，肩负着"为党育人、为国育才"的重要使命。新时代的新形势和新要求亟须辅导员队伍通过专业化发挥教育变革的中坚力量，通过职业化成为学生成长的引领者，通过专家化成为学校改革创新的推动者。辅导员队伍专业化职业化的建设水平高低将影响高校思想政治工作水平的高低，影响人才培养质量的好坏，影响中国特色社会主义事业是否后继有人的重大问题。

自1953年清华大学建立学生政治辅导员制度至今，高校辅导员制度已经走过70余载，高校辅导员的角色也应时代需求而变，角色称谓从“政治辅导员”到“辅导员”，角色功能从“一元”走向“多元”。国家和社会对高校辅导员寄予厚望，不仅希望其扮演好高校学生日常思想政治教育和管理工作的组织者、实施者、指导者的角色，还希望其能够成为学生成长成才的人生导师和健康生活的知心朋友，并在角色实践中走上专业化职业化的发展道路。

探索辅导员队伍专业化职业化的发展道路是高校“为党育人、为国育才”的时代要求，也是高校辅导员个体成长的内在需要，高校辅导员工作室的建设正是推动实现辅导员队伍专业化职业化发展的创新模式和特色举措。自复旦大学2009年设立“赵强工作室”至今，高校辅导员工作室经过15年的实践探索，建设数量从一个到千个、建设范围从上海到全国、建设内容从学风建设到育人工作的全方位覆盖，其概念也逐步明晰：以“大学生成长成才和辅导员专业化职业化发展”两个目标为指引，聚焦学生成长和辅导员发展的某一个或多个领域，以工作室主持人为核心，以“建设工作阵地、开展教育实践、进行成果共创”为抓手的资源平台、干事平台和赋能平台。

在社会学中，角色建构是一个重要概念，是指“角色扮演者在扮演社会角色的过程中，努力将角色演得更好，赋予角色更丰富内涵的行为”①。具体来说，它包括了社会对角色的期望、个人对角色的领悟和个人对角色的实践三个方面。人们在扮演某一种社会角色时，会遇到社会或者他人对这一角色的“角色期望”，还需要对自己的角色加以认识和理解，即“角色领悟”，并选择合适的表现方式进行表演，即“角色实践”。在角色实践的过程中，角色扮演者会不断地进行“角色建构”，努力将角色演得更好，并赋予角色更为丰富的内涵。简言之，就是从“角色期望”到“角色领悟”再到“角色实践”，并在“角色实践”过程中不断进行“角色建构”。

本章节以高校辅导员为具体分析对象，以角色建构理论为分析框架，从历史发展的视角去剖析辅导员在职业生涯发展历程中的角色嬗变过程及职责演进，并结合新时代育人工作的要求和辅导员专业化职业化的成长目标，探索高校辅导员工作室建设的缘起。

第一节　辅导员角色的“一元”时期——政治引路人

1951年，《中央人民政府教育部关于全国工学院调整方案的报告》提出：“各工学院有准备地试行政治辅导员制度。”这是首次在高校中提出“政治辅导员”的概念。1952年，政务院批准全国工学院院长会议决议，设立政治辅导员制度。同年，教育部发出《关于在高等学校有重点地试行政治工作制度的指示》，提出“要有准备地设立高等学校的政治工作机构，名称为‘政治辅导处’”。此文件规定了“政治辅导处”的各项任务，提出“政治辅导

① 郑杭生. 社会学概论新修精编本(第二版) M. 北京：中国人民大学出版社，2015：158.

处”设主任1人，在校长领导下工作，必要时可以配备副主任1名，同时配备辅导员若干。此处的“政治辅导处”可看作今天“学生工作部”的前身，此处的辅导员指基层思想政治工作者，类似于今天“学生工作部”的一线工作人员。

1953年，为了加强学生的思想政治工作，时任清华大学校长蒋南翔率先提出并在清华大学建立了学生政治辅导员制度，即选拔思想政治觉悟高、业务素质好的高年级学生，“半脱产”地做同学的思想政治工作，这一举措成为我国高校现行辅导员工作制度的开端。由清华大学首创的“双肩挑”制度，即一肩挑业务学习，一肩挑思想政治工作，是高校政治辅导员制度的新发展，对全国高校思想政治工作产生了重要影响。

随着社会主义改造基本完成，中国开始进入社会主义建设时期。1961年，在新的形势下，中共中央批准试行《教育部直属高等学校暂行工作条例(草案)》，第一次正式提出要在高等学校设置专职政治辅导员。1965年，教育部制定了我国第一个高校辅导员的正式工作条例——《关于政治辅导员工作条例》，首次明确了政治辅导员的职责、地位、选拔条件、综合素质、工作内容和方法，标志我国高校辅导员制度正式形成和确立。

辅导员制度的设立是为了加强党对高校的领导，引导大学生坚定正确的政治方向。因此，这一时期辅导员的称谓为“政治辅导员”，工作职责为“开展大学生的政治思想工作”，角色定位为“政治引路人”，“角色期望”为引导学生坚定正确的政治方向。此时，辅导员扮演的角色单一，可以将其看作辅导员角色的“一元”时期。追根溯源，辅导员根源于“政治”，引导学生坚定正确的政治方向是设立“政治辅导员”的初心，它不会随着时代的变化而变化，是该职业的固有内涵。

十年动荡时期，高校的各项制度都遭到破坏，政治辅导员制度实际上也被取消，直到1978年十一届三中全会后，才得以恢复和进一步发展。《全国重点高等学校暂行工作条例(试行草案)》规定了辅导员的配备、来源和职责。1980年，教育部与共青团中央共同提出了《关于加强高等学校学生思想政治工作的意见》，基本恢复了“双肩挑”的做法。

1980年，教育部颁布了《关于加强高等学校学生思想政治工作的指导意见》，指出：“高等学校的学生政工干部，他们既是党的政治工作队伍的一部分，又是师资队伍的一部分，担负着全面培养学生的重要任务。”这个文件为此后很长一段时间内为我国高校辅导员的思想政治工作指明了方向。该文件首次明确政治辅导员的双重身份——既是政治工作队伍的一部分，又是师资队伍的一部分，其中也包括马列主义理论教师。

1982年，中宣部、教育部联合召开政治理论教育座谈会，就“思想政治工作是一门科学”达成共识。1983年，中共中央批转了《国营企业职工思想政治工作纲要(试行)》，“努力造就一大批思想政治工作能手，一大批精通思想政治工作的专家”等工作要点被多次提及，并提出有条件的高等院校“都要增设政治工作专业”“在全国形成一个初级、中级和高级的政治工作干部的教育训练体系”。1983年暑期，教育部召开了政工专业论证会，会议确定该学科名称为“思想政治教育学”，专业名称为“思想政治教育专业”，初步议定了专业的课程设置，并决定于1984年开始招生。自1984年起，教育部决定在高校设立思想政治教育专业，正规地培养思想政治教育人才，从学科专业建设的角度保障并有效促进了高校辅导员队伍的持续发展和不断壮大。

随着苏联解体、东欧剧变，我国日渐认识到思想政治工作只能加强，不能放松，作为大学生思想政治教育的主力军，辅导员队伍的建设得到了党和国家的高度重视，这一时期国家颁布了多个文件，规定了辅导员配备比例、素质要求、岗位培训、职称评定等方面的要求。值得注意的是，这一时期，对辅导员的角色定位仍然是单一的“政治引路人”，称谓仍然是“政治辅导员”，“角色期望”仍然是引导学生坚定正确的政治方向。

第二节　辅导员角色的“三元”时期——管理者、教育者、服务者

1999 年中国高等教育进入规模扩张期，高校总量从 1000 所增至目前的 2820 所。“缴费制度改革，弹性学分制实行，就业面临双向选择，因此学生在校面临着学业问题、就业问题、心理问题等，加之世界局势的动荡和邪教的极坏影响，高校稳定问题也日益凸显。”①显然，“政治引路人”的角色定位不再适应时代对辅导员的要求，辅导员角色逐渐从“一元”过渡到“三元”。

2004 年，中共中央、国务院颁布《关于进一步加强和改进大学生思想政治教育的意见》(中发〔2004〕16 号)，其成为这一时期大学生思想政治工作的纲领性文件，随后一系列配套政策相继出台，其中就包括《关于加强高等学校辅导员班主任队伍建设的意见》《普通高等学校辅导员队伍建设规定》。从此，辅导员的工作内容由思想政治教育扩展为帮助学生树立良好的道德品质、维护校园安全稳定、帮助贫困生完成学业、开展就业指导和服务、指导学生进行班级建设、协调各方力量开展经常性思想政治教育活动、指导学生党支部和班委会建设等多个方面。

此时，辅导员的称谓由“政治辅导员”变为“辅导员”，辅导员的定义也比较稳定且统一，即“辅导员是开展大学生思想政治教育的骨干力量，是高等学校学生日常思想政治教育和管理工作的组织者、实施者、指导者。辅导员应当努力成为学生成长成才的人生导师和健康生活的知心朋友。”辅导员的角色定位从“政治引路人”变为“从事大学生日常思想政治教育和管理工作的管理者、教书育人的教育者、帮助学生健康成长的服务者”②；对辅导员的角色期望变为引导学生坚定正确的政治方向，树立正确的世界观、人生观、价值观，维护校园安全稳定，帮助学生解决学业、就业、心理健康、家庭困难等具体问题，既解决学生的思想问题，又解决学生的实际问题。这一阶段，辅导员队伍规模明显壮大，内部结构逐步优化，综合素养大幅提升，研究水平有所提高，作用发挥不断增强。

---

① 冯刚. 辅导员队伍专业化建设理论与实务[M]. 北京：中国人民大学出版社，2009：36-37.

② 同①。

第三节　辅导员角色的“多元”时期——教育部令第 43 号的规定

一、新时代辅导员“九大职责”的角色期望

当前社会生产力水平显著提高、国内主要矛盾发生变化、国家发展确定新的目标、习近平新时代中国特色社会主义思想形成，我国日益走近世界舞台中央。① 高校思想政治工作主动适应新时代的要求，站在大学生思想政治教育一线的辅导员的角色也相应地发生了变化。2014 年，教育部发布了《高等学校辅导员职业能力标准(暂行)》(教思政〔2014〕2号)，明确了辅导员的各项指标及相关要求，将辅导员职业分为初、中、高三个等级，并从思想政治教育、党团和班级建设、学业指导、日常事务管理、心理健康教育与咨询、网络思想政治教育、危机事件应对、职业规划与就业指导、理论和实践研究九个维度规范了高校辅导员的职业能力标准和具体条件。该标准进一步强化了辅导员队伍建设的政策导向，对提升辅导员队伍的整体素质有着极其重要的作用，同时也为辅导员队伍专业化职业化发展提供了顶层设计和明确规范。2016 年，全国高校思想政治工作会议在北京举行，随后中共中央、国务院印发了《关于加强和改进新形势下高校思想政治工作的意见》(中发〔2016〕31号)，提出高等教育的目标是培养又红又专、德才兼备、全面发展的中国特色社会主义合格建设者和可靠接班人。“红”“专”再次被作为高等教育人才培养的目标，这为新时代的高校思想政治工作提出了新的课题。2017 年，教育部发布《普通高等学校辅导员队伍建设规定》(教育部令第 43 号)，提出高等学校要坚持把立德树人作为中心环节，把辅导员队伍建设作为教师队伍和管理队伍建设的重要内容，整体规划，统筹安排，不断提高辅导员队伍的专业水平和职业能力。文件指出：辅导员的主要工作职责为思想理论教育和价值引领、党团和班级建设、学风建设、学生日常事务管理、心理健康教育与咨询工作、网络思想政治教育、校园危机事件应对、职业规划与就业创业指导、理论和实践研究九项内容。自此，辅导员的工作内容进一步应时代变化而扩展，角色期望也随之扩展为九个角色组成的角色集。

1. 思想理论教育和价值引领者

具体的角色期望为引导学生深入学习习近平总书记系列重要讲话精神和治国理政新理念新思想新战略，深入开展中国特色社会主义、中国梦宣传教育和社会主义核心价值观教育，帮助学生不断坚定中国特色社会主义道路自信、理论自信、制度自信、文化自信，牢固树立正确的世界观、人生观、价值观。掌握学生思想行为特点及思想政治状况，有针对性地帮助学生处理好思想认识、价值取向、学生生活、择业交友等方面的具体问题。

---

① 郝清杰. 中国特色社会主义进入新时代的多维辨析[J]. 思想教育研究，2018(1)：3-6.

2. 党团和班级建设者

具体的角色期望为开展学生骨干遴选、培养、激励工作，开展学生入党积极分子培养教育工作，开展学生党员发展和教育管理服务工作，指导学生党支部和班团组织建设。

3. 学风建设者

具体的角色期望为熟悉了解学生所学专业的基本情况，激发学生学习兴趣，引导学生养成良好的学习习惯和掌握正确的学习方法，指导学生开展课外科技学术实践活动，营造浓厚的学习氛围。

4. 学生日常事务管理者

具体的角色期望为开展入学教育、毕业生教育及相关管理和服务工作；组织开展学生军事训练；组织评选各类奖学金、助学金；指导学生办理助学贷款；组织学生开展勤工俭学活动，做好学生困难帮扶；为学生提供生活指导，促进学生和谐相处、互帮互助。

5. 心理健康教育与咨询工作者

具体的角色期望为协助学校心理健康教育机构开展心理健康教育，对学生心理问题进行初步排查和疏导，组织开展心理健康知识普及宣传活动，培育学生理性平和、乐观向上的健康心态。

6. 网络思想政治教育者

具体的角色期望为运用新媒体新技术，推动思想政治工作传统优势与信息技术高度融合；构建网络思想政治教育重要阵地，积极传播先进文化；加强学生网络素养教育，积极培养校园好网民，引导学生创作网络文化作品，弘扬主旋律，传播正能量；创新工作路径，加强与学生的网上互动交流，运用网络新媒体对学生进行思想引领、学习指导、生活辅导、心理咨询等。

7. 校园危机事件应对者

具体的角色期望为组织开展基本安全教育；参与学校、院(系)危机事件工作预案制订和执行；对校园危机事件进行初步处理，稳定局面，控制事态发展，及时掌握危机事件信息并按程序上报；参与危机事件后期应对及总结研究分析。

8. 职业规划与就业创业指导者

具体的角色期望为为学生提供科学的职业生涯规划和就业创业指导以及相关服务，帮助学生树立正确的就业观念，引导学生到基层、到西部、到祖国最需要的地方去建功立业。

9. 理论和实践研究者

具体的角色期望为努力学习思想政治教育的基本理论和相关学科知识，参加相关学科领域学术交流活动，参与校内外思想政治教育课题或项目研究。

总之，辅导员角色从一元的“政治引路人”到三元的“管理者、教育者、服务者”再到新时代角色，角色期望也不断丰富和发展。

二、新时代辅导员角色期望的特点

1. 发展性

高校辅导员的角色期望并非一成不变，而是随着时代发展不断丰富和完善。教育必须培养社会发展所需要的人，具体来说就是培养社会发展、知识积累、文化传承、国家存续、制度运行所要求的人，培养德智体美劳全面发展的社会主义合格建设者和可靠接班人。高校辅导员的角色期望有其“政治引路人”的固有内涵，但也会随着时代的变化和高等学校学生实际需求的变化而扩展。随着时代发展，高校辅导员的角色期望从单一地引导学生坚定正确的政治方向扩展为帮助学生树立正确的世界观、人生观、价值观，维护校园安全稳定，帮助学生解决学业、就业、心理健康、家庭困难等具体问题。在中华民族伟大复兴的关键时刻，需要广大青年，尤其是接受高等教育的大学生将自己的前途命运与国家民族的前途命运紧密联系在一起，主动将小我融入大我，在实现个人发展的同时为中华民族伟大复兴贡献自己的力量。当前，“05 后”已成为大学生的主体，这些成长于互联网时代的青年，面对纷繁复杂、良莠不齐的网络信息，容易受到多元文化的负面影响，难以辨析别有用心之人的有意煽动。因此，引导他们树立正确的理想信念尤为重要。在新时代背景下，高校辅导员的角色期望进一步扩展成由思想理论教育和价值引领者、党团和班级建设者、学风建设者、学生日常事务管理者、心理健康教育与咨询工作者、网络思想政治教育者、校园危机事件应对者、职业规划与就业创业指导者、理论和实践研究者九个角色组成的角色集，角色期望内涵进一步丰富。

2. 多样性

新时代高校辅导员与以往相比，存在更为显著的多样性。高校辅导员既要帮助学生增强“四个意识”、坚定“四个自信”、做到“两个维护”，牢固树立正确的世界观、人生观、价值观；又要有针对性地帮助学生处理好思想认识、价值取向等方面的具体问题。既要激发学生学习兴趣，引导学生养成良好的学习习惯，掌握正确的学习方法；又要开展入学教育、毕业生教育及相关管理和服务工作，组织开展学生军事训练，组织评选各类奖学金、助学金等。这九个角色，既涉及比较专业的心理健康教育领域、思想政治教育领域，理论与实践研究领域，也涉及比较事务性的日常管理工作，同时还涉及顺应当下时代发展潮流的创新创业指导和网络思想政治教育等内容，相应的角色期望也呈现多样性。在新时代，对于较为专业的角色，辅导员需要有较为系统的专业知识才能扮演好；对于较为事务性的角色，辅导员需要付出较多的时间和精力才能扮演好；对于顺应时代发展而衍生的角色，辅导员需要不断学习新的理论、政策、案例才能扮演好。因此，多样性的角色期望会使辅导员更加容易出现角色距离和面临角色扮演不好的困境。

3. 冲突性

高校辅导员的角色期望中有指导学生树立正确世界观、人生观、价值观的“人生导师”的部分，也有经常性开展谈心谈话、帮助学生健康成长的“知心朋友”的部分；有开展相关管理和服务工作、组织评选各类奖助贷勤、为学生提供生活指导的“事务性管理者”部分，也有学习思想政治教育的基本理论、参加相关学科领域学术交流活动、参与校内外思想政治教育课题或项目研究的“理论研究者”部分。社会学认为，“个体倾向于将不同社会背景下的行为组合或者尽可能减少为统一角色，个体都倾向于扮演相互一致的角色”①。也就是说，个体更加倾向于扮演与角色期望一致的角色，而在高校辅导员的角色期望中，既有让他们成为学生无话不谈的朋友的期望，也有让他们成为学生人生路上引路人的期望；既有让他们成为能够应对学生各种琐碎的日常事务工作的管理者的期望，也有让他们成为开展大学生思想政治教育、心理健康教育以及各类学生事务教育工作的教育者的期望。但从某种意义上来说，教师和朋友、事务管理者和理论研究者，这两对角色期望本身就存在着矛盾。也就是说，高校辅导员的角色期望存在一定程度上的内在冲突性，这种角色期望的内在冲突，在辅导员进行角色领悟和角色实践的过程中，势必使辅导员在认知自我角色、扮演自我角色时产生冲突。

第四节　辅导员角色嬗变与团队兴起时期——高校辅导员工作室应运而生

辅导员角色期望经历了从“一元”到“三元”再到“多元”的嬗变，而且其角色期望本身也包含着多重需求，因此增大了辅导员角色扮演的难度。无论在哪个时期，思想政治教育都是辅导员的主责主业。在习近平新时代中国特色社会主义思想的语境里，高校辅导员作为思想政治教育的骨干力量，必然成为培养德智体美劳全面发展的社会主义建设者和接班人的忠实依靠。辅导员队伍专业与否，直接关系到新时代思想政治工作的实效和人才培养的质量。所以构建专业化的辅导员队伍既是做好高校思想政治工作的本质要求，又是“为党育人、为国育才”的题中应有之义。

《普通高等学校辅导员队伍建设规定》(教育部令第43号)、《高等学校辅导员职业能力标准(暂行)》(教思政〔2014〕2号)等制度的出台，为辅导员队伍专业化职业化发展提供了制度保障。鼓励辅导员提升学历、提高辅导员待遇等为辅导员队伍专业化发展给予了政策扶持；辅导员研修基地的设立、辅导员素质能力大赛的开展、辅导员培训体系的构建等为辅导员队伍专业化职业化发展搭建了实践平台；“最美高校辅导员”“高校辅导员年度人物”等推选展示活动为辅导员队伍专业化发展争取了社会支持。随着在制度保障、政策扶持、平台建设、社会支持等多方面的不断探索，我们明确了辅导员的职业定位、职责要求，增强了辅导员自身的职业认同和职业自信，丰富了辅导员培训体系和展现平台，切实为辅导员队伍专业化职业化发展带来了实效。

但在辅导员队伍建设实践过程中，存在新的制约，且主要表现在以下几个方面。

一是制度落实方面。在辅导员队伍建设的进程中，各高校辅导员职业定位不准确、专

① JONATHAN H T. The Structure of Sociological[M]. 7th ed. Beijing: Peking University Press, 2004: 384-392.

业标准不规范、主责主业不聚焦、评价体系不健全、发展通道不顺畅、支持系统不完善等，这些一度成为掣肘辅导员队伍专业化职业化发展的难题。其典型的表现是不同地域、不同高校对辅导员队伍建设的重视程度和推进力度不一样，辅导员入编、职称评定依然有一定难度，比如劳务派遣、人事代理性质的辅导员依然存在；将辅导员职称评审单列、条件单列、指标单列真正落地的高校并不多；实践平台辐射范围表现为无论是培训还是荣誉体系的搭建，更多地强调辅导员“单兵作战”能力的培养，对于辅导员队伍专业化职业化发展过程中抱团取暖、共谋发展、群体优化关注较少。

二是工作要求方面。随着国内外形势的深刻变化，大学生受大量西方文化思潮和价值观念的冲击，少数大学生不同程度地存在政治信仰迷茫、理想信念模糊、价值取向扭曲、诚信意识淡薄、社会责任感缺乏、艰苦奋斗精神淡化、团结协作观念较差、心理素质欠佳等问题，这给辅导员工作带来了新的挑战和考验。辅导员工作涉及政治学、管理学、心理学、社会学、法学等各方面的专业理论知识，更需要掌握专业的教育方法。但是从目前辅导员队伍的组成来看，大多辅导员并非主修思想政治教育专业，大多是理工科专业背景。这导致辅导员队伍无论在管理方面的知识储备，还是在专业的教育方法和手段上都有一定欠缺。辅导员队伍专业化程度不足，直接影响思想政治教育的效果，以及学生管理工作的科学性和实效性，对于辅导员本人来说，在一定程度上也会影响其职业认同感和职业规划。

三是现实任务方面。辅导员工作涉及思想理论教育和价值引领、党团和班级建设、学风建设、学生日常事务管理、心理健康教育与咨询工作、网络思想政治教育、校园危机事件应对、职业规划与就业创业指导、理论和实践研究九个方面，此外，大多数辅导员还承担着许多其他工作，需要对接学生处、教务处、人事处、保卫处等不同部门，负责资料报送、迎接检查、事务管理等许多繁杂任务，工作涉猎面广、工作任务繁重、工作面临的情况复杂，靠一己之力很容易陷于繁杂的事务性管理工作中。而且“单兵作战”很难形成育人的体系化成果。

如果说制度政策的进一步落地受顶层设计、多方监督、执行力度等外部因素的影响，那么实践平台辐射力和影响力的增强则在于搭建涵盖面广、参与度深、实践性强、持续性好的“大兵团作战”实践平台。这种实践平台的高效运作，将持续性地激发辅导员的内生动力，推动辅导员个人朝着专业化职业化的发展方向不断努力。在探究如何激发辅导员的内生动力、丰富辅导员发展实践平台、促进辅导员队伍整体优化进而使得辅导员队伍专业化职业化发展迈向更高层次的过程中，以辅导员自主自愿为前提、以名师领衔、以实践活动为载体、以抱团持续成长为目标，集职业共同体、学习共同体、实践共同体、成长共同体于一体的高校辅导员工作室成为辅导员队伍专业化职业化发展的又一向度。2020 年 4 月，《教育部等八部门关于加快构建高校思想政治工作体系的意见》明确指出，要打造高素质思想政治工作队伍和党务工作队伍，并要求通过多种方式和途径，完善高校专职辅导员职业发展体系，持续提升思想政治工作和党务工作队伍的素质能力和专业水平。这为促进辅导员工作室这一组织形态的规范发展及有序推广提供了新的遵循与依据。

第二章　高校辅导员工作室的内涵价值：基本概念与价值意蕴

辅导员专业化发展是高校“为党育人、为国育才”的时代要求，既蕴含着专职队伍建设的题中之义，更体现了个体成长的内在需要。然而，作为高等教育中的一个特殊群体，高校辅导员队伍在成长进程中依然存在理论研究起步晚的问题和面临一系列的现实困境。

推动高校辅导员队伍专业化职业化建设是落实立德树人根本任务的基本保障，是不断加强高校思想政治工作队伍建设的重要措施。高校辅导员工作室作为推动高校辅导员队伍专业化职业化的新形态，不仅是高校贯彻落实党和国家的一贯政策和主张的要求，也是高等教育发展的必然要求。因此，积极进行关于高校辅导员工作室的相关研究，既能实现辅导员自身的职业发展，也能更好地服务于青年学生的成长成才，为国家培养更多青年人才贡献力量。

高校辅导员工作室坚持以立德树人为根本任务，紧密结合新时代大学生成长成才需求，围绕高校思想政治工作中的重点、难点问题，开展学术研究、实践探索、研讨交流，逐步建设成为机制健全、特色鲜明、资源共享的辅导员理论研究与实践基地，充分发挥示范引领、辐射带动作用，推动辅导员队伍专业化职业化建设。

第一节　高校辅导员工作室的概念解析

高校辅导员工作室作为一种崭新有效的合作式组织，成为辅导员队伍专业化职业化建设新的有益尝试与有效范式，近十年来学术界不断地对其进行研究与探索。在知网输入关键词“高校辅导员工作室”，共搜索出 82 篇相关文献，相关文献的发表始于 2013 年，发表数量在 2019 年达到峰值，结合本章对建设现状的分析，可以预测：在 2024 年，学界关于高校辅导员工作室的研究将继续呈现上升趋势（图 2-1）。

在各种各样的研究中，对辅导员工作室概念的界定是研究的起点。程媛媛、杨阳认为，辅导员工作室是由有共同职业理想的校内外辅导员、思政专家或学者组成的，以立德树人为目标，围绕大学生思想政治教育、学生管理与服务、辅导员队伍建设与发展、学术科研等问题开展交流、合作以及提升自身综合素养的一个重要平台。辅导员工作室以“辅”学生成长、“导”学生成才、“圆”学生梦想为初心，围绕大学生成长成才的发展规律与个人需求，以传帮带为手段，以解决辅导员育人过程中面临的问题以及突破自身

指标分析

文献数	总参考数	总被引数	总下载数	篇均参考数	篇均被引数	篇均下载数	下载被引比
82	237	348	55702	2.89	4.24	679.29	0.01

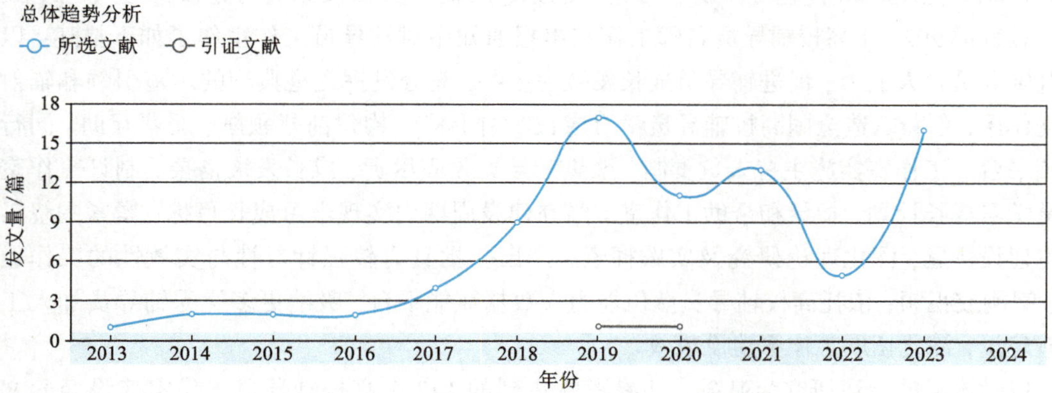

（数据统计时间截至 2023 年 12 月）

图 2-1　知网输入“高校辅导员工作室”计量可视化分析

职业发展的瓶颈为目的。通过创建一批具有典型示范、带动引领作用的辅导员工作室，可不断提升辅导员队伍的理论研究能力和实践育人水平，推进辅导员队伍的专业化职业化建设，让辅导员真正成为大学生成长成才的人生导师和知心朋友，帮助大学生树立正确的人生观、世界观和价值观。①

梅晓芳认为，高校辅导员工作室是指主要由辅导员组成的，以立德树人为根本任务，以辅导员九大工作职责为建设内容，以辅导员职业化发展、学生成长成才为建设目标的团队组织，旨在为辅导员提供平等对话、交流互动、学习反思、共享成长的平台，为辅导员专业化发展提供持续动力。辅导员工作室团队一般由主持人、顾问团队、团队成员构成。主持人一般由省（区、市）、学校思想政治教育工作中的先进典型或辅导员骨干担任。根据工作室定位，顾问团队由教育专家、思政学者、企事业领军人物等构成。团队成员主要由一群来自同一院校或不同院校的，有着相同的职业认同、职业情感、职业愿景且自愿自觉地为之奋斗的辅导员组成。在建设过程中，辅导员工作室一般会逐步形成以主持人为核心，以顾问团队为智囊，以团队成员成长为目标的团队。辅导员工作室以辅导员九大工作职责为主要建设内容，涵盖了十大育人体系的各个方面，并且会因地域特征、学校特色、学生特点、研究方向不同而百花齐放，结出育人果实，形成科研高地。②

肖华认为，高校辅导员工作室是指主要由高校辅导员组成，以立德树人为根本任务，围绕辅导员九大工作职责，以辅导员职业化发展、学生成长成才为建设目标，学习专业理

① 程媛媛，杨阳．“提质培优”背景下高职院校辅导员综合能力提升探究——以“E+星火”辅导员工作室为例[J]．商丘职业技术学院学报，2023，22(3)：68-72.

② 梅晓芳．高校辅导员工作室：共同体视域下辅导员专业化发展的新向度[J]．江苏高教，2020(7)：120-124.

论和技能、开展专题研究、创新工作机制、展示和推广工作研究成果的组织。①

以上研究，对高校辅导员工作室概念的界定，均包括了以立德树人为目标、以辅导员专业化职业化发展和学生成长成才为建设愿景、以辅导员九大职责为建设内容等基本元素。教育部2023年高校辅导员名师工作室申报通知中对辅导员工作室作了如下描述：以提升辅导员育人能力、促进辅导员成长发展为主线，充分发挥先进典型的示范引领和辐射带动作用，创新打造全国高校辅导员学习成长"共同体"，构建前辈领航、朋辈互助、同行交流平台。工作室实施主持人负责制，聚焦辅导员履职尽责、成长发展需要，制订工作室成员学习成长计划，指导和帮助工作室成员在建设周期内实现学习成长目标；紧紧围绕工作室建设主题，深化理论研究及实践探索，产出一批具有较强针对性与实效性的工作经验、案例或视频；依托高校辅导员队伍能力大数据赋能平台，吸纳更多优秀辅导员加入工作室建设，深化拓展工作室建设成效。

以学术界的上述研究为基础，并参考收集到的147个高校辅导员工作室建设经验文本，再结合教育部2023年高校辅导员名师工作室申报通知，本书编委会将高校辅导员工作室定义为：基于高校立德树人根本任务，以提升辅导员育人能力、促进辅导员成长发展为主线，锚定辅导员九大职责中的某一方面进行实践探索与理论研究，开展育人实践、总结典型经验、进行科学研究，产出有价值、能复制、可推广的工作指南、典型案例、育人模式、科研成果的辅导员实践共同体、育人共同体、科研共同体、创新共同体。高校辅导员工作室实施主持人负责制；由教师成员和学生成员共同组成；根据需求设置工作室组织机构、制定管理制度；结合校情、学情和教师团队特长确定工作室建设方向和建设思路；建设工作室线上线下实践基地；打造工作室统一文化标识；开展工作室主题建设活动；依托高校辅导员队伍能力大数据赋能平台，扩大工作室育人影响力，吸纳更多优秀辅导员加入工作室建设，深化拓展工作室建设成效。

由高校辅导员工作室的基本概念可知，高校辅导员工作室承担着三大职责：一是助推辅导员专业化职业化发展，二是将育人实践不断升级为工作经验、工作案例、精品项目和科研项目，三是发挥辐射带动效应。这三者有一个基本的逻辑理路：开展育人实践是基础，实现专业化职业化发展是目标，发挥辐射带动效应是愿景。具体来说，高校辅导员工作室一要为辅导员提供优质培训和服务，搭建良好的学习和交流平台；二要为辅导员拓展专业成长和发展的空间；三要推动辅导员理论水平的提升、实践能力的加强；四要辐射带动一批辅导员开展日常工作，更好地落实"时代新人铸魂工程"任务。基于此，高校辅导员工作室在建设过程中，应与学生的日常管理和专业化职业化发展方向相结合，成为培育专家型辅导员的孵化器。

辅导员工作室应围绕建设方向，针对大学生日常思想政治教育过程中面临的实务性问题进行探究、实践、反思与改进，其中就包括理论研究与育人实践高效协同问题。一方面，

---

① 肖华. 辅导员工作室模式下民办高校中青年骨干辅导员素质能力提升路径探究——以"云梦"职业能力提升辅导员工作室为例[J]. 经济师，2023(12)：164-166.

工作室要突出辅导员工作团队的“局内人”身份。由于“局内人”身份直接关乎实务性问题，因此主要关注的范畴是解决当下的具体个案问题。工作室要带领辅导员团队分析研究对象行为表现背后深层次的诱因，并采取“沉浸式”的方式进行研究。另一方面，工作室要拔高辅导员工作团队的“局外人”层次。由于“局外人”的身份更加宏观，高校辅导员工作室要引领团队开展行动研究，结合实践内容形成理论总结与成果。工作室要以第三方相对客观、公正和中立的身份，介入有关高校辅导员的实务活动内容，以客观的视角审视工作过程，提升实务工作的科学性和有效性。

第二节　高校辅导员工作室的多种类型

辅导员工作室将辅导员九大工作职责和十大育人体系贯穿在工作室的建设与发展中，并结合学校特色、学生特点、专业优势开展实践活动。工作室成员通过实际的工作案例进行交流研讨，让辅导员的工作不再是闭门造车。成员们通过工作室的学习模式，探索了一条更贴近学生、更专业和更有效的实践路径。在此以辅导员九大职责为标准，将高校辅导员工作室分为思想理论教育和价值引领类、党团和班级建设类、学风建设类、学生日常事务管理类、心理健康教育与咨询工作类、网络思想政治教育类、校园危机事件应对类、职业规划与就业创业指导类、理论和实践研究类等九个类型。在每个类型中，以高校辅导员名师工作室为例，更加具象化地呈现不同类型高校辅导员工作室的工作内容与工作特色。

一、思想理论教育和价值引领类

思想理论教育和价值引领类辅导员工作室以大学生思想理论教育和价值引领为目标，以专家学者、专职辅导员与学生骨干为主组成宣讲团，围绕习近平新时代中国特色社会主义思想，进行理论学习与宣讲；以党的二十大精神为指引，围绕立德树人根本任务，依托辅导员工作精品项目，开展大学生思想政治教育研究课题，培养优秀辅导员团队，推广教育科研成果。工作室广泛开展大学生思想理论教育和价值引领工作，不断增强大学生思想政治教育的实效，为培养社会主义合格建设者和可靠接班人而努力奋斗。

例　“新时代 新青年 新担当”辅导员工作室（黑龙江省高校辅导员名师工作室）

工作室以助益全国高校辅导员素质能力提升和强化新时代大学生的“行能好”认同为目标宗旨，以向上着眼、向下扎根、向内夯基、向外聚力为建设理念，扎实推进5个“百千万”工程建设，着力打造站位有高度、育人有温度、研究有深度、实践有力度、视野有广度、工作有韧度的辅导员工作品牌。通过创作百篇精品网文、每篇网文千次阅读，引导万名师生人生价值认同；通过进行百项课题攻关、开展系列千人调研，形成多篇高质量万字论文；通过开展百场理论宣讲、整理千份图文素材，推动万人学研悟基地创建；通过前往百校交流研讨、搭建千人互动平台，助益万名辅导员能力提升；通过推出百个影音作品、每个影音千次分享，感召万名大学生坚定信仰。

例 **“红色青春”辅导员工作室(全国首批高校辅导员名师工作室、江西省高校辅导员名师工作室)**

“红色青春”辅导员工作室系全国高校辅导员名师工作室和江西省高校辅导员名师工作室,隶属于江西师范大学马克思主义学院。工作室以“思想理论教育和价值引领”为建设方向,以“传承红色基因,践行立德树人”为宗旨。依托江西师范大学马克思主义学院的红色资源优势和建设单位江西师范大学马克思主义学院全国重点马院的A⁻学科优势,面向青年大学生常态化开展“红色”思想引领系列教育活动。通过以红色文化教育为载体,以习近平新时代中国特色社会主义思想为主线的系列思想理论教育和价值引领活动的开展,探索形成了新型高校辅导员工作室“交融互鉴式师生成长共同体”,为高校辅导员工作室建设提供了新思路,有效地破解了高校辅导员普遍存在的角色冲突的难题,提升了辅导员职业忠诚度,提高了辅导员队伍“思想理论教育和价值引领”的素质能力,增强了高校辅导员工作室学习成长“共同体”建设的实效。

二、党团和班级建设类

党团和班级建设类辅导员工作室以立德树人为根本任务,以党团建设为核心,关注学生成长成才,充分发挥基层党组织战斗堡垒作用,搭建“线上+线下”育人平台,充分发挥思想引领、组织育人、实践成才、文化浸润、服务树人的作用,将工作室建设成为思政育人的新平台,助推辅导员工作研究能力、职业素养、管理水平提升,积累一些工作经验、产出一批研究成果、打造一批精品项目,从而提升大学生思想政治教育工作质量与水平。

例 **周海燕辅导员名师工作室(江西省高校辅导员名师工作室)**

周海燕辅导员名师工作室建设聚焦完善辅导员的“党团和班级建设”职能,力争在强化党支部、团支部和班级的建设过程中,提升辅导员工作能力和科学化水平。工作室主要围绕大学生党建、团建、班建工作中的重难点,凝练党团和班级建设“12345”育人模式特色,构建党支部、团支部、班级“三位一体”协同育人模式,以项目化管理、精细化推进、责任化落实,达到“1+1+1>3”效果;同时,也使辅导员在实践工作中具有较高知名度、认可度,展现成员自身价值和竞争力,提高成员在高校工作的成就感,打造一支立足当下、着眼未来的大学生思想政治教育协同创新团队,将高校提供的资源进行整合,实现学生工作模式创新。

例 **陈丽敏工作室(党团和班级建设辅导员工作室)**

陈丽敏工作室(党团和班级建设辅导员工作室)成立于2019年6月。工作室自成立以来,坚持以立德树人为根本,以问题为导向,紧扣学校“三全育人”体制机制建设,聚焦学生党建和思想政治教育的薄弱环节,如学生党支部战斗堡垒作用发挥不明显,学生党员身份模糊、先锋模范作用发挥不充分，学生党员在学生群体中影响力不足等问题。以学生宿舍社区为载体，以党建工作为引领，坚持“理论学习在社区、价值引领在身边”的工作原则，将党建优势转化为育人优势，探索对社区服务和党员有效教育、监督、管理的科学途径，将学生宿舍区构筑成党建和思想政治教育工作阵地，充分发挥基层党组织战斗堡垒作用，进一步激发学生党员的宗旨意识，发挥学生党员在思想引领、社区管理服务、学风建设、志愿服务中的先锋模范作用，实现学生党建与思想政治教育工作双提升。

三、学风建设类

学风是高校精神的集中体现，也是高校的办学之本、发展之魂。因此，学风建设类辅导员工作室旨在将学风建设与高校思想政治教育工作相结合，给予学生行之有效的意见，将“第一课堂”和“第二课堂”的作用发挥得更好，在促进学生学习与个性发展的同时，营造人人爱学习、会学习的风气。

例 “云.com”学业辅导工作室（重庆市高校辅导员工作室）

“云.com”学业辅导工作室于2019年11月通过学校辅导员名师工作室建设遴选正式挂牌运行，由张婷婷、岳曦、白银、常硕、罗娜、王进、代宇等20余名老师共同组成，团队成员学历、职称和专业结构合理，年轻有活力，专业素养和教学能力强。在大数据智能化引领创新驱动发展的战略背景下，工作室依托学校信息技术学科优势，聚焦人才培养过程中学生能力与社会需求逆差增大、育人环节和资源有效协同不足等痛点，通过构建“团队+平台+服务”立体化、多层次的学业辅导工作体系，探索更具实效的课内与课外、校内与校外协作机制，形成朋辈课堂有督导、学生咨询有对象、学业提高有平台的学业发展指导格局。工作室挂牌运行以来，管理制度完善、育人队伍整齐、工作举措鲜亮、培育实效突出，于2023年4月入选重庆市高校辅导员名师工作室。

例 “攀高峰”辅导员工作室

“攀高峰”辅导员工作室前身为中国地质大学（北京）学风建设与学业指导辅导员工作室。成立于2021年4月，为中国地质大学（北京）首批立项的辅导员工作室。工作室紧密结合大学生成长成才需求，围绕立德树人根本任务，针对辅导员开展学业指导工作中的重点难点问题，开展学术研讨及实践探索。

四、学生日常事务管理类

学生日常事务管理类主要包括开展入学教育、毕业生教育及日常管理和服务工作；组织开展学生军事训练；组织评选各类奖学金、助学金；指导学生办理助学贷款；组织学生开展勤工俭学活动，做好学生困难帮扶；为学生提供生活指导，促进学生和谐相处、互帮互助。

例 “同心结”辅导员工作室（福建省高校辅导员名师工作室）

工作室深入挖掘和梳理民族文化，打造精品活动品牌，从“学科融合、主题教育、社团活动、实践课程”四个渠道落实民族团结教育，将民族团结教育形象化、具体化、生动化。工作室依托教育部人文社科项目、福建省高校思想政治工作中青年骨干队伍建设项目、福建省社科规划青年项目、福建省社会科学基金基地重大项目、福建省大学生社会实践基地、福建省高校中华优秀传统文化教育示范基地、福建省高校思想政治工作精品项目等平台和项目，在“提升”上下功夫，在“创新”上求突破，在“联创”上求发展，致力于打造一个以传承民族文化为中心的“同心圆”，扩大民族团结进步服务的“朋友圈”和“合作面”。

例 育新工作室（山东省高校辅导员名师工作室）

工作室始终紧紧围绕立德树人根本任务，结合本科层次职业院校学生特点，深化推进“十大育人”体系，针对新形势下职业本科院校人才培养工作实际开展理论、实践研究，力求从普遍性的素质教育理念中提炼出符合职业本科院校学生发展的综合素质培评体系，以提升职业本科院校学生的综合素质为建设目标，切实提升学生的核心竞争力，为毕业生高质量就业奠定基础。

五、心理健康教育与咨询工作类

心理健康教育与咨询工作类辅导员工作室聚焦大学生心理健康教育体系的构建，以培养大学生积极心理品质为目标，依托应用心理学、心理健康教育等相关原理和方法，以缓解学生面对升学、就业、家庭、恋爱过程中的各种心理压力为目标导向，坚持“问题”和“实践”双导向，围绕学生的“痛点”，通过“线上”和“线下”相结合，依托“两支队伍”（即辅导员队伍和班级心理委员队伍）和“四个平台”，努力做出品牌、做出特色，进一步提升大学生心理健康教育和升学就业规划指导工作的实效性和针对性。

例 “同心圆梦”辅导员名师工作室（全国高校辅导员名师工作室）

“同心圆梦”辅导员名师工作室是在湖南省大学生思想道德素质提升工程“心理健康教育与咨询”名师工作室、教育部精品工作项目“心灵微时空”以及湖南省“医路有你”——医学生人文素质提升辅导员团队项目的基础上于2017年5月组建，后又整合湖南省思想政治教育质量提升工程“优秀团队”项目和多个成长辅导室的力量，依托校辅导员职业发展协会，形成以提升辅导员育人能力、促进辅导员职业发展为主线，指导大学生成长成才的辅导员工作室。

例 叶海燕心理工作室

工作室致力于推动高校心理健康教育实践与创新，为大学生心理健康提供指导、咨询和督导，帮助大学生纾解心理困扰，提升心理素质；通过线上线下交流学习，提升高校辅导员队伍自身心理素质，增强辅导员心理健康教育职业能力；开展理论研究，推动高校心理健康教育科学化、专业化发展。工作室的愿景是“立己达人、绽放生命”，努力打造有心理底蕴的辅导员名师工作室。

六、网络思想政治教育类

网络思想政治教育类辅导员工作室围绕立德树人根本任务，积极创作网络作品，传播主旋律、弘扬青春正能量，运用网络新媒体对学生开展价值引领工作。该类工作室以辅导员为主体，围绕思想政治教育、日常学生管理与教育服务等内容的各类主题，打造一个师生联动的网络思想政治教育平台，通过不同形式围绕学生、关照学生、服务学生，拉近辅导员与学生之间的距离。

例 “辅导员说”同心圆网络育人工作室（上海高校辅导员名师工作室）

“辅导员说”微信公众号诞生于2015年5月，以“原创、思想、引领”为宗旨，以师生用户“共创、共建、共享”为建设理念，以“微教育、微互动、微体验”创新网络育人方法，主动占领网络阵地，致力于将工作室打造成“师生同频共振、共同成长的思想对话平台，宣扬高校学工队伍良好育人思想的形象展示平台，高校辅导员和青年学生的网络精神家园”。平台创建以来，累计发布网络思政作品3000余项（其中原创作品2000余项），有60余项作品在全国（或上海）高校“一节一推选”中获奖；收到全国500多所高校师生主动投稿，作品被全国100余家官方媒体平台转载，影响覆盖面超3000万人次；平台入选“上海大学生思想政治教育示范培育项目”“上海高校网络思政精品培育项目”“全国高校优质思政内容建设（网络教育）培育项目”等，形成了在全国高校学生工作领域中具有一定影响力的原创网络育人品牌。

例 飞哥在线工作室（江苏高校网络思政名师工作室）

飞哥在线工作室围绕立德树人根本任务，大力推进网络思想政治教育，在育人队伍、育人时间、育人空间上协同发力，在互联网视域下积极探索、实践“1+6+*N*”思政育人新模式，以“1”个网络思政平台（飞哥在线工作室）为核心，在周记、健跑、电台、节气、职业、成长等6个维度上协同发力，在辅导员职业能力提升、学生健康成长成才上下功夫，努力形成“*N*”个思政品牌，立足学生成长实际，以学生普遍性、现实性、关键性的现实问题为主导，及时回应舆论关切，深挖问题的主要矛盾，准确把脉热点难点，理性引导，化堵为疏，影响和带动更多的青年学生和辅导员。

例 **“E路同行”辅导员工作室**

工作室成立以来，聚焦大学生网络思想政治教育，以用“微”言语构筑网络思政育人“大”场域为建设目标，以“顶层引领，涵养中国心；中层浸润，传承石油魂；底层发芽，培育奋斗者”为建设原则，通过搭建全平台、组建强师资、开展微实践的建设路径，实现了三次跃迁，构筑起三大育人场域(从校内到校外，“微视频”构筑思政教育大场域；从微课到大课，“微课堂”构筑校史教育大场域；从平面到立体，“微平台”构筑朋辈教育大场域)，探索出一条用“微”言“微”语建构思政育人“大”场域的网络思政育人之路。

七、校园危机事件应对类

校园危机事件应对类辅导员工作室主要探索辅导员组织开展安全教育的方式方法，明确辅导员在各类学校、院(系)危机事件预案制订和执行中的角色定位及功能；探索学生日常管理服务工作中常见的因经济、心理、学业、亲子、情感、诈骗、宗教等问题产生的校园危机的特征、诱因、处置过程等，并进行分类研究，总结规律、提炼经验，使其具有警示借鉴的意义。

例 **辅导员联播工作室(辽宁省高校辅导员名师工作室)**

辅导员联播工作室作为省级名师工作室，以校园危机管理与大学生安全教育内容为重点，通过整合力量，凝练特色，搭建平台，提升能力，致力于服务辅导员和大学生，打造高校辅导员素质能力提升共同体，积极探索辅导员个人成长路径，将学生培养成为有理想、敢担当、能吃苦、肯奋斗的时代新人。工作室结合学生工作，探索辅导员通过课程化、品牌化形成个人成长内驱力的路径，实现辅导员队伍专业化职业化专家化的建设。

例 **“向阳花”大学生危机预控工作室(陕西普通高等学校辅导员工作室)**

工作室以“教育为先、重在预防、防治结合”为原则，是高校辅导员对危机事件预防与应对的一次理论与实践探索，为构建更加科学有效的危机预控服务体系做出了积极的探索，提升了辅导员校园危机事件应对处理能力。

八、职业规划与就业创业指导类

职业规划与就业创业指导主要为学生提供科学的职业生涯规划和就业创业指导以及相关服务，帮助学生树立正确的就业观念，引导学生到基层、到西部、到祖国最需要的地方去建功立业。工作室通过掌握大学生职业生涯规划和就业创业指导相关教育规律，开展对应的课堂教学和实践活动，提升辅导员职业规划和就业创业指导能力，从而提升教育实效。

例 “廿几青春”辅导员工作室(全国首批高校辅导员名师工作室)

工作室聚焦辅导员在学生职业规划和就业指导工作中的理论和实践探索，整合优化资源，结合网络思政坚持守正创新，遵循“三因”工作法则，创新“互联网+”工作模式。依托以“辅导员怎么办”为代表的网络思政品牌栏目、辅导员论坛、名师导学、案例讨论、交流分享、专题研讨等特色学习、活动，结合“麓星”辅导员培育工程，探索构建“大中台、小前端”的运行模式，有力推动辅导员在就业育人思政理论学习、能力建设、育人实践等方面的提升。尤其针对辅导员在就业育人工作中的痛点难点，以“数字思政”为抓手，用大数据赋能就业育人。积极探索以“新”的方式解决实际问题，探索了一条“中国化”的职业规划和就业指导路径，形成了可复制、可推广的工作模式和经验。

例 幸福生涯工作室(全国高校职业生涯咨询特色工作室)

工作室以学校人才培养为核心，提升学生就业能力，通过就业指导需求调研、就业指导活动开展、就业指导效果跟踪、就业去向及质量调研的系统思维，形成高校就业指导工作闭环，回应“为谁培养人”“培养什么人”“怎样培养人”“人到哪里去”的问题。工作室以个性化咨询、团体辅导、小型就业指导沙龙、学院定制就业指导讲座等方式，着力培养学生成才观、职业观、就业观，实现就业育人。根据活动覆盖面由多至少的原则，强化活动的精准性及个性化，工作室设计了从梦想蓝(普及型活动)至魔力紫(个性化咨询辅导)的七级活动体系。

九、理论和实践研究类

辅导员是开展大学生思想政治教育的骨干力量，是高等学校学生日常思想政治教育和管理工作的组织者、实施者、指导者，处于高校思想政治教育工作的第一线，也是学生管理工作的主力军。理论和实践研究类工作室的成立可以进一步推动工作室内涵发展，使工作室更好地成为展示高校辅导员风采的窗口、创新育人理念的平台、孵化辅导员名师的摇篮，更好地提高思想政治教育工作质量与水平。

例 发哥辅导员工作室(江西省首批高校辅导员名师工作室)

发哥辅导员工作室2014年创建，工作室微信公众号原名为“饶先发”；2019年1月，更名为“发哥辅导员工作室”；2020年8月，再次更名为“高校辅导员工作室”。2020年，工作室立项为江西省首批高校辅导员名师工作室。工作室成员从江西理工大学辅导员逐渐拓展到31个省(区、市)150余所高校的300多名思政工作者，成员中拥有高级职称的29人，中级职称的120人；博士25人，硕士132人。88人拥有工作室，其中国家级工作室2项、省级工作室14项、市级工作室20项、校级工作室52项。近年来，工作室成员共获批项目100余项，其中教育部人文社会科学研究专项任务项目(高校辅导员研究)

等省部级及以上项目 90 余项，出版著作 11 部，发表学术论文百余篇，获国家级荣誉 40 余项、省级荣誉 120 余项。

截至 2023 年底，工作室形成了江西理工大学校内教师团队、江西理工大学校内学生团队和国内高校辅导员团队等三大主力团队。工作室采用“矩阵式”管理模式，根据职能设立 8 个纵向组，根据能力提升设立 7 个横向组，纵横结合，抱团发力。工作室采取“线下线上”相结合的运营模式，线下建立了工作室场地，线上平台有高校辅导员工作室微信公众号、视频号、抖音、哔哩哔哩、微博、QQ 群、网站和高校辅导员先锋微信公众号等 8 个阵地。

例 红魂立德辅导员工作室(全国首批高校辅导员名师工作室)

红魂立德辅导员工作室在原江西省高校辅导员名师工作室——胡邦宁辅导员名师工作室的基础上组建而成，始终以构建高校辅导员学习成长“共同体”为目标，致力于把工作室打造成辅导员形象展示的亮窗口、干事创业的大平台、凝聚人心的强磁场、思政教育的强智库、人才培养的孵化器和整合资源的聚宝盆，不断提升高校辅导员的理论水平、职业能力和专业素养。经过近 7 年的建设，工作室先后入选江西省高校辅导员名师工作室、全国高校辅导员名师工作室，形成了建立一整套制度、打造一系列活动、推出一大批成果、培育一支高素质专业化队伍的良好格局，为赋能高校辅导员队伍高质量发展、助力培育时代新人做出了应有的贡献。

例 “大树小树共成长”辅导员工作室(全国首批高校辅导员名师工作室)

工作室以“培育团队、打造精品、协同创新、引领成长”为工作理念，紧紧围绕立德树人根本任务，对标辅导员职业能力标准，立足现有辅导员和学生成长的规划，将“共同体理念”融入辅导员成长和学生成才的实践中，通过构建“德育共同体、学习共同体、实践共同体、价值共同体”四种“师生成长共同体”模式，促进辅导员队伍专业化职业化发展，引领青年学生成长成才。目前，工作室已经成为高职院校创新学生工作理念的试验田、孵化职业型辅导员的摇篮和展示新时代辅导员风采的窗口。

第三节 高校辅导员工作室的特点特色

一、组织形式多样化

高校辅导员工作室作为辅导员之间交流合作的平台，可以以学院或系部为单位建立，也可以跨学院或跨系部建立，甚至可以跨校合作建立。这种多样化的组织形式能够更好地适应不同高校的实际情况和需求。

在一些高校中，辅导员工作室常以学院或系部为单位建立。这种组织形式能够更紧密地调动本学院或系部资源、力量协同育人，充分发挥二级学院为主体的全员全过程全方位育人。工作室的成员来自同一个学院或系部，他们面临的育人实践和问题更为相似，因此可以更好地进行经验分享和交流。此外，由于辅导员与学院或系部的联系更紧密，工作室的活动也更容易被学院或系部的领导所重视和支持。一些高校也建立了跨学院或跨系部的辅导员工作室，这种组织形式能够促进不同学院或系部之间的交流与合作，拓宽辅导员的视野和思路。通过跨学院或跨系部的合作，辅导员可以共同面对多样化的育人问题和挑战。他们可以从不同学院或系部的经验中汲取灵感，相学见长，更好地处理各类学生工作，促进职业能力的提升。此外，还有一些高校辅导员工作室选择跨校合作建立，这种形式的工作室通常由多所高校的辅导员共同组成，通过跨校合作来分享育人经验和资源。这种合作能够进一步扩大工作室的影响力，实现资源共享，促进不同高校之间的育人交流与合作。辅导员可以通过相互学习和交流，了解其他高校的学生工作经验、方法与技巧，从而提升自己的专业能力和水平。

二、功能定位明确化

为了更好地落实立德树人根本任务，高校辅导员工作室需要明确的目标定位。首先，辅导员工作室在学校中的功能被明确定位为辅导员个人专业化职业化发展和引领学生成长的重要平台。它为辅导员提供了业务培训、经验交流和科学研究的机会，帮助他们不断提升自身的专业素养和育人水平。通过工作室组织的研讨会、培训沙龙等活动，辅导员可以共同探讨职业能力、专业素养与管理水平的提升路径，分享成功经验和育人资源，从而提高育人质量。

其次，高校辅导员工作室的功能还包括依托辅导员的九大职责内容为学生提供专业的辅导咨询服务。工作室的成员通常具备丰富的管理育人经验和专业知识，他们通过日常观察、谈心谈话、主题班会等方式，帮助学生解决学习和生活中的问题，促进学生的全面发展。工作室可提供多样化的服务，举办培养各类能力的活动，以满足学生个性化的需求。

此外，高校辅导员工作室还在学校中扮演着组织开展学生活动、学生工作研究的角色。工作室鼓励辅导员开展理论研究，探索人才培养改革和创新的方法，提高学生满意度和育人效果。工作室也时常组织主题班会观摩、案例研讨、育人故事分享等活动，促进成员之间的交流与合作，实现学生工作实践与理论的交融共进。

三、人员配备专业化

高校辅导员工作室的另一个特点是人员配备专业化。这意味着工作室中的成员具备丰富的专业知识和经验，能够提供高质量的辅导和咨询服务。

首先，高校辅导员工作室的成员通常是经过专业培训并具备相关教育背景的辅导员。他们在思想政治教育、心理学或者其他相关领域有着深入的理论研究和丰富的实践经验。他们了解学生的成长发展规律，掌握学生工作、思政教育、心理辅导等方面的技巧，能够针对学生的问题和需求提供专业的帮助和支持。

其次，高校辅导员工作室通常配备有不同领域的专业人员或者聘请相关领域的专家作为团队顾问，例如心理咨询师、职业规划师、学业导师或者其他省级名师工作室主持人等。这些专业人员能够提供更加专业化的指导和咨询服务。他们具备扎实的专业知识和技能，一方面，他们能够帮助学生解决心理问题、职业规划困惑以及学业挑战等方面的问题；另一方面，他们通过分享、讨论、分析案例或者组织培训和研讨会的形式，对某一专题或某一领域进行深入的分析、探讨和研究，探寻具有可推广性的先进工作经验与方法，帮助更多的辅导员提高工作效能和职业成就感。

通过人员配备专业化，高校辅导员工作室能够提供专业的辅导和咨询服务，更好地满足不同层面的学生需求。工作室的成员具备丰富的专业知识和经验，能够提供个性化的指导与服务，促进学生的全面发展和成长。同时，他们也通过专业发展和持续学习不断提升自身的能力和水平，为学生提供更加专业化的支持。

四、合作主体多元化

首先，工作室内部的合作是多元化的。辅导员可以通过经验交流、案例研讨、项目申报等方式互相合作。他们可以分享成功的育人经验，共同研究新时代学生工作中不断出现的新问题和新方法，互相支持和帮助。这种内部的合作能够促进辅导员专业化职业化成长，提高整体的育人水平。

其次，工作室还可以与其他部门进行合作。例如，与心理健康中心合作，共同为学生提供心理健康咨询服务；与就业指导中心合作，为学生提供职业规划和就业指导等支持。这种跨部门的合作能够整合资源，提供更全面的服务，满足学生的多样化需求。

此外，工作室还可以与专业教师进行合作。通过与专业教师的合作，工作室可以了解专业教学的特点和需求，提供相应的专业辅导和支持。辅导员可以参与专业教学的课程设计、教学方法的改进，与专业教师共同探索教学创新和提高学生学习效果的方法。

除此之外，辅导员工作室还可以与校外机构、社会组织进行合作。例如，与社区服务机构合作，开展公益活动和社区教育；与相关研究机构合作，进行教育研究和政策倡导。这种跨界合作能够提升工作室的影响力，促进社会资源的共享和利用。

综上所述，高校辅导员工作室的合作主体应该多元化。通过内部的合作、与其他部门的合作、与专业教师的合作以及与校外机构、社会组织的合作，工作室能够整合资源，提供更全面的支持和服务。这种多元化的合作方式能够充分发挥工作室的作用，促进高校教育管理的改革与发展，为学生的学习和成长提供更好的支持和指导。

第四节　高校辅导员工作室的价值意蕴

新事物的“新”，不应将目光放在它建立时一瞬间的新鲜感，更应该注意它之后的发展效果。衡量一项新事物是否有效，必须从它的实际效果开始检验。高校辅导员工作室作为当前高校加强辅导员队伍建设、推进辅导员队伍专业化职业化发展而形成的独具特色的新形态，它的实效性体现在其可供借鉴、参考和推广的外显价值，更体现在其所发挥的立德树人的内隐价值。辅导员工作室的价值主要体现在三个层面：个体性价值、集体性价值以及社会性价值。

一、个体性价值

高校辅导员工作室作为辅导员个体发展的重要平台，具有广泛的个体性价值。

首先，工作室为辅导员提供了一个相互学习、相互支持的环境，增强了团队的凝聚力、归属感和协作精神。通过与同行的交流与研讨，辅导员能够不断学习和汲取经验，提高自身的教育和管理服务能力。在工作室中，辅导员可以互相借鉴成功的学生工作经验与方法，共同探索教育管理的最佳实践。这种交流和学习的机会能够激发辅导员的学习动力，促使其在立德树人领域不断追求卓越。同时，工作室为辅导员提供了一个合作共创和成长赋能的环境，让他们能够在工作中感受到团队的力量和支持，共同应对工作中的挑战和压力。

其次，工作室还为辅导员提供了一个实践创新的平台。工作室中的辅导员可以积极探索工作实践方法，通过实践创新来提高自身能力和育人水平。工作室开放和包容的氛围，使得辅导员勇于尝试新的育人理念和方式方法，为学生提供更好的学习体验和成长环境。

最后，通过个体的专业化职业化发展，辅导员能够更好地服务于学生，实现自我价值。高校辅导员工作室为辅导员提供了一个成长和发展的平台，使他们能够全面提升自身的业务素质。辅导员通过不断学习和实践，能够更好地理解学生的需求和问题，提供个性化的辅导和支持。他们能够通过专业知识和经验，引导学生解决学业、心理、就业等方面的问题，帮助他们实现全面发展。

总之，高校辅导员工作室的个体性价值体现在为辅导员提供专业发展的平台，促使其不断学习和分享经验；提供实践创新的空间，赋能提升服务学生和实现自我价值的能力。这种个体性价值的实现不仅能够提升辅导员的专业能力和素质水平，也为高等教育人才培养质量的提升和学生成长发展做出了积极的贡献。

二、集体性价值

高校辅导员工作室作为辅导员之间交流合作的平台，具有重要的集体性价值。

首先，工作室为辅导员提供了一个相互学习、互相交流的环境，增强了团队的凝聚力和协作精神。在这个共同的学习和成长的空间中，辅导员能够相互交流和分享育人经验，共同探讨和解决教育管理中的难题和困惑。通过倾听和学习他人的经验，辅导员能够拓宽自己的思路和视野，提升专业能力和解决问题的能力。同时，工作室为辅导员提供了一个互相支持和鼓励的环境，让他们能够在工作中感受到团队的力量和支持，共同应对工作中的挑战和压力。

其次，高校辅导员工作室的集体性价值还体现在共同研究和讨论教育问题上。在工作室中，辅导员可以共同研究和探讨教育的问题，通过集体的智慧和经验的积累，找到更有效的育人方法和策略，提高育人效果。工作室中的讨论和研究活动可以激发辅导员的创新思维和探索精神，提高其解决问题的能力，增强辅导员队伍的凝聚力。

最后，高校辅导员工作室还能够形成一种良好的合作氛围，促进辅导员之间的合作和协作。在工作室中，辅导员可以通过共同合作解决问题，形成更加紧密的工作关系，共同应对育人挑战。团队合作的优势能够提升整个团队的综合素质和工作水平，使工作室在育人领域发挥更大的影响力和作用。

总而言之，高校辅导员工作室的集体性价值体现在增强团队的凝聚力和协作精神上。辅导员通过相互学习、互相支持的环境，能够共同研究和讨论育人问题，形成一种良好的合作氛围；通过集体的努力，可以提升整个团队的综合素质和工作水平，实现共同进步和发展。

三、社会性价值

高校辅导员工作室具有充分的社会性价值，不仅可以提升学校的人才培养质量，促进学生的全面发展，还能为社会培养更多优秀的教育人才，为社会的发展和进步做出贡献。

首先，高校辅导员工作室能够提升学校育人的重点难点工作的实效。通过工作室中的研究和实践，辅导员不断改进育人方式方法，提升学生的学习效果和综合素质。工作室为辅导员提供了一个专业发展的平台，使他们能够探索和尝试新的育人理念和方法，不断提高育人效果和质量。辅导员通过工作室中的研究成果和实践经验，能够为学校提供更先进和有效的教育策略，提升学生的学习效果和整体素质。

其次，高校辅导员工作室能够为学校提供专业的辅导服务，帮助学生解决学业、心理、就业等方面的问题，提升学生的发展和就业竞争力。工作室中的辅导员具备专业的知识和经验，能够为学生提供个性化的辅导和支持。辅导员通过与学生的沟通和交流，了解他们的需求和困惑，帮助他们解决学业上的问题，提供职业规划和发展建议，提升他们的综合能力和竞争力。这些帮助和支持能够使学生更好地适应社会的发展需求，助力学生成为社会更具有竞争力和创新精神的人才。

最后，从社会角度看，高校辅导员工作室的存在能够为社会培养具有高素质和创新精神的人才，为社会的发展和进步做出贡献。工作室为辅导员提供了专业发展的平台，使他们能够不断提高自身的育人能力和素质水平。这些优秀的辅导员将成为学校和社会的宝贵资源，能够为教育事业的发展和社会的进步做出重要贡献。他们能够传承和创新教育理念，培养出更多具备创新能力、批判思维和实践能力的人才，为社会的发展注入新的活力和动力。

高校辅导员工作室在社会性价值方面具有重要的意义。它不仅能够提升学校的教育教学质量，促进学生的全面发展，还能为社会培养更多优秀的青年人才，为社会的发展和进步做出积极的贡献。

第三章　高校辅导员工作室的发展沿革：现状分析与趋势探索

2009 年，复旦大学“赵强工作室”成立，该工作室由全国“高校辅导员年度人物”、上海市十佳辅导员赵强老师领衔，是上海市乃至全国高校里第一个以辅导员名字命名的辅导员工作室。2012 年，中共上海市教育卫生工作委员会、上海市教育委员会下发《上海高校辅导员队伍建设发展规划(2012—2015 年)》，提出要遴选若干名优秀辅导员，结合其专业优势和工作特色设立辅导员工作室，着力培养辅导员队伍的“带头人”，使辅导员队伍人才形成梯队、骨干形成团队、“带头人”形成核心。同年，上海市教育委员会决定设立“上海高校辅导员工作室”，首批设立的 2 个高校辅导员工作室为“包涵工作室”和“洪汉英工作室”。

2013 年，教育部思想政治工作司决定开展高校辅导员工作精品项目建设工作，面向全国征集高校辅导员在教育教学过程中形成的好经验、好做法。首届高校辅导员工作精品项目全国共有 35 个项目入选，其中“同济大学实践育人工作室”等 3 个辅导员工作室建设与实践项目入选。2018 年，教育部思想政治工作司决定培育建设一批高校思想政治工作精品项目，将原有的“高校辅导员工作精品项目”更名为“高校思想政治工作精品项目”，围绕一体化构建“十大”育人体系，探索形成具有可示范、可引领、可辐射、可推广、可持续意义的先进经验和典型做法，推动形成加强和改进高校思想政治工作“一校一品”或“一校数品”的生动局面，引领新时代高校思想政治工作实现系统设计、分步实施、重点突破、全面提升。在 2019 年公布的结果中，全国 200 所高校的 200 个项目入选，其中，“哈尔滨工业大学‘曲拥措姆’志愿服务工作室”等 4 个基于辅导员工作室建设与实践的项目入选首批高校思想政治工作精品项目；“沈阳医学院青年辅导员成长工作室”等 3 个项目入选第二批高校思想政治工作精品项目。

2022 年，教育部等十部门印发《全面推进“大思政课”建设的工作方案》(教社科〔2022〕3 号)，明确提出要建设辅导员工作室，资助开展课题研究，推广优秀工作案例。2023 年 9 月，教育部决定启动 2024 年度高校思想政治工作质量提升综合改革与精品建设项目的申报工作，申报包括品牌项目示范推广、骨干队伍培育提升和平台基地辐射引领 3 个类别，共 12 个子项，其中就涵盖了高校辅导员名师工作室申报。同年，在教育部办公厅关于开展 2023 年“最美高校辅导员”暨第十五届“高校辅导员年度人物”推选展示活动的通知中，对推选人新增了一条推选要求：“示范作用显著，担任省级或校级辅导员工作室主持人，能够发挥自身工作优势和科学研究专长，引领带动一批辅导员成长发展，在全国范围、所在区域及所在学校内起到示范作用，推动高校思想政治工作提质增效”。2023年12月，教育部公布2024年度高校思想政治工作质量提升综合改革与精品建设项目的遴选结果，浙江树人学院“高校智慧思政工作室”等80个辅导员工作室获批立项为2024年度高校辅导员名师工作室，同时也是首批国家级高校辅导员名师工作室。

从2009年全国第一个辅导员工作室在复旦大学成立，到2012年中共上海市教育卫生工作委员会、上海市教育委员会设立2个上海高校辅导员工作室，再到2023年教育部遴选出80个全国高校辅导员名师工作室，15年间，教育部、全国各省(区、市)、各高校纷纷开展高校辅导员工作室的建设实践与探索。本书编委会对2012年至2023年立项的1182个省级高校辅导员工作室进行了深入调研，对收集到的数据进行统计和文本可视化分析，从五个部分对这些辅导员工作室的建设现状进行了深入探讨：从个到千——省级高校辅导员工作室建设从无到有；从上海到全国——省级高校辅导员工作室建设从点到面；从学风建设到全方位覆盖——省级高校辅导员工作室建设全面开花；从省级立项到国家级立项——高校辅导员工作室建设从全到精；从自发探索到蓬勃发展——高校辅导员工作室建设提档升级。本章从建设数量、建设地区、建设内容三个维度全面立体地展示全国省级高校辅导员工作室的建设现状，旨在以省级高校辅导员工作室的建设现状为缩影，折射全国高校辅导员工作室建设的全貌，在发展现状的基础上探索高校辅导员工作室的发展规律和发展趋势。

第一节　从个到千——省级高校辅导员工作室建设从无到有

2012年，中共上海市教育卫生工作委员会、上海市教育委员会决定设立“包涵工作室”和“洪汉英工作室”为首批上海高校辅导员工作室，拉开了省级高校辅导员工作室建设的序幕。

从立项个数来看，具体为2012年立项2个，2013年立项7个，2014年立项30个，2015年立项61个，2016年立项101个，2017年立项111个，2018年立项162个，2019年立项110个，2020年立项194个，2021年立项51个，2022年立项104个，2023年立项249个。12年间共计立项1182个；年度平均立项个数约为99个；2012年、2013年、2014年、2015年、2021年低于平均数，2016年、2017年、2018年、2019年、2020年、2022年、2023年高于平均数(图3-1)。

从图3-1可知，省级高校辅导员工作室立项个数总体呈上升趋势，并在2018年和2020年出现两次高点，可以预见在2023年后，教育部首批全国高校辅导员工作室立项的推选将带动各省积极投入人力、物力、财力建设省级高校辅导员工作室，其立项个数和立项次数也会出现新的高峰。

从立项次数来看，具体为2012年立项1次，立项省级行政区为上海市；2013年立项1次，立项省级行政区为山东省；2014年立项3次，立项省级行政区为上海市、安徽

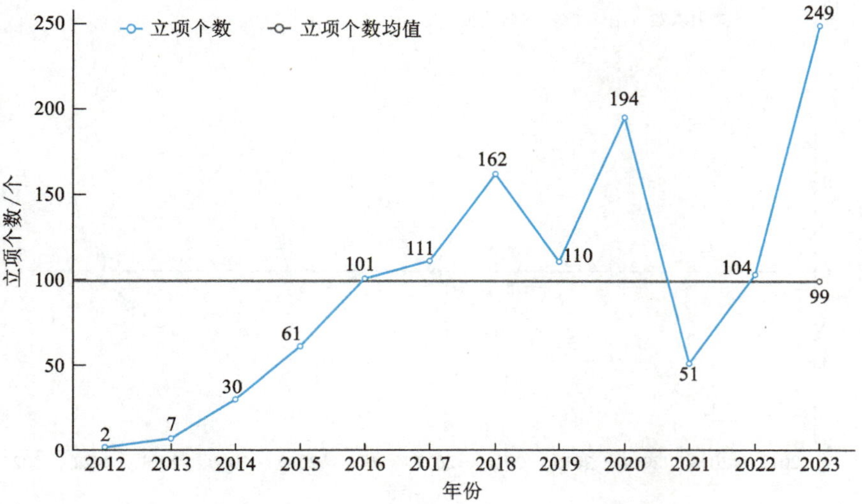

图 3-1　2012—2023 年全国省级高校辅导员工作室立项个数统计图

省、广东省；2015 年立项 3 次，立项省级行政区为上海市、湖南省、重庆市；2016 年立项 5 次，立项省级行政区为北京市、安徽省、山东省、湖南省、广东省；2017 年立项 6 次，立项省级行政区为北京市、安徽省、陕西省、贵州省、重庆市、湖南省；2018 年立项 6 次，立项省级行政区为内蒙古自治区、上海市、安徽省、湖南省、广东省、青海省；2019 年立项 5 次，立项省级行政区为安徽省、贵州省、云南省、陕西省、青海省；2020 年立项 12 次，立项省级行政区为河北省、内蒙古自治区、辽宁省、黑龙江省、安徽省、江西省、山东省、河南省、湖北省、甘肃省、新疆维吾尔自治区（含新疆生产建设兵团）；2021 年立项 4 次，立项省级行政区为内蒙古自治区、贵州省、甘肃省、新疆维吾尔自治区（含新疆生产建设兵团）；2022 年立项 6 次，立项省级行政区为辽宁省、江苏省、河南省、广西壮族自治区、四川省、新疆维吾尔自治区（含新疆生产建设兵团）；2023 年立项 15 次，立项省级行政区为北京市、天津市、吉林省、上海市、安徽省、福建省、江西省、山东省、河南省、湖南省、重庆市、云南省、甘肃省、浙江省、宁夏回族自治区。12 年间共计立项 67 次；年度平均立项次数约为 6 次；2012 年、2013 年、2014 年、2015 年、2016 年、2019 年、2021 年低于平均数；2017 年、2018 年、2022 年等于平均数；2020 年、2023 年高于平均数（图 3-2）。

从图 3-2 可知，省级高校辅导员工作室在 2020 年前年立项次数为 1—6 次，零散地分布于全国各个地区。但在 2020 年和 2023 年先后出现了两次高点，分别为 2020 年省级高校辅导员工作室全国共计立项 12 次，涉及 12 个省级行政区；2023 年省级高校辅导员工作室全国共计立项 15 次，涉及 15 个省级行政区。从全国范围的省级高校辅导员工作室的立项个数和立项次数可以看出，2020 年后全国省级高校辅导员工作室建设从部分地区的自主探索期发展至全国范围的稳定建设期。

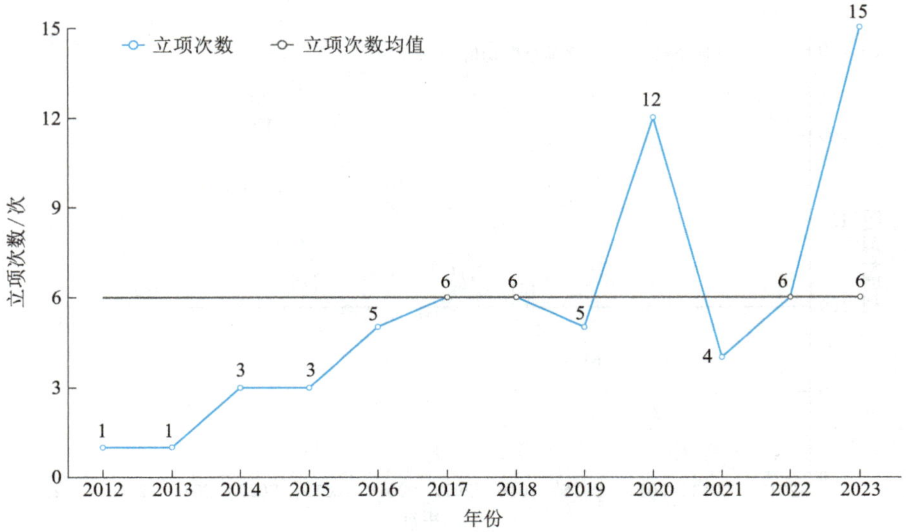

图 3-2　2012—2023 年全国省级高校辅导员工作室立项次数统计图

第二节　从上海到全国——省级高校辅导员工作室建设从点到面

2009 年 9 月，“赵强工作室”建立，这是高校辅导员工作室发展的重要里程碑。15 年间，高校辅导员工作室建设从上海覆盖到全国各地区，本书编委会以教育部官网发布的《全国普通高等学校名单》(截至 2022 年 5 月 31 日)为核算基础(各项统计数据均未包括香港特别行政区、澳门特别行政区和台湾地区)，在本节中以建设地区和建设主体(立项工作室所在高校)为调研对象，具体分析华东、华南、华北、华中、东北、西南、西北七大分区省级高校辅导员工作室的建设情况。

从全国范围来看，全国高校共计 2759 所，已立项省级高校辅导员工作室 1179 个①，共计 679 所高校立项省级高校辅导员工作室，占高校总数的 24.61%。从高校所在地区来看，华东地区共计立项工作室 359 个，立项省级高校辅导员工作室的高校有 162 所，已立项的高校数量占所在地区高校总数的 20.00%；华南地区共计立项工作室 92 个，立项省级高校辅导员工作室的高校有 63 所，占所在地区高校总数的 23.68%；华北地区共计立项工作室 193 个，立项省级高校辅导员工作室的高校有 110 所，占所在地区高校总数的 26.96%；华中地区共计立项工作室 208 个，立项省级高校辅导员工作室的高校有 104 所，占所在地区高校总数的 25.00%；东北地区共计立项工作室 92 个，立项省级高校辅导员工作室的高校有 69 所，占所在地区高校总数的 26.74%；西南地区共计立项工作室 108 个，立项省级高校辅导员工作室的高校有 89 所，占所在地区高校总数的 24.18%；西北地区共计立项工作

① 因中国石油大学(北京)克拉玛依校区、内蒙古广播电视大学、大连广播电视大学 3 所学校未纳入《全国普通高等学校名单》(截至 2022 年 5 月 31 日)，故上述 3 所学校共计立项的 3 个省级高校辅导员工作室未统计到表 3-1—表 3-9 中。

室127个，立项省级高校辅导员工作室的高校有82所，占所在地区高校总数的35.19%。目前华东、华南、华北、华中、东北、西南、西北七大分区相继立项省级高校辅导员工作室，总体上来说，各地区的高校在立项数量、比例上呈现基本均衡的建设特点(表3-1)。

表3-1　七大分区省级高校辅导员工作室立项情况

[A] 地区	[B] 高校数量/所	[C] 已立项省级高校辅导员工作室的高校数量/所	[D] 已立项省级高校辅导员工作室总数/个	[C/B] 百分比/%
华东地区	810	162	359	20.00
华南地区	266	63	92	23.68
华北地区	408	110	193	26.96
华中地区	416	104	208	25.00
东北地区	258	69	92	26.74
西南地区	368	89	108	24.18
西北地区	233	82	127	35.19
全国	2759	679	1179	24.61

从学校类型来看，教育部直属高校76所，已立项省级高校辅导员工作室的高校有60所，占此类高校总数的78.95%；其他部委属高校29所，已立项省级高校辅导员工作室的高校有14所，占此类高校总数的48.28%；省属公办本科高校735所，已立项省级高校辅导员工作室的高校有387所，占此类高校总数的52.65%；高职高专1132所，已立项省级高校辅导员工作室的高校有178所，占此类高校总数的15.72%；民办院校774所，已立项省级高校辅导员工作室的高校有38所，占此类高校总数的4.91%；其他高校13所，已立项省级高校辅导员工作室的高校有2所，占此类高校总数的15.38%(表3-2)。

表3-2　全国不同类型高校省级高校辅导员工作室立项情况

[A] 类型	[B] 高校数量/所	[C] 已立项省级高校辅导员工作室的高校数量/所	[C/B] 百分比/%
教育部直属高校	76	60	78.95
其他部委属高校	29	14	48.28
省属公办本科高校	735	387	52.65
高职高专	1132	178	15.72
民办院校	774	38	4.91
其他高校	13	2	15.38

综上分析，教育部直属高校综合实力强劲，在人才培养、科学研究、社会服务、文化传承创新、国际交流与合作等方面都有着坚实的基础和深厚的积淀，对于高校辅导员工作室建设起着重要的支撑作用，教育部直属高校是省级高校辅导员工作室立项数量占比最高的高校类型，引领着区域内乃至全国的高校辅导员工作室建设；省属公办本科高校在本科高校中数量最多，占比最大，是省级高校辅导员工作室立项数量最多、占比较大的高校类型，是高校辅导员工作室建设的中流砥柱；高职高专和民办院校因辅导员队伍建设有待加强等客观原因，已立项省级高校辅导员工作室的高校数量占相应类别高校总数仅为15.72%和4.91%，其高校辅导员工作室建设质量和辅导员队伍建设力度都有待进一步加强。以上分布规律在华东、华南、华北、华中、东北、西南、西北地区也基本一致。

华东地区教育部直属高校21所，已立项省级高校辅导员工作室的高校数量为10所，占此类高校总数的47.62%；其他部委属高校4所，已立项省级高校辅导员工作室的高校数量为2所，占此类高校总数的50.00%；省属公办本科高校217所，已立项省级高校辅导员工作室的高校数量为110所，占此类高校总数的50.69%；高职高专321所，已立项省级高校辅导员工作室的高校数量为32所，占此类高校总数的9.97%；民办院校244所，已立项省级高校辅导员工作室的高校数量为8所，占此类高校总数的3.28%；其他高校3所，已立项省级高校辅导员工作室的高校数量为0所，占此类高校总数的0.00%（表3-3）。

表3-3　华东地区不同类型高校省级高校辅导员工作室立项情况

[A] 类型	[B] 高校数量/所	[C] 已立项省级高校辅导员工作室的高校数量/所	[C/B] 百分比/%
教育部直属高校	21	10	47.62
其他部委属高校	4	2	50.00
省属公办本科高校	217	110	50.69
高职高专	321	32	9.97
民办院校	244	8	3.28
其他高校	3	0	0.00

华南地区教育部直属高校2所，已立项省级高校辅导员工作室的高校数量为2所，占此类高校总数的100.00%；其他部委属高校1所，已立项省级高校辅导员工作室的高校数量为1所，占此类高校总数的100.00%；省属公办本科高校66所，已立项省级高校辅导员工作室的高校数量为34所，占此类高校总数的51.52%；高职高专106所，已立项省级高校辅导员工作室的高校数量为22所，占此类高校总数的20.75%；民办院校90所，已立项省级高校辅导员工作室的高校数量为3所，占此类高校总数的3.33%；其

他高校 1 所，已立项省级高校辅导员工作室的高校数量为 1 所，占此类高校总数的 100.00%(表 3-4)。

表 3-4　华南地区不同类型高校省级高校辅导员工作室立项情况

[A] 类型	[B] 高校数量/所	[C] 已立项省级高校辅导员工作室的高校数量/所	[C/B] 百分比/%
教育部直属高校	2	2	100.00
其他部委属高校	1	1	100.00
省属公办本科高校	66	34	51.52
高职高专	106	22	20.75
民办院校	90	3	3.33
其他高校	1	1	100.00

华北地区教育部直属高校 27 所，已立项省级高校辅导员工作室的高校数量为 24 所，占此类高校总数的 88.89%；其他部委属高校 11 所，已立项省级高校辅导员工作室的高校数量为 3 所，占此类高校总数的 27.27%；省属公办本科高校 115 所，已立项省级高校辅导员工作室的高校数量为 52 所，占此类高校总数的 45.22%；高职高专 163 所，已立项省级高校辅导员工作室的高校数量为 28 所，占此类高校总数的 17.18%；民办院校 84 所，已立项省级高校辅导员工作室的高校数量为 1 所，占此类高校总数的 1.19%；其他高校 8 所，已立项省级高校辅导员工作室的高校数量为 2 所，占此类高校总数的 25.00%(表 3-5)。

表 3-5　华北地区不同类型高校省级高校辅导员工作室立项情况

[A] 类型	[B] 高校数量/所	[C] 已立项省级高校辅导员工作室的高校数量/所	[C/B] 百分比/%
教育部直属高校	27	24	88.89
其他部委属高校	11	3	27.27
省属公办本科高校	115	52	45.22
高职高专	163	28	17.18
民办院校	84	1	1.19
其他高校	8	2	25.00

华中地区教育部直属高校 9 所，已立项省级高校辅导员工作室的高校数量为 7 所，占此类高校总数的 77.78%；其他部委属高校 2 所，已立项省级高校辅导员工作室的高校数量为 1 所，占此类高校总数的 50.00%；省属公办本科高校 94 所，已立项省级高校辅导员工作室的高校数量为 50 所，占此类高校总数的 53.19%；高职高专 190 所，已立项省级高

校辅导员工作室的高校数量为40所，占此类高校总数的21.05%；民办院校120所，已立项省级高校辅导员工作室的高校数量为6所，占此类高校总数的5.00%；其他高校1所，已立项省级高校辅导员工作室的高校数量为0所(表3-6)。

表3-6 华中地区不同类型高校省级高校辅导员工作室立项情况

[A] 类型	[B] 高校数量/所	[C] 已立项省级高校辅导员工作室的高校数量/所	[C/B] 百分比/%
教育部直属高校	9	7	77.78
其他部委属高校	2	1	50.00
省属公办本科高校	94	50	53.19
高职高专	190	40	21.05
民办院校	120	6	5.00
其他高校	1	0	0.00

东北地区教育部直属高校5所，已立项省级高校辅导员工作室的高校数量为5所，占此类高校总数的100.00%；其他部委属高校5所，已立项省级高校辅导员工作室的高校数量为4所，占此类高校总数的80.00%；省属公办本科高校83所，已立项省级高校辅导员工作室的高校数量为45所，占此类高校总数的54.22%；高职高专96所，已立项省级高校辅导员工作室的高校数量为8所，占此类高校总数的8.33%；民办院校69所，已立项省级高校辅导员工作室的高校数量为7所，占此类高校总数的10.14%(表3-7)。

表3-7 东北地区不同类型高校省级高校辅导员工作室立项情况

[A] 类型	[B] 高校数量/所	[C] 已立项省级高校辅导员工作室的高校数量/所	[C/B] 百分比/%
教育部直属高校	5	5	100.00
其他部委属高校	5	4	80.00
省属公办本科高校	83	45	54.22
高职高专	96	8	8.33
民办院校	69	7	10.14
其他高校	0	0	0.00

西南地区教育部直属高校6所，已立项省级高校辅导员工作室的高校数量为6所，占此类高校总数的100.00%；其他部委属高校3所，已立项省级高校辅导员工作室的高校数量为1所，占此类高校总数的33.33%；省属公办本科高校92所，已立项省级高校辅导员工作室的高校数量为53所，占此类高校总数的57.61%；高职高专150所，已立项省级高

校辅导员工作室的高校数量为 23 所，占此类高校总数的 15. 33%；民办院校 117 所，已立项省级高校辅导员工作室的高校数量为 6 所，占此类高校总数的 5. 13%(表 3-8)。

表 3-8　西南地区不同类型高校省级高校辅导员工作室立项情况

[A] 类型	[B] 高校数量/所	[C] 已立项省级高校辅导员 工作室的高校数量/所	[C/B] 百分比/%
教育部直属高校	6	6	100. 00
其他部委属高校	3	1	33. 33
省属公办本科高校	92	53	57. 61
高职高专	150	23	15. 33
民办院校	117	6	5. 13
其他高校	0	0	0. 00

西北地区教育部直属高校 6 所，已立项省级高校辅导员工作室的高校数量为 6 所，占此类高校总数的 100. 00%；其他部委属高校 3 所，已立项省级高校辅导员工作室的高校数量为 1 所，占此类高校总数的 33. 33%；省属公办本科高校 68 所，已立项省级高校辅导员工作室的高校数量为 43 所，占此类高校总数的 63. 24%；高职高专 106 所，已立项省级高校辅导员工作室的高校数量为 25 所，占此类高校总数的 23. 58%；民办院校 50 所，已立项省级高校辅导员工作室的高校数量为 7 所，占此类高校总数的 14. 00%(表 3-9)。

表 3-9　西北地区不同类型高校省级高校辅导员工作室立项情况

[A] 类型	[B] 高校数量/所	[C] 已立项省级高校辅导员 工作室的高校数量/所	[C/B] 百分比/%
教育部直属高校	6	6	100. 00
其他部委属高校	3	1	33. 33
省属公办本科高校	68	43	63. 24
高职高专	106	25	23. 58
民办院校	50	7	14. 00
其他高校	0	0	0. 00

从各省高校辅导员工作室立项次数和个数来看(图 3-3、图 3-4)：

华东地区：上海市立项 5 次，立项 32 个；江苏省立项 1 次，立项 15 个；浙江省立项 1 次，立项 15 个；安徽省立项 7 次，立项 218 个；福建省立项 1 次，立项 15 个；江西省立项 2 次，立项 20 个；山东省立项 4 次，立项 44 个。

华北地区：北京市立项 3 次，立项 67 个；天津市立项 1 次，立项 10 个；河北省立项 1

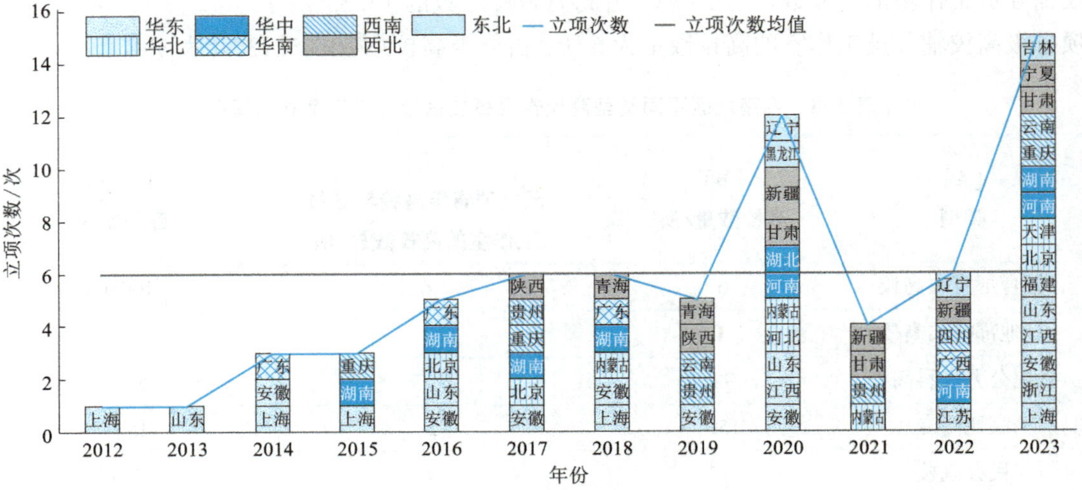

图 3-3　2012—2023 年全国省级高校辅导员工作室立项次数统计图

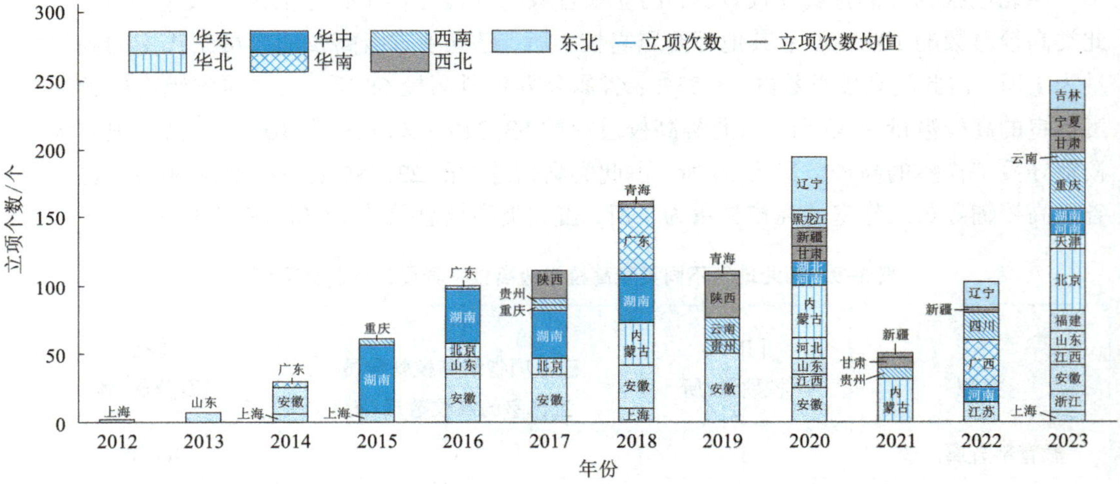

图 3-4　2012—2023 年全国省级高校辅导员工作室立项个数统计图

次，立项 16 个；内蒙古自治区立项 3 次，立项 101 个；山西省未立项。

华中地区：河南省立项 3 次，立项 30 个；湖北省立项 1 次，立项 8 个；湖南省立项 5 次，立项 170 个。

华南地区：广东省立项 3 次，立项 57 个；广西壮族自治区立项 1 次，立项 35 个；海南省未立项。

西南地区：重庆市立项 3 次，立项 43 个；四川省立项 1 次，立项 20 个；贵州省立项 3 次，立项 23 个；云南省立项 2 次，立项 22 个；西藏自治区未立项。

西北地区：陕西省立项 2 次，立项 52 个；甘肃省立项 3 次，立项 31 个；青海省立项 2 次，立项 6 个；宁夏回族自治区立项 1 次，立项 17 个；新疆维吾尔自治区（含新疆生产建设兵团）立项4次，立项22个。

东北地区：辽宁省立项2次，立项60个；吉林省立项1次，立项21个；黑龙江省立项1次，立项12个。

从全国范围来看（图3-5、图3-6）：

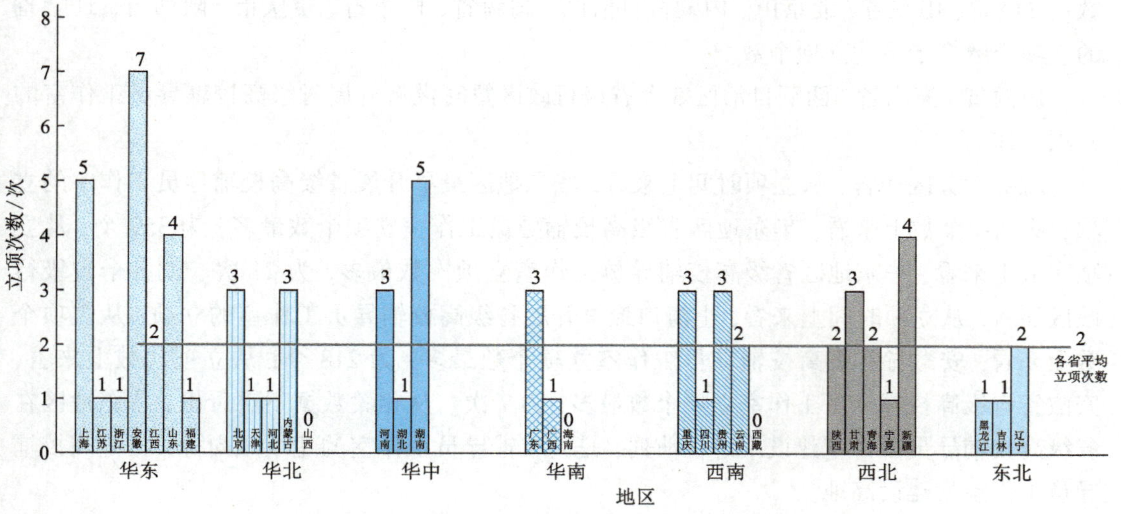

图3-5 全国各地区省级高校辅导员工作室立项次数统计图

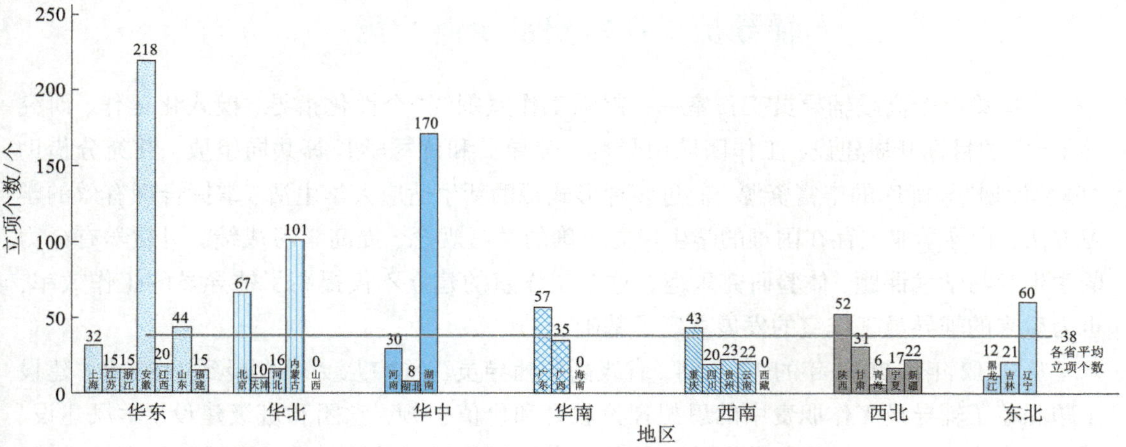

图3-6 全国各地区省级高校辅导员工作室立项个数统计图

各个省级行政区每年立项的省级高校辅导员工作室的平均次数为2次，江苏省、浙江省、福建省、天津市、河北省、山西省、湖北省、广西壮族自治区、海南省、四川省、西藏自治区、宁夏回族自治区、黑龙江省、吉林省的立项次数少于平均立项次数；江西省、云南省、陕西省、青海省、辽宁省的立项次数等于平均立项次数；上海市、安徽省、山东省、北京市、内蒙古自治区、河南省、湖南省、广东省、重庆市、贵州省、甘肃省、新疆维吾尔自治区（含新疆生产建设兵团）的立项次数多于平均立项次数。

各个省级行政区每年立项的省级高校辅导员工作室的平均数为 38 个，上海市、江苏省、浙江省、江西省、福建省、天津市、河北省、山西省、河南省、湖北省、广西壮族自治区、海南省、四川省、贵州省、云南省、西藏自治区、甘肃省、青海省、宁夏回族自治区、新疆维吾尔自治区(含新疆生产建设兵团)、黑龙江省、吉林省的立项个数少于平均立项个数；安徽省、山东省、北京市、内蒙古自治区、湖南省、广东省、重庆市、陕西省、辽宁省的立项个数多于平均立项个数。

山西省、海南省、西藏自治区 3 个省级行政区暂时没有开展省级高校辅导员工作室的立项工作。

就七大分区而言，从立项时间上来看，华东地区最早开展省级高校辅导员工作室的立项；从立项个数上来看，华东地区省级高校辅导员工作室立项个数最多，为 359 个；从立项次数上来看，华东地区省级高校辅导员工作室立项次数最多，为 21 次。就各个省级行政区而言，从立项时间上来看，上海市最早开展省级高校辅导员工作室的立项；从立项个数上来看，安徽省省级高校辅导员工作室立项个数最多，为 218 个；从立项次数上来看，安徽省省级高校辅导员工作室立项个数最多，为 7 次。从相关数据不难看出，华东地区在省级高校辅导员工作室建设中走在前列，是高校辅导员工作室的建设风向标，也是高校辅导员工作室的建设高地。

第三节　从学风建设到全方位覆盖——省级高校辅导员工作室建设全面开花

全国第一个高校辅导员工作室——赵强工作室围绕“个性化指导、模式化运作、研究性平台”的目标开展建设，工作团队由导师、辅导员和优秀学长等共同组成，并充分借助“博学计划”导师库的丰富资源，通过多种形式帮助新生适应大学生活、掌握合理有效的学习方法，指导学业上存在困难的学生树立正确的学习观念、提高学习成绩，引领学有余力的学生参与学术课题、体验研究乐趣。这个工作室的建立不仅提高了辅导员的工作效率，也为后来的辅导员工作室的发展奠定了基础。

从 2012 年到 2023 年的 12 年间，省级高校辅导员工作室从 2 个发展到 1182 个，建设主题涵盖了辅导员工作职责中的思想理论教育和价值引领、党团和班级建设、学风建设、学生日常事务管理、心理健康教育与咨询工作、网络思想政治教育、校园危机事件应对、职业规划与就业创业指导、理论和实践研究九个方面，并在实践育人、劳动教育、民族团结、自我效能提升、团体辅导等与学生成长和辅导员发展有关的方方面面均进行了探索与实践。

随着信息技术的不断发展，海量文本数据成为可视分析研究的重点，可视化能够在第一时间将复杂、烦琐、重复的文本以直观、简洁的形式呈现出来，而文本可视化由文本分析和可视化呈现两个方面组成。针对全国 1182 个省级高校辅导员工作室，本书编委会使用 NVivo 11 plus 软件，导入文本数据，通过查询词频、合并同义词的方式进行关键词抽取和主题分析，从而提取相似关键词，优化关键词的内容排布，展示文本的主要内容，制作各省级高校辅导员工作室建设主题词云图。词云通过对文本中出现频率较高的词语进行视觉上的突出，形成“关键词云层”和“关键词渲染”，从而过滤掉大量的文本信息，使读者一眼扫过就可以领会文本的主旨。词云的可视化效果好，可以过滤无用的文本和渲染频率高的关键字，并且通过字体大小对比就能区分词频。

在导入七大分区省级高校辅导员工作室立项的文本数据时，使用了两组数据，其中一组数据仅有省级高校辅导员工作室名称一栏（表3-10）。该组数据对应生成省级高校辅导员工作室建设主题词云，通过对省级立项的高校辅导员工作室的名称进行文本分析和可视化呈现，展示七大分区省级高校辅导员工作室建设的“主题词”“热点”“焦点”等信息。

表3-10　省级高校辅导员工作室立项文本数据1（示例）

工作室名称
“生涯创新试验田”王晶生涯工作室
福州大学辅导员知行在线工作室
向阳工作室
肖红新“初心”辅导员名师工作室
“医路助航”工作室
“追光”辅导员职业素质提升工作室
“愈”见心“理”话
“同心结”辅导员工作室
“笃行致远”辅导员名师工作室
“福信小砖”辅导员工作室
“新・思・享”辅导员工作室
“生芽”大学生职业发展工作室

另一组数据则更为丰富，包括了地区、省（区、市）、工作室名称、学校、主持人、主持人荣誉、立项年份等信息（表3-11）。该组数据对应生成省级高校辅导员工作室建设信息词云，通过对该组数据进行文本分析和可视化呈现，展示除了工作室建设主题外的地区、省（区、市）、建设主体、立项年份等更为丰富的省级高校辅导员工作室建设信息。

表3-11　省级高校辅导员工作室立项文本数据2（示例）

地区	省（区、市）	工作室名称	学校	主持人	立项年份
华东	安徽省	学生社区辅导员名师工作室	安徽大学	李军	2014
华东	安徽省	志愿服务指导工作室	安徽师范大学	张园园	2014
华东	安徽省	高校先进典型培育工作室	安徽师范大学	汪贻洋	2014
华东	安徽省	“梦立方”名师工作室	安徽农业大学	杜亚娜	2014
华东	安徽省	“医路同行”心理健康教育工作室	安徽医科大学	高晓妹	2014
华东	安徽省	大学生创新教育名师工作室	安徽工业大学	杨建[a、b]	2014

续表3-11

地区	省(区、市)	工作室名称	学校	主持人	立项年份
华东	安徽省	大学生发展性辅导工作室	安徽理工大学	李洁	2014
华东	安徽省	“徽人新梦”工作室	安徽财经大学	项鑫	2014
华东	安徽省	大学生职业素养培育名师工作室	安徽工程大学	黄炜	2014
华东	安徽省	《大学生创新能力培养》名师工作室	安徽中医药大学	彭青和	2014
华东	安徽省	易海导航辅导员工作室	安徽建筑大学	李万银	2014
华东	安徽省	医学生职业道德培育工作室	蚌埠医学院	黄中岩	2014
华东	安徽省	心理导航工作室	皖南医学院	王平	2014
华东	安徽省	陈宏建辅导员工作室	阜阳师范学院	陈宏建	2014
华东	安徽省	Huahua 在线工作室	安庆师范学院	华秀梅[b]	2014

注：a 表示该主持人曾获全国“最美高校辅导员”称号；b 表示该主持人曾获全国“高校辅导员年度人物”称号。

七大分区的省级高校辅导员工作室建设信息词云和省级高校辅导员工作室建设主题词云如图 3-7—图 3-13 所示。一般而言，文字占的面积越大，代表该词出现的次数越多；相反，文字占的面积越小，出现的次数就越少。七大分区的“省级高校辅导员工作室建设信息词云”反映七大分区中各省(区、市)的立项个数、立项时间和立项主题等信息，“省级高校辅导员工作室建设主题词云”反映工作室建设的主题。

(a) 建设信息词云　　　　(b) 建设主题词云

图 3-7　华东地区省级高校辅导员工作室建设信息、主题词云

分析图 3-7 可知，从立项个数上看，2023 年和 2019 年华东地区省级高校辅导员工作室立项个数最多，安徽省为立项个数最多的省(区、市)。从工作室建设主题来看，除了“大学生”“教育”“高校”“工作”等高频词外，“培育”“研究”“网络”“指导”等也是高频词，可见华东地区的省级高校辅导员工作室大多以“开展思政行动研究”为主要职责，聚焦思想理论教育和价值引领、创新创业就业指导、能力提升，通过网络思政、心理健康教育、理论和实践研究等方面服务学生成长成才，推动高校辅导员工作室团队在知识结构、能力提升、作用发挥等方面得到提升。

(a) 建设信息词云　　(b) 建设主题词云

图 3-8　华南地区省级高校辅导员工作室建设信息、主题词云

分析图 3-8 可知，从立项个数上看，2018 年、2022 年华南地区省级高校辅导员工作室立项个数最多，广东省为立项个数最多的省（区、市），其次是广西壮族自治区，立项的建设主体以“学院”“职业”类院校居多。从工作室建设主题来看，“梦”“网络”“生涯”“发展”“职业”等高频词显示华南地区的省级高校辅导员工作室大多以服务学生成长发展为导向，聚焦职业规划与就业创业指导，融入网络思政元素，突出匠心育人、职业教育、生涯发展等特色，同时关键词“美知行”表明华南地区的省级辅导员工作室将“以美育人、以美化人、以美润心、以美培元”理念融入了大学生人才培养全过程。

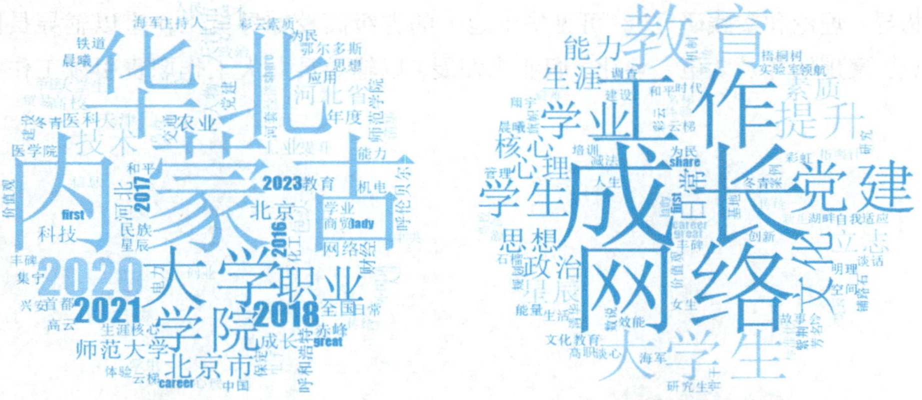

(a) 建设信息词云　　(b) 建设主题词云

图 3-9　华北地区省级高校辅导员工作室建设信息、主题词云

分析图 3-9 可知，从立项个数上看，2020 年、2021 年、2018 年华北地区省级高校辅导员工作室立项个数最多，内蒙古自治区为立项个数最多的省（区、市），其次是北京市，立项的建设主体以“大学”“学院”类院校居多。从工作室建设主题来看，除了“成长”“网络”

"工作""大学生""教育""党建"等高频词占据面积较大，"学业""提升""学生""文化"等也是高频词。可见华北地区的省级高校辅导员工作室大多以围绕学生、关照学生、服务学生为导向，重点聚焦"网络思政、学业指导、党建思想引领、文化育人"等新形势下学生工作中难点、焦点、创新点的研究和实践，促进大学生成长、辅导员发展。

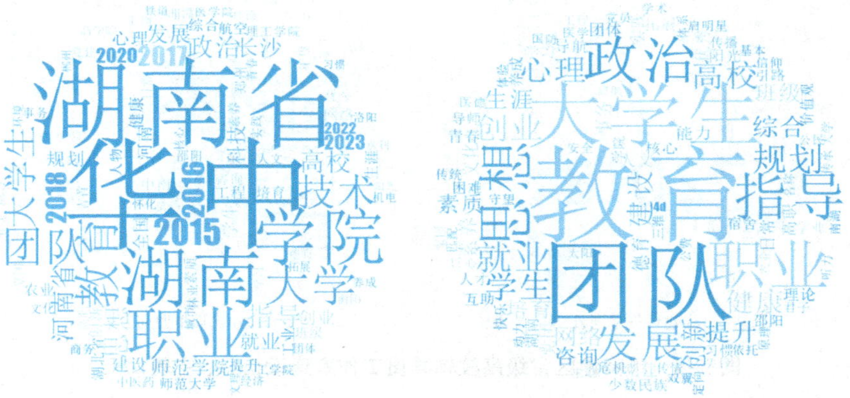

(a) 建设信息词云　　(b) 建设主题词云

图 3-10　华中地区省级高校辅导员工作室建设信息、主题词云

分析图 3-10 可知，从立项个数上看，华中地区自 2015 年起，几乎每年均有省级高校辅导员工作室立项。湖南省为立项个数最多的省(区、市)，立项的建设主体以"学院""职业"类院校居多。从工作室建设主题来看，除了"大学生""教育""团队""思想""政治""指导"等高频词占据面积较大，关键词主题紧密围绕"思想政治教育、党团和班级建设、学业指导、日常事务管理、心理健康教育与咨询、网络思想政治教育、危机事件应对、职业规划与就业指导、理论和实践研究"。可见华中地区的省级高校辅导员工作室以辅导员团队建设为重点，聚焦辅导员队伍专业化、职业化发展，以辅导员九大工作职责引领工作室建设与发展。

(a) 建设信息词云　　(b) 建设主题词云

图 3-11　东北地区省级高校辅导员工作室建设信息词云、主题词云

分析图 3-11 可知，从立项个数上看，东北地区省级高校辅导员工作室立项个数在 2020 年出现峰值，辽宁省为立项个数最多的省(区、市)，其次是吉林省，立项的建设主体以“大学”“学院”“师范大学”类院校居多。从工作室建设主题来看，“研究”“工作”“高校思想”“教育”“大学生”“时代”“精神”“红色”等高频词表明工作室建设主题大多聚焦大学生思想理论教育和价值引领，以东北地区丰富的红色文化资源，引领大学生聚焦红色资源，赓续红色血脉，弘扬中国精神，培育时代新人。

图 3-12　西南地区省级高校辅导员工作室建设信息词云

分析图 3-12 可知，从立项个数上看，2023 年和 2021 年西南地区省级高校辅导员工作室立项个数最多，重庆市为立项个数最多的省(区、市)，立项的建设主体以“大学”“学院”“师范”类院校居多。由于西南地区的省级高校辅导员工作室立项总数不多，立项的工作室又大多以“工作室主持人姓名+工作室”命名，故省级高校辅导员工作室建设主题词云难以制作，也难以从词云中分析出西南地区省级高校辅导员工作室建设的主题。

(a) 建设信息词云　　(b) 建设主题词云

图 3-13　西北地区省级高校辅导员工作室建设信息、主题词云

分析图 3-13 可知，从立项个数上看，西北地区省级高校辅导员工作室立项个数最多的年份是 2019 年，陕西省为立项个数最多的省(区、市)，其次是甘肃省，立项的建设主体以“大学”“学院”“职业”类院校居多。从工作室建设主题来看，“教育”“工作”“大学生”“导航”“胡杨”等高频词显示，西北地区省级高校辅导员工作室善于挖掘地域特色，聚焦立德树人根本任务，用“胡杨精神”“杏林精神”“石榴籽精神”培养时代新人，引领学生厚植家国情怀，服务西北发展，在育人的过程中勇担辅导员队伍铸魂育人的责任，提升辅导员队伍专业化职业化水平。

第四节　从省级立项到国家级立项——高校辅导员工作室建设从全到精

2023 年，教育部决定启动 2024 年度高校思想政治工作质量提升综合改革与精品建设项目的申报工作，申报中首次包含高校辅导员名师工作室的申报。在教育部首次全国高校辅导员工作室的申报表中，包括了主持人影响力突出，基础平台成熟完善(基础条件过硬，设施条件完备，领导关怀肯定)；工作团队实力雄厚，宣传阐释能力过硬(团队结构完整、实力过硬，宣传阐释能力突出、效果明显，活动组织精心优良、反响突出)；行动研究特色鲜明，工作成果广泛应用(行动研究成果显著，网络研究实效明显，理论研究特色鲜明)等内容。

不难看出，在高校辅导员工作室国家级立项中，既看重工作室的硬件——工作场地、设施设备，又看重工作室是否在前期取得了省教育厅、学校的资金支持；既看重工作室是否建成了学历、职称、专业配置合理的教师团队，又看重工作室是否专注于建设方向进行持续深入的育人实践；既看重工作室前期的科研成果积累，又看重工作室在网络思政领域和行动研究领域的成果积累。这些评判要素，也为高校辅导员工作室的建设提供了方向和目标。

2023 年 12 月底，教育部公布了评选结果，最终有 80 个工作室入选 2024 年度高校辅导员名师工作室(表 3-12)。

表 3-12　2023 年全国高校辅导员名师工作室立项情况

[A] 类型	[B] 高校数量/所	[C] 已立项国家级高校辅导员工作室的高校数量/所	[C/B] 百分比/%
教育部直属高校	76	21	27.63
其他部委属高校	29	3	10.34
省属公办本科高校	735	41	5.58
高职高专	1132	10	0.88
民办院校	774	2	0.26
其他高校	13	2	15.38
合计	2759	79	2.86

从立项数量来看，此次国家级高校辅导员工作室立项总数为 80 个，分布在 79 所学校（山东大学有 2 个工作室获批立项），占全国高校总数的 2.86%。从学校类型来看，教育部直属高校 76 所，已立项国家级高校辅导员工作室的 21 所，占此类高校总数的 27.63%；其他部委属高校 29 所，已立项国家级高校辅导员工作室的 3 所，占此类高校总数的 10.34%；省属公办本科高校 735 所，已立项国家级高校辅导员工作室的 41 所，占此类高校总数的 5.58%；高职高专 1132 所，已立项国家级高校辅导员工作室的 10 所，占此类高校总数的 0.88%；民办院校 774 所，已立项国家级高校辅导员工作室的 2 所，占此类高校总数的 0.26%；其他高校 13 所，已立项国家级高校辅导员工作室的 2 所，占此类高校总数的 15.38%。

教育部直属高校立项率最高，达 27.63%，省属公办本科高校立项数量最多，超过总立项数的 50%。高职高专、民办院校、其他高校在立项中均占比较低，这与学校综合实力、学科建设背景、前期建设基础等正相关，要进一步加强高校辅导员工作室的建设力度，减少工作室建设在不同类型学校间存在的差异。

图 3-14　全国高校辅导员工作室立项信息词云

从词云图（图 3-14）上看，2023 年教育部公布立项的 80 个工作室中，除了“辅导员”“工作室”“高校”“全国”等高频词外，“年度”“人物”也是高频词，出现频次均为 28 次。可见在国家级高校辅导员工作室立项的竞争中，对工作室主持人是否长期从事大学生思想政治教育工作、是否在工作中完成个人专业化职业化发展、是否在职业生涯中取得标志性荣誉等维度都提出了更高的要求。

七大分区中，“华东”占据面积最大，出现频次为 21 次，超过立项总数的 25%。究其原因，一是华东地区的高校教育资源丰富，高校数量占到全国高校总数量的 29.36%。二是华东地区在高校辅导员工作室建设中始终走在前列：上海的高校最早自发探索组建高校辅导员工作室这一组织形态；上海市教育委员会最早设立省级高校辅导员工作室；华东地区省级高校辅导员工作室立项数量为全国最多。

从工作室建设的主题来看，“青年”“青春”“大学生”等高频词也说明高校辅导员工作室建设的落脚点仍应是围绕学生、关照学生、服务学生；“网络”“创业”“生涯”“党团”等主题词也反映了高校辅导员工作室建设的热点和焦点。

第五节　从自发探索到蓬勃发展——高校辅导员工作室建设提档升级

自 2009 年以来，高校辅导员工作室作为新生事物出现在大学生思想政治教育领域，在我国大学生思想政治教育宏观政策的指向性、丰富性、系统性的完善中蓬勃发展。本书编委会认为：省级高校辅导员工作室的设立是为了更好地发挥先进典型的示范和引领作用，交流、推广先进经验，调动和激励高校辅导员育人工作的积极性，进一步提升辅导员工作的科学化水平，对于省内其他高校甚至同地区其他高校来说，都具有一定的示范性和代表性。

基于对省级高校辅导员工作室的建设数量、建设范围和建设内容的具体分析，以 2009 年复旦大学设立赵强工作室；2012 年上海市教育委员会设立“包涵工作室”和“洪汉英工作室”；2020 年辽宁和黑龙江完成首批省级辅导员工作室立项，华东、华中、华北、华南、西北、西南、东北七个分区均设立了省级高校辅导员工作室；2023 年教育部启动高校辅导员名师工作室建设为标志性事件，大致可以将高校辅导员工作室的发展分为高校自发探索期、各地区自主建设期、全国范围的稳步发展期和示范引领期四个阶段。

一、高校自发探索期（2009—2011 年）

2004 年，中共中央、国务院下发了《关于进一步加强和改进大学生思想政治教育的意见》（中发〔2004〕16 号），充分表明了党和国家对大学生思想政治教育工作的高度重视和对大学生健康成长的殷切希望。文件系统总结和阐述了改革开放特别是党的十三届四中全会以来，大学生思想政治教育工作的新经验，并结合新情况新问题鲜明地提出了加强和改进大学生思想政治教育的指导思想，对新时期加强和改进大学生思想政治教育工作做出了周密部署和全面动员。文件中提出要大力加强大学生思想政治教育工作队伍建设，指出“思想政治教育工作队伍是加强和改进大学生思想政治教育的组织保证”。大学生思想政治教育工作队伍主体是学校党政干部和共青团干部、思想政治理论课和哲学社会科学课教师、辅导员和班主任。其中，辅导员、班主任是大学生思想政治教育的骨干力量，辅导员按照党委的部署有针对性地开展思想政治教育活动，班主任负有在思想、学习和生活等方面指导学生的职责。该文件的发布，也极大地推动了高校辅导员队伍专业化职业化发展。

2006 年，《普通高等学校辅导员队伍建设规定》（教育部令第 24 号）进一步明确了对辅导员的职业定义、工作要求与工作职责，指出辅导员是高等学校教师队伍和管理队伍的重要组成部分，具有教师和管理人员的双重身份。辅导员是开展大学生思想政治教育的骨干力量，是高校学生日常思想政治教育和管理工作的组织者、实施者和指导者。辅导员应当努力成为学生的人生导师和健康成长的知心朋友。在此背景下，以组建团队抱团发力，适应学生成长需求和辅导员职业发展需要的高校辅导员工作室应运而生。

目前学界普遍认为2009年建立的“赵强工作室”是上海市乃至全国第一个辅导员工作室。“赵强工作室”的建立，是为响应复旦大学“博学计划”的深入推进而推出的一项重要举措。工作室秉持着“以人为本、服务学生”的工作理念，围绕“个性化指导、模式化运作、研究性平台”的目标开展建设，通过开展一对一学业指导(“面对面”咨询、“背对背”在线辅导、导师和学长沙龙、跟踪反馈)、“学业指导”交流会，在充分整合学校现有的辅导资源后，组建起一支由一线专业教师、辅导员和优秀学生骨干组成的工作团队，为同学们提供多层次、多渠道的学业指导。在这一阶段，辅导员工作室的发展主要集中在华东地区的复旦大学，处于高校自发的探索期。这一时期可查证的辅导员工作室的资料较少，因此难以完成以多样本为依据的建设数量、建设内容、建设成效和建设经验的分析。

二、各地区自主建设期(2012—2019年)

2012年，为更好地发挥先进典型的示范和引领作用，交流、推广先进经验，调动和激励高校辅导员育人工作的积极性，进一步提升辅导员工作的科学化水平，上海市教育委员会决定设立上海高校辅导员工作室。上海市教育委员会设立两个市级辅导员工作室标志着高校辅导员工作室发展进入第二个时期，高校辅导员工作室建设从“复旦大学的自发探索”转变为“上海市教育委员会的自主探索”。

此后的8年间，全国共计立项省级高校辅导员工作室584个。上海市、山东省、安徽省、广东省、湖南省、重庆市、北京市、贵州省、陕西省、青海省、内蒙古自治区、云南省等相继立项省级高校辅导员工作室。省级高校辅导员工作室的建设从华东地区开始向全国蔓延，进入各地区自主建设期。

这一时期，高校辅导员工作室在建设数量上和建设质量上取得了长足的发展。不仅建成了多个在全国颇具影响力的辅导员名师工作室，如袁利辅导员成长工作室、发哥辅导员工作室、中南大学张金学思政名师工作室、“新时代 新青年 新担当”辅导员工作室等。同时在教育部精品项目评选中，基于辅导员工作室建设的育人实践项目多次成功入选，2013年，首届高校辅导员工作精品项目全国共有35个项目入选，其中“同济大学实践育人工作室”“华南理工大学建设二级学院‘心晴工作室’推进心理健康教育”和“西安电子科技大学‘我们的梅地亚’成长之路——辅导员自媒体工作室的探索与实践”3个基于高校辅导员工作室建设与实践的项目入选；2018年，教育部思想政治工作司决定培育建设一批高校思想政治工作精品项目，全国共200所高校的200个项目入选，其中，“哈尔滨工业大学‘曲拥措姆’志愿服务工作室”“华东理工大学依托‘小花梨’新媒体工作室的大学生网络文明素养提升工程”“东华大学‘易网工程’育人工作室”“福州大学建设新疆籍少数民族学生成才温馨家园——基于对刘敏榕工作室的探索”4个基于高校辅导员工作室建设与实践的项目入选首批高校思想政治工作精品项目名单；“沈阳医学院青年辅导员成长工作室”“上海交通大学国务学院党建思政网络文章创作工作室”“西南政法大学兴文化，育新人：以大学生网络文化工作室建设引领学校网络育人新模式"3个基于高校辅导员工作室建设与实践的项目入选第二批高校思想政治工作精品项目名单。

三、全国范围的稳步发展期(2020—2023年11月)

2020年,《教育部等八部门关于加快构建高校思想政治工作体系的意见》(教思政〔2020〕1号)中14次提到"辅导员",并在打造高素质思想政治工作和党务工作队伍中指出:"严格落实中央关于高校思想政治工作和党务工作队伍配备的各项指标性要求。完善高校专职辅导员职业发展体系,建立职级、职称'双线'晋升办法,学校应当结合实际情况为专职辅导员专设一定比例的正高级专业技术岗位。参照校内管理岗位比例,依据国家有关规定,建立完善高校专职辅导员管理岗位(职员等级)晋升制度。对长期从事辅导员工作、表现优秀的,按照国家有关规定给予奖励。各高校要切实履行辅导员选聘工作的主体责任,按照专兼结合、以专为主的原则加强辅导员选配工作。各地有关部门要积极支持并督导各高校严格落实专职辅导员人事管理政策,按规定签订聘用合同,不得用劳务派遣、人事代理等方式聘用辅导员。鼓励选聘各级党政机关、科研院所、军队、企事业单位党员领导干部、专家学者等担任校外辅导员。完善兼职辅导员和校外辅导员培训、管理、考核制度。持续提升思想政治工作和党务工作队伍的素质能力和专业水平,实施思想政治工作中青年骨干队伍建设项目,组织开展国家示范培训、海内外访学研修、在职攻读硕士博士学位等专项计划。各地要因地制宜设置思政课教师和辅导员岗位津贴,并纳入绩效工资管理,相应核增学校绩效工资总量。各高校应按照在校生总数每生每年不低于20元的标准设立思想政治工作和党务工作队伍建设专项经费。"从以上内容不难看出,国家对辅导员队伍在专业化职业化发展、职称评定、收入待遇、研修提升等方面提供了充分的政策保障和制度支持。

2022年,为深入贯彻落实习近平总书记关于"大思政课"的重要指示批示和在中国人民大学考察时的重要讲话精神,以及中共中央办公厅、国务院办公厅印发的《关于深化新时代学校思想政治理论课改革创新的若干意见》(中办发〔2019〕47号)和中共中央办公厅印发的《关于加强新时代马克思主义学院建设的意见》(中办发〔2021〕32号)精神,教育部等十部门印发《全面推进"大思政课"建设的工作方案》(教社科〔2022〕3号),明确提出要"建设辅导员工作室、资助开展课题研究、推广优秀工作案例"。

宏观政策极大地推动了辅导员工作室的蓬勃发展。2020年,随着辽宁省、黑龙江省设立首批省级高校辅导员工作室,华东、华北、华中、华南、西南、西北、东北七大分区均设立省级高校辅导员工作室。至此,省级高校辅导员工作室从华东地区发展到全国七大分区。在2020年至2023年的4年间,全国共计立项598个省级高校辅导员工作室。至此,在31个省级行政区中,除山西省、西藏自治区、海南省未立项外,其余28个省(区、市)均设有省级高校辅导员工作室,省级高校辅导员工作室建设进入全国范围的稳步发展时期。

四、示范引领期(2023年12月及以后)

2023年,为了深入贯彻落实习近平新时代中国特色社会主义思想和党的二十大精神,进一步加快构建立德树人根本任务新格局，推动各地各高校落实“时代新人铸魂工程”，着力培养担当民族复兴大任的时代新人，教育部决定启动 2024 年度高校思想政治工作质量提升综合改革与精品建设项目的申报工作，其中就包括高校辅导员名师工作室申报。

高校辅导员名师工作室申报以提升辅导员育人能力、促进辅导员成长发展为主线，充分发挥先进典型的示范引领和辐射带动作用，创新打造全国高校辅导员学习成长“共同体”，构建前辈领航、朋辈互助、同行交流平台。工作室实施主持人负责制，聚焦辅导员履职尽责、成长发展需要，制订工作室成员学习成长计划，指导和帮助工作室成员在建设周期内实现学习成长目标；紧紧围绕工作室建设主题，深化理论研究及实践探索，产出一批具有较强针对性与实效性的工作指南、案例或视频；依托高校辅导员队伍能力大数据赋能平台，吸纳更多优秀辅导员加入工作室建设，深化拓展工作室建设成效。

2023 年 12 月，教育部公布 2024 年度高校辅导员名师工作室名单，首批 80 个工作室入选，至此，高校辅导员工作室建设从省级立项时期正式步入国家级立项时期。可以预见，未来，高校辅导员工作室建设必将快速步入“一校一品”“一校多品”的示范引领期，为辅导员专业化职业化发展注入全新的动力源泉。

第四章　高校辅导员工作室的优化策略：建构之道与实践进路

第一节　高校辅导员工作室建构策略的研究背景

自2009年复旦大学设立“赵强工作室”到2012年上海市教育委员会设立“包涵工作室”和“洪汉英工作室”，再到2023年，在31个省级行政区中，除山西省、西藏自治区、海南省未立项外，其余28个省（区、市）均设有省级高校辅导员工作室，共计有1182个省级立项的高校辅导员工作室（数据统计截至2023年12月31日）。历经15年的发展，高校辅导员工作室建设可分为高校自发探索期（2009—2011年）、各地区自主建设期（2012—2019年）和全国范围的稳步发展期（2020—2023年11月）。2023年教育部启动高校辅导员名师工作室项目申报，标志着高校辅导员工作室从省级立项时期步入国家级立项时期，本书编委会将其定义为示范引领期（2023年12月及以后）。而在新的示范引领期，探索如何通过建设高校辅导员工作室来提升辅导员的育人能力、促进辅导员的成长发展，充分发挥先进典型的示范引领和辐射带动作用，创新打造全国高校辅导员学习成长“共同体”，构建前辈领航、朋辈互助、同行交流的平台，显得尤为迫切。

自2009年高校辅导员工作室这一组织形态出现以来，关于高校辅导员工作室“怎么建”的讨论不绝于耳。学者们从多维视角出发，对高校辅导员工作室建设的实践进路进行了研究。例如，梅晓芳（2020）在共同体视域下，通过对高校辅导员工作室发展脉络的梳理，确证了其作为共同体存在的前提及理实依据，继而从共同体的“四个维度”推演共同体视野下辅导员工作室建设的逻辑理路：职业共同体是辅导员专业化发展的重要前提，学习共同体是辅导员专业化发展的最优路径，实践共同体是辅导员专业化发展的关键载体，成长共同体是辅导员专业化发展的核心指向。① 陈晓晶（2022）从目标定位、运行机制、特色驱动、长效培育四个方面思考辅导员工作室建设的实践进路，提出辅导员工作室建设的四重优化维度：一是明确目标定位，注重队伍建设的方向性；二是完善运行机制，注重队伍建设的规范性；三是促进特色驱动，注重队伍建设的创新性；四是强化长效培育，注重队

---

① 梅晓芳. 高校辅导员工作室：共同体视域下辅导员专业化发展的新向度[J]. 江苏高教，2020(7)：120-124.

伍建设的长期性。[①] 不难看出，学者们基于建设现状对高校辅导员工作室“怎么建”都提出了有益观点，推动着高校辅导员工作室建设向前发展，但仔细观之，目前尚缺乏基于丰富的数据分析和文本分析的质性研究，亟须通过扎根到数据和文本中建构一个解释力和说服力强的高校辅导员工作室建设理论模型。本章节将采用质性研究中的扎根理论进行分析，试图在海量文本中，用科学的分析方法找到高校辅导员工作室的建构之道与实践进路，回答好高校辅导员工作室应该“怎么建”的实践之问。

第二节　高校辅导员工作室建构策略的研究设计

一、研究对象分析

为了深入了解高校辅导员工作室在不同的建设方向、不同的建设主体、不同的立项级别中的建设情况，尽可能建构普适于各类别的高校辅导员工作室建设理论模型，本章对7大分区16省(区、市)27个高校辅导员工作室的建设经验文本进行分析，建设内容均匀分布于思想理论教育和价值引领、党团和班级建设、学风建设、学生日常事务管理、心理健康教育与咨询、网络思想政治教育、校园危机事件应对、职业规划与就业创业指导、理论和实践研究九大类别；建设主体(立项工作室所在高校)3所为教育部直属高校、18所为省属公办本科高校、5所为高职高专、1所为民办院校；国家级高校辅导员工作室2个、省级高校辅导员工作室12个、校级高校辅导员工作室13个。建设经验文本合计15万余字。这些文本为研究高校辅导员工作室建设理论模型提供了充足、丰富、密集的信息支持，保证了研究的顺利开展。高校辅导员工作室建设经验文本基本信息详见表4-1。

二、研究方法

本章采用扎根理论研究方法。扎根理论(Grounded Theory)是格拉斯(Glaser)和斯特劳斯(Strauss)在1967年提出的一种质性研究方法，强调在收集经验资料的基础上建立理论。“扎根理论特别强调从资料中提升理论，认为只有通过对资料的深入分析，才能逐步形成理论框架。这是一个归纳的过程，从下往上将资料不断地进行浓缩。”其特点为“研究者在研究开始之前一般没有理论假设，直接从实际观察入手，从原始资料中归纳出经验概括，然后上升到理论”。[②] 1990年，斯特劳斯和科宾(Corbin)在原始扎根理论的基础上，将研究过程进一步程序化，结合具体实践，引入一些新的概念和方法，被称为“程序化扎根理论”，其核心步骤包括开放式编码、主轴编码、选择性编码3个阶段。本章选择27个高校辅导员工作室建设经验文本进行三级编码，完成从数据到概念再到范畴，最终形成理论的研究过程，在15万余字的文本中建构出新时代高校辅导员工作室建设的理论模型，并对高校辅导员工作室建设的理论模型进行阐释。

---

① 陈晓晶. 专业化发展视域下高校辅导员工作室培育与优化的四重维度[J]. 成都中医药大学学报(教育科学版)，2022(4)：86-89.

② 陈向明. 扎根理论的思路和方法[J]. 教育研究与实验，1999(4)：58-63.

表 4-1　高校辅导员工作室建设经验文本基本信息

文本编号	序号	建设方向	立项级别（立项年份）	工作室名称	所属高校	所属高校类别	所在省（区、市）	所属地区	主持人	主持人荣誉
T1	1	思想理论教育和价值引领	校级（2017）	常来工作室	湖南农业大学	省属公办本科高校	湖南	华中地区	常徕	2022 年全国“最美高校辅导员”
T2	2	思想理论教育和价值引领	省级（2017）	“新时代新青年新担当”辅导员工作室	哈尔滨师范大学	省属公办本科高校	黑龙江	东北地区	刘国权	2021 年全国“最美高校辅导员”
T3	3	思想理论教育和价值引领	省级（2021）	红色基因传承名师工作室	安庆师范大学	省属公办本科高校	安徽	华东地区	方瑞	
T4	4	党团和班级建设	省级（2020）	周海燕辅导员名师工作室	江西财经大学	省属公办本科高校	江西	华东地区	周海燕	
T5	5	党团和班级建设	校级（2019）	陈丽敏工作室（党团和班级建设辅导员工作室）	广东药科大学	省属公办本科高校	广东	华南地区	陈丽敏	
T6	6	党团和班级建设	校级（2018）	“灯塔领航”辅导员工作室	天津工业大学	省属公办本科高校	天津	华北地区	金笛	
T7	7	学风建设	校级（2021）	学风建设与学业指导辅导员工作室	中国地质大学（北京）	省属公办本科高校	北京	华北地区	张盼盼	
T8	8	学风建设	省级（2019）	“攀高峰”辅导员工作室	重庆邮电大学	省属公办本科高校	重庆	西南地区	张婷婷	
T9	9	学风建设	省级（2021）	“彩虹桥”辅导员工作室	浙江工商大学	省属公办本科高校	浙江	华东地区	兰大伟	

续表4-1

文本编号	序号	建设方向	立项级别（立项年份）	工作室名称	所属高校	所属高校类别	所在省（区、市）	所属地区	主持人	主持人荣誉
T10	10	学生日常事务管理	校级（2020）	张晓英（五育坊）工作室	长江职业学院	高职高专	湖北	华中地区	张晓英	
T11	11	学生日常事务管理	校级（2023）	“耕读植绿”劳动育人辅导员工作室	北京林业大学	教育部直属高校	北京	华北地区	马静	
T12	12	学生日常事务管理	校级（2019）	“凝心聚力·铸魂育人”聚力工作室	三峡大学	省属公办本科高校	湖北	华中地区	艾力乃再尔·艾尼瓦尔	
T13	13	心理健康教育与咨询	校级（2017）	叶海燕心理工作室	西南大学	教育部直属高校	四川	西南地区	叶海燕	2022年全国“高校辅导员年度人物”
T14	14	心理健康教育与咨询	省级（2021）	“博雅心语”万娟名辅导员工作室	成都信息工程大学	省属公办本科高校	四川	西南地区	万娟	
T15	15	心理健康教育与咨询	校级（2018）	“E-Change心语空间”成长辅导工作室	湖南工程职业技术学院	高职高专	湖南	华中地区	刘乔丹	
T16	16	网络思想政治教育	校级（2018）	嘻哈铺工作室	华北理工大学轻工学院	民办院校	河北	华北地区	王晨	
T17	17	网络思想政治教育	省级（2020）	梧桐树网络文化工作室	河北农业大学	省属公办本科高校	河北	华北地区	沐牧	
T18	18	网络思想政治教育	国家级（2023）	地学微风大学生网络文化工作室	桂林理工大学	省属公办本科高校	广西	华南地区	吴田波	
T19	19	校园危机事件应对	省级（2019）	“向阳花”大学生危机预控工作室	商洛学院	省属公办本科高校	陕西	西北地区	张俊华	

续表4-1

文本编号	序号	建设方向	立项级别（立项年份）	工作室名称	所属高校	所属高校类别	所在省（区、市）	所属地区	主持人	主持人荣誉
T20	20	校园危机事件应对	校级（2020）	“护航青春”辅导员工作室	重庆财经职业学院	高职高专	重庆	西南地区	杨可	
T21	21	校园危机事件应对	省级（2020）	辅导员联播工作室	辽宁生态工程职业学院	高职高专	辽宁	东北地区	刘明耀	
T22	22	职业规划与就业创业指导	校级（2017）	启路生涯导航工作室	上海健康医学院	省属公办本科高校	上海	华东地区	高晓霞	
T23	23	职业规划与就业创业指导	校级（2016）	幸福生涯工作室	华南师范大学	省属公办本科高校	广东	华南地区	陈璐	
T24	24	职业规划与就业创业指导	省级（2023）	“礼润小西”辅导员工作室	广西大学	省属公办本科高校	广西	华南地区	吴达慧	2023年全国“高校辅导员年度人物”
T25	25	理论和实践研究	省级（2019）	袁利辅导员成长工作室	重庆大学	教育部直属高校	重庆	西南地区	袁利	2019年全国“最美高校辅导员”2019年全国“高校辅导员年度人物”
T26	26	理论和实践研究	省级（2014）	发哥辅导员工作室	江西理工大学	省属公办本科高校	江西	华东地区	饶先发	
T27	27	理论和实践研究	国家级（2023）	“大树小树共成长”辅导员工作室	江西外语外贸职业学院	高职高专	江西	华东地区	宫婷婷	

三、研究工具

本研究使用 NVivo 11 plus 软件进行三级编码分析。该软件具有强大的编码、词频分析功能，能帮助用户高效处理质性数据，为研究人员提供便利，保证质性分析的严谨性与可行性。

第三节　高校辅导员工作室建构策略的研究过程

本章采用“程序化扎根理论”的研究方法，对 27 个高校辅导员工作室建设经验文本进行自下而上的三级编码，最终形成具有从属关系的各级节点与结构模型，具体编码过程如下。

一、开放式编码阶段

开放式编码是将原始资料打散重组，将所有资料视为“数据”，从数据中抽象出“概念”，再从“概念”中不断对比合并得到“范畴”的过程。开放式编码是整个编码过程中的第一步，它要求研究者要有空杯心态，“以一种开放的心态，尽量悬置个人的‘倾见’和研究界的‘定见’，从资料中发现概念类属，对类属加以命名，确定类属的属性和维度，然后对研究的现象加以命名及类属化。”①本研究始终围绕着高校辅导员工作室建设这一主题进行无差别编码，在庞杂的文本数据中进行概念化抽象，通过 477 个编码参考点，共抽象出 90 个初始概念并对其进一步范畴化（部分开放式编码示例详见表 4-2），聚拢为 18 个范畴：工作室建设获得政策和经费支持、确定工作室主持人、组建工作室团队、建设工作室组织机构、确定工作室建设方向、确定工作室建设思路、建设工作室实践基地、打造工作室文化标识；开展契合主题的育人实践、将育人实践总结为典型经验、将典型经验升格为科学研究、在从实践到研究的闭环中培养人、打破校际壁垒的互学共建；致力于深化工作实践、致力于形成典型经验、致力于开展科学研究、致力于提高育人水平、致力于扩大队伍影响（开放式编码结果详见表 4-3）。

二、主轴编码阶段

主轴编码是实施“程序化扎根理论”编码程序的第二步。提炼主轴编码是在开放式编码的基础上，通过对范畴进行不断比较分析、归纳提炼形成主范畴的过程。开放式编码得到的概念与范畴是独立的，它们之间的关系尚未深入探讨。主轴编码则强调“将开放式编码得到的各项范畴联结在一起，发现范畴之间的潜在逻辑关系，其主要任务是在性质及维度的基础上进一步发展范畴，即确定主范畴和副范畴”。② 本章通过概念类属之间的有机

---

① 陈向明. 质的研究方法与社会科学研究[M]. 北京：教育科学出版社，2000：332-333.

② 张宝生，张庆普. 基于扎根理论的隐性知识流转网成员合作意愿影响因素研究[J]. 管理学报，2015，12(8)：1224-1229.

关联关系分析，根据高校辅导员工作室建设的时间维度，将得到的18个副范畴归纳为3个主范畴(高校辅导员工作室的建设准备、高校辅导员工作室的建设过程、高校辅导员工作室的优化策略)、范畴与主范畴之间的所属关系，以及其编码参考点数(主轴编码结果详见表4-4)。

表4-2　开放式编码示例(节选)

<table>
<tr><th>文本中的原始语句</th><th>概念化</th><th>范畴化</th></tr>
<tr><td>工作室的建设得到陕西省委教育工委及学校党委的政策及经费支持</td><td>工作室建设获得省教育厅专项经费支持</td><td rowspan="2">工作室建设获得政策和经费支持</td></tr>
<tr><td>院内，积极服务广西一流学科的建设发展，得到学院专项经费支持；校内，工作室主动融入“一站式”学生社区建设，得到学校专项经费支持；区内，工作室顺利入选第一批广西高校高水平辅导员工作室培育建设项目，得到广西教育厅专项经费支持</td><td>工作室建设获得学院、学校、省教育厅专项经费支持</td></tr>
<tr><td>个人主持及参与省部级课题5项，出版专著2部，参编专著1部，发表CSSCI论文3篇；先后获评全国思政工作论文二等奖、全省“最美高校辅导员”等省部级及以上奖励25项</td><td rowspan="3">有良好的科研基础和科研能力</td><td rowspan="8">确定工作室主持人</td></tr>
<tr><td>副教授,心理学博士</td></tr>
<tr><td>在读博士</td></tr>
<tr><td>从事专职辅导员工作16年</td><td rowspan="2">长期从事大学生思想政治教育工作</td></tr>
<tr><td>坚守在学生工作一线，从事专职辅导员工作33年</td></tr>
<tr><td>国家二级心理咨询师、二级职业指导师、家庭教育指导师、婚姻家庭咨询师</td><td rowspan="2">专长于大学生教育管理的某一领域</td></tr>
<tr><td>全球职业规划师、生涯教练</td></tr>
<tr><td>获得全国大学生心理健康教育工作先进个人、第十一届全国“高校辅导员年度人物”(提名奖)、重庆市“最美高校辅导员”、重庆市新冠肺炎疫情期间未成年人心理健康辅导工作先进个人、第十四届全国“高校辅导员年度人物”等称号</td><td>在职业生涯中取得多项标志性荣誉和成果</td></tr>
<tr><td>工作室主要成员为13名来自学校不同学院的专职辅导员，其中副教授2人、讲师7人、助教4人；另有客座名师顾问团队数十人，主要是校内外知名形象造型、美学、中华文化、礼仪传播等领域的优秀教师</td><td>组建工作室教师团队</td><td>组建工作室团队</td></tr>
</table>

续表4-2

<table>
<tr><th>文本中的原始语句</th><th>概念化</th><th>范畴化</th></tr>
<tr><td>工作室构建1234工作团队：实行矩阵式管理</td><td>工作团队实施矩阵式管理</td><td rowspan="3">建设工作室组织机构</td></tr>
<tr><td>工作室各团组采用项目化模式运营</td><td>工作团队以项目化模式运营</td></tr>
<tr><td>以工作室制度规范来确定团队的目标与职责、权利与义务、考核与管理，明确各小组成员及分工，建立起完善的工作规范、评价体系以及奖惩机制</td><td>工作室制度规范完善</td></tr>
<tr><td>工作室以校园危机管理与大学生安全教育内容为重点</td><td>聚焦校园危机事件应对方向</td><td>确定工作室建设方向</td></tr>
<tr><td>聚焦网络育人工作中的难点、痛点、热点问题，深化理论研究和实践探索，构建前辈领航、朋辈互助、辅导员交流的平台。努力培养一支有能力、有梦想的网络育人团队，建设一个有魅力、有理想的网络育人阵地，打造一套有效力、有反响的网络育人模式，拓展一批有活力、有回响的网络育人栏目，形成一系列有价值、有影响的网络育人成果</td><td>工作室的建设聚焦网络思政，在平台搭建、团队培养、阵地建设、育人模式、育人栏目和网络育人成果上下功夫</td><td>确定工作室建设思路</td></tr>
<tr><td>学校为工作室提供单独场地，统一配置了电脑、桌椅、打印机、投影仪等设备</td><td rowspan="2">线下物理空间</td><td rowspan="2">建设工作室实践基地</td></tr>
<tr><td>现已建成影视录播室、音频制作室、综合活动室等场所400余平方米，配备无人机、单反相机、微单相机、影视照明、录音设备等各类影视专业器材，为广大师生开展网络文化作品创作提供了优质的交流和活动空间</td></tr>
<tr><td>以灯塔为原型，结合“灯塔引领计划”自身特点，设计工作室标志。三个横向排列的窗户代表“三全育人”，五个纵向排列的窗户代表“德智体美劳”，十个光环代表“十大育人体系”，海洋是根基，代表安全稳定
工作室标识以农业和林业的主体环境色——绿色作为背景，最外面是树叶的形状，书本上面左侧是麦穗，象征“耕读”，右侧是树叶，象征“植绿”，麦穗和树叶共同组成了象征教育和育人的爱心，意指传承耕读文化、弘扬植绿报国的理念，将书本知识与劳动实践相结合，知行合一，培养学生的劳动意识与劳动精神</td><td>工作室的logo（标识）及其内涵</td><td rowspan="2">打造工作室文化标识</td></tr>
<tr><td>工作室口号：学生闯世界·辅导员搭桥梁</td><td>工作室的口号</td></tr>
</table>

表 4-3　开放式编码结果

主范畴	范畴化	初始化概念编码
高校辅导员工作室的建设准备	工作室建设获得政策和经费支持	工作室建设获得省教育厅专项经费支持/将工作室建设纳入学校重点工作/设立党建与思想政治工作专项经费，纳入学院经费预算/委托工作室承接校级开放思政课题
	确定工作室主持人	担任学生管理团队领导职务/具有一定的社会影响力/有良好的科研基础和科研能力/在职业生涯中取得多项标志性荣誉和成果/长期从事大学生思想政治教育工作/主持人的头雁效应/主持省级辅导员工作室/专长于大学生教育管理某一领域
	组建工作室团队	组建工作室教师团队/组建工作室学生团队
	建设工作室组织机构	工作团队实施矩阵管理/工作团队以项目化模式运营/构建一支部、六中心的建设格局/建设工作室管理和规章制度
	确定工作室建设方向	将理想信念贯穿教育始终/结合学校特色/以五育并举为建设方向/聚焦党团班级建设/聚焦学生党建和思想政治教育的薄弱环节/以美育为建设重点
	确定工作室建设思路	建设目标/建设理念/建设路径
	建设工作室实践基地	线上虚拟空间/线下物理空间
	打造工作室文化标识	工作室的 logo 及其内涵/工作室的口号/工作室名称的由来
高校辅导员工作室的建设过程	开展契合主题的育人实践	承办辅导员能力提升培训/创作优质网络文化作品，进行多平台宣发/开发工作室建设主题相关的课程/围绕工作室建设方向开展教师研学/围绕工作室建设方向开展线上线下教育活动/组织辅导员夜校提高辅导员业务水平
	将育人实践总结为典型经验	编写学生成长手册/汇编辅导员工作手册/汇总工作案例集/形成工作室建设模式/撰写基于工作室实践的工作案例/总结工作方法
	将典型经验升格为科学研究	出版专著/立项课题/发表论文
	在从实践到研究的闭环中培养人	促进学生全面发展/带动辅导员队伍专业化职业化专家化发展/工作室教师成员获得省部级荣誉/工作室学生成员能力素质得到提升
	打破校际壁垒的互学共建	到其他高校就工作室建设主题进行调研/到其他高校学习工作室建设经验/工作室建设取得社会效益/联合其他工作室开展共建/提升工作室在高校的知名度/线上线下分享工作室建设经验/邀请思政名师到校开展讲座/与其他高校就工作室建设主题开展共建活动/与全国重点马院结对获得指导

续表4-3

主范畴	范畴化	初始化概念编码
高校辅导员工作室的优化策略	致力于深化工作实践	孵化名师工作室/改善工作室软硬件设施/深化工作室育人实践/深化已有的课程建设/探索积极的思政育人模式/微信平台建设“精品化”
	致力于形成典型经验	在各类会议上介绍典型经验/在实践探索形成工作方法/撰写典型工作育人案例
	致力于开展科学研究	参加国内学术交流会议、论坛/基于工作室建设主题开展理论与实践研究/撰写与工作室建设主题相关的实践研究报告/组织申报国家级、省级辅导员相关科研项目/组织申报教育部高校思想政治工作建设综合改革与精品建设项目
	致力于提高育人水平	就工作室建设主题的方向打造专业的思政育人团队/就工作室建设主题的方向培养思政名师/就工作室建设主题提升成员的业务水平/面向全国高校辅导员打造成长共同体/提升辅导员专项工作的育人能力/吸收优秀辅导员加入工作室/培养优秀个案
	致力于扩大队伍影响	开展工作室品牌教育活动/打造工作室品牌栏目/加大对外交流力度/举办网络育人训练营/推动与高校、研究机构和社会组织的合作

表 4-4　主轴编码结果

主范畴	范畴	编码参考点	
高校辅导员工作室的建设准备（筹备之基）	工作室建设获得政策和经费支持	5	174
	确定工作室主持人	65	
	组建工作室团队	24	
	建设工作室组织机构	8	
	确定工作室建设方向	22	
	确定工作室建设思路	35	
	建设工作室实践基地	10	
	打造工作室文化标识	5	
高校辅导员工作室的建设过程（实践之道）	开展契合主题的育人实践	84	199
	将育人实践总结为典型经验	34	
	将典型经验升格为科学研究	20	
	在从实践到研究的闭环中培养人	37	
	打破校际壁垒的互学共建	24	

续表4-4

主范畴	范畴	编码参考点	
高校辅导员工作室的优化策略（优化之维）	致力于深化工作实践	26	104
	致力于形成典型经验	5	
	致力于开展科学研究	6	
	致力于提高育人水平	1	
	致力于扩大队伍影响	66	

三、选择性编码阶段

选择性编码阶段就是将主轴编码阶段所形成的范畴进行再一次整合和提炼，“利用典型模型来分析主范畴之间的联系，通过反复对比与分析其路径关系，从而形成一条清晰、明确的故事线，利用‘开发故事线’的方法阐述整体的行为现象与脉络条件，最终建构理论模型”①。作为建构理论模型的最后一步，选择性编码需要系统分析主范畴并从中挖掘出核心范畴。核心范畴应处于中心地位，具有统领性，其他子范畴均围绕其展开。高校辅导员工作室“怎么建”是本次研究的核心，其他概念范畴均指向该范畴。至此，形成了包含高校辅导员工作室的建设准备、高校辅导员工作室的建设过程、高校辅导员工作室的优化策略三个以建设时间为轴的高校辅导员工作室建设模型（图4-1）。

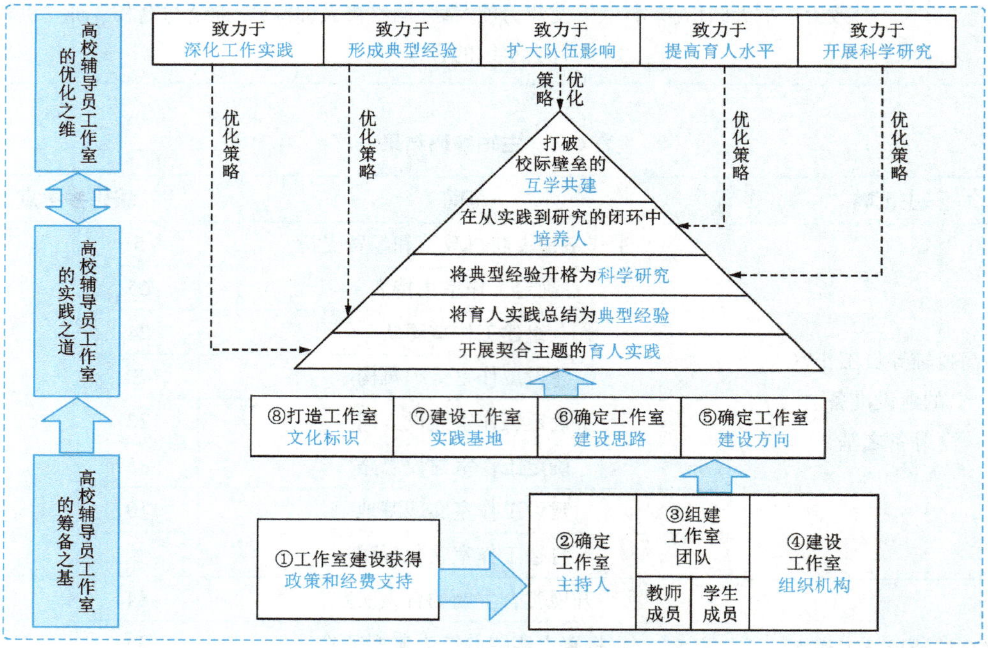

图4-1　高校辅导员工作室建设模型图

① 费小冬. 扎根理论研究方法论：要素、研究程序和评判标准[J]. 公共行政评论，2008（3）：23-43，197.

四、理论饱和度检验

为保证研究的可信度，编码工作完成后，本书编委会通过对事先预留的 9 个文本数据进行理论饱和度检验，最终结果显示，新一轮编码均可纳入上述范畴体系中，理论模型中的概念范畴已发展完备，未产生新的概念与范畴。参考理论饱和度检验结果，基于扎根理论建构出的"高校辅导员工作室建设"的模型图在理论上已达到饱和。

第四节　高校辅导员工作室建设模型的阐释说明

接下来，本节将通过对 3 个主范畴 18 个副范畴进行逐一解释说明来进行高校辅导员工作室建设模型的理论阐释。

一、筹备之基：高校辅导员工作室的建设准备

1. 工作室建设获得政策和经费支持

工作室作为高校辅导员队伍建设的一种组织形态，在其建设和发展的过程中离不开人、财、物的支持和政策的倾斜。因此，获得政策和经费支持在工作室建设准备中是一个重要的基础条件，决定着后面的环节能够顺利进行。在编码的过程中发现样本中的工作室普遍获得来自省教育厅或学校的大力支持。"学校将辅导员工作室建设纳入学校工作要点和学生工作重点，定期组织阶段性验收与指导。学校专门出台了《江西财经大学辅导员工作室管理办法》等制度，从宏观层面加大对工作室建设的政策支持。"（T4）"工作室顺利入选第一批广西高校高水平辅导员工作室培育建设项目，得到广西教育厅专项经费支持。"（T18）"工作室的建设得到陕西省委教育工委及学校党委的政策及经费支持，学校和相关职能部门高度重视工作室建设。"（T19）可见，在工作室的建设中，是否有来自学校的政策和资金支持在很大程度上决定着工作室是否能够正常运转，是否能够具有实践的空间和平台，是否能够在学校的孵化中顺利升格为省级高校辅导员工作室。

2. 确定工作室主持人

工作室主持人在工作室建设中处于核心地位，需要发挥"头雁效应"。工作室主持人既要有突出的工作能力，带领成员在工作室建设领域中"守正创新"；又要具备理论研究能力，带领成员将育人实践总结凝练为育人案例，并进一步升格为基于实践的理论研究；还需要在全国或全省范围有辅导员名师的"朋友圈"，能够邀请到行业名师指导工作室的建设，为工作室的发展掌舵领航。在初始概念编码的过程中，发现工作室主持人普遍具有以下特征：长期从事大学生思想政治教育工作、专长于大学生教育管理的某一领域、担任学生管理团队领导职务、有良好的科研基础和科研能力、在职业生涯中取得多项标志性荣誉和成果、具有一定的社会影响力、主持省级辅导员工作室等。在关于工作室主持人的初始编码中，共有 65 个编码参考点，密集的编码参考点有助于绘制出工作室主持人的"人物画

像”。但需要特别说明的是，工作室主持人并不意味着需要满足以上所有特征，一般来说，主持人与以上特征越契合，就越能够充分地发挥其在工作室建设中的“头雁效应”。

3. 组建工作室团队

工作室成员需要在工作室主持人的带领下，遵循工作室的建设方向、建设目标、建设思路完成育人实践和科学研究等工作。工作室成员分为三类：专家顾问、教师成员和学生成员。人数根据工作室建设规模需要而定，教师成员应在工作年限、学历、职称结构、专业等方面均衡分布，形成梯度化、全能型的学生工作指导团队。在编码的过程中几乎所有样本都涉及这一项内容。“工作室成员从江西理工大学辅导员逐渐拓展到31个省(区、市)，150余所高校的300多名思政工作者，成员中拥有高级职称的29人，中级职称的120人；博士25人，硕士132人。”(T26)“工作室目前有团队成员10人，涉及心理学、思想政治教育、计算机技术、历史学等多个专业。”(T14)“工作室有专业的学生队伍，从易班学生工作站建设起，学生干部已传承七届。工作室成立后，更是连续两届培养出优秀的新媒体学生干部留校任职。”(T18)可见，在工作室成员的组成上，从事思想政治教育工作年限、学历、职称、专业、标志性荣誉等都是需要考量的方面。

4. 建设工作室组织机构

当团队组建起来后，要想实现在工作室主持人的领导下围绕着共同愿景开展工作实践，必不可少的条件就是完善的组织机构和清晰的体制机制建设。如，在组织机构中实行矩阵式管理：“工作室构建“1244”工作团队，实行矩阵式管理。“1”即以网络文化工作室为中心。“2”即培育指导辅导员团队和学生团队两支队伍。“4”即辅导员团队由学术科研组、网络运维组、团队管理组、创作策划组组成，针对网络思政工作中制度建设不完善、平台阵地黏性差、队伍能力待提升、创作内容不精准等四大突出问题，有针对性地开展研究、探索路径，在指导学生团队实践中论证并形成成果。“4”即学生团队主要由易班工作站、马克思主义学习研究会、焦点时刻栏目组、院级新媒体中心组成。”(T17)制定工作室规章制度保证其顺利运转：“制定了《工作室职责》《工作室主持人职责》《工作室发展规划》等规章制度，完成了工作室中期检查、结项答辩、挂牌后继续推动工作室建设等任务。”(T19)在工作中开展项目化运营：“采用项目化模式运营，突出成果导向，承担具体项目并及时固化成果。”(T17)可见，完善的组织机构和与之相适应的管理制度是保证工作室顺利运营的重要基础。

5. 确定工作室建设方向

工作室与院(系)学生工作团队存在明显的不同之处，传统的院(系)学生工作团队是指在同一个学院(系)，辅导员组建为一个工作团队，在党委(党总支)副书记的带领下完成大学生思想政治教育与管理等工作。但工作室是在主持人的带领下，成员们围绕着某一主题开展育人实践、经验总结和理论研究，以此来提升成员在某一工作领域的育人水平，进而提升工作室团队在某一领域的育人实效。因此，建设方向就是工作室的建设指向标，在初始编码的过程中，形成了包括“理想信念贯穿教育始终”“结合学校特色”“以五育并举为建设方向”“聚焦党团班级建设”“聚焦学生党建和思想政治教育的薄弱环节”“以美育为建设重点”等初始化概念编码。可见，工作室建设方向既可以聚焦辅导员工作职责的某一方面；也可以结合学校特色进行建设；同时还可以充分结合辅导员个人特长进行建设方向的选择。如湖南农业大学常来工作室结合工作室主持人的个人特长，创新探索了以原创音乐开展思想政治教育的新路径，工作室英文名为“Song Rising Studio”，意为“为成长而歌唱”，象征着通过艺术的力量激发学生的成长潜能和创造力。

6. 确定工作室建设思路

工作室在确定了建设方向后，就需要确定建设目标进而确定建设思路和建设路径，让工作室的建设及早落地。在此部分的初始编码中，所选文本都体现出了“工作室的建设方向决定着建设目标，建设目标进一步决定着建设思路，建设思路又决定着建设路径”这一逻辑理路和实践进路。如，“工作室致力于推动高校心理健康教育实践与创新，为大学生心理健康提供指导、咨询和督导，帮助大学生纾解心理困扰，提升心理素质；通过线上线下交流学习，提升高校辅导员队伍自身心理素质，增强辅导员心理健康教育职业能力；开展理论研究，推动高校心理健康教育科学化、专业化发展。工作室的愿景是‘立己达人、绽放生命’，努力打造有心理底蕴的辅导员名师工作室。”（T4）以上描述既包括了建设目标、建设思路和建设路径等要素，又清晰地指出了工作室的发展愿景和实践路径。

7. 建设工作室实践基地

工作室的实践基地指的是工作室在开展育人实践的过程中所需的工作空间。具体说来，可以包括线上的虚拟空间和线下的物理空间。“学校在北新街校区和丹江校区为工作室提供了独立的办公场地，并完成了基础装修和硬件配备，为辅导员集体学习、研讨和开展工作提供了良好的办公环境。”（T19）“工作室采取‘线下线上’相结合的运营模式，线下建立了高校辅导员工作室，线上平台有高校辅导员工作室微信公众号、视频号、抖音、哔哩哔哩、微博、QQ 群、网站和高校辅导员先锋微信公众号等 8 个阵地。”（T26）“‘叶海燕心理工作室’微信公众号，共有邂逅心理大师、心理学与生活、心理热点分析、大学生心理健康、辅导员心理健康、活动预告、研学心得、团辅方案、大学生成长论坛等 12 个栏目。”（T4）“建有综合办公区、公寓服务站、党史学习教育廊三个‘线下’阵地，‘新时代 新青年 新担当’微信公众号、弘毅讲坛、高校辅导员素质能力提升群三个‘线上’阵地。”（T2）可见，工作室的实践基地主要集中于线下的物理空间和线上的虚拟空间中，除了上述实践基地，各类和工作室主题相关的竞赛、实践、研学等平台都可作为工作室建设的“实践育人平台”。

8. 打造工作室文化标识

文化标识是指代表特定国家、地区、组织、团体、场所、产品或服务等文化、价值观、形象风格等的符号、图像、颜色、音乐或其他表现形式。它以文化现象为彰显，以文化元素为支撑，以文化基因为内涵，集成理念、风貌和人文精神等为一体，是文化自信和文化竞争力的标志。对于工作室而言，文化标识具体是指包括工作室名称、建设理念、口号、

logo、吉祥物(拟人化的虚拟代表人物)等在内的异于其他工作室的独特文化符号。如,“工作室口号:学生闯世界·辅导员搭桥梁。”(T9)“为学生点亮理想的灯,照亮前行的路。”(T6)“工作室标识以农业和林业的主体环境色——绿色作为背景,最外面是树叶的形状,书本上面左侧是麦穗,象征“耕读”,右侧是树叶,象征“植绿”,麦穗和树叶共同组成了象征教育和育人的爱心,意指传承耕读文化、弘扬植绿报国的理念,将书本知识与劳动实践相结合,知行合一,培养学生的劳动意识与劳动精神。”(T11)这些独属于工作室的文化标识,彰显着工作室的建设方向和建设目标,也彰显着工作室团队的工作指向和育人初心,具有独特的文化意蕴。

二、实践之道:高校辅导员工作室的建设过程

1. 开展契合主题的育人实践

结合工作室建设主题开展育人实践是工作室进入建设阶段的第一步,它在整个工作室的建设过程中处于金字塔的底部。究其原因,一是育人实践是将实践总结为典型经验、将经验升格为科学研究,在从实践到研究的闭环中培养人、打破校际壁垒的前提;二是因为开展育人实践是所有工作室都可以自主进行的,它并不需要过多的条件和门槛。在建设过程的五个阶段中,建设难度系数随着建设过程的推进逐渐变大,呈现出金字塔的形状。在初始编码的过程中,形成了包括“围绕工作室建设方向开展线上线下教育活动”“创作优质的网络文化作品”“进行多平台宣发”“承办辅导员能力提升培训”“开发工作室建设主题相关的课程”“围绕工作室建设方向开展教师研学”“组织辅导员夜校提高辅导员业务水平”等初始化概念编码,进一步看,这些育人实践主要围绕着诸如“网络思想政治教育”“辅导员理论与实践研究”等主题进行,包含着开展线上线下教育活动、创作网络文化作品、开发课程、开展研学交流等环节。如,“工作室结合不同时期学习教育主题,确定艺术作品创作的内容,确保作品政治性、时效性和针对性。例如,工作室于 2023 年 4 月策划拍摄了《党课有新声》共 25 期;2022 年 11 月策划并创作了原创歌曲《绽放绚丽之花》;2021 年 3 月至 5 月创作了原创音乐专辑《1921—2021》、原创手绘集《映子带你学党史》。”(T1)“工作室主动为辅导员成长搭建平台,通过组织开展辅导员素质能力提升训练营、辅导员沙龙、辅导员圆桌会议等形式,引导辅导员思考和总结工作,强化辅导员能言善道的能力,推动各高校辅导员之间的思想碰撞、经验共享。目前辅导员沙龙线上活动已经开展了 70 多期,从工作模式创新到科研能力提升,从素质能力提升到内心成长感悟,从工作室建设打造到思政专项研讨,辅导员沙龙从个人到团队、由点及面、由浅入深,为辅导员构筑了一个开放性、研究性、学术性的交流平台,增强了辅导员自主研究意识,促进了辅导员有效开展学生工作研究,提升了辅导员的综合素质和能力,创建了学习型、研究型的学生工作团队。”(T26)“工作室先后设计完成‘7 天辅导员素质能力提升线上训练营’(共计 6 期)、‘7 天学生干部素质能力提升线上训练营’等项目,来自全国的 10000 余名辅导员以及学生干部累计打卡输出 80 余万字,形成了辅导员共创学习的新模式。”(T21)

2. 将育人实践总结为典型经验

要提高思想政治教育水平和辅导员专业化职业化的程度，仅仅从实践中来是不够的，还需要将实践总结为经验，进而再到实践中去。在初始编码的过程中，形成了包括“编写学生成长手册”“汇编辅导员工作手册”“汇总工作案例集”“形成工作室建设模式”“撰写基于工作室实践的工作案例”“总结工作法”等初始化概念编码，样本中的工作室在建设中尤其重视经验的积累和提炼，在工作法、工作手册、案例和案例集等方面下足功夫，将多而繁重的育人实践一步步抽象为工作的典型经验，再回到实践中指导工作，进而提升辅导员的育人水平和育人实效。如，“编订《焦点取向大学生心理危机干预工作手册》指导实践工作，完善《大学生幸福训练营方案》设计和升级”(T19)“《辅导员优秀论文集》《辅导员优秀工作案例集》共征集文章近400篇，合计14万余字。”(T27)“经过多年的建设，工作室在品牌建设及特色活动研发上取得了显著成果。《坚持立德树人，用专业化服务助力学生生涯发展——华南师范大学幸福生涯工作室建设工作案例》获得广东高校学生工作优秀案例一等奖(2021)。”(T23)

3. 将典型经验升格为科学研究

科学研究是辅导员思考总结工作、发现自身不足和提升专业水平的主要途径。“辅导员要具备扎实的知识储备和一定的科研基础，能够深入思考工作中遇到的问题。运用学理分析其中的症结、探寻其中的规律，通过比较分析、概括总结找到问题的解决办法。”①在初始编码的过程中，形成了包括“立项课题”“发表论文”“出版专著”等初始化概念编码。工作室作为一个辅导员职业共同体存在时，基于工作室实践开展科学研究，形成辅导员团队共同学习、共同提升的互动场域，提升辅导员团队凝聚力和向心力，增强辅导员的归属感与认同感，形成独特的辅导员工作室团队学习文化，能够为辅导员职业生涯发展注入源源不断的内生动力。如，“工作室入选江西省高校辅导员名师工作室、国家级大学生创新创业项目；主持人入选教育部高校思想政治工作中青年骨干、全国网络正能量榜样，主持获批各级各类课题30多项。在图书出版方面，工作室团队已出版立德树人系列丛书(《新时代高校辅导员工作室建设指导手册》《新时代高校辅导员素质能力提升教程》《新时代高校辅导员理论宣讲技巧与实务》等)11部。”(T26)“立项省级课题9项、校级课题5项；发表学术文章76篇，出版教材6本。”(T23)“工作室团队围绕‘辅导员心理健康教育职业能力提升’‘大学生心理健康与危机干预’等主题，开展了‘高校辅导员职业能力提升与专业化发展’‘专职教师与专职学工干部协同育人机制研究’‘大学生童年期父母缺位与危机干预的早期发现’等课题研究，申报获得了教育部人文社会科学(辅导员专项)、重庆市高校辅导员择优资助计划项目、中央高校基金项目等立项，入选了全国高校辅导员百门精品课程，主编出版了《让心灵追上人生的脚步——大学生心理成长导引》《高校心理育人模式构建与实践》《疫情中的心理关爱手册》等书籍5部，发表了《大学生童年期父母缺位问卷编

① 程琼，王洛忠. 新时代高校辅导员核心素养的价值、构成与培育[J]. 学校党建与思想教育，2020(3)：86-89.

制及其信效度研究》《高校辅导员心理压力及其纾解方式研究》等论文 10 余篇。”(T4)

4. 在从实践到研究的闭环中培养人

工作室历经上述三个阶段的建设，既获得丰富的育人实践，又从中凝练总结出工作案例、工作法、工作指导手册等经验性成果，加之开展科学研究使工作室建设实现从实践到理论，再运用理论指导实践的飞跃，实现了工作室“培养人”的目标。这里的“培养人”，不单指大学生，也包括辅导员；不单包括工作室的学生成员和教师成员，还应包括因工作室建设实践成果和理论研究而获益的青年大学生和辅导员队伍。此部分在初始编码的过程中，形成了包括“工作室教师成员获得省部级荣誉”“工作室学生成员能力素质得到提升”“促进学生全面发展”“带动辅导员队伍专业化职业化发展”等初始化概念编码，如，“近年来，工作室成员 7 人获全国‘最美高校辅导员’、全国‘高校辅导员年度人物’；在全国高校辅导员素质能力大赛中 40 余人获奖；先后获全国高校学生工作优秀成果特等奖 1 项、二等奖 4 项；获全国‘十佳’博客奖、优秀博文奖、省‘最美高校辅导员’、省‘高校辅导员年度人物’、省优秀团干部、省优秀辅导员等荣誉 200 余项。在学术科研方面，工作室成员共获批项目 100 余项(其中省部级项目 90 余项，含教育部项目 17 项)，发表学术论文百余篇，出版著作 11 部。在孵化培育工作室方面，目前工作室孵化和培育成员建设各类工作室 88 个(其中国家级工作室 2 个、省级工作室 14 个、市级工作室 20 个、校级工作室 52 个)，直接或间接辐射千余人。”(T26)“经过不断实践，工作室的团队成员在个人职业发展上取得了显著成就，主持人荣获全国‘最美高校辅导员’等多项荣誉称号，多人获湖南省高校‘最美辅导员’等荣誉称号。”(T1)“工作室坚持以精准化、个性化服务为核心，建构高校职业规划教育 2.0 版本。一方面，面向学生开展生涯咨询、团体辅导、共读书籍等活动，唤醒学生生涯发展意识，激发学习内驱力；另一方面，面向教师开展研讨会、项目打磨会、咨询督导等活动，促进工作室教师成员专业化发展，增强教师的成长感及获得感。”(T23)

5. 打破校际壁垒的互学共建

工作室应打破校际壁垒，围绕工作重点、畅通合作渠道、创新工作方式，为辅导员搭建良好的交流教研合作互动平台，从理念层面建设“育人共同体”，从知识层面打造“学习共同体”，从现实层面完善“实践共同体”，从保障层面落实“机制共同体”，着力构建辅导员学术培养模式，积极探索合力育人的有效载体和路径，创新打造辅导员成长“共同体”。此部分在初始编码的过程中，形成了包括“到其他高校就工作室建设主题进行调研”“到其他高校学习工作室建设经验”“邀请思政名师到校开展讲座”“与其他高校就工作室建设主题开展共建活动”“与全国重点马院结对获得指导”“联合其他工作室开展共建”“提升工作室在高校的知名度”“线上线下分享工作室建设经验”“工作室建设取得社会效益”等初始化概念编码，对以上概念编码再次进行抽象整合，可以分为“走出去、请进来、谋合作、建平台”四大建设路径。如，“一直以来，工作室都致力于促进辅导员队伍建设，打破地域壁垒，努力打造覆盖地域广、参与教师多、工作针对强的合作模式。2014 年成立以来，工作室结合辅导员九大工作职责，通过设置考核关卡，层层选拔，积极吸纳来自全国各地不同高校的 300 余名辅导员加入团队。”(T26)“与清华大学、中国人民大学、中国农业大学、北京理工大学联合开展共建活动，为进一步加强校际学业辅导工作交流、促进学业辅导优质资源校际共享、建立学业辅导学生社团常态化交流机制提供了良好合作交流平台。”(T7)“通过讲座、研讨会、交流会等形式，搭建全国高校辅导员沟通交流平台，将具有针对性与实效性的工作指南、典型案例、经验心得相互分享借鉴，发挥示范引领和辐射带动作用，聚焦目标导向、问题导向、效果导向，打造辅导员的学习共同体、专业共同体、思想共同体、发展共同体，推动辅导员职业成长良好生态建设。”(T25)

三、优化之维：高校辅导员工作室的优化策略

此部分的编码主要来源于高校辅导员工作室建设经验文本中的最后一部分——下一步改进的计划，在不断对比形成范畴的过程中，将优化策略和建设过程进行了一一对应，抽象出 5 个优化之维：

一是致力于深化工作实践。通过改善工作室软硬件设施，打造线上线下双重育人空间；探索积极的思政育人模式，助益育人实践；深化已有的课程建设，开发一系列与工作室建设主题相关的课程；微信平台建设“精品化”，增强辐射效力等举措来深化育人实践，同时致力于孵化名师工作室实现裂变效应。二是致力于形成典型经验。通过在实践探索中形成工作方法，撰写典型工作育人案例提升业务水平；在各类会议上介绍典型经验来提升工作室的影响力和知名度，共享实践成果。三是致力于开展科学研究。通过参加国内学术交流会议、论坛，介绍相关科研成果；撰写与工作室建设主题相关的实践研究报告；基于工作室建设主题开展理论与实践研究；组织申报国家级与省级辅导员相关课题，提升工作室成员的科学研究水平，推动辅导员专业化职业化发展。四是致力于提高育人水平。紧紧围绕工作室的建设方向，提升成员的业务水平；打造专业的思想政治育人团队，培养思政名师，提升辅导员专项工作的育人能力；吸收优秀辅导员加入工作室，面向全国高校辅导员打造成长共同体，基于辅导员的能力提升来实现育人水平的整体跃升。五是致力于扩大队伍影响。通过打造工作室品牌栏目和工作室品牌教育活动，发挥影响力；面向全国高校辅导员和大学生举办网络育人训练营提升专项能力；加大对外交流力度，推动与高校、研究机构和社会组织的合作来扩大工作室在业内的影响力，充分发挥工作室的社会效应。

第五节　高校辅导员工作室优化之维的结论商讨

研究通过对 27 个建设文本进行扎根分析，构建了高校辅导员工作室建设的理论模型，包括了高校辅导员工作室的建设准备、高校辅导员工作室的建设过程和高校辅导员工作室的优化策略三个维度，建设过程作为核心范畴贯穿始终，是建设准备和优化策略的最终目的。

在高校辅导员工作室的建设准备中，前提是需要获得政策和经费支持；关键是确定工作室主持人，再由主持人组建工作室团队；在人财物的基础上建设工作室组织机构、确定

工作室建设方向、确定工作室建设思路、建设工作室实践基地以及打造工作室文化标识。在核心范畴——高校辅导员工作室的建设过程中，包括了开展契合主题的育人实践、将育人实践总结为典型经验、将典型经验升格为科学研究、在从实践到研究的闭环培养人和打破校际壁垒的互学共建五个存在递进关系的建设维度，并从下至上形成金字塔形，越到上层级建设难度系数越大，建设效果越好。最后，对应建设过程这一核心范畴，提出了致力于深化工作实践、致力于形成典型经验、致力于开展科学研究、致力于提高育人水平和致力于扩大队伍影响五项优化策略。

回顾此项研究的整个过程，质性研究中的最后一个重要步骤即为研究反思。质性研究是以研究者本人为研究工具，在自然情境下进行长期实地探索的一种社会科学研究方法。本书编委会近三年来一直致力于研究高校辅导员工作室的建设现状、建设困境和建设策略这一主题，因此对近 15 年高校辅导员工作室的建设现状有一个整体的把握，同时本研究的分析样本具有一定的代表性和可借鉴性，可以弥补目前尚无基于扎根理论而建构出的高校辅导员工作室建设模型的缺陷。当然，27 个合计 15 万余字的样本终究无法穷尽所有的建设模型，未来还需要更多的同仁使用这一研究方法对建设模型进行改进和修正。

第二篇 实践部分

第一章 思想理论教育和价值引领

“新时代 新青年 新担当”辅导员工作室

——黑龙江省高校辅导员名师工作室

一、工作室主持人简介

工作室主持人 刘国权

刘国权，男，中共党员，文学博士。哈尔滨师范大学马克思主义学院辅导员、讲师，全国“最美高校辅导员”。教育部高校思想政治工作骨干出国访学研修项目(英国雷丁大学)访问学者，高校思想政治工作中青年骨干，国家教育行政学院培训师资库成员，中国教育干部网络学院、国家大学生网络党校精品课主讲人。黑龙江省首批高校辅导员名师工作室主持人。曾获全国高校辅导员素质能力大赛一等奖、全国高校思想政治工作优秀论文一等奖等奖项30余项，主持教育部人文社会科学研究专项任务项目(高校辅导员研究)、黑龙江省哲学社会科学研究规划项目等各级各类课题20余项，出版图书6部，在《思想政治教育研究》《学术交流》等期刊发表论文26篇，在“学习强国”学习平台、人民论坛网等平台发表文章200余篇。其事迹先后被新华社、《人民日报》、中央广播电视总台、《光明日报》等宣传报道。

二、工作室简介和定位

工作室创建于2017年10月，现有教师成员15人、学生成员15人，聘请全国优秀教育工作者、全国高校思想政治工作骨干、全国“最美高校辅导员”等专家顾问10人；建有综合办公区、公寓服务站、党史学习教育廊三个“线下”阵地，“新时代 新青年 新担当”微信公众号、弘毅讲坛、高校辅导员素质能力提升群三个“线上”阵地。

工作室主持人获评2021年全国“最美高校辅导员”

工作室以助益全国高校辅导员素质能力提升和强化新时代大学生的“行能好”认同为目标宗旨，以向上着眼、向下扎根、向内夯基、向外聚力为建设理念，扎实推进5个“百千万”工程建设，着力打造站位有高度、育人有温度、研究有深度、实践有力度、视野有广度、工作有韧度的辅导员工作品牌。通过创作百篇精品网文、每篇网文千次阅读，引导万名师生人生价值认同；通过进行百项课题攻关、开展系列千人调研，形成多篇高质量万字论文；通过开展百场理论宣讲、整理千份图文素材，推动万人学研悟基地创建；通过前往百校交流研讨、搭建千人互动平台，助益万名辅导员能力提升；通过推出百个影音作品、每个影音千次分享，感召万名大学生坚定信仰。

工作室公寓服务站

三、工作室的建设情况

（一）向上定位，通过“系统化学习”把好方向之舵

1. 以“专家导学”培根铸魂、启智润心

工作室于2017年起打造“大文化·微讲坛”，2020年将其更名为“润心讲坛”，先后邀请数十位知名专家学者与全体成员座谈交流，同时面向全国高校思想政治工作者进行公益直播。2021年底结合哈尔滨师范大学“敦品励学 弘毅致远”的校训精神，润心讲坛改版升

级为“弘毅讲坛”，并于 2021 年 12 月至 2022 年 3 月推出“最美”人物云沙龙，邀请“最美”荣誉称号获得者进行榜样示范、指向引路。截至目前，已举办讲座 50 余场，10 万余人次参与。

2. 以“顾问促学”汲取智慧、学习经验

工作室聘请国家哲学社会科学领军人才、中宣部文化名家暨“四个一批”人才郝文斌，党的十九大代表、全国“最美高校辅导员”陈小花等担任特聘专家顾问，通过每月向顾问团汇报工作开展情况，积极征求顾问团意见建议，围绕“新形势下网络思想政治教育的挑战与机遇”“大学生理想信念教育的薄弱处与着力点”等话题与专家顾问开展交流研讨 20 余次。

3. 以“团队研学”携手共进、凝心聚力

工作室每月选定主题开展团队研学，具体形式包括集体备课、课题组交流、宣讲团演练、工作室“头脑风暴”等。成员们各抒己见、充分研讨、彼此激励、共同成长，推动理论研究与实践探索的不断深入。

（二）向下扎根，做到“精准化供给”点亮理想之灯

1. 面向大学生群体，遵循规律强“三气”

工作室以厚植大学生做中国人的志气、骨气、底气为强化“行能好”价值认同的重要着力点，通过紧跟热点的文章、生动活泼的宣讲、丰富多样的实践，切实在遵循把握教育规律和学生成长规律中增“三气”。

一是以“文”促学理认同。在高校思政网、学校共青团网站等主流媒体平台撰写数十篇育人文章，与大学生共话“五四寄语”“回信精神”“劳动最美丽”等“热词”，文章被全国高校官网、官微转载百余次。二是以“讲”促价值认同。面向大学生开展生动活泼的宣讲，做到紧跟热点话题、直面学生困惑、扎根现实生活。因为宣讲的抬头率和认可度较高，工作室多名成员入选省“学习新思想 千万师生同上一堂课”讲师团、省青年讲师团、省青少年党史学习教育讲师团和省“青马工程”骨干培训师资库。三是以“行”促实践认同。组织带领学生以实际行动担当奉献，进一步铸牢理想信念，提升思想境界。每年组织学生开展主题鲜明、形式多样的大学生志愿服务和社会实践活动，以真抓实干引导学生走下网络、走出校园、走向社会。

2. 面向辅导员群体，破解难题提“三力”

工作室针对辅导员理论宣讲“欠底气”、学术科研“缺信心”、真情互动“少方法”、谈心谈话“没时间”、信息通知“难到位”等现实难题开展专题研究、创新方式举措、总结经验做法、积极宣传推广，切实助益辅导员提升为人感召力、为师亲和力、为学持久力。

一是为辅导员建“思想库”。承担国家级、省级赛事评审、岗位培训 30 余次，在全国性会议论坛上作典型发言、经验分享 20 余次，先后前往省内 30 余所高校、省外 20 余个省（区、市）100 余所高校开展培训宣讲、工作指导和交流研讨，举办面向全国高校辅导员的

公益沙龙近50场。二是为辅导员建“经验池”。在中宣部“学习强国”学习平台、教育部“高校思政网”与“高校辅导员在线”、国家教育行政学院“学习公社”等多个官方平台，发表网络文章百余篇，有近百万字，阅读量逾百万，系列丛书销量突破10万册。三是为辅导员建“信息站”。微信公众平台推送图文一千余篇，关注量逾8万，遍布全国近30个省(区、市)的1000余所高校。进驻新浪微博、微信视频号、抖音等，发布的图文影音浏览量逾百万。

3. 面向其他群体，关照受众增“三感”

工作室积极发挥社会服务功能，积极走出高校校园，赴政府机关、企事业单位、中小学校、社区村镇等调研、宣讲，聚焦受众的幸福感、获得感、安全感开展充分对话交流。

一是精选内容。宣讲交流时注重把党史、新中国史、改革开放史、社会主义发展史、中华民族文明史、中国近代斗争史贯通讲，让群众感受我国的道路正确性、理论科学性、制度优越性、文化先进性。二是优化队伍。组建专家学者、青年教师、优秀学生集体备课、各展所长的宣讲队伍，邀请专家顾问宋佳东等赴哈尔滨市森林消防支队做“北大荒精神”专题授课，组织教师成员在带队学生“三下乡”社会实践时深入中小学校、社区村镇调研走访，选派学生成员吴桐、许海娇等赴黑龙江龙煤集团、黑河市电网、双鸭山矿业公司、哈尔滨市公滨小学校为煤炭工人、电力工人、中小学生做党史宣讲和理论辅导。三是广泛合作。与哈尔滨市森林消防支队建立合作共建关系，围绕“党史学习教育”常态交流、共享智慧、合办活动；在省荣誉军人康复医院、黑河市五大连池团结中学、鸡西市鸡东新华小学等挂牌社会实践基地，每年定期开展调研走访、志愿服务；与哈尔滨市松北区一起同青山镇政府理论学习“结对”，让理论深入基层、服务群众、指导实践。

(三)向内夯基，坚持“品牌化运营”持续打造特色

创建以来，工作室以“品牌化”理念推动工作，通过打造五个“百千万”工程，持续塑造特色亮点，不断扩大覆盖影响。

1. 创作百篇精品网文，每篇网文千次阅读引导万名师生人生价值认同

工作室着力打造原创网文品牌，一是在数量上下功夫，先后在“学习强国”学习平台、高校思政网、学习公社平台、人民论坛网等发表多系列网文累计三百余篇。二是在质量上下功夫，网文或聚焦高校辅导员成长发展、育人育才的痛点难点，或围绕青年大学生的关注点与共鸣点，每一篇都有1000余人次阅读量，多篇阅读量10万余人次，累计阅读量100万余人次。三是在效果上下功夫，网文被全国百余所高校官网、官微转载，大量网文被《答辅导员问》(南京大学出版社出版)、《高校学生思想政治工作百佳案例》(中南大学出版社出版)等著作收录。2020年起，工作室对网文及时梳理整编，陆续出版“新时代高校辅导员素质能力提升系列”丛书，在行业内产生很大影响力。

2. 进行百项课题攻关，开展系列千人调研形成多篇高质量万字论文

工作室着力打造学术研究品牌，一是研究项目化，以项目组形式获批课题后开展针对性研究，如主持人刘国权牵头开展大学生劳动教育研究，成员李晓杰牵头开展高校辅导员

核心素养研究，成员李滨娜牵头开展大学生爱国主义教育研究，目前承担教育部人文社会科学研究专项任务项目（高校辅导员研究）等各级各类课题30余项，已结题20余项。二是成果系统化，工作室在文化育人、网络育人、组织育人、以美育人和党史学习教育等领域持续开展研究，连续发表成果，不断增强研究成果的科学性、深入性、系统性。三是成果实践化，成果一方面来源于务实求实的社会调研，截至目前，工作室开展高质量、长效化调研数十次，并逐一进行了数据分析。另一方面及时将研究成果应用于工作，推进其实践转化，截至目前，相关成果获全国高校思想政治工作优秀论文一等奖、全国学校共青团优秀研究成果二等奖等国家级、省级、市级奖项20余项。

3. 开展百场理论宣讲，整理千份图文素材推动万人学研悟基地创建

工作室着力打造理论宣讲品牌。一是“真理的力量说服人”，面向本校学子和省内外大中小学、政府机关、企事业单位、村镇社区开展理论宣讲百余场；二是“优质的图文吸引人”，整理近千份图文影音素材，为受众获资讯、学理论、做宣讲、提素养提供有力支持；三是“便捷的平台服务人”，宣讲文稿和图文素材整理发布于“新时代 新青年 新担当”微信公众号，并通过持续优化菜单栏设置，方便读者检索浏览，成功打造每日万人浏览的理论学研悟基地。

工作室开展百校交流研讨

4. 前往百校交流研讨，搭建千人互动平台助益万名辅导员能力提升

工作室着力打造经验共享品牌，一是积极交流互促，赴全国20余个省(区、市)150余所高校学习交流、培训宣讲200余次；二是广建互动平台，创建、管理全国高校辅导员交流微信群、QQ群等10余个，通过积极分享资讯资源带动全国高校辅导员间的信息交流、资源共享；三是举办公益沙龙，在各式各类辅导员社交群、互动平台上做公益沙龙50余场。

5. 推出百个影音作品，每个影音千次分享感召万名大学生坚定信仰

工作室着力打造融媒思政品牌，一是创作歌曲并组织学生拍摄MV，以贯穿歌曲及MV始终的“小我融入大我 青春担当有为”价值主题浸润青年爱国心、强国志、报国行；二是结合重要节点、时代热点、学生惑点推出微课，如为学生答疑解惑的“拆茫盒”、勉励学生奋进向上的《我们都是追梦人》等；三是运用“一图读懂法”“数字记忆法”等录制精品课程，助力学生理论学习的提速增效。目前已推出原创歌曲10余首，党史学习教育精品课、微视频近百个，“学习强国”学习平台、人民论坛网等予以宣传报道，线上收听浏览量逾千万人次。

(四)向外聚力，秉持“互助化思维”广泛交流互动

工作室始终秉持“互助化思维”，坚持让典型做法走出去，将先进经验引进来，与标杆样板共建设，充分取长补短、扬长避短，带动激励全国高校辅导员共同进步、提升。

1. 让典型做法走出去

工作室坚持立足本校、服务全省、辐射全国。主持人及成员利用休息日、节假日赴全国百余所高校交流分享经验做法，受聘于多所高校进行长期交流指导，且在全国高校志愿服务工作调研座谈会、全国高校辅导员工作现场会等高水平会议上作专题分享汇报。

2. 将先进经验引进来

工作室与全国多个省级高校辅导员名师工作室建立合作伙伴关系，在协作互动中学习先进经验、借鉴典型做法。如与云南省首批高校辅导员名师工作室“朱丹工作室”合作出版书籍，同江西省首批高校辅导员名师工作室“发哥辅导员工作室”共同开展社会调研。

3. 与标杆样板共建设

工作室与学校两个“全国党建工作样板支部”进行深度交流合作，携手攻关10余个省、校委托课题，共同承担学校青年马克思主义者培养工程培训、学校研究生深入学习宣传习近平新时代中国特色社会主义思想专题研修、学校大学生理论宣讲等一系列工作，在育人实践中同向同行、一体化建设。

四、工作室建设的优势和特色

工作室建设发展的“四向”策略，铸就了工作室的“六度”品牌，即站位有高度、育人有温度、研究有深度、实践有力度、视野有广度、工作有韧度。

站位有高度，即矢志不渝为党育人、为国育才，以培育时代新人为着力点，持续探索创新；育人有温度，即紧扣时代发展脉搏，全面提升高校辅导员围绕学生、关照学生、服务学生的素养水平；研究有深度，即开展持续性、系统性、应用性、可转化的研究，把论文写在祖国大地上；实践有力度，即学生进社会、宣讲进群众、调研进基层，带领学生在社会大熔炉里淬炼成钢；视野有广度，即立足本校、放眼本省、心系全国，既输入又输出、既学习又奉献，尽己所能聚力同行；工作有韧度，即在深耕细作、点滴蕴积、充分沉淀中创造经得起考验的成绩，打造耐得住磨砺的品牌。

五、工作室建设的未来规划

（一）进一步夯实“硬”基础，优化“软”环境

通过到外省、外校更为成熟的工作室参观学习，面向全校师生征集意见建议等，逐步配齐办公设备，升级硬件基础，完善各项制度，优化工作环境。尤其注重网络育人各项设备设施的增添完善，为成员的网文写作、网上交流、网课录制及其他新媒体新技术的学习应用创造条件和环境。

（二）进一步发扬“老”传统，进军“新”领域

将网络育人、文化育人、以美育人等理论研究与实践探索做大做强，打造 IP 名片，形成品牌效应。不断强化与“学习强国”学习平台、高校思政网、高校辅导员在线、中国教育干部网络学院等平台的联系，加强与省东北抗联精神宣传队等社团组织的交流合作。主动进军大学生聚集的知乎、B 站（哔哩哔哩）等软件、网站，开设专栏，定期发表主旋律、正能量视频图文，对更多青年进行思想教育和价值引领。

（三）进一步提升“高”素质，砥砺“实”追求

通过对成员压任务、提要求，与外校、外省优秀辅导员定期交流、良性互动、同行共进，支持帮助更多团队成员提升综合素质和育人能力。通过邀请专家学者、行业榜样作报告等方式，不断涵育强化工作队伍的爱岗情怀、敬业态度、务实追求，让育人者从实践中来、到学生中去，用理论指导实践，切实提升育人质效。

“红心柚”辅导员工作室

——全国首批高校辅导员名师工作室

一、工作室主持人简介

工作室主持人　舒小立

舒小立，女，教授，全国“高校辅导员年度人物”，四川省首届“四有”好老师，四川省高等学校名辅导员，四川省“高校辅导员年度人物”，担任过6届3117名本科生的辅导员。一直秉持“每个学生都是百分百”理念，躬行“一弦一音”因材施教方法，坚持“下班不下线”工作模式。四川省劳模与技能人才工作室、四川省高校名团干工作室领衔人。受邀与省内外近百所高校学工队伍分享辅导员专业化职业化发展经验。近年在四川电视台科技教育频道两次播出个人人物专访。

二、工作室简介和定位

（一）工作室简介

“红心柚”辅导员工作室初创于2020年，为西南石油大学首批辅导员工作室，由西南石油大学首席辅导员舒小立教授领衔，2022年4月获批四川省首批高校思想政治教育名师工作室，2023年12月入选全国高校辅导员名师工作室。

工作室首批成员合影

（二）工作室建设基础

工作室队伍数量充足、质量过硬、结构合理。工作室共有成员 13 人，均为一线学工人员，硕士及以上学历 13 人（在读博士 1 人），知识结构涵盖工学、管理学、艺术学、文学等学科。正高职称 1 人，副高职称 1 人，中级职称 9 人，初级职称 2 人。从事学生工作 10 年以上 2 人，5 年以上 8 人，且全员具有长期从事学生工作意愿。

科学研究能力突出。工作室成员出版专著 3 部，发表论文 61 篇，发表的论文多次被引用，获得了较好的社会反响，主持人文社科 E 级及以上项目 17 项。

思政育人资源丰富。工作室主持人同时领衔“四川省高校名团干工作室”和“四川省劳模与技能人才工作室”，2 人次在全国高校辅导员素质能力大赛中获奖，4 人次在全省辅导员素质能力大赛中获奖，2 名成员兼任江西省首批高校辅导员名师工作室“发哥辅导员工作室”成员，1 名成员曾挂职四川省教育工作委员会、教育厅党建工作处。

三、工作室的建设情况

（一）建设内容

1. 学习共同体的团队建设

建立一支优秀的辅导员团队，在结构上实现“人才形成梯队、骨干形成团队、带头人形成核心”的格局。辅导员基于共同的专业发展愿景、共同的研究兴趣，互助学习，交流研讨，共享资源，合作共建，以实现专业化职业化的发展目标。建立一个学习小组，以“工作坊”的形式，从读书开始，每期指定书目、设定主题，并由 1 名成员主讲，随后进行小组讨论，最后由督导进行专家点评。同时开展工作实践，组织研发创新型主题教育，探讨工作典型案例，在共同体中形成互助学习机制。

思政课教师与辅导员协同创新，形成理论与实践同向聚合。注重依托思想政治教育相关学科，凭借高水平师资力量，以督导形式加强对辅导员工作室成员的培养。辅导员有思想政治教育的实践经验，而思想政治理论课教师有高水平的理论研究，两者之间在思想政治教育的研究与实践方面实现互补。

2. 高契合度的优质资源嵌入

优势社会资源的嵌入对辅导员工作室的良性运行至关重要。积极拓展社会资源，依托政府、社区、社会组织、高校，引进与工作室主题高度契合的优势资源作为工作室发展的支撑。学生层面包含全国最美大学生、中国大学生自强之星、中国大学生年度人物、优秀学生党员、全国青马工程优秀学员、省级优秀毕业生等优秀学生；教师层面包含全国“高校辅导员年度人物”、全国高校辅导员素质能力大赛获奖选手、四川省“高校辅导员年度人物”、四川省辅导员素质能力大赛获奖选手、思想政治理论课一线教师、一线辅导员等。

3. 高认同度的学生组织聚合

工作室为辅导员团队和学生团队定制带有工作室 logo，且有编号、具有唯一性和收藏价值的工作室徽章，在2023年五四青年节当天召开工作室成员聘任仪式，邀请学工部领导为工作室辅导员和学生成员颁发聘书和徽章。铁打的营盘流水的兵，也许工作室的辅导员老师工作岗位会发生变化、学生一定会毕业，但是离岗离校不离队，他们永远都是工作室的一员。学生毕业后到了工作岗位，依然可以以工作室成员的身份回馈在校大学生，将榜样的力量传承。

4. 多维度的工作室自我评价

辅导员工作室强化自我监督、自我评价，通过基础建设维度(场地建设、制度建设、工作机制建设等)、特色工作维度(可操作性、可借鉴性等)、社会响应维度(新闻宣传、学生评价)、团队建设维度(教学成果、科研成果、获奖成果)进行自查自纠，调整建设周期内阶段性目标规划。

(二)建设成效

1. 构建五个工作模式，实现育人实效科学化

(1)传承红色基因。利用特殊节日组织学生参观爱国主义教育基地和红色文化教育基地，引导学生亲身感受红色基因，传承红色基因。创新红色基因的传播手段，利用新媒体打造宣传红色基因的精品力作。师生在四川省荣誉军人疗养院与抗美援朝老兵共同开展“同上一堂思政课”活动，四川教育频道和“学习强国”学习平台均有报道。工作室师生联合新都一中实验学校，在2023年五四青年节开展“一颗红心心向党 奏响人生三部曲”大中小思政教育一体化活动，被四川电视台科教频道报道。

工作室开展大中小思政教育一体化活动

(2)学习红色理论。建立“红色书屋”，开设师生“共读一本书”读书班学习红色理论，提升师生理论水平；依托“学习强国”学习平台知识答题训练营等夯实思想理论基础。工作室已经完成《习近平与大学生朋友们》共读活动和《习近平著作选读》(第一卷、第二卷)共读活动。

(3)推进红色研究。立足学理性研究，结合党的历史发展，把红色文化与中华优秀传统文化、社会主义先进文化和世界文明成果的研究相结合，撰写红色文化研究的学术论文。建设期以来，工作室成功立项教育部人文社会科学研究专项任务项目(高校辅导员研究)等各级各类课题 10 项。

(4)组织红色宣讲。组建大“油”可为大学生志愿宣讲团，2022 年入选团中央“强国有我‘核’我一起”宣讲团、2023 年入选团中央“两弹一星”精神志愿宣讲团，积极弘扬以爱国主义为核心的民族精神和以改革开放为核心的时代精神。工作室主持人受聘为西南石油大学“党史学习教育宣讲团”成员，面向师生开展“中国共产党为什么能”“国歌·国魂”等多场红色宣讲，主讲的团课“歌声中的石油精神”获成都市共青团主题团课一等奖。

(5)开展红色实践。组织学生利用寒暑假和课余时间到石油企业、社区、农村、学校进行基层宣讲和社会实践，在实践中增长才干，创建品牌活动。从 2021 年起，每年暑假组建研究生、博士红色实践队开展暑期社会实践，其中“油历来时路”红色实践队荣获全国暑期“三下乡”社会实践优秀团队；组建大学生暑期支教队，每年暑期到四川的边远山村小学支教，宣讲能源强国的理念和石油精神，大“油”可为志愿服务项目获得四川省首届志愿服务项目银奖。

2. 打造两个交流平台，实现思想引领同频共振

工作室通过学习培训、工作交流、理论研讨为辅导员搭建“全面提升”成长平台，提升辅导员思想理论水平、科研水平、日常管理与宣讲能力；通过整合思想政治理论课教师、专业教师和辅导员资源，搭建“全员育人”优质平台。

工作室打造优质思想政治教育短视频，工作室成员每人负责一期短视频，每月召开短视频选题会，确定次月的选题内容。2023 年五四青年节当天入驻抖音平台，“柚来了”正式开播，每周四定时推送短视频，用轻松愉快的方式讨论大学生关注的热点话题，并在其中植入思想政治教育的内容，用大学生喜欢的方式开展网络思想政治教育。

3. “5+2”育人成长模式，工作室取得标志性成果

时间	成果名称	授予单位
2024 年 4 月	全国高校辅导员名师工作室	中华人民共和国教育部
2024 年 3 月	全国“高校辅导员年度人物”	中华人民共和国教育部
2022 年 12 月	全国高校辅导员百门精品培训课程	高校思想政治工作队伍培训研修中心
2022 年 9 月	四川省首届“四有”好老师	中共四川省委教育工作委员会、四川省教育厅
2022 年 8 月	高校辅导员与学生谈心谈话效果评价创新研究	教育部人文社会科学研究中心
2022 年 7 月	领衔“四川省劳模和技能人才创新工作室”	四川省教科文卫工会委员会
2021 年 12 月	第十三届全国“高校辅导员年度人物”提名奖	中华人民共和国教育部

续表

时间	成果名称	授予单位
2021 年 12 月	第八届四川省辅导员素质能力大赛二等奖	中共四川省委教育工作委员会、四川省教育厅
2021 年 12 月	四川省第七届“高校辅导员年度人物”	四川省教育厅
2021 年 10 月	立项全国高校辅导员百门精品培训课程	高校思想政治工作队伍培训研修中心
2021 年 9 月	第三届四川省青年教师风采大赛二等奖	四川省教育厅
2021 年 7 月	四川省教育系统优秀共产党员	中共四川省委教育工作委员会
2020 年 12 月	领衔“四川省高校名团干工作室”	共青团四川省委
2020 年 12 月	第八届全国高校辅导员素质能力大赛二等奖	教育部思想政治工作司
2020 年 9 月	四川省高校名辅导员	中共四川省委教育工作委员会、四川省教育厅
2020 年 3 月	全国高校思想政治工作优秀论文三等奖	《高校辅导员》编辑部

四、工作室建设的优势和特色

（一）名师领衔

工作室主持人是扎根学生工作一线 15 年的西南石油大学首席辅导员、教授、全国“高校辅导员年度人物”、四川省高校名辅导员，领衔“四川省高校名团干工作室”“四川省劳模与技能人才工作室”，多次受邀在省级辅导员骨干培训班开展讲座，连续 4 届受邀指导晋级全国高校辅导员素质能力大赛的四川选手，在全省乃至全国高校辅导员队伍专业化职业化发展中发挥了一定的示范引领作用。

（二）团队优质

工作室成员获得省级以上奖励 12 人次，团队成员在国家级、省级平台辅导员素质能力大赛、教学竞赛中斩获佳绩；主动围绕学工工作中的痛点、难点进行研究，寻找规律并提炼为理论，成功申报省厅级科研课题、发表学术论文。

（三）朋辈引领

工作室有以“最美大学生”刘宸、“全国青马工程优秀学员”李策等为代表的学生骨干成员，他们都来自学生群体，是学生身边的人。工作室学生成员有学生党员、退伍学生、科研强人、竞赛达人等，他们在大学期间都取得了优异的成绩，用身边人的故事去感染身边人，能够在大学生群体中有效发挥朋辈榜样作用。工作室还采用“毕业不离队”的延续方式，毕业后的“小柚子”依然作为工作室学生成员、校友成员继续帮助在校大学生成长。

五、工作室建设的未来规划

（一）建设青年辅导员成长基地

工作室在建设周期内，承担每年度校级新进辅导员培训工作以及青年辅导员成长路径规划工作；打造工作室名讲师，参与省内各高校辅导员培训工作；充分发挥四川省重点马克思主义学院的平台优势，承担至少一次全省辅导员工作沙龙或省级辅导员培训。

（二）开展思政热点难点课题研究

工作室围绕思想政治工作热点、难点，开展“思想理论教育和价值引领”“学风建设”“党团和班级建设”“心理健康教育”“校园危机事件应对”“创新创业和就业指导”等方面理论与实践研究，在建设周期内申报省厅级以上课题3—5项，校级课题3—5项，发表相关学术论文10—15篇。

（三）形成思政教师与辅导员合力

工作室开展思想政治教育协同研究，将辅导员的实践经验与专业思想政治教师的理论水平相结合，打造协同育人格局。工作室成员主讲思政类课程年均32学时，获得省级及以上课程竞赛奖1—3项。

“红色青春”辅导员工作室

——全国首批高校辅导员名师工作室

一、工作室主持人简介

工作室主持人　付妍妍

付妍妍，女，思想政治教育博士，现为江西师范大学马克思主义学院团委书记、专职辅导员。全国高校辅导员名师工作室主持人、江西省高校辅导员名师工作室主持人，全国“高校辅导员年度人物”提名、江西省青年五四奖章获得者。深耕高校辅导员一线岗位 14 年，聚焦“红色文化育人”“习近平新时代中国特色社会主义思想铸魂育人”“社会主义核心价值观与道德建设”三个主题，深入开展大学生思想理论教育和价值引领的理论与实践探索。探索形成了可复制可推广的红色文化视域下高校辅导员“四位一体”思想引领工作体系和新型高校辅导员工作室“交融互鉴式师生成长共同体”建设新模式。2021 年获全国高校优秀思想政治教育工作案例一等奖；2022 年获全国高校辅导员素质能力提升骨干训练营优秀风采奖，省辅导员素质能力大赛一等奖。工作中先后获得国家级奖项 18 项，省部级奖励 27 次，校级奖励 60 余次。

二、工作室简介和定位

“红色青春”辅导员工作室系全国高校辅导员名师工作室和江西省高校辅导员名师工作室，隶属于江西师范大学马克思主义学院。工作室以“思想理论教育和价值引领”为建设方向，以“传承红色基因，践行立德树人”为宗旨。依托江西师范大学马克思主义学院的红色资源优势和江西师范大学马克思主义学院全国重点马院的 A^- 学科优势，面向青年大学生常态化开展“红色”思想引领系列教育活动。通过以红色文化教育为载体，以习近平新时代中国特色社会主义思想为主线的系列思想理论教育和价值引领活动的开展，探索形成了新型高校辅导员工作室“交融互鉴式师生成长共同体”，为高校辅导员工作室建设提供了新思路，有效地破解了高校辅导员普遍存在的角色冲突的难题，提升了辅导员职业忠诚度，提高了辅导员队伍“思想理论教育和价值引领”的素质能力，增强了高校辅导员工作室学习成长“共同体”建设的实效。

三、工作室的建设情况

工作室萌芽于2011年主持人开设的新浪博客和微博，发展于2014年在中国大学生在线开设的博客，成长于2018年在微信公众号成立的“付妍妍工作室”，成熟于2020年江西省教育厅立项的省级辅导员名师工作室。工作室经过江西省3年的支持建设，形成了可复制可推广的红色文化教育模式、高校辅导员工作室品牌建设思路等，培育了一批在省内具有较大影响力的优秀辅导员，产出了一系列理论研究成果，先后出版红色文化教育读本共15本。

（一）工作室建设线上线下阵地有品牌

工作室有线上线下两个阵地，以“红色文化教育”为品牌特色。工作室创作了整体视觉传达系统，以红色为主色调，设计了工作室吉祥物小马树树，确立了“传承红色基因，践行立德树人”的工作室文化。

辅导员成长共同体研讨

1. 工作室线下阵地

工作室线下阵地位于学生宿舍区，配备了4台电脑、4台打印机和1套投影设备，面积达120平方米，包括红色阅读区、研讨区、办公区、谈心谈话角。这些区域将辅导员日常思想政治教育工作充分融入线下阵地的建设中，充分发挥了辅导员工作室的育人功能，促进了工作室团队成员的协同成长。除此之外，工作室还实时更新思想理论教育和价值引领系列理论书籍、辅导员工作实务读物，供工作室成员借阅。

2. 工作室线上阵地

打造了在省内外具有一定影响力的思想政治工作领域公众号——“红色青春说”，将新媒体平台建设成为具有示范引领作用的思政领域公众号，定期推广理论研究、实践创新和团队建设等成果，定期推广建设过程中形成的先进经验和典型做法。微信公众号刊载各类理论文章900多篇、学生理论学习心得体会400多篇，成为省内外思政工作同行关注理论与实践动态的重要平台。

（二）工作室建设优质精品育人有传统

自2016年工作室主持人调任马克思主义学院专职辅导员、团委书记以来，开始聚焦于思想理论教育和价值引领的“三化”发展，以红色文化教育为载体，以社会主义核心价值观为引领，探索出了围绕3个主题的优质精品育人传统，分别是“红色文化”“习近平新时代中国特色社会主义思想”“践行社会主义核心价值观”，探索形成了一系列可复制可推广的工作模式。

（三）工作室建设有校内外双循环资源

2022 年 7 月发布的《全面推进“大思政课”建设的工作方案》强调要“充分调动全社会力量和资源，建设‘大课堂’、搭建‘大平台’、建好‘大师资’”。由此，工作室一方面在内容上，坚持不懈用红色文化资源涵育学生成长成才，让思想理论教育和价值引领工作更加鲜活，更加有说服力。工作室主持人探索创新了辅导员思想理论教育和价值引领的工作新渠道，将党的创新理论研究阐释、思政理论课的教学资源、第二课堂的各项活动、社会资源中的云平台和辅导员工作的各版块相融合，将思政理论课中的“思想道德与法治”与辅导员工作的各块紧密融合，尤其注重将思想理论教育和价值引领贯穿于其中的各环节，用学生愿意听、能够听、听得懂、听得进的话语体系和方式方法将思想理论教育和价值引领的各类理论和价值观点如盐一般撒入与学生的日常接触中，成为眼中有光的辅导员，引导学生自觉学习和践行党的最新理论，激发学生的爱国情、强国志和报国行。另一方面，工作室注重将思想理论教育和价值引领的各环节的力量进行整合，形成了校内校外协同育人教师团队：校内维度形成了“校内专家—辅导员—专业教师—管理服务人员”的闭环；校外维度整合了“党政军企”的校外兼职导师资源，有效破解了思想理论教育说起来“热”，做起来“冷”的现实矛盾。

赴泰和开展红色走读活动

四、工作室建设的优势和特色

（一）工作室所具备的优势

1. 工作室建设主题大方向清晰，小方向明确，特色鲜明

工作室专注于思想理论教育和价值引领建设方向已有 7 年，三个子研究方向“红色文化育人”“习近平新时代中国特色社会主义思想铸魂育人”“社会主义核心价值观与道德建设”清晰且聚焦，特色鲜明，充分依托了工作室的地域优势、学校 A 类学科优势、学院思想政治教育专业优势，尤其是红色文化教育和习近平新时代中国特色社会主义思想铸魂育人基础扎实。

2. 主持人格局大，综合素质高，甘为人梯，乐于交流

工作室主持人为思想政治教育博士，在省级工作室立项三年以来，用心做红色文化教

育，用爱伴师生成长，传承红色基因，践行立德树人，不计较个人得失。参与撰写的工作案例2021年获评全国思想政治教育优秀工作案例一等奖，2023年获评省思想政治教育优秀工作案例一等奖、二等奖，全程指导拍摄教育部领航计划微电影大赛特等奖作品《旗迹》。工作室主持人具有较高的专业素养，乐于与他人交流，分享知识和经验，愿意为他人提供帮助和指导，这种精神可以促进团队成员的协作和成长。

3. 专家指导团队强，平台资源丰富，学科优势显著

工作室拥有强大的专家指导团队，他们具备丰富的专业知识和经验。此外，平台资源丰富，可以提供各种必要的支持和资源，使得团队在思想理论教育和价值引领领域具有显著的优势。

4. 师生已形成本硕博梯队，传帮带式，亦师亦友成长共同体

工作室的成员包括了不同层次的学生和辅导员，已经形成了一个有序的梯队式结构。这种结构可以使得知识和技能得以有效传递，促进了成员之间的共同成长和发展。同时，成员之间的关系亦师亦友，互相帮助和鼓励，共同追求成长和发展。这种团队精神可以增强工作室的凝聚力和向心力。

（二）工作室所具备的特色

1. 品牌有亮度

创立了红色文化教育和习近平新时代中国特色社会主义思想宣讲品牌，打造了青年马克思主义者培育新模式，展示了鲜明的品牌特色。

2. 朋辈有高度

建立了省级、校级联动的辅导员工作室成长共同体，签订了帮扶协议，形成了相互学习、互相促进的朋辈成长氛围。

红色文化宣讲团实践活动

工作室开展红色微课录制

3. 同行有温度

构建了同向同行的“三全育人”工作体系，包括辅导员团队、思政课教师以及朋辈红色

班级成员等，形成了协同育人、共同成长的良好局面。

4. 育人有效度

通过工作室的各项活动和措施，有效提升了学生的思想政治素质和综合能力，取得了显著的育人成果。

5. 成果有响度

工作室的各项工作和成果在省内外产生了一定的影响力和知名度，获得了广泛的认可和好评。

6. 落实有力度

校党委委员、副校长，全国“马工程”专家周利生教授亲自参与和指导工作室的工作，保证了工作室各项工作的顺利推进和落实。

五、工作室建设的未来规划

工作室建设始终聚焦“一个大方向，三个子方向”，始终围绕“思想理论教育和价值引领”建设方向不偏离，聚焦“红色文化育人”“习近平新时代中国特色社会主义思想铸魂育人”“社会主义核心价值观与道德建设”三个主题开展理论与实践研究。

工作室成员能够实现“五有”成长，成为“思想理论教育和价值引领”的行家里手。每一位工作室成员能够实现职业发展目标上有规划、育人实践上有探索、课题研究上有产出、素质能力上有提升、个人综合成长上有突破。

工作室能产出一批可复制可推广的工作指南、工作案例和视频。深化“红色文化视域下高校辅导员‘四位一体’思想引领工作体系探索实践”“1156 青年马克思主义者培育工程的探索实践”两个特色工作，总结提炼高校辅导员“四感进阶”学习成长项目并形成工作案例，依托“思”“导”“释”“写”出品一系列工作指南，产出一系列微电影、微宣讲视频。

工作室能产出一批学术专著、教材、文章、课题。拟出版专著《新时代大学生中国特色社会主义认同培育研究》，拟根据“三个子方向”立项一批课题，发表一系列高水平文章，出版一批读本教材。

红润初心工作室

——全国首批高校辅导员名师工作室

一、工作室主持人简介

工作室主持人　贾可好

贾可好，男，中共党员，副教授，青岛科技大学环境与安全工程学院党总支副书记兼副院长，国家三级心理咨询师，国家职业指导师。曾获评省“高校辅导员年度人物”、省高校优秀辅导员、在青高校“十佳辅导员”、学校“十大杰出青年”等荣誉表彰50余项。主持省部级课题1项、市厅级课题4项、校级课题4项，主编教材1部，发表论文10余篇，育人成果获评青岛高校思想政治工作个人创新奖。

二、工作室简介和定位

红润初心工作室成立于2021年4月，是青岛科技大学第一批立项的3个校级辅导员工作室之一，2023年5月入选第四批山东高校辅导员名师工作室，2024年4月入选全国高校辅导员名师工作室。工作室聚焦大学生红色精神培育，以培养“又红又专”的时代新人为目标，以“音为爱”红歌团、“火炬手”宣讲团、“E路行”网媒团、“速递意”调研团四大团队为载体，秉承立德树人初心，牢记为党育人、为国育才使命，与新时代大学生同向同行，致力于做学生成长成才的守护者、引导者、助力者。

工作室成员风采

三、工作室的建设情况

（一）建设内容

1.“音为爱”红歌团

“青春礼赞百年史，红歌唱响新时代”音乐党课现场

以“演唱红色歌曲，赓续红色血脉”为宗旨，挖掘红歌中的思政元素，发挥红歌育人功能，提高大学生美育素养。“音为爱”红歌团推出了“青春礼赞百年史，红歌唱响新时代”音乐党课，已经成功展演两场，实现了音乐与党课的交融、历史与现实的辉映，以生动鲜活的形式促进青年在艺术中学习、体会、思考，促进红色基因和革命薪火代代相传。推出了“民族团结一家亲”联欢活动，已经连续开展三届，成为少数民族学生欢度中秋、共享团圆的一道文化大餐。此外还举办了“铭记百年党史 · 传承红色基因”红歌赛、“红歌嘹亮”庆祝新中国成立 74 周年红歌会等活动，排练的民族歌剧《沂蒙山》登上了学校 2023 年迎新晚会的舞台。相关活动被“学习强国”学习平台、半岛新闻、青岛新闻广播等校内外媒体报道。

2.“火炬手”宣讲团

“火炬手”宣讲团成员在开展宣讲活动

以“高擎红色火炬，汇聚青春力量”为宗旨，聚焦传承和弘扬红色精神，打造学校红色教育第二课堂，推动全员全过程全方位育人。“火炬手”宣讲团先后举办了“传承红色基因，汲取奋进力量”主题宣讲会、“亲历党代会”学校第十一次党代会精神宣讲会、“寻访红色故事，赓续红色血脉”主题宣讲会等宣讲活动，以青年情感感染青年，以青年力量带动青年，以青年声音激励青年，有力推动了党史学习教育、学习贯彻习近平新时代中国特色社会主义思想主题教育在青年学生中走深走实。相关活动被半岛新闻等媒体宣传报道。

3.“E 路行”网媒团

以“E 路同心奔赴，共建红色家园”为宗旨，以“红润初心工作室”微信公众号为主阵地，以加强思想引领、传播红色文化、拓展交流渠道、服务青年成长为目标，努力建设一个受青年学生、学工同仁、家长朋友喜爱的思政教育平台、舆论引导平台、互动服务平台。

"E 路行"网媒团至今已推出"请党放心，强国有我"等专栏 26 个，推送 182 次，推送原创文章 142 篇，累计阅读量超过 10 万人次。秉承"思政+体育"理念举办了"奔跑科大 · 逐梦未来"校园马拉松赛，让青年学生在红色奔跑中厚植信仰、强健体魄，被人民日报全国党媒平台、半岛 V 视、青岛新闻广播、闪电新闻、海报新闻等媒体报道。

"红润初心工作室"微信公众号部分推送文章

4."速递意"调研团

以"寻访红色故事，弘扬红色精神"为宗旨，组织学生寻访红色景点、红色人物、红色展馆，汲取精神滋养，增强奋进力量，在调研中增强学生弘扬红色精神的自觉性，同时引导学生广泛参加社会实践和志愿服务工作，了解国情和社情民意，为强国建设贡献青春力量。2023 年暑期开展了首届"寻访家乡红色故事"主题实践活动，500 余名青年学生参与，提交调研成果 123 件。组建的实践团队入选 2023 年团中央"追寻红色足迹，助力圣地发展"专项活动。2023 年 10 月组织参观国家艺术基金"画笔为枪　民族救亡——弘扬抗战精神主题连环画展"。此外还组织了"沙海基金"募捐活动，并借助《半岛都市报》"小螺号"品牌开展了爱心助农活动。

学生在家乡红色景点开展寻访活动

（二）建设成效

1. 助推"又红又专"人才培养

一方面，厚重了"红的底色"。工作室吸纳了多个来自机关和学院的师生参与建设，汇聚了磅礴的"红色"力量；工作室开展教育活动 10 余场，引导学生树立"红色"志向；工作室成员 400 余人次在抗击疫情过程中参加志愿服务，展现了"红色"担当。另一方面，鲜亮了“专的成色”。工作室引导学生运用专业技能在演唱红歌、宣讲理论、编辑推文的过程中，提高思想政治觉悟和政治理论修养，在“育智”的过程中“育魂”“育心”“育情”。

2. 传承“科大家风”人文底蕴

一方面，传承家风有作为。工作室始终立足学校实际、围绕师生需求开展工作，为推动体育综合改革举办的“快乐奔跑·精彩校园”先锋行活动，为加强校园封闭管理期间学生思想引导所推出的“同心战疫”主题征文，为宣传学校第十一次党代会精神举办的“亲历党代会”专场宣讲活动等，都为学校有关工作的推进提供了助力。另一方面，人文积淀有亮点。工作室举办的“民族团结一家亲”活动成为少数民族学生欢度国庆节的专属方式，“音为爱”红歌团、“火炬手”宣讲团为学校获评山东省首批“红色文化传承示范校”提供了有力支撑，工作室官微推送的“请党放心，强国有我”“青科初印象”等十多篇推文被《青岛科技大学报》转载。

3. 达成“两个较高契合度”

一是满足了学生群体的需求度。工作室创新教育形式，将思政元素有机融入“五育”之中，让学生在党史故事的动人情节中，在红色经典的品读分享中，在红色歌曲的铿锵旋律中，在疾速奔跑的体育锻炼中，在挥洒汗水的体力劳动中受教育、长才干，既起到了春风化雨、润物无声的教育效果，也满足了学生对美好校园生活的需求。二是提升了思政引领的供给度。在学校大力推动“三全育人”“五育并举”的大背景下，工作室较好地整合了机关干部、思政课教师、艺术类专业教师和一线辅导员等育人力量，凝聚成育人合力，特别是在推进“五育并举”方面做了探索和尝试，同时也为有关老师提供了施展才华、锻炼提升的平台，思政引领的供给内容和质量持续提升。

4. 向“共同成长”愿景迈出了坚实的第一步

工作室立项建设后，成员开展思政研究和工作创新的主动性得到激发，近两年，工作室成员以主持人身份共获批市厅级以上科研项目 20 项、校级项目 14 项，以第一作者发表论文 10 余篇；有 2 位老师晋升副教授，2 位老师晋升讲师。学生成员也在参与工作室的活动中受到了教育，学到了知识，提高了能力，建立了友谊，工作室的凝聚力不断增强。

（三）建设经验

1. 坚持以教师团队为主导，实现协同引领

工作室致力于打造一支专业化、多元化、高水平的教师团队，辅导员、思政课教师、机关工作人员协同配合、互为补充，定期召开研讨会进行思想碰撞与阶段性总结和展望；输送优秀成员对外参与专业培训和交流学习，不断提升团队的整体水平和专业素质；由相关教师担任四大团队主要负责人进行深入指导，不断提升学生群体的业务水平，推动系统化、高质量地开展各项活动。

2. 坚持以学生团队为主体，推动全面发展

工作室四大团队成员以学生为主体，广泛吸纳各学院优秀学生，保证主体力量始终源

于学生、依靠学生、回归学生。在工作室建设过程中，充分考虑学生成长规律，准确把握学生发展需求，及时收集学生反响反馈，实现各项活动的开展在学生群体中入眼、入耳、入脑、入心、入行。

3. 坚持以思想引领为主责，聚焦服务青年

工作室紧紧围绕立德树人根本任务，坚持思想引领这一夯基铸魂的基础性工程，调动一切能调动的力量，汇聚一切能汇聚的资源，创新一切能创新的模式，将思想政治教育融入德智体美劳全面发展，融入学校日常教学和管理各项工作，融入学生的日常生活，促进工作室有温度、有深度、有影响，走到青年身边，走进青年心中。

4. 坚持以时代脉络为主线，力求同频共振

为保证工作室的吸引力、影响力，避免呆板、腐朽、陈旧、落后，工作室坚持把大事、时事、身边事、新鲜事纳为教育素材，用符合时代的“真人真事”感染学生，用源自生活的“真情真意”浸润学生，用趣味生动的“网言网语”引导学生，将工作室切实打造成学工同仁的沟通平台、家校合育的交流纽带、青年学生的发展支点。

四、工作室建设的优势和特色

（一）工作基础

工作室立项建设以来，确立了明确的建设目标和建设方向，建立了较为完善的工作团队和制度机制，开展了一系列形式多样、富有成果的活动，打造了“青春礼赞百年史，红歌唱响新时代”音乐党课、“民族团结一家亲”少数民族学生中秋联欢会等特色品牌活动，同时设计了工作室 logo，建立了“好书汇”小书柜，推进工作室的文化积淀，在学校拥有了一定的知名度和美誉度。工作室初步建设得到了校内外同仁的认可，2023 年 5 月入选第四批山东高校辅导员名师工作室，“学习强国”学习平台、高校辅导员在线、高校辅导员工作室等平台刊发了工作室的初步经验做法。

（二）研究基础

工作室具有开展研究的学术水平和专业背景。工作室成员均具有硕士以上学位，其中 6 人主持有省部级课题，5 人主持有市厅级以上课题，人人皆有学术论文发表，均具备了开展研究的学术水平。3 人为思政专业博士，2 人为思政专业硕士，具有开展思政方向课题研究的专业背景。1 人是山东高校大学生党史学习教育巡回报告团讲师，参加了全国百名思政工作者讲党史活动。1 人入选青岛市党的二十大“专家学者宣讲团”专家库，获评山东高校辅导员讲党史优秀短视频一等奖。2 人是学校宣讲团成员，1 人主讲的党史故事被“学习强国”学习平台、人民日报全国党媒信息公共平台等平台推送，所开展的“百米长廊学党史”活动被青岛广播电视台教育频道报道。此外，工作室成员的研究方向均相对聚焦红色文化育人，现已有 8 项相关课题在研或已结题，具备了进一步聚焦工作室建设方向开展研究的基础。

(三)队伍基础

1. 专业的教师团队

工作室现有教师成员 15 人，其中，一线专职辅导员 10 人，有辅导员工作经验的机关干部 3 人，马克思主义学院、艺术学院专任教师各 1 人。从职称结构看，教授 1 人，副教授 2 人，讲师 9 人，助教 3 人。工作室主持人为思政专业硕士，副教授，从事学生工作 18 年。工作室成员均为热心工作室建设、素质能力突出的青年教师，多人获评省市校级“优秀辅导员”“先进工作者”“优秀指导教师”等荣誉称号。

2. 优秀的学生团队

工作室四大团队成员以学生为主体，现有学生成员 136 人，广泛吸收其他学院优秀学生，保证工作室的活动契合学生需求、依靠学生开展、服务学生成长。他们中既有思想政治教育、音乐表演、软件工程等专业学生，更有热爱理论宣讲、红歌演唱、社会调研和新媒体运营的其他专业学生。他们在高质量服务青年学生成长成才的同时，也实现了自身综合素质能力的提升。

五、工作室建设的未来规划

未来工作室建设的整体思路是围绕立德树人根本任务，秉承“又红又专、德才兼备、全面发展”的育人理念，围绕大学生思想引领，开展有“声”(“音为爱”红歌团)、有“色”(“E 路行”网媒团)、有“情”(“速递意”调研团)、有“理”(“火炬手”宣讲团)的大思政教育，教育引导青年学生通过学习红色精神坚定信仰、汲取力量、砥砺品格、助力成长，努力成为堪当民族复兴重任的时代新人。主要建设目标是实现“五个一”：建好一支团队(构建“人才形成梯队、骨干建有团队、主持人强化引领”的团队建设格局)，带动一批骨干(团队成员在职称、职务、职级等方面均能实现长足进步)，产出一批成果(获批多项省部级教学科研项目，发表多篇高水平学术论文)，形成一套经验(形成一套可推广、可复制的辅导员工作室建设经验，工作室在全省具有一定的知名度和美誉度)，培育一批英才(学生团队成员的黏性和专业水准稳步提升，在参与工作室建设的过程中受教育、长才干、成英才)。

朱丹工作室

——云南省高校辅导员名师工作室

一、工作室主持人简介

朱丹，女，中共党员，博士，副教授，硕士生导师，云南大学马克思主义学院副院长，高校思想政治工作中青年骨干，全国“最美高校辅导员”、全国“高校辅导员年度人物”、全国高校网络教育名师、全国基层网络宣讲先进个人、全国巾帼建功标兵、全国向上向善爱岗敬业好青年、教育部全国高校学习宣传党的二十大精神师生巡讲团成员、教育部学习宣传贯彻党的十九大精神双巡活动全国巡讲团成员、团中央青年讲师团讲师、中国教育电视台“思政课进校园”全国巡讲报告团成员、云南省云岭青年宣讲团成员，全国高校职业生涯咨询特色工作室“E—职—优—拟”生涯工作坊主持人，云南省高校辅导员名师工作室“朱丹工作室”主持人。工作以来获国家级、省级荣誉近 40 项，在《思想理论教育导刊》等期刊公开发表文章 16 篇，出版著作 1 部，主持国家社会科学基金、教育部人文社会科学研究专项任务项目等各级各类课题项目 11 项。拥有国家二级心理咨询师、GCDF 全球职业生涯规划师、大学生创业指导师、BCC 全球生涯教练等资质证书。2019 年 3 月 18 日作为云南省教师代表参加由习近平总书记主持召开的学校思想政治理论课教师座谈会。

工作室主持人　朱丹

二、工作室简介和定位

“朱丹工作室”建立于 2018 年 5 月，是云南省高校辅导员发展研究中心（云南大学）设立的首个辅导员名师工作室，2019 年被云南省教育工委列为云南省首批高校辅导员名师工作室。工作室目前有辅导员 12 人，思政课教师 12 人，学生 23 人。

朱丹工作室全家福

工作室秉承“筑梦解惑、勤思善行”的精神，以“大学生价值引领和政治能力培育”为主题，围绕新时代高校思想政治教育协同机制构建研究、新时代高校（少先队）辅导员队伍建设研究、新时代青少年行为特点与成长规律研究、网络思想政治教育研究、新时代高校思政课实践教学体系构建研究五个方向，致力于解决辅导员发展路上的困惑，探讨学生思政育人的共性问题。

三、工作室的建设情况

工作室紧紧围绕“政治引领”这一中心，设有办公室、全媒体中心和 5 个项目组。办公室负责日常管理和测评考核，全媒体中心运营“丹心语录”微信公众号等网络平台，5 个项目组分别为“你好，大学生！”“耘梦宣讲团”“成长之道”“辅导员之路创新讲坛”“‘E—职—优—拟’生涯工作坊”。各部分建设情况如下。

（一）全媒体中心

负责运营 2018 年开通的“丹心语录”微信公众号，当前共有粉丝 5098 人，发布原创推文 417 篇，共计约 53 万字，累计阅读量 29 万余次。该平台除了定期发布工作室的各类子项目活动开展情况和活动预告外，主营栏目为“耘梦杂货铺”。同时该栏目又下设耘梦夜读、耘梦生活馆、耘梦时政馆、耘梦干货馆、耘梦鸡汤馆五个子栏目。主要围绕当代大学生的校园文化生活和学习成长困惑开展相应的网络思政教育和价值引领，其中《海量简历如何脱颖而出?》《青年人为什么“一夜长大”》等多篇文章被中国教育电视台、高校辅导员在线等官方平台转载。

（二）你好，大学生!

2020 年，在团省委、省级广播电视台、学校的支持下创办全省首档思政融媒体节目《你好，大学生!》，该节目的特点在于依托青年学生喜爱的自媒体平台，将“用学术的话语讲信仰”与“用青年的话语讲信仰”相结合，探索形成了“思政专家领学、思政课教师导学、青年榜样助学与青年学生自学”理论宣讲模式。常态化面向全省大学生开展“四史”专题、党史专题、习近平总书记系列讲话专题、党的十九届六中全会精神专题、雷锋精神学习专题、《习近平与大学生朋友们》等思想政治理论学习。该节目已陆续播出 60 期，累计线上关注量超 1400 万次，相关事迹被共青团新闻联播、中青报、中青网、今日头条等多家主流权威媒体宣传报道，也因其创新性和实效性获省级主要领导肯定性批示。2022 年第四季《你好，大学生!》成功转型，制作短视频系列作品《马克思主义真行》，用 10 集短视频讲述了马克思主义的缘起、发展和创新。

（三）耘梦宣讲团

宣讲团包括辅导员、思政课教师 20 人和学生 50 人。除了进课堂、进宿舍、进社团、进社区、进企业开展线下理论宣讲外，团队最大的特点在于用新媒体讲好党的故事。团队制作形成“党的故事我来讲”系列微视频 100 集、“革命精神谱系”微党课 10 集，系列视频已在各级各类网络平台同步推送，累计观看量超 50000 次。此外，团队成员编写出版儿童

“你好，大学生！”活动照片

党史通俗读物《给孩子的百年党史》，用亲和力十足的儿童话语讲述党的故事。2021 年 9 月以来，该团队陆续推出党史学习教育专题——“一封家书，一纸情长”100 封革命烈士家书夜读系列。通过夜读家书的方式向青年朋友呈现了一个个鲜活、立体、生动的英雄形象，让同学们通过家书感受跨越百年的温情、了解英雄背后的故事，让青年在一个个鲜活的故事中真正读懂中国共产党是一个完全没有自己利益的政党、中国共产党人是一个个完全没有自己利益的普通人。专题推送以来受到各方关注认同。

(四) 成长之道

该项目通过读书会、电影分享交流会、学习经验分享会等途径，做好当代大学生的思想引领工作，成为云南大学学生的文化交流根据地、生活学习小天地、情感交流聚集地。一方面，通过中华优秀传统文化的传播和体验引导在校大学生树立文化自信，增强其对社会主义核心价值观的认同；另一方面，通过品牌活动、分享交流、实践体验等方式培养时代新人。目前开展“马克思主义经典著作读书会”42 期，学习习近平总书记重要讲话 30 余篇，累计带领学生阅读著作 10 余部；举办中外青年话中国读书会 9 次，先后吸引 82 名中外学子参与，共同阅读了 5 本经典著作。活动期间共形成读书笔记 400 余份，累计文字超 32 万字。

(五) 辅导员之路创新讲坛

本讲坛主要是以讲座、沙龙、座谈的形式为广大辅导员提供学习、交流和提升的平台。邀请的主讲嘉宾主要是历届全国“最美高校辅导员”、全国“高校辅导员年度人物”、全国高校辅导员素质能力大赛获奖者、教育部高校思想政治工作中青年骨干、全国各大高校的学工部部长等。他们在大学生思想政治教育、辅导员队伍建设、学生工作管理等方面有突出贡献或建树。

论坛活动照片

讲坛的主旨在于对高校辅导员现实工作中遇到的共性问题和难题进行释疑解惑，对高校辅导员素质能力提升的方法和经验进行交流和探讨，为高校辅导员队伍整体素质能力的提升提供强有力的保障和平台。

（六）“E—职—优—拟”生涯工作坊

活动照片

“E—职—优—拟”生涯工作坊初建于 2019 年，成立以来工作坊紧紧围绕“大学生生涯规划与就业指导”这一主题，牢牢把握职业生涯“认知—规划—实施”的发展规律，遵循“线上与线下相结合”“理论与实践相结合”“校园与社会相结合”的思路，累计开展“一对一”生涯咨询 100 余例、简历“一对一指导服务”500 余例、线上线下就业创业公益讲座 30 余场，生涯规划咨询指导服务 60 余人，目前已探索形成四个特色服务项目：E 网情深、职业咨询、全能优化、模拟招聘。

工作室形成了三个方面的经验：一是以需求为导向开展工作。本工作室的服务对象明确，即学生和辅导员。因此，开展的活动、设置的项目一定要基于学生和辅导员自身发展面临的困难、工作学习中遇到的困惑、群体感兴趣的时政热点话题等。只有根据需求作出相应的回应，才能不让工作室形同虚设。二是以实践为基础推动创新。工作室的业务开展离不开人的推动，因此工作室的项目设置一定要与成员的特征有所契合，让其在工作室有事可干、有事想干，只有这样，才能让成员在有归属感的同时，产出优秀的成果。三是以新媒体为载体扩大影响。当代大学生作为网络原住民，90%的信息的获取都与网络相关，因此工作室要想真正将工作做进学生心里，必须打造网络媒体新阵地，同时将线上线下的工作配合进行才能取得相应的成效。

四、工作室建设的优势和特色

（一）内容建设

在新媒体时代，工作室平台的建设，永远都是内容为王。因此贴近师生需求的内容是建设核心。工作室各项目组始终坚持思想性与亲和力相统一、专业性与覆盖面相统一、第一课堂与第二课堂相衔接的原则，遵循新媒体发展规律、目标群体受教育规律和思政教育规律，因事而化、因时而进、因势而动，进行内容创作。

（二）队伍平台建设

团队成员来源广泛，包括思政理论专家、青年榜样、辅导员、优秀学生，形成了国家级、省级层面的联动的大思政工作格局，建立了优良的传帮带培养机制。2018 年以来，工作室辅导员共获得各类荣誉80多项，教师成员中1人获全国“最美高校辅导员”、2人获全国“高校辅导员年度人物”、3人获省级“最美高校辅导员”、1人获省级最受大学生敬佩辅导员、5人在省级优秀论文评选中获奖。同时工作室第一阶段的3位成员现已孵化成为云南大学辅导员工作室的主持人，有效推动了辅导员队伍专业化职业化建设。输送团队成员进行GCDF职业生涯规划师、视频剪辑技术、新媒体运营的相关培训共计20余次。

(三)方法创新

工作室实现了新媒体与传统媒体的有效融合，一方面以理论宣讲为主要手段，通过组建师生“耘梦宣讲团”开展大学生理想信念教育宣讲；另一方面以校园生活为素材，打造融媒体思政育人平台，创作脍炙人口的融媒体思政宣传文化作品。同时，工作室注重活动课程化的探索，致力于高校辅导员核心能力培训课程、思想政治教育专业硕士研究生相关专业课程的开发和研究。

(四)成果转化

经过5年的建设，工作室成员共出版著作4部；立项课题26项，其中，国家级5项(国家社科基金1项，教育部人文社科项目3项，教育部骨干项目1项)，省厅级14项；发表论文30余篇，其中CSSCI(含扩展版)3篇，省部级领导批示1篇；打造国家级辅导员网络精品课程1门“新时代高校辅导员的职业认知与发展规划”；开设硕士研究专业核心课程1门“高校辅导员工作理论与实践”。工作室实现了量变向质变的转变，将朝着精品化方向持续探索。

五、工作室建设的未来规划

一是扎实推进工作室新媒体平台建设。积极整合网络思政工作合力，打造一系列网络思政产品，对青年责任担当、时政热点难点问题进行系统阐释，不断提高队伍网络舆论引导能力、信息化发展驾驭能力，更有效地开展当代大学生的思想政治教育和价值引领。

二是完善工作室的常规服务项目。包括职业生涯规划、学习指导、人际关系等共性问题的服务，与易班、中国大学生在线等平台进行互动和联动，将工作室真正打造成学生缓解压力的释放地、交友休闲的第一选择地。

三是建立一支有影响力的理论宣讲队伍。定期组织团队成员参与培训、研讨会、论坛等活动，不断提升专业化、特色化、品牌化水平；加强交流，向全国优秀辅导员工作室学习先进经验，示范展示团队优势特色，提升工作室经验和成果的覆盖面和影响力。

四是提升工作室科学研究水平。围绕新时代高校思想政治教育协同机制构建研究、新时代高校(少先队)辅导员队伍建设研究、新时代青少年行为特点与成长规律研究、网络思想政治教育研究、新时代高校思政课实践教学体系构建研究五个方向开展研究，并形成相应的可视化成果。

常来工作室

——湖南省高校辅导员名师工作室

一、工作室主持人简介

常徕，男，中共党员，副教授，湖南农业大学商学院辅导员。从事一线辅导员工作20多年，创新探索了以原创音乐开展思想政治教育的新路径，创作了一百多首歌曲，深受广大师生喜爱。结合大学生特点，开展丰富多彩的思想理论教育，撰写党课讲稿80多万字，打造了精品党课30多堂。先后获“全国优秀教师”、全国“最美高校辅导员”、“湖南省高校首届最美辅导员”、“‘芙蓉计划’高校优秀思想政治工作者”称号。

工作室主持人　常徕

二、工作室简介和定位

常来工作室，英文名为“Song Rising Studio”，是湖南农业大学商学院于2017年组建的辅导员创新工作室，目前有成员20余名。工作室的命名寓意深远——“为成长而歌唱”，象征着通过艺术的力量激发学生的成长潜能和创造力。

常徕和学生在一起创作

工作室的核心理念是通过“小艺术”实现“大思政”，即利用各种文化艺术形式深化大学生的思想政治教育。工作室致力于通过优秀的文化艺术作品提升大学生的思想理论素养，同时涵育他们的心灵和情感，促进人格全面发展。

自成立以来，工作室紧扣思政主题，积极探索思想政治教育的新方法和新途径。至今，工作室已推出包括原创歌曲、原创微电影、手绘作品、微课程、短视频等在内的200余项作品。这些作品不仅在内容上紧贴学生生活和成长需求，而且在形式上充满创意和趣味性，深受学生喜爱。工作室创作的代表作包括原创歌曲专辑《1921—2021》、微纪录片《韶光不负》、原创歌曲 MV《绽放绚丽之花》等。

工作室不仅成为湖南农业大学思政育人的特色品牌，也成了高校大学生思想政治教育中的一道独特风景，为繁荣校园文化艺术和推动高校思政工作的创新和发展增添了力量。

三、工作室的建设情况

（一）紧扣思政主题，用心打造优质作品

1. 精选主题，突出政治导向性

工作室结合不同时期学习教育主题，确定艺术作品创作的内容，确保作品政治性、时效性和针对性。例如，工作室于 2023 年 4 月策划拍摄了《党课有新声》共 25 期；2022 年 11 月策划并创作了原创歌曲《绽放绚丽之花》；2021 年 3 月至 5 月创作了原创音乐专辑《1921—2021》、原创手绘集《映子带你学党史》。

2. 精细创作，强化新思想引领

工作室在创作过程中特别注重作品背后的思想深度。工作室的主要作品，尤其是原创歌曲的歌词创作，都会围绕习近平总书记的重要讲话精神开展。这种创作方式不仅确保了作品的政治导向性和时效性，而且增强了作品的思想深度和引领力。

微课录制现场

例如，2018 年 4 月工作室创作了歌曲《共同的梦》。这首歌的灵感来源于习近平总书记关于人类命运共同体思想的阐述。通过音乐这一艺术形式，歌曲深刻传达了构建人类命运共同体的理念，使之更容易被广大学生群体理解和接受。原创音乐专辑《1921—2021》，工作室通过 10 首不同风格的歌曲，细致地展现了中国共产党自成立以来的光辉历程和伟大成就。每首歌曲都紧扣习近平总书记对中国特色社会主义和中国梦的重要论述，使学生能够在欣赏音乐的同时深入理解和领会习近平新时代中国特色社会主义思想的丰富内涵。

2021 年起，工作室每年都会给当年毕业生拍摄纪录片，而主题则来自习近平总书记在当年对青年的重要勉励，如 2022 年拍摄的《致青春赛道上的你》，就呈现了大学毕业生对“青春”“赛道”等关键词的理解，从而激发起他们向前迈进的勇气。

通过精细的创作，工作室不仅强化了新思想的引领作用，而且通过艺术的形式将深奥的政治理论转化为易于理解和感受的文化产品，有效地促进了思政教育的深入和广泛传

播。这种创新的教育方式极大地丰富了学生的文化生活，提升了思政教育的吸引力和影响力。

3. 精致打磨，提升作品感召力

工作室对每一件作品的创作都非常细致和用心，以确保作品的质量和效果。这种精致体现在以下四个方面：

一是严格的审核流程。所有作品都经过上级党委的认真审核。这不仅确保了作品的艺术性，更重要的是保证了政治导向的准确性。党委会提出修改建议，确保每件作品都符合教育和宣传的要求。

二是专业的制作团队。对于原创音乐作品，工作室精心挑选合适的师生演唱者，并由专业团队负责编曲、制作和后期处理。演唱者在正式录制前要经过多次排练，以确保最佳表现。

三是微党课的精心制作。原创微党课内容在录制前由专家审查并提出修改意见，主讲人也必须经过多次演练，以保证课程内容的准确传达和流畅表达。

四是细节的关注。无论是视觉效果还是听觉体验，工作室都力求每一个细节都能达到最佳状态，确保作品在艺术表现和思想内涵上都能达到较高标准。

通过这些精细的创作和制作流程，工作室的作品不仅在艺术上受到肯定，也在思政教育中产生了积极的影响。

4. 精确解读，宣讲理论接地气

结合作品主题与内容，设计、编写与之关联的思想理论课内容，让大学生读懂、弄通、悟透作品的思想内涵，正所谓“在艺术中进行理论宣讲”。例如 2021 年创作的原创歌曲《二万五千里》，内容是反映伟大长征精神。在歌曲创作完成后，根据歌曲内容编写了同名主题党课。在讲授过程中，许多听众数度落泪，而长征的伟大精神火种也就此留在了他们心里。

采访现场

（二）线上线下结合，精准传播全面覆盖

1. 多元化打造线上传播平台

工作室依托湖南农业大学商学院网站建立了工作室网站平台，依托“湘农商学”微信公众号和视频号建立了新媒体平台；工作室成员也在广受大学生喜爱的网易云、B 站上建立了辅导员个人空间。同时，工作室与主流媒体平台密切联动，构建了从全院学生向全校学生辐射、从校园内向校园外拓展的育人空间。

2. 多形式开展线下传播活动

工作室通过校园文艺晚会、小型音乐会、主题党课、“快闪”等方式，将工作室原创作品“面对面”呈现给大学生群体。工作室创办、组织了“商梦”艺术节，逐步打造成湖南农业大学品牌艺术活动；“原创音乐上党课”已经成为学院学生党员学习教育的特色活动之一。

(三) 师生共同参与，细化分工建强队伍

1. 以项目实施带动辅导员素质提升

工作室辅导员团队有着从事学生思想政治教育的丰富经验，经常性开展业务研讨、培训，在强化思想政治理论修养的同时，也提升了辅导员的业务素质。依托工作室的各类专题项目，辅导员在理论与实践方面分别开展深入研究和探索。

2. 以兴趣爱好促进大学生能力培养

工作室学生团队成员每年面向全院学生进行招募，吸引了广大热爱艺术的青年大学生参与。学生成员也从最初的“幕后”逐渐走向“台前”，师生合作在工作室的艺术创作中也渐渐成为主流形式。

3. 以科学分工调动工作室创新活力

工作室从最初的单一化结构发展到现在的包含三个组成部门、七个专项工作组(即创作部、传播部、理论与实践研究部三个组成部门和原创音乐、微党课、原创手绘、网络传播、演出、理论研究、实践运用七个专项工作组)的立体化构架，成员分工依据辅导员和学生的兴趣选择，充分做到了“以兴趣为导向”。

四、工作室建设的优势和特色

(一) 作品数量多

1. 较丰富的作品种类

工作室创作和发布了超过200件思想政治教育类艺术作品，种类多样，包括原创音乐、微党课、原创微电影、原创手绘等。这些作品涵盖了广泛的主题和形式，充分展示了工作室的创作活力和艺术多样性。

2. 有深度的思想内容

这些作品数量丰富，内容深刻。从解读党的理论到反映社会热点，从历史教育到当代价值观的传递，作品内容覆盖了思政教育的各个方面。

(二) 作品传播广

1. 不断拓宽的传播渠道

除了校内网络传播平台外，工作室的作品也通过官方媒体渠道如湖南卫视、红网等进行传播，产生了广泛的影响。

2. 不断增长的传播数量

各类作品在多个平台的传播量接近千万，这不仅体现了作品的受欢迎程度，也反映了工作室在思政教育领域的权威性和影响力。

（三）育人有效果

1. 师生认可

工作室的作品在学生群体中引起了热烈反响，成为湖南农业大学校园文化和思政教育的标志性成果。这些作品不仅为学生提供了丰富的精神文化食粮，也有效地提升了他们的思想政治素养。

2. 组织肯定

工作室的微党课在教育部、湖南省相关竞赛和评选中多次荣获奖项，这些奖项不仅是对工作室教育成果的认可，也是对我们创新教育方法的肯定。

（四）成员有提升

经过不断实践，工作室的团队成员在个人职业发展上取得了显著成就，主持人荣获全国“最美高校辅导员”等多项荣誉称号，多人获湖南省高校“最美辅导员”等荣誉称号。这些成就也反映了工作室在队伍建设和辅导员专业化职业化发展方面的优势。团队成员在参与工作室项目的过程中，不仅提升了自己的业务能力和教育水平，也在思政教育和艺术创作领域积累了宝贵经验。

（五）理论有研究

工作室积极开展相关理论课题研究，目前立项省级以上课题 4 项，为实际工作提供了坚实的理论基础。研究成果之一——《党课有新声——理论宣讲的创新思路》即将以专著的形式出版。工作室还系统地提炼出一套有效的工作方法——“兴趣驱动、情感支持、问题导向、技术辅助”的辅导员工作创新思路，这些方法和经验已在多所高校进行交流分享，并在教育部全国高校思想政治网、中国大学生在线“直播大讲堂”中分享，受到广泛认可和好评。

（六）技术有支撑

工作室在音乐制作、视频制作和人工智能技术方面均已有专业技术支撑，并且硬件设备齐全。专业的音乐和视频制作平台确保了艺术作品的高质量，并且工作室在作品制作中率先使用人工智能技术，提高了精准性和创新性，使工作室在技术方面领先一步。

五、工作室建设的未来规划

（一）建设经验

1. 体现以学生为中心的创作和传播思路

“小作品”也能走进学生心中，在题材选择上要更贴近学生实际。创作灵感源于学生，也服务于学生，与学生互动性更强，让学生的获得感更充实。

2. 创新“春风化雨、润物有声”的思想政治教育路径

工作室在思想政治工作中进行手段创新，能够有效融合辅导员九大工作职能的各个方面，也充分凸显了十大育人体系中的文化育人和网络育人功能。

3. 结合时代，满足学生不断增长的艺术需求

思政创新要使思想政治工作传统优势与流行文化融合，主动占领学生文化艺术生活阵地，提供文化育人和网络育人产品。

（二）未来规划

1. 深化理论研究

工作室计划继续深化对思政教育理论的研究，结合时代发展和学生需求，不断创新教育内容和方法。

2. 扩大作品影响力

工作室将继续致力于扩大作品的传播范围，增强与主流媒体和网络平台的合作，使优秀作品惠及更广泛的受众。

3. 提升技术应用

工作室会继续探索音乐、视频和人工智能等领域的最新技术，提升作品的艺术表现力和教育效果。

4. 培养创新团队

工作室将加强对团队成员的培训和锻炼，特别是注重发展年轻成员的创新能力和专业技能，为团队持续注入新鲜血液。

5. 拓展合作领域

工作室将会寻求与更多高校、研究机构及社会组织的合作机会，共同推动思政教育发展。

丽琼工作室

——贵州省高校名辅导员工作室

一、工作室主持人简介

工作室主持人　谭丽琼

谭丽琼，女，中共党员，副教授，贵州师范学院数学与大数据学院党委副书记。曾获全国高校优秀辅导员、全国优秀教师、全国“高校辅导员年度人物”等各级各类荣誉30余项。主持参与省级以上课题12项，发表论文20余篇。主持的“丽琼工作室”是贵州省高校名辅导员工作室首批示范点，获“贵州省‘巾帼文明岗’”“贵州省‘三八红旗先进集体’”等荣誉称号。曾作为党代表参加中国共产党贵州省第十二次代表大会，2019年3月18日作为贵州教师代表参加习近平总书记在北京主持召开的学校思想政治理论课教师座谈会。

二、工作室简介和定位

工作室成员风采

为不断创新大学生思想政治教育，促进辅导员队伍专业化职业化发展，贵州师范学院于2017年5月4日成立贵州师范学院丽琼工作室。成立以来，工作室围绕立德树人根本任务，秉承“提升专业素养、情系学生成长”的工作目标，以大学生网络思想政治教育、大学生创业就业指导、中华优秀传统文化融入大学生思想政治教育、大学生励志教育为研究重点和工作方向，深入开展理论研究，不断加强实践探索，努力提高团队成员职业能力和专业水平，使之成为展示贵州师范学院辅导员风采的窗口、创新育人理念方法的平台和孵化辅导员名师的摇篮。

工作室主要任务：一是打造优秀团队。以辅导员团队专业能力建设为中心，组织全体成员抓好工作室的制度和文化建设、学术研讨、工作经验交流等，制订好工作室的工作方案和成员培训方案，指导、帮助工作室成员积极进取，使之成为术有专攻、学有所长的知名辅导员。二是开展科学研究。团队成员围绕工作室主要研究方向，通过积极申报各级各类课题、撰写相关学术论文，开展专题研究。三是服务学生成长。工作室根据工作定位，开展学生服务和成长引导工作，切实发挥工作室的育人功能，不断提高思想政治教育实效。工作室团队坚持创新意识、精品意识和特色意识，把工作室建设成为服务大学生学习、生活的育人新平台，成为辅导员的心灵栖息地。

三、工作室的建设情况

工作室在贵州省委教育工委、贵州师范学院的大力培育下，在学工部“两融合八工程”思政工作体系的指导下，紧紧围绕“六个度”来推进建设，高质量打造育人品牌。

（一）建设内容

1. 顶层设计有高度，立德树人担使命

为落实全国高校思想政治工作会议的重要讲话精神，贵州省委教育工委、贵州师范学院党委高度重视辅导员队伍建设和素质能力的提升，围绕立德树人根本任务，谋划顶层设计，搭建提升平台，着力促进辅导员专业化职业化发展，大力支持和培育辅导员工作室建设。贵州师范学院成立的丽琼工作室是贵州省高校首家挂牌成立的名辅导员工作室。工作室坚守“为党育人、为国育才”初心使命，经过七年多的建设，学校辅导员的素质能力和专业化水平得到提升，辅导员队伍建设取得丰硕成果，涌现出许多优秀骨干辅导员，工作室孵化出 4 个校级辅导员工作室，形成了校内辅导员队伍建设的核心力量，为学校辅导员专业化职业化发展提供持续动力。

2. 政治引领有态度，旗帜鲜明讲信仰

工作室成员始终站稳政治立场，明辨政治方向，坚持在学生当中进行理论宣讲。工作室在线下积极开展党的十九大精神、党的二十大精神、“不忘初心、牢记使命”、党史学习教育等主题政治理论宣讲，邀请党的十九大代表陈小花、“时代楷模”曲建武到校宣讲。工作室成员作为贵州省青年宣讲团、“印山青年宣讲团”的成员通过进教室、到寝室，在工作室实现理论宣讲全覆盖，组织学生到息烽集中营革命纪念馆、百宜红军烈士纪念馆等红色革命教育基地进行理想信念教育，通过生动活泼、丰富多样的宣讲形式让学生理论学习入耳、入脑、入心，真学、真信、真用。

线上建立工作室官方微信公众号和官方抖音号，利用各新媒体平台，打造融媒体概念，通过学生喜欢的表达方式，贴近学生视角，潜移默化地影响和引导学生。工作室成立以来发布的网络新闻、原创推文、短视频 400 余篇，关注人数累计 1 万多人，浏览量累计达 50 余万，发挥网络微思政的育人作用。工作室创作的短视频《网红叫你来当兵》荣获省级征兵宣传短视频大赛一等奖。

“时代楷模”曲建武老师莅临工作室指导

组织学生观看党的二十大开幕会

3. 团队建设有力度，“五位一体”共成长

工作室承办贵州省名辅导员工作室论坛沙龙

工作室构建以老带新、交流研讨、学习培训、科学研究、以赛促建“五位一体”的辅导员共同成长模式。工作室充分发挥优秀辅导员的“传帮带”“老带新”的作用，为新辅导员成长搭桥铺路。通过“请进来”和“走出去”，积极邀请国内著名思政专家来校授课讲学，成员外出参加学习培训达60余人次。工作室承办学校辅导员沙龙活动30余场，并协助学校举办2019年贵州省高校辅导员工作室建设研讨会和2022年贵州省第二届高校名辅导员工作室论坛。工作室先后接待30余所省内外兄弟院校来访，加强省内外学生工作和工作室建设的经验交流。鼓励成员组团申报、承担科研课题，发表大学生思想政治教育相关学术论文，共同研究学生工作的重点、难点、热点。鼓励成员参加辅导员素质能力大赛，通过以赛促建，引导辅导员全方位提升思想政治工作本领和育人能力。

4. 活动品牌有亮度，“五育融合”铸新人

工作室充分利用学校贵州教育史馆、党员教育基地等平台，整合多方资源，创新多种形式，把思政教育工作渗透到学生日常生活点滴中，通过丰富多彩的活动教化学生，感染学生。例如举办“榜样力量思想引领”“中华优秀传统文化育时代新人”“阅读经典 沐浴书香”读书活动、“悦运动悦青春”晨跑活动等，打造深受学生喜欢的活动品牌，形成“五育融合”助力学生成长成才。组织学生党支部参加“誓词响亮，我心向党”全国百所高校告白祖国和万名师生云端大合唱《唱支山歌给党听》、组织参与由北京科技大学等17所高校21个学生党支部举行的“支部云共建，献礼二十大”党支部云共建活动，人民网、“学习强国”学习平台、共青团中央微博等主流媒体进行报道，阅读量达百万次。通过多种活动形式引领广大青年学生听党话、感党恩、跟党走，做有志气、有骨气、有底气的时代新人。

工作室开展传统节假日学生活动

工作室成员参加全国高校辅导员优秀骨干培训班

5. 教育视野有广度，启智润心促实效

工作室充分发挥成员参加学校思想政治理论课教师座谈会、全国高校辅导员优秀骨干培训班，获全国“高校辅导员年度人物”等荣誉的优势，在线上线下同全省全国高校辅导员互动交流。工作室主持人受邀到中国教育电视台《我是辅导员》栏目进行个人专访，先后在省内外20余所高校分享学生工作方法经验和思考感悟，拓宽工作视野。此外，工作室成员通过继续攻读博士学位、外出学习培训、考取相关职业资格证书等拓展自身的知识广度、提升育人能力，推动学校辅导员专业化职业化和学生全面发展的“双驱动”教育模式，实现辅导员和大学生教学相长，在实践全员全过程全方位的“三全育人”中，促进辅导员素质能力和大学生全面发展的同步提升。

6. 育人情怀有温度，做好学生筑梦人

工作室成立以来，坚持以学生为本，积极探索思政教育与专业教育的有机结合，注重贴近学生实际服务引导学生成长成才，致力于学生全面发展的探索与实践。全体成员在开展日常工作中，紧紧围绕学生、关照学生、服务学生，想方设法帮助他们解决实际问题，通过一对一、团体辅导、讲座、活动等方式和学生面对面，真实地了解学生的思想状况，做好思想引导工作，以传道情怀、仁爱情怀，努力帮助学生筑梦、追梦、圆梦。

（二）建设成效

1. 获得一批省级、国家级荣誉

工作室2017年12月成为贵州省首批高校名辅导员工作室建设示范点；2018年11月被授予贵州省“巾帼文明岗”荣誉称号；2020年获得贵州省“三八红旗先进集体”荣誉称号，工作室成员获得省级及以上荣誉表彰20余项，其中国家级荣誉5项。主持人谭丽琼获得全国“高校辅导员年度人物”、贵州省“最美高校辅导员”、贵州“高校辅导员年度人物”等荣誉称号。成员吴光梅获得全国模范教师称号，入围全国“高校辅导员年度人物”。成员楚亚萍获得贵州省“最美高校辅导员”称号、贵州省第七届辅导员职业能力竞赛三等奖、贵州省普通高校学生工作优秀案例奖等。成员王溯获贵州省“高校辅导员年度人物”、贵州

省辅导员素质能力大赛一等奖等荣誉。

2. 培养一批优秀辅导员骨干

工作室培养了一批优秀骨干。近年来共培养3位博士，成员中先后有9位成功晋升副教授，1人次被评为全国模范教师，1人次入围全国“高校辅导员年度人物”，2人次被评为贵州省“最美高校辅导员”，3人次被评为贵州省“高校辅导员年度人物”，2人次获省级素质能力大赛一等奖、3人次二等奖、4人次三等奖等。

3. 产出一批思政教育理论研究成果

工作室成员在核心期刊和《贵州日报》等省级及以上媒体发表理论文章20余篇，在第25、26、27届西南片区学生工作年会上，工作室成员研究论文获一等奖4篇、二等奖5篇、三等奖8篇。近年来，工作室成员共获省厅级以上课题立项40余项，获校级课题立项30余项，发表论文130余篇，出版专著3部。

4. 举办一系列深受学生喜欢的育人品牌活动

工作室打造深受学生喜欢的活动品牌，形成“五育融合”助力学生成长成才。开展的活动被“学习强国”学习平台、共青团中央微博、动静贵州等具有影响力的媒体报道，累计点击量达百万。工作室近年来累计辅导服务学生18000余人次。

5. 在全省乃至全国层面产生一定的工作影响力

工作室建设情况先后被《中国教育报》、《贵州日报》、贵州电视台等多家媒体报道。工作室主持人先后获邀在贵州大学、贵州医科大学、佳木斯大学、省级辅导员培训班、高校辅导员工作室等20余所省内外高校和平台媒体上进行学生工作经验和辅导员工作室建设经验分享。2021年中国教育电视台《我是辅导员》栏目播出工作室主持人28分钟的人物专访，报道育人实效，面向全国推广。

参加中国教育电视台《我是辅导员》栏目专访

四、工作室建设的优势和特色

（一）建设优势

1. 条件保障优势

学校高度重视辅导员工作室建设，着力加强工作室建设的顶层设计，将辅导员工作室建设纳入学校思想政治教育工作的重点，写入学校“十四五”事业发展规划。学校从场地、设备、经费、人员等方面为工作室提供支持和保障，学校政策也加大对工作室建设的扶持力度：辅导员在年度考核和职称评定中，有辅导员工作室实践锻炼的可以加分；外出培训优先推荐辅导员工作室成员等。在学生骨干团队培育支持上，学校每年从勤工助学岗和实践锻炼岗中专门为工作室拨出一定名额，协助工作室开展工作。

2. 人力资源优势

工作室汇聚了学校优秀辅导员骨干和各学院能力较强的学生骨干。辅导员骨干在学生党团建设、班级管理、就业指导、理论宣讲、科学研究等方面都取得突出的成绩。工作室组建学生工作团队，准确把握大学生思想和行为规律。学生团队拥有较强的视频制作能力、文字撰写能力、活动组织能力，在协助老师开展各项活动的同时提升自己，产生思维与思维的碰撞、心灵与心灵的交流，实现教学相长。

3. 运行机制优势

工作室经过多年的建设和探索，建立健全了相应的运行机制。辅导员团队加强指导，学生团队密切配合，各部门分工明确，职责明晰。工作室先后制定了《贵州师范学院丽琼工作室主持人职责》《贵州师范学院丽琼工作室成员职责》《贵州师范学院丽琼工作室成员考核制度》《贵州师范学院丽琼工作室成员学习研讨制度》《贵州师范学院丽琼工作室经费使用与报销制度》《贵州师范学院丽琼工作室奖励制度》等，就工作室的管理制度、学习制度、考勤制度、考核制度等作出明确规定，规范了管理、培训、激励等一系列办法，确保了工作室建设的制度化和规范化。

（二）建设特色

工作室聚焦“五育并举”的核心思想，打造“五育并举”的“一站式”浸润式育人环境，构建社区化全方位思政育人体系。充分利用多维平台，整合多方资源，创新多种形式，把思政教育工作浸润到学生的日常生活点滴中，通过学生喜闻乐见的方式丰富感染学生，培养德智体美劳全面发展的时代新人。工作室充分利用建在“一站式”学生社区的优势，把思想政治教育工作抓在经常、做在平常、融入日常，贴近学生，走进学生心中，打通思政育人落实、落细、落小的“最后一公里”。工作室定期举办的理论宣讲、读书分享、成长分享、晨跑活动、志愿服务等深受学生喜爱，成为有影响力的育人品牌活动。

五、工作室建设的未来规划

（一）聚焦“思政引领”铸魂工程，构建“1+N”宣讲体系

聚焦学校“思政引领”铸魂工程，推动党的创新理论学习、研究、宣讲常态化，构建“1+N”宣讲体系。一是构建“1+N”宣讲队伍体系，融入学校印山青年宣讲团，组建1支由政治素质高、宣讲经验丰富、业务能力强的辅导员担任主要成员的宣讲团，由思政课教师、党团学生干部、榜样力量师生成员组成的N支宣讲队。二是构建“1+N”宣讲阵地体系，以校园为主要宣讲阵地，到红色实践基地、理想信念教育基地、爱国主义教育基地等开展现场宣讲，增强宣讲的感染力和实效性。三是构建“1+N”宣讲品牌体系，利用新媒体平台，开辟理论宣讲在线学习专栏，实现“线上”“线下”全覆盖。把贵州红色资源利用好，把红色基因传承好。

（二）树立“大辅导员”观，助推大中小学思政工作一体化

依托学校贵州省大中小学思政课一体化发展研究中心，在学校党委教师工作部、党委学生工作部（处）指导下，精准融入创新实践，助推大中小学思政一体化建设，拟成立“大中小学思政课一体化主题班会手拉手活动中心”，充分利用学校和优秀校友的阶梯育人资源，探究大中小学主题班会内容、目标、活动载体、育人功能等方面内容，打通思想政治教育一体化的“堵点”，推进大中小学思想政治教育一体化建设。以“党带团”“团带队”的形式，让大学辅导员走进中小学“大手拉小手”，将大学的资源力量引进中小学，打破学段壁垒，实现大中小资源的互助和共享，衔接贯通党、团、队育人链条，形成党、团、队“大中小一体化”贯通接续培养模式。

（三）搭建思政数字赋能平台，实现智慧赋能精准思政

依托学校打造的数字学工，借助学院专业搭建思政智慧赋能平台，注意学生日常第一、二、三课堂成长生活数据的收集、分析和整理，利用大数据技术推进学生成长增值评价体系，推进学生教育培养工作精准化、精细化。从为学生提供便捷服务与实际应用需求出发，以智能的信息化共性能力平台为抓手，搭建了兼具业务柔性和发展弹性的云上团支部——U 班通，不断拓展学校各项工作的覆盖面和融合度，不断优化学生会参与学校治理改革。工作室以数学与大数据学院为试点，在 U 班通上设置收集学生相关数据的板块，对学生成长进行个性化分析并精准开展思政工作。

（四）实施“七个一”培优工程，协助学校推进“五度工作法”辅导员队伍建设

为提升辅导员守正创新、思政引领铸魂、育人育才能力，加强辅导员队伍专业化职业化建设，工作室成员优化“七个一”任务，即工作室成员每年面对学生开展一次理论宣讲；每个辅导员每年至少召开一个具有典型教育意义的主题班会公开课；每年参加一次校内外的学生工作培训；参加学校举行的辅导员素质能力大赛；结合自己专业特长考取学生工作相关职业资格证书；每年公开发表一篇学生工作论文或者撰写一篇学生工作案例；主持或者参与一项科研课题的申报。工作室通过实施“七个一”培优工程，在党委学生工作部（处）指导下，大力推进“五度工作法”辅导员队伍建设。

研究生辅导员导学思政工作室

一、工作室主持人简介

王佳寅，女，中共党员，上海大学机电工程与自动化学院研究生专职辅导员，院研工办主任、研究生党建中心主任，全面统筹学院研究生的党建思政工作和 11 名研究生专兼职辅导员队伍建设。长期深耕一线研究生思想政治教育工作，聚焦研究生“导学思政”育人体系，开展实践探索和理论研究。先后获上海市学校心理咨询师、全国创业指导师、全国就业指导师等多项职业资格证书；被评为“上海高校毕业生就业工作优秀工作者”，获首届长三角科学道德和学风建设论坛工作法案例二等奖；主持校级课题 2 项；公开发表论文 2 篇，其中《“导学思政”的内涵、核心要素与实施方略》在 CSSCI 期刊《研究生教育研究》上发表。

工作室主持人　王佳寅

二、工作室简介和定位

研究生辅导员导学思政工作室致力于深入理解和把握研究生思想政治教育的自身规律和重要特征，将研究生思政教育建设成为高校大学生思政教育的重要阵地，真正承担起传承创新、树立标杆的重要传帮带作用。工作室积极探索创设全方位多主体协同育人新模式，搭建导师、研究生辅导员与研究生互动交流的平台和载体。

工作室开展活动

工作室探索构建导学思政育人体系，坚持以立德树人为根、科研育人为干、组织建设为脉、生涯教育为导、人文关怀为基，为精准有效实施研究生思想政治教育工作提供有效路径，在实现研究生思想政治工作和导师思想政治工作共荣共进的同时，落实立德树人根本任务。工作室坚持以立德铸魂为宗旨，致力于构筑导学共生共融、弘扬创新精神、厚植爱国情怀的德育高地，并努力建设成为特色鲜明、资源共享的研究生思想政治理论与实践示范基地。

三、工作室的建设情况

（一）工作室坚持四个面向，理论研究与实践探索互促并进

1. 面向学生，精准把握新时代研究生的思想变化和成长需求

研究生群体年龄普遍集中在23—30岁，正是情感（或婚姻）、学业和就业三大重要影响因素集中产生变化的阶段。研究生成就动机高，对学业有更高的要求，他们比本科生承担更多的社会角色，既要面临增大的学业压力，又要面对多重社会责任和社会角色变化。在此阶段，他们可能会同时或持续感受到多重压力，这种压力在心理学上称为“叠加性压力”。工作室须站在社会性和层次性的视角，全方位地观察，全面科学地分析研究生思想思维、个性特点和需求层次差别，充分把握研究生群体的共性和个性，注重研究生的情感诉求、生活需求和权利主张，通过多种形式建立导学双方平等互信的关系，因材施教、分层次教育，帮助研究生树立正确的世界观、人生观、价值观，从而实现立德树人的总体目标。

2. 面向导师，为提升导师的育德育才意识与能力提供智库支持

导师是研究生思想政治教育的第一责任人，立德树人是其根本任务。研究生辅导员在研究生导学思政体系和协同育人场域中发挥着重要的桥梁和黏合剂作用，应有更为专业的职业能力和更为重要的使命担当。工作室面向导师开展系统且有针对性的研究，为提升导师的育德育才意识与能力提供智库支持；同时不断增强辅导员的职业能力，使其成为导师做好思政工作的专业搭档。

3. 面向辅导员，促进研工思政队伍专业化职业化发展

研究生辅导员是开展研究生思想政治教育的骨干力量，是高等学校研究生日常思想政治教育和管理工作的组织者、实施者和指导者。依托工作室，促进研究生辅导员队伍专业化职业化发展，提升研究生辅导员基于工作实际开展调研的能力，积极引导研究生辅导员针对研究生思政教育的重点和难点问题开展调查研究，并将研究成果反哺实际工作，在实践中增长智慧才干，在研究中提升专业能力。

4. 面向学校，凝练总结成有影响力的思政精品项目

当前，研究生教育已经被提升到了国家发展的战略高度，承担着为党和国家事业发展的需要培养造就大批德才兼备的高层次人才和提升创新创造核心竞争力的重要使命。学校的“双一流”建设离不开高水平高质量的研究生思政教育，工作室面向学校“追卓越、创一流”的要求，凝练形成具有影响力的思政精品项目，推动研究生人才培养迈上新台阶。

工作室开展活动

(二)实践探索取得新进展

1.“优导善学”文化建设——大格局培育导学优生态

“优导善学”文化建设工作方案，包括“共学共融”师生支部书记讲党史、“同向同行”实验室文化月、“相学相长”卓越导学团队风采展示、“一心一力”导学篮球赛和“不见不散”毕业季导学相片墙等活动。其活动创意新颖，场景丰富多元，学院师生喜闻乐见，更好地将“导学思政”之盐溶入研究生教育培养的全过程之中。

2.“崇德尚研”学风建设——师生互动、生生互动的科研育人主场景

聚焦国家发展需要、行业用人需要和研究生科研需要，围绕科研项目、就业指导、论文发表、科创竞赛等不同领域，紧密结合研究生导学团队的育人实际，注重发挥导师和学生的双重作用，搭建学术交流的共商共建平台，营造师生、生生互动良好氛围，形成导学互动合力，让研究生在参与学风建设过程中有所悟、有所得。

3.“立德树人，善导善育”新时代研究生导师专题培训——落实导师思政

面向导师开展培训，通过案例展示和研究生思想状况分析，为提升导师的育德育才意识与能力提供智库支持；同时不断增强辅导员的职业能力，使其成为导师做好思政工作的专业搭档。

4.卓越导学团队学科宣讲团——“大思政”格局下全方位育人的新载体

依托本学院的4个一级学科，积极筹备、整合资源，产生了首批8个卓越导学团队学科宣讲团，将各团队的育人理念、育人氛围以及育人成果进行全面的梳理、总结、凝练和提升，举办了“大格局培育导学优生态——机自学院首批卓越导学团队学科宣讲团成果汇

展”，并将参观成果展作为主题教育的重要一环。在此基础上成立学科志愿讲师团，以导学团队的硕博研究生为主讲人，2021 年 11 月 28 日首次走进上海大学本科生的首日教育课堂，分享导学团队的育人故事、育人理念和育人氛围，宣讲覆盖 700 余人，有效促进本硕博学生的良性互动，发挥硕博研究生在全过程人才培养中的榜样标杆和传承创新作用，通过全方位、立体生动的学科宣讲，在本科生的心中种下一颗热爱科学研究、勇于探索创新的种子。积极引导学科志愿讲师团走出上海大学，去学科实力强、科研水平高的目标高校进行学科宣讲，一方面吸引优质生源，另一方面提升学科美誉度。通过学科宣讲团的建设，更好地丰富人才培养的思政工作路径，有力拓展思想育人、学科育人、科研育人和实践育人的新载体，推动深化“三全育人”改革，探索构建“大思政”格局，为高等教育内涵式发展贡献力量。

（三）理论研究取得新突破

1. 特色工作法案例获奖

工作室主持人牵头学院研究生工作办公室协同导学团队共同打造有高度、有力度、有温度的育人品牌活动，形成了旨在构建和谐导学育人共同体的春夏学期“优导善学”文化建设季，以及旨在弘扬科学道德精神的秋冬学期“崇德尚研”学风建设季，深入挖掘学术科研活动中丰富的育人元素，在导学团队中增强思想引领和价值塑造，有效提升研究生思政工作的亲和力和感染力。以此为基础撰写的《研究生协同育人“三聚力”工作法》荣获首届长三角科学道德和学风建设论坛“特色工作法案例”二等奖。工作室通过“三聚力”工作法（以高质量党建引领，增强“牵引力”；以立德树人为根本，凝聚“向心力”；以朋辈榜样表率，激发“内生力”），探索多主体协同育人新模式。

2. 代表性学术成果发表

工作室主持人撰写的论文《“导学思政”的内涵、核心要素与实施方略》阐释“导学思政”的内涵要义及价值内核，并在此基础上精准分析“导学思政”的核心要素，科学设计“导学思政”体系及实施方略。

3. 课题研究全覆盖

2023 年，工作室成员立足研究生思政教育、导学思政的实践和理论问题，成功申报校级及以上研究课题 8 项，其中研究生思政课题 5 项，含 2 项重点课题；党建研究课题 1 项；共青团工作研究课题 2 项。

四、工作室建设的优势和特色

（一）以国家需求为导向

2020 年，教育部会同国家发展和改革委、财政部发布了《关于加快新时代研究生教育改革发展的意见》，擘画了我国研究生教育改革的蓝图，明确提出到 2035 年要初步建成具有中国特色的研究生教育强国。当前，研究生教育已经被提升到了国家发展的战略高度，承担着为党和国家事业发展的需要培养造就大批德才兼备的高层次人才和实现科技自立自强的重要使命。为此，需要构建“导学思政”的育人共同体，凝聚多主体协同育人合力，共同增强“为党育人、为国育才”的使命意识和责任意识，推进研究生教育由大转强，不断开创新时代研究生教育高质量发展新局面。

（二）以工作实践为基石

工作室在建设过程中始终立足于研究生党建思政的工作实际，科学分析和精准把握研究生思想政治教育的规律和特点，研究和探索研究生导学思政，创新研究生思想政治教育实践模式，在不断开拓创新育人实践的过程中深化对“导学思政”的认识。在创设多元化导学互动场景的过程中，坚持以科学的方法论指导，注重内涵建设，从而进一步在实践中检验理论研究的科学性和生命力。

（三）以解决问题为动因

基于研究生教育的自身特点和规律，工作室成员聚焦“如何有效开展思政教育”这一问题，开展调研和实践工作。其一，研究生的培养过程定位在“研”，对于研究生群体而言，其在课堂教学环节中参与较少，主要精力集中在科研工作上，在导师团队中的科研工作占据了他们大部分的时间和精力，其培养场景多发生在以实验室、科研团队为单位的空间中。其二，导师起关键作用。对研究生而言，其与导师接触频次最高、关系最紧密。导师作为研究生在开展学术研究过程中的指导者，导师的言传身教对研究生影响甚深。研究生教育的特殊性，决定了其思想政治教育不能照搬本科生以课堂教学为主的模式。显然，研究和探索“导学思政”，创新研究生思想政治教育实践模式，努力实现导师与研究生思政工作的协同互动，有较大的必要性和可预见的实效性。

五、工作室建设的未来规划

（一）系统化开展理论研究

引入思想政治教育领域的专家学者成为工作室的顾问指导，进一步深化理论研究，争取获批市级及以上的课题。引入更多的研究生辅导员中坚力量，从不同的视角对导学思政育人体系的理论和实践展开有创新性的研究和探索，进一步孵化出不同子方向的研究生辅导员工作室，形成理论研究的矩阵和梯队。

（二）多方位增强辐射带动

增强对研究生辅导员队伍建设的辐射带动作用。一方面，增强研究生辅导员协同育人的意识和能力；另一方面，基于“导学思政”这个研究的前沿热点，从不同角度形成系列的研究成果。统筹资源，扩大校级层面的品牌项目影响力。目前的品牌活动更多地是以学院为主体，接下来需要探索联建联动的新模式，在点上探索取得较好育人效果的做法要及时推广到全校层面，进一步助推研究生培养质量的提升。

（三）凝练形成新时代导学育人共同体建设的案例评析和规范性指导手册

在实践探索和理论研究的基础上，立足研究生思政领域的新形势、新要求、新任务，以问题为导向，以案例为蓝本，厘清如何构建新时代导学育人共同体，编写具有实践参考价值的工具书，从而为提升研究生人才培养质量提供有效的参考。

“信仰不息”辅导员工作室

一、工作室主持人简介

工作室主持人　张肃

张肃，副教授，博士在读，大连海事大学信息科学技术学院党委副书记、副院长、本科生辅导员。连续从事辅导员工作15年，所带学生超6000人。探索“一二三四五”工作法，开展育人活动300余项，学院学生获国家级奖项近300人次。创作情景党课、原创歌曲等作品百余部，被“学习强国”学习平台等平台转载，辐射近30万人次。获全国“高校辅导员年度人物”、全国高校辅导员素质能力提升骨干训练营特别表现奖、辽宁省高校辅导员素质能力大赛一等奖、交通运输部系统优秀党务工作者、辽宁省高校辅导员年度影响力人物等荣誉。

二、工作室简介和定位

“信仰不息”辅导员工作室成立于2019年，是大连海事大学首批“曲建武式”辅导员团队培育单位。工作室秉承“信仰坚定，驰而不息”育人理念，致力于学习、践行“时代楷模”曲建武教授的好经验、好做法，凝练、发扬曲建武教授育人精神。聚焦信息类工科学生群体，结合信仰红色文化、海洋蓝色文化、半军管绿色文化和专业特色文化，聚力以文化人，以文育人，创新网络思想政治教育工作载体，优化工作话语和叙事体系，耕好一方田，育好一代苗，撑好一柱梁，做信息类工科学生群体的思想引领者与成长服务者。

工作室现有成员20人，其中教授3人，副教授3人，讲师6人。成员获全国高校辅导员素质能力提升骨干训练营特别表现奖、全国思想政治理论课教师影响力人物提名等国家级、省级奖项40余项；承担国家社科基金高校思政课研究专项、辽宁省社科基金重点项目等课题20余项；在《思想理论教育导刊》《学校党建与思想教育》等期刊发表论文40余篇；出版著作5部；在“学习强国”学习平台、党建网等平台发布思政作品150余部；管理运营新媒体阵地12个，辐射影响超2万人，推送关注总量超200万人次。

三、工作室的建设情况

（一）建设内容

1. 崇一师，敬一业，提升育人专业战斗力

学习曲建武教授思想理论，将曲建武教授的著作作为团队宝贵的学习养料；传播曲建武教授育人能量，以云端形式创新为助力，探索思政传统优势与网络育人相融合的有效路径，以专业所长推动网络赋能、云端思政相耦合；诠释曲建武教授时代新声，结合信息专业特色，在学习碎片化、生活多样化背景下，与向曲建武教授学习目标深度结合，有效推动网络思政数字化演进。

2. “双向”奔赴，贯穿“两个”课堂，聚合思政专兼向心力

工作室发挥成员中思政课教师和辅导员各自优势，推动思政课教师兼职辅导员与辅导员兼任思政课教师协同发力，打通两个课堂。思政课教师以兼职辅导员身份，开展线上思政教育，撰写网络文章，发挥理论优势，提升专业厚度。辅导员以兼任思政课教师身份走上讲台，承担教学任务，录制思政微课并参加教学评比，将思政教育贯穿课上课下，实现课程教育与日常教育有机衔接。

3. “三联”党建，答好教育“三问”，激发组织育人新活力

打造以“党团联动、师生联学、院企联建”为主要内容的“三联”网络党建矩阵，创新组织活动样态，释放组织育人效能。依托“团员大学习暨青马工程”开展线上团学；联合关工委“五老”群体、专业教学系党支部开展线上专题联学；与大连图书馆共建阅读推广基地，开展录制电子书有声读物志愿服务。结合专业背景，讲好红色故事，涵养主流文化，提升工作质效。

4. “四季”笃行，强化“四级”赋能，发挥“科学技术”硬实力

以春夏秋冬“四季”工作节点为横线，以寝室、班级、中队、学院“四级”工作机制为纵线，线上线下结合开展固本、提升、引领、树典“四维”工程。通过学业帮扶，实现学困生群体全覆盖，消除学业压力思想风险。挖掘日常工作中的网络思政元素，对接包干各科技类学社，带动学生投身科创研究，“以中国心，造中国芯”，推动学风科创工作提质增效。

5. “五进”领航，驱动“五育”融合，提升文化品牌感染力

聚焦主责主业，通过进企业、进社区、进农村、进国防、进西部构建“五进”领航工程，发挥新媒体优势，提升五育并举实效。与用人单位深度互信互动，借助央企国企既有网络资源联合开展思政教育；带领科技类社团走进社区携手开展云端科普；面向对口支援村镇策划线上直播“爱心助农”；集合退伍大学生开展国防教育线上宣讲；引领党团员与西部贫困学子结对开展学业辅导。

工作室开展的各类活动

(二)建设成效

1. 合理的团队构成

团队成员包括思政课教师、行政管理人员、学生工作干部，彼此有紧密的工作联系与业务交流，年龄、学历、职称结构协调，下辖稳定有力的学生骨干团队，具有一定的新媒体素养和平台运营经验。

2. 良好的育人成效

团队成员所带学生延学人数连续 3 年递减，升学人数连续 3 年提升；破格保送研究生人数占学校全部名额 1/3；连续 5 年有 2 名学生获评校“十佳大学生”；近 30 人次在 A 类赛事中打破学校最好成绩记录。

3. 正向的专业引领

团队以立德树人为根本任务，依托“信息”文化资源，以大学生全面发展为工作方向，聚焦辅导员育人实效，从有仪式感的价值引领，到文明素养的内在提升，以实现工作室由外及里、由浅入深、由点到面、由理论到实践的阶梯式发展。工作室因势利导，瞄准学生成长与成才的发展定位，聚焦大学生内驱力与外驱力，主动发力，借力新媒体优势开展系列青年文化品牌活动，助力学子成长成才；不断探索思想政治教育工作规律，为辅导员提供理论研究和实践应用平台，强化提升辅导员思想政治教育工作能力，进一步推进辅导员队伍专业化职业化专家化建设。

工作室开展系列青年文化品牌活动

(三)建设经验

1. 构建清晰的工作体系

工作室以构建“大思政”精细化、一体化育人平台为目标，秉承“信仰坚定，驰而不息”育人理念，坚持“五育并举”育人导向，以云端形式创新为助力，探索思政传统优势与网络育人相融合的有效路径。通过团体工作坊、线上线下个体咨询、主题微党课等方式为学生提供持续的支持与服务，着力构建促进辅导员素质能力提升、助力大学生成长成才、推动工作室持续发展的“师生成长共同体”。

2. 打造成熟的网络矩阵

工作室以网络育人工作为主线，以信息类专业为学缘纽带，建立长效机制，进一步完善“载体创新、资源整合、协同联动”多维育人模式，持续推出有深度、有力度、有温度的网络作品，坚持做强网络矩阵。团队管理运营新媒体账号 12 个，辐射超 2 万人；累计开展网络直播活动 80 余场，推出校园文化活动 300 余项，宣传关注量超 200 万人次。

3. 探索多维的成长模式

在工作室建设过程中，坚持对成员理论培养和实践训练相结合、日常工作和个人专长相结合，初步构建持续学习与进修、实践反思与总结、社会实践与拓展、引领示范与传承、跨学科合作与交流、个性化指导与咨询“六位一体”的多维度自我成长和教育模式。

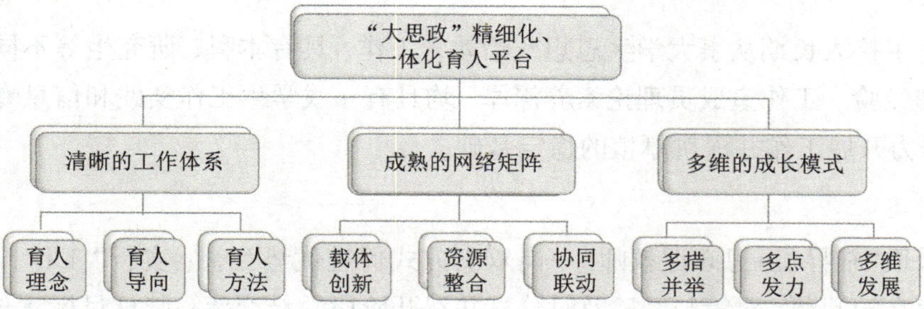

工作室多维成长模式

四、工作室建设的优势和特色

（一）特色亮点

1. 聚焦榜样引领

围绕"弘扬楷模精神，培育时代新人"主题，坚持学生工作"仍然在路上"。学习曲建武教授对教育事业的热爱、对思政工作的坚守、对青年学生的关心，学深学实并持续创新学习样态、固化学习成果。

2."三色+特色"融合

立足大连海事大学办学传统和实施半军事管理60周年契机，团队以信仰红色文化为主调，以海洋蓝色文化、半军管绿色文化为底蕴，以信息专业特色文化为亮点，围绕"红蓝绿"三色加特色开展多元育人，为网络思政工作提供充沛的育人资源。

3. 突出信息硬核

发挥信息类专业师生独特优势，深入推进数字技术赋能网络思政教育研究，激发自主创作活力，展现信息技术硬核实力。信息技术优势与育人资源供给深度融合、同频共振，着力打造有力度的思政理论课、有温度的专业学习课、有效度的志趣文化课。

4. 强化品牌建设

团队着力聚合成员中思政课教师、辅导员队伍与关工委"五老"群体天然情感纽带联系，打造思政专兼结合"双向奔赴"、离退休老教师与青年学子"大手拉小手"品牌建设。强化成员知网懂网能力，实时掌握学生思想动态，形成育人合力。

（二）条件保障

1. 学校高度重视

学校举全校之力为工作室建设搭建平台并予以政策支持。作为首批"曲建武式"辅导员团队培育单位，曲建武教授亲自授牌，为信息专业学生授课，与班级结对关怀，对团队工作悉心指导。

2. 团队构成有力

工作室主持人长期从事大学生思想政治教育工作，具有本科、研究生等不同学生群体的教育管理经验。工作室成员理论素养深厚，均具有一线学生工作实践和信息专业工作履历，具备合力开展工作并深耕厚植的稳定基础。

3. 制度建设规范

团队采取“辅导员+思政课教师”一岗双责方式促进优势互补；实行“工作日志”制度，将工作中存在的问题、对策与经验及时分享并召开阶段总结交流；制订目标责任书，定期对成员工作完成情况进行考核。

4. 软硬件保障充分

团队拥有信思空间、心晴工作室等活动场地近 300 平方米。成员承担各级各类项目，累计获批建设资金 7 万余元。校院两级也给予经费支持，以保障工作室长效、稳步发展。

五、工作室建设的未来规划

（一）传承曲建武教授育人理念

密切关注学习曲建武教授的最新理论动态、育人成果，开展“红色星光大课堂”、语重“信”长专题讲座，撰写学习感悟、读书笔记并汇编整理；持续开展“你我都是同录人”活动，引领师生在读中有所学，在录中有所悟，在听中有所感；以学生自主设计的萌宠形象为原型，从数字人讲微党课、到曲老师语录微信表情包，将曲建武教授的声音以可亲可信的形式融入学子的日常生活，让有意义的活动有意思，有意思的活动有意义。

（二）打造信息类专业网络育人平台

以网络育人工作为主线，搭建平台开展交流研讨。前期聚焦省内院校和航海类院校，发挥地理局限小、同根同源优势，迅速开展工作，初步形成经验；后续将工作视野逐步扩展到省外院校和广义涉海类院校，做好工作室本责本业，彰显海洋特色。

（三）丰富网络育人理论实践成果

充分挖掘线上线下多元教育元素，鼓励师生开展网络育人作品创作，实现育人和自育同步。以比赛练能力、以活动凝人心、以团队显身手，继续组队参加“情景党课”设计展示大赛，锤炼讲好党课基本功。追随曲建武教授家访足迹，开展创作调研，在“年轻当有思”“行者无远”等团队成员个人微信公众号完成视频网文“双百”积累并建成资源库。

红色基因传承名师工作室

——安徽省弘扬社会主义核心价值观辅导员名师工作室

一、工作室主持人简介

工作室主持人　方瑞

方瑞，男，副教授，硕士研究生导师，安庆师范大学学生处副处长。安徽省高校辅导员红色基因传承名师工作室主持人，曾获安徽省“高校辅导员年度人物”、安徽省优秀共青团干部等荣誉称号，享受安徽省高校优秀专职辅导员岗位津贴。主持安徽省哲学社会科学规划项目、安徽省高校思想政治理论课重点项目等省级课题7项，在《思想理论教育导刊》《马克思主义学科研究》《思想政治教育研究》《思想政治课研究》等期刊发表论文20余篇，多篇论文被人大复印资料及专业学术媒体平台转载。获全国高校思想政治工作优秀论文、安徽省教学成果奖一等奖等奖励。指导的革命历史剧《王步文》获全国第五届大学生艺术展演一等奖、优秀创作奖，指导学生在各类比赛中获国家级奖励5项、省级奖励30余项，成功主持申报并获批“安徽省党建样板党支部”。

二、工作室简介和定位

（一）工作室简介

红色基因是中国共产党在团结带领全国各族人民艰苦奋斗、奋勇拼搏的征程中，在吸收中华民族深厚文化基础上，形成的政治优势与本质特征。鄂豫皖革命根据地是第二次国内革命战争时期仅次于中央革命根据地的全国第二大根据地，大别山红色文化资源丰富，安庆师范大学重视红色文化研究，科研平台载体完备，团队工作基础扎实。红色基因传承名师工作室利用大别山红色文化资源加强党团组织建设，以“红色基因传承”为目标，将丰富的红色文化融入理论教学和社会实践，加强大学生的理想信念教育，培育和践行社会主义核心价值观。工作室是辅导员建设发展的载体和平台，基于共同愿景，通过学术研究、实践探索、交流探讨、成果应用等方式，以辅导员为主体而组成的学习、合作、成长共同体，为辅导员展示个人风采提供可视窗口，为育人理念方法的创新提供广阔平台。

（二）工作室定位

1. 打造成为学生工作决策的“智囊库”

工作室扎实有效开展新形势下思想政治教育工作，增强政治的敏锐性和工作的前瞻性，针对实际工作遇到的难点、重点、热点问题进行深度思考，在学生思想动态研判、防范化解重大风险等方面提供智力支持。在工作过程中养成学术性、研究性思维，不断探索新思路、新方法、新规律，充分利用地域红色文化优势，提升学生教育服务管理水平和科研工作质量，促进学生工作健康快速发展。

2. 打造成为团队成员发展的“加油站”

工作室聚焦团队建设方向并以此为实践平台，通过实地调研、专题培训、专家指导等方法，进一步拓宽专业知识面，提高工作的专业化水平。成员有效地结合实际工作，掌握红色文化育人理念方法和思想政治工作技能，借助红色文化育人的教研科研平台，注重总结提升，寻找理论规律，凝练成集体智慧和理论成果，再运用到实际工作中，在服务中成长，在研究中提高，提升学生工作水平，最终实现辅导员自我成长和学生成才的“双赢”。

3. 打造成为学生成长成才的“助推剂”

团队成员组织学生参加“敬敷青年”党史宣讲团，为安庆市烈士陵园微信公众号“红塔故事会”录诵英烈故事，引领青年党员在细致采写和深情讲述中崇尚英雄、争做英雄。团队成员从繁琐的事务性工作中走出来，理清工作思路，全面了解掌握红色文化育人的工作环节、工作流程和时间节点，更专业、更科学、更全面地指导和服务学生。

三、工作室的建设情况

（一）工作室的建设内容

1. 建设党团基地，发挥学生骨干模范作用

工作室购置党史党建、红色文化书籍，设立“红色基因传承”图书室，带领青年大学生读历史、读经典、读典型。利用图书馆和网络资源，搜集文献资料，科学分析红色故事的历史价值，探究红色文化传播与弘扬红色基因的契合点。加强爱国主义教育，以安庆市博物馆、安庆市烈士陵园等爱国主义教育基地为依托，在黄镇纪念馆、安庆革命纪念馆建立工作室研学基地，选拔优秀大学生担任场馆义务讲解员，定期开展红色文化宣讲，增强党员服务意识，提升党员自身能力。

2. 加强平台建设，丰富红色文化第二课堂

充分利用抗战胜利纪念日等节点，进行“我最喜爱的理论课”“我最感动的党史故事”等特色评比活动，开展红色故事演讲、党史革命史宣讲等爱国传统教育活动。组织参观安庆市革命文物陈列馆、岳西县王步文故居、金寨县革命博物馆、独山镇革命旧址群、潜山县烈士陵园、太湖县烈士陵园、刘畈乡刘邓大军高干会议旧址等，深入调研大别山革命文

工作室开展的特色活动

化，开展“三下乡”、志愿服务等活动，了解革命英雄事迹。

3. 推动课程建设，提高“四史”教育的有效性

通过调查访谈革命老战士及革命后代，编写红色故事选本，邀请工作室党史党建研究专家为大学生作学术报告，加强青年学习革命历史。拍摄党史学习教育“微宣讲”视频《传承百年校史中的红色基因》，编写具有地方特色的读物，开设红色文化课程，让大别山红色文化走进学生课堂、走上舞台，并将之运用于党课团课教育教学实践，以弘扬大别山精神为主题，制作形成教学案例。

（二）工作室的建设成效

人才培养过程中将理论与实践紧密结合，丰富教学资源、创新教学手段，加强专业实践教学建设，有效破解思想政治教育“两张皮”的问题。整合思想政治教育平台，将红色基因植入“课堂”“实践”“网络”三个载体，构建“三维一体”红色文化育人模式，推动三者紧密联系和良性互动，将大别山红色文化资源融入思想政治教育工作实际，达成入心入脑的总体要求。

1. 坚定青年理想信念，进一步丰富红色文化育人活动

工作室加强与六安市委党史研究室、安庆市新四军研究会、安庆市委党史研究室以及金寨干部学院等单位的交流合作，多次带领学生骨干赴井冈山、延安等地接受爱国主义教育。团队成员多次参加全国高校基层党支部书记专题研修、高校辅导员专题研修等各类培训，组织大学生参观大别山革命遗址，访谈20余位老战士和革命后代，整理红色家书、红色故事30余篇，大力开展大学生革命传统教育。开展“红色故事交流会”“我身边的革命英雄”“家国永念：清明祭英烈”等主题党日活动，利用红色资源开展学习教育26场次，参加党员和入党积极分子1100余人次。围绕“学习红色文化 传承红色基因”主题开展问卷调查、实地走访，获评校优秀团队，荣获校最佳党日活动一等奖。将红色文化育人理念融入班级建设，加强班级日常管理，2018级汉语言文学3班、5班获校“十佳班集体”，2018级汉语言文学3班、4班、5班团支部获得校“红旗团支部”，2018级汉语言文学1班、3班、5

班获校“先进团支部”等荣誉。指导学生获安徽省大学生话剧展演一等奖，安徽省大学生艺术展演二等奖、优秀创作奖各 1 项，安徽省第四届校园读书创作活动一等奖 2 项、二等奖 1 项、三等奖 2 项，安徽省“挑战杯”大学生课外学术科技作品竞赛红色文化专项二等奖 3 项，三等奖 2 项。

2. 开展课题项目研究，进一步提升团队科研能力

近三年，团队成员在《思想理论教育导刊》《广西社会科学》《安庆师范大学学报》《池州学院学报》等期刊发表学术论文 20 余篇，主持教育部人文社会科学研究、安徽省哲学社会科学规划等省部级项目 8 项，获得安徽省教学成果一等奖 3 项。团队成员荣获安徽省“高校辅导员年度人物”2 人，安徽省辅导员技能大赛一等奖 1 项、三等奖 1 项。团队成员赴复旦大学、井冈山大学、安徽师范大学等高校开展学术交流，参加全国高校优秀辅导员“党史学习教育”专题论坛。撰写资政调研报告，安庆市委书记张祥安作出重要批示，相关成果获安徽省 2021 年度高校思想政治工作优秀案例征集活动优秀奖，安徽省社科界第十六届学术年会三等奖，安徽省第四届校园读书创作活动三等奖，安徽省 2021 年度“三项课题”研究活动成果二等奖，贵州大学第五届主题征文优秀论文奖，安庆师范大学家风建设主题征文活动一等奖，“举旗帜 · 送理论”党史学习教育微宣讲竞赛二等奖等。

3. 深度挖掘红色资源，进一步增进党史学习教育效果

在校史馆讲述百年校史的红色基因传承，带领党员发展对象看望曾参加抗美援朝的退休教师，安徽教育网对此进行了报道。带领大学生红色文化研习社赴岳西、金寨等地开展暑期“三下乡”社会实践，赴独秀园、安庆博物馆、饮马塘狱所旧址开展党史学习教育，获校优秀调研报告二等奖、三等奖各 1 项，并获校优秀团队称号。进行校史学术研究，系统梳理陈望道任教于省立安徽大学的经过，发现其在安庆任教期间发表的一篇演讲《言与行》。经比对考证和专家确认，《言与行》为新发现的陈望道佚文，《安徽日报》等 20 余家媒体进行了报道。努力从校史的红色基因中汲取强大力量，撰写的《百年校史中的红色基因》在《安庆日报》登载，并被“学习强国”学习平台、安庆先锋网等转载。

4. 建设网络传播平台，进一步拓展红色文化基因传播渠道

探讨红色文化故事融入教育教学、文化传承、媒介宣传，将红色基因传承有机融合思想政治教育教学，整理录制 50 余篇红色故事音频材料，并上传网易云平台。组织开展全校“传承红色基因，争做时代好青年”短视频征集活动，共收集原创作品 130 余份。创构“红色基因传承”“敬敷红苗”微信公众号，利用抖音等媒介宣传红色短视频，促进教学和研究成果转化，开拓大别山红色基因传承的有效途径。指导学生以革命烈士张璋为故事原型创作历史剧《信念》，排演作品《王步文》曾获全国大学生艺术展演一等奖并参加“五月花”语言艺术晚会。为学生开设题为“陈望道任教省立安徽考略”学术讲座，配合大观区档案馆梳理校史资料，《中国青年报》《安庆新闻联播》等进行了报道。

四、工作室建设的优势和特色

（一）工作室建设的优势

建设高校思想政治教育“三位一体”模式，在对学校教学资源配置和学生实际情况综合分析基础上，提出了“以工作实践促进理论研究，以理论研究指导工作实践”的工作理念。

1. 思想教育与地方文化弘扬相结合

将地方文化资源与学生思想教育相结合，加强地域文化研习熏陶。将丰富的地方红色文化与日常教育相结合，以身边的历史史实和革命人物教育大学生，传承发展红色文化，让思想政治教育更接地气，让理想信念教育更接地气。

2. 思想进步与创新能力培育相结合

青年学生不仅要有理想有担当，还要有过硬本领。工作室发挥所在学院师资力量，将大学生思想政治建设与知识技能提升相结合，把提升青年的专业素养放在重要位置。教工党支部教师为学生日常学习、考试、考研提供专业指导，开展小说、剧本、诗歌等文学创作活动，突出口语表达能力、文字表达能力、文化传播能力等方面的培养，发展学生创新能力，提高学生综合素养和核心竞争力。

3. 思想引导与校园文化营造相结合

工作室利用自媒体平台，注重大学生自我教育，创设红色文化宣讲和革命历史爱好者社团，将红色文化融入学生社团建设。宣传推介大学生红色文化活动，在校园网、中国青年网等平台发表新闻稿件，在安徽教育网等省级媒体推介红色文化育人成果，宣传思想政治理论课教育教学成效。选树优秀大学生先进典型，塑造时代新人良好形象，大力宣传学生党团组织建设成果，扩大正面积极的社会影响。

（二）工作室建设的特色

1. 提炼萃取红色基因，提高思想政治教育的有效性

收集大别山红色故事资料，做好口述红色历史的整理工作，丰富和完善革命斗争历史，运用现代传媒媒介，将红色故事以生动的形式融入大学生思想政治教育活动。

2. 坚持政治理论学习，提高高校辅导员的业务能力

红色文化研究本身就是一个交叉性的学科，需要马克思主义理论、文化学、社会学、历史学等多学科的理论支持。工作室成员指导大学生创新创业项目 20 余项，积极申报红色文化研究课题，完善红色基因传承的理论体系。

3. 发挥红色文化育人功能，提升青年的思想政治素质

分析当前高校的课堂教学、学生实践、文化培育等方面存在的问题，掌握思政课程实践教学改革情况，引导大学生学习不畏艰险的艰苦奋斗精神，感悟革命先烈的爱国情怀。

4. 搭建网络思政平台，加强宣传阵地的日常建设

将学生创作的网络文章、动漫、短视频作品等成果加以固化，建立微信公众号，利用新媒体平台展示红色文化教学实践成果，加强媒体的日常管理，工作责任到人，形成良好的传帮带机制。

五、工作室建设的未来规划

个别歪曲历史、扭曲事实、调侃英雄人物的现象对社会主义文化健康发展带来了严峻挑战，通过思想政治理论课教学，完善红色文化传承与创新的理论研究体系，增强当代青年文化自信，维护国家文化安全。思想政治教育应利用红色文化资源，深刻阐释红色基因的科学内涵，揭示当代大学生传承红色基因的时代价值，让红色基因融入青年血脉，走好新时代的长征路。

1. 挖掘大别山红色文化的精神内涵并发挥其教育价值

红色遗迹、红色故事等红色资源蕴含着丰富的红色基因，将红色文化素材有机融入理论教育，开展“红色基因传承”主题教学实践活动，利用大别山红色文化加强大学生的理想信念教育。

2. 构建红色文化融入高校思政“三维一体”育人模式

“三维”是指从课堂教学资源优化、实践能力素质拓展、网络文化成果熏陶三个方面传承红色文化基因，从“课堂”“实践”“网络”三个维度提升大学生思想政治素质，实现思想政治理论课教学目标，构建有效的高校思想政治理论课教学模式。

3. 完善高校思政课程资源建设的长效机制和保障体系

科学探索地方红色文化资源整理利用，加强理论课程教学资源建设，建立红色基因传承的长效机制，构建红色文化育人的制度机制、组织机制、人才机制、经费机制、基地机制、激励机制等方面的保障体系。

4. 推动红色文化的创造性转化和创新性发展

整合利用地域红色文化资源，探索建立知党、爱党到跟党走的高校红色文化教育体系，论证红色文化的时代价值和现代转换可行性，探讨青年价值观教育与弘扬红色文化的契合点，为开辟高校思想政治教育新途径提供理论依据。

李昌锋工匠精神培育工作室

——陕西省教科文卫体系统职工(劳模、工匠人才)创新工作室

一、工作室主持人简介

工作室主持人　李昌锋

李昌锋，教授，中共党员，陕西铁路工程职业技术学院教师发展中心副主任，国家二级心理咨询师。先后获评全国“高校辅导员年度人物”提名奖、全国“高校辅导员年度人物”入围奖、全国高校易班十佳辅导员、陕西高校名优辅导员、陕西高校优秀党务工作者、陕西省优秀辅导员，获陕西省职业院校教师教学能力比赛二等奖。参与的项目获评国家级教学成果二等奖、省级教学成果特等奖、省级在线精品课程等。主持完成省部级以上课题 5 项，出版专著 2 部，发表论文 30 余篇。

二、工作室简介和定位

李昌锋工匠精神培育工作室是省级创新工作室，占地 80 平方米，现有成员 12 人。核心成员窦铁成，系全国劳模、铁路建设技能大师，曾获评全国五一劳动奖章、陕西省高技能人才、新中国成立以来感动中国的 100 个人物、“最美奋斗者”称号等。工作室旨在落实全国教育大会精神，在高职院校学生中弘扬劳模精神、劳动精神、工匠精神，落实立德树人、提升学生职业素养。工作室建设的方向和定位是学生思想理论教育和价值引领，通过理论宣讲、实践活动、选树典型、宣传引导等方式，聚焦工匠精神培育，开展日常工作。经过两年建设，工作室形成了“点—线—面—体”育人格局，打造了五大育人品牌——“匠魂讲坛”“匠心工坊”“匠艺观园”“匠情茶社”“匠行达人”，开展工匠精神培育，提高学生的职业素养，为党育人、为国育才。

三、工作室的建设情况

(一)建设内容

工作室紧紧围绕立德树人根本任务，建设特色鲜明、机制健全、资源共享、管理水平高、科研能力强、实践效果好的工匠精神培育工作室。主要做法体现在以下五个方面。

1. 团队建设

工作室从行业领军人物、学校骨干教师中选配 12 人组建团队。核心成员李新萍教授，任教育部高等学校思想政治理论课教学指导委员会委员、全国高职高专思想政治理论课建

设联盟副秘书长、陕西省高等学校思想政治教育研究会学术委员会委员，获评陕西省教学名师。工作室以主持人为核心，凝聚力量，形成骨干团队，凝练特色，制订工作方案，建章立制，规范管理，注重联合研究与集体攻关，推进工作室内涵建设与创新发展，为学生成长成才服务。

工作室沙龙区

2. 整合资源

在大思政背景下，积极引入校内外相关资源，支撑工作室项目建设。尤其注重在思政课教师和辅导员两支队伍优势互补的基础上，采取切实有效举措，创新两支队伍融合的现实路径。一方面，搭建平台促进有思想政治教育专业背景的辅导员融入思政课教学团队，将思政课的人力资源、学科资源、教学资源、科研资源等嵌入工作室项目建设中。另一方面，鼓励思政课教师担任班主任、指导学生社团，参与学生日常教育管理、指导、帮扶。

3. 科学研究

按照辅导员工作精品项目培育建设要求，围绕研究方向，坚持问题导向，进行专题调研，不断探索弘扬劳模精神、劳动精神和工匠精神的新路径、好做法。制定实践和科研成果转化的具体措施，以论文、专著、讲座、研讨会、报告会、精品项目、观摩考察等形式在校内外介绍、推广。针对学生教育、管理、服务工作，推出一系列创新性工作举措，形成实效性强的工作模式。

4. 创建品牌

工作室扎实落实立德树人根本任务，为育人工作创建了“政策+平台+服务”的支持系统，形成了“点—线—面—体”育人格局和“匠魂讲坛”等五大育人品牌。打通了教育教学和就业指导工作中存在的盲区、断点和难点，使教育工作更好地适应和满足学生成长诉求、时代发展要求和社会进步需求，使教育教学更有温度、思想引领更有力度、立德树人更有效度、育人效果更有深度。

(1)品牌一：匠魂讲坛。

围绕工匠精神的内涵、意义和要求等内容，由高校教师或企业专家以讲座、报告等形式，每月举办一期“匠魂讲坛”，主题有“做新时代‘硬核’的共产党员”“国测一大队与测绘精神”等。

(2)品牌二：匠心工坊。

组织学生开展模型制作、陶艺制作、手工作品制作等体验活动，在学生活动中寓教于乐。指导教师带领学生体验劳动的艰辛，学习劳动精神，培养学生认真的态度和严谨的作风。

(3)品牌三：匠艺观园。

为了给学生提供一个更为宽松的受教育平台，满足学生展示自我的需要，让学生更好地相互学习和切磋，工作室在校园一隅开辟主题教育园地，借助优雅的环境、宽松的氛围，以举办“互联网+”创新创业大赛作品展、科技作品展等活动形式，每2个月举办一期展示，使教育潜移默化、润物无声。

全国劳模窦铁成给学生作报告

“匠情茶社”师生对话

(4)品牌四：匠情茶社。

为解答学生成长中遇到的困惑，解决学生在校期间思想迷茫、动力缺失等问题，工作室每个月举办一次师生近距离对话活动——匠情茶社。每一期邀请一位嘉宾，拟定一个主题(如“弘扬工匠精神，成就精彩人生”“谈筑路巾帼，话学子成长”等)，师生就给定话题进行互动。嘉宾的作用主要是开解、启发和引导，而非灌输和填鸭式教育，促进教育引导润物无声。

(5)品牌五：匠行达人。

选树学习生活中的先进典型人物，为学生树立身边的榜样，号召学生向他们学习，提高思想认识，促进行为养成，提高职业素养。每年在国家级技能大赛和日常宿舍内务两个领域中评选出10名“匠行达人”进行表彰和奖励，鼓励他们发挥引领示范作用，带动全体学生在学习和生活中严于律己，不断追求卓越。

(二)建设成效

通过铁路建设技能大师窦铁成的引领示范，团队成员的教育、指导，全校学生学习工匠精神蔚然成风，育人成效显著。工作室的建设方向和功能定位契合了高职院校人才培养的目标，创新了工匠精神培育的体系、模式、方法，形成了可复制、可示范、可推广的经验，在省内外具有较高知名度和较强影响力。有关成果获得2022年国家级教学成果二等奖。

(三)建设经验

1. 整合全校资源

选拔各学院骨干辅导员组建团队，借助学校团委、学工部平台开展面向全校学生的教育、体验等活动，利用校内窦铁成先进事迹展览馆、校友风采长廊等校内教育资源开展思想教育工作，通过工作室网页、微信公众号宣传工匠精神和优秀校友事迹，引领学生健康成长，立志做铁路工匠。

2. 线上线下相结合

育人项目坚持线上线下双向互动。如匠情茶社，活动前通过微信平台发布海报，网上组织学生报名抢座。活动结束后通过网站、微信平台重现嘉宾精彩观点回顾和学生感言等，让更多学生关注和学习，扩大受众面。

工程院王景全院士(右一)莅临工作室指导工作

3. 创新工作方法

工作室聚焦培育工匠精神，在工作方法上，除了传统的报告、讲座等形式，还有网文推送、优秀征文评选、工匠精神体验活动、师生对话活动等。通过学生喜闻乐见的形式，让思想政治教育工作更具针对性和亲和力。

四、工作室建设的优势和特色

(一)团队水平高

核心成员窦铁成是铁路建设技能大师、全国劳模，荣获“新中国成立以来感动中国的100个人物”“最美奋斗者”等称号。以窦铁成为代表的诸多优秀校友，其人其事均是开展工匠精神培育的鲜活教材。核心成员李新萍是教育部思政课教学专家。工作室成员中，有教授3人，副教授2人，4名成员先后4次获得陕西高校辅导员素质能力大赛一等奖，在学生职业素质教育方面经验丰富。

(二)育人品牌亮

工作室坚持“以文化人”，立足学生发展需求，坚持问题导向，创设贴近学生实际的活动，既拉近了师生的心理距离，又增强了工匠精神培育和传承实效。以“五大品牌”为核心内容的工作案例获评2022年陕西铁路工程职业技术学院校园文化成果奖一等奖。全国30多所高校到工作室学习交流，品牌项目和有关工作经验被《中国教育报》《中国职业技术教育》《陕西工人报》等媒体宣传报道。

(三)科研能力强

工作室坚持理论与实践相结合，先后培育了“强化技能培养 弘扬工匠精神”“高职院校关工委‘工匠精神在校园’工作品牌的实践研究”2项国家级精品项目，“高职院校劳动教育体系的研究与实践”1项省级教改课题，“高职学生职业素养培养工程建设”等10多项省级科研项目，“相约劳动”1项省级职业教育精品在线开放课程，省级教学成果奖特等奖1项。理论成果反哺实践教育，不断增强工作实效，提升学生的职业素养。

五、工作室建设的未来规划

工作室紧紧围绕立德树人根本任务，借助省级在线精品课程、省级劳动教育基地、省级教改课题、省级辅导员工作精品项目、学生社团等，以五大育人品牌为工作抓手，建设机制健全、资源共享、特色鲜明、管理水平高、科研能力强、实践效果好的工匠精神培育工作室，使其成为辅导员工作交流的重要载体、辅导员职业能力提升的重要阵地和学生职业素养训练的重要平台。

（一）培养铁路工匠

系统化、体系化弘扬劳模精神、劳动精神和工匠精神，打造活动品牌，增强实践育人效果，提高学生精益求精的态度和追求极致的工作品质，使工匠精神深入人心，培养更多铁路专业人才，提高学生的可持续发展能力，使其成为推进中国式现代化的主力军。

（二）促进队伍建设

通过创新机制、搭建平台、重点培养，引领带动一批辅导员成长发展。加强对工作室成员的指导和培训，不断提高辅导员专业化职业化专家化水平。通过学习交流，为工作室成员创造锻炼机会，促进辅导员发展进步。

（三）发挥示范作用

创新工作思路，通过课题研究，不断探索工作室建设的新方法，总结工作经验，特别是将运行机制、品牌创建、工作成效等方面好的做法提炼为系统的理论。通过发表论文、工作案例分享、会议交流、媒体宣传等形式，积极推广工作室建设的经验，发挥引领作用。

“小莉有约 与你有约”辅导员工作室

——湖南省高校辅导员名师工作室

一、工作室主持人简介

李莉，女，中共党员，副教授，国家二级心理咨询师。现任湘潭医卫职业技术学院护理学院辅导员。工作近 20 年，获湖南省“高校辅导员年度人物”称号、湖南省高校辅导员职业技能竞赛（高职高专组）决赛一等奖等荣誉 20 余项。湖南省教育电视台以“引领校园时尚潮人辅导员受学生追捧”为题进行报道。近 5 年，发表论文 18 篇，主持和参与了湖南省高校辅导员名师工作室、湖南省高校思想政治工作精品（网络育人）、湖南省社会科学研究等部、省、市思政课题 10 余项，其中湖南省高校思想政治工作精品项目结项获评“优秀”，推荐参评教育部 2024 年高校思想政治工作精品建设项目。

工作室主持人　李莉

二、工作室简介和定位

“小莉有约 与你有约”辅导员工作室，基于“榜样引领新青年，青春逐梦新时代”理念，以榜样形塑、榜样宣传、榜样带动、感悟践行、行为固化、全面发展为目标，经过 5 年的理论与实践探索，构建了“一核两翼三库三微六平台”的榜样引领育人模式。聚集立德树人这一核心，打造“线上+线下”坚实两翼，建设了“家国情怀、医者仁心、成长成才”三大榜样教育资源库，构筑了榜样引领共同体，赋予心灵上的“微传承”；搭建了朋辈榜样交流圈，提供心坎上的“微互助”；构建了榜样实践场域，给予脚尖上的“微能量”三微实践模式，充分利用微信公众号、易班优课、微信视频号、学习通、抖音、学校招生实习就业云平台六大平台开展育人实践。

工作室挖掘的三大榜样资源库，充实了网络育人的教育资源，与文化、课程、科研、实践育人等工作相结合实现资源共享，融入班会、第二课堂中；融入德法课、专业课、人文课的教育教学中；融入教材，融入湖南省、国家精品课程思政资源库建设中。积极探索评价方式。坚持以学生为主体，开展了丰富多彩的各类实践活动，推进了榜样引领的全员参与、全方位引导、全过程应用的驱动机制，达到引领教育、传播感化、实践历练、服务凝聚效果，培养了一批批优秀的护理人才。

三、工作室的建设情况

(一)建设内容

工作室利用微信公众号、易班优课、微信视频号、学习通、抖音、学校招生实习就业云平台六大平台，打造了“微传承”“微互助”“微能量”的“三微”实践，融入人文教育、思想政治教育、专业教育、职业教育、社会实践教育等各环节，探索为学生营养供应、知识供给、实践供求、服务供需的发展模式和路径。将青春榜样引领与网络、文化、课程、科研、实践育人等工作相结合，达到引领教育、传播感化、实践历练、服务凝聚效果，推进了榜样引领育人的全员参与、全方位引导、全过程应用的驱动机制，让网络思想政治工作从“指间”入“心田”。

(二)建设成效

1. 着力挖掘育人资源，构建“家国情怀、医者仁心、成长成才”三大榜样资源库，全方位充分利用

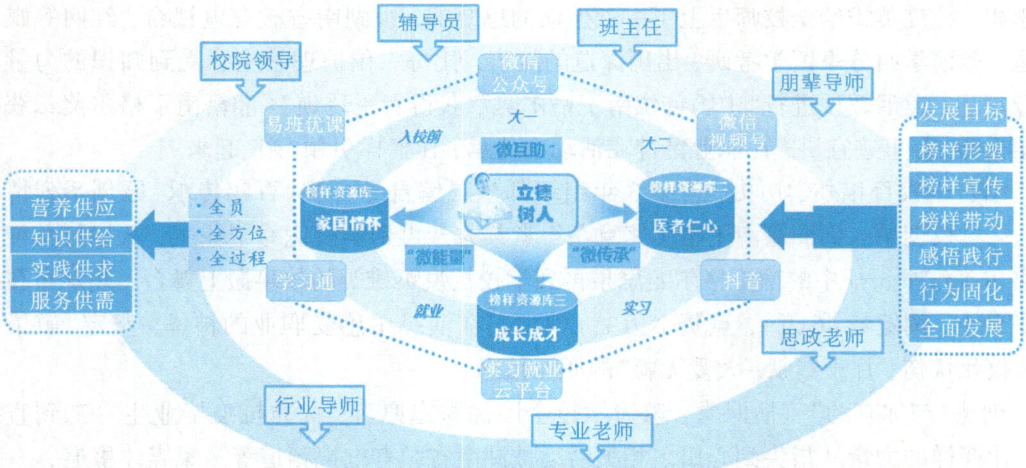

(1)在家国情怀上，收集整理湖湘青年在革命、建设、改革时期中的感人故事，聚焦湖湘红色人物，师生共同制作“湖湘魂，爱国情”22 个系列短视频，融入“中华优秀传统文化”课程中，其中《人民艺术家齐白石》获评 2022 年湖南省优秀社会科学普及作品，同时申请了湖南省教育教学改革研究项目“互联网+湖湘文化家国情怀育人研究”。推送 28 期“青春榜样我来讲”、53 期“中国精神我来讲”，吸引近千名师生参与，浏览量近 30 万，累计获赞 1 万+。

(2)在医者仁心上，汇编整理 90 位中国南丁格尔奖章获得者故事，打造了“致敬荣耀”系列公众号推文，并汇总形成案例集读本。微信公众号增设“南丁格尔奖在中国”板块，在超星学习通泛雅平台建设“大爱无疆——中国南丁格尔奖章获得者先进事迹”专题栏目。

在护理楼文化长廊上布展了中国南丁格尔奖章获得者的图像和简要事迹。

(3)在成长成才上，立足青年学生特点，聚焦青年成长成才的优秀品质，从见义勇为、救死扶伤、自强不息、创新创业等14个方面挖掘整理学校138位优秀毕业生故事，将身边的故事讲出来。

通过三大榜样资源库的整理和实践，青年学生在榜样的熏陶与感染下，潜移默化地树立正确的世界观、人生观、价值观。

2. 合力打造“青春榜样”联动网络育人方阵，多方位浸润，满足学生身心的需要

依托微信公众号和视频号，打造了“致敬荣耀”“学姐的故事”“学姐学长说实习”“专升本”“‘研’学情深”“‘疫’往情深”等栏目，搭建了朋辈互助的桥梁。目前公众号拥有粉丝1万+，共计浏览量50万+，留言1万+。学校微信公众号陆续推出“医卫榜样”“实习日记”系列推文，阅读量荣膺湖南高职高专官方微信排行年榜十强。

3. 全力创新“青春榜样”育人品牌化实践活动，在实践中内化于心，外化于行

结合专业精神、职业特点，利用每年5·12护士节，策划和组织极具护理职业精神教育特色的授帽系列活动，并邀请优秀的毕业生一起参与；组织“抗疫英雄报告会”，邀请抗疫学姐、抗疫英雄给全校师生上了一堂生动的思政课，被湖南省教育电视台、红网等媒体报道；邀请学姐分享留学考研、出国深造的故事，让每一位护理学生感受到知识的力量和职业理想；邀请教授进行“中国首位南丁格尔奖章获得者王琇瑛”“湘籍南丁格尔奖章获得者黎秀芳”等事迹宣讲，让职业精神在活动中传承，让榜样引领“亲”起来。

结合学校百年办学历史，连续3年组织师生自编自导自演“百年传承”原创系列情景剧，从学校创始人到湘籍南丁格尔奖章获得者黎秀芳再到学校优秀毕业生，从提灯女神南丁格尔到红军长征中的南丁格尔龙思泉再到学校抗疫英雄等的故事搬上舞台，并发布在抖音平台上，浏览量46万+，点赞2万+。学生们在演绎中感受职业的神圣，坚定“敬佑生命，救死扶伤，甘于奉献，大爱无疆”的职业信念。

创建“与你有约”直播课堂，邀请学校全国优秀志愿者、优秀抗疫毕业生等来到直播间，让榜样的力量从指尖到心田。相关活动被湖南省教育电视频道等多家媒体报道。

开展“讲好中国南丁格尔故事，做新时代好护士”系列活动，制作“中国南丁格尔我来讲”中英文短视频，举办“我心中的南丁格尔”绘画展等，让南丁格尔精神引领学生成长。

工作室入驻学校大学生孵化创业基地，研发“小能”“小爱”IP形象，创作“小爱说实习”系列漫画，融入学生各类实践和志愿服务中。工作室受到了湖南省《潇湘晨报》等多家媒体的报道。

4. 致力创新课程思政内容，进教材、进课堂、进头脑，持续提升高品质育人成效

“湖湘魂，爱国情”系列短视频中的《人民艺术家齐白石》获得了2022年湖南省优秀社会科学普及作品。“‘疫’往情深”栏目在学校承办的湖南省高职院校课程思政教育教学设计与实施专题培训上，进行了经验介绍和分享，得到高度肯定；“致敬荣耀”系列栏目，受到了首都医科大学护理学院、中南大学湘雅医学院护理学院等兄弟院校的高度认可和推

荐；“学姐的故事”栏目搭建了专升本、考研、实习咨询等朋辈互助的桥梁，受到同学们的追捧。这些素材纷纷融入了德法课、概论课、人文课的教育教学中，融入了“护理学基础”“老年护理课程”“传染病学”等专业课的课程思政和教材中，融入了国家、省级精品课程思政资源库建设中。工作室项目成功入选2023年湖南省职业教育“楚怡”行动高水平教师队伍建设项目。

（三）建设经验

1. 赋予育人新内涵，打造网络育人坚实“两翼”，突出协同育人特色

构建独具特色的“榜样引领”网络育人体系，突出“老师引领”和“学生跟随”，打造网络育人坚实“两翼”；创新网络育人路径和方式，多方位多角度融入思政、人文、专业育人过程，通过多形式、多渠道，全方位将爱、责任和对生命的敬畏贯穿学生思政与人文教育的全过程，提升医学生以南丁格尔精神为引领的职业精神教育的实效性。激励广大学子学习和传承榜样力量，牢记专业责任和时代使命。实现文化育人、环境育人、实践育人功能最大化，达到培根铸魂、启智润心的目的。

2. 构建育人新模式，解决大学生在“拔节孕穗期”营养供给和实践体验

打造了“一核两翼三库三微六平台”实践发展模式和路径，利用“微”媒体开辟思想政治教育和意识形态“大”传播的崭新渠道，增强思想政治教育传播效果，使思想政治教育细致入微，项目特色融入学生专业课、思政课、班会等，突出学生主体地位，使教育由传统单一型、平面式变为立体型、全景式，实现师生平等交流和跨时空互动，推进医学人文教育与思政教育、专业教育的一贯性和相融性。

3. 开创育人新局面，把握意识形态网络思政教育新方向

将“互联网+榜样引领”实践与专业实践相统一，贯穿于思政教育与专业教育同频共振过程，聚焦网络育人内容“核心”“讲好医卫故事”“讲好身边的故事”“讲好中国南丁格尔故事”，充分挖掘育人资源；挖掘湖湘爱国人物、中国南丁格尔典型人物、医疗行业中先进典型、杰出校友故事中的思政元素、职业人文元素，并将之与情感元素、艺术元素结合起来，把“榜样”的种子播撒到每个大学生的心中，充实大学生核心价值观教育的内涵，打造多元文化融合、多种要素汇聚、多方主体协同、多媒介全程育人的网络生态圈，形成可借鉴可复制可推广的实践模式。

四、工作室建设的优势和特色

（一）讲好青春榜样故事，与时代同频共振

基于“三全育人”理念，以“榜样引领新青年，青春逐梦新时代”为主线，坚持将零散的、碎片化的、易接受的“小人物”“小故事”拾掇成有血、有肉、有温度的“青春榜样”网络育人系统化素材，贯穿于思政与人文教育同频共振过程，坚持“青春榜样”引领与专业实践相统一，注重将知识体系转化为信仰体系，形成“知行统一、知信统一”的网络育人新局面。

（二）构建朋辈主题网络育人模式，发挥榜样引领作用

工作量聚焦时代精神，结合高职医卫学生特点，不断调整网络思政的育人模式，从“互联网+”护理人文育人实践模式，到“三全育人”理念下的“青春榜样”网络育人实践模式，通过组建“以青春朋辈为引领，助力学生青春引航”育人团队，在教学相长、共同成长的理念下，丰富思政载体、内容，提升思想政治教育亲和力和针对性，引领学生对思想政治教育的内容真学、真信、真用。

（三）多元资源整合，构建“大思政”育人格局

通过充分挖掘和优化整合医学生的人文素质教育下的思政教育资源，找到符合时代特征、医卫学子特色、校园特性、青年特点的方式方法，注重多主体参与，加强全员协同合力共建。一是为增强专业与思政的融合，打造专家顾问团，开展培训，全面提升师生思政素质，同时把关项目的顶层设计，保证项目沿着专业、人文、思政相融合的良性的发展方向运营。二是与相关新媒体工作室合作，帮助学生加强网络规律和技术的学习、了解当下的网络文化传播发展规律。三是组建资深辅导员讲师团、思政老师讲师团、专业老师讲师团，通过直播、撰文等方式定期和学生面对面对话。四是从全校 4 个学院中选拔正能量、有“网感”的学生骨干组成新媒体创作团队，充分发挥学生在新媒体“朋辈教育”中的作用，注重专业化学生运营团队的管理和培养，成立学校新媒体爱好者协会，大范围地聚合和培养网络人才。

五、工作室建设的未来规划

（一）培养目标

工作室展望未来，在牢牢把握新时代立德树人总要求，担负起“人民健康至上、健康优先发展”赋予医学院校的新使命，全面对接“健康中国”战略，高质量服务“健康中国”的背景下，聚焦将职业精神融入医护人才培养全过程，构建“一站式”培育医护职业精神网络生态圈。

（二）培养思想

提高大数据应用和互联网治理能力，建成强智于国、融智于校、赋智于人的内容精准、运行科学、覆盖广泛、成效显著的一体化智慧网络思想政治工作体系，形成落实立德树人根本任务的智慧化解决方案，培养“敬佑生命，救死扶伤，甘于奉献，大爱无疆”的高质量医学职业技能型人才。

（三）应用平台

线上设计坚定信仰、对话护理、遇见榜样、勇往“职”前四大主题网络版图，通过学校官方微信公众号、微视频、抖音等媒体平台，积极融入全国高校思想政治工作网、易班网和中国大学生在线全国共建。线下搭建集学习、实践、服务一体的职业精神加油站、护理文化价值传播基地、朋辈榜样互助站、职业规划训练营，精准对接学生需求，深度挖掘学

生学习生活、成长、职业发展纪实数据，实现一键画像、过程记录、智能推荐、科学评价等功能，推进全员参与、全方位引导、全过程应用的驱动机制建立。

（四）预期效果

将职业精神融入医护人才培养全过程，将网络育人与文化、课程、科研、实践育人等工作相融通，融入大学生的学习圈、职业圈、朋友圈、生活圈，形成“一体化”集成和“一站式”需求服务效能的网络社区圈，赋能思想政治教育的连接力、体验力、服务力、辐射力、吸引力，点燃护理学子信仰之光，照亮医学职业的前行之路。

第二章 党团和班级建设

周海燕辅导员名师工作室

——江西省高校辅导员名师工作室

一、工作室主持人简介

周海燕，女，中共党员，副教授，思想政治教育专业博士，国家二级心理咨询师，江西省首批高校辅导员名师工作室主持人。现任江西财经大学工商管理学院党委副书记，全国百个研究生样板党支部书记，团江西省委讲师团成员。个人主持及参与省部级课题5项，出版专著2部，参编专著1部，发表CSSCI论文3篇；先后获评全国思政工作论文二等奖、全省“最美高校辅导员”等省部级及以上奖励25项。所带班级获评全国五四红旗团委、团中央第九届母亲河奖“绿色项目”、全国高校社会主义核心价值观示范团支部、全国活力团支部等50余项省部级以上表彰；先进事迹被“学习强国”学习平台、中国青年网等多家媒体报道。

工作室主持人 周海燕

二、工作室简介和定位

周海燕辅导员名师工作室建设聚焦完善辅导员的“党团和班级建设”职能，力争在强化党支部、团支部和班级的建设过程中，提升辅导员工作能力和科学化水平。工作室主要围绕大学生党建、团建、班建工作中的重难点，凝练党团和班级建设“12345”育人模式特色，构建党支部、团支部、班级“三位一体”协同育人模式，以项目化管理、精细化推进、责任化落实，达到“1+1+1>3”的效果；同时，也使辅导员在实践工作中具有较高知名度、认可度，展现成员自身价值和竞争力，提高成员在高校工作的成就感，打造一支立足当下、着眼未来的大学生思想政治教育协同创新团队，将高校提供的资源进行整合，实现学生工作模式创新。

工作室立足辅导员发展、学生成长，在明确辅导员工作室发展愿景、延展工作室角色空间、实践工作室建设路径等方面进行了一些探索，以期帮助辅导员更好履行好“大学生思想政治教育与价值的引领者”“大学生成长成才的助力者”“大学生健康安全的守护者”三大角色，使辅导员队伍建设形成梯队、形成团队、形成战队，为辅导员队伍专业化职业化发展提供持续动力。

工作室成员风采

三、工作室的建设情况

作为以党团班建设为主要内容的工作室，团队成员共计16人。其中校内11人，校外5人。建设3年以来，工作室首先明确了党团班建设中存在的两个主要问题：一是主题班会育人成效难以保障；二是学院各方面育人力量未形成合力。因此，工作室以学生骨干能力、学生基层组织指导力提升为重点，开展工作调研、沙龙交流，构建“12345”党团班“三位一体”协同育人模式，即1个理念、2个支撑、3个重点、4种方法、5项工程，简称“12345”工作模式。

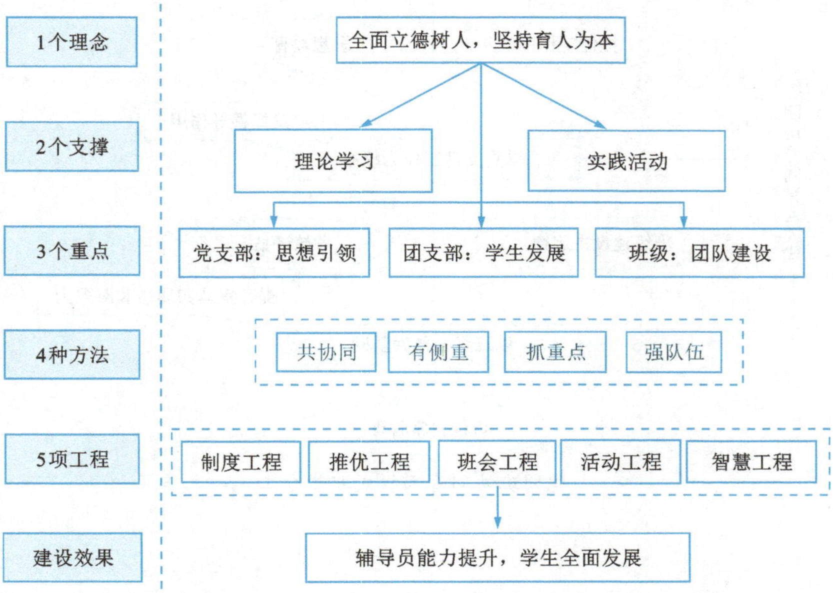

“12345”党团班“三位一体”协同育人模式

1. 1个理念

全面立德树人，坚持育人为本。围绕学校定位的重要工作载体和学生思想政治工作的实际问题，致力于为辅导员工作创造良好的条件和平台，为辅导员职业生涯发展积蓄能量，推出党团班一体化协同育人体系、党团支部建设、主题班会标准化和班级建设能力提升等典型案例，打造一支在党团和班级建设产生较大影响力，取得较为突出育人实效的学生工作团队品牌。

2. 2个支撑

理论与实践相结合，提升辅导员党团班建设能力，使辅导员能够有效指导学生党支部、学生班团两委开展内部建设，减轻辅导员行政事务压力，赋能日常思想政治教育，从而聚焦工作主责，扎实开展学生思想政治教育，深入指导学生成长与发展，高效管理学生日常事务。

3. 3个重点

工作中坚持以党支部为核心组织，落实好党员发展的“选苗育苗”环节。以团支部为主导力量，做好团员发展、教育、管理工作，增强推优培养工作的精准度。以班级为执行基础，决策班级事务，保障班集体和谐稳定。为将辅导员日常管理工作精细化、制度化、程序化，在以上协同育人模式下，将班级全体同学合理分组，精准对接，使管理工作更加扎实有效。

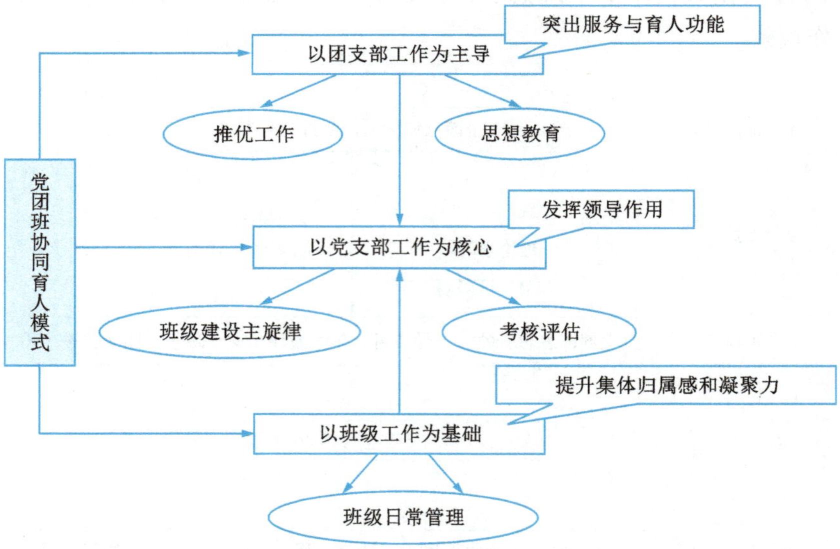

党团班协同育人模式职能分工

4. 4种方法

在“12345”党团班一体协同加强学生管理的基础上，不断提升辅导员的实践工作和理论研究能力，主要表现在四个方面。

(1)共协同。学生工作部门作为牵头单位，负责组织协调，提供必要的场地、设备、资金支持。宣传、人事、教学、科研、马克思主义学院等部门要形成联动工作效应。

(2)有侧重。一是工作室文化建设，牢固树立主人翁意识、共同体意识，把工作室建设成为全体辅导员的学习阵地和精神家园。二是激发成就动机驱动力，做好辅导员个体的职业生涯发展规划，着力提高自身的职业能力，提升工作效能，优化成就动机。

(3)抓重点。一是互助学习，成员之间加强交流与合作，基于共同的职业发展愿景及共同的研究兴趣，形成学习共同体；二是目标导向，既要关注工作室整体目标的实现，又要最大限度地实现成员们的个体目标，将团队目标和个人目标有机结合；三是激励机制，整合各类资源，合理引导、满足成员们的个体需求，促使成员为达到工作室整体目标愿景而发挥其个体效应。

(4)强队伍。通过省级和校级辅导员工作室同步创建，完善辅导员专业化职业化建设，开展高校合作共建，构建学习共同体、师生共同体、科研共同体、职业共同体、情感共同体，提升辅导员工作室团队的专业化职业化专家化水平。

5. 5项工程

(1)制度工程。以工作室制度规范来确定团队的目标与职责、权利与义务、考核与管理，明确各小组成员及分工，建立起完善的工作规范、评价体系以及奖惩机制。

(2)推优工程。实施“大学生党员积极分子发展工程”，编撰《大学生党员成长手册》，构建从团员到入党积极分子到正式党员完整的“四个引领、八个模范、十个一”的发展体系。

(3)班会工程。充分发挥主题班会的育人平台作用，紧扣时政和教育热点问题，结合学科特点、班级背景，把固定班会转化为思政工作优势，创新开展“每周一主题”班会活动。3年间，从召开的100余场主题班会中总结出“三阶段四环节”主题班会工作法，制订主题班会选题菜单。

(4)活动工程。充分发挥第二课堂和第三课堂活动的隐性教育功能和导向作用，结合现有的“蛟湖书声”、学术节、“挑战杯”学术训练营、“艺马当先”、政解小讲堂、绿派社等实践育人平台、直通名企、生涯人物访谈、校友论坛等特色活动，把各类活动打造成党团班协同育人的重要平台。

(5)智慧工程。依托智慧江财建设工程，将党建平台、团建平台和班建平台有机融合。收集、更新和完善各种数据，为每一位大学生绘制出一幅用户画像，提取关键特征标签，分别制作个体图谱库和群体图谱库，实现细分群体、归纳问题、精准供给、科学管理。

6. 建设成效

(1)培养辅导员骨干，打造学习共同体。工作室成员之间相互学习、交流，共同成长、进步，互相借鉴，注重团队建设，切实提升辅导员职业能力，形成合力，先后有井冈山大学、南昌工程学院、华东交通大学等学工队伍来工作室交流，团队成员到南昌航空大学谢大进工作室、中南财经政法大学金融学院学习。工作室成员2人获评副教授；1人获批全

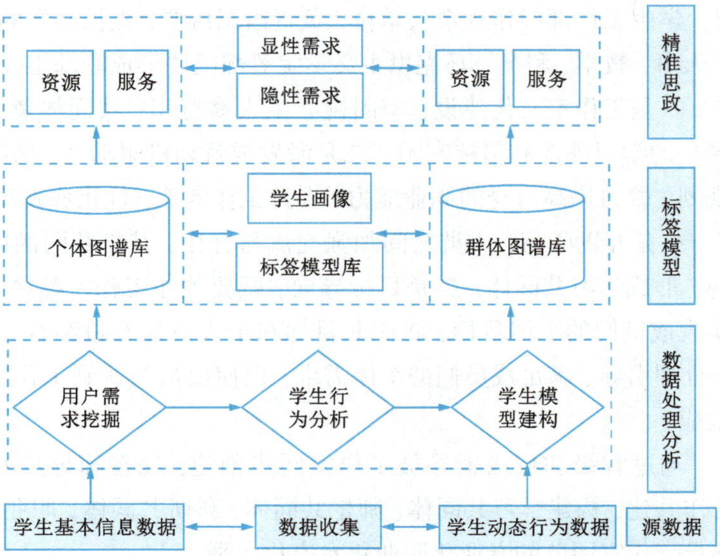

大学生"个性图谱"模型图

省辅导员名师工作室；1 人博士毕业，2 人晋升为正处，2 人晋升为副处，3 人晋升为正科，3 人晋升为副科。获评全国优秀团干、全省党的知识竞赛一等奖、全省辅导员素质能力大赛二等奖、江西省高校最美辅导员、全省优秀党务工作者、全省优秀党员、全省思想政治工作优秀论文一等奖、全省思想政治工作优秀案例一等奖等 20 余项。

(2) 培养高素质人才，打造育人共同体。落实立德树人根本任务，不断拓展学生工作新思路，为学生成长成才提供专业化教育与服务，不断提高育人质量；建设期内在学工部的指导和帮助下，重点围绕主题班会的规范化、流程化问题，出方案、出标准、出内容，并在一定程度上得到推广。通过工作室微信公众号"烛火繁星"，发布关于主题班会建设推文 40 余篇；工商 194 班入选全国高校活力团支部，工商研究生党支部入选全国样板党支部创建单位。

(3) 加强理论研究，产出一批科研成果。成员积极开展深入的、可持续的理论研究，形成科学研究成果。工作室成员作为主持人立项教育部人文社科项目 1 项、江西省人文社科项目 1 项、省级党建课题 2 项，发表论文 3 篇，出版专著 1 部，形成中期汇报材料 1 份。

四、工作室建设的优势和特色

(一) 工作室优势

1. 学校提供支持保障

一是组织保障。学校将辅导员工作室建设纳入学校工作要点和学生工作重点，定期组织阶段性验收与指导。学校专门出台了《江西财经大学辅导员工作室管理办法》等制度，从宏观层面加大对工作室建设的政策支持。明确校级以上优秀辅导员需有辅导员工作室实践经验；面向工作室开放校级思政课题，委托工作室承接进行实践探索；为工作室选聘

2名正高级职称专家开展工作指导。二是经费支持。学校设立党建与思想政治工作专项经费，纳入学院经费预算；加大对各育人项目和辅导员工作室的经费投入，实报实销，并确保经费保障落实到位；细化资金用途，同时严格经费使用要求，做到专款专用，并逐年增加投入，确保育人工作顺利开展。

2. 建设定位策略明确

工作室建设聚焦“党团和班级建设”，主要通过团队学习研讨，形成一个辅导员共进共建的组织，针对党团班建设中面临的痛点、难点，提出以主题班会、实践活动、信息化建设为主要内容的协同育人解决思路和策略，以期培育精品项目、开展课题研究、培育优秀辅导员团队、推广输出成果，从而能够聚合优秀辅导员，产出精品案例，扩大工作室影响，顺利完成建设目标。

（二）工作室特色

1. 规范流程，发挥主题班会育人作用

构建“三阶段四环节”主题班会育人模型。将班会教育内容分为若干个大专题，每个大专题之内设定若干主题，每个主题进一步设计班会目的、形式、内容、小结、经典推荐、提示建议等6个部分。通过规范化、标准化推进，主题班会真正成为辅导员开展思想政治教育的重要平台。

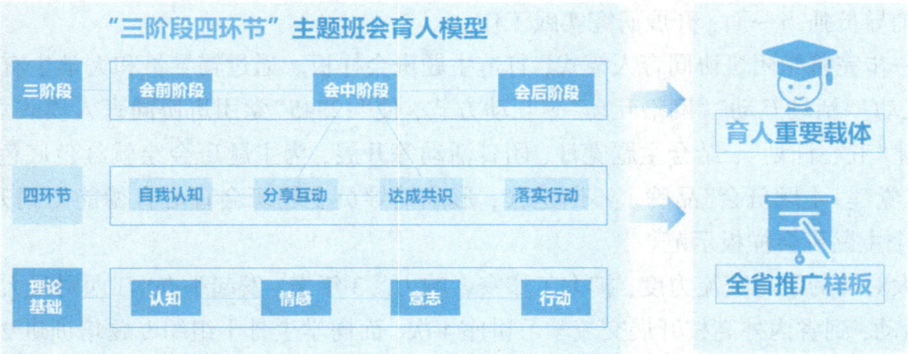

主题班会育人模型

2. 量化考核，实施同行评议和专家督导

引入“同行互评”机制，采用差异性和动态化的评价方式，在评价过程中把握重点、难点，找准问题所在，评价效果更具针对性。在马克思主义学院选配专家督导，对工作室成员进行定期、规律化的督导，帮助工作室成员在理论研究水平、工作实践能力、业务水平上有所提升。

3. 设立辅导员“工作坊”，实施辅导员队伍素质提升工程

依托现有辅导员队伍成立工作坊，辅导员团队、学生组织开展实践，形成“工作室—工作坊—学生工作—学生组织—全体学生”逐级影响辐射体系。工作坊每两周开展一次活

动，全力推进“一师一项目”体系形成，加大校内项目培育评审和研究经费扶持，助推辅导员工作、教学、科研和育人能力提升。

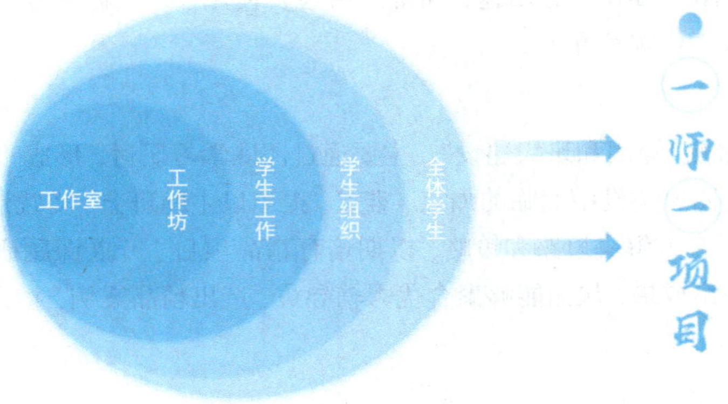

“一师一项目”模型

五、工作室建设的未来规划

选派更多优秀辅导员参与工作室的建设，培育更多的辅导员工作室主持人。工作室现有16位成员，有成员因提拔、职务变动离开辅导员工作岗位，需及时予以补充。为进一步提升辅导员专业素养，工作室计划在全校范围内征选5名辅导员加入工作室建设团队，让优秀的辅导员独当一面，开展研究实践工作。

进一步完善党团班协同育人模式，打造主题班会样板。通过辅导员和大学生有组织的“班会互动”“活动互动”“网络互动”等互动方式，使“12345”党团班协同育人模式立体化。构建党建“五心计划”，结合主题党日、团日活动等开展，为主题班会绘就红色底色，打造“工商红党建+主题班会”品牌。不断迭代，形成辅导员主题班会育心育德能力提升模式，打造5个主题班会样板示范。

加大对外的学习交流力度，扩大工作室影响力。3年来，发起举办“江西财经大学辅导员日”活动，到省内外高校开展交流学习讲座4次，面向学生骨干组织专题培训班2次，了解优秀辅导员工作室的最新建设情况，切实提升辅导员工作室建设的教育性、参与性和多样性。

老马辅导员工作室

一、工作室主持人简介

工作室主持人　马红健

马红健，女，中共党员，高级政工师，天津理工大学关心下一代工作委员会副主任、秘书长，材料科学与工程学院原党委书记，入选天津市“新时代先进人物进校园”资源库。曾获“全国教育系统先进工作者”“天津市三八红旗手”、天津市教育系统“优秀思想政治工作者”等荣誉称号。任学院党委书记期间，作为负责人，学院党委获批首批“全国党建工作标杆院系培育创建单位”、教育部“‘三全育人’综合改革试点院（系）”、“天津市先进集体”。

二、工作室简介和定位

天津理工大学老马辅导员工作室成立于2017年5月，是学校重点培育的首个辅导员工作室，主持人是具有丰富育人工作经验的“全国教育系统先进工作者”马红健同志。成立时工作室由校学工部领导，建设点设在材料科学与工程学院。主持人马红健于2021年退休，担任校级关工委副主任，在学校党委的关怀、指导和支持下，老马辅导员工作室调整至学校关工委继续开展工作。

工作室揭牌

工作室成员风采

工作室塑造“帮助学生成长是我们的责任和价值体现”的工作情怀，增强辅导员的使命感和责任感；致力于辅导员队伍的培养、培训，提升辅导员的专业水平；建立健全大学生培养教育体系，实现工作科学化、规范化；开展学生党建、学风建设、生涯规划、谈话技巧、干部培养、心理疏导等专题研讨，研究学生思想特点和发展需求等；通过培训、座谈、沙龙等活动方式明确辅导员工作思路。工作室对辅导员的寄语：“前有一马当先，后有万马奔腾，只要马不停蹄，定会马到成功。”

三、工作室的建设情况

（一）协助学院党建和育人项目建设

工作室在申报党建和育人项目中助力学院党委获批首批“全国党建工作标杆院系培育创建单位”、学院获批教育部“‘三全育人’综合改革试点院（系）”建设项目。工作室协助学院开展建设工作，成员得到成长进步，两个项目均已通过验收。

（二）开展辅导员培训和学生思政工作

充分发挥主持人的引领带动作用，将老同志丰富的党建和育人经验传承给年轻辅导员和学生，成为工作室的特色。工作室为本校和兄弟高校基层党务工作者开展党建工作培训十余场次；为本校和兄弟高校思政工作队伍开展育人工作相关培训几十场次；为学生讲党课近百场次；为教师开展讲座十余场次；为校内外师生开展党史学习教育讲座几十场次；为大学生开展大学生教育讲座几十场次。截至目前，工作室针对学生、辅导员、教师、干部、中小学、企事业单位、社区等开展讲座 320 场次，受众 3 万余人次。

（三）培养辅导员

1. 建立思想理念

工作室成立后，首先培育辅导员责任和价值理念，逐步使辅导员建立起“培养学生成长成才是党和国家赋予辅导员的责任”的意识，提升辅导员的使命感和责任感。组织辅导员开展学习培训，通过读书、学习辅导、心得体会交流、专业知识学习，不断提高辅导员理论和实践水平。

2. 培养工作能力

开展辅导员基本功训练，如党课教育、学生思想教育、应用文写作、谈心谈话技巧、家长联系、新生引导、感情咨询等，逐步提高辅导员工作能力。

3. 开展理论研究

形成边学习、边思考、边实践、边交流、边研究的工作氛围。

（四）创建思政工作特色品牌

1. 党建育人工程

创新推动党建工作和思政工作融合，教工党支部“党建育人工程”成为全员育人的有效载体、不同类型党支部的“分类指导”使各类型党支部能够更好地发挥作用、“师生党支部相互融合”助力教学相长等，成为高校基层党建工作特色。

2.“新生适应性教育”工作体系

开展“新生适应性教育”，逐步规范大学新生教育内容、形式，包括新生教育的前置、家校融合、编制新生适应性教育手册、班集体的建立、学习适应、专业认识、党团知识学习、安全教育等。

搭建好四个平台：新生交流群、迎新和适应性教育平台、新生班集体、学生社团。

把握好三个阶段：新生教育前置、迎新阶段、一年级阶段。

培育好五支队伍：专职学工队伍、班主任、党支部、学长助理、班级负责人。

落实好五项内容：入学须知、思想教育、学业引导、学生事务、专业教育。

3. 创新特殊时期思政教育形式

组建专业教师和思政队伍相结合的“课程思政小组”，制作“课间三分钟”系列视频，将家国情怀、科研攻关、英雄模范等育人元素融入其中，推出原创视频20个，通过任课教师在课间播放、班级群和公众号推送等渠道广泛宣传，引领青年学生坚定不移跟党走。

开展家校联动协同育人，线上家访、邀请家长与学生“同上一堂课”等活动，受到学生、家长的积极回应和认可。全国高校思政网以“天津理工大学材料科学与工程学院多措并举开展抗疫工作，让党旗在战‘疫’中高高飘扬”为题，报道工作室开展创新思政工作的做法。全国高校思想政治工作网《榜样的力量》栏目以“疫情下创新思政方式，担当育人使命”为题对工作室主持人进行专题报道。

4.“分享会”精品团课

打造“分享会”团课模式。着力挖掘宣传退伍大学生、科研先锋、全运会志愿者、荣登天津好人榜等榜样人物，将自身发展融入强军梦、科技梦、报国梦的生动事迹，精品团课已成为工作室典型示范引领、学生自我教育的好载体、好品牌。

5. 红色主题教育

组织学生每年自编自导自演党史情景剧，《绣红旗》《可爱的中国》《寒冬之梅》已经连续三年获得学校党史情景剧大赛第一名，录制视频受到师生一致好评。

四、工作室建设的优势和特色

实力强的头雁效应。主持人马红健具有多年党建和育人工作的经验，主持建设全国高校党建和育人的重大项目，其水平经验对辅导员的队伍建设和工作研究及实践具有比较强的引领作用，头雁效应显著，这是开展工作室建设的基础。

水平高的项目支撑。工作室所在的天津理工大学材料科学与工程学院，有较强的党建工作、育人工作及事业发展的基础和实力。在参与项目建设过程中，工作室以“培养德智体美劳全面发展的社会主义建设者和接班人”为己任，将党建和育人项目融合建设，在学院形成了党委统一领导、党政齐抓共管、十大育人体系全面发力的“三全育人”格局。工作室成员成为项目建设的主力军。

冲劲足的年轻队伍。工作室成员比较年轻，但学历高、冲劲足、干劲大，学习能力强，有上进心，在工作室建设中成长进步快，多位成员承担思政及辅导员项目，发表多篇论文，获评校级“优秀辅导员”，立项校级党建项目等。

五、工作室建设的未来规划

1. 把好方向，发挥优势

把握好立德树人根本任务，坚持把培养德智体美劳全面发展的社会主义建设者和接班人作为工作的方向。进一步发挥主持人的理念和经验优势，做好引领作用。发挥“全国党建工作标杆院系培育创建单位”“教育部‘三全育人’综合改革试点院（系）”的项目建设优势，力争在全国起到标杆作用。

2. 建好队伍，育好人才

随着辅导员队伍的不断扩大，结合新时代、新机遇，继续做好辅导员的培养、培训工作，提高辅导员队伍思想政治水平和专业素质。加强与各兄弟院校的交流、合作。

3. 加强规范，创建品牌

进一步完善育人工作的各个方面。结合关工委工作，打造特色品牌，力争在“五老”（指广大老干部、老战士、老专家、老教师、老模范等离退休人员）发挥育人作用上彰显成效。

陈丽敏工作室
（党团和班级建设辅导员工作室）

一、工作室主持人简介

工作室主持人　陈丽敏

陈丽敏，女，中共党员，广东药科大学药学院辅导员、专职组织员，广东药科大学辅导员工作室（党团和班级建设方向）主持人，药学院学生党务管理中心、党员知行服务队指导老师。先后荣获第十届广东省学生工作“红棉奖”、广东省“高校辅导员年度人物”；校优秀党务工作者、校优秀共产党员、校优秀辅导员标兵等称号。

二、工作室简介和定位

陈丽敏工作室（党团和班级建设辅导员工作室）成立于2019年6月。工作室自成立以来，坚持以立德树人为根本，以问题为导向，紧扣学校“三全育人”体制机制建设，聚焦学生党建和思想政治教育的薄弱环节，如学生党支部战斗堡垒作用发挥不明显，学生党员身份模糊、先锋模范作用发挥不充分，学生党员在学生群体中影响力不足等问题。以学生宿舍社区为载体，以党建工作为引领，坚持“理论学习在社区、价值引领在身边”的工作原则，将党建优势转化为育人优势，探索对社区服务和党员有效教育、监督、管理的科学途径，将学生宿舍区构筑成党建和思想政治教育工作阵地，充分发挥基层党组织战斗堡垒作用，进一步激发学生党员的宗旨意识，发挥学生党员在思想引领、社区管理服务、学风建设、志愿服务中的先锋模范作用，实现学生党建与思想政治教育工作双提升。

三、工作室的建设情况

（一）工作室建设内容

1. 构建党组织架构，扎牢社区育人组织根基

工作室在学校党委和药苑社区党建工作站的指导下，以学生宿舍楼1栋为试点，弘扬“支部建在连上”的光荣传统，创新组织形式，组建药苑社区临时党支部，实现“哪里有党员，哪里就有党组织”。按楼层分布组建临时党小组6个，实行党员责任制。党小组组长负责联系管理每一楼层的党小组成员，每位党小组党员联系服务4—5间学生宿舍，形成了以“楼栋—楼层—宿舍”为单位的网格化管理模式，让党员联系宿舍做到“间间有覆盖”，

抢占网络思政教育阵地，让党组织扎根在学生学习生活中。

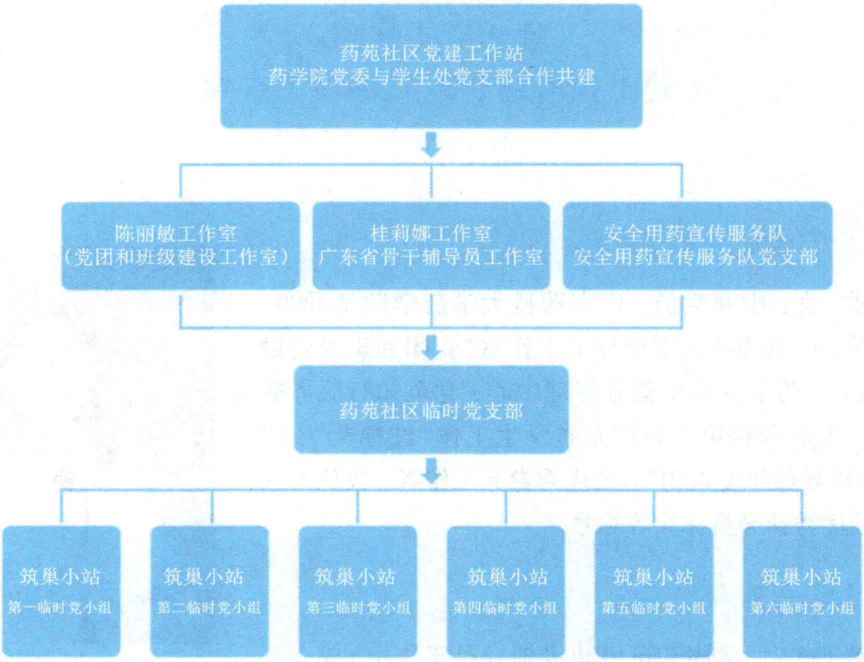

药苑社区党建工作站架构图

2. 实行“亮牌亮身份”寝室挂牌制度，突出党员身份

社区实行“亮牌亮身份”寝室挂牌制度，让学生党员身份从“幕后”走向“前台”。宿舍每一楼层设置固定站点“筑巢小站”，作为党小组和学生党员提供引领学生、联系学生、服务学生、宣传党建的场所，真正践行“有问题找党员，有困难找党员”。为更好地发挥党员的监督、管理、教育、服务功能，在党员和群众中树典型、立模范，支部创建了“党员示范小家”，选取优秀先进的党员宿舍作为示范岗，增强党员党性意识、服务意识和组织观念，树立先进标杆。

3. 建立健全长效机制，确保社区党建工作有序开展

以规范制度建设为抓手，探索建立社区党建育人长效机制，为社区党建育人工作提供保障。现已制定了《药苑社区临时党支部工作职责》《药苑社区临时党小组工作职责》《药苑社区党员联系宿舍制度（试行）》《药苑社区党建之星评比实施办法（试行）》，明确社区临时党支部为功能性党支部，不发展党员、不接转组织关系、不选举党代表、不收取党费，支部成员的组织关系仍归口于学院相关党支部。社区临时党支部重点发挥引领政治思想、服务学习生活、助力社区治理、示范带动的作用，守牢意识形态安全阵地，保障社区党建工作规范化、制度化、常态化。

4. 实行党性锻炼“三个一”工程，抓实社区志愿服务

工作室实行党员党性锻炼“三个一”工程，即每周走访一次所联系的宿舍，了解宿舍成

员的动态，记录走访情况；每月开展一次集中学习，成立学习互助小组，开展学习党的先进理论、学业指导、学术研讨、实践经验分享交流等活动，学习内容丰富、形式多样；牢记初心和使命，定期开展"先锋领航"志愿服务活动，每月至少为同学办一件实事好事，以实际行动践行党的宗旨。学期末开展考核和评比，加强学生党员骨干队伍建设，实现每周有交流、每月有学习活动、每学期有考核。

（二）工作室的建设成效和建设经验

1. 优化组织育人环境，提升社区党建运行质态

工作室建立在学生社区，按照标准加强阵地建设，配备会议桌椅、党员学习资料和党旗、入党誓词、党组织工作制度"上墙"等，为学生提供一个更为灵活的党建活动必要场所，有利于学生利用课余的时间在宿舍社区开展"三会一课"、组织生活、谈心谈话、主题党日等党的理论学习和学术研讨活动。建立了工作室使用网络预约平台，由党小组长统一规范管理、维护卫生保洁和设施，更好地满足广大学子的使用需求，提升学生自我教育、自我服务、自我管理能力，受到同学们的一致好评。

2. 强化先锋模范作用发挥，促进学生党员"本位"责任

工作室通过实行党性锻炼"三个一"工程，学生党员联系宿舍，强化党员的思想引领和服务意识，实现党支部工作与学生生活实际紧密对接，让工作能够着眼实际问题，解决关乎学生切身利益的急难愁盼问题。准确掌握学生的动态，保持学生信息和管理渠道畅通，及时排解社区不和谐因素，化解学生社区风险，让网络舆情监管"层层有把关"，积极传播正能量，筑牢舆情监控的防护网。工作室建设以来，参加服务的学生党员有 100 余人次，已持续开展了 106 周的宿舍走访，服务了 2000 余名学生，实现了药苑 1 栋宿舍服务全覆盖。收集了同学们需要解决的实际问题 260 个，已协助解决问题 233 个，未解决的问题也在持续积极推进解决。

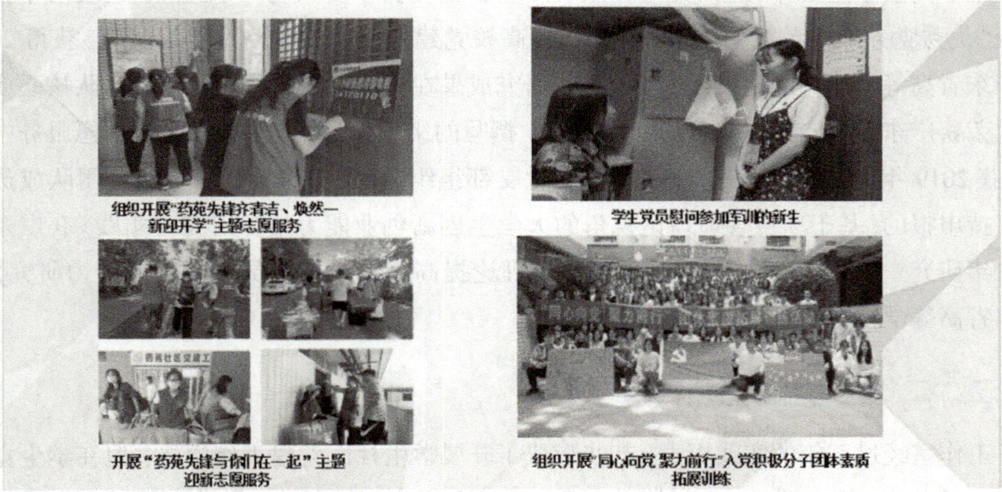

工作室已开展工作情况剪影

3. 拓展党员考察途径，提升党员发展质量

在2020级、2021级入学时，开展“药苑先锋与你们在一起”主题迎新志愿服务；军训期间，开展学生党员爱心慰问活动，提升新生社区归属感，让学生时刻认识到党员就在身边，党组织的关心就在身边，激发他们的入党意愿，在潜移默化中接受入党教育。选拔优秀学生党员骨干，开展“学党史坚定信仰 守初心激扬青春”新生入党教育宣讲活动，发挥朋辈教育优势，引导大一新同学深化对党的认识。新生向党组织靠拢的积极性逐年提升，2020级学生在大学第一学期向党组织递交入党申请书的人数占比从2019级同期的25%上升到35%，2021级新生上升到43%。通过社区党建与院系党建的联动，让学生党员、入党积极分子得到双管齐下的培养教育，实现了对学生党员、入党积极分子的全面考察，进一步增强了党员发展、教育、管理的渗透性和实效性，为党组织输送合格的接班人。

四、工作室建设的优势和特色

工作室通过在社区组建党组织、建设党员活动场所、制定工作制度、开展党性锻炼志愿服务等多项举措，开展大学生理想信念和核心价值观教育，大力推进党建工作进学生社区，进一步延展育人空间，积极发挥组织育人功能，实现党组织的有形覆盖和有效覆盖，使党员先锋模范作用发挥落到实处。基于工作室建设实践的案例“‘党员身份’如何塑造有效的社区动员”在广东省教育厅举办的2021年“立志·修身·博学·报国”主题教育系列活动中荣获辅导员工作案例一等奖、广东高校学生工作案例优秀奖。

工作室成员同学共进的氛围持续深化，实现全方位多层次的个人发展。工作室各成员在开展工作过程中，相互分工协作，互学互鉴，共同进步，在实践工作基础上进行理论升华，凝练经验，科研水平得以提升，起到了良好的示范带动作用。工作室主持人荣获第十届广东省高校学生工作“红棉奖”和广东省“高校辅导员年度人物”(提名)，连续两年获评学校“优秀党务工作者”；主持申报的课题《高校党建带团建的思路及对策研究》获得2019年广东省高等学校党的建设研究会立项，研究成果在省级期刊上公开发表。团队核心成员李欢荣获广东“高校辅导员年度人物”提名，撰写的组织生活案例《让青春在志愿服务中闪亮》获2019年广东省教育工委高校“基层党支部组织生活创新案例”一等奖。团队成员陈俊主持申报的《基于项目管理理论视角的大学生创新创业能力培养研究与实践》获广东省青少年研究一般课题立项，《基于项目管理理论提高高校学生党员创新创业能力研究》获广东省高等学校党的建设研究会立项。

五、工作室建设的未来规划

工作室经过五年的实践探索，初步形成了开展学生社区党建工作模式，但在学生党员服务质量考核、评先评优、选树榜样方面的标准和章程不够明确，导致出现学生党员积极

性和服务质量存在差异的现象、缺乏组织权威的困境。因此，工作室将进一步细化完善相关工作制度，持续推动学生社区党建工作，发挥党员队伍模范带头作用。进一步理顺社区党建工作站、社区临时党支部和学院学生归属党支部之间的关系，致力打造“一站式”学生社区并力争建设成为学生党建前沿阵地、“三全育人”实践园地，实现学生党建与思想政治教育工作双提升。

“灯塔领航”辅导员工作室

一、工作室主持人简介

工作室主持人　金笛

金笛，女，中共党员，天津工业大学生命科学学院党委副书记。公开发表学术论文 9 篇，主持教育部课题 1 项、主持并参与省部级等课题 5 项。曾荣获天津青年“创新创业创优”先进个人等多项荣誉称号。所带学生曾先后考取北京大学研究生、清华大学博士后，指导学生荣获天津市大学生年度人物、天津市普通高等学校王克昌奖学金特等奖等，所带集体曾荣获全国五四红旗团支部、天津市五四红旗团委、天津教育系统“创最佳党日”优秀活动、天津市学生资助工作先进集体等多项荣誉称号。

二、工作室简介和定位

（一）工作室简介

按照《中共中央、国务院关于加强和改进新形势下高校思想政治工作的意见》和《普通高等学校辅导员队伍建设规定》等文件要求，在 2018 年初提出“灯塔引领计划”和创建“灯塔之家”的基础上，创建“灯塔领航”辅导员工作室。

“灯塔领航”辅导员工作室以落实立德树人根本任务，努力培养担当民族复兴大任的时代新人，培养德智体美劳全面发展的社会主义建设者和接班人，贡献新时代辅导员的职责使命与青春担当为理念。

（二）工作室定位

工作室以德智体美劳“五育并举”为切入点，结合大学生成长成才规律和特点，以“德育铸魂、智育增基、体育强身、美育润心、劳育光荣”为主线，以“党建+美育”为核心，以美育促党建、美育助“双减”为重点的“一心一促一助”的“灯塔引领计划 2.0”，将理想信念教育贯穿美育教育始终，促进学生全面成长成才。

（三）工作室文化

1. 工作室名称由来

以“为学生点亮理想的灯，照亮前行的路”为指引、以一名普通学生在夜晚来到办公室对辅导员说的一句话——“老师，不管多晚我来学生工作办公室，我都知道这里一定有灯亮着”为灵感，确定工作室名称。

2. 工作室理念

为学生点亮理想的灯，照亮前行的路。

3. 工作室口号

灯塔是小船的方向，小船是灯塔的守望。

4. 工作室 logo

5. 工作室标志内涵

以灯塔为原型，结合“灯塔引领计划”自身特点，设计工作室标志。三个横向排列的窗户代表“三全育人”，五个纵向排列的窗户代表“德智体美劳”，十个光环代表“十大育人体系”，海洋是根基，代表安全稳定。

“灯塔领航”辅导员工作室标志

（四）工作室成员介绍

“灯塔领航”辅导员工作室以“坚定理想，勇挑立德树人的时代重担；学思践悟，争当莘莘学子的人生导师；砥砺奋进，忠于挚爱一生的教育事业”为选拔标准进行成员招募，成员均为天津工业大学马克思主义学院教师和各学院一线专职辅导员。

三、工作室的建设情况

（一）工作室建设内容

1. 夯实党建特色品牌创建基础，为思想引领增色添彩

(1)培育“一支部一特色”成效显著。

在视觉传达设计专业入选国家一流本科专业建设点的良好契机下，努力把“一流视传奋进有我”的核心理念牢牢根植在每一位党员的心中，支部成员发起“非遗少年说”公益志愿服务，创新性提出非遗文化助农、非遗文化素质拓展，开展“非遗研培计划”，为乡村振兴贡献力量。

贵州省志愿服务项目大赛金奖

“非遗少年说”课后服务微课堂

(2)“我为群众办实事”走深走实。

开设“形体礼仪小课堂”，陶冶高尚情操，塑造美好心灵，增强文化自信，弘扬美育精神。截至目前，累计开展课堂教学活动近 20 次，受益学生 800 余人次。创新性制作“宿舍时装周”线上品牌活动，全网累计点赞 300 万+。

2. 发挥助力“双减”专业优势，为兴趣和梦想赋能

(1)营造“五维”协同育人模式。

提出面向“大—中—小—幼—农”的“五维”协同育人新格局，坚持一手抓减负，一手抓提质，充分发挥高校艺术设计类学科优势和专业特色，积极推进城乡学校共同体建设。

(2)构建“五彩”美育教育一体化。

用“五彩”美育为“五维”协同育人增色，努力实现以美启智，打造高效美育课堂；以美增信，厚植爱国主义情怀；以美修身，搭建美育实践平台；以美润心，陶冶高尚道德情操；以美塑人，培育有志时代新人的助力“双减”新格局。

截至目前，与天津市各中小学开展 3 次交叉观摩、4 次交流座谈、16 次义务授课，336 小时的授课时长，2800 余名学生受益……实践活动被教育部政府门户网站和《天津教育报》宣传报道。

天津打造课后服务工作“升

机构 新闻 公开 服务 互动

静海区台头镇教育服务中心与天津工业大学艺术学院聚力合作，携手打造有温度有特色的课后服务时光。每周二，天津工业大学15名学生活跃在台头镇7所中小学校，给学生上美术课和形体训练课。该镇中小学生还3次走进天津工业大学，开展参观视觉传达设计专业毕业作品展等活动。3次交叉观摩、4次交流座谈、16次义务授课、336小时的累计授课时长，令全镇2800余名学生受益。

此外，依托“天津市基础教育公共资源服务平台”，天津建设了“学生综合素质拓展课程资源库”，进一步扩大线上优质资源供给，满足学校对优质课后服务资源的多样化需求。累计访问量超过200万人次，惠及津城百万师生。

狠抓“发力点”，“五育”并举促发展

在充分挖掘校内资源潜力的基础上，天津不断加强教育与文旅、体育、科技、共青团等部门的协调对接，制定引进优质校外课后服务资源的指导性意见，汇集全市对中小学开[illegible]博物馆、美术馆、体育场馆、科普基地、实践基地等社会资源，强化体育锻炼，丰富美育活动，补足劳动教[illegible]升课后服务吸

天津教育报 >

颈部拉伸、肩背部伸展、转体运动……通过热身来舒展身体，以便让动作更加标准到位。静海区台头镇的小学生们的形体课要开始了。“我发现小朋友们有驼背和走路低头含胸的现象，我希望可以发挥专业特长、通过形体课帮助他们及时纠正不良体态和习惯，让他们更加健康自信起来。”来自艺术学院服装表演专业的张宁认真地说道。除了量身定做的形体小课堂，艺术学院的大学生还为小学生送来了以《秋天的落叶》为主题的美术课，大手牵着小手在户外写生，共同捕捉、描绘、感受大自然之美。

实践活动被教育部政府门户网站和《天津教育报》等媒体宣传报道

(二)工作室建设成效

1. 凝聚奋进合力，激发基层党建青春活力

以“党建+美育”为核心，以美育促党建、美育助“双减”为重点的“一心一促一助”的“灯塔引领计划 2.0”，解决了党建工作抓手不强、形式不新、参与度不高的现象，调动了支部和党员的积极性和主动性，激发了新时代高校基层党建工作的青春活力和团结凝聚力。

2. 发挥专业优势，以“美育教育一体化”助力“双减”落地

艺术学院作为天津工业大学的靓丽名片，有着助力“双减”、开展美育教育工作的绝对优势。学院在开展艺术设计、形体礼仪等方面有着较强的专业优势，在落实“双减”的同时，起到了大力弘扬中华美育精神和构建美育教育一体化建设的助推器作用。

3. 围绕立德树人根本任务，有效加强队伍建设

以辅导员九项职业能力标准为依据，聚焦学生工作主责主业，围绕新时代学生工作的

重点、难点和创新点，开展理论研究和实践探索，充分发挥辅导员队伍在大学生思想政治教育工作中的重要作用，更好地服务学生成长成才，有效提升辅导员的综合能力素质和职业认同感，推动辅导员队伍更好地向前发展。

（三）工作室建设经验

1. 明确建设目标，突出头雁效应

紧紧围绕立德树人根本任务，遵循思想政治教育发展的时代规律，结合人才培养方向和学生发展需要，发挥工作室主持人的头雁效应，在工作室成员的团结协作下，在广泛调研、合理规划、全面统筹的基础上确定建设目标。

2. 完善运行机制，加强组织管理

严把入口关，建立准入机制，鼓励辅导员打破院系、专业等界限，从丰富专业背景、突出能力特长等角度组建团队；严把考核关，建立各项指标考核办法，使工作室成员相互督促、共同进步；严把评价关，评价体系可以从主管部门评价、辅导员自我评价、学生群体评价、社会反馈评价四个维度展开。通过“严把三关”切实加强组织管理，不断优化工作室发展路径。

3. 激发学习热情，提高能力水平

将有共同职业理想和发展目标的优秀辅导员凝聚在一起，通过组织主题沙龙、专题讲座、业务培训、参观实践等，营造积极思考、开拓创新的良好氛围，充分发掘自身优势和潜能，自觉将工作经验和对问题的思考分析提升到理论层面，深刻思考、探寻规律，找到破除壁垒、突破瓶颈的方法，为学生工作提供更专业的指导和更精准的服务。

4. 坚定职业信仰，提升育人成效

辅导员作为高校大学生的人生导师和知心朋友，肩负着不可替代的育人使命。对标辅导员工作九大职责，开展人物访谈、专家分享、走访优秀团队等，加强辅导员队伍的职业认同感和成就感。以坚定的政治信仰、高尚的道德情操、奉献在前的工作作风、扎实的工作能力等，着力为“培养什么人、怎样培养人、为谁培养人”这一根本性问题贡献智慧和力量。

四、工作室建设的优势和特色

（一）发挥党建核心作用，回答时代全新命题

高校基层党建工作是全面落实立德树人根本任务的关键一环，对照新时代党的建设的总要求，要充分发挥党建统揽全局的核心作用，有针对性地提出高校创建基层党建品牌的实践路径和方法，通过推进“一心一促一助”灯塔引领计划，使党建工作与学院人才培养相融互促，回答“培养什么人、怎样培养人、为谁培养人”这个时代命题。

（二）借助专业特色优势，弘扬中华美育精神

美是纯洁道德、丰富精神的重要源泉。美育是审美教育、情操教育、心灵教育，也是

丰富想象力和培养创新意识的教育。艺术学院师生作为美育传播者，有着提高其他学科学生审美和人文素养的使命，协助培养心灵美、形象美、语言美、行为美的新时代青少年的职责。

（三）激发榜样奋进力量，时刻守护学生成长

工作室成员努力激发奋进力量，成长为学生的人生导师和知心朋友，扮演好高校学生日常思想政治教育和管理工作的组织者、实施者和指导者的重要角色，无论学生行之多远，灯塔之光都会持续照亮学生的奋进之路。

（四）面向两个服务主体，营造灯塔示范效应

以“灯塔是小船的方向，小船是灯塔的守望”为工作室口号，面向辅导员队伍和学生群体两个服务主体，通过系列主题活动和详实的宣传报道，传递每一只“小船”辅导员和学生都能有一座“灯塔”辅导员和学生领航，在历经风雨、方见成长后，努力成长为一座座“灯塔”，点亮别人理想的灯、照亮别人前行的路这一理念，形成人人争当“灯塔”的示范引领效应。

五、工作室建设的未来规划

（一）深耕“党建+美育”，持续焕发基层党建新时代光彩

在以研究生视传方向党支部为“灯塔”的引领带动下，学院 8 支学生党支部围绕各自专业，持续探索“党建+美育”的建设思路和实践路径，努力形成立体的“党建+美育”支部特色，调动全体学生党支部和学生党员以研究生视传方向党支部为榜样，充分发挥党支部战斗堡垒作用和党员先锋模范作用，争做“灯塔”党支部和“灯塔”党员。

（二）拓展“美育促四育”，努力培养德智体美劳全面发展的时代新人

进一步强化美育育人功能，构建德智体美劳全面培养的教育体系，在美育促党建、美育助“双减”的基础上，持续挖掘美育资源，提升审美素养，陶冶情操，温润心灵，激发创新创造活力，有效形成“五育并举”的良好氛围。

（三）建立“灯塔培育人才库”，形成人人争做“灯塔”的良好生态

在辅导员和学生两个群体中建立“灯塔培育人才库”准入机制，进行人员招募，利用各类资源和平台对进入人才库的师生开展系统培训，对圆满完成培训任务的师生发放结业证书，帮助其实现从“小船”到“灯塔”的蜕变，照亮更多人前行的路，肩负起属于我们这一代人的使命担当。

“朋辈”工作室

一、工作室主持人简介

王水双，女，中共党员，海南职业技术学院旅游学院学工办主任。曾获海南省优秀共青团干部、海南省大中专学生志愿者暑期文化科技卫生“三下乡”社会实践优秀指导老师等省、校级荣誉30余项。从事辅导员工作以来，一直秉承“坚守以德育人，培育有识之才”的工作理念，服务于学生的成长成才。在工作中探索构建“231”思政工作模式，积极抢占网络思想政治教育阵地，打造深入校园、贴近学生、了解需求的网络思政品牌，积极发掘“朋辈”引领力量，实现学生自我教育、自我管理、自我服务的目标。

工作室主持人　王水双

二、工作室简介和定位

“朋辈”工作室成立于2021年1月，围绕立德树人根本任务，以网络思想政治教育为主阵地，搭建学院“党总支—学生党支部—团支部”之间有效沟通的信息桥梁，做好学生党建的业务指导、活动组织、品牌培育和信息宣传等工作；吸收优秀学生党员、共青团员为工作室骨干，引领青年大学生开展“四史”学习教育，让红色基因、革命薪火代代传承；同时有效构建学生自我教育体系，持续发挥朋辈引领的辐射带动作用，助力思想政治教育“入脑入心”，增强新时代文化育人实效。

工作室 logo

三、工作室的建设情况

（一）抢占网络阵地，以朋辈引领抢占网络思想文化阵地

自成立以来，工作室成员先后赴澄迈美亭解放海南战役决战胜利纪念园、五指山革命根据地、定安母瑞山革命根据地等红色基地开展党日活动，在党史中培育家国情怀。

工作室面向大学生群体，巧用新媒体，在视频号、抖音、小红书等新媒体平台创建账号，同步发布大学生日常、传统文化、美食住宿攻略等内容，持续发挥“朋辈”辐射引领作用，在师生中引起强烈反响。

2020年6月以来，以“朋辈引领”为核心，打造“朋辈大讲堂”之“团支书开讲啦”“团学

干部开讲啦”网络品牌微党课、微团课，聚焦青年朋友关注关心的热点问题，通过宣讲主题微党(团)课的形式引导、动员、服务广大青年，并以强烈的主人翁意识和输出需求，真正使朋辈榜样的示范作用通过网络平台展现在同学们面前。同时，打造“朋辈大讲堂”线下品牌“学长学姐说”，在学院入学教育和毕业典礼上，邀请学长学姐为大一新生和即将走出校园的学弟学妹开展大学和社会适应性教育，在学生中引起较好反响。

“朋辈大讲堂”系列品牌辐射线上与线下，以朋辈之间的互助成长为核心，通过朋辈对自身经历、大学学习生活、党史学习教育、专业的感悟与分享等方面的宣讲，促进同龄伙伴更好地实现自我教育、自我管理和自我发展，引领广大同学不断锤炼自我、完善自我。截至目前，“朋辈大讲堂”受众 29854 人次。

在视频号发布党史宣讲，使之成为红色基因传承的有效载体。截至目前，视频号共发布包括党史学习教育宣讲、传统文化宣传、实时热点关注等模块共计 75 个视频，总阅读量 3 万+。

工作室开展活动

包括通过走访红色景点时现场录制视频，讲述海南红色景点的红色故事并发布在视频号上，厚植大学生爱党、爱国、爱社会主义的情感，以文化育人磨炼新青年担当使命；联系国家级大学生创新创业训练计划项目“高校辅导员工作室”，经由该工作室授权转载其开展的“我眼中的中国精神——高校思政工作者接力讲”系列微党课于视频号，以此激发同学们学习党史的热情；工作室主持人王水双撰写的“团支书开讲啦”工作案例获教育部第五届“全国大学生网络文化节”和“全国高校网络教育优秀作品推选展示活动”工作案例优秀奖；工作室的品牌微团课“团学干部开讲啦”之“缅怀革命先烈，继承红色精神”主题视频，成功入选海南省职业院校党史学习教育成果展示视频，并在全国高校思想政治工作网予以展示推广。

(二)发挥朋辈作用，探索品牌路径

1. 探索品牌化管理路径

企业形象识别系统(CIS)能很好地体现企业的个性文化特征，打造企业品牌。将此理念运用到工作室建设中，工作室品牌项目的CIS由品牌项目理念识别(MI)、行为识别(BI)、视觉识别(VI)三个方面构成。工作室通过不断探索发展，形成一系列包括使命、目标、服务对象、logo标识、工作室制度以及工作室周边等具有代表性的个性文化元素。

“朋辈”工作室持续深化活动品牌，采用“学院组织、学生主导”的形式，以网络为媒介，以实现学生自我教育、自我管理、自我服务为目标，搭建了学生朋辈互动平台，创造了良好的朋辈教育环境，发挥了朋辈引领作用。

2. 构建朋辈大讲堂育人模式

工作室充分利用红色资源“活化石”，前往海南各烈士陵园、革命纪念馆、革命根据地等红色景点，现场录制微党(团)课，讲述红色景点背后的红色故事，让学生在实践中传承红色基因，在行动中接受教育等。各类活动的开展紧紧围绕党史学习教育，“朋辈”工作室依托“朋辈大讲堂”的“团学干部开讲啦”和“团支书开讲啦”两个品牌，将所学党史知识以“朋辈”视角输出，转化为当代青年朋友喜闻乐见的红色故事宣讲视频。截至目前，工作室录制有关党史学习教育主题朋辈视频9个，总阅读量3万+。

3. 打造朋辈引领、立德铸魂样板支部

工作室所在党支部于2020年成功申报校级样板党支部，启动党员成长“五个一”工程，制作入党积极分子成长手册并在本支部投入使用。其内容包括录制一个朋辈视频、走访一个问题宿舍、做好一次志愿服务、完成一次交流发言、捐赠一本红色书籍。根据当前大学生的特点，了解实际需要，让学生成为教育的主体，构建学生自我教育体系，持续发挥朋辈引领的辐射作用，将朋辈教育理论进一步本土化、实际化。

四、工作室建设的优势和特色

(一)学生参与主体化

施教与受教“两位一体”的朋辈思想引领模式让学生担当主角，由此极大地激发了学生参与思想教育的积极性和主动性。学生就是活动主题设计者、活动组织者与参与者，无论是“团支书开讲啦”“团学干部开讲啦”主题微党(团)课，还是工作室视频号主题内容的选定，均以学生共同兴趣为出发点，过程的自主性让参与的学生有了担当感和使命感，将以往不感兴趣、看似也不相关的新闻、热点、案例、理论等融会贯通，归纳到5—10分钟的团课或3分钟之内的视频里，引发听众的共鸣。“团支书开讲啦”活动单期阅读量超3000，调查显示，81.63%的学生认为“团支书开讲啦”案例呈现形式非常新颖，主题鲜明，具有较强互动性。

(二)工作导向创新化

高校思政工作是一项固本和铸魂工程，关乎培养什么人、怎样培养人、为谁培养人这一根本问题，只有不断创新育人思路，才能取得实际效果。“朋辈”工作室仍然在持续摸索创新，完成了从室内校内走到室外校外、从普通的学生思想教育热点到结合专业的转变，通过学生视角创作了引起广泛共鸣的原创鲜活内容，取得了较好成效；之后将继续创新宣讲方式，融合学生所学专业的沉浸式体验，宣传更多红色景点的红色故事，做大学生的“党史学习教育发动机”。

（三）管理机制长效化

工作室目前下设新媒体部、策划部、秘书部三个部门，主要招纳思想政治素质过硬、道德品质优秀、群众基础稳固的学生党员和入党积极分子。团队成员需时时敢于亮身份，处处勇于发挥模范作用，有扎实的专业基础知识、较强的实践操作能力，无挂科、违纪行为，让优秀的人在优秀的组织中更好发挥示范引领作用，逐步培养出朋辈引领人。

五、工作室建设的未来规划

（一）深化育人品牌，助推大学生思想政治教育

在前期基础上，工作室将继续深化朋辈育人系列品牌，拓宽思政教育辐射面，依托现有的工作室网络平台打造网络文化育人阵地，让思想政治教育更加有温度、有深度、有广度。

（二）产出实践研究成果

立足于研究高校朋辈教育、持续发挥朋辈引领作用等核心内涵和相关理论基础，对朋辈骨干队伍在高校思想政治教育中的运用进行深入分析并产出实践研究成果。

第三章 学风建设

“云.com”学业辅导工作室

——重庆市高校辅导员工作室

一、工作室主持人简介

工作室主持人　张婷婷

张婷婷，女，中共党员，重庆邮电大学计算机科学与技术学院党委副书记，重庆市高校辅导员工作室主持人，获 PASS Supervisor 等多项资格认证，获全国“中华魂”(中华美德颂)主题教育优秀辅导员、重庆市优秀辅导员等省部级及以上荣誉 10 余项。主要从事大学生思想政治教育、学习行为模式和团队管理等领域的研究，发表学术论文 17 篇，2 篇论文获全国高校学生工作优秀学术成果二等奖，出版著作 2 部，主持主研教研科研项目 20 余项，入选重庆市优秀辅导员择优资助计划，工作案例获全国高校思想政治工作优秀案例三等奖、重庆教育发展报告典型案例三等奖，指导团队获重庆市高校“一校一品”优秀团学工作品牌等奖项 10 余项。

二、工作室简介和定位

当前，世界新一轮科技革命和产业变革迅猛发展，时代发展迫切需要培养高素质创新型人才。牢牢把握科技、人才、创新三大关键词，从行业进步、学生成长、能力塑造等多维度助力培养心系祖国、志存高远、本领过硬的青年大学生，服务学校、地方乃至全国战略发展是为党育人、为国育才的核心要义。“云.com”学业辅导工作室于2019年11月通过学校辅导员名师工作室建设遴选正式挂牌运行，由张婷婷、岳曦、白银、常硕、罗娜、王进、代宇等20余名老师共同组成，团队成员学历、职称和专业结构合理，年轻有活力，专业素养和教学能力强。在大数据智能化引领创新驱动发展的战略背景下，工作室依托学校信息技术学科优势，聚焦人才培养过程中学生能力与社会需求逆差增大、育人环节和资源有效协同不足等痛点，通过构建“团队+平台+服务”立体化、多层次的学业辅导工作体系，探索更具实效的课内与课外、校内与校外协作机制，形成朋辈课堂有督导、学生咨询有对象、学业提高有平台的学业发展指导格局。工作室挂牌运行以来，管理制度完善、育人队伍整齐、工作举措鲜亮、培育实效突出，于2023年4月入选重庆市高校辅导员名师工作室。

工作室部分成员集体照

三、工作室的建设情况

（一）构建了“团队+平台+服务”立体式学业辅导体系

1. 组建了“专家顾问团—工作室主持人—工作室成员—学生骨干”的工作室团队

工作室以主持人所在学院为基础，统筹本科、研究生学业辅导力量以及学院教学资源和企业资源，组建学业相关领域专家顾问团；学工和教学协同配合，充实学业辅导教学与管理团队；畅通本—硕—博通道，选拔科创实践能力突出的助教团队，使线上和线下学业辅导均有人指导、有人运作、有人管理、有人关注。

2. 搭建了“对接学业困难学生、中等学业发展水平学生和高层次发展需求学生”的全方位、全覆盖学业指导支撑系统

工作室以“精准分类，定期评估，打造精品”的工作理念，搭建全方位学业指导体系。

一是打造“云互助”朋辈学业辅导项目，连续 10 年通过优秀学长在督导教师指导下组织系列课程，帮助学业困难学生在长期以来难度较大的基础课程上取得学业成功，受益学生 7000 余人次，参与学生的课程成绩平均分提高 3—10 分。二是组建下设团队“CSA 云行工作室”，融合学院教学团队力量开展课外工程能力训练，聚焦程序设计、数据工程训练、软件开发、科创实践分享四大模块，提升中等学业发展水平学生科创实践能力，累计服务学生 10000 余人次。三是实施考研伴学项目，邀请研究生学长作为项目负责人，每人带 3—5 名本科生备战考研，助力有升学意向的高层次发展需求学生顺利实现升学目标，有效提升考研成功率。以上三个项目均立项学校学业指导示范项目建设。

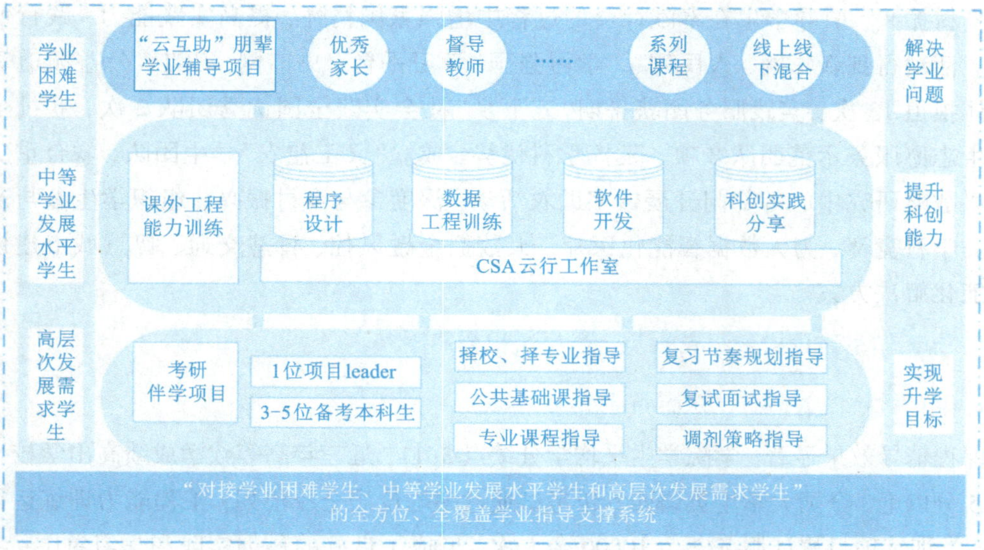

学业指导支撑系统构架图

3. 创建了“云.com 学业辅导工作室”公众号，打造“名师微课”和“朋辈微课”

工作室依托微信、QQ 开展线上学业辅导和学业支持，建设优秀学长精品微课库，累计完成 32 集 1723 分钟线上教学资源建设；邀请已在阿里巴巴、字节跳动、美团等一线互联网企业任职的学长参与线上教学资源制作，累计完成 18 集 850 分钟线上学业辅导资源建设。公众号自 2020 年 3 月上线以来，累计发布学业指导精品微课 11 节，覆盖英语四六级、C 语言等科目或知识点；发布学习支持相关原创推文 100 余篇，累计阅读量 4 万+，用户量 2000+，影响力持续提升。

（二）进行了一系列实践教育教学、校企地协同等方面的改革和探索

1. 探索构建了一套实践教学机制

联合教学系部制定学院《系部中心年度考核办法》《各类实验班年度绩效考核办法》，通过以学生工程能力培养质量、科技创新成效为导向的绩效考核机制，保证实践教学投入。引入竞赛平台线上测评体系，将“CCF 计算机软件能力认证”列入培养方案，将客观与

主观考核相结合、标准与非标准考核相结合，实现“课赛一体”教学模式有效落地，建立起多维度、全过程学业评价体系。

2. 推进建设了一批校企地协同育人项目

依托教育部供需对接就业育人项目、华为智能基座产教融合协同育人基地开展实习基地共建、定向人才培养和科创实践分享，引导学生面向国家产业需要进行科学研究。与共青团巫溪县委员会、华为重庆 DevCloud 创新中心共同发起“智启未来 · 乡村振兴”专项计划，打造领军企业未来沙龙、青年学生翻转课堂等特色模块，将计算机与人工智能领域启蒙教育大课堂搬到乡村学校、街道社区、田野村落，融合校、企、地三方资源助力乡村振兴，引导学生在奉献社会的过程中增强家国情怀，提高实践能力，践行使命担当。活动得到新华网、人民网、“学习强国”学习平台、央广网、CCTV 公益频道等主流媒体报道 13 次，实践服务团获暑期“三下乡”社会实践全国优秀团队 2 次，获批全国大学生志愿服务示范团队 8 项。发挥学科优势，成立“义工益农”学生团队，联合重庆乡村振兴战略研究中心等部门开展数字助农活动，深度参与乡村振兴。组织学生参与产业应用类学科竞赛，为大数据智能化医疗、大数据金融风控、智慧交通、智慧城市建设提供智能化解决方案。

(三)工作室建设成效日益展现，产生了积极影响

1. 学业辅导覆盖面广，分类指导效果明显

课程辅导效果显著，学院学生平均学分绩点 3.11，近三年高等数学成绩高出学校平均成绩 5 分以上，全国大学生英语四六级考试通过率均位居全校前列；工程能力训练运行良好，各类训练项目累计服务学生 10000 余人次，形成了良好的科创实践和学习氛围；考研朋辈互助效果明显，学院本科毕业生深造率实现连续年均 4 个百分点的高速增长。

2. 学生创新实践能力提升快，在全国高水平竞赛中斩获奖项

工作室组建了一支国内顶尖的大数据、人工智能算法学科竞赛队伍，在代表国内高校最高水平的“中国高校计算机大赛——大数据挑战赛”中获得冠军 2 次，在国内大数据与人工智能领域最具影响力的赛事“CCF(中国计算机学会)大数据与计算智能大赛”中获得冠军 7 次，在 2023 年首届“‘一带一路’科技交流大会”的重要活动——IKCEST(联合国教科文组织国际工程科技知识中心)“一带一路”国际大数据竞赛中获得冠军。近 3 年，工作室参训学员在各类计算机与大数据智能领域学科竞赛中获得冠军 21 次、亚军 12 次、季军 7 次，50 余人在 CCF CSP(计算机软件能力)认证中进入全国前 10%。

3. 实现育人队伍从“单一队伍”到“协同育人”的转化

以工作室建设为纽带，强化了专任教师在学生学业辅导中的参与感和效能感，较好提升了教师队伍和学工队伍在工作对象和目标上的同向性、工作场域和分工里的互补性以及工作方式与方法中的互鉴性，有效提升了育人实效。

4. 开展校内和校际间交流，进一步提升工作室影响力

工作室成立以来，团队成员在不同场合对工作室特色项目、创建模式进行推介和分享，在学校辅导员名师工作室验收考核中评为“优秀”等级；人才培养案例获重庆教育发展报告典型案例三等奖，工作室建设经验在“学习强国”学习平台和“高校辅导员工作室”微信公众号展示；北京邮电大学、西南大学、中北大学、重庆师范大学、重庆工商大学等相关高校来校调研，特别交流了工作室的建设经验。

四、工作室建设的优势和特色

（一）建设优势

工作室自挂牌运行以来，学校主管领导的高度重视、大力支持为工作室建设提供了坚强的政策、经费和制度保障，解决了工作室建设的后顾之忧。工作室主持人硕士所学专业为管理科学与工程，20 年一线学生工作经验、15 年党团工作经历，具备成立工作室的相关条件，有能力胜任工作室的组织管理工作。同时，主持人所在单位还有一批专家学者可以提供意见参考与智力支持，并能提供固定的学业辅导咨询和课外训练竞赛场地，可以保证工作室有条不紊运作。此外，工作室的团队成员包括学校学生工作主管部门领导、学院分管学生工作及教学工作领导、一线辅导员骨干和专任教师骨干、优秀思政课教师，全链条覆盖思想政治教育工作体系，文理结合、内外联合、学识渊博、业务精干，创新力和行动力较强，为工作室提供了人才资源保障。

（二）特色和亮点

1. “三场域”贯通：以实现理论与实践双向交互为目标，迭代构建了覆盖“课内+课外+竞赛”的高素质创新型人才培养模式

经过一段时间的探索，工作室在学业辅导和训练设计中注重整体性、科学性、协同性、实效性，从制度体系和激励措施方面促进了教师在工程能力培养、实践育人上的有效投入，聚焦学生成长成才不同阶段，过程管理和动态考核兑现明确，确保制度能够助力实现高素质创新型人才培养，一定程度上避免了学生高分低能问题，力促课程成绩综合体现专业能力。

2. “三主体”协同：以创新精神与实操技能塑造为原点，淬炼打造了发挥“专业教师+辅导员+企业工程师”多元教育功能的协同育人体系

经过长期的实践探索，工作室充分运用专业教师、辅导员、企业工程师三支队伍的育人特性开展学业辅导。其中专业老师负责训练方案的设计，把控整体计划，对重难点问题进行指导答疑，抓准关键环节；辅导员以所带学生为抓手，在学业辅导项目助教选拔考核、学员管理监督等各个环节承担主要角色，保障学业辅导的正常运行；企业工程师参与训练方案实施，在学员各项训练结业考核中发挥重要指导作用。三支队伍有效协同，以课外工

程能力训练为“契合点”，充分释放出教育功能各具的活力和合力。

3. “三资源”融合：以专业、行业、家国情怀培养为导向，探索开辟了聚合“高校+企业+地方”多元育人资源的思想政治教育矩阵

经过长期的对外交流，工作室通过建设一批产教研融合基地、实施实习培优计划和社会实践项目，探索搭建起较为成熟的校企地实习实践育人矩阵，通过协同机制的运行，进一步增强青年大学生专业能力、家国情怀，提升大数据智能化人才解决复杂问题的工程能力，践行“请党放心 强国有我”的青春誓言。

五、工作室建设的未来规划

（一）整体未来规划

基于新时代大数据智能化人才创新培养关键定位，以智能化教育载体开展高素质创新型人才培养为核心，坚持问题导向与精准教育相结合、协同推进与特色引领相结合，立足基础、拓展、创新三个维度，由课内为主向课外训练延伸，由教师为主向学生为主转变，以编程实践贯穿课程体系改革为重点，协同课程辅导、竞赛锻造、项目训练、实习培优、实践铸魂等多方抓手，实现学生重要核心课程巩固、程序设计能力培养、数据与软件工程能力塑造、专业应用与创新实践腾飞“四阶梯式”跃升。工作室拟对标进一步优化学业辅导支撑系统、进一步加强实践教学机制建设、进一步完善课外工程能力训练体系、进一步拓展校企地协同育人平台、积极探索建设学生能力塑造智慧化监测评估系统五个方面分批次对工作室进行优化升级。

（二）预期效果

1. 在探索革新高素质创新型人才培养模式上有所突破

面向科教兴国战略、人才强国战略、创新驱动发展战略，聚焦信息通信领域行业人才需求和“卡脖子”技术突破需要，形成一套可复制、可推广的具有地方高校特色、契合工科专业特征的育人一体化模式，学生思想品德、专业素质及创新能力等方面培养成效显著。

2. 在探索建设校企地育人资源联合平台上有所突破

进一步加强与华为、腾讯、字节跳动等信息与通信技术头部企业的深度合作，联合新增开发 1—2 个课外工程能力技术培训方向、2—3 项教育部供需对接就业育人项目、2—3 个实习基地建设。进一步加强与巫溪县等省级乡村振兴重点区县的深度合作，联合新增 1—2 个大学生社会实践基地。

3. 在探索开发学生能力塑造智慧化监测评估系统上有所突破

依托学校信息通信学科优势，完善新时代青年大学生能力塑造大数据观测点体系，开发建设一套能客观反映学生学业指导成效的评估体系和以“E 积分”学生成长发展成绩单制度为牵引的智慧化学生能力动态观测评价系统。

4. 在探索研究构建学生能力培养学业支持系统上有所突破

聚焦“构建学生能力培养学业支持系统”，通过理论研究与实践反馈的双向支撑，形成高质量调研报告、实践总结或典型工作案例 1 篇、学术研究论文 1—2 篇等系列研究成果。

5. 在探索锻造协同式、专业化思想政治教育队伍上有所突破

工作室的建设方向涉及多学科交融、多岗位融合、多校域融合，通过工作室的机制建设、项目运行、活动开展等，力争锻造形成一支协同式、专业化的思想政治教育队伍。

“攀高峰”辅导员工作室

一、工作室主持人简介

工作室主持人　张盼盼

张盼盼，女，中共党员，中国地质大学（北京）能源学院辅导员、团委书记。中国地质大学（北京）学风建设与学业指导辅导员工作室、“攀高峰”辅导员工作室主持人，中国科协“匠心筑梦”学业辅导工作室主持人。近年来获得北京市“高校辅导员年度人物”、北京市“就业工作先进个人”、校级暑期社会实践优秀指导教师、校级优秀辅导员、校级十佳教师等荣誉称号。

二、工作室简介和定位

中国地质大学（北京）“攀高峰”辅导员工作室前身为中国地质大学（北京）学风建设与学业指导辅导员工作室。成立于 2021 年 4 月，为中国地质大学（北京）首批立项的辅导员工作室。工作室紧密结合大学生成长成才需求，围绕立德树人根本任务，针对辅导员开展学业指导工作中的重点难点问题，开展学术研讨及实践探索。

2023 年 6 月，学风建设与学业指导辅导员工作室更名为“攀高峰”辅导员工作室，同年获批“中国科协学风涵养工作室”。工作室包括水资源与环境学院团委书记、辅导员边潇和土地科学技术学院团委书记、辅导员卫玮，成员包括辅导员 15 名、学生工作处干事 5 名、教授级专家 10 名、副教授级专家 15 名、学生干部 30 名，遍布能源学院、地球科学学院、水资源与环境学院、数理学院等 10 个学院，覆盖文、理、工等学科类型。工作室以学生学业指导为主要依托、以专题研讨和实践探索为主要方法，培育一批有一定影响力和知名度的辅导员骨干及团队，形成专业性、实效性强的工作模式。

活动照片

三、工作室的建设情况

（一）精准聚焦“一个主线思维”——“赓续火种”强化价值引领，开展针对性走访调研

工作室结合学校自身学风状况与学生特点，有针对性赴清华大学、中国地质大学（武汉）、中国石油大学（北京）等兄弟院校开展调研交流。针对新形势下大学生思想政治工作面临的热点和难点问题进行专题研究。

（二）积极拓展“两个学习载体”——“众人抱薪”搭建成长平台，打造学业辅导“星”模式

星资源——为加强各学院辅导员沟通交流，工作室举办学风建设及学业辅导培训会，培训邀请校外专家授课指导。培训针对常见的学生学业问题及受挫学生学业问题提出了一系列应对策略。

星交流——作为北京高校学业辅导示范中心“1+5 共建计划”的高校之一，与清华大学、中国人民大学、中国农业大学、北京理工大学联合开展共建活动，为进一步加强校际学业辅导工作交流、促进学业辅导优质资源校际共享、建立学业辅导学生社团常态化交流机制提供了良好合作交流平台。

工作室参加北京高校学业辅导示范中心“1+5 共建计划”

（三）重点打造“三个特色辅导”——“踔厉奋发”以服务带学风，开展分层性学业辅导

工作室基于不同学生群体对学业指导的不同需求，建立了本科生学业分层辅导制度及具有专业特色的学生讲师团队。

辈辅导——学业咨询室：面向全院同学提供量身定制的“一对一”（含线上）咨询服务，邀请专业的教师咨询师和朋辈讲师团队及时解答学生在学习中遇到的实际问题，不断优化学生自我管理与自我提升的发展能力。

辈帮扶——学业加油站：以学生讲师团队为核心，设置小班辅导、“一对多”、“一对一”辅导模式，开展课程学习、学业规划、科研创新、出国交流、科技竞赛、技能拓展等专题讲座。

辈资料——学习“油料库”：致力于为同学们提供学习交流平台，总结基础课、英语四六级、专业课学习资料，发布整理学科竞赛、创新创业项目、科研学习项目资料。目前学习“油料库”包括 32 门通识基础课与专业主干课的课件与习题资料，共计 18.6 GB。

（四）着力开展“三个调研分析”——“筑梦乐学”深入第一课堂，建立学业预警制度

乐学调研——为科学、精准分析本校本科生学风建设与学习情况，工作室对全校本科生开展学业调查问卷工作。从调查结果整合分析得出大学生在教育环境适应、教育资源利用、学业成长规划、专业入门以及学业困难课程五个方面存在较强指导需求，并从学校层面、教师层面、学生层面分别提出相应对策。

乐学分析——为准确掌握全校本科生学业情况，工作室对 2021 年全校本科生的学习成绩进行统计分析。从学生考试成绩分布、考试不及格学生分布、考试不及格课程分布、考试不及格学生院系分布等方面，统计分析学业情况，并提出相应的学业改善对策与建议。

乐学预警——为减少学业困难学生比例，及时准确发现学生学业问题前兆，工作室制定具有学校特色的学业预警评估、早期干预制度。将学习动机、学习策略、学习自信和学习态度等建为学业预警指标。发布问卷并形成反馈报告，以便早期干预，及时关注。

四、工作室建设的优势和特色

工作室汇聚了各学院负责学风建设的辅导员及精品课教师，为学校打造了专业化、系统化、高效化的学风建设及学业辅导队伍，由点及面为辅导员提供个性化的成长环境、为学生打造专属的学习平台。工作室通过开展系列校际交流活动，与各高校就新形势下大学生学风建设和学业辅导的热点和难点问题进行专题研究，提升工作室辅导员团队学业辅导水平；工作室成员每月定期开展学习交流活动，每学期至少组织两次面向全校辅导员的培训活动，将工作室的优秀学习经验分享给每位辅导员，从而提高整个学校的辅导员学业辅导专业化水平，形成示范效应。以工作室为平台，成员累计发表学术论文 2 篇，申报校级重点项目 3 项、一般项目 5 项，获批“中国科协年学风涵养工作室”。工作室通过成果转化推进工作实际成效，建立具有学校特色的工作室模式，编写近万字的学校本科生学业情况统计分析报告、学校学习情况调研分析报告，建立本科生学业分层辅导制度，制定具有学校特色的学业预警评估、早期干预制度，为学校学风建设和学业辅导提供了理论基础和数据支撑，相关成

工作室相关研学和学业辅导举措作为学校围绕“五学”抓党建特色活动的一部分得到北京卫视的报道

果受到北京卫视专题报道。

工作室以学生学业指导为依托，将第一课堂与第二课堂深度融合、协同发展，以德智体美劳五育并举为培养目标，通过职业生涯规划、学生心理驿站、终身学习制体系打造，形成以本校学子为中心的以点及面辐射效应，培养出一批专业特色鲜明、学习能力出色、工作能力突出的青年领航团队；总结出一套适合00后大学生的生涯成长陪伴体系，应用到全校并推广至兄弟院校；凝练出一种契合当下“能源类”高校学生学业辅导及学业预警评估干预制度，以恰当方式推广到其他“行业类”高校。

五、工作室建设的未来规划

1. 搭建好一个平台

把工作室建设成拥有专业学业发展教师、壮大学生朋辈帮扶力量、完善学业辅导学业分析功能的学业指导发展平台，通过理论与实践相结合的方式，形成可推广的、符合学校发展的学业指导模式。

2. 培养一批典型

基于学业数据分析、精准学业指导、深入多学科多角度的学业辅导，工作室力争培养出一届低学科不及格率班级，实现高保研率、较高就业率。

3. 出好一批成果

注重工作室研究成果的产出与宣传，通过讲座、论文、交流、研讨会、报告会、专题论坛、现场考察等多种形式在全校乃至全国范围内宣传、介绍和推广。

“天工开物”辅导员工作室

一、工作室主持人简介

张春旺，男，中共党员，工程师，华北电力大学机械工程系团委书记。曾获“创青春”全国大学生创业理论与实践学术研讨会论文三等奖、河北省人力资源和社会保障研究课题一等奖、河北省高校少数民族学生教育研究二等奖、保定市争当优秀共青团干部、保定市优秀社团指导教师等荣誉。

工作室主持人　张春旺

二、工作室简介及定位

华北电力大学是能源电力专业特色鲜明的国家“双一流”建设高校。与电气类、电子信息类、能源动力类专业相比，机械类专业的第一志愿录取率和录取最低分位次均较低。这也导致机械类少部分学生对所学专业的认同度不高、专业自信心较差，学习动力不足、学习态度不端正，毕业生的深造率不到30%，初次就业率在80%左右。此外，由于机械类学生人数较多，给全校的深造率和就业率提升也造成了一定的影响。

基于上述背景，在学校学生处和机械工程系领导的大力支持下，机械工程系辅导员联合专业教师（班主任），在2021年4月成立“天工开物”辅导员工作室。工作室以提升专业认同度为抓手，有针对性地实施融“学、做、悟、享”于一体的实践教育活动，力求激发学生内生动力，促进优良学风建设，提高深造率和就业率、提升就业质量，努力培养德智体美劳全面发展的“行业巨匠”。

工作室主要成员合影

三、工作室的建设情况

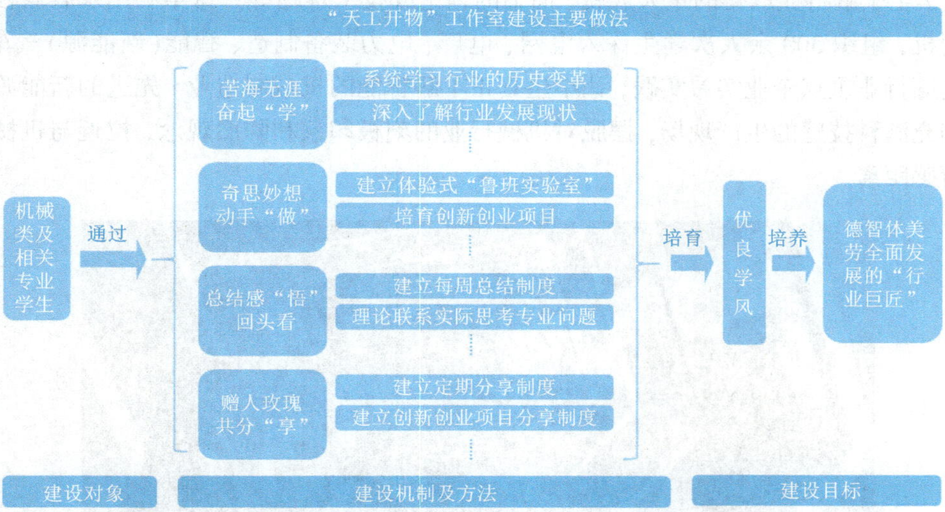

（一）苦海无涯奋起“学”

1. 学习行业的历史变革

以团日活动、班会活动等为抓手，开展以“百年机械”“中国工业史”“大国工匠”等为主题的活动，让广大学生全面了解制造业及相关行业的历史变革，加深学生对行业的了解和专业报国的理解。

邀请校友特变电工湖南电气公司总经理吴华林与在校生座谈

2. 深入了解行业发展现状

工作室搜集整理了 97 家实体央企的简介、宣传视频、就业招聘信息等资料，供全系学生日常学习参考，帮助学生在了解行业发展现状的基础上，明确自身努力方向。组织在校生对30余名优秀校友进行采访，详细了解校友工作现状及所在单位的实际情况，引导学生向优秀校友学习。累计邀请20余名学者或行业专家为学生作机械相关行业发展主题报告，让学生了解行业取得的重大成就、面临的理论或技术难题等。每年利用寒暑假社会实践的契机，组织300余人次学生深入电网、电厂、电力装备制造、智能(新能源)汽车、芯片制造等行业重点企业实习实践，让学生真正了解智能的机械制造业、先进的新能源工艺流程和充满科技感的生产现场，摆脱对机械行业的刻板印象和陈旧观念，拉近与机械制造业的情感距离。

2023年暑假组织机械类学生走进山东豪迈集团

(二)奇思妙想动手“做”

1. 建立体验式“鲁班实验室”

引导学生利用周末和课余时间在“鲁班实验室”大胆动手实现自己“天马行空”的想法，体验机械设计及制作的快乐。

2. 培育创新创业项目

依托机械工程系学生创新创业指导教师团队，对学生在“鲁班实验室”制作的产品进行升级改进，支持和鼓励学生积极培育创新创业项目，参加各类科技或创业竞赛，提高学生的综合竞争力。以2022年为例，大学生创新创业项目立项37项，其中国家级4项、省级16项。学生依托大学生创新创业项目申请专利6项、发表论文3篇，13人次获得省部级及以上学科和科技创新竞赛奖励。

(三)总结感“悟”回头看

1. 建立每周(半月)总结制度

引导学生每周(半月)制定计划，并对计划执行情况进行总结。通过每周(半月)总结的形式，记录自己一路走来的心路历程和重要瞬间，写下自己的反思与感悟，强化自我教育与自我管理的能力。

2. 理论联系实际思考专业问题

每学期，由专业教师引导学生将所学的理论知识与自己制作的产品或者实习实践发现的问题相结合，撰写对专业、行业的思考与认识。支持学生在此基础上，发现科研问题，凝练研究方向，培育创新创业项目，发表学术论文。

（四）赠人玫瑰共分“享”

1. 建立定期分享制度

每学期，指导学生通过书面或交流等多种形式，分享学习心得体会，分享深造和就业经验，分享对专业、行业的认识与思考。“机械系青年驿站”微信公众号精选部分学生的分享制作推送，供不同专业、不同年级的学生学习借鉴。

2. 建立创新创业项目分享制度

建立学生培育的创新创业项目库，供低年级学生学习借鉴。针对因学生毕业或升学而无法继续的创新创业项目，招募低年级的学生继续跟进，力争把项目做精、做强，产出高质量的成果。

四、工作室建设的优势和特色

（一）优良学风建设成效开始显现

1. 学生专业认同度有效提升，学生的内生动力得到激发

工作室累计向2000余名学生宣传机械工业发展历史、工匠精神、大国重器、智能制造等，让广大学生更加全面、深入地了解机械行业的历史和发展前景，逐步明确自身奋斗的方向和目标。2020级和2021级本科生具备转专业资格的学生中，均有约30%的学生选择继续就读机械类专业。

2. 学生参与机械学科相关竞赛的积极性提高，综合素质进一步提升

机械类学生在第十五届全国大学生先进成图技术与产品信息建模创新大赛、第十六届全国数字艺术设计大赛、第十届全国大学生机械创新设计大赛中均斩获一等奖。机械类本科生的作品获中国国际“互联网+”大学生创新创业大赛金奖，取得了学校和河北省高校在高教主赛道本科生组的首金，实现了零的突破。

3. 学生深造率、就业率、就业质量稳步提升

本科生深造率在学校12个院系中的排名从2021年的第11名上升至2022年的第8名，再到2023年的第6名，深造率接近40%；毕业生就业率从2020年的87%提升至2023年的91%。学生就业领域除了传统的能源电力及设备制造行业外，逐步呈现出向芯片制造、新能源、军工企业集聚的趋势，主动服务国家战略的毕业生增多，就业质量进一步提高。

（二）工作室成员的工作技能和理论水平进一步提升

工作室成员坚持在实际工作中总结提升，注重工作室的工作与党建思政等其他工作的相互融合推动，提高实践工作能力和理论研究水平，更好地助力人才培养。

工作室成员基于对学生生源地、就业意向城市及行业等因素综合分析，申报并获批教育部供需对接就业育人项目6项，开展访企拓岗活动10余次，目前已在北京、河北、四川等地建立实习实践基地6个，涉及芯片制造、智能机器人制造、军队装备制造等行业。

工作室成立以来，成员累计获评河北省高校辅导员暑期"大家访"活动先进个人等省级荣誉3项，保定市争当优秀共青团干部等市级荣誉5项，华北电力大学"优秀辅导员"、学生工作专项工作先进个人等校级荣誉10项。

工作室成员基于工作基础和个人特长共撰写论文6篇，其中2篇英文论文（SSCI和SCI双检）。获批中国校园健康行动、教育教学研究成果管理办公室项目1项，河北省教育厅青年基金项目1项；获评河北省冬奥志愿服务调研项目二等奖，河北省高校党建课题研究二等奖。

（三）工作室的对外交流与宣传进一步加强

工作室成员主动加强与校内外同行、行业专家的交流，参加高校辅导员工作室平台和学校举办的辅导员工作室建设经验交流活动，学习了先进典型经验，进一步明确了今后努力的方向。

五、工作室建设的未来规划

工作室将根据行业发展和专业建设的实际情况，整合校内资源，进一步完善"学、做、悟、享"为一体的实践教育活动，为学生提供更加精准的服务，帮助学生有效提升专业认同度，进一步激发内生动力，促进学风建设。力争本科生深造率达到45%左右，就业率稳定在90%以上，就业质量进一步提升。

工作室成员将持续总结实践工作经验，努力提升理论研究水平，争取做到团队每年获批1项省级或市级课题，人均每年发表学术论文1—2篇。同时，积极参加校内外交流活动，学习典型经验，加大工作室的宣传力度。

“彩虹桥”辅导员工作室

一、工作室主持人简介

工作室主持人　兰大伟

兰大伟，男，中共党员，浙江工商大学东语学院党委委员、学生工作办公室主任，从事专职辅导员工作18年，曾获浙江省大学生暑期社会实践工作先进个人、校优秀教师、校最受师生喜爱的党支部书记、校家庭事业兼顾型先进个人、校优秀党务工作者等荣誉称号。

二、工作室简介和定位

“彩虹桥”辅导员工作室成立于2007年，位于浙江工商大学东语学院学生宿舍楼。

1. 工作室背景

2021年初，浙江省国际化特色高校名单揭晓，仅有7所本科高校入选，作为省重点建设大学，浙江工商大学名列其中。东语学院是浙江工商大学国际化程度最高的二级学院，与40余所国(境)外高校及机构建立互派学生访学交流、签订实习实践协议，每年选派超过150名学生赴韩国、阿联酋、埃及、日本、黎巴嫩等国留学或实习。此外，东语学院与商务部国际商务研究院、浙江省政府外事侨务办公室及人民对外友好协会等单位签订实习实践基地协议或达成合作关系，经常性组织学生参加与上述机构联合开展的各类活动。

2. 工作室定位

依托学校、学院强大的国际交流平台，围绕“国际化、外语+、服务型”高素质人才培养理念，注重发挥辅导员(班主任)服务育人、管理育人、实践育人、组织育人等功能，引导学生积极参与各类活动，不断提高跨文化沟通和交流能力。

3. 工作室目标

进入新时代以来，我国经济、社会、文化全面融入全球化发展，高等教育也逐步走向国际化。浙江工商大学成为浙江省国际化特色高校后，学校国际化发展迎来全新机遇。工作室以此为契机，继续坚持国际化特色发展道路，以“国际化、外语+、复合型”人才培养理念为引领，致力于培养具有国际态度、国际意识、国际活动能力、国际知识、国际视野的综合型优秀人才。

4. 工作室口号

工作室口号：学生闯世界·辅导员搭桥梁。

三、工作室的建设情况

（一）主要举措

（1）实施学生党支部结对新生班制度、“学长领航”计划（优秀高年级本科生及研究生结对低年级学生）。组织优秀学生深入低年级班级和寝室开展学业辅导、生涯规划指导，立足学院国际化特色，强化优秀学长在参与国际交往、外事活动服务的示范带动作用，通过朋辈帮助和榜样作用，把助力低年级学生特别是新生成长成才作为此项工作的着力点，引领广大学生及早树立成长的高标准，不断增强自身综合素质。

（2）大力实施“抓考研深造促高质量高层次就业工程”，针对近年来学院考研深造率年均超35%、国外高校录取率近半的现状，通过个体答疑、集体辅导等形式，鼓励有条件的学生报考与学院有合作关系的国（境）外高校研究生，最终实现高端化、高学历的国际化人才培养目标。

（3）加强对外沟通联系。不断加强与浙江省政府外事侨务办公室等机构的沟通联系，为学生提供更多参与活动的机会。

（4）提供精准帮扶。坚持每周定期组织辅导员（班主任）、专任教师、校友、实务精英导师等在工作室举行辅导答疑、培训、专题报告等形式的活动，为学生学业发展、留学规划、实习实践、学科竞赛提供精准帮扶。

（二）主要成效

1. 构筑平台，深化学生工作品牌，探索成立外事活动志愿服务团队

工作室成员牢固树立学生工作必须服务于党和国家战略的政治意识，坚持国际化特色育人理念，培育并形成了“践行‘一带一路’倡议，担当中阿友好使者”的学工品牌，以组建外事活动学生服务团队为载体，培养具有国际视野、人文情怀、人类命运共同体意识的时代新人。

十多年来，工作室通过组建各类外事活动学生服务团队，选派近5000人次参与二十国集团领导人峰会（G20杭州峰会）、第二届“中国—阿拉伯国家政党对话会”、杭州西湖国际友好徒步大会等大型外事活动。工作室每年组织或选派学生参与、服务世界互联网大会乌镇峰会、杭州文化创意产业国际博览会、杭州西湖国际博览会等常规活动。

这些活动极大地拓宽了学生的国际视野，提高了学生跨文化交流能力，凸显了以专业知识赋能专业服务的国际化特色优势，使学生真正做到了学以致用、知行合一。

2. 菁英示范，提升综合素质，引领广大学生在国(境)外积极参与各类赛事及活动

工作室注重引导并组织学生在国(境)外留学期间积极参与留学高校及当地各类学科竞赛活动及文体、志愿服务和社会实践活动，并取得显著成效。据不完全统计，近 10 年来，学生在留学期间参与各类竞赛、活动累计获国家级(国际级)奖项 16 项、省级奖项 93 项、市级奖项 151 项，在国(境)外主流媒介(报纸、杂志等)发表文章 72 篇。

3. 创新举措，不满足于现状，树立高质量高层次就业的学生培养目标

工作室能为提高学生就业质量和综合竞争力做些什么？这是所有团队成员一直在思考的问题。“就业率 100%、出国留学率 100%”，这是东语学院早些年提出来的学生工作目标，数年前就已基本实现。近年来，团队成员经常思考：生源质量越来越好，国际化交流平台越拓越宽，学生工作目标不应只是满足于“两个 100%”，而要在实现学生高质量就业、高层次就业方面努力探索。

在实践中，工作室团队以创造性设立学生学业指导中心、学生职业发展指导中心，并制定考研和出国深造专项激励政策。

目前，学院专业教师和学工线达成共识、形成合力，“以考研深造促学风、以学风促考研深造”氛围浓厚，以提高考研深造率为目标的“高质量就业、高层次就业”工程深入人心。近年来，学院考研深造率年均超过 35%，尤其是 2018 届学生考研深造率达到 42%，当年考取北京大学、复旦大学、东京大学、早稻田大学、约翰斯·霍普金斯大学、渥太华大学等国内外顶尖名校比率创历史新高。

(三) 一些成果

工作室主持人兰大伟近年来发表与国际化教育相关的学术论文 5 篇，工作室获批立项为浙江工商大学首批辅导员工作室并受专项经费资助。

另外，工作室开设东语红色领航、燕姐心语、东语易班工作室等微信公众号，在抖音、B 站、微博、视频号等融媒体平台发布相关内容。截至 2023 年 12 月，各类融媒体平台发布内容累计阅读量 20 万+，关注用户 6000 余人。

四、工作室建设的优势和特色

工作室立足“国际化、外语+、复合型”高素质人才培养理念，注重凝练三个特色：

一是以工作室为载体，努力提升辅导员队伍工作水平，致力于培育一支具有国际视野的专业化职业化专家化辅导员队伍；

二是聚焦一个方向，以个体指导—精准帮扶、团体培训—答疑解惑、开放式研讨—兴趣挖掘、校院—国内相关政府机构及企事业单位—国际合作交流平台联动助力为主要方式，努力探索一套系统性的适合国际化专业学生综合素质提升的发展模式；

三是培育一批成果，以案例、课题、论文、专著、讲座等形式展现凝练国际化特色育人的实践成果及理论成果。

五、工作室建设的未来规划

围绕“一带一路”倡议、中日及中阿民间文化交流等主题，工作室将继续探索并实施国际化人才培养各类措施，不断开拓国际化教育新平台、新载体，成为浙江工商大学乃至浙江省国际化特色人才培养的展示窗口，汇集宣传、展览、咨询服务等多种功能。

第四章　学生日常事务管理

“亦师亦友”辅导员工作室

——全国首批高校辅导员名师工作室

一、工作室主持人简介

工作室主持人　郭立军

郭立军，男，中共党员，硕士研究生，宁夏民族职业技术学院教育系学生教育管理主任。目前已完成宁夏回族自治区教育厅大学生创新创业课题 2 项、教工委课程思政课题 2 项；已发表学生教育管理和课程思政论文 10 余篇；荣获宁夏吴忠市优秀公务员、校级“优秀党务工作者”等多项荣誉；指导学生荣获第八届全国学生“学宪法讲宪法”活动三等奖。

二、工作室简介和定位

《普通高等学校辅导员队伍建设规定》中提出：“辅导员是开展大学生思想政治教育的骨干力量，是高等学校学生日常思想政治教育和管理工作的组织者、实施者、指导者。辅导员应当努力成为学生成长成才的人生导师和健康生活的知心朋友。”因此，工作室命名为“亦师亦友”辅导员工作室。

“亦师亦友”辅导员工作室于 2021 年 3 月成立，现有 13 名成员，包括 10 名专职辅导员、2 名专职心理教师、1 名专职负责人(其中副教授 1 名、讲师 5 名、助教 7 名)。人员结构合理、分工明确、权责清晰。工作室 2023 年 5 月被宁夏回族自治区教育厅认定为名辅导员工作室，同年 12 月入选全国高校辅导员名师工作室。

工作室在成立之始，就已明确定位：服务辅导员和学生两个群体，服务学生成长成才，助力辅导员提能提效。工作室建设目标：打造成为服务学生成长成才的阶梯、助力辅导员提能提效的引擎。两者相得益彰，互促互进，在服务学生成长成才的过程中促进辅导员自身能力的提升发展，从而更好地服务学生成长成才，如此，形成辅导员与学生两者共同成长、共同发展的亦师亦友关系。

工作室主要成员合影

三、工作室的建设情况

（一）工作室建设模式

工作室于 2021 年 9 月完成了实体建设，并配备了工作所需的桌椅、橱柜、电脑、电视、打印机、网络等相关办公设备。工作室自成立以来，致力于深化内涵建设、提升服务质量、提炼工作方法、打造服务品牌。

1. 制定了一套规章制度

工作室通过借鉴、引进同类工作室的有关制度，并结合本工作室的实际，确立了一套行之有效的规章制度。目前，已制定《工作室工作方案》《工作室管理办法》《工作室考勤办法》等制度，今后将根据工作室的发展需要和工作的具体情况，再修订和完善一批制度。目前工作室一切工作均按照规章制度运行，工作室成员达成了遵章办事、依规行事之共识。

2. 探索了两个考核机制

（1）探索了辅导员星级积分考核机制。工作室制定了《辅导员“五维”积分考核制度》，实施了学生评议、辅导员同行评议、任课教师评议、院领导评议、工作室主持人评议五维度考核制度。坚持工作实绩和工作态度并重，日常工作与特色工作并重，注重对德、能、勤、绩、廉五个方面的考核。工作室根据“五维”考核的积分，分别赋予一、二、三、四、五星级，分别对应不称职、基本称职、称职、良好、优秀等级，积分越高星级越高，一至五星级名额分别按照 10%、30%、30%、20%、10%分配。考核结果作为年度辅导员评优选先的重要指标。

（2）探索了学生量化积分考核机制。为了有效规范学生的日常行为，全面落实素质教育，工作室制定了《学生德育量化考核积分制》和《学生文明银行积分制》两项积分管理制度，并通过积分制管理，落实了动态考核和过程性考核，将对学生的考核落实在日常行为、日常考勤、日常奖惩之中，实施周公示、月结算、学期总结制度，同时将积分制的定量考核与辅导员评语的定性考核相结合，确保学生得到客观、公平、公正的评价，促进学生全面发展。

3. 搭建了三个平台

(1)搭建了赋能学工的信息化平台。在大数据时代，借助大数据为辅导员工作赋能，已是不可或缺的方式。目前已建成“移动学工”“奕辅导”学工信息化平台，既将辅导员从繁杂、重复的日常管理事务之中解脱出来，也实现了辅导员工作的精细化、精准化和高效化，还助力了辅导员向专业化职业化专家化的推进。

(2)搭建了辅导员素质能力比赛平台。促进辅导员职业素质能力提升，最为行之有效的措施，就是积极组织辅导员参加各级辅导员素质能力大赛。工作室已组织辅导员参加了多项学校、自治区级的比赛。让辅导员在大赛中学习，在大赛中成长，在大赛中提升。辅导员人人参与，人人观摩，学习彼此的长处，发现自身短处，取长补短。通过比赛，达到了以赛促学、以赛代训、以赛提能的效果。

(3)搭建了辅导员职业发展培训平台。《普通高等学校辅导员队伍建设规定》提出：“辅导员培训应当纳入高等学校师资队伍和干部培训整体规划”“高等学校负责对本校辅导员的系统培训，确保每名专职辅导员每年参加不少于16学时的校级培训，每5年参加1次国家级或省级培训”。工作室为辅导员搭建相关的培训平台，如定期邀请省内外思政专家、优秀辅导员开展讲座，选派辅导员参加线上线下学习、校际交流、省级培训等，积极搭建国、省、市、校四级培养培训体系，通过引进来、派出去，线上、线下等多种培训渠道，开拓辅导员的工作视野，提升辅导员的职业能力。

4. 创新了四个模式

(1)创新了思政教育模式，实施了“互联网+大思政”模式。在互联网大行其道的当下，学生教育工作者，必须懂得且擅长利用互联网技术开展学生思政教育，必须把握网络思政教育的主动权，这是时代赋予的责任。因此，工作室积极开展网络思政教育，一是“自媒体+思政”模式，辅导员通过抖音、公众号等自媒体，开展线上思政教育，宣传党的政策、优秀学生案例等，通过“小”声音讲述“大”故事。二是“微视频+思政”模式，辅导员鼓励学生自主创编具有教育意义的“微视频”，以金融诈骗、校园欺凌等为主题制作微视频，并推送到学院网络平台，以可视化的“微”视频开展“大”教育。

(2)创新了学生管理模式，实施了“辅导员+班导生”模式。工作室持续探索“辅导员+班导生”学生教育管理模式，完善班导生管理考核办法。从团学队伍中选拔思想觉悟高、工作能力强、综合素质好的优秀团学干部担任新生班级的班导生，确保班导生与辅导员做到同向同行、协同协作、优势互补。班导生制作为一种实现学生自我管理的手段，有利于培养学生的自我教育、自我管理、自我服务能力。

(3)创新了主题教育模式，实施了“体验式+沉浸式”模式。“体验式+沉浸式”主题班会模式，就是让学生走进革命纪念馆、爱国主义教育基地、国防教育基地等，将主题教育由室内带到室外、由校内延伸到校外。学生通过浏览一幅幅真实的图片，观看一幕幕真实的影像，阅读一段段感人的文字，聆听一句句声情并茂的讲解，沉浸于真实场景之中。通过“体验式+沉浸式”主题教育，学生们的爱国之情、报国之志得到激发。

（4）创新了服务学生模式，实施了“五进两访一交友”模式。“五进两访一交友”，即进班级、进宿舍、进网络、进社团、进餐厅，入宿访谈、心理访谈，做朋友。辅导员通过“五进两访一交友”，能及时掌握学生的心理、思想动态，了解学生的学习、生活状态，从而对心理、思想、行为有异常状态的学生，做到早知道、早研判、早处置、早干预、早治疗，以保障学生的身心健康，促进学生成长成才。

5. 打造了五个品牌

（1）打造了心理健康服务品牌。心理健康教育是提高大学生心理素质、促进其身心健康和谐发展的教育，是高校人才培养体系的重要组成部分，也是高校思想政治工作的重要内容。工作室一直把大学生心理健康教育工作抓在手中，干在实处。“阳光驿站”是工作室打造的以服务大学生心理健康辅导为业务的重要阵地，其以“3·20”心理健康周、“5·25”心理健康月为契机，深入开展了大学生心理情景剧展演、心理知识讲座、班级心理委员培训、心理团体辅导等系列活动。“阳光驿站”被学院授予“学生心理健康辅导示范站”荣誉。

（2）打造了红色教育工作品牌。社团活动是一种开展学生思想政治教育重要且有力的方式，创建红色教育社团，是培养德智体美劳全面发展的社会主义建设者和接班人的重要帮手。“星火社”是工作室打造的致力于开展红色文化教育、爱国主义教育的思政阵地，持续开展了唱红色歌曲、讲红色故事、读红色书籍、观红色电影、进红色基地等各具特色的五个红色主题活动，做到了有动有静，动静结合，有理论有实践，理实结合。该社团被宁夏回族自治区教育厅立项为宁夏回族自治区高校思想政治精品项目。

（3）打造了志愿服务工作品牌。工作室在现有“锋行者”学生志愿服务队伍的基础之上，继续提高服务能力，提升服务质量，提炼服务理念，打造了“行走的思政课堂”。在节假日和寒暑假，深入开展了“学雷锋”“三下乡”“讲好中国故事”等大学生志愿服务活动，志愿者走进社区，走入农村，走上街头，服务老人、残疾人、儿童，通过志愿服务活动，践行了社会主义核心价值观。志愿服务队伍荣获中国青年志愿者优秀组织奖。

（4）打造了文化育人工作品牌。中华优秀传统文化积淀着中华民族最深沉的精神追求，代表着中华民族独特的精神标识，是中华民族生生不息、发展壮大的丰厚滋养，是中国特色社会主义植根的文化沃土。传承和弘扬中华优秀传统文化是高校思想政治教育的重要内容，工作室以清明节、端午节、中秋节、元宵节等中华民族传统节日，以及雨水、夏至、白露等二十四节气为契机，开展了“中华古典诗词里的节日”“唐诗宋词里的节气”等诵读活动，内容丰富，形式多样，让学生品赏唐诗宋词的精美，感悟汉语言文字的精妙，弘扬中华优秀传统文化，铸牢中华民族共同体意识。

（5）打造了书香校园育人品牌。阅读是人类获得知识、启智增慧、培养道德的重要途径。通过阅读，师生可以得到思想启发，树立崇高理想，涵养浩然之气。工作室以“4·23

世界读书日”为契机，积极开展读书活动，既推荐了《论语》《楚辞》《史记》等经典之作，也开列了《平凡的世界》《白鹿原》《百年孤独》等中外名著书单，倡导、引导和鼓励学生多读书、读好书、好读书、善读书。每月举办“共品一本好书”分享会，每季评选阅读达

人，分享阅读喜悦，感受名著魅力，感悟思想伟力。通过阅读中国古典诗文、中外名著，培养了学生“腹有诗书气自华”的气质，提升了学生的内在涵养，塑造了学生的良好品质，健全了学生的人格，使学生养成了终身学习的习惯。

(二)工作室建设成效和经验

近两年来，工作室在各部门的亲切关怀和大力支持之下，通过搭建平台、创新机制、打造品牌、开展活动，取得了显著的成效，获得了可贵的经验。

1. 形成了“三热、三多、三好”的综合效应

工作室始终秉承立德树人的理念，大力开展各项育人活动，在学生中形成了“三热、三多、三好”的综合效应。一是“三热”，即学习热、升学热、实践热；二是“三多”，即优秀学生多、优秀班集体多、优秀毕业生多；三是“三好”，即学生思想纪律好、学习氛围好、综合素质好。

2. 形成了“时时、事事、处处皆育人”的工作格局

工作室构建了课堂内外相互衔接、学校内外相互沟通、各部门相互协作、师生相互配合的格局，实现了从八小时内到八小时外，从工作日到节假日，从保洁打扫卫生到教师教书育人，从课堂到食堂，从校内到校外的“时时、事事、处处皆育人”工作格局。

3. 形成了“人人都参与，人人共成长”的育人格局

工作室开展工作之时，通过带动和发动教职工参与、各部门联动、学生配合，形成了“人人都参与、人人共成长”的工作格局。

4. 形成了“人人都是服务者，人人都被服务”的校园环境

工作室秉承服务师生的理念，始终把服务放在首位，以服务为出发点，以服务为落脚点，倡导“服务大家，大家服务”行动，形成了“人人都是服务者，人人都被服务”的氛围环境。

5. 培育了“共学、共享、共情”的学工之家

工作室已成为辅导员“共学、共享、共情”的学工之家，不仅是辅导员学习、工作的场所，更是辅导员生活、情感的港湾。辅导员在此既可以共同学习读书、探讨问题，也可以

休息娱乐、倾诉情感。

四、工作室建设的优势和特色

工作室为了更好地服务学生成长成才，积极探索了“五个课堂”联动机制，使五个课堂互相渗透，互为补充，各有特色，同频共振，形成了育人合力。

（一）以“课堂教学”为育人第一课堂

落实“课程思政”，使课程具有专业教育和思政教育的双重功能，实现知识传授、能力培养与价值引领的有机统一。所有人员、所有课程同向同行、协同育人，使育人工作成为每门课程、每位教师的权利和责任，着力实现全人员、全课程育人。

（二）以“职业实践”为育人第二课堂

依据现代职业教育规律，构建以校内实习实训、校外顶岗实习、社会实践为途径的职业实践育人体系，将“大国工匠”“国家劳模”“道德模范”的爱岗敬业、刻苦钻研、精益求精精神，融入学生的职业实践，实现了思想政治教育与职业岗位的融合。

（三）以“主题班会”为育人第三课堂

主题班会是辅导员开展学生思想政治教育的主要途径，工作室充分利用每周的主题班会，通过理论学习、案例分析、主题研讨等形式，深入开展思想政治教育、公民道德教育、法制法规教育、心理健康教育等主题教育班会，落实对学生的思想引领，行为引导，心理疏导，学业辅导，就业指导。

（四）以“社团活动”为育人第四课堂

工作室充分发挥社团活动育人功能，通过演讲、诵读、合唱、球赛等活动，丰富了学生的校园生活，提升了学生的综合素养，培养了学生乐观开朗的性格，促进了学生德智体美劳全面发展。

（五）以“公寓管理”为育人第五课堂

公寓是学生生活的第二家庭，公寓管理的水平影响学生的身心健康，洁净、安静、舒适、温馨的公寓环境，会给学生身心愉悦之感，喧闹、肮脏、杂乱的公寓环境，则使学生心神不宁、身心疲惫。因此，工作室积极开展“公寓文化建设”活动，通过打造净化、静化、美化的公寓环境，实现了公寓环境育人。

五、工作室建设的未来规划

（一）助力辅导员提能提效方面

（1）进一步打造“五型”学工队伍。工作室将持续以打造学习型、科研型、专业型、服务型、创新型“五型”辅导员队伍为建设目标，以期实现辅导员队伍的专业化职业化专家化。

（2）进一步探索辅导员三级成长机制。工作室将进一步探索辅导员三级成长机制，即年轻辅导员三年后成长为骨干成员，骨干成员三年后成长为带头人，带头人五年后成长为辅导员名师。同时，要求全体辅导员制订年度成长计划、三年发展规划、五年长远谋划，以期实现“人人有计划、人人有步骤、人人有目标，一年之内有成绩，三年之内有成果，五年之内有特色”的目标。

(二)服务学生成长成才方面

(1)探索学校、社会、家庭协同育人体系。工作室将积极探索如何构建学校、社会、家庭的协同育人机制，建设全方位的有效的协同育人体系，而不是学校单兵作战。

(2)探索按年级分段育人体系。工作室将深入探索如何实施按年级分段育人体系，使育人目标更加明确、更加有针对性和实效性，确保各阶段育人工作得到落实。育人工作从学生入学到毕业，既有所侧重，又整体推进。

“耕读植绿”劳动育人辅导员工作室

——北京高校思政工作创新示范工作室

一、工作室主持人简介

马静，男，中共党员，副教授，北京林业大学林学院党委副书记、副院长。北京高校思政工作创新示范工作室、北京林业大学“耕读植绿”劳动育人辅导员工作室主持人。曾获北京高校优秀辅导员、校级十佳班主任、校级优秀党务工作者等荣誉50余项，所带学生党团支部和班级获省部级及以上荣誉30余项。主持省部级思政课题3项、校级课题5项，发表思政研究论文15篇，主编出版著作一部，参编著作一部；参与撰写的案例曾获北京市学习宣传贯彻党的十九大精神优秀项目、全国高校思想政治工作优秀案例征集优秀奖等荣誉；获校级教学成果一等奖3项。

工作室主持人　马静

二、工作室简介和定位

“耕读植绿”劳动育人辅导员工作室坚持“五育”并举，围绕立德树人根本任务，聚焦劳动教育主题，大力弘扬“植绿报国、图强为民”北林（北京林业大学简称）精神，以北京林业大学林学一级学科下的3个主要学院为试点，面向全校学生，通过理论研究和实践探索，促进劳育与德育、智育、体育、美育更加紧密结合。

“耕读”不仅是农业文明时代的优良传统，在新时代仍具有传承和发扬的价值，传统的“耕读”赋予了新时代劳动教育的现实意义。“植绿”是新时代北林人传承红色基因、矢志报国的生动写照，更是北京林业大学“生态育人工程”的一项重要举措。因此，工作室以“耕读植绿”命名，意在通过传承耕读文化，促进知行合一，强化劳动教育的重要意义，弘扬劳动精神。

“耕读植绿”劳动育人工作室
GengDuZhiLvLaoDongYuRen
工作室标识

工作室标识以农业和林业的主体环境色——绿色作为背

景，最外面是树叶的形状，书本上面左侧是麦穗，象征“耕读”，右侧是树叶，象征“植绿”，麦穗和树叶共同组成了象征教育和育人的爱心，意指传承耕读文化、弘扬植绿报国的理念，将书本知识与劳动实践相结合，知行合一，培养学生的劳动意识与劳动精神。

工作室成员合影

三、工作室的建设情况

（一）工作室组织架构

工作室由4位专家担任指导老师，成员由来自林学院、水保学院和保护学院3个学院的辅导员组成。在指导教师的共同指导下，由主持人负责日常运行管理的组织协调，工作室成员划分为3个小组，由3个小组长牵头带领各自组员，根据工作需要采取“集中—分组”灵活结合的方式，开展工作室的各项活动，着力打造“辅导员+学生”耕读成长、植绿成材的共同体。

（二）工作室的建设成效和经验

工作室结合林业院校特点和专业特色，找准定位，通过“园地”“场地”“基地”“阵地”的“四地”建设，致力于将工作室建设成为把劳动教育融入“五育”并举和“三全育人”整体格局的思政教育工作室，着力促进学生全面成长成才。

1. 强化理论支撑，打造学习研究园地

工作室持续聚焦劳动教育的内涵、对新时代劳动精神的理解、新时代劳动教育的时代特点和创新意蕴等问题开展深入的学习、思考、讨论和研究。工作室主持人及主要成员参加了两期“新时代高校劳动教育体系建设与实施专题培训班”。工作室通过集中理论学习和培训、定期组织读书交流、参观“劳模精神”“劳动精神”“工匠精神”教育基地、参观劳模和工匠人才创新工作室、师生团队共建、走访兄弟高校开展专题调研等形式多样的学习交流活动，深入开展对劳动教育的理论探讨，提升工作室成员的劳动教育理论素养，进一步拓宽劳动教育思路和视野。

（1）深入开展文献调查，定期组织学习交流研讨。工作室成员多次进行专题研讨，研究新时代劳动教育相关政策文件，聚焦劳动教育开展深入研究探索，明确新时代与其他历史时期相比开展“新”劳动教育的重要性和必然性。工作室开展理论学习研讨交流 30 余次，为成员配备劳动教育书籍 50 余册，定期分享电子资料累计 1000 余份。

（2）深入开展走访调研，与校外单位交流经验做法。工作室主持人及主要成员先后与中国劳动关系学院、北京科技大学、对外经贸大学、北京工业大学等 20 余家兄弟院校和行业相关企事业单位围绕劳动教育内涵、如何构建评价体系等议题进行深入交流，通过形式多样的学习交流活动，研究新时代高校不同学科专业的特点、不同学科专业学生的特征，开展不同学科专业进行劳动教育的共性分析和差异性对比，为体现学科特点的劳动教育模式寻找契合点，以达到开展“精准化”劳动教育的目的。

（3）深入开展问卷调查，依托课题开展专项研究。工作室成立以来，已申报获批省部级课题 1 项、校级课题 1 项，进一步强化了新时代劳动教育的理论与实践探究，为工作室提供了扎实的理论支撑。课题组成员集思广益，设计了《新时代大学生劳动观》《结合学科专业特点的新时代大学生劳动教育特征》等调查问卷，在问卷中重点采用“纵向比较”和“横向比较”进行问题设置，面向大学生开展问卷调查和回收，目前已撰写投稿相关研究论文 2 篇。

2. 优化实现路径，丰富实践锻炼场地

结合林学学科特点和专业差异，具化劳动教育实践内容，从专业学习和日常实践两大重要途径组织丰富的活动，有效提高劳动教育的科学性和系统性。

（1）创新“科研+”劳动育人模式，广泛组织专业结合型劳动实践。2023 年 3 月起，工作室先后组织多批次超 500 人次的青年学生前往北京林业大学三顷园、鹫峰林场、天汇园有机果园种植基地、北京市顺义区南彩镇河北村民俗文化园等地开展生态林修剪养护、经济林疏花疏果、森林防火、春耕播种、林下可燃物处理等与专业紧密相关的劳动实践活动，引导学生在劳动实践中加强理解并深入应用专业知识，营造崇尚劳动、热爱劳动、创新劳动、智慧劳动的浓郁氛围。

工作室授牌和媒体采访报道

(2)积极开拓劳动教育第二课堂，丰富课外劳动教育形式与内容。通过公益活动、志愿服务、勤工助学等第二课堂，经常性地组织劳动育人系列活动，如餐饮服务中心共建实践工作、寒假留校学生扫雪除冰、线上上课期间劳动打卡、“林 · 守望”垃圾分类桶边值守、“林歌”进宿舍等多项志愿服务活动，将思政元素融入劳动育人实践活动，让学生们在生产劳动体验中获得技能技巧，培养劳动责任感。工作室在学校“我为师生办实事”实践活动中获评“最具育人成效项目”荣誉称号。

3. 挖掘优势资源，建设劳动教育基地

为优化组合林业院校实际的劳动教育实现路径，工作室基于校院两级现有劳动育人资源，借助产教融合、校企合作等创建、联建或共享劳动实践基地，搭建校院两级劳动育人实践平台，先后在北京、内蒙古、山东等地的 5 家林业相关企事业单位、苗圃、林场建立劳动教育实践基地，创造条件带领学生定期到基地开展实地劳动体验和劳动教育。编制符合林业院校特点的劳动育人工作方案，切实将育人与劳动生产相结合，让学生到基层了解劳动生产实践，亲历劳动过程，增强劳动意识，树立正确的劳动观。

工作室签约挂牌劳动教育基地

4. 深化氛围营造，强化劳动教育宣传阵地

通过打造宣传阵地和特色品牌，弘扬劳动精神，塑造新时代大学生正确的劳动价值观。

（1）广泛开展“线上”主题活动，为学生提供劳动教育交流平台。开展“居家抗疫，劳动先行”网络主题教育，在居家抗疫的特殊时期，坚持德智体美劳“五育并举”，加强劳动育人功能发挥，累计3千余人次参与活动。连续举办四届“耕耘 爱林”外业调查摄影大赛活动，培养林苑学子知林、爱林、兴林的专业情怀。

（2）发挥学校教育主阵地作用，为学生提供多选项接触劳动教育机会。统筹协调社会、家庭资源，支持服务大学生劳动教育，把社会能人、工匠艺人、非遗传承人等引入学校，构建学校、社会、企事业单位、家庭多方协同的劳动教育体系，形成劳动教育的“大合唱”，在校园内形成良好的“尊重劳动、崇尚劳动、热爱劳动”氛围。工作室先后邀请“全国先进工作者”“全国三八红旗手”等荣誉奖章获得者入校开展主题宣讲，充分利用活动契机及时有效地对学生进行劳动教育熏陶和思想价值引领。

（3）充分开展线上线下宣传教育，为学生提供全方位的劳育教育氛围。工作室先后在“高校辅导员工作室”公众号、绿色新闻网、学院官网、“林苑资讯捞”等新媒体平台上及时发布劳动教育经验做法、工作案例和新闻稿件推送等10余篇，充分利用活动契机及时有效地对学生进行思想价值引领。通过形式多样的宣传活动阵地，营造浓郁的劳动育人氛围，引导大学生增进劳动体知，深植劳动情怀，锤炼劳动品质，养成劳动习惯，形成正确的劳动价值观。在工作室组织的参观乡村振兴主题劳动教育活动中，一名学生接受北京电视台采访并被报道。

四、工作室建设的未来规划

（一）坚持问题导向，形成操作性强的实践检验成果

工作室将继续着力破解“以教代劳、以说代劳”“没有劳动的教育”“没有教育的劳动”等突出问题，发挥学科专业特点，在组织开展劳动教育的过程中，注重过程记录和对比分析，组织专业研讨，不断优化工作方案和实践路径。

以林学学科相关专业学生为样本，继续深化对学生劳动教育需求的研究。同时充分结合“上位需求”和“学生需求”，以森林保护专业和经济林专业2个林学特色本科专业为试点，编制符合专业特点的劳动教育指导手册和实践指南，为优化本科生劳动教育实践环节提供实操性参考资料。通过持续性的实践检验评价实施效果，并持续改进优化，提高其指导意义和借鉴价值，适时在其他相关专业推广。

（二）聚焦“4个1”目标，持续深化工作室建设成果

工作室将在理论研究和实践检验的基础上，持续总结凝练研究成果，聚焦形成“4个1”目标成果：培养一支在劳动教育方面专业化、专家化的辅导员队伍；构建一套符合林业院校专业特点和学生实际的劳动育人体系；形成一种可推广、可复制、可借鉴的劳动育人模式；建立一批管理成熟的劳动教育实践基地。

（三）强化网络育人，不断扩大工作室建设成果宣传范围

充分发挥网络育人优势，持续打造工作室的劳动育人新媒体矩阵，努力打造一批紧密结合专业特色和新时代大学生特点的工作室品牌栏目，扩大工作室的知名度和影响力，以大学生喜闻乐见的形式营造劳动教育的浓郁氛围，持续吸引大学生将劳动教育内化到专业学习和日常生活中去。

马赫辅导员名师工作室

——吉林省高校辅导员名师工作室

一、工作室主持人简介

工作室主持人　马赫

马赫，女，中共党员，吉林医药学院临床医学院党委副书记。从事学生思想政治教育工作 14 年，曾入围全国“高校辅导员年度人物”，获省级高校辅导员职业能力大赛优秀奖，校级优秀共产党员 3 次、优秀辅导员称号 3 次、就业工作先进个人 1 次。主持课题 6 项，参与课题 21 项，发表论文 19 篇，参与编写教材 1 部，主编专著 1 部，多次指导学生参加国家和省级比赛并获得荣誉。

二、工作室简介和定位

马赫辅导员名师工作室成立于2021 年 3 月，是吉林医药学院成立的第一个辅导员工作室，于 2022 年入选中国科学技术协会学风传承项目“年度学风涵养工作室”，于 2023 年获评吉林省高校辅导员名师工作室。工作室成员共 22 人，包括 1 名专家顾问、2 名成长顾问以及 19 名一线辅导员。团队成员在性别、年龄、学历、专业各个方面分布合理。

工作室围绕立德树人这一根本任务，以“共享、成长”为基本思路，将学生与辅导员需求作为工作出发点和落脚点。以辅导员沙龙为平台，提升思想政治工作水平；以服务学生为基点，助力学生成长成才；以网络传播为途径，拓宽思政工作渠道。

三、工作室的建设情况

（一）建设内容

1. 平台打造

已建立官方微信公众号“吉医医梦启航”，发布原创推文共 256 篇，关注用户数为 3101 人，点击率累计 10 万+。

入选中国科学技术协会年度学风涵养工作室，视频作品《吉医 · 不负韶华，建功军营》被评为全国“2022 年度优秀传播作品”，三下乡团队“红色耀吉林 · ‘医’路伴你行”入选全国重点团队。

2. 构建“1+1”工作模式

一方面从学生需求出发，做好广大学生的思想引领工作，拓宽学生教育管理的广度与深度。从德智体美劳五方面加强对学生的教育和管理，全力培养德智体美劳全面发展的社会主义建设者和接班人。

另一方面从辅导员需求出发，致力于探索广大辅导员职业素养提升的途径，为辅导员提供更多成长、交流的平台。通过开展专家培训、讲座沙龙、专题研讨等品牌活动，探讨学生工作中教育教学等方面的热点难点问题，激发辅导员对工作的思考与认识，提高辅导员队伍的专业素养与专业水平。将加强学生思想政治教育与解决学生实际发展问题有机结合，通过分享讨论工作经验、交流成功辅导的案例，打造一支优秀辅导员队伍。

（二）建设成效

1.“学生风采”系列活动

工作室从“德智体美劳”五个维度开展“学生风采”系列活动，多渠道加强学风建设，努力做到学生热爱所学专业，正视医学科研工作者应当具备的职业操守，树立坚定的从医理想，将个人理想融入实现“健康中国”战略的过程中，勇担卫生健康发展重担，服务人民、奉献社会。

以德育人，建立“诚信驿站”并设立诚信助学金，加强对学生的诚信教育；强化思政教育，引导学生树立爱党爱国的思想观念。

以智育人，依托解剖社、影像社、康复社、口腔社四个学生社团，举办解剖、影像、康复、口腔知识竞赛，“爱牙日”实践活动等，提高学生学习的积极性和主动性。

2022年11月吉医杯第七届解剖知识大赛

2022年11月“爱牙日”活动

以体育人，树立健康第一的教育理念，举办篮球比赛，让学生在体育锻炼中享受乐趣、增强体质、健全人格、锤炼意志。

以美育人，秉承“坚持以美育人、以文化人，提高学生审美和人文素养”的精神，创办临床医学院“医·声”合唱团，丰富学生的大学生活，提升学生的音乐素养。

以劳育人，强化社会实践育人，将思政小课堂同社会实践大课堂相结合，开展“早临床社会实践”“医归桑梓”特色社会实践活动，组建红色志愿者服务队，营造积极、健康、向上的文化氛围。

2. “教师成长”系列活动

为使工作室成员拓宽工作视野，创新工作思路，工作室定期组织成员参加学习与培训，不断强化辅导员队伍建设；举办专题研讨沙龙、专家培训讲座、学习交流分享等活动，宽领域、深层次、多角度提升辅导员的专业素质和业务能力；设立“辅导员充电桩”“辅导员加油站”“辅导员 talk”专栏，增强辅导员群体归属感，提高辅导员职业自信心，实现辅导员共同成长。

2023 年 3 月学雷锋纪念日活动

2023 年 3 月辅导员加油站第一期

（三）建设经验

聚焦“三化”服务，构建团队成员职业技能提升新模式：项目精品化，持续打造精品项目，参与各项大赛评选；学生管理精细化，根据学生或团体的需求，有针对性地开展精细管理；团队成员专业化，定期选送成员参加培训和各类技能大赛，提升团队成员专业能力。

从青年视角讲述身边的学风故事，注重加强对学风建设工作典型经验和做法的挖掘凝练，邀请优秀校友、知名医生开设专题讲座，将育人与学生职业发展和就业紧密结合，帮助医学生树立使命感、责任感。

四、工作室建设的优势和特色

（一）建设优势

1. 师资力量强

师资力量雄厚，团队意识强。工作室成员涵盖相关管理人员、学工队伍和导师队伍，科学合理的成员结构为工作室建设提供了坚强的组织保障。工作室教师的学生管理经验丰富，学历层次高，善于接受先进的教育理念，熟练掌握现代化信息技术，观念新、有创意，均参与或组织过加强学风建设相关研究工作并取得了较好的成果，为工作室的研究工作提供了研究人员保障。

2. 学生骨干队伍精

汇聚了团委、学生会等能力较强的学生骨干，他们拥有较强的视频动画制作能力、文字撰写能力、活动组织能力，为工作室活动的开展提供了技术保障。

3. 环境保障好

吉林医药学院是吉林省唯一独立设置的西医本科院校，临床医学院学生总数近 4400 人，包括临床医学、医学影像、康复治疗、口腔医学四个系，均为医学和理学专业人才，为工作室活动的开展提供了实践落实保障。工作室已挂牌并做好场地选址工作，下一步将建设线下工作室平台，为工作室活动的开展提供场地和设备保障。

（二）建设特色

三大特色活动。围绕工作室成员素质能力提升，致力于探索广大辅导员职业素养提升的途径，建设“辅导员 talk”“辅导员充电桩”“辅导员加油站”三个理论和实践相结合的学习平台，为辅导员提供更多成长、交流的平台。

四个学生社团。围绕学生专业技能发展，以就业为导向，做好广大学生思想引领工作，帮助他们解决学习生活中的实际问题。为促进学生对实践技能及理论知识的掌握，工作室针对学院所设专业设立了解剖社、影像社、康复社、口腔社四个学生社团，多次举办各类专业知识竞赛，其中影像知识大赛已举办 12 届，“爱牙日”实践活动已举办 11 届，解剖知识大赛已举办 5 届，康复知识大赛已举办 4 届。接下来，将继续依托四个学生社团开展形式多样的促学促就业活动，以提高学生学习的积极性和主动性，增强学生的就业竞争力。

五、工作室建设的未来规划

（一）带一支团队

以工作室为依托，辅导员加强业务学习，激发干事热情，创新工作方式，提高管理素养，提升工作能力，不断强化自我武装，更好地引领和服务学生成长成才。

（二）抓一个项目

整合多方力量，聚焦工作室工作，做精做好“师生共进 协同成长”特色系列活动，打造具有时代特色的学风传承示范基地。

（三）出一批成果

形成一批体现学科特色、学院办学传统，集思想性、时代性、创新性、实践性为一体的建设品牌，将理论研究与实践结合，提升工作室成员的科研能力，引领学校青年学生做优良学风的传承者和践行者。

（四）育一批人才

多渠道加强辅导员队伍建设，切实提升高校思政工作实效，培养一批有思想、有本领、有担当的辅导员，更好地指导学生学业发展、科研训练、项目实践、生涯规划等。

“同心结”辅导员工作室

——福建省高校辅导员名师工作室

一、工作室主持人简介

工作室主持人　陈国成

陈国成，莆田学院外国语学院党委副书记，副教授，教育部高校思想政治工作创新发展中心（长安大学）兼职研究员，“同心结”辅导员工作室主持人。入选福建省高校思想政治工作中青年骨干队伍建设项目；主持教育部、福建省社科联等省部级课题6项，厅级课题7项，参与国家级、省级项目8项；发表论文40余篇；出版专著1部，参编专著4部。曾获全国共青团研究成果二等奖、全国网络优秀作品成果网络文章三等奖等各类奖项20次；个人获省、市荣誉表彰10次；指导学生获国家级、省级荣誉20多次，在各类学科竞赛和文体活动中获奖30余次。

二、工作室简介和定位

“同心结”辅导员工作室现为福建省高校辅导员名师工作室、莆田市青少年石榴籽教育实践基地。工作室有副教授1名，二级学院党委副书记2名、团委书记4名、讲师10名、助教2名，其中包括福建省妈祖文化研究会理事1名、福建省统一战线理论研究会理事1名、中国海洋文化研究会妈祖文化研究分会理事1名。工作室深入挖掘和梳理民族文化，打造精品活动品牌，从“学科融合、主题教育、社团活动、实践课程”四个渠道落实民族团结教育，将民族团结教育形象化、具体化、生动化。工作室依托教育部人文社科项目、福建省高校思想政

工作室成员合影

治工作中青年骨干队伍建设项目、福建省社科规划青年项目、福建省社会科学基金基地重大项目、福建省大学生社会实践基地、福建省高校中华优秀传统文化教育示范基地、福建省高校思想政治工作精品项目等平台和项目，在“提升”上下功夫，在“创新”上求突破，在“联创”上求发展，致力于打造一个以传承民族文化为中心的“同心圆”，扩大民族团结进步服务的“朋友圈”和“合作面”。工作室在2023年全省民族团结进步创建工作培训班上做典型经验分享，助推学校成为2023年福建省民族团结进步创建培育单位。

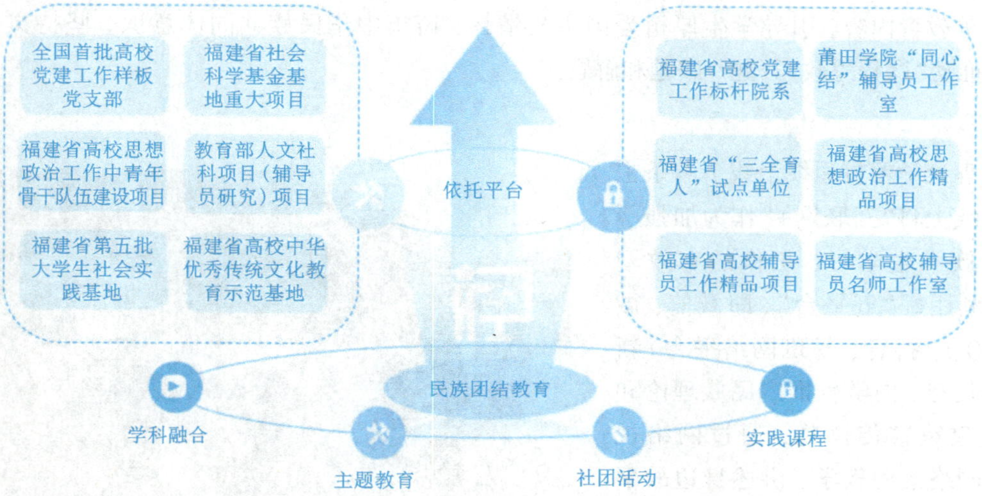

工作室依托平台

三、工作室的建设情况

工作室采取“一中心、二主线、三微课、四联动、五平台、六合力”的做法，开展学生工作的理论与实践研究，力图通过一系列具有民族特色的文化育人活动和民族文化特色活动，营造热爱民族优秀传统文化的良好氛围，让铸牢中华民族共同体意识的理念在学生心中落地生根、开花结果。

工作室建设主要做法

(一)夯实理论基础，铸牢中华民族共同体意识

1. 一中心：以理论学习为中心

强化思想引领，坚守网络思政教育主阵地，凝聚民族团结爱国情，发挥课堂教学主渠道作用，加强爱国主义、民族理论、政策法规的宣传教育。着力构建课堂内外互相补充、主辅渠道互相促进的爱国主义教育体系，注重对“三个离不开”“五个认同”的学习，大力培育和自觉践行社会主义核心价值观。在党校培训、团校培训中融入马克思主义民族观、宗教观等教育内容，引导学生厚植爱国主义情怀，铸牢中华民族共同体意识。坚持文化育人，推动“课程思政”开题、破题和解题。

2. 二主线：线上线下两条主线

不同民族学生进行民族文化体验

理论学习贯通线上线下两条主线。线上将“互联网+”作为加强不同民族学生学习、工作的有效增量，利用好“五平台”(即微信、微博、QQ、抖音、易班网络平台)新媒体优势，向学生推广民族理论和民族政策宣传读物，通过网络视频、网络案例教学、讲述身边故事等主题活动的开展，让各民族学生更好地融入社会，融入中华民族大家庭，促进各民族间的交往交流交融。加强民族文化内容的建设和推送，利用青年熟悉的“青言青语、网言网语、校言校语”，贴近学生，走近学生。线下构建师生服务平台，巧用时代文化载体，弘扬中华民族优秀传统文化，开展创客节、民族团结进步座谈会、迎新晚会、品读经典会、“福”文化学术沙龙、参观走访民族村等活动，受到学生的喜爱和欢迎，推进铸牢中华民族共同体意识进校园走深走实。

(二)承学思以践行，树立先锋模范好风尚

1. 三微课：微讲坛、微党课、微团课

工作室以学生发展为中心，坚持问题导向，分层分类推进，搭建师生交流新平台，强化群体研究与服务提升。引导师生在日常学习生活中亮出身份、立起标尺、树立形象，打造“三微”“金课堂”，提升学生工作队伍的理论水平。“三微课”成为展示优秀党员、优秀团员、优秀教师的新载体。在深入挖掘先进事迹的基础上，选树一批可亲、可爱、可敬、可学的身边典型，用“面对面”替代传统的先进事迹报告会，融入大学生喜闻乐见的元素。将“三微课”搬到田间地头，师生来到民族村共上微课，感受民族村建设，在民族特色长廊下，共话民族手足情深，共叙民族进步成就。三微课点击率超过2万，受到福建省教育厅、

《湄洲日报》、《福建日报》等媒体十余次报道。

2. 四联动：地方、学校、学院、工作室四级联动

注重理论与实践的紧密结合，以理论学习指导实践发展，形成“地方、学校、学院、工作室”四级联动。工作室得到莆田市民族与宗教事务局、莆田一中等单位的支持，被授予莆田市青少年石榴籽教育实践基地；学校党委统战部、学生工作处(部)等部门每年予以15000元的经费支持，工作室成员由学生工作处(部)发文，在社区配备专门的工作室；工作室也得到成员所在二级学院的大力支持，各二级学院轮流承办校级活动；工作室以实际行动深耕田间地头，在为乡村振兴事业赋能添彩的道路上，带领学生远赴甘南藏族自治州夏河县，开展推广普通话、关爱留守儿童、保护生态文明等实践调研，鼓励学生争当推进民族团结的“排头兵”；在双福村农忙时，进乡入村，为农民采摘荔枝，为“荔”农直播带货，增添服务地方“新动能”；在砺山村了解回族的历史脉络、饮食文化、风俗习惯，用简单的民族语言打破文化交流的壁垒，让铸牢中华民族共同体意识、扎实推进民族团结与乡村振兴同频共振。

莆田市青少年石榴籽教育实践基地授牌仪式

工作室努力打造“接地气”的育人平台，用制度发声，用制度立规，构建理论与实践的“双向桥”。学校领导定期开展走访慰问学生活动，走访学生宿舍，为学生送去温暖和关怀。每年通过多种多样的教育载体举办民族文化节和民族团结文艺晚会，唱响爱国主义教育的主旋律，形成了校园文化润心田、校内外联动展新风的工作格局，用心呵护“各族人民的生命线”，促进民族文化大融合、民族团结一家亲。多彩的校园文化展示了不同民族的优秀传统文化，在为学生服务的同时也积极凝聚民族智慧力量，营造了“民族一家亲 共筑中国梦”的良好氛围。

学校现有少数民族学生1100多名，涵盖藏族、回族、畲族等20多个民族，让少数民族学生融入志愿服务队伍，绘就了一道靓丽的校园风景线。工作室开展“资助三行”活动，对资助政策加以宣传，针对调研地区的经济发展现状形成实践报告。联合政府部门，引导学生走出校园、走进社区、走向赛事，做好各种志愿服务活动，促进各民族学生的文化交流和情感共鸣，让各民族的优秀传统绽放于校园之中。在易班平台上设置优课，线上线下同步学习，讲好民族故事。

(三)联结媒体矩阵，弘扬民族团结正能量

1. 五平台：微信、微博、QQ、抖音、易班网络平台

工作室利用“互联网+”优势，坚持创新创优，通过微信公众号、微博、QQ空间等新媒

体平台构建一个相互联系、互相促进的“媒体矩阵”；培养一批业务精、能力强、能吃苦、肯奋斗的宣传工作者，坚持在脑力、眼力、笔力、脚力上下功夫，弘扬主旋律，将正能量贯穿始终；发挥新媒体平台的能动性，利用易班开发和共享优质课程资源，为推进课程思政注入新的活力；打通媒体宣传的“最后一公里”，推进易班 App、微信公众号与各大网络媒体阵地的互融互通，推进实践工作的信息传播，切实提升工作室的创造力、凝聚力和战斗力。

2. 六合力：创造力、感召力、凝聚力、向心力、传播力和影响力

借助节庆日、纪念日，宣扬各民族特色、习俗文化和传统文化，切实把握学生的思想动态，以此提升思想政治教育的创造力、感召力，用核心价值观凝聚向上向善的力量，提高工作室的凝聚力。开展美食文化节、少数民族服饰展、少数民族体验日和畅谈家乡变化等活动，增强民族团结一家亲意识。探索工作新方式、新载体和新途径，在不断巩固网络思想成效的同时，增强向心力，扩大工作室的传播力和影响力，让“尊重民族差异，包容文化多样”的理念深入人心。

四、工作室建设的优势和特色

工作室的工作成效和特色可以“12345”总结：“1 节日”即每年举办一次民族文化节；“2 实践”是志愿服务和社会实践相结合；“3 帮扶”指通过结对子，让优秀学生、专业教师和教师党员帮扶学生，助力学生成人成才；“4 结合”指成立工作室，依托全国高校党建工作样板党支部、福建省高校党建工作标杆院系和福建省“三全育人”试点单位，将爱国主义教育、铸牢中华民族共同体意识教育、国家安全教育、民族团结教育相结合。“5 认同”指坚持理论与实践、第一课堂与第二课堂、知识获取与能力提升相结合，营造“各民族一家亲”的浓郁氛围，加强学生的五个认同(认同伟大祖国、认同中华民族、认同中华文化、认同中国共产党、认同中国特色社会主义)。

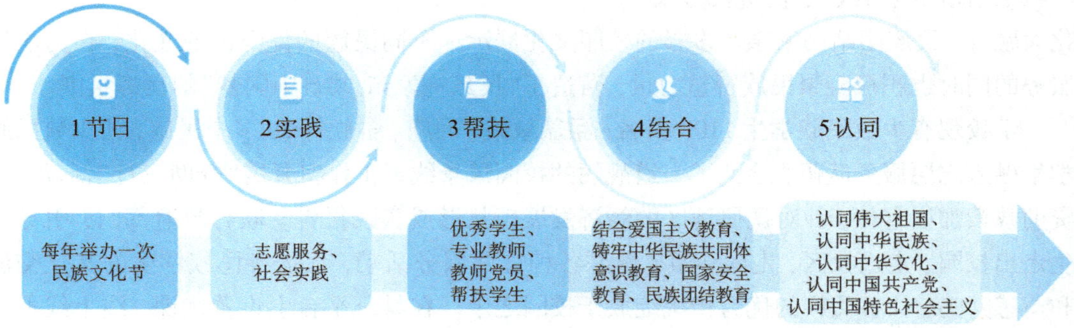

工作室的工作成效及特色

近年来工作室共获省部级项目多项。主持人陈国成荣获福建省高校优秀党务工作者、福建省优秀共青团干部等 10 多项市级及以上荣誉。成员获评福建省“最美高校辅导员”等荣誉 30 余项，出版专著 2 部，撰写报告被国家部委采纳 2 次，组织带领学生获省部级及以

上荣誉 40 余项。

雁阵齐飞，书写铸牢中华民族共同体意识教育的美丽答卷。在各方的努力下，学校民族团结教育工作成效显著。在民族村落开展的户外思政课充分展现了推陈出新的教育理念，勉励学生们坚定理想信念，厚植爱国主义情怀，练好报国本领，提升文化素质，铸牢中华民族共同体意识，做到手足相亲、守望相助。“三个离不开”深深地驻扎在全校师生的心中，不同民族的学生在民族文化节里展现了五十六个民族一家亲的和谐画面。开展的民族团结进步座谈会、创客节、品读经典分享会、迎新晚会、美食节、走访民族村等活动被“学习强国”学习平台、福建电视台、《福建日报》、福建省教育厅网、莆田市电视台等媒体报道 10 余次，得到了广大师生的一致好评。

五、工作室建设的未来规划

在未来建设发展上，工作室将坚持辩证唯物主义和历史唯物主义，围绕理论教育、民族团结、志愿服务、社会实践、民族融合、民族元素等内容深入进行理论探索，强化理论学习，让民族团结教育进校园；狠抓政策落实，筑牢民族团结一家亲意识，提高民族文化传承和保护能力；赋能专业引领，创建个人发展成长区，让铸牢中华民族共同体意识深入人心。

在培养思路上，注重理论宣讲，构建协作协同机制，选送工作室成员深入社区、学校、企业广泛开展宣传活动；注重实践创新，选送人员到省内外高校交流学习，参加省级及以上辅导员素质能力大赛，指导学生参加各类赛事，增强工作室成员的凝聚力、向心力和创造力；注重团队建设，定期开展工作沙龙和主题分享会，制订项目提升计划和自身提升计划；注重成果转化，形成富有民族特色的教育教学成果，如工作报告、学术论文、决策咨询和理论读物。

在应用平台上，利用微信公众号、微博、QQ、抖音和易班等新媒体平台对理论实践成果加以推送；成立工作室新媒体中心，开发工作室系列网络文创产品；成立大学生宣讲团，让身边人讲好身边事；用好红色文化资源，做好爱国主义教育。

在应用方式上，开展形式多样的民族团结主题教育、大学生骨干培训、大学生传统文化节、民族文化月、暑期“三下乡”社会实践等活动；通过理论研究，发表相关论文，申报省级及以上项目，突出学校思政工作品牌；创新思政教育模式，以传统文化传播为载体，进一步弘扬优秀传统文化。

预期效果：扩大一批理论宣讲骨干的社会影响力、提高一批骨干的科研创新能力、提升一批骨干的综合素质能力、推出一批典型示范人物和示范项目、建成一套可复制、可推广的工作新模式。

聚力工作室

一、工作室主持人简介

工作室主持人　艾力乃再尔·艾尼瓦尔

艾力乃再尔·艾尼瓦尔，男，中共党员，三峡大学少数民族学生专职辅导员。现任三峡大学学生处科长，统筹三峡大学民族团结教育工作，负责学生思想政治教育、教学安排与日常管理服务工作，主持运营三峡大学聚力工作室。带领的“砼心聚力石榴籽”团队荣获全国大中专学生志愿者暑期“三下乡”社会实践活动“优秀团队”称号；撰写的《“平语近人”读书社 “典”亮心田》案例入选中央党史学习教育简报，并收录进中共湖北省委党史学习教育案例汇编。

二、工作室简介和定位

三峡大学聚力工作室成立于2019年，隶属于三峡大学党委学生工作部，位于沁苑网格化管理工作站内，占地面积6100余平方米，其中，办公场地约1600平方米，民族团结广场约4500平方米，并配备有电脑、打印机、图书资料、放映器材、空调等软硬件设施。

工作室紧紧围绕立德树人根本任务，积极开展民族团结教育，搭建交流交往平台、民族融合舞台，助力各民族学生健康成长。“聚力”旨在聚集一切有利于民族团结的磅礴力量，凝聚“民族一家亲”的团结力，汇聚“求索创新”的智慧力，融聚“中华民族伟大复兴”的信仰力，并将多力聚合，共同灌育新时代民族团结的幸福之花。工作室坚持“一本六度”工作理念，即以立德树人助力各民族学生健康成长为根本，坚持“严格管理有尺度、真情关爱有温度、精准帮扶有力度、文体活动有亮度、团结融合有深度、知行合一有高度”的育人方针，充分体现“严爱相济、平等融合、以文化人、精细服务”的育人特点，面向各民族学生开展思想引领、安全稳定、学业指导、经济资助、心理疏导、素质提升等工作。

工作室的成立既为学校民族团结教育工作的开展提供了物理空间，也为各民族学生的在校学习生活提供了精神家园，更是凝结出了“步调统一、同频共振、齐心协力”的管理服务人才队伍，形成了管理服务有师资、活动开展有场地、工作联动有机制的教育管理服务创新型工作平台。

三、工作室的建设情况

（一）组织架构

工作室结合各民族学生所学专业特点和个人特长，从入学到毕业期间的思想引领、学业帮扶、素质提升、志愿服务、就业指导等需求出发，针对性设立"一支部"+"六中心"，在开展个性化培养的同时，深化民族团结进步工作，提供精准有效的教育服务。

1."一支部"

学工团委"聚力"党支部作为教育部第二批"全国党建工作样板支部"，坚持将支部建设与部门主业紧密结合，充分发挥党建在思政工作中的政治引领作用，构建全员全过程全方位育人的"大思政"格局。

2."六中心"

（1）思想政治引领中心。以思想引领为重点，在学生中大力宣传贯彻党的民族团结政策，弘扬和传承中华优秀传统文化。

（2）综合素质提升中心。根据学生个性化特点，指导训练文艺体育、口才社交、文明礼仪等知识与技能，助力学生综合素质的全面发展。

活动照片

（3）学业帮扶中心。重点开展学生学业辅导。及时帮助学业困难学生加强时间管理，解决学习问题，提高学习兴趣，培养自主学习的好习惯。

（4）创新创业与就业指导中心。协同相关部门、学院邀请专人指导帮助学生创新创业团队，做好毕业生就业指导和规划。

（5）社会服务中心。常态化开展志愿服务工作，培养学生的服务意识和感恩意识。对家庭突发变故、经济困难、心理情感困惑的学生及时给予关怀和指导。

（6）人生规划指导中心。帮助指导学生设计生涯规划和人生未来之路，发挥优势，引航人生。

（二）人员组成

工作室现设主任1名、副主任1名、各中心负责人1名，并从全校学工队伍遴选了来自不同民族的优秀辅导员20余人充实管理队伍。同时聘请新疆驻鄂教育工作组，宜昌市委统战部、民宗委、公安局以及学校相关职能部门负责人组成顾问团，定期召开联席会，落实做细民族教育管理工作。

2019年10月，工作室发起成立校级学生组织"少数民族学生服务中心"。该组织由130余名学生组成，下设6个部门，在各中心负责老师的指导下协助完成各项工作，助力

活动照片

营造多民族"大家庭""大团结""大和谐"的校园文化氛围。

(三) 建设成效

工作室聚力实施"五大工程"，赋能各民族学生全面健康成长。

1. "引航人生"理想信念铸魂工程

将党建与民族团结进步创建工作相结合，不断强化"三个离不开""五个认同"，铸牢"中华民族共同体"思想基础，让学生有坚定理想信念的"主心骨"。

(1) 开展读书社阅读分享交流会，通过每周阅读各类书籍引领青年大学生健康成长，并以"在知识的海洋里畅游"友谊会等方式让同学们在相互交流中提升阅读水平、感悟阅读精彩。现已开展交流会 79 期，参与学生 900 余人次。《"平语近人"读书社 "典"亮心田》案例入选中央党史学习教育简报第 191 期，并收录进湖北省委党史学习教育案例汇编，获省级民族团结工作创新案例表彰。

活动照片

(2) 举办"聚力有约"座谈会、午餐会、分享会，深入了解少数民族学生学习、生活情况及思想动态，做好管理服务工作，从教育适应、职业规划、学业管理等方面进行专项引导，鼓励同学们主动走出舒适圈，拓展"朋友圈"，提高个人综合素养，积极参加各类活动，促进交流交往交融。

(3) 常态化举办民族团结教育特色活动。依托"中华民族一家亲 同心共筑中国梦"主题演讲、"诵读红色家书 传承爱国基因"红色家书诵读、"红石榴剧场"革命影片观影、"学

党史 强信念 跟党走”读书笔记展示、“喜迎二十大，书香润征程”世界读书日经典诵读等活动，让爱党爱国爱人民的情感潜移默化地根植于学生心中，滋养青年学生成长成才。

(4)组织开展中华传统文化教育。借助“浓情中秋，礼赞国庆”“粽情飘香庆端午·民族团结一家亲”等联谊活动，充分挖掘民族文化的育人功能，在繁荣优秀民族文化中促进各民族学子感悟节日内涵，弘扬传统文化，提升能力素养。

(5)精准做好资助育人工作。通过绿色通道、助学贷款、学费减免、临时困难补助、勤工助学及“感恩·诚信”主题教育系列活动，对家庭突发变故或遭遇自然灾害的学生给予大力资助，特事特办，帮助解决实际困难，引导学生自立自强。

2.“你我共携手”家校互联互通工程

持续推进“四进二联一交友”(进班级、进宿舍、进食堂、进网络，联系学生、联系家长，与学生交朋友)，通过选聘“泛舟学业小导师”、开展“万名辅导员访万家”活动、组织新生家长见面会等，实现家、校、生的良性互动。

(1)自2019年以来，工作室同各学院直接对接，从获得国家奖学金的学生中选拔出一批优秀学生成立了“泛舟学业导师”团队，通过“小班教学”“集中辅导”“一帮一”“一带一”“多帮一”等方式，为少数民族学生提供大学英语、高等数学、大学物理等课程的学业帮扶，形成了“学业帮扶—课程查漏—月度总结”帮扶体系，受益学生达1000余人次。

(2)由工作室牵头，学校学生处、保卫处及相关学院坚持于每年寒暑假组织开展少数民族学生家访活动，搭建家校合作教育的桥梁，增强少数民族学生教育管理服务工作的针对性和有效性。现已先后走访了新疆喀什、和田、伊犁、阿克苏以及西藏拉萨、林芝、日喀则等地区，深入260余名品学兼优、家庭经济困难的少数民族学生家庭，发放慰问金约6.5万元。

3.“爱我中华”文化传承培育工程

该工程以“挖掘和传承中华优秀文化，培育各民族学生综合素质”为宗旨，持续办好少数民族学生达人秀、民族文化节、民族团结一家亲摄影大赛等一批关注度高、参与面广、影响力大、深受各民族学生喜爱的校园文化品牌，并成立和创建了“巴旦木漫画社”、“聚星”舞蹈队、“民族团结”足球队等少数民族学生兴趣团体，为各民族学生展示才艺、交流文化、提升综合素质提供了广阔平台，进一步增强了民族团结进步工作的全面性、系统性、针对性。

4.“榜样的力量”示范引领工程

通过举办少数民族优秀学子风采展”“少数民族学生菁英训练营”“民族团结之星评选”“民族团结星级寝室评选”等活动，在各民族学生中培育和挖掘典型，先后涌现出“中国大学生自强之星”回族学生罗小东、满族学生安过，“湖北省优秀共青团员”土家族学生袁翼，“湖北省向上向善好青年”苗族学生杨玉霞，“‘百生讲坛’省级金牌主讲人”回族学生田彦礼和受团中央表彰的志愿青年维吾尔族学生阿丽米热·吾尔买江等一大批优秀少数民族学生。

5. “红石榴”实践育人创优工程

支持和鼓励各民族学生积极投身到社会实践和公益性志愿服务活动中，充分发扬不怕苦、不怕累的精神，在服务中奉献，在奉献中享受，在享受中思考价值，真正实现“受教育、长才干、做贡献”，汇集强大正能量，奏响时代主旋律。

(1)多年来，组织发动1000余名少数民族志愿者参与学校图书馆书籍整理、旧衣物捐赠、爱心献血、垃圾分类知识科普、基层社区群众文化演出、“红色接力”慰问养老院孤寡老人、为福利院儿童送温暖等各类活动。

(2)发起成立“民族政策宣讲团”和“石榴籽”志愿服务队，在各民族学生中开展“放流中华鲟，共护长江美”“三大使者家乡行”“鄂新手牵手，团结心连心”等社会实践活动，铸牢学生奉献社会和回报家乡的情怀，持续6年参与由三峡大学和宜昌市西陵区共同开展的“双语双向”教学活动。“砼心聚力石榴籽”团队荣获团中央全国大中专学生志愿者暑期“三下乡”社会实践“优秀团队”称号。

活动照片

四、工作室建设的优势和特色

三峡大学是一个由多民族学生组成的团结、和谐、温馨的大家庭，始终坚持以“铸牢中华民族共同体意识”为主线，紧紧围绕立德树人根本任务，积极探索开展民族团结教育工作。学校现有学生3.2万余名，其中少数民族学生5300余人，含41个民族，少数民族学生人数居省属高校前列。

新思想引领新时代，新使命开启新征程。工作室自成立以来，紧扣时代主题，统筹全校育人资源，积极探索创新有效的方法与形式，更具针对性地开展新时代民族团结教育工作，不遗余力引领各民族学生与时代同步伐、与祖国共奋进、与学校齐发展，形成了教师指导、青年学生自觉参与的思想政治引领立体化工作格局。2023年5月，工作室牵头完成由湖北省教育厅主办、三峡大学承办的“2023 年湖北省民族团结教育工作骨干能力提升培训”工作，培训为期 7 天，学员覆盖全省 66 所高校的 103 名骨干教师，收获广泛好评。

五、工作室建设的未来规划

“守好一段渠，种好责任田。”未来，工作室将进一步加强工作室的内部建设和规范化管理，围绕立德树人根本任务，用民族团结一家亲的情感树牢“三个离不开”思想，牢牢把握“铸牢中华民族共同体意识”这条主线，在引导各民族学生画好民族团结“同心圆”、构筑共有精神家园、促进交往交流交融、加强宣传教育上狠下功夫，不断推进中华民族共同体建设，真正把工作室打造成各民族学生的学习之家、活动之家、创新之家和温馨之家，让各民族学生像石榴籽一样紧紧拥抱在一起，成长为担当民族复兴大任的时代新人。

育新工作室

——山东高校辅导员名师工作室

一、工作室主持人简介

高晓莉，女，中共党员，高级职业指导师，国家三级心理咨询师，山东外国语职业技术大学财会金融学院党总支副书记，山东省教育系统党务工作先锋，山东高校优秀辅导员，全国民办高校优秀辅导员，山东省社会科学青年科研团队负责人，山东省暑期社会实践优秀指导教师，山东省高校黄大年式教师团队成员。主持山东高校辅导员名师工作室 1 个、学校辅导员领航工作室 2 个；曾荣获市级及以上荣誉 10 余项；发表论文 30 余篇，出版专著 1 部；拥有软件著作权 2 项、专利 4 项；主持参与课题共 13 项，其中团中央课题 1 项、省级课题 2 项、校级课题 9 项，相关成果获全国民办高校学生工作创新成果三等奖 1 项、山东省科研成果(思政类)二等奖 1 项。

工作室主持人　高晓莉

二、工作室简介和定位

育新工作室始建于 2020 年，是山东外国语职业技术大学第一批和第三批辅导员领航工作室，也是山东省第四批高校辅导员名师工作室。团队成员有 5 名日照市大学生思想政治教育研究会会员、4 名思想政治理论课兼课教师，均具有扎实的理论基础。成员知识结构涵盖法学、教育学、管理学、心理学、工学、艺术学等，专业搭配合理，具有工作室发展所需的宽口径学科知识。工作室秉承“凝心聚力，携手前行”的工作理念，汇聚团队力量，同学习共成长，致力于将工作室打造成为辅导员的交流平台、研修阵地、展示舞台。

工作室始终紧紧围绕立德树人根本任务，结合本科层次职业院校学生特点，深化推进“十大育人”体系，针对新形势下职业本科院校人才培养工作实际开展理论、实践研究，力求从普遍性的素质教育理念中提炼出符合职业本科院校学生发展的综合素质培评体系，以提升职业本科院校学生的综合素质为建设目标，切实提升学生的核心竞争力，为毕业生高质量就业奠定基础。

三、工作室的建设情况

(一)建设内容

工作室以山东省职业本科院校学生为研究对象，围绕学生综合素质的内涵、培养途径、评价体系构建、培养过程与评价体系的有机融合等方面展开研究，为新时代培育能工巧匠、大国工匠注入新动能。

1. 综合素质的内涵

通过实地调研以及查阅相关文献，针对职业本科院校学生与普通本科学生之间培养目标的差异化特征，结合职业本科学生在职业素养培育中遇到的问题，根据全员全过程全方位育人机制，深化课内外育人路径，构建德、智、体、美、劳全面培养的育人体系，全方位、多角度、高效率、精准化地提升职业本科学生的综合素质，提升学生的核心竞争力。

2. 综合素质的培养途径

职业本科院校在学生综合素质培养过程中要坚持立德树人的根本任务。以学生为中心，从德、智、体、美、劳五个方面培养学生的综合素质。将公益志愿服务和职场实践体验相结合、第一课堂与第二课堂相结合，全方位、多途径地提高受教育者需要具备的综合素质，不断提升职业本科院校学生的核心竞争力，为培育新时代技能人才培根铸魂。

3. 综合素质的评价体系构建

(1)综合素质评价体系的机制。第一，采取多角度评价方法。综合素质覆盖学生多个方面的能力，要根据考核指标，从多个维度进行评价。第二，实现评价主体多元化。日常教育教学中，教师对学生的专业理论知识关注较多，辅导员则侧重于思想引领、心理健康等，招聘单位更重视职业素养、思想品德及岗位胜任力。不同的评价主体对于学生的评价结果存在差异，利用多元主体进行评价，使学生综合素质评价更为客观。

(2)综合素质评价指标的标准。在进行职业本科院校学生综合素质评价时需要根据实际情况，利用网络数字资源，针对第一、第二课堂反馈，制定科学、综合的评价指标，从而有效、客观地反映学生的综合素质。

4. 综合素质培养过程与评价体系的有机融合

综合素质的培养与评价二者之间相辅相成，综合素质评价结果可以反馈给评价客体以及培养方案制定者。通过学生综合素质评价体系的构建，可以有效地促进学生综合能力的全面发展。利用实践活动以及技能竞赛等方式提升学生综合素质，同时将在培养过程中出现的问题及时进行整理反馈，调整评价指标、优化评价体系、改进培养方案，做到评价与培养有机融合，为不断提升职业本科院校学生综合素质奠定基础。

工作室始终以学生为中心，聚焦德、智、体、美、劳一体化育人体系，切实推进“三阶段+四融合”的培养方式，全力提升学生综合素养。

将学生成长分为适应期、平稳期和蝶变期三个阶段。根据学生年级的不同调整培养方式，体现因材施教的培养理念。对于新生来说，大学是陌生的，他们需要尽快适应学习、生活、社交等方面。所以，工作室有针对性地开展“校内游园”“校园景观打卡”等活动，帮助新生熟悉校园。对于高年级的学生来说，他们已经有了相对丰富的大学学习和生活经验，可邀请高年级优秀学生担任主讲人，面向低年级学生开展讲座，实行朋辈互助式教育。对于即将毕业的学生来说，工作室举办的毕业生座谈会、就业指导会、简历门诊等活动，能为他们更快更好就业打下坚实基础。

工作室将党建、讲堂、实践等方面与学生的思想、学习、生活进行由浅入深、潜移默化的融合。具体实施措施如下。

（1）“党建+”模式融合，筑牢青年思想根基。创建“扬帆工程”党建育人品牌，将入党积极分子组建为践初、赓红、至臻、星火、星恒 5 个党建班级，每班设立 2 名学生党员作为政治导师，以班级为单位开展学习。组织优秀学生党员深入班级，定期开展入党启蒙教育。为实现思想引领全覆盖，采用“1+10+10”的工作理念，打造学生喜欢的“101 育新营”。常态化开展“读红色书籍，唱红色歌曲”活动，通过“领读、领学、领唱”的方式，将党的科学理论润物无声地植入学生心中。在重要时间节点，组织开展讲座、论坛等形式多样的活动，引导青年学生弘扬民族精神，提高道德素养。创新党史学习教育模式，用学生喜闻乐见的形式将中国共产党精神谱系与钻石画融合在一起，创作出多幅钻石画，同时将作品进行展览并讲解精神内涵，这一举措先后被大众网、民校学工、高校辅导员工作室微信公众号等多家媒体报道。

活动照片

活动照片

（2）“助理+”模式融合，促进学生习惯养成。工作室积极搭建培养学生能力的平台，从高年级优秀学生干部中选拔思想过硬、技能出众的学生担任辅导员助理，充分发挥辅导员助理在入学教育、班级建设、校园文化活动中的模范带头作用。在宿舍网格化管理中，选拔学生党员、入党积极分子、学生干部担任楼长、层长、层长助理，充分发挥学生的模范带头作用。聘任优秀退伍学生担任网格化管理的督导员，发挥其在意识形态、内务整理等方面的督导作用。学生在自我教育、自我管理、自我服务的过程中，其适应能力、管理能力、组织协调能力等得到快速提升。

（3）“讲堂+”模式融合，激发学生奋斗动力。打造“素养大讲堂”品牌活动，邀请企业代表、专家、教师为学生们讲述“提升素质能力的那些事儿”。开展以优秀学生为主讲人的“学子讲堂”，包括学习方法分享会、志愿服务经验分享会、优秀毕业生交流会等活动。组织开设平面设计、影视后期、科研、文稿撰写、文明礼仪等多个“专项训练营”，提升学生的专业技能与文化艺术素养。组织“职引未来”生涯规划比赛、“师生有约话成长”沙龙、“你我同行”沙龙等，帮助学生明确前进方向，提升学生的就业竞争力。

活动照片

活动照片

(4)“实践+”模式融合，赋能学生匠心养成。工作室组建“信智”“精致日照”“五彩丁香”“红色印记”等多支服务团队，进农村、下田地、进社区、访居民，学生们在实地考察、走访调研、志愿帮扶、理论宣讲、技术服务中感悟吃苦耐劳精神的时代内涵，增强责任心和使命感。依托学校专业优势开展志愿服务活动，打造志愿服务品牌，助力志愿服务文化社会化、专业化、常态化建设，从而教育引导学生提高综合能力，发挥学生的主观能动性，在实践中引导学生发现兴趣、提升能力、增长才干，将增强学生内驱力作为培养学生的主要任务和落脚点。在暑期“三下乡”社会实践活动中，工作室成员指导的团队多次荣获省优秀团队称号，撰写的多项调研报告荣获省级及以上奖项，组织的志愿服务活动在市级及以上主流媒体报道多次，工作室影响力提升的同时助推了学生参加志愿服务的热情。近几年，学生参与志愿服务人数逐年上升。

(二)建设成效

通过工作室的建设，逐步构建较为系统、科学、客观的职业本科院校学生综合素质评价与培养体系，以提高学生的综合素质水平和适应职业发展的能力。建设成效主要体现在以下方面。

1. 培养一群高素质、全面化的学生骨干

学生综合素质评价体系的建设有效促进了学生综合能力的全面提升，学生在德、智、体、美、劳五类活动中的参与率和效果明显提高，如：在“一带一路”暨金砖国家技能发展与技术创新大赛、第十三届“蓝桥杯”全国软件和信息技术专业人才大赛、第十七届“挑战杯”全国大学生课外学术科技大赛、第十八届“挑战杯”全国大学生课外学术科技作品竞赛红色专项、第八届“鲁班杯”全国高校 BIM 毕业设计作品大赛、山东省“互联网+”大学生创新创业大赛、山东省大中专学生志愿者暑期“三下乡”社会实践活动中均取得优异成绩。

2. 形成一批可复制、可推广的研究成果

工作室团队积极推进学校学生综合素质评价工作建设，通过调研学生综合测评的实施情况，考查学生综合素质测评平台的使用效果，结合走访调研与资料查询，确定职业本科院校的学生综合素质评价指标，并制定综合素质测评考核办法。选取学校部分班级试运行后，通过多次数据对比，确定出更具科学性、系统性且有针对性的评价与培养体系，为提升学生综合素质奠定了基础。

3. 锻造一支高效率、专业化的辅导员队伍

工作室通过"省级辅导员名师工作室—市级辅导员名师工作室—校级辅导员领航工作室—辅导员专项工作室"的四级矩阵模式，培养了一支结构优、素质高、能力强的"雁阵形"辅导员队伍。工作室成员定期进行学习研讨、经验交流、规律总结，不断将工作方法转化为科学研究。此外，工作室还充分利用校内外资源，积极参加高校辅导员发展论坛、辅导员素质能力大赛等，经过不断努力，孵化出市级辅导员工作室 1 个、校级辅导员领航工作室 3 个、辅导员专项工作室 6 个、山东省高校黄大年式教师团队成员 2 人、山东省青年科研团队 6 人，彰显了工作室团队的理论与实践能力。

四、工作室建设的优势和特色

(一) 工作室建设优势

工作室团队有扎实的职业教育理论基础，共主持相关课题 10 余项，发表论文 50 余篇，发表专著 2 部，获软件著作权 4 项，相关研究成果荣获市级及以上奖励 10 余项。主持人从事大学生思想政治教育工作近 20 年，有丰富的职业育人实践经验，团队成员长期扎根教育第一线，主持了多个以提升学生素质为研究方向的辅导员工作室，并建立了良好的工作机制，定期举行专项研讨会，保证了工作室建设的顺利进行。此外，学校申报立项教育部学生综合素质训练基地项目，为提升学生的综合素质提供了坚实保障。

(二) 建设特色

职业本科院校学生生源种类多，学生普遍思维活跃，创新能力与实践能力较强，但是理论学习能力较为欠缺；学生乐于尝试新鲜事物，但缺乏审辨式思维和目标意识。因此，工作室根据学生个体发展的独特性和差异性，制定学生的能力清单。为激发学生自我赋能的动力，工作室以朋辈引领为突破口，着力提升学生的综合素质，形成了"一核五翼四融合"(即以立德树人为核心；以讲座、展播、沙龙、活动、管理为五翼；将朋辈与党建、助理、讲堂、实践等四方面相融合)的育人模式。工作室从横向帮扶和纵向示范两个维度出发，利用"线上+线下""自创+合作"两个结合，通过"讲、展、演、赛"等多种形式，全方位、立体化提升青年学生的综合素质，精心打造新时代社会实践育人新范式，为新时代青年人才的成长奠定基础。

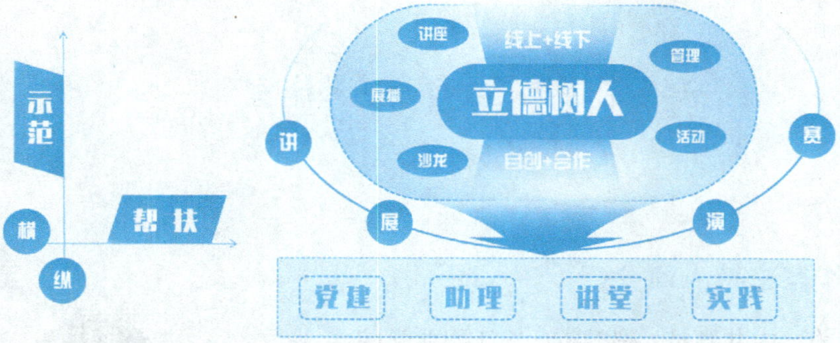

"一核五翼四融合"育人模式

五、工作室建设的未来规划

工作室将继续开展工作研究与实践，通过工作室建设带动多个辅导员专项工作室，以此提升队伍的整体工作能力，培养辅导员队伍的领军人物。按照研究专项分组，定期进行学习探讨，提升师德修养，增强辅导员的职业认同感和荣誉感，不断培养名师、发展名师、造就名师，最终形成一支专业化职业化专家化的发展团队。

工作室将在挖掘、培养优秀学生的基础上，成立学生工作坊，发挥学生的主观能动性，提升学生的核心竞争力，切实解决学生在学习生活中的思想与实际问题。根据学生工作类型，结合职业本科院校学生特点，在榜样塑造和宣传中融入职业教育元素，以大国工匠、工匠精神激励学生对职业的认同，实现自我价值，促进高校学生管理工作形成全方位、多层次、立体式思想政治教育格局。

张晓英(五育坊)工作室

一、工作室主持人简介

张晓英，女，中共党员，副教授，长江职业学院专职辅导员。获得湖北省"荆楚好老师"、"优秀教案"奖、高教学会优秀论文三等奖、高校新闻三等奖。出版专著 1 部，参与编写教材 3 部；发表学术论文 10 余篇；主持省级科研项目 5 项，参与其他项目 10 余项。所带班级曾获得"湖北省铜牌活力团支部"、湖北省"五四红旗团支部"、中国青年报"优秀班级"等称号。指导学生获得"挑战杯——彩虹人生"全国职业学校创新创效创业大赛获二、三等奖，湖北省"互联网+"创新创业大赛铜奖等。

工作室主持人　张晓英

二、工作室简介和定位

（一）工作室简介

张晓英(五育坊)工作室是湖北省高校学生工作精品重点项目、长江职业学院"提质培优"建设项目中的名班主任工作室。工作室主要以"师生成长共同体"建设为导向，通过模块化运行的机制，打造"辅导员沙龙"和"五育实践坊"两个思政平台，具体包含"辅导员沙龙""我的支部我的班""以德立人""以智育人""以体健人""以心启人""以美化人""以劳塑人"等八个模块。采用"师生特长+团队建设+实践培育+专家指导+品牌特色"的工作方法，破解辅导员队伍建设中的突出问题和薄弱环节；努力培养学生成为德智体美劳全面发展的社会主义建设者和接班人；逐步健全完善辅导员工作室的培育与建设；多措并举构建"三全育人"全新格局，实现学生成长成才、师生相互促进的"师生成长共同体"美好愿景，全面落实立德树人这一根本任务。

（二）工作室定位

1. 学生成长成才

在学生的日常管理和教育中，既加强对学生基本素养的教育，也关注到学生个性发展的差异，最大程度地发现学生的闪光点，充分挖掘学生潜能，服务学生健康成长，提高学生综合素质，努力将学生培养成为德智体美劳全面发展的社会主义建设者和接班人。

2. 辅导员队伍发展

解决目前辅导员队伍发展中遇到的瓶颈与困难，有效促进辅导员业务工作和科研工作双提升，增强工作实效，推动辅导员工作队伍专业化职业化专家化的可持续发展。充分发挥工作室的示范、引领、辐射作用，在时间和空间上进行延伸，使辅导员团队协作、并肩前行，让“我们”大于“我”。

3. 班团建设

立足辅导员工作职责及学生全面发展诉求，以深化“三全育人”综合改革为契机，以班级和团支部建设为着力点，创新学生成长发展的培养途径与方法，促使班级建设科学发展，将思想政治教育、素质教育、专业教育贯穿班团建设的全过程。

4. 网络思政建设

工作室微信公众号充分发挥教育功能，运用师生喜欢的表达方式加强网络阵地建设，通过价值认同、文化共情、情感共鸣、行动共振的多维交互，使显性教育与隐性教育协调统一，让思想政治教育入眼入耳、入脑入心、入情入行。工作室与学生同心同行，积极探索打造有热度、有温度、有深度、有厚度的网络育人平台。

5. 工作品牌建设

以“五育”为抓手，发挥好工作室的孵化作用，通过“传帮带”形式培养辅导员队伍的中坚力量，提升学生工作的整体实效，逐步成为有实效、有特色、有影响、有引领、有辐射的工作品牌，落实好立德树人这一根本任务。

三、工作室的建设情况

（一）建设内容

1. 辅导员沙龙建设

积极为辅导员队伍建设提供智力支持和政策咨询，起草工作室有关规章制度，探索辅导员与学生成长发展路径。工作室团队成员面向学生群体开展理论宣讲、师生团建等活动，激发师生工作热情，调动师生参与活动的积极性；团队成员共同开展学术研讨、辅导员沙龙、集体生日等活动，提升团队成员业务能力和工作幸福指数。

2. 构建“五育”学生培养模式

从“小事”做起，不断夯实育人基础，创新育人机制，找准育人方法着力点，瞄准学生工作落脚点。通过班级和学生社团，试点开展“五育”培养工程，在政治意识、思维模式、行为习惯、学习教育等方面引导学生。在班级中创建“五育”活动小组，在学校中建设“五育坊”学生社团组织，并开展德、智、体、美、劳相关主题活动，不定期更换内容和主题，保持活动的新鲜感、趣味性、艺术性和团体性，丰富建设内容，激发学生潜在活力，促进校园文化发展。

（1）以德立人，促进师生知行统一。工作室把学生的思想政治教育工作摆在突出位置，构建“三全育人”格局。工作室联合马克思主义学院，打造学生讲红色故事思政教育栏目《我是主讲人》，通过“学生讲给学生听”的表现形式，实现话语方式和传播手段的创新，使得思想政治教育更贴近学生。同时，工作室通过下设的学生社团组织开展读书交流会、青马进支部、红色教育基地学习参观等教育实践活动，以学习增进思想共识、引领教育实践。工作室每月定期举行一次读书交流活动、一次主题宣讲活动、一次宣讲进支部活动。每年特邀高校宣讲团进行交流学习，如与中国地质大学红色之声宣讲团开展“走进十九大”“二十大时光”交流学习等。同时，不定期组织学生参观具有历史意义的红色教育基地，使德育工作更扎实有效，把价值观引领融入人才培养的全过程，培养德智体美劳全面发展的社会主义建设者和接班人。

（2）以智育人，融合专业教育与素质教育。工作室在增长学生知识见识的具体实施中，结合专业特色、班级实际，积极创建“一院一品”“一班一品”精品项目，有的放矢地开展“以智育人”相关活动。如创建优质课堂、学风班风建设、能工巧匠比赛、创新创业大赛等；有计划地组织学生打卡学习，用脚踏实地的坚持，强化学习的感染力，使师生增长人生阅历，在求知的过程中培养兴趣，进一步提高技能型人才培养质量，实现技能与价值观的融合，构建全方位的育人体系。

活动照片

（3）以体健人，创造和谐健康的成长环境。工作室通过形式多样的拓展活动，激发师生的运动活力，强化体能训练，培养理性平和、积极向上的心态。在体育拓展活动中，辅导员组织或与学生共同参加球类比赛、拔河比赛、素质拓展训练等，增强班级凝聚力，增进师生关系。同时，开展心理健康教育宣传季活动，以实践活动为载体，通过演出心理情景剧、开展“心有晴天、心灵有约”讲座等活动，普及心理健康知识，提高师生的心理自助助人能力，营造良好的生活、工作氛围。

（4）以美化人，感受和传播中华传统文化。中共中央办公厅、国务院办公厅印发的《关于全面加强和改进新时代学校美育工作的意见》中，要求开展以审美和人文素养培养为核心、以创新能力培育为重点、以中华优秀传统文化传承发展和艺术经典教育为主要内容的文学艺术引导与实践活动。工作室对美育工作进行顶层设计，启迪浸润学生心灵。如参观艺术馆，开展中华优秀传统文化系列活动，让师生共同参与艺术创作，营造良好的美育环境与氛围。

（5）以劳塑人，探索“劳动+手工”实践路径。工作室以手工创作方式引导师生热爱劳动、享受劳动。比如工作室定期开展“粘在一起”“一根红绳故事”“缠花的美”“折净心灵”等项目。通过黏土创作、手工 DIY 制作、废物利用等形式，创作出栩栩如生的作品，让师生在劳动教育中“动起来”，在手工劳动创造中发现美、体验美。同时，工作室注重劳动教育的第二课堂建设，利用“三下乡”“返家乡”社会实践活动拓展劳动教育实践基地，让学生在实践中培养劳动技能。

活动照片

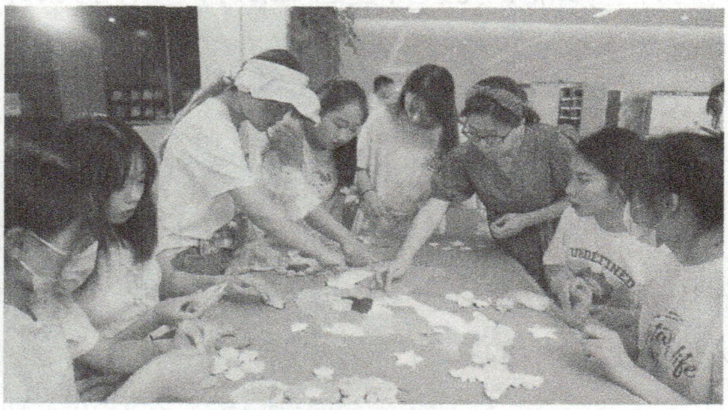

活动照片

3. 网络思政建设

为搭建网络育人平台、拓宽育人路径，工作室微信公众号上线，运用师生喜欢的表达方式加强网络阵地建设，让思政教育进教室、进寝室，让思想入眼入耳、入脑入心、入情入行。2021 年，工作室推送的“更有代入感的国防教育”活动上报到武汉市警备区，让各高校进行经验学习。工作室开展的“喜迎二十大文艺汇演”“指尖上的情感”等活动被“学习强国”学习平台、今日湖北、极目新闻等媒体宣传报道。工作室原创文章《“非必要不出校”主题教育的思考》被高校辅导员工作室微信公众号转发。工作室平台的用户量逐步增加、活跃度明显增高，网络思政的实效性与传播力逐步增强。工作室将与学生同行，积极探索打造有高度、有深度、有温度的网络育人平台。

（二）建设经验

1. 建设辅导员沙龙

工作室的主体是辅导员队伍，辅导员在学习、生活、工作中要解决许多问题，面临很多挑战和困难，需要借助一个平台缓解和释放压力。同时，辅导员的角色具有多重性、复合性，需要全面提升自身的综合素质、业务能力和人文素养。辅导员之间是帮助者、促进者，辅导员的共同进步才是工作室建设的落脚点。工作室旨在通过辅导员沙龙建立互相关怀、互相信赖和共同奋斗的目标关系，通过情感交流、思维碰撞真正促进辅导员的成长与发展。

2. 打造“五育”实践坊

通过搭建“五育”实践坊平台，实施“五育”培养工程，坚持开展以德立人、以智育人、以体健人、以美化人、以劳塑人等关联活动，在德行修养、思维模式、行为习惯、学习认知、艺术审美等方面引导学生，丰富建设内容，多措并举促进师生多元化发展。

3. 构建师生共同体模式

师生共同体模式主要是基于“四个共同体”（包括学习共同体、生活共同体、情感共同体、科研共同体）完成共建的。通过“五育”实践坊和辅导员沙龙两个平台的研究和实践，凝练有效构建“师生共同体”的要素、平台、条件等，找出构建这种共同体的关键，以期达到为师生赋能，促进师生全面成长、共同发展的愿景。

四、工作室建设的优势和特色

（一）工作室建设对于思想政治教育和“五育”并举的作用

工作室建设基于立德树人根本任务，实现思想政治教育的内涵实践化，把德智体美劳作用于思政教育之中，探究“五育”实践对学生的价值引领作用，探索师生如何围绕立德树人开展建设性的行动。

（二）工作室建设促进高职院校育人功能的发挥

工作室围绕思想政治教育等重点难点进行攻坚，提高职业教育内涵质量，通过师生共同体的培育，为师生赋能。尝试探讨育人的理念、框架和方法等问题，以此构建一个长效的育人机制。将“人”的价值和能力发挥到最大，为培养高素质技术技能人才提供方法。

（三）工作室探索师生共同体的建设模式

高校思想政治工作视频会议中强调，坚持把立德树人作为中心环节，把思想政治工作贯穿全年，坚持学生和教师两大群体齐抓并进，坚持高质量的思政工作开展。齐头并进需要资源整合，它是一个复杂的体系，同样也是一个不断前进的过程。师生共同体建设的资源整合，需要学校、辅导员、学生等多方面的参与，共同探索这些元素如何构建学习共同体、生活共同体、情感共同体、科研共同体等多维度共建和参与的新模式。

五、工作室建设的未来规划

工作室将从“五个一”方面实现建设成效。一是搭好一个平台。工作室线上线下平台平行发展，争取为全省职业院校辅导员工作室建设起到良好的示范引领和借鉴作用。二是做好一类课题。促进学生教育建设、班级建设、辅导员队伍建设、文化活动建设的实践探索。三是推出一批成果。通过“辅导员沙龙”和“‘五育’实践坊”两个载体产出有一定价值的理论和实践成果。四是树立一些典型。选树师生典型，助力师生成长。五是打造一系列活动。以“五育”为核心建设特色文化品牌活动，扩展工作室建设的宽度、广度和深度。

总之，工作室将继续致力于师生共同体建设。在辅导员方面，引航辅导员专业发展，建好工作团队；在学生方面，聚焦学生的成长发展，讲好育人故事；在平台方面，探寻“五育”并举实践，筑好思政阵地。以期让更多辅导员闪闪发光，点亮学生成长之路！

“智慧导语”辅导员工作室

一、工作室主持人简介

工作室主持人　陈亮

陈亮，男，中共党员，副教授，四川传媒学院智慧广电学院分党委副书记（主持工作），发哥辅导员工作室联席主持人。2021 年以来，出版专著 8 部、教材 1 部，获批软件著作权 2 项，主持省部级课题 2 项、校级课题 3 项，发表 CPCI 论文 2 篇。曾获得“四川大学生主持人大赛”一等奖指导教师，获四川省“高校辅导员年度人物”（提名）、全国民办高校优秀辅导员，获“ADBO”全球视频类大赛一等奖。

二、工作室简介和定位

（一）工作室简介

工作室以“成都影视硅谷”协同育人平台为依托，充分利用平台的产教融合、校企合作项目，带领专任教师、辅导员、学生积极参与实践，将专业知识和思政教育紧密融合。工作室以“涵养中国心、传承传媒魂、培育奋斗者”为育人导向，以“讲好思政故事、做好科研创新、坚持深耕细作”为工作内容，通过参与线下活动、线上交流等方式，出精品、带队伍、育新人。

工作室通过一系列与专业相关的实践活动结合主题思政教育，将“三全育人”“五育并举”与培养专业能力和兴趣有机结合，注重实践性，充分利用红色资源，把革命传统教育融入专业实践育人工作体系，切实提升教育的实效性。同时，工作室注重融合性，以专业融入、课堂融入为主要内容，将革命传统教育贯穿育人的全过程，贯穿思想教育各方面。

工作室基于当下新媒体“微环境”和大学生“微特点”，明确学生发展目标，结合学校人才培养目标，真正了解学生所需，及时为学生成长成才提供服务，落实“围绕学生、关照学生、服务学生”的工作理念，致力于将学生培养成德才兼备、全面发展的人才。

(二)团队框架

工作室邀请教育部中青年骨干饶先发、四川省“高校辅导员年度人物”孔祥彬、四川传媒学院党委学生工作部部长唐杰担任工作室顾问，为工作室的发展掌舵领航。

工作室成员风采

工作室现有教师成员 13 名，其中工作 10 年以上的辅导员 5 名、工作 4—8 年的辅导员 4 名，工作 1—3 年的辅导员 4 名，成员均有志于长期从事大学生思想政治教育工作，在工作室中负责牵头 1 项特色工作；学生成员 29 名，均具备丰富的新媒体运营经验，能协助教师开展线下活动，也能创作新媒体作品、运营工作室微信公众号。

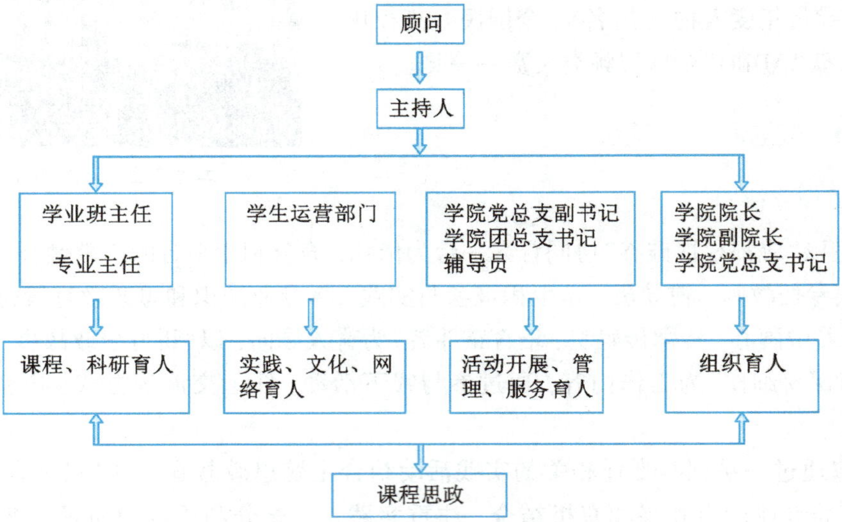

工作室工作结构图

三、工作室的建设情况

(一)建设内容

1. 巧用“成都影视硅谷”产教融合平台在参演电影中加强协同育人

从 2020 年起，工作室便携手“成都影视硅谷”创新协同育人平台，共同选拔了一系列影视人才，极大地提升了学生的实践能力和学习积极性。同时，这一举措也为学生提供了珍贵的课程思政实践机会，让他们在实践中学习，在学习中实践。

在参与建党100周年献礼片《我的父亲焦裕禄》的拍摄过程中，工作室积极组织、动员学生参与海选，最终有86名才华横溢的同学脱颖而出，参与了该电影的后期制作。在工作室的协调下，辅导员和专业老师共同组成了双指导老师团队，将学习“焦裕禄精神”与庆祝建党100周年活动紧密结合。利用班会、专题学习会、主题观影会等形式，让同学们在学习、制作、讨论“焦裕禄精神”的过程中，接受更多的“四史”教育。

2020年以来，工作室团队辅导员和专业老师协同配合，带领学生参与了50余部影视剧和综艺节目的制作。这些作品包括《八角笼中》《公诉精英》《我的父亲焦裕禄》《你是我的英雄》等。这一举措成功打造了“成都影视摄制高地”的影视品牌，有效带动了学生参与活动的积极性。通过将专业知识学习和思政教育紧密融合的方式，形成了“制作电影融入技术磨专业，观看电影融入自己谈体会，学习电影融入精神学榜样”的品牌。这一品牌不仅提升了学生的专业技能，还引导他们在电影制作中融入自己的思考和情感，使作品更加生动、有温度。同时，通过学习电影中的优秀榜样，学生的精神境界也不断提升。这一品牌的成功打造，也为更多的学生提供了展示自我才华的平台和机会。

学生参与《八角笼中》的拍摄、编导、制作

2. 善用“萌新启航”宝贵期在薪火计划中加大朋辈引领

为确保“成都影视硅谷”协同育人的成果得到有效传承，并在新生中深入宣传协同育人的理念，工作室秉持“严谨治学，严格要求”的双严传统，努力营造优良的班风学风，以“薪火计划”为平台，共同推进全员全过程全方位育人工作。

工作室协调领导班子成员、青年教师、优秀学生等，从个体、宿舍、班级、年级四个层面在“萌新起航”阶段开展全方位、多层次的适应性教育。工作室开展全覆盖、常态化的答疑解惑活动以及“双严学风”建设活动，在思想引领、学习生活、榜样示范等方面持续发挥作用，助力新生健康成长。

学期末，工作室在新老生相互之间的沟通情况、对新生的“传帮带”成效、方法创新、新生评价等方面，对薪火传承员的思想感悟及新生反馈进行问卷调查，加强引导和考核。

3. 多用“智慧导语”线上线下各种活动实现润物无声的思政教育

工作室结合德智体美劳五大育人板块，共同开展科研攻坚。工作室以专业建设为引领，加强参演电影的思政教育，并以“平时创作进‘社区’，开展党建在身边”为主推手，紧贴当代大学生的思想动态，做好思想引领和思政建设。在线下，工作室开辟了“学风引领”“文明督导”“队伍建设”“思政讲堂”等板块，以加强学风校风和辅导员队伍建设为核心，提风铸魂。在线上，开辟了“赛事推荐”“榜样人物”“公益讲座”“学术论坛”等板块，多篇文章被“学习强国”学习平台和“高校辅导员在线”“高校导员工作室”等微信公众号转载。

此外，工作室与哈尔滨师范大学“新时代 新青年 新担当”辅导员工作室、成都信息工程大学“博雅心语”万娟名辅导员工作室共同承办了“弘毅讲坛”和“感恩告白有爱就要大声说出来”等活动。同时，还与高校辅导员工作室共同承办了“辅导员心理健康教育培训营”“辅导员沙龙”“辅导员圆桌论坛”等活动，以及参与了由嘻哈铺工作室承办的“全国大学生新媒体训练营”等 20 余场活动。累计参与这些活动的全国大学生和辅导员超过 20 万人，活动获得了一致好评。

(二)建设成效

1. 文章发表新突破

为了打造具有影响力的辅导员说案例品牌，工作室致力于创新和拓展。依托工作室平台，已在“学习强国”学习平台、高校辅导员在线、辅导员联盟等网络平台上发表了 30 余篇网文。这些文章内容丰富、深入浅出，受到了广大读者的喜爱和认可。

同时，在校党委宣传部的鼎力支持下，工作室正在积极打造中国大学生在线校园号。这个校园号将成为一个重要的思政故事传播平台，让更多的人听到“智慧导语”的声音，了解“智慧导语”的故事。希望通过这个平台，能够更好地传递正能量，弘扬社会主义核心价值观，为建设美好校园贡献力量。

2. 主题班会课程化

致力于通过加强辅导员班会课程化建设，以提升学生思想政治教育的效果。为了实现这一目标，工作室悉心收集了众多经验丰富的辅导员所制作的班会课件。这些课件的主题丰富多样，涵盖了思想教育、学业指导、职业规划、心理辅导等多个领域，能够满足不同年级、不同专业学生的个性化需求。

主题班会课程化建设体现辅导员专业知识和对学生的关爱，能使辅导员更系统、全面地组织和开展班会课程，引导学生树立正确的世界观、人生观和价值观，提高学生的综合素质和能力。班会课程化建设不仅使学生受益，还为辅导员提供了一个相互学习、交流和成长的平台。辅导员班会课程化建设取得了显著成效，提升了学生思想政治教育效果，提高了辅导员工作效率和质量，得到学校领导和师生的一致好评。

3. 科研创新常坚持

在与全国多所省级名师工作室的紧密合作下，工作室以沙龙的形式组织了主题讲座，旨在共同提升辅导员队伍的理论水平和科研能力。这种合作不仅加强了各工作室之间的交流，还为辅导员提供了一个学习和发展的平台，旨在更好地服务学生。

目前工作室成员已出版 2 部专著，参与编写 8 部著作，主持 2 项省部级课题、4 项校级课题。这些成果充分展示了他们在相关领域的专业素养和研究能力。

为了进一步推动高校辅导员工作的规范化、科学化，工作室正在编辑《新时代高校辅导员工作计划》一书。目前，已经征集了来自全国各高校的 110 余篇来稿。这些来稿涵盖了高校辅导员工作的多个方面，包括学生管理、心理咨询、就业指导等。工作室团队将对这些来稿进行认真筛选和整理，以期为辅导员提供一本全面、实用的工作指南。

（三）建设经验

1. 在育人过程中，始终贯穿“三全育人”理念

工作室将思想政治教育与管理工作贯穿学生的学习、工作和生活，不仅关注学生的知识掌握，更注重他们的品德培养和人格塑造，同时全面提高学生的综合素质和核心竞争力。工作室相信只有通过这种方式，才能真正实现优者成功、能者成才、人人成长。

2. 在工作室微信公众号运营中，积极推广体系育人理念

工作室充分发挥线上线下育人平台的优势，形成强大的协同力量，更好地开展学生思想政治教育和管理工作。通过微信公众号这一社交平台，工作室能够及时传递信息、沟通交流，更好地了解学生的思想动态和需求，为他们提供更加精准和有效的帮助。同时，工作室还可以与其他育人平台相互配合，共同构建一个全方位、立体化的育人体系。

3. 在工作室硬件环境上，坚定执行环境育人理念

工作室重视学生思想政治工作教师团队和学生干部管理团队的建设，强调通过优化学风、系风、班风、寝风和个人作风等，形成遵规、守纪、诚信、笃行、好学等良好风尚。工作室倡导刚柔相济、以爱为主的方式方法，主张用真挚的情感和关爱去感染和引领学生，帮助他们树立正确的世界观、人生观和价值观。同时，注重持之以恒、久久为功，以润物无声的方式实现对学生的教育。

四、工作室建设的优势和特色

（一）发挥“学科优势”，聚焦“育人难点”

秉持严谨、稳重、理性的态度，工作室以专业、学科、学生特点为焦点，深入剖析新时代大学生的特点，全面落实思政育人理念。同时，工作室密切关注青年群体的思想动态，准确把握他们的思想倾向，并加强青年学生工作的研究。为了更好地推动思政育人的实践，工作室通过开展各类主题活动，制作主题图文书籍、手册、海报等，以线上线下的方式在校内及兄弟院校间广泛传播，以覆盖影响更多的青年学生。

（二）依托《我的父亲焦裕禄》课程思政的成功，工作室以“三新”激发学生兴趣

工作室通过官方微信公众号和视频号等渠道，积极贯彻思政教育理念，并借助学校创建的“成都影视硅谷”协同育人平台，实现专业教育与思政教育的有机融合。工作室致力于充分释放“1 平台、2 队伍、3 方面、4 自我、5 进入”工作体系的育人能量，发挥线上线下育人平台的功能，形成强大的协同力量，以更好地进行学生思想政治教育和管理工作。其中，“1 平台”即成都影视硅谷平台；“2 队伍”即专业教师和辅导员队伍；“3 方面”即思政引领、学风建设、专业竞赛；“4 自我”即自我监督、自我管理、自我成长、自我分享；“5 进入”即进入项目、进入工作室、进入宿舍、进入教室、进入操场。

工作室师生参与《我的父亲焦裕禄》电影拍摄

（三）聚焦三个点、围绕三个方面、做好三个关注

工作室围绕大学生五大核心素质，即良好的思想水平、较高的政治觉悟、优秀的道德品质、全面的科学文化素质、较强的工作能力素质，进行学生综合素质能力的培养，在学生专业实践中融入思想政治教育。

聚焦三个点——专业、学科、学生特点。工作室计划加强新生的适应性教育，独立编写并让学生演绎了《传媒大全手册》。用手册和学生特色活动，涵盖大学生活的方方面面。

围绕三个方面——思想价值引领、学风整体建设、文化历史传承。工作室开展一系列创作工作。在学生团员、党员的发展过程中，工作室计划推出《团员发展流程》《一个党员一面旗帜》等相关作品，帮助同学们提升理论素养。工作室以同学们日常校园生活中的实际情况为抓手，帮助学生更好地认识国家治理体系，使它们胸怀伟大梦想和青年的使命担当，厚植他们的爱国、爱校、爱家情怀。

做好三个关注——热点、时事、学生。工作室针对最新的时事政策讲好相关故事，加强最新的党政方针讲解，组织建党百年系列活动学习等。

五、工作室建设的未来规划

工作室是一个聚焦专业知识学习和思政教育的辅导员工作室，结合学校成都影视硅谷协同育人平台和学生专业实践，开展相应课程，以实现专业知识传授与思政教育的有机结合。

在前期研究基础和平台搭建方面，工作室主持人已经取得了一定的成果，并在红色活动开展、专业知识灌输、学业班主任协同、网络思政领域积累了一定的运营经验和科研成果。这些成果为工作室的落地实施项目提供了充分的准备和支持。

在学校党委学生工作部的领导下，工作室计划建设成为学校思政工作的特色品牌，通过培养一批辅导员先进典型，带动相关科研成果的孵化并申报四川省辅导员名师工作室。同时，在进一步提炼培育的基础上，冲刺教育部思政司高校思想政治工作培育建设项目，为学校思政教育做出更大的贡献。

“匠心铸魂”辅导员工作室

——广西壮族自治区高校高水平辅导员工作室

一、工作室主持人简介

工作室主持人　农贵

农贵，中共党员，副教授，国家二级心理咨询师，全国优秀教育工作者，入围全国“高校辅导员年度人物”，获评广西优秀教育工作者、广西“高校辅导员年度人物”。第一批广西高校思想政治教育杰出人才支持计划骨干教师、第一批广西高校高水平辅导员工作室主持人。教育部高校思想政治工作队伍培训研修中心、创新发展中心（东北师范大学）兼职研究员，广西民族大学体育与健康科学院兼职硕士研究生导师。

二、工作室简介和定位

依托“小小辅导员”工作室（成立于2015年，结项于2021年）、“匠心铸魂”辅导员工作室（成立于2021年），通过匠人机制构建，组建网络思想政治教育队伍，依托网络平台实践、讲座培训、辅导员职业能力大赛培养人才，建立匠人培养机制；通过心理情绪锻炼，探索课程育人、网络育人、实践育人等育人体系，以五个结合（网络思政教育与思政课堂相结合、专题研究与实践活动相结合、第一课堂和第二课堂相结合、校内资源与校外资源相结合、整体推进和个案研究相结合）为指导原则，最大程度关切学生心理，夯实学校心理健康建设工作成效，通过铸造方法实践，建立网络舆情联动机制，构建“网络飞轮”育人模式，实践“1234”工作法［即1条立德树人主线，2支队伍建设（辅导员队伍、学生干部队伍），3个周期学生（含辅导员）工作整改成效，4种类型认同（专业认同、职业认同、能力认同、社会认同）］，形成可复制的工作室建设经验，完善要素协同育人体系，形成具有示范效应的工作品牌；通过魂力精神培养，落实立德树人根本任务，聚焦学生职业规划成长成才，稳定辅导员队伍建设成效，打造学校“至善”文化品牌。

三、工作室的建设情况

“匠心铸魂”辅导员工作室对标辅导员工作九大职责，立足高职学生思想政治教育与学生管理工作，结合网络思想政治教育实践，探索“1234”工作法。从班级文化建设、资助育人建设、易班课群课程建设、孵化工作室建设、辅导员成长共同体建设五个维度落细落实，将产教融合、校企协同育人融入学生教育管理中，推动教学供给与大学生成长成才需求实现协调平衡和良性互动，深入开展研究并形成一系列理论和实践成果。

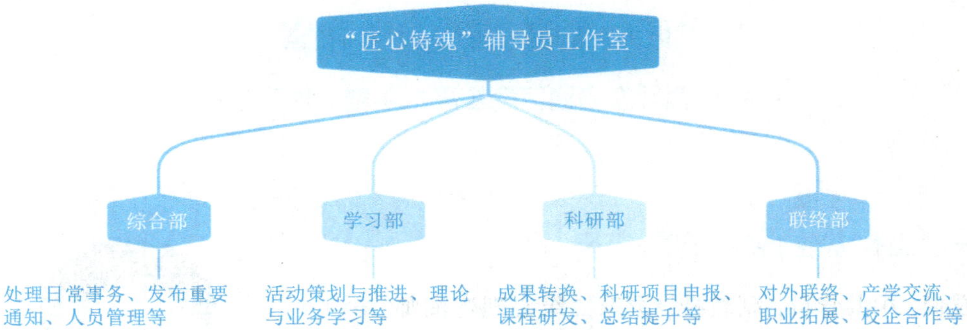

工作室组织架构

（一）班级文化建设

在广西高校中率先以社会主义核心价值观为主线，抓住网络思想政治教育这根弦，以宿舍为团队，成员通力配合，共同参与、顺利完成不同主题的班级系列漫画作品、漫画宿舍文化作品。作品要求人人参与，共同讨论，一起制作，取得了一些成果。通过精心指导、策划、组织班级学生完成系列漫画作品 28 幅，系列宿舍文化作品 30 幅，自编班级图册《我的大学我的班级——小小辅导员伴我们成长》。受广西教育厅思政处邀请参加广西高校辅导员工作创新论坛，做了题为"互联网+背景下开展班级文化建设的实践与探索"的主题讲座。

三点启示：一是辅导员在带班过程中，要注重把思想政治教育与学生专业相融合，形成常态，学会从常态中找亮点，把亮点与学生的兴趣、专业技能相结合，这对良好班风的形成有一定的积极作用；二是学会将思想政治教育通过生活化、故事化的方式加以引导，引导学生学会并懂得将生活中的感悟、故事中的情感整合为有温度的文字、会说话的图片、迷你的微视频等网络思想政治教育作品，通过网络平台为他们进行亮点宣传，以宣传平台为抓手，不断引导学生学会发现自我亮点，不断增强自信心，同时该项活动对于当前课堂教学手段较为单一的问题能起到延伸和补充的作用；三是通过班级文化活动展示，可以发现并培养学生的创新力和创造力。

（二）资助育人建设

每年在家庭经济困难学生认定、国家奖助学金发放过程中，都有许多学生对政策理解不深入、对认定和评比的程序不清楚、对奖助学金发放的程序不明白，如果不及时跟进，把学生理解不深入、不清楚、不明白的地方讲深入、讲清楚、讲明白，那么学生就会觉得不公平，国家资助政策就不能深入学生心中，感恩与诚信教育效果就不明显。基于此，撰写《高校贫困生你真的了解他们吗？》《谈精准扶贫与建档立卡的问题》《辅导员开展贫困生家访工作的思考》《关于贫困生教育与成长的问题》《求职创业补贴的那些事儿》《与贫困户帮扶联系人的电话实录》《关于贫困生资格认定的图示说明》等网络文章，通过"小小辅导员"微信公众号以点对点、点对多的形式发送给家庭经济困难学生。辅导员需要动真格、花时间、花精力，用心核对每一位贫困生提供的每一份材料，用高度的责任感对待每一个贫困生的材料，对有疑问的材料应主动联系该生家长、帮扶联系人、当地民政部门等核实清楚，这样才能客观、准确、及时地为原建档立卡贫困户子女后续的资助工作提供准确的信息保障，不漏掉每一位原建档立卡贫困户子女获得资助资格。

（三）易班课群课程建设

工作室通过易班共建，推动学校网络思想政治工作向高质量发展。以工作室成员为重点，负责带领并指导学生易班团队分析学生群体特点，结合学校“铸魂工程”，策划易班多元网络辅助的线上教育活动。建设有“《辅导员说》同心战疫特辑”“《辅导员说》最后一课”“《辅导员说》党史学习教育分享”等系列网络思政教育视频课程，深受学生欢迎；建有“至善匠星”系列贫困生素质能力提升课程；建有“学霸说”系列优秀大学生事迹宣讲视频。基本实现全校学生同上一堂疫情防控思政大课，活跃度达到 25 万，成为平台同类课群全国第一，不分类平台全国第二。通过问卷调查，学生满意度高达 93%，对学校疫情防控期间开展学生思想教育工作发挥了重要作用。同时，在易班优课平台上开展了“抗疫有力量，青年有担当”线上主题班会、国家安全教育日主题知识竞赛活动、开学第一课等大规模的网络思政教育活动，参与人次均有 1 万以上。如在疫情防控期间，建设了“新冠肺炎防疫主题教育”课群，上传相关学习资料，宣传防疫相关科学知识，引导学生做到科学防控、理性应对。截至 2023 年 12 月，有 11607 名学生加入课程学习，课群话题讨论量 5000 余次。

（四）孵化工作室建设

为建设好校级辅导员工作室，全面提升辅导员业务能力，聚焦团队建设打造思政品牌，“匠心铸魂”辅导员工作室在调研的基础上，依托校内资源，通过个人申报、组织培训、个别访谈的方式，针对工作室的建设目标、实施计划、工作模式和主要举措等内容进行研讨，为校级辅导员工作室建设提供可供参考的思路和建议。“匠心铸魂”辅导员工作室已培育出 9 个校内辅导员工作室，开展辅导员工作室主持人培训，进一步明晰辅导员工作室助力学校思想政治教育提升工程的路径。

（五）辅导员成长共同体建设

通过与江苏省教育学会班主任专业委员会沟通，工作室与江西省高校辅导员名师工作室——宫婷婷工作室、付妍妍工作室，江西省中职名班主任工作室——黄靖工作室，南京机电职业技术学院辅导员名师工作室等辅导员工作室结成辅导员成长共同体，联合举办第三届“拨动心弦的艺术”职业院校班主任论坛“新时代班主任育人方式变革”，共同助力辅导员工作室队伍成长。工作室安排人员参加本次论坛，旨在促进校级辅导员工作室队伍建设和素质能力提升，培养工作室骨干，助力工作室成员更好地提升思想政治教育工作质量。本次培训以沙龙研讨、学员分享、实地参观等多种形式，探究名辅导员、班主任专业化职业化成长规律，分享名辅导员、班主任成长故事，明晰辅导员工作室建设思路，多维度推动新时代德育工作创新发展。本次培训提升了学校辅导员工作室成员的核心素养，为下一阶段进行高校辅导员名师工作室建设打牢了基础，开拓了思路。

四、工作室建设的优势和特色

（一）研究基础

主持人前期有较为深厚的研究基础。学生工作实践有成效，汇编有《劳动积赞卡工作手册》《辅导员工作案例集》《辅导员工作心路历程——学生专业成长故事(顶岗篇)》《辅导员工作心路历程——学生资助励志故事(扶志篇)》《主题班会案例集》《团日活动工作手册》《新生入学教育工作指南》《学生手册》。科研工作有基础，先后主持完成省部级课题1项、厅级课题3项，作为主要成员参与完成团中央重点课题、广西高校大学生思想政治教育理论与实践研究课题等省部级及以上项目10余项。开展多次理论宣讲，主讲题目有《匠心铸魂辅导员工作室建设与实践》《辅导员职业自信与职业精神》《“学思悟践”提高育人本领——谈谈辅导员工作》《不忘辅导员初心，扎实做好育人工作》《辅导员也可大有可为》《辅导员开展班级文化建设的实践与思考》等。学生活动有效果，依托工作室团队，以活动为载体、以项目为核心、以育人为目的，组织学生参加互联网+、微电影、短视频、设计类大赛、征文比赛、优秀案例、暑期“三下乡”社会实践等实践活动，多次荣获省级奖励。

（二）队伍基础

工作室共10人，其中教授1人、副教授2人、讲师5人、助教2人，结构合理。覆盖学校南宁、武鸣、贵港一校三区学工人员，可以形成学科协同效应。另有多名全国思政青年骨干和优秀辅导员作为顾问参与指导和帮助工作室建设和运营。

（三）平台优势

工作室是学校2021年设立的首批辅导员工作室、第一批广西高校高水平辅导员工作室培育建设项目。工作室由专家顾问团、成长辅导团和学生代表团队三个梯队组成，聘请全国“最美高校辅导员”和全国思政青年骨干——山东大学范蕊作为工作室顾问。通过构建“网络飞轮”的育人模式，推进“1234”工作法，为学生和辅导员提供成长和交流的提升平台。

（四）工作特色

工作室推进“1234”工作法，开展立德树人工作。重点研究方向为培养想干事、能干事、干成事的优秀辅导员，引领学生发展。一是引领示范效果显著，工作室承担接待湖南大学等10所高校的交流工作，主持人受邀到南昌大学等9所高校(论坛)分享辅导员和班级建设经验。二是作用发挥明显，工作室成员获得广西高校最美辅导员、广西“高校辅导员年度人物”等省级荣誉16项，所带的班级学生获得省级及以上表彰60多项，工作室成果获省级及以上媒体新闻报道10余次，在社会上持续扩大了工作室的思想政治教育影响力。三是打造三个一批。带领一批辅导员，建设高水平的成长基地。通过工作室的建设，构建“人才形成梯队、骨干形成团队、带头人形成核心”一体化的辅导员成长模式，孵化9个校级辅导员工作室，打造辅导员聚力共同体，推进辅导员队伍专业化职业化建设。凝聚一批学生，做精“铸魂工程”特色品牌。围绕“学生成长、成人、成才需要”，协同思政教师打造集“科研、宣讲、实践、育人”为一体的自治区级思政教育品牌。培育一批理论成果，形成理论与实践的同向聚合。立足工作实际，开展科学研究，新增立项和完成厅级及以上课题3项，发表论文6篇，形成一批思想政治教育工作案例，出版书籍2本等。

五、工作室建设的未来规划

（一）建设思路

围绕新时代大学生思想价值引领主题，依托网络思想政治教育渠道，实施协同融合育人模式，从平台建设、方法体系、理论研究、宣讲品牌、辐射影响五个方面进行打造，引导学生坚定理想信念、树立家国情怀。

1. 平台建设

通过微信公众号、易班共建、抖音共建项目实施“未来星计划”，提升网络思政平台影响力，打造高质量易班头条，提升学校网络思政水平，继续完善微信公众号“小小辅导员”，探索优秀网络文化成果认定体系。

2. 方法体系

深入实践“1234”工作法，直面问题，因材施教，践行“精准滴灌”的教育理念，创新形式，形成“寓理于情”的表达特色，构建“协同联动”工作机制。

3. 理论研究

坚持“实践总结出经验，经验凝练成方法，方法升华为理论”原则，结合学生工作，围绕辅导员队伍建设，深耕网络思政责任田，以学生活动为载体，关心关爱关怀学生成长成才，把理论工作与实践工作相结合，以问题为导向，开展理论研究。

4. 宣讲品牌

除了在学生工作、辅导员队伍建设方面继续打造宣讲主题、深化宣讲品牌，结合党建引领乡村振兴、军民融合国防教育、至善文化工匠精神探索出工业主题鲜明、契合青年群体、关切辅导员队伍、深入乡村振兴的主题宣讲品牌。

5. 辐射影响

用3年时间，打造一个校内有特色、校外有影响、省内知名、省外有名的辅导员工作团队，在理论宣讲、合作研究、课程开发上，提升思政工作实效，辐射影响青年群体。

（二）建设方式

重点打造微信公众号、易班共建平台、“抖音未来之星”培养计划、哔哩哔哩·校园官方等平台。主要在四个方面加强应用增量实践。一是微信公众号形成矩阵。工作室公众号—学校官方公众号（新媒体中心）—学校团委官方公众号（实践育人）三位一体联动，共同建设点对点、点对多的矩阵育人模式。二是易班共建平台形成互动。拓展学校易班共建内涵，深耕校本课群课程，打造内容为王的精品内容供给。围绕师生关心关注的热点、难点、焦点问题，录制高质量网络微课，打造面向师生的网络内容供给品牌。三是“抖音未来之星”培养计划。校企合作培育抖音创业达人，开展“互联网+”创新创业比赛、“挑战杯”创业设计大赛等。通过引产入校、课程资源、师资培训、工作室孵化、竞赛活动等全面提升学生新媒体创作与运营，直播带货，运用数字工具解决行业企业营销、销售渠道等问题的能力。四是哔哩哔哩活动直播。以学生活动为载体，以项目内容为驱动，以团队建设为核心，开展线上与线下相结合的直播活动，抢占网络宣传阵地，丰富学生校园文化生活。

（三）预期效果

努力在工作经验、团队建设、工作成效、理论成果方面实现成果转换。一是形成具有可引领可复制的工作经验1—2项。精细化打磨，统一备课，总结网络思政典型做法，形成一套可复制的思政工作方法。二是做好团队建设，形成辅导员队伍建设的典型做法。以教育部“高校辅导员年度人物”为评价标准，培育1—2名优秀辅导员。三是针对学生思想特点，形成调研报告1—2份。把握青年学生思想行为特点，通过问卷、访谈等形式形成针对职业院校学生思想特点的工作研究报告至少1份。四是编写著作或通俗理论读物1—2部，包括1部辅导员工作研究专著、1部辅导员工作案例。

第五章　心理健康教育与咨询

“同心圆梦”辅导员名师工作室

——全国首批高校辅导员名师工作室

一、工作室主持人简介

工作室主持人　马军

马军，中共党员，研究员，全国“最美高校辅导员”、全国“高校辅导员年度人物”，已在南华大学从事一线辅导员工作 30 年。湖南省首批名师工作室主持人，主持教育部研究项目、教育部精品工作项目、省级高校思想政治工作创新项目等省部级及以上项目 20 余项；公开发表论文 30 余篇，出版专著 2 部，参编教材 2 部；获省级高等学校教育教学成果二等奖 1 项、三等奖 2 项，市厅级社科成果奖 5 项等。个人事迹和工作经验被 CCTV1、CCTV10、CCTV13、《人民日报》、《光明日报》、《中国教育报》、新华网、“学习强国”学习平台等官方媒体报道数十次。

二、工作室简介和定位

“同心圆梦”辅导员名师工作室是在教育部精品工作项目“心灵微时空”、湖南省大学生思想道德素质提升工程“心理健康教育与咨询”名师工作室以及湖南省“医路有你”——医学生人文素质提升辅导员团队项目的基础上于 2017 年 5 月组建，后又整合湖南省思想政治教育质量提升工程“优秀团队”项目和多个成长辅导室的力量，依托校辅导员职业发展协会，形成以提升辅导员育人能力、促进辅导员职业发展为主线，指导大学生成长成才的辅导员工作室。

工作室环境

三、工作室的建设情况

（一）确定工作室的徽章及工作理念

“同心圆梦”辅导员名师工作室徽章

工作室徽章的主体为两个正反对称的“F”字母，两个“F”又组成两个大写的“M”。“F”代表 friend，即知心朋友；“M”代表 mentor，即人生导师。寓意为工作室成员做学生知心朋友和人生导师的职业定位。徽章的主体颜色之一科技蓝，是所在学校的代表色；徽章的主体颜色之一绿色，象征工作室的生命力和活力。“M”同时为“梦”的拼音首写字母，两个绿色、蓝色的同心圆紧紧包围徽章上“F”组成的“M”，寓意学校师生一起同心圆梦，圆个人成长成才梦和助力中华民族伟大复兴的中国梦。

工作室的工作理念是 seeds（种子），寓意思政工作像种子一样，不管在什么条件下都会朝着目标信念奋斗，勇于生长，有着顽强的生命力，种子最终开花结果，用自己的生命换来了果实，寓意着无私奉献的精神。同时 seeds 还是 service（服务）、educate（教育）、effect（影响）、dedicate（奉献）、specialization（专业）5 个单词的首字母，代指工作室的工作内涵。

（二）制定相应的工作室管理制度

工作室建立以来，相继制定了《工作室会议组织制度》《工作室日常考核管理制度》等一系列制度，规范了工作室日常管理、活动开展和资料收集归档，推动了工作室各项工作的有序开展。

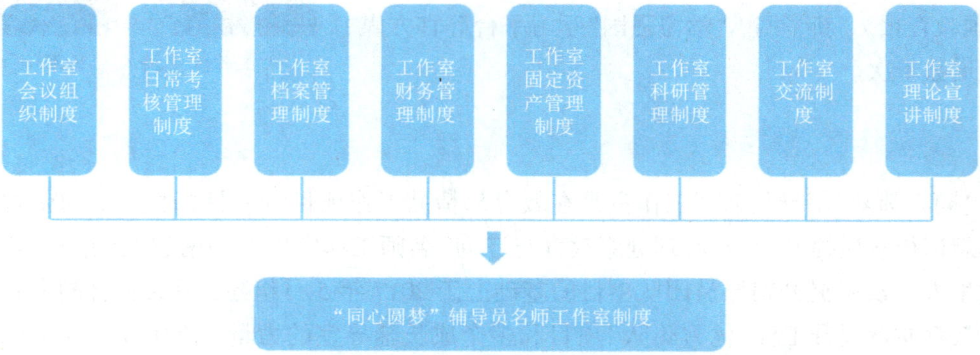

“同心圆梦”辅导员名师工作室制度

（三）打造体系化的工作平台

工作室建有工作室网页、微博，有全国知名的"马大姐"工作室、全校有名的"宇哥"工作室和家长微信、QQ 群，依托学校辅导员职业发展协会、大学生"易班"、特色成长辅导室、阳光服务平台、"两弹一星"研究会等平台协同开展育人工作。构建思政教育活动平台、思辨引领平台和服务实践平台，推进第二课堂与第一课堂有效衔接，构建思政体系、育人体系和平台体系相融合的育人共同体。

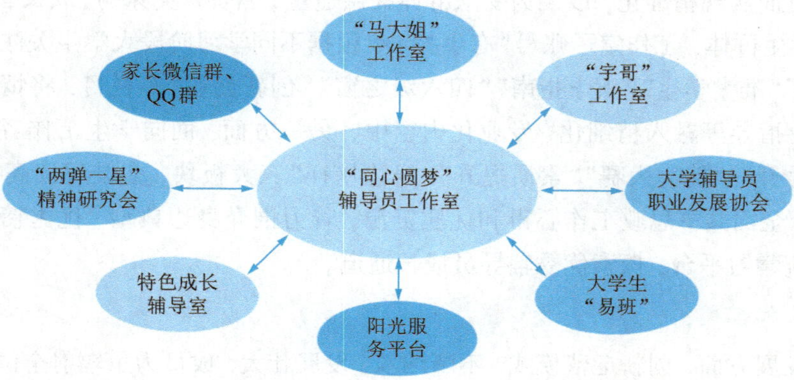

工作室平台

近 5 年来，工作室主要成员获得教育部人文社会科学研究专项任务项目（高校辅导员研究）及省级思想政治教育提升工程研究项目等 23 项；获省级工作案例及精品项目立项 12 项。工作室主要成员聚焦思政工作科研和教研项目，发表相关论文 30 余篇、优秀案例文章 6 篇、专栏文章 60 余篇，出版专著 7 部，获得省级教育教学成果奖 3 项。

四、工作室建设的优势特色和未来规划

（一）工作室建设主要目标

辅导员是大学生思想政治教育的骨干力量，是大学生德智体美劳全面发展的人生导师和健康成长的知心朋友。该工作室的建立，通过资源整合，打造育人共同体，为辅导员成长提供指导、帮助和交流互动的平台，同时，融合"互联网+"技术，为大学生提供服务。具体而言，一方面面向大学生群体，紧紧围绕立德树人根本任务，坚持以"围绕学生、关照学生、服务学生"为工作原则，以理想信念教育为核心，以学生问题为导向，培育和践行社会主义核心价值观，服务学生成长成才；另一方面面向辅导员群体，以促进辅导员队伍专业化职业化发展为核心，以弘扬习近平新时代中国特色社会主义思想为重点，以辅导员团队建设为抓手，提升辅导员能力水平和专业素养，形成示范效应。

（二）工作室建设主要思路

工作室在现有平台基础上依托高校辅导员队伍能力提升大数据赋能平台，融合学校现有"智慧学工"信息化系统和学校辅导员职业发展协会平台，打造"同心圆梦"辅导员在线

学习发展中心，汇聚各类资源，开展专题学习、案例研讨工作坊、素质能力大赛、教学基本功训练、互助问答等活动，建立辅导员个体学习成长数字档案，努力使其成为辅导员队伍的日常服务智囊、交流互鉴载体、自我提升平台和发展研究引擎。

（三）工作室建设主要规划

1. 契合目标受众，精准推送

工作室精心策划公众号推送内容，以“菜单”设置为切入口，分层分类、有的放矢地在内容推送等方面实现精准化，以期为受众群体提供适量、营养、美味的“成长套餐”。一方面，面向大学生群体，工作室子账号“有事找××”根据不同学习阶段大学生关注的重点，针对性地设置了“准大学生”“大学指南”“四六级之窗”“创新创业”等栏目，将情感疏导、学业引导、就业指导等融入精细化、专业化内容中。另一方面，面向学生工作者群体，工作室微信公众号开辟“能力大赛”“素质提升”“身边榜样”三大板块，多维解读高校辅导员素质能力大赛，全面共享思政工作心得和优质资源，着力推介身边典型、优秀榜样，拓宽辅导员队伍交流学习平台，探索优秀辅导员成长通道。

2. 创新工作模式，抱团取暖

在团队发展方面，创新运营模式，不断纳新，发展壮大，成员力争辐射全国，扩大工作室影响力。同时将团队成员分为微信内容选题策划、编辑推送、后台服务更新等多个小组，分工明确，各司其职。吸纳一批志同道合、有情怀的辅导员加入工作室，组建新进人员考核小组，从加入工作室的初心和使命、微信内容选题策划编辑能力等方面进行考核，把好入口关，不断提升团队成员质量。

活动照片

3. 碰撞智慧火花，共谋发展

工作室成员鸾翔凤集，各展所长，从四个方面合作共建，共谋发展。一是共同分享信息，团队成员了解到各种课题、论文、征文、征稿等信息后，第一时间鼓励积极参加，取长补短，共同进步。二是共同申报课题，从校级、市厅级和省部级课题逐步着手和尝试，建立思政课题申报团队，共同申报不同高校、省份和教育部人文社科的辅导员专项等课题。三是共同撰写论文，聚焦思政教育热点难点和日常管理共性问题进行论文写作，利用个人专长差异化分配工作量，力争共同收获。四是共同编撰书籍，将工作室理论与实践转化为成果。

（四）工作室建设主要方式

工作室建设主要采取线上线下相结合的方式。线上利用平台进行精准画像，宏观层面，对辅导员队伍开展群体画像，对多维度素质能力评价指标进行表征和态势分析，把握队伍整体发展状况；微观层面对辅导员个人发展动态进行监测，开展个性化发展测评、发展规划、发展引导，引导辅导员自我评判、自我激励、主动参与、主动成长。逐步实现辅导员教育的精细管理、精准研判、精确发力。线下利用大数据分析预测辅导员发展内在需求，实现辅导员成长精准帮扶，包括教育帮扶信息获取、个性化教育帮扶方案制订、学习发展活动信息精细管理、目标任务精准设定及解决方案精准定制、教育帮扶成效精准评价等。

（五）工作室建设主要内容

1. 运用好高校辅导员队伍能力大数据赋能平台

根据高校辅导员队伍能力大数据赋能平台在思想理论教育和价值引领、党团和班级建设、学风建设、学生日常事务管理、心理健康教育与咨询工作、网络思想政治教育、校园危机事件应对、职业规划与就业创业指导、理论和实践研究等方面的选题要求，将工作室在学生工作和辅导员队伍建设中的理论文章、工作感悟等工作案例和视频类作品形成精品，提交平台进行分享与推广。

2. 运用好中国教育电视台《我是辅导员》栏目

组织工作室成员学习中国教育电视台《我是辅导员》栏目中的工作案例和工作感悟。将工作室在学生工作和辅导员队伍建设中的工作案例和视频类作品推介到平台进行分享。

3. 运用好学校的易班平台

将易班平台作为学生日常管理的重要载体，发挥平台了解、掌握学生信息与思想动态，工作审批的便捷性作用；利用易班集思想教育、教育教学、生活服务、文化娱乐为一体的大学生网络互动社区及学生的全覆盖优势，组织工作室成员在相应的模块中加强与学生的互动，给予学生价值引导、学业辅导及创新创业指导，解答学生难点和疑点问题。

叶海燕心理工作室

一、工作室主持人简介

叶海燕，女，中共党员，心理学博士，副教授，西南大学教师发展中心主任，叶海燕心理工作室主持人。国家注册心理咨询师，国际萨提亚咨询模式家庭治疗师，重庆市大学生就业创业专家库成员，全国大学生心理咨询专业委员会委员，重庆市大学生心理咨询委员会副主任，重庆市社会心理学会常务理事，新加坡南洋理工大学访问学者。曾任西南大学心理健康教育与服务中心主任。荣获第十四届全国“高校辅导员年度人物”、全国大学生心理健康教育工作先进个人、重庆市“最美高校辅导员”、重庆市新冠肺炎疫情期间未成年人心理健康辅导工作先进个人等荣誉称号。

工作室主持人　叶海燕

二、工作室简介和定位

叶海燕心理工作室是西南大学2017年设立的辅导员名师工作室，现有主持人1名，成员4名。工作室致力于推动高校心理健康教育实践与创新，为大学生心理健康提供指导、咨询和督导，帮助大学生纾解心理困扰，提升心理素质；通过线上线下交流学习，提升高校辅导员队伍自身心理素质，增强辅导员心理健康教育职业能力；开展理论研究，推动高校心理健康教育科学化、专业化发展。工作室的愿景是“立己达人、绽放生命”，努力打造有心理底蕴的辅导员名师工作室。

三、工作室的建设情况

（一）工作室建设内容

工作室围绕“两支队伍”+“四个平台”开展建设，具体如下。

1. 两支队伍

一是辅导员队伍。工作室努力打造一条完整的高校辅导员心理素质和心理健康教育职业能力提升路径，如下图所示，从左至右完成从职业化向专业化的发展，从上到下完成立己达人的发展与价值塑造，使得工作室的每个成员都能找到自身心理素质和心理健康教育职业能力提升的路径和通道，明确职业能力提升目标，达到工作室的团队愿景。

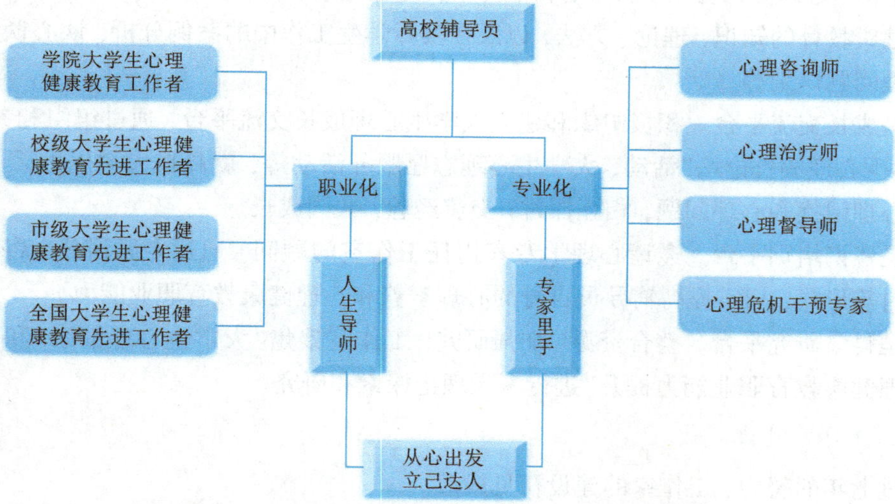

高校辅导员心理素质和心理健康教育职业能力提升路径图

二是学生队伍。工作室基于马斯洛需要层次理论，设计了学生成长的层次模型，如下图所示，这个模型从上往下解决的是心理健康教育实践能力提升的问题，从下往上解决的是专业价值认同与自我成长的问题。一般来说，学生的问题多是意识层面的问题。心理学告诉我们，意识层面的问题，在潜意识层面更容易找到解决方法。如果学生能将这5个层次都一致连贯，就会形成自己的成长模式。此模型能够帮助学生挖掘深层智慧，提升自我价值，丰盛心灵，成长为具有积极正面人生观的心理健康教育后备军。

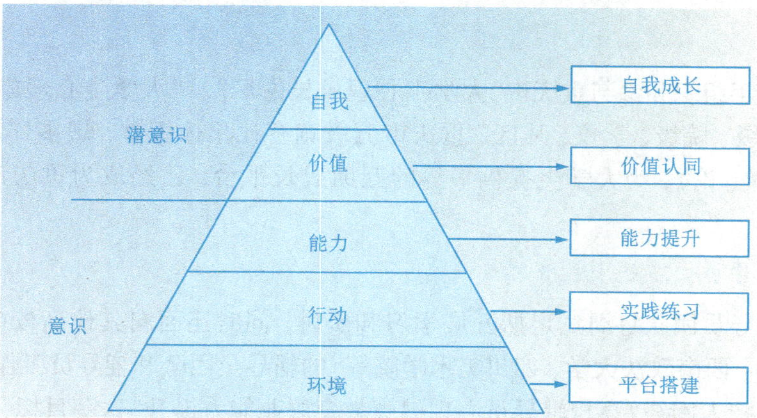

学生成长的层次模型

2. 四个平台

工作室通过搭建四个功能性平台，着力成为心理健康知识的“宣传台”、大学生健康成长的“交流处”、辅导员心理健康素质和职业能力提升的“培训营”、高校心理健康教育的

"研究站"。

一是网络宣传平台。创建"叶海燕心理工作室"微信公众平台，通过邂逅心理大师、心理学与生活、心理热点分析、研学心得、辅导员心理健康、大学生心理健康等栏目，定期推送心理健康教育的知识、理论、方法，以及在实际学生工作中的案例分析、谈心谈话技巧、异常心理问题识别等。

二是成长交流平台。积极组织和建立大学生心理成长交流平台，通过组织和参与重庆市"大学生心理成长论坛"活动、大学生心理志愿服务活动等，就高校大学生生活、学习中遇到的心理困扰和心理问题，相互探讨，交流经验，共同成长。

三是咨询培训平台。邀请心理学专家担任工作室的顾问，通过专题讲座、咨询督导、案例探讨等形式，切实提高辅导员自身的心理素养和心理健康教育职业能力。

四是科学研究平台。整合资源，加强研究，工作室聚焦"大学生心理健康"和"高校辅导员心理健康教育职业能力提升"进行深入理论探索和研究。

（二）工作室建设成效

经过七年的努力，工作室的建设初见成效。

1. 建成"叶海燕工作室"微信平台

"叶海燕心理工作室"微信公众号，共有邂逅心理大师、心理学与生活、心理热点分析、大学生心理健康、辅导员心理健康、活动预告、研学心得、团辅方案、大学生成长论坛等12个栏目，结合辅导员心理健康教育职业能力提升、当下心理热点、大学生心理成长需求等主题，已推送原创推文260余篇，平台固定粉丝7800余人。据2023年年底的统计来看，单篇文章浏览量达到9000余次、被转发500余次、被分享600余次。此外，校内外累计超过800人通过后台留言、电话咨询等方式，寻求心理帮助和纾解，工作室及时为求助者提供咨询和帮扶。

2. 形成大学生心理成长论坛系列品牌活动

工作室每年组织和参与重庆市"大学生心理成长论坛"。"大学生心理成长论坛"系列活动，通过班级、院级、学校、片区、重庆市五级竞赛比集体智慧，展多样风采（讲、演、说、写、画、做、论），为大学生提供平等的互助成长平台，已经成为重庆市大学生精品活动。

3. 促进辅导员心理健康教育职业能力提升

工作室辅导员团队每周三定期开展学习和研讨，同时还面向其他高校（如吉林大学、华南科技大学、西南政法大学、四川美术学院等）的辅导员团队和辅导员工作室开展交流。

工作室主持人围绕"高校辅导员心理健康教育职业能力提升"这一目标，开展了"辅导员成长小组""辅导员读书会""辅导员心理团辅"等系列活动，校内外共有2000余人次辅导员参加交流和学习。

工作室主持人还受邀为每年的"重庆市高校辅导员上岗培训"做专题讲座，并深入十余所高校为辅导员做"压力管理与情绪疏导""大学生常见心理问题的识别与干预"等专题讲座。

在第十三届全国大学生心理健康教育与咨询学术交流大会上，工作室主持人叶海燕荣获“2015—2018 年度全国大学生心理健康教育工作优秀工作者”称号、成员谢沁怡荣获“2015—2018 年度全国大学生心理健康教育工作优秀青年工作者”称号。

工作室撰写的“心理育人”工作案例获全国高校“十大育人”网络作品一等奖、二等奖各 1 项。

活动照片

4. 落实相关研究逐步推动和开展

工作室团队围绕“辅导员心理健康教育职业能力提升”“大学生心理健康与危机干预”等主题，开展了“高校辅导员职业能力提升与专业化发展”“专职教师与专职学工干部协同育人机制研究”“大学生童年期父母缺位与危机干预的早期发现”等课题研究，申报获得了教育部人文社会科学(辅导员专项)、重庆市高校辅导员择优资助计划项目、中央高校基金项目等立项，入选了全国高校辅导员百门精品课程，主编出版了《让心灵追上人生的脚步——大学生心理成长导引》《高校心理育人模式构建与实践》《疫情中的心理关爱手册》等书籍 5 部，发表了《大学生童年期父母缺位问卷编制及其信效度研究》《高校辅导员心理压力及其纾解方式研究》等论文 10 余篇。

四、工作室建设的优势和特色

工作室自成立以来，坚持做好顶层设计，将心理健康教育作为特色，坚守“立己达人、绽放生命”的发展理念，以“培养一个名师，影响一个学院，带动整个学校”为策略，致力于将工作室打造成心理健康知识的“宣传台”、大学生健康成长的“交流处”、辅导员心理健康素质和职业能力提升的“培训营”、高校心理健康教育的“研究站”。

经过七年的探索，工作室逐步探索出了一套行之有效的建设模式，分为三个阶段：达成共识阶段、开展研修阶段和提升专业阶段。在第一个阶段，工作室成员开始形成共同的目标和价值观，这是成长共同体建设的前提。在第二个阶段，工作室以名师示范、互助成长、活动引领为主要形式，不断提升辅导员的心理健康素质和职业能力。在第三个阶段，鼓励成员抓住自己的优势特长，对其进行研究积累，使优势更加科学凸显。通过三个阶段的发展，工作室实现了点亮学生、点亮自己、点亮工作室、点亮学校的成长目标。

五、工作室建设的未来规划

一是微信平台“精品化”。微信平台建设以“坚持原创、打造精品”为原则，推动原创栏目和心理育人作品多样化、精品化，增加微信公众号的粉丝数量，扩大受众面、影响力。

二是线下活动“专业化”。加强心理育人活动线上和线下深度融合，打造辅导员和大学生乐于接受和积极参加的团体辅导、辅导员沙龙、案例研讨、咨询督导等活动，让线下活动品牌化、专业化。

三是课题研究“深入化”。指导工作室团队继续针对大学生心理特点、心理热点事件和心理问题开展深度调研，形成具有一定影响力的调研报告；继续深入开展“辅导员心理健康教育职业能力提升”“大学生童年期父母缺位”“大学生心理危机的家校联动”等课题研究，增加公开发表研究成果数量，增强影响力。

“博雅心语”万娟名辅导员工作室

——四川省辅导员名师工作室

一、工作室主持人简介

工作室主持人　万娟

万娟，女，中共党员，在读博士，成都信息工程大学专职辅导员。国家二级心理咨询师，成都市创业导师，四川省心理援助热线 96111 志愿者，先后获得四川省“高校辅导员年度人物”、四川省青年教师风采大赛三等奖、四川省高校心理健康教育课程教学比赛三等奖、四川省抗击新冠肺炎疫情先进个人等 38 项荣誉。公开发表论文 17 篇，主持主研厅局级以上课题 6 项，校级课题 10 项，参与编写著作 2 部。

二、工作室简介和定位

本工作室成立于 2021 年，为四川省首批高校思想政治教育名师工作室、成都信息工程大学首批辅导员工作室。工作室起名“博雅心语”，宗旨是博学笃行、心语赋能。工作室致力于提升心理育人、文化育人、管理育人质量，以传统文化为着力点，融合“互联网+”技术推进大学生思想政治教育，构建理论与实践相结合的大学生综合素质教育和服务平台，形成全方位立体心理健康教育服务体系和班级建设体系。一方面面向大学生群体，紧紧围绕立德树人根本任务，培养学生积极心理品质，营造良好班风和学风，加强作风建设，强化责任担当，服务学生成长成才；另一方面面向学生工作者群体，提升素质能力、专业技能，营造校园积极心理氛围，以教师舒压赋能、专业培训为抓手，呵护教师心理健康，推动学生工作者专业化职业化。

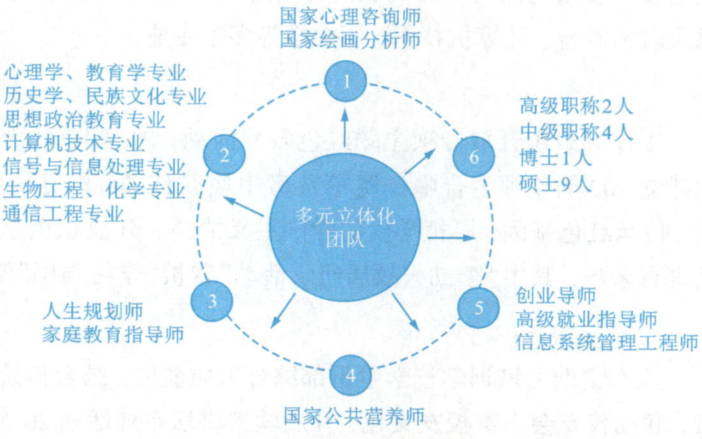

工作室多元立体化团队构成

三、工作室的建设情况

（一）建设思路

工作室设立四个长期运行的模块——“博学”“笃行”“心语”“赋能”。

1. “博学”

围绕“国学养班风、古言话学风、古语学作风”，依托中华优秀传统文化和跨文化交流培养大学生的文化修养和爱国情怀，融入理想信念教育和爱国主义教育，促进大学生全面发展。

2. “笃行”

结合大学生身心发展特点，阶段性地开展主题社会实践或应用探索，让学生在学习和成长中获得“福流”体验，利用新媒体途径探索沉浸式积极思政教育模式。

3. “心语”

聚焦师生心理需求，顺应新时代形势特点，精心设计线上线下相关心理教育活动、班级文化和管理教育活动。根据不同学习阶段的大学生的身心发展特点，着力建设积极心理、积极“三风”（班风、学风、作风）。

4. “赋能”

面向学生工作人员，开展“心理团辅培训”“谈心谈话进阶”“自我关爱工作坊”等，拓宽学工队伍交流学习平台，赋能教师队伍身心健康，提升学工队伍素质能力。

（二）建设成效

工作室自成立以来，始终坚持有思想深度、有时代热度、有人文温度的发展方向，注重党团共建、协同引领，加强理论研究与工作实践相结合，已建设成校内有特色、校外有影响的共享资源、共话收获、共同成长的集思想政治教育、服务学生成长、引领辅导员队伍建设等多项功能为一体的教育工作平台。工作室目前有团队成员 10 人，涉及心理学、思想政治教育、计算机技术、历史学等多个专业。

1. 以德引领，让青年学生在“春风化雨、润物无声”中获得精神成长

工作室组织开展专项主题红色教育活动，内容丰富、形式多样，在党史知识竞赛、庆祝建党 100 周年师生合唱比赛等赛事中屡获佳绩，以党史学习教育为契机，赓续红色血脉、传承红色基因，厚植学生的爱国主义情怀。开设积极思政课堂百余场，开展党史学习教育百余场，其中“李劼人故居研学活动”曾被“学习强国”学习平台报道。

2. 以文育心，营造积极课堂氛围

工作室助力培训学校学生干部综合素质能力，结合传统文化，积极开展学生干部训练营，联动校友会丰富校友文化，开展软工讲坛系列活动 20 余场，发挥朋辈力量带动学生提升综合素质，将育心与育德相融合。学院近三分之一的班级荣获学校“优良学风班”“红旗

团支部”等荣誉称号。近年来荣获学校“青春榜样”荣誉称号的达48人次，获奖数量位居全校前列。学院学生获评中国大学生自强之星，学院团支部获得四川省高校“活力团支部”最具好作风荣誉称号。

3. 双主体建设，开展“12224”沉浸式思政育人实践新模式

“12224”沉浸式思政育人实践新模式即“一个目标”“两个主体”“两个平台”“两个阵地”“四个模块”。其中，“一个目标”即培育合格建设者和可靠接班人；“两个主体”即大学生群体和学生工作者群体；“两个平台”即线上线下两个平台；“两个阵地”即QQ群和微信公众号阵地；“四个模块”即“博学”“笃行”“心语”“赋能”。工作室以师生心理需求为中心，开展学生工作因时而新，累计开展大学生线上线下心理沙龙20次，每学期定期开展“教职工自我关爱工作坊”和辅导员交流沙龙活动。工作室于2021年7月成立“博雅心语名辅导员工作室”微信公众平台，目前关注人数达3200人，推文100篇以上；官方QQ活动群成立以来活跃人数达5112人。这两个平台已成为学生官方正能量传递交流平台。开展校园积极心理系列活动累计百余次，包括13期“光影流年”电影展系列活动、“我心向阳”心理团辅、温暖抱抱校园行、自我成长训练营等活动累计50余项，其中“你好，幸福”参与人数4963人次，“每日打卡俱乐部”参与人数5.17万人次，工作室成立以来受益人数达万余人。

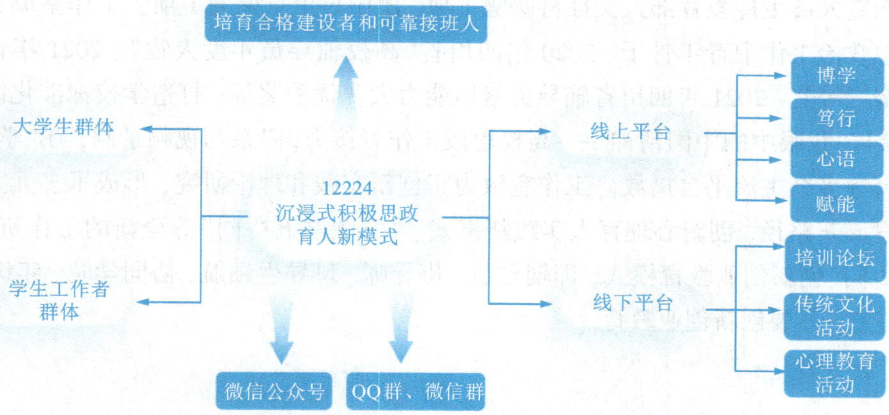

“12224”沉浸式积极思政育人新模式

4. 创新创业教育模式，以双创促学生成长

学生在“挑战杯”“创青春”等高水平创新创业赛事中不断取得新突破。在“挑战杯”大学生课外学术科技作品竞赛等学科竞赛中，工作室老师所带学生推报近50件作品，其中一半以上获得校级以上奖励，1/3的作品获得省级以上奖励。所在学院每年均有累计超1000人次学生参与各类创新实践活动，近年来，学生累计获得全国奖145项、省级奖111项，大创项目国家级立项69项、省级立项17项，位于全校首列。

5. 积极发挥社会服务功能，青春点亮奉献之光

积极参与由共青团四川省委、四川省教育厅联合举办的“我为群众办实事”志愿服务示范活动等志愿服务活动，参与大中小学教育实践活动、服务西藏技术职业学院、服务成都市石室中学等10余所学校或社会组织的心理健康教育活动累计50余场。所带团队被评为成都市双流区优秀志愿者团队、四川省暑期“三下乡”社会实践重点团队，志愿服务活动多次被“学习强国”学习平台、新华网、四川科技网、“彭州发布”微博、南江县电视台、雷波视界、“共青团雷波县委”微信公众号等多家媒体报道，产生了良好的社会影响。

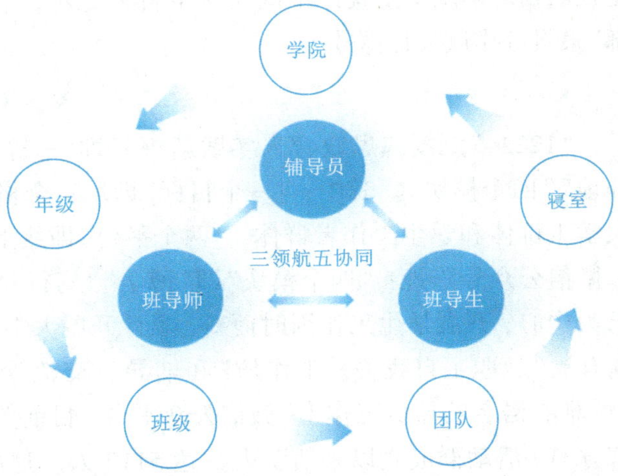

“三领航五协同”创新创业教育模式

6. 工作室研究成果初显成效

工作室人员主持教育部人文社科课题1项、团中央重点课题1项。工作室成员获得教育部思想政治工作中青年骨干、2020年四川省“高校辅导员年度人物”、2021年青年教师风采大赛三等奖、2021年四川省辅导员素质能力大赛优秀奖等；打造学校标准化团课精品项目，参与“我眼中的中国精神——高校思政工作者接力讲”系列视频录制，在“学习强国”学习平台等多个主流平台播放。工作室致力于创新实践和理论研究，形成了多元立体化团队协同发展新路径、创新心理育人实践新模式、“三领航五协同”等全新的工作机制。“三领航五协同”创新创业教育模式，即辅导员、班导师、班导生领航，协同学院、年级、班级、团队、寝室，开展创新创业教育。

（三）建设经验

1. 思想引领为帆，导航成长方向

工作室把思想建设放在首位，注重党支部、团组织的引领和国学精粹的宣传，做好学生的成长引领和方向指导。依托传统文化和红色主题教育，打造特色的校园品牌活动。联动学校资源、校友资源和企业资源，开展各类主题教育，促进积极“班风、学风、作风”的形成，建设好班级，培养好社会主义建设者和接班人。

2. 发挥朋辈作用，推动全面发展

利用朋辈资源、青春榜样等群体解决学生的成长困扰，培养学生性格优势，打造积极校园成长氛围，健全学生人格，激发学生向上的动力和内在潜能。通过组织第二课堂思政教育活动，以传统文化为融入点、班团活动为支撑点、心理团辅为突破点，形成第一课堂

与第二课堂有效衔接、积极互补的工作模式。

3. 用好心语赋能，浸润温暖心田

结合大学生身心发展特点，阶段性地开展主题项目研究，让学生在学习和成长中获得"福流"体验。面向学生工作者群体，拓宽学工队伍交流学习平台，赋能教师队伍身心健康，提升学工队伍素质能力。以双主体建设的模式，形成双主体共赢模式。

4. 狠抓团队建设，造就共同成长

团队进行"四七发展"理念建设。"四"指"四原则"。一是"明确提出团队目标"。明确的目标能够凝聚人、团结人并督促人。二是"创造良好的沟通环境"。良好的沟通环境能够增强团队凝聚力，减少"内耗"。三是"引导成员参与管理"。正向引导和鼓励团队成员参与管理，让成员积极为团队发展出谋划策。四是"百分百执行"。任何决定坚决执行，执行力是生存能力。"七"指"七活动"。一是"团队研讨沙龙"。团队经常要组织在一起，带着学习心得互相交流学习成果。二是"头脑风暴"。各抒己见，锻炼团队成员快速思考和解决问题的能力。三是"线上线下培训活动"。参与培训，坚持学习，看看别人的高见，反思自己的行动。四是"与专家对话"。听取专家意见、建议，做好整改。五是"团队汇报"。做好日常汇报，督促团队进步。六是"校际交流"。走出自己的空间，与外校团队合作，给团队注入新活力。七是"经验复盘"。活动复盘，总结经验收获。

四、工作室建设的优势和特点

（一）通过双团队建设，打造全媒体心理育人、文化育人、管理育人新局面

学校党委始终高度重视大学生思想政治教育工作和辅导员队伍发展建设工作，为工作室建设提供了坚强有力的保障。工作室通过学工团队和学生团队双轨制建设，服务学生成长成才的同时，也注重提升学生工作者素质能力。结合线上线下全媒体营造沉浸式积极思政育人氛围，在传统文化视野和国际化视野下开展心理教育和班级建设活动，通过建立积极思政教育素材库、开展主题教育和专属特色工作坊等，服务师生身心健康发展和大学生成长成才。

（二）融合"第一课堂+第二课堂"，探索体验式教育形式

工作室采用理论与实践、课堂与课外相结合的育人模式。教师通过"大学生心理健康教育""人生规划""跨文化沟通心理学""就业指导"等课程，组织探索第二课堂积极思政教育活动，以传统文化为融入点、班团活动为支撑点、心理团辅为突破点，营造积极课堂氛围，探索第一课堂与第二课堂有效衔接、积极互补的工作模式。

（三）整合整体模块和具体项目，促进大学生身心发展

工作室设立四个长期运行的模块："博学"（文化育心）、"笃行"（社会实践）、"心语"（积极心理）、"赋能"（身心调节）。结合大学生身心发展特点阶段性地开展主题项目研究，让学生在学习和成长中获得"福流"体验。

五、工作室建设的未来规划

(一)以团队建设为重点，打造积极思政育人专业团队

工作室组建了一支政治素质高、理论功底扎实、业务能力强、思政工作经验丰富、结构优化合理的思政工作团队。团队成员通过学习中华优秀传统文化知识和教育学、心理学、管理学等知识，培育出一批理论水平高、实践能力强的思政教育团队，锻造出一批专业化职业化专家化的辅导员队伍。

(二)打造心理健康和班团建设品牌教育活动，铸就“沉浸式”积极思政典型

出版1—2本关于积极思政教育案例集的书籍，建立沉浸式积极思政教育素材库，分层分类，线上线下，通过混合式翻转课堂进行实践，不断提升工作室在高校思想政治领域的识别度。

(三)开展传统文化、跨文化交流研讨，形成“操作性强，效果显著”的积极思政育人模式

通过第一课堂和第二课堂的有效结合，逐步探索并形成具有特色的心理育人、文化育人、管理育人的思政育人模式，实现“教育教学、实践活动、预防干预、咨询管理、团队协作”的多元整合。通过全方位立体服务多元化背景学生，将育心与育德相融合，将育人和育才相统一。

“E-Change 心语空间”成长辅导工作室

一、工作室主持人简介

刘乔丹，女，中共党员，湖南工程职业技术学院信息工程学院辅导员兼心理教师。国家二级心理咨询师，国家二级人力资源管理师，双师型教师。从事辅导员工作7年，曾获湖南省第八届辅导员素质能力大赛决赛特等奖（高职高专组第一名）并多次在历届辅导员素质能力大赛初赛和复赛中获特等奖和一等奖，2020年获湖南省“高校辅导员年度人物”提名，2019—2021年连续获湖南省教师职业技能竞赛三等奖。主持省级科研课题5项、校级科研课题8项、校级实践项目1项，参与省级、校级科研课题及实践项目15项，发表论文11篇（获奖7篇），撰写育人案例3篇（均获得省级奖励）。在“高校辅导员联盟”微信公众号上发表网文6篇，在个人微信公众号“丹曰”上发表网文120余篇。累计获评省级、校级荣誉70余项。

工作室主持人　刘乔丹

二、工作室简介和定位

工作室成立于2016年，并于同年立项为“湖南省特色成长辅导室”。工作室依托“以信息互联为重点，以学生互助为核心”的主线，打造了以专业为载体、以学生为基础的成长辅导优势平台，深度融入“E-Change”育人内涵，促进学生健康生活和成长成才。其中，“E”是指互联网时代和信息专业学生，“Change”是指改变。工作室将互联网的交互式思维贯穿心理育人工作始终，以促进学生健康成长和全面发展为中心，以提高学生心理素质和综合能力为

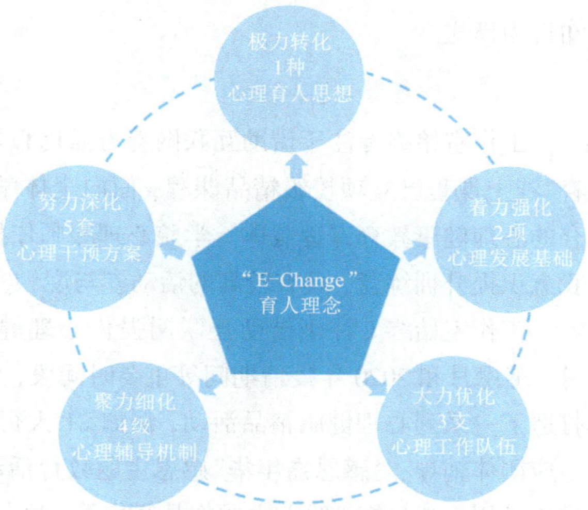

“12345”心理育人模式

重点，以帮助学生适应社会和直面未来为目标，专注思想意识提升、校园生活适应、学业发展指导、职业生涯规划、心理危机应对和特殊群体关怀等六大领域。工作室通过互联网形成“自我探索—朋辈互助—成长蜕变”的心理育人机制，践行“12345”的心理育人模式，秉承“Change lives，change the world”的育人理念，引导学生塑造积极健康的心理氛围，通过认识自我、完善自我，进而改变生活、适应社会。

三、工作室的建设情况

（一）建设内容

工作室聚焦“12345”的心理育人模式，即极力转化 1 种心理育人思想、着力强化 2 项心理发展基础、大力优化 3 支心理工作队伍、聚力细化 4 级心理辅导机制和努力深化 5 套心理干预方案。同时，在心理育人格局中融入“E-Change”育人内涵，秉承“Change lives，change the world”的育人理念，引导学生通过互联网形成积极的心理氛围，进而认识自己、改变自己。

1. 极力转化了 1 种心理育人思想

随着新时代的推进，工作室极力转化心理健康教育思想，从只关注学生心理危机防治转化为积极心理学视域下的心理健康教育。除了关注学生的心理困扰和危机外，积极心理学还更关注学生自身具备的正能量，思考如何构筑他们生命中的美好，帮助他们实现人生价值，促进他们的身心发展。

工作室将积极的心理健康教育思想融入日常心理工作，整合“E-Change 心语空间”优势资源，切实提升了心理育人质量。在课堂教学中，增设“寻找我的小确幸”“记录我的习惯养成之旅”“乐吧潜训营”“寝室你我他”等心理特色活动，营造积极的心理育人文化生态圈。在这一系列的实践尝试中，工作室探索出了符合高职学生特点的“积极自我”心理认知行为模式。

2. 着力强化了 2 项心理发展基础

工作室始终专注于借助互联网着力强化心理健康教育课程基础。“大学生心理健康教育”线上课程已立项校级精品课程，面向全体学生开放，打造了理论讲授与互动体验相结合的心理健康教育课程载体。学院心理教师依托微信和易班，开设线上积极情绪养成和自我意识提升训练营，具有较高的活动参与度和实效性。

工作室始终专注于借助互联网强化心理健康教育实践基础。曾在“5·25”心理健康月、感恩月和 2020 年疫情期间等重要时间段，依托互联网平台，结合信息专业学生特点，打造了一系列心理健康精品活动，例如 21 天行为习惯养成训练营、“遇见工程”新生入学适应团体辅导、“感恩嘉年华”感恩主题教育活动、“冰山下的你”自我探索团体辅导、“奋进青春用心战‘疫’”线上主题作品征集等，这些活动紧密结合学生实际，切实丰富了学生文化生活，提升了学生心理素养。

3. 大力优化了 3 支心理工作队伍

工作室充分利用师生资源，大力优化了学管教师、任课教师和学生心理干部 3 支心理工作队伍，建立了切合实际、层次清晰、团结有序的心理育人队伍。

学院目前共有学管教师 24 人，包括专兼职辅导员及党建团学负责人，其中 50%以上的辅导员均讲授心理课程，具有丰富的心理健康教育经验。学院曾多次开展学管教师心理危机干预业务能力培训，旨在提升他们的心理育人能力。学院心理教师曾多次为专职辅导员开展心理疏导和放松训练，帮助他们有效应对压力、缓解焦虑。

学院任课教师除完成课程教学基本任务外，还细致关注班级学生的心理动态。在校企合作专业中，每班的讲师负责班级学生的课程指导和人文关怀，与辅导员一起深入学生寝室，对心理困扰学生进行及时疏导。

学院班级配备心理委员，学生会设置心理部干部，共同组成了学生心理干部队伍。他们定期参加学生心理干部素质能力提升培训，不断提升业务能力。学院心理教师也多次对学生心理干部开展心理辅导，以提升其幸福感和归属感。

4. 聚力细化了 4 级心理辅导机制

由于高职学生处在心理失衡期，需要对学生的心理问题更频繁和精准地关注，因此，学院依托工作室，聚力细化了“学院—年级—班级—寝室”四级心理辅导机制来保障心理育人工作的顺利开展。

在学院层面，工作室为学生提供个性化心理服务。每年对新生开展心理普查，建立学生心理健康档案。目前已开设“丹丹心晴室”，并举办多场团体辅导和心理咨询，在学生中营造了积极的心理氛围。

在年级层面，分别针对大一、大二、大三学生举办以入学适应、学业发展和求职就业为重点的团体辅导，高度契合学生心理需求，实现了预期效果。

在班级层面，设置心理委员，其主要职责是协助辅导员开展心理健康活动，完成心理健康排查，了解全班同学的心理状况。

在寝室层面，设置寝室联络员，其主要职责是与寝室成员进行定期心理访谈，以及时发现学生心理问题，并向心理委员及辅导员提供第一手信息。

5. 努力深化了 5 套心理干预方案

工作室针对身体疾病、家庭贫困、学业困难、违纪违规和心理困扰等五类重点关注学生，深化了心理危机干预方案，以确保其心理状态稳定。

针对身体疾病学生，采取“正念冥想”的训练方式，引导学生通过身心训练获得放松，提升心理素质，并鼓励其积极参与适度锻炼，增强身体素质。

针对家庭贫困学生，采取“扶贫扶志”的关怀方式，除了通过为学生提供必要勤工助学机会解决其经济困难外，还倾听其心理诉求，进行激励唤醒。

针对学业困难学生，采取“师生互助”的帮扶方式，班级及时组建学习互助小组，为学业困难的学生补齐知识短板，重燃学习信心。

针对违纪违规学生，采取“激励唤醒”的教育方式，对待违纪违规学生时，辅导员以关注倾听为主，处分警示为辅，对学生倾注爱心，缓解其叛逆情绪。

针对心理困扰学生，采取“细致共情”的辅导方式，辅导员联合学生心理干部，精准把握学生心理困扰，帮助其直面成长困惑，解决成长难题。

在对以上学生进行精准干预的基础上，工作室以丰富多彩的校园文化活动为平台，帮助他们走出心理困境，重塑积极自我，在对学生进行个性化帮扶之后促使其全面化发展。

(二)建设成效

工作室聚焦“12345”心理育人模式，并将其贯穿教育教学、实践活动、咨询服务、预防干预和平台保障“五位一体”的心理健康教育工作格局中，是学院立项湖南省“三全育人”综合改革试点院系以来的有效尝试，扎实促进了心理育人工作的跨越式发展。学院将“12345”心理育人模式与“E-Change”育人理念有机结合，通过一系列举措搭建了协同推进的心理育人平台，打造了全员参与的心理育人阵营，贯彻了朋辈互助的心理育人路线，完善了特殊群体的心理育人体系，最终形成了一套可复制可推广的心理育人经验思路。

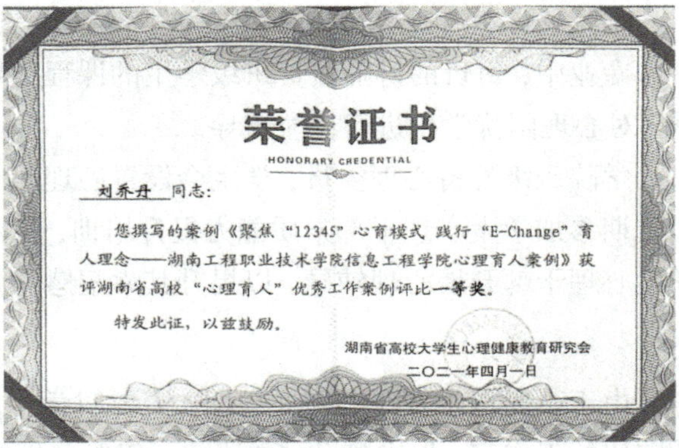
荣誉证书

HONORARY CREDENTIAL

刘乔丹 同志：

您撰写的案例《聚焦“12345”心育模式 践行“E-Change”育人理念——湖南工程职业技术学院信息工程学院心理育人案例》获评湖南省高校“心理育人”优秀工作案例评比一等奖。

特发此证，以兹鼓励。

湖南省高校大学生心理健康教育研究会

二〇二一年四月一日

相关证书

工作室主持人将特色成长辅导室的建设内容高度总结凝练，撰写成心理育人案例《聚焦“12345”心育模式　践行“E-Change”育人理念》。该案例于2021年4月荣获湖南省高校“心理育人”优秀工作案例评比一等奖，并于2021年9月被湖南省红网报道，取得了积极的社会效应，2021年11月被全文收录于《湖南省高校“十大”育人示范案例》。基于该案例的课题研究“基于‘三全育人’理念下的高职院校心理育人模式研究”成功立项2021年湖南省教育厅思想政治专项课题。

(三)建设经验

1.以师生工作队伍为保障，谱好人人心理育人“协奏曲”

工作室以师生工作队伍为保障，联合了学管教师、任课教师和学生心理干部三方力量，积极建优建强以学管教师为主导、学生心理干部为主体、任课教师为辅助的全员心理育人工作队伍，大力创建了师生协同育人格局，谱好了人人心理育人“协奏曲”。

2.以不同年级阶段为导向，建好时时心理育人“磁力场”

工作室以不同年级阶段为导向，明确了大一、大二、大三这三个年级的团体辅导方向，将入学适应、学业发展和求职就业的主题贯穿学院学生团体辅导中，与学生成长的现实需求相呼应，形成了积极健康的育人氛围，建好了时时心理育人“磁力场”。

3. 以多方平台资源为载体，挖好处处心理育人“生态渠”

工作室以多方平台资源为载体，如课程资源、实践资源和网络资源等，共同致力于培养互联网精英，充分依托网络平台优势资源，将其贯穿课程教学、实践活动、心理辅导、危机干预的心理育人全过程，让其不断发挥优势作用，挖好了处处心理育人“生态渠”。

四、工作室建设的优势和特色

（一）上接天线，高度契合“三全育人”理念

工作室建设上接天线，高度契合“三全育人”理念，将全员全过程全方位的育人思想贯穿“12345”心理育人模式中，是“三全育人”理念在高职院校心理育人工作中的有效实践。工作室建立了学管教师、任课教师和学生心理干部这三支师生共同参与的心理育人队伍，当好学生心理健康守护者；明确了大一、大二、大三这三个年级的团体辅导方向，打好学生心理健康持久战；整合了课程基础、实践基础、网络基础等多方发展平台，筑好学生心理健康防护网。

（二）下接地气，巧妙整合专业发展特色

工作室建设下接地气，巧妙整合专业发展特色，使互联网思维和信息专业学生特点与工作室长远发展的理念构想相呼应，是心理素养与专业技能提升同步促进的有效实践。工作室结合信息专业学生性格特点，有针对性地开展心理健康教育活动，提升学生心理素养。同时，依托易班、微信等网络平台资源，强化学生专业技能，满足学生心智体验，促进学生心智发展，引导学生形成积极健康的心理氛围，进而认识自己、改变自己。

五、工作室建设的未来规划

（一）将心理育人思想与思政教育元素深度融合

工作室会进一步将心理育人思想与思政教育元素深度融合。不断以思想政治工作研究项目为载体，以思想政治工作典型问题为导向，联合思想政治教育理论课专任教师和学生管理工作示范岗，探索并打造出思想政治教育背景下的高职院校心理育人创新模式，促进高职院校思想政治教育工作质量的稳步提升，实现心理健康教育与思想政治教育发展的同向同行。

（二）将心理育人工作与其他育人体系有机结合

工作室会进一步将心理育人工作与其他育人体系有机结合。深度总结“十大育人”体系中课程育人、科研育人、实践育人、文化育人、网络育人、管理育人、服务育人、资助育人、组织育人与心理育人的结合点，制订明确的发展规划。如大力探索心理健康教育课程思政建设机制、“互联网+”视域下的心理健康教育实施模式以及发展型资助理念下的高职贫困生心理扶贫机制等。

“成长导航”辅导员工作室

一、工作室主持人简介

工作室主持人　王洪燕

王洪燕，女，中共党员，河南工业职业技术学院二级学院党总支副书记。国家二级心理咨询师、创业咨询实践指导师，主要研究方向为就业创业指导、大学生心理健康教育。主持的项目荣获河南省辅导员工作精品项目1项、省高等教育教学成果奖二等奖1项、省高校学生工作优秀成果三等奖1项、全国美育成果一等奖2项。学生管理相关研究文章先后荣获河南省辅导员优秀论文二等奖、三等奖各1项，全国高职高专书记论坛二等奖1项。先后主持市级及以上课题5项，获得市级及以上成果奖4项，发表核心论文3篇，出版专著1部。先后荣获河南省“大美学工”十佳优秀学生工作者、优秀辅导员、优秀教师、优秀共产党员等省级荣誉，获优秀班主任、思政工作先进工作者、十佳辅导员等校级荣誉40余项。

二、工作室简介和定位

“成长导航”辅导员工作室成立于2019年，是河南工业职业技术学院首批立项的辅导员工作室。工作室立足高职院校学生特点、发展需求和学校人才培养目标，紧紧围绕立德树人根本任务，按照“一个标准、两个平台、三大特色实践”的建设思路，“润物细无声”地解决学生成长过程中遇到的理想信念困惑、发展性心理需求、就业成才迷茫等问题，最终在完成辅导员队伍专业化职业化专家化建设的同时，将学生培养成为德智体美劳全面发展的社会主义建设者和接班人。

依据未来发展规划与目标，选优配强工作室成员，分管学生工作的学校副校长担任工作室建设总顾问，党委学生工作部部长担任工作室导师。工作室成员8人均为学生管理一线的教师，涉及心理学、思想政治教育、职业发展与指导、体育等多个专业，其中教授1人、副教授1人、讲师4人、助教2人，职称配比合理，成员在学生管理中各有专长，确保工作室各项工作有序开展。

三、工作室的建设情况

工作室按照“一个标准、两个平台、三大特色实践”的建设思路，推动辅导员工作室深入发展。“一个标准”即一个标准化工程——“成长导航”辅导员工作室；“两个平台”即线上“青春心语工作坊”微信公众号和线下“心语工作坊”心理辅导站；“三大特色实践”即“军工文化铸魂育人项目”“成蝶计划心理育人项目”“全程化生涯教育育人项目”三大特色项目。工作室在发展过程中，不断总结学生管理经验、研讨特色实践方案、凝练学生管理成果，让工作室真正成为团队抱团取暖、共同成长的平台。

（一）军工精神培根铸魂，培养又红又专的社会主义建设者和接班人

工作室开展“军工走访”系列活动

工作室成立军工文化社会实践团，用军工文化、军工精神感染人、鼓舞人、激励人、引导人，让红色基因代代相传。军工文化社会实践团从关爱老军工、帮扶老军工做起，记录整理老军工平凡伟大的事迹，帮助他们解决现实生活中的困难，突出以志愿活动与学生思想教育、爱国主义教育相结合，通过走访调研，记录老军工的光辉事迹，并对记录的故事、事迹进行整理，在师生中广为传播，让军工文化、军工精神在学校大学生中入脑入心。实践团的相关活动在河南新豫网、央广网、中原经济网等媒体平台进行了报道。

在疫情防控工作中，工作室勇担时代重任，师生积极投身抗疫志愿服务一线，一句句认可、一封封感谢信、一张张奖状就是师生抗疫实践交出的最好答卷。在接到西藏职业技术学院线上援助请求后，工作室第一时间响应，积极承担“格桑花”援藏志愿服务联络工作，与西藏职业技术学院领导、辅导员沟通需求，依托高校辅导员工作室，精准组建援藏团队，开设心理专题讲座、开通咨询服务、开录抗疫加油视频，将“我们在一起”践行在援藏的历次行动中。

（二）“心理+”特色实践，助力学生启智润心

受疫情影响，高校学生心理问题愈加凸显，工作室创新开展“成蝶计划”心理育人项目”，建立标准化心理辅导站，项目根据不同年级、不同专业学生特点，以“成蝶计划”特色课程为主线，开展“入心”“知心”“开心”“扶心”四类心理素质提升实践活动，动态监控筑牢心理安全防线，运用咨询服务守住心理干预的底线，形成“12345”心理育人模式，建立起心理育人的长效机制。“12345”心理育人模式“1”代表“一个标准”，严格按照教育部《高等学校学生心理健康教育指导纲要》开展心理育人工作；“2”代表“两个平台”，即线上“青春心语工作坊”微信公众号和线下“心语工作坊”心理辅导站；“3”代表“三类课程”，包括心理公共基础课、心理选修课、“成蝶计划”心理特色课；“4”代表“四心实践”，即宣传入

心、调研知心、拓展开心、资助扶心四类心理素质提升实践；“5”代表“普查—筛查—干预—追踪—监控”的五级干预，通过全程贯通式“12345”心理育人模式，全面加强和改进学生心理健康。育人特色实践活动每学期参与者达2000余人次。“心语工作坊”成功入选河南省高校辅导员工作精品项目，“成蝶计划心理育人项目”荣获河南省高等学校学生工作成果三等奖。

探索“心理+资助”的育人模式，针对特殊群体构筑起了心理与资助协同育人机制，力争“一类一策”，开展团体辅导、素质拓展、校园心理剧等活动，精准定位靶向帮扶，积极探索“隐形”心理健康教育，实现“扶贫先扶志，扶志先扶心”。学生自导自演的诚信短剧和励志短剧分获河南省诚信校园行E赛区二等奖、全国美育成果一等奖。

探索“心理+体育”育人模式，构建“健身+健心”协同发展格局。工作室成员朱晓庆在疫情期间，通过广泛推广八段锦健身活动，有效缓解闭环管理学生的压力与焦虑情绪。同时，利用文化交流和竞赛活动，推进优秀传统文化八段锦的传承与发展。截至2023年年底，在全国高等院校健身气功锦标赛、全国健身气功·八段锦网络大赛、河南省高等院校健身气功锦标赛等赛事中获得一等奖16项、二等奖27项、三等奖29项的优异成绩。

（三）生涯教育贯穿全程，赋能学生就业创业

在疫情影响下，学生“慢就业”行为呈上升趋势，工作室深入调研学情，将职业适应融入心理健康教育改革，把握学生成长关键点，通过生涯大赛、创业计划大赛、模拟面试、简历大赛等，让学生成为“行动派”，在实践中提升就业技能；通过职场适应、职场人际、时间管理等场景设计，利用征集签名、为自己鼓掌等团建活动，助力学生完成从学生向职场人的转变。

在项目建设实施过程中，工作室的改革成果《以职业适应为导向的高职心理健康课程改革实践与研究》荣获河南省高等教育教学成果二等奖；指导学生荣获全国美育成果奖一等奖1项，全国“互联网+”交通创新创业大赛铜奖1项，河南省“互联网+”创新创业大赛三等奖3项，河南省挑战杯银奖2项、铜奖1项；创新创业论文荣获全国高职高专书记论坛二等奖1项；个人所撰写论文获河南省优秀辅导员论文二等奖、三等奖各1项。

四、工作室建设的优势和特色

（一）以学生为中心创新育人机制，打造精品化项目

工作室在建设探索中，依据学校学生特点和需求，将辅导员工作的九大职责融入特色实践活动中，形成长效育人机制，逐步打造学生管理精品，引领学生成长成才。“成蝶计划”心理育人长效机制有计划、有重点地开展工作，每年累计完成近30次覆盖500余人次的专项培训，心理趣味运动会、心理素质拓展活动、心理讲座每学期参与者达2000余人次，实现了学院心理育人的全覆盖。建立“军工文化社会实践团”思想引领长效机制，师生先后走访了南召红阳厂、南召向东厂、方城中南厂，录制老军工的事迹故事，不断挖掘军工文化宝藏，把历史转化为课程，把史料转化为教材，把现场转化为课堂，真正让“国家利益至上”的军工基因绽放出了时代光芒。实践团的相关活动在河南新豫网、央广网、中原

经济网等媒体平台进行报道，军工精神研习社荣获河南省“优秀社团”称号。

（二）以宣传为引领借势专业平台，拓新多元化阵地

工作室特色实践活动的推进，不仅需要周密的组织与实施，还需要有更多的宣传媒介，以扩大工作室的影响力，激发工作室师生开展特色实践活动的积极性，达到工作室人才培育的最终目标。在工作室建设过程中，主持人加入高校辅导员工作室团队，借势高校辅导员工作室成熟的管理运作和宣传平台，开拓新阵地，不断提升工作室的影响力。除此之外，高校辅导员工作室作为国家级大学生创新创业项目，还汇聚了全国多个高校优秀的辅导员，为辅导员工作交流提供了更为顺畅、更为广阔的平台，工作室成员在与其他学校辅导员工作室交流的过程中，不仅提升了自身的综合素质与工作能力，也为工作室工作的开展拓展了更多新的阵地，如“格桑花”援藏志愿服务工作中，工作室的学生积极参与其中，在各项活动中贡献了自身的力量，相关工作在“学习强国”学习平台进行了宣传报道。

（三）以成果为导向创新育人模式，构建专家化团队

工作室坚持成果导向，不断创新育人模式。随着项目的广泛推广和应用，学生受益面不断扩大，人才培养成效显著；工作室成员近 5 年累计荣获省级及以上荣誉 15 项，主持省厅级项目 10 余项，项目获省级及以上成果奖 4 项，获省级及以上教师技能竞赛奖励 5 次，撰写的论文荣获省级及以上成果奖 8 项，出版相关专著 3 部、科普书籍 1 套，发表核心论文 3 篇、一般论文 10 余篇，努力构建精品化育人团队。主持人的事迹先后被中国高职高专教育网、中华网、中原经济网等多家媒体报道，河南省教育厅官方网站进行了项目成果的文字和视频展示，相关成果在河南省各大高校推广。

五、工作室建设的未来规划

（一）彰显育人特色，推进内涵式发展

进一步彰显工作室的育人特色，以特色实践引领辅导员工作九大职责的落实，以学生成长成才为中心，推进辅导员工作室内涵式发展，真正为学生成长成才献计献策，为辅导员专业化职业化专家化发展打造平台。

（二）稳固育人模式，形成可复制流程

在现有特色实践的基础上，进一步构建以工作室为依托的长效育人机制，形成稳固育人模式；总结提炼工作室工作成果，形成学生管理中的可复制流程，在兄弟院系推广应用，扩大工作室的影响力。

（三）持续凝练成果，打造专家化团队

在工作室的工作实施过程中，持续凝练特色育人的成果，推进育人工作专业化、精细化发展，打造精品化团队，以“头雁效应”带动工作室往深里走，将工作室每一个成员都培养成辅导员工作某一领域的专家，确保工作室真正成为辅导员的加油站、蓄水池，成为学生成长的安全港、航向标。

第六章　网络思想政治教育

地学微风大学生网络文化工作室

——全国首批高校辅导员名师工作室

一、工作室主持人简介

工作室主持人　吴田波

吴田波，男，中共党员，桂林理工大学地球科学学院团委书记、学校就业创业指导教研室副主任，从事网络思想政治教育 8 年，主持第一批广西高校高水平辅导员工作室——地学微风大学生网络文化工作室，入选教育部评选的“2024 年度高校辅导员名师工作室”。曾获得自治区党委教育工委优秀共产党员、广西“最美高校辅导员”、第十二届广西高校辅导员素质能力大赛特等奖、全国高校思政工作“金微课”三等奖等省部级表彰奖励 20 余项，获桂林市优秀共青团干部、学校教职工“奖励系列活动激励担当作为”嘉奖奖励等市、校级奖项 20 余项。出版教材 1 部，主持、参与教育部高校思想政治工作质量提升综合改革与精品建设项目、教育部人文社会科学研究、广西教育科学规划等相关项目、课题 10 余项。

二、工作室简介和定位

进入新时代，高校思想政治教育的对象群体是移动互联网时代的原住民，学生网络思想政治教育工作进入了新阶段，面临着新挑战。我们要运用新媒体、新技术使工作活起来，推动网络从育人工作“最大变量”转化为“最大增量”，浇灌好立德树人这块“责任田”。地学微风大学生网络文化工作室因事而化、因时而进、因势而新，聚焦网络思想政治教育，于 2018 年筹建，2019 年正式运行。

工作室按照“近、中、远”的“三期五年”发展目标，扎根学校，服务广西，在理论和实践层面取得了一定成效。四年多来，工作室获各类奖项近百项。

工作室 logo

工作室吉祥物“网虹”

三、工作室的建设情况

（一）建设保障

1. 硬件配套

工作室建设有成熟的专业场地6处，占地面积约240平方米，投入资金数十万元。学校开设有广告学、传播学等专业，有配套的多媒体演播室、虚拟抠像工作室等，为工作室提供理论支持和技术指导。

2. 经费保障

院内，积极服务广西一流学科的建设发展，得到学院专项经费支持；校内，工作室主动融入“一站式”学生社区建设，得到学校专项经费支持；区内，工作室顺利入选第一批广西高校高水平辅导员工作室培育建设项目，得到广西教育厅专项经费支持。

（二）队伍基础

1. 专家指导

工作室在校外邀请了全国“最美高校辅导员”、全国高校网络教育名师、全国优秀辅导员等作为咨询顾问；在校内邀请了学校学工部（处）部（处）长、马克思主义学院党委书记和党委宣传部副部长担任指导专家。

2. 教师骨干

工作室成员以校内教师为主，联合清华大学、中南大学、中国地质大学（武汉）、南京航空航天大学等四所高校的一线教师共建网络育人。校内邀请了广西高校思想政治教育杰出人才支持计划获得者、全国高校辅导员素质能力大赛获奖者、广西“高校辅导员年度人物”获得者和全国“优秀易班辅导员”加入；校外邀请了全国“高校辅导员年度人物”、受邀参加新中国成立70周年相关活动的“学习强国”学习平台积极分子等加入。

3. 学生队伍

工作室有专业的学生队伍，从易班学生工作站建设起，学生干部已传承七届。工作室成立后，更是连续两届培养出优秀的新媒体学生干部留校任职。

（三）研究基础

工作室主编教材2部，主持教育部人文社会科学研究（高校辅导员研究）课题、广西教育科学“十四五”规划课题等相关课题10余项，发表相关学术论文10余篇，立项广西高校中青年教师科研基础能力提升项目等多项。

（四）项目规划

以立德树人为根本任务，以“举旗帜、聚民心、育新人、兴文化、展形象”为建设方向，运用全媒体思维，融入、发扬学科特色，以近、中、远期目标设定“五年计划”，从“好起来”“强起来”到“大起来”。

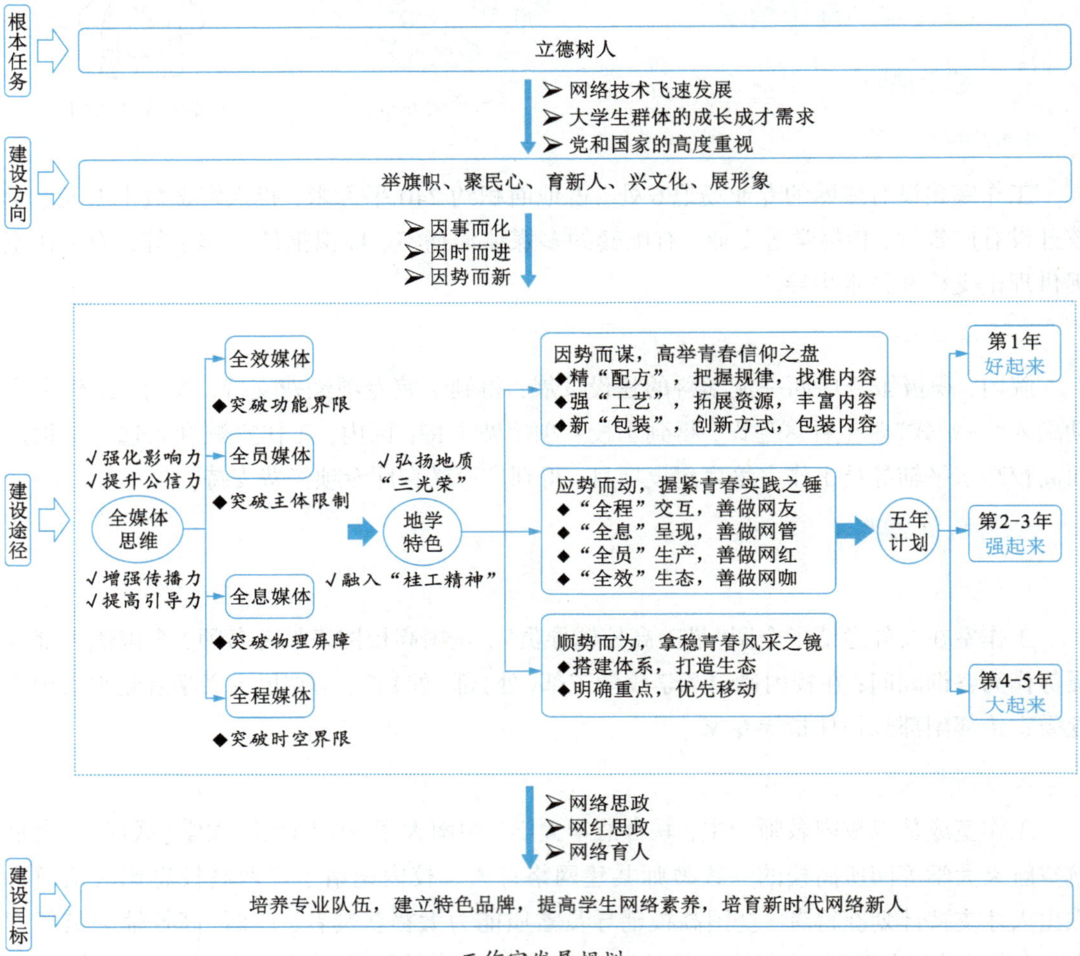

工作室发展规划

（五）团队成长

工作室按照“三期五年”的发展目标，依托校内外育人资源，充分运用高校辅导员队伍能力大数据赋能平台，按照生命周期理论，将工作室成员的学习成长科学划分为初创探索期、成长稳定期和内涵提升期三个阶段，并从目标设定、责任锁定、跟踪鉴定、激励制定等四个方面不断修订完善。

1. 初创探索期（第1—2年）

此阶段，工作室主持人发挥主导作用，团队成员主要由高校辅导员组成。主持人设定团队学习成长的短期目标——提升网络媒介素养，建好网络育人阵地。带领成员搭建团队框架，构建管理、评估、激励等制度。

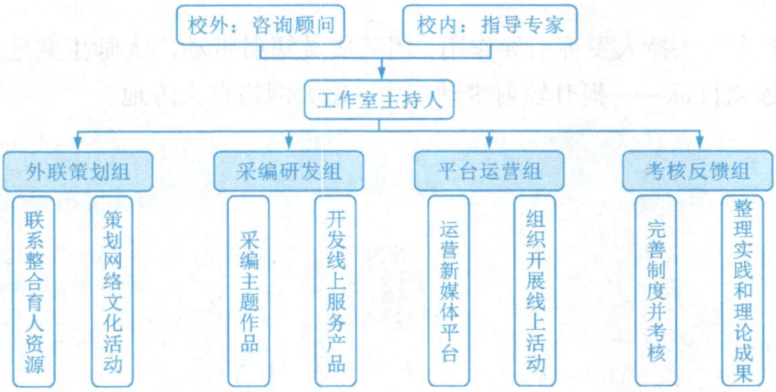

工作室团队框架

预期效果：工作室分工明确，良性运转。成员通过专题培训、平台实操、跟班交流、经验凝练等迅速提升网络媒介素养，积累一定的网络育人的理论与实践成果，成为网络思政的“实干家”。

2. 成长稳定期(第3—4年)

此阶段，工作室主持人发挥引导作用，团队成员主要由辅导员和学生骨干组成。设定团队学习成长的中期目标——提升综合素质能力，建强网络育人阵地。运用PDCA［plan(计划)、do(执行)、check(检查)、act(处理)首字母］循环理论促进团队学习成长。

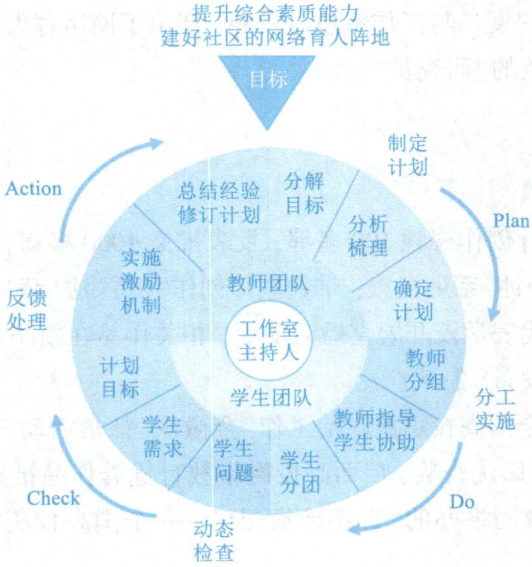

团队成长模型

预期效果：工作室建设成效明显，打造品牌化。工作室的辅导员通过项目化推进、参赛研讨、理论研究等积累了较丰富的网络育人经验，带领学生骨干开始孵化相关团体，成为网络思政的“尖刀兵”。

3. 内涵提升期(第 5 年)

此阶段，工作室主持人发挥引导作用，团队成员辐射带动广大师生共建共享。设定团队学习成长的远期目标——提升辐射带动能力，建大网络育人阵地。

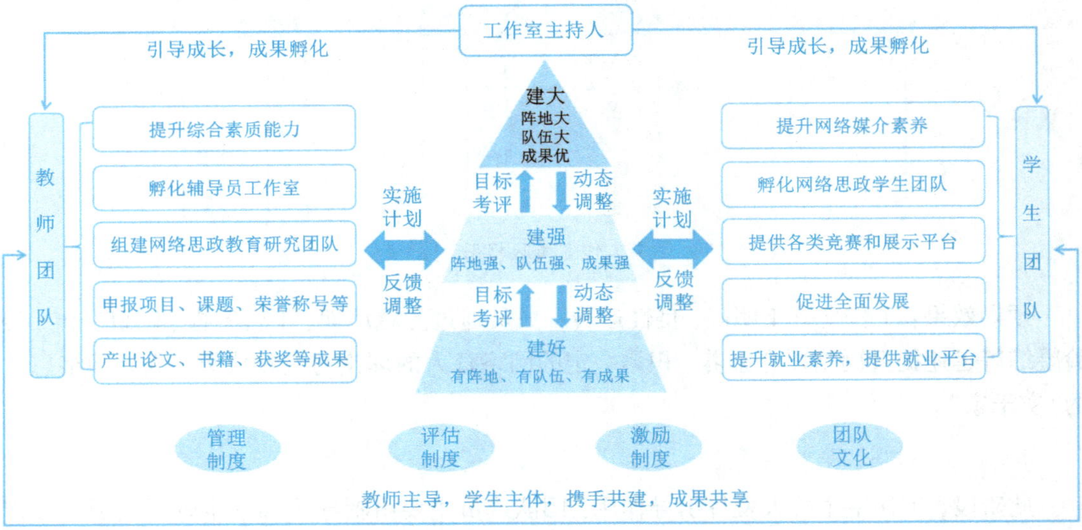

团队建设模型

预期效果：工作室建设经验成熟，可复制性强，通过大数据赋能平台吸纳更多辅导员加入。团队辅导员通过深度参与工作室建设发展，产出了网络育人和工作室建设的理论和实践成果，成为网络思政的“研究员”。

(六)建设成效

1. 强引领，丰富云端育人象

工作室带领团队累计创作视频 100 多部，发表推文 1000 多篇，阅读总量达数百万次。指导学生创作“课间五分钟”系列视频；带领教师创作“‘雪’法‘慧’法微课堂”“辅导员说”等系列视频；连续多年代表学校开展直播活动等，相关作品在新华日报、“学习强国”学习平台、高校思政网平台发布，影响广泛。

网络作品不仅荣获全国高校思想政治工作“金微课”征集活动三等奖、“我心中的思政课”全国高校大学生微电影优秀奖、广西高校网络教育优秀作品推选展示活动二等奖等多项荣誉，还入选高校思政网举办的“百年珍贵记忆——全国高校庆祝中国共产党成立 100 周年原创精品档案”。

此外，团队成员还通过官方媒体平台，在关键时间节点面向广大师生踊跃发声。如团队成员积极参与教育部开展的 2023 届高校毕业生就业促进周活动，在第 39 个教师节来临之际做客中国教育电视台的《我是辅导员》栏目等。

2. 广参与，凝聚师生同心圆

工作室在全国高校辅导员工作室建设与管理经验交流研讨会上作分享交流；与全国百名思政工作者共同创作微党课，庆祝建党百年；与广西辅导员同仁策划“2023 级对话 2023 届”活动，寄语新生成长；接待广西财经学院、桂林医学院等十余所高校和广西高校学(研)工部部长培训班等领导老师们参观考察数十次；还受邀到广西医科大学、广西科技大学等数十所院校进行分享交流。此外，工作室还积极参与桂林青年发展型城市宣传片的拍摄工作，助力全国青年发展型城市试点建设。

立足学校，与学工部(处)联合策划栏目“壮美讲坛”，邀请校内外名师开展辅导员素质能力提升的主题报告；与研究生院联合开展“壮苗讲堂”，开展大学生网络媒介素养提升的专题讲座；与招生就业处联合邀请校内外老师在云端开展就业素质能力云端提升计划；与马克思主义学院联合制作“大思政课”。还联合学校易班发展中心研发校本化轻应用，校园 App 的平均日活量达 1.7 万，登录次数达百万余次。协助学校连续四年举办学生骨干网络素养训练营，参与人数超 3 万人。

3. 重落地，赋能育人责任田

工作室孵化了湖南省高校辅导员综合发展工作室，组建了学校网络思政教育专项研究团队，完善了校级辅导员工作室——融媒体“三全育人”辅导员工作室，加入了学校网络育人科研团队等，还指导学生团队打造“地学微风——多彩网络文化活化边疆青少年思想文化实践的践行者”项目，在第九届中国国际“互联网+”大学生创新创业大赛中荣获广西赛区银奖。

工作室以“携手同行‘新人’，结对共同成长，努力成为青年学生的人生导师和知心朋友”为目标，以“热爱、真诚、共享、美好”为理念，与青年辅导员进行结对帮扶，组建了“微风朋辈导师团”。目前，团队已受聘于钦州幼儿师范高等专科学校、广西英华国际职业学院等多所高校。

四、工作室建设的优势和特色

(一) 以“四网”达“四全”，构建全媒体传播体系

以乐做学生“网友”、善做学生“网管”、争做学生“网红”、会做学生“网咖”为思路，全面贯彻全媒体思维，构建全媒体传播体系。

1. “全程”交互，善做“网友”

在全程媒体层面，可以突破时间和空间的维度，时效性显著提升。面对“网络原住民”，善用“网言网语”。如开展“云端家长会”、毕业生双选会暨线上直播推介会等，努力做好线上的“网友”，以更好地掌握学生思想动态，做好思想引领。

2. “全息”呈现，善做“网管”

在全息媒体层面，可以做到立体化呈现，沉浸式体验。通过举办新媒体学生骨干培训

班、加强指导教师交流学习等，提升工作室成员的网络媒介素养，使其善做能力突出的“网管”，将教育内容多维多彩地向学生展示，激发学习兴趣，加强教育效果。

3.“全员”生产，善做“网红”

在全员媒体层面，每个人都可以是宣传教育的主体。我们要不断提升宣传能力，努力挖掘、培养师生群体中的“网红”。如开展“院长下午茶”，积极联络全区各高校同仁共同打造“青春对话”系列栏目等。

4.“全效”生态，善做“网咖”

在全效媒体层面，传播效能大大提高，平台矩阵集成了各种功能。工作室集宣传、教育、服务、娱乐等功能于一体，如举办“你笑得真好看”“网络文化节”“周末社区影院”等活动，打造成学生喜爱的“网咖”，凝聚学生。

(二)以“金课标准”建“网络内容”，形成良好网络生态

以“配方”先进、“工艺”精湛、“包装”时尚的思政课金课标准建设网络育人内容，找准、丰富、包装育人内容，筑牢网络育人阵地，形成良好网络生态。

1.精“配方”，把握规律，找准内容

我们要深入学生，了解学生的兴趣“焦点”、思想“热点”和理论“盲点”。工作室积极占领抖音、B站等网络新阵地，吸纳稳定粉丝约1.2万人。

2.强“工艺”，拓展资源，丰富内容

工作室的特色化发展既要扎根于校史校情，服务于学校、广西的发展大局，又要走出校外，积极联系各方育人资源。如建党百年之际，与全国百名高校思政工作者进行榜样宣讲。

3.新“包装”，创新方式，包装内容

工作室将思想政治教育内容与新宣传方式相结合，增强时代感和吸引力。如开设学生主创的《课间五分钟》系列、教师主创的《安全教育》系列等，让思想政治教育内容先抓住眼球，再直抵心灵。在“学习强国”学习平台、高校思政网、广西新闻网等平台发表作品多项。

五、工作室建设的未来规划

工作室接下来将继续按照“近、中、远”的“三期五年”发展目标循序推进，结合现阶段的反馈，及时改进完善。

一是实践层面的桥梁作用需要加强。工作室要发挥全媒体的优势，掌握网络这个“最大增量”，整合各方育人资源，让广大师生认为“很好用、很不错、很喜欢”。

二是理论层面的成果凝练需要聚焦。要从“全面开花”聚拢为“一花怒放”，从量变发展到质变，增强品牌力。

三是需要发挥高校辅导员队伍能力大数据赋能平台的效能。在充分利用相关资源提升成员职业素养的同时，提炼、共享工作室建设经验，凝聚更多同仁加入工作室。

“辅导员说”同心圆网络育人工作室

——上海高校辅导员名师工作室

一、工作室主持人简介

工作室主持人　叶维明

叶维明，男，上海第二工业大学学生工作部(处)思政科科长，先后在牛津大学、朝阳科技大学研修学习。工作以来，先后荣获上海市育才奖、上海“高校辅导员年度人物”、上海教育系统法制宣传工作先进个人。所负责的“辅导员说”网络思政项目先后入选上海大学生思想政治教育示范培育项目、上海高校网络思政精品培育项目、全国高校优质思政内容建设(网络教育)培育项目。个人先后撰写网络文章100余篇，指导创作原创网络作品1000余篇，其中多篇原创网络思政文章荣获全国及上海高校网络教育优秀作品(网文类)一、二等奖和优秀奖，所授课程荣获上海高校思想政治理论课(形势与政策课)教学展示活动“十佳课程”，出版网络思政相关著作2部。

二、工作室简介和定位

工作室集体照

“辅导员说”同心圆网络育人工作室是在上海第二工业大学党委学生工作部的支持与指导下成立的，工作室团队成员由叶维明、韩超男、夏磊、沈洲、刘柱、任柯西、郝景磊、刘粉、刘任佳、李文郡等人组成。工作室以“辅导员说”网络育人平台为主阵地，以“原创、思想、引领”为宗旨，以师生用户“共创、共建、共享”为建设理念，以“微教育、微互动、微体验”创新网络育人方法，主动占领网络阵地，致力于将工作室打造成“师生同频共振、共同成长的思想对话平台，宣扬高校学工队伍良好育人思想的形象展示平台，高校辅导员和青年学生的网络精神家园”。平台创建以来，累计发布网络思政作品3000余项（其中原创作品2000余项），有60余项作品在上海或全国高校“一节一推选”中获奖；收到全国500多所高校师生主动投稿，作品被全国100余家官方媒体平台转载，影响覆盖面超3000万人次，形成了在全国高校学生工作领域中具有一定影响力的原创网络育人品牌。

三、工作室的建设情况

（一）平台建设基础

工作室基于“辅导员说”网络育人平台建立。该平台成立于2015年5月，平台坚持以“原创、思想、引领”为宗旨，以师生用户“共创、共建、共享”为建设理念，以“微教育、微互动、微体验”创新网络育人方法，主动占领网络阵地，致力于打造成“师生同频共振、共同成长的思想对话平台，宣传高校学工队伍育人思想的形象展示平台，高校辅导员和青年学生的网络精神家园”。

平台设置有“辅导员说”“学生说”“微思享”等固定栏目，实现了教育主体与教育客体的深度对话与交流，构建起“学生评价式”辅导员队伍建设模式。同时，为进一步提升网文内容质量，打造个人IP，运营团队选拔了来自全国高校的多位优秀思政工作者，设立了卧谈会、吴学平、洞见大学、粉思说、夏说新语等九大个人专栏。这些思政工作者创作了大量原创网络作品，形成了强大的聚合效应。

经过多年建设，该平台现有全国高校辅导员粉丝60000余名，覆盖全国1000余所高校，累计发布网络作品3000余项，其中原创作品2000余项，作品被央广网、东方教育时报、第一教育等100余家官方媒体平台转载，其中60余项作品在全国（或上海）高校“一节一推选”活动中获奖，收到全国500余所高校师生主动来稿，成为在全国大学生思想政治教育工作领域中具有一定影响力的思政育人平台和师生思想对话交流平台。

（二）项目研究基础

围绕网络思政研究，工作室团队成员先后立项教育部人文社会科学研究专项课题、上海学校德育实践研究课、上海高校哲学社会科学研究专项等；工作室先后入选并完成上海大学生思想政治教育示范培育项目、上海高校网络思政扶持项目、易班“优质思政内容建设”培育项目。

在网络思政研究成果上，工作室团队主编《大学·社会·洞见——那些和青春一起盛开的花》和《全媒体环境下高校思政教育改革创新研究》2部书籍，参编《高校辅导员工作100问》，团队成员在核心期刊上发表网络思政相关学术论文多篇，为工作室进一步开展相关工作奠定了良好的理论基础。

（三）队伍建设基础

工作室拥有一支充满活力的“90后”教师团队和“00后”学生团队（文案部、编辑部、视频部、综合管理部），师生团队分工明确、互动配合，定期召开选题会、培训会、分享会、表彰会等，形成了较为成熟、稳定的运营模式。

工作室先后聘请行业内知名专家担任顾问指导，经过多年建设，形成了较为成熟的运行机制。同时，与高校辅导员在线、中国大学生在线、高校辅导员工作室等建立了长期联系与合作。

工作室教师队伍中，先后涌现出全国“高校辅导员年度人物”(提名奖)1人、上海市“高校辅导员年度人物”3人、上海市育才奖获得者4人、上海市青年五四奖章获得者2人、上海市优秀团干部标兵2人等优秀教师，有效实现了辅导员自我成长和促他成长之间的有机统一，达到了良好的育人育己效果。

四、工作室建设的优势和特色

工作室致力于将自身打造成师生共同成长的思想对话平台、宣扬高校学工队伍育人理念与事迹的形象展示平台，努力建设成为高校辅导员的网络精神家园。平台拥有全国用户超60000人(以辅导员为主)，经过多年建设，初步形成了以下特色优势。

(一)内容生产优势

工作室形成了运营团队与平台用户“共创、共建、共享”的内容生产模式，有效打造了全国高校辅导员学习成长“共同体”。工作室充分发挥用户内容生产优势，鼓励用户共建，目前共收到全国500多所高校的师生作者主动来稿，建立了1000余人的网络社区，聚集了一大批优秀学生工作者，成功打造了在全国高校学工队伍中具有一定影响力的原创网络育人品牌。

(二)队伍建设理念优势

工作室坚持教育主客体深度融合，打造师生对话，构建起“学生评价式”辅导员队伍建设模式。先后开展“我与辅导员的故事”“我眼中的辅导员”“辅导员漫画形象”“辅导员经典话语”等作品征集活动，300多所高校师生积极参与。通过学生视角讲述辅导员育人故事，展示辅导员队伍形象，进一步增进了师生互信。同时，辅导员增强了职业认同，提升了育人情怀，寻找到了个人成长方向。

(三)平台建设与项目优势

工作室运营的网络思政平台，积累了超60000名粉丝，覆盖了全国绝大部分高校，原创作品先后被100余家官方媒体平台转载，平台被央广网、《中国青年报》、《文汇报》等媒体宣传报道，先后入选“上海高校新媒体建设特色案例”“上海大学生思想政治教育示范培育项目”“上海高校易班网络思政扶持项目”等，拥有持续的项目经费投入。

(四)团队与组织优势

工作室聘请相关领域知名专家担任指导，团队成员现已全部加入网络思政育人团队(校级团队)，学校每年给予团队绩效经费支持。同时，学校定期划拨专项工作经费，有效保证工作室各项工作顺利开展。

五、工作室建设的未来规划

（一）坚持“学、思、践、研”四部曲，促进辅导员网络育人能力全面提升

学，举办“辅导员网络作品创作训练营”，邀请网络思政领域专家学者进校指导，派遣骨干成员参加相关专题培训，到相关互联网企业学习交流，系统性提升辅导员网络育人能力。

思，定期举行“优秀网络作品分享会”“原创网络思政作品选题会”等活动，实现师生思想交流与碰撞。

践，要求工作室成员发挥带头作用，每月完成一篇优质网络作品创作，同时指导学生创作，积极鼓励和支持辅导员和大学生主动“出圈”，为人才队伍提供成长平台和支持，注重作品创作与工作实际的紧密结合，全力培养一批网络育人能手。

研，努力化辛苦为成果，将经验上升为科学，团结带领工作室成员合作申报课题，撰写论文，共同出版著作等。

（二）坚持教育主客体深度融合、师生对话，构建“学生评价式”辅导员队伍建设模式

运用好“辅导员说”“学生说”原创栏目，主动设置议题，加强师生思想交流与对话。深入开展“我的育人故事”“我与辅导员的故事”“我眼中的辅导员”“辅导员经典话语”等网络作品征集活动，通过学生视角讲述辅导员育人故事，以学生视角评价辅导员形象，建立对话机制，增强师生互信，强化辅导员职业认同。

（三）坚持“共创、共建、共享”理念，努力打造辅导员成长共同体

在平台现有60000余名粉丝，以及500余所高校师生投稿的基础上，进一步发挥用户内容生产的优势，扩大受众面，积极鼓励师生共同创作网络作品、共同建设网络育人平台，共同分享育人理念，努力打造辅导员成长共同体。

工作室成员获评上海市“十佳网络安全宣传大使”

工作室承办上海高校优秀网络作品（网络文章）创作训练营

梧桐树网络文化工作室

——河北省高校辅导员领航工作室

一、工作室主持人简介

沐牧，女，硕士，副教授，河北农业大学党委学生工作部副部长、学生工作处副处长。河北省首批高校辅导员领航工作室主持人。曾获教育部中国大学生在线网通站优秀指导教师、河北省德育工作先进个人、河北省易班优秀指导教师等称号。学校多次获评教育部中国大学生在线“十佳网络通讯站”“优秀网络通讯站”“全国易班优秀共建高校”“全国易班优秀工作站”等。先后在全国大学生网络文化节和全国高校网络教育优秀作品工作案例推选展示中获一等奖、二等奖、三等奖、优秀奖、最佳人气奖等奖项。承担参与教育部全国高校思想政治工作精品项目等国家级项目4项、省级项目10余项。

工作室主持人　沐牧

二、工作室简介和定位

梧桐树网络文化工作室成立于2019年，现有成员12人。工作室以提升辅导员网络育人能力、促进辅导员成长发展为目标，聚焦网络育人工作中的难点、痛点、热点问题，深化理论研究和实践探索，构建前辈领航、朋辈互助、辅导员交流的平台。努力培养一支有能力、有梦想的网络育人团队，建设一个有魅力、有理想的网络育人阵地，打造一套有效力、有反响的网络育人模式，拓展一批有活力、有回响的网络育人栏目，形成一系列有价值、有影响的网络育人成果。2020年，工作室获批河北省首批辅导员领航工作室。2022年，工作室牵头负责的“‘网伴儿工程’育人体系研究与实践”项目获批教育部高校思想政治工作精品项目。工作室在各级领导的关心和指导下一路茁壮成长，“焦点时刻”“红色广播站”“辅导员开讲了”“农大寻宝记”等一批优质网络育人栏目在学生群体中引起强烈反响。工作室创作的网络文化作品在全国大学生网络文化节中

工作室成员合影

屡获佳绩，获奖数量在河北省高校中名列前茅。易班网、中国大学生在线运营成绩突出，多次获得全国易班优秀共建高校、中国大学生在线"十佳校园网通站"等荣誉。工作室获得国家级奖项 22 项、省级奖项 162 项，承担省级及以上课题 11 项。

三、工作室的建设情况

（一）建设构架

工作室构建"1244"工作团队，实行矩阵式管理。"1"即以网络文化工作室为中心。"2"即培育指导辅导员团队和学生团队两支队伍。"4"即辅导员团队由学术科研组、网络运维组、团队管理组、创作策划组组成，针对网络思政工作中制度建设不完善、平台阵地黏性差、队伍能力待提升、创作内容不精准等四大突出问题，有针对性地开展研究、探索路径，在指导学生团队实践中论证并形成成果。"4"即学生团队主要由易班工作站、马克思主义学习研究会、焦点时刻栏目组、院级新媒体中心组成。

工作室各团组采用项目化模式运营，突出成果导向，承担具体项目并及时固化成果。

1. 学术科研组

研究探索增强高校网络育人实效性的方法路径，创新切入点，探索中华优秀传统文化，特别是农耕文化融入学校德育教育的途径方法。积极组织申报国家级、省级项目课题。申报"教育部高校思想政治工作质量提升综合改革与精品建设项目"以及各省网络思政中心的开放性课题。征集整理优秀网络育人案例，编撰《高校优秀网络文化作品创作集》《高校网络育人活动案例集》，编写《高校弘扬中华优秀传统文化德育案例探新》等。

2. 网络运维组

与全国高校思想政治工作网、中国大学生在线、易班网紧密联动，借助微博、微信、小红书、B 站、抖音等媒体平台影响力，着力打造一批师生黏合度高、受众覆盖面广、社会影响力大的网络育人平台。组织成员在全国高校思政网等媒体上投递思想政治教育和学生管理类文章，组织好中国大学生在线优秀网络通讯站考核评选、校园行优秀组织高校评选、大学生网络文化节优秀组织高校评选等，组织好全国易班优秀共建高校、优秀工作站考核评选等，做好其他媒体平台上的作品推广。

3. 团队管理组

做好团队成员申请审核、网络育人队伍培训、项目完成情况考核等工作。开展网络育人工作调研，分析大数据时代学生网络行为画像，研究学校网络育人队伍体制机制建设，为相关政策的制定出台提供参考依据。参与制定并完善《学院网络育人工作考核评比办法》《网络文化作品评价认定办法》等。组织团队培训、沙龙、外出考察，学习先进高校典型做法。组织团队成员申报中国大学生在线优秀指导教师、易班优秀指导教师、优秀迎新案例、网络育人创新案例、易班优秀研发作品奖等荣誉。

4. 创作策划组

加强思想引领，坚持内容为王。围绕爱国主义教育、传统文化教育、爱校荣校教育、热议话题引导等方面开展创作策划。以学生喜闻乐见的形式，打造一批网络精品栏目。线上线下同步发力，不断增强活动的仪式感、体验感、吸引力。线上重点打造红色广播站、耕读集萃堂、学子驿站行、爱说会议室等栏目。线下创新《焦点时刻》节目内容，以“一道路两精神”践行团、红穑讲堂、耕读体验营、网络文化节等形式，与线上活动同频共振，用优秀校园文化活动滋养学生心灵，使学生厚植家国情怀，激发内生动力。及时固化创作和活动成果，积极参加“一节一推选”活动，组织参加各类网络文化作品比赛。

(二)建设成效

1. 网络育人体制机制完善

工作室参与制定《新媒体建设管理办法》《网络意识形态工作责任制实施细则》《网络安全责任制实施细则(试行)》《网络安全事件应急预案(试行)》等制度，强化对校园网络阵地的管理。制定《学院易班建设工作管理办法》《大学生融媒体中心管理办法》《辅导员工作室管理办法》。对网络媒体运营团队的工作职责、工作任务、工作质量做出明确要求并进行认定，全面提升项目管理水平。探索网络作品评价体系，优秀网络文化作品主要从思想性、传播性、艺术性、学术性等四方面进行评价；优秀网络应用研发科技作品主要从现实需求、用户体验、管理效果、成果情况等方面进行评价。工作室积极推进网络作品评价在各类评优考核、科研成果、业绩考核、职称晋升中发挥作用。

2. 网络育人队伍素质提升

工作室邀请校内外专家、名师进行交流分享，选派成员赴其他高校学习网络育人先进经验，举办辅导员沙龙、网络育人训练营等活动。培训内容涉及网络技术、网络管理、网络创作、网络评论、网络研究等方面，培训每学期不少于16学时，培训考核结合项目完成情况进行，考核合格颁发培训证书。注重在实践项目中锻炼培养工作队伍，边干边学，以干促学。通过举办校园大学生网络文化节、易班建设大赛等网络文化活动，打造网络精品育人栏目，进行项目化管理，锻炼团队的专业化水平，增强网络育人实效。

3. 网络育人阵地异彩纷呈

工作室现已建成影视录播室、音频制作室、综合活动室等场所400余平方米，配备无人机、单反相机、微单相机、影视照明、录音设备等各类影视专业器材，为广大师生开展网络文化作品创作提供了优质的交流和活动空间。工作室明确网络育人品牌成长培育路径，支持品牌做大做强，对网络育人品牌实行年度星级认定，经过认定的网

工作室成员参加高校辅导员工作室高端论坛

络育人品牌可获得项目经费支持。工作室把握时代特点、关键节点、热点难点，利用微视频、微课堂、微宣讲等形式，打造“红色广播站”“耕读集萃堂”“学子驿站行”“农大寻宝记”“这里是农大”“爱说会议室”“就业宝典”等多个符合大学生网络习惯的网络品牌，做好校园文化引领的“风向标”。

工作室活动场所建设

4. 网络文化作品成果丰硕

工作室每年平均创作网络文化作品200余部。作品多次被新华社、新华网、人民日报客户端、“学习强国”学习平台、中国教育电视台、中国青年网、《扬子晚报》、《时代周刊》、《河北日报》、高校思政网、易班网、中国大学生在线等媒体转载报道，在学生群体中拥有较高的传播度和较强的影响力。视频《考研女生走廊上头插灯管学习》播放量2.1亿次，排名当日微博热搜榜单首位。视频《高校操场铺防雨布方便学生晒被子》播放量5378万+，排名当日微博热搜榜单第18位。视频《毕业生把证书当废品，老师蹲书堆找到》播放量1700万+，被新华社微信公众号报道。视频《农大学子袁隆平题词前献花》在微博播放量达927万+。视频《毕业生离校前把宿舍打扫干净》播放量484万+，被人民网微信公众号报道。2022年获评教育部中国大学生在线“十佳校网通站”，2019、2020、2021年连续三年获评中国大学生在线优秀校网通站。2020、2021年获评全国易班优秀共建高校、全国易班优秀工作站。2020年至2023年，获得河北省校园文化建设成果一等奖2次、二等奖1次、三等奖4次。获高校思想政治工作精品项目1项、教育部人文社会科学研究专项支持项目1项。在大学生网络文化节和全国高校网络教育优秀作品推选展示活动中获奖数量名列河北省高校前列。

四、工作室建设的优势和特色

（一）工作基础

河北农业大学拥有悠久的历史、深厚的文化底蕴、良好的育人传统，开创了享誉全国的“太行山道路”，培育形成了以“太行山精神”“李保国精神”为主要内容的校园文化，涌现出“人民楷模”李保国教授、“果树 9301 班”优秀毕业生群体等一批具有社会影响力的先进典型。2019 年由工作室牵头实施的“网伴儿工程”网络育人实践项目，整合全校思政教育资源，统筹各部门网络育人力量，建立网络育人工作矩阵，取得了良好的实效。

（二）研究基础

工作室实行项目化管理，在广泛调研的基础上，定期发布项目指南，由工作室成员自行申报。工作室对申请人和团队的工作经验、研究基础、实施方案等进行严格把关。将项目实施情况作为团队和个人年度考核与表彰的重要参考依据。将“焦点时刻”“红色广播站”“辅导员开讲了”“这里是农大”等十大网络育人品牌建设作为推进网络育人工作的重要载体，围绕理想信念教育、传统文化教育、爱校荣校教育、文明礼仪教育、法律法规教育、职业生涯教育、心理健康教育、学风涵养教育、资助育人教育、国防强军教育等打造一批具有时代热度、思想深度、人文温度、情感厚度的原创节目。

（三）队伍基础

工作室注重考察申请加入人员的专业背景和兴趣爱好。目前，工作室辅导员团队 80%以上的成员具有信息技术、影视技术、艺术学、传统文学等方面的专业背景或相关工作经历。学生团队 50%以上的成员来自信息技术、视觉传达、中文等相关专业，团队整体专业化水平较高。邀请马克思主义学院全国教学名师 2 人、专业教师 3 人担任工作室顾问。先后选派团队成员赴中南大学、兰州大学、南京农业大学、南京林业大学、湖南农业大学、延安大学、南昌理工大学、西华大学、陕西科技大学等高校学习辅导员工作室建设经验。

五、工作室建设的未来规划

（一）实施“引凤栖梧”工程

进一步加强从辅导员队伍、班主任队伍、专任教师队伍选拔优秀网络育人人才加入工作室的力度。孵化建设若干个网络名师工作室，给予场地和资金支持，承担工作室团队培训任务。进一步完善网络育人各项配套制度，研发网络育人评价系统，完善网络育人效果评价体系，通过线上网络作品评价管理工作平台，实现网络作品评价系统网络化，推动网络文化作品等级认定在职称评定、评奖评优、年度考核、业绩奖励中的运用。

（二）加强网络育人理论研究

发挥大学的理论研究优势，结合工作室各项目实施的宝贵经验，引导工作室成员深入开展网络育人研究工作，探索网络育人基本规律，把握网络育人价值指向，关注网络育人领域出现的新情况、新问题，汇总整理网络育人新成果，以较高的理论水准和丰富的研究成果为开展网络育人工作提供理论依据。组织申报教育部高校思想政治工作建设综合改革与精品建设项目，组织编写相关籍，组织参加“一节一推选”活动和各类网络文化作品大赛。

栽下梧桐树，引得凤凰来。在全体成员的共同努力下，工作室将继续植根网络育人沃土，深耕网络育人平台，践行立德树人初心，勇担铸魂育人使命。

“云梯”网络文化工作室

——河北省高校辅导员领航工作室

一、工作室主持人简介

郭鹤男，男，中共党员，河北经贸大学辅导员。曾荣获河北省“高校辅导员年度人物”、河北省千名好支书、河北省新时代万名“冀青之星”、河北省教育厅先进德育工作者、河北省高校辅导员暑期“大家访”活动先进个人、河北省暑期“三下乡”社会实践先进个人、河北省高校辅导员工作精品项目二等奖与三等奖、河北省高校辅导员“致家长的一封信”三等奖、河北省第四届辅导员职业技能大赛本科组决赛三等奖、河北省“法治环保 伴我成长”征文优秀指导教师、河北省“中华魂”主题教育优秀指导教师、河北省“我的团日我做主”自主团日活动优秀指导老师等荣誉。

工作室主持人　郭鹤男

二、工作室简介和定位

“云梯”网络文化工作室成立于2018年，于2020年12月获批河北省首批高校辅导员领航工作室。“云梯”寓意“云端思政，我愿为梯”。工作室主要依托工作室的线上线下各类平台，以网络文化作品为点，以网络思想政治教育为面，探索实现网络育人，助力河北省辅导员职业发展和大学生成长成才。

工作室集体照

三、工作室的建设情况

（一）工作室组织架构

1. 有经验丰富的专家团队作为“技术指导员”

工作室聘请了校党委宣传部和学生工作部的领导作为智囊团，由经验丰富的专家团队为工作室把脉导航。

2. 有优势互补的教师队伍作为“质量保障员”

团队中的教师成员均具有较强的工作能力和较高的业务水平，既工作专长互补，又所学专业互补，是一支优势互补的良性合作团队。

3. 有活泼优秀的学生队伍作为“工程施工员”

团队中的学生成员既活泼优秀、善于发现大学生关心关注的问题，又具有一定的新媒体技术素养，在网络文化作品制作方面具有一定优势。

（二）工作室工作机制

1. 培养和考核相结合

一是培养方面，制订“五个一”综合素质养成计划，即每年参加一次培训、每年获得一项荣誉、每两年参加一次比赛、每两年完成一项课题、每两年发表一篇文章。二是考核方面，按照制订的成员考核方案，以年度为单位进行考核检验，考核优秀者优先派出交流培训，考核不合格者实行退出机制。

2. 线上和线下相结合

网络思政工作从网络出发，最终以线下实践为落脚点，构建网络育人的完整闭环。工作室依托多个新媒体平台，根据线上活动主题开展相应线下活动，通过网络平台进行大众化传播，又通过线下实践活动完成精准投送，再通过网络平台收集反馈信息。从线上推送到线下实践再到线上反馈评估，形成思政教育的完整闭环。

3. 教师和学生相结合

工作室除了吸收一批优秀的思政教育工作者，也招纳一批具有良好新媒体技术素养的优秀学生，让他们作为辅导员工作室和大学生之间加强联系的桥梁，及时收集大学生的关注焦点、成长困惑和意见建议。师生在工作过程中共同学习、共同成长，实现教学相长。

4. 理论和实践相结合

辅导员工作室的研究成果，既包括探索开展网络文化思政教育的有效实践方法、工作特色，在实践中落地开花，也包括形成论文、著述等文字成果，在理论中总结升华。

（三）工作室建设成效

1. 构建媒体矩阵，做到以文化人，形成有体系、有特色、有实效的网络思政平台

一是根据当代大学生“互联网原住民”的特点，运用微信、抖音等新媒体平台打造高效

率、全覆盖、双向互动的“微思政”体系。根据学生不同阶段遇到的不同问题，通过影、音、图、文等多种思政方式，用学生喜欢的话语体系进行表达，有针对性地对学生进行教育和引导，为青年学生补补课，帮青年朋友解解惑，陪青年朋友聊聊天。二是依托微信公众号撰写推送一系列思政教育文章，依托抖音创作一批校园原创视频作品。

“云梯辅导员工作室”微信公众号推送“大学生活感悟”和“网络思政研究”两个栏目的相关文章，既为大学生的生涯规划提供参考，也为辅导员开展网络思政研究提供借鉴。抖音账号发布时政热点、校园生活等系列微视频，加强师生沟通，累计获得 8.1 万点赞量。新冠肺炎疫情期间，新生家长们不能送孩子到校内报到，工作室通过抖音平台及时开展“经贸郭哥直播迎新现场”活动，受到学校领导、家长朋友的一致好评。工作室组织开展的红色“剧本杀”活动，凭借新颖形式为党史学习教育注入新的活力，得到《燕赵都市报》、河北新闻网、河北教育网、长城网等媒体的报道。

红色“剧本杀”为河北经贸大学党史学习教育注入新活力

2021-12-01 16:53:19 来源：河北新闻网 A- A+

河北新闻网讯 “1937年9月，日军已经将劝降书送达朔县政府，7天之后，就将兵临城下。今夜，在朔县最大的酒楼福满楼，全县的头面人物尽数到齐。一场决定全县命运的宴会，就此开场……”12月1日，河北经贸大学公共管理学院学生在郭鹤男老师的指导下开展了《兵临城下》红色“剧本杀”党史学习教育。

工作室所开展的活动被河北新闻网报道

组建辅导员、团干部、志愿者 3 支党史宣讲队伍，开展“百期短视频致敬建党百年”活动，推出回顾百年历程、讲述党史故事、探寻红色印迹 3 个系列共计 100 期视频，优秀作品荣获河北省高校大学生讲思政课二等奖，郭鹤男主讲的“我眼中的中国精神——高校思政工作者接力讲”视频被“学习强国”学习平台、《中国青年报》、高校辅导员工作室等媒体转载。在河北省易班网络安全知识竞赛中，团队荣获省级一等奖 9 项、二等奖 21 项、三等奖 29 项。

2. 开展学术研究，进行经验总结，形成有思想、有理论、有深度的网络思政成果

组织团队成员围绕“网络思想政治教育”申报相关课题，开展相关研究，用理论对工作实践进行阐释总结，积极探索网络思想政治教育时代下工作的新手段、新模式、新方法。注重工作经验的积累和教育规律的总结，提升辅导员的科研能力，形成系列研究成果。目前，已发表《高校网络文化的育人机理及其提升策略研究》《大学生网络资源利用现状及提升策略研

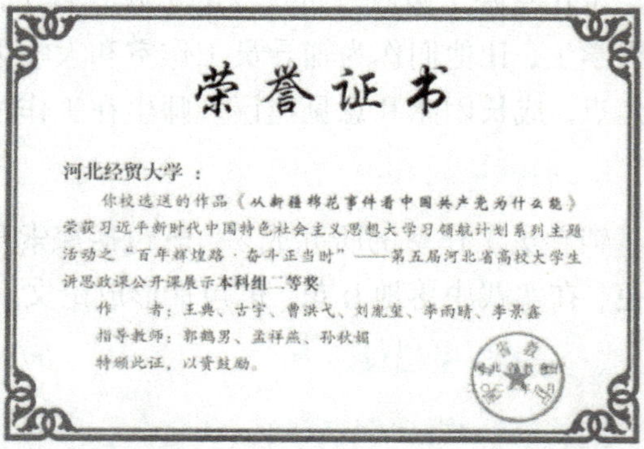
荣誉证书

河北经贸大学：

你校选送的作品《从新疆棉花事件看中国共产党为什么能》荣获习近平新时代中国特色社会主义思想大学习领航计划系列主题活动之“百年辉煌路 · 奋斗正当时”——第五届河北省高校大学生讲思政课公开课展示本科组二等奖

作　者：王典、古宇、曹洪弋、刘胤玺、李雨晴、李景鑫

指导教师：郭鹤男、孟祥燕、孙秋娟

特颁此证，以资鼓励。

作品荣获河北省高校大学生讲思政课二等奖

究》《微信公众平台在高校学生工作模式创新中的应用》等相关论文，正在开展“大学生网络素养内容、载体及培育机制研究”等相关课题研究。

3. 打造优秀团队，实现共同成长，形成有责任、有素养、有本领的网络思政队伍

一是制订工作室成员培养方案，建立培训培养长效机制，指导和帮助工作室成员在建设周期内达到培养目标，逐步成长为网络思政教育名师骨干。卢文龙老师一直坚持“画”说思政，其优秀事迹被新华网、“学习强国”学习平台等媒体报道。贾云飞老师主持的云说工作室获批辽宁省高校辅导员名师工作室培育项目。路荣老师开设的“润心思政”目前在抖音平台已有6万多点赞量，受到师生们的广泛关注和好评。二是开展理论学习、业务研讨，并积极邀请校内外的网络思政专家为工作室成员进行业务培训和指导。工作室邀请校党委宣传部、新闻中心的老师为团队师生讲解新闻报道、视频制作等专业知识，同校融媒体中心和河北农业大学易班工作站进行经验交流，提升团队成员的新媒体思政工作素养和能力。三是在河北高校辅导员群、云梯辅导员群等6个群组中，累计推出12期“每月一学”资料分享，分享内容包括网文写作、党史学习教育、公文写作、学术研究、学生骨干培养等，累计3280多人次受益，被同仁们称为云端“及时雨”、线上“活雷锋”。

4. 定期交流分享，助力星火燎原，形成可操作、可复制、可推广的网络思政模式

一是总结经验模式，凝练可复制路径，积极推出成果。二是通过讲座、论坛、报告会、考察学习等形式，在省内外对研究实践成果进行宣传推介，形成品牌效应，加强交流合作，为更多的辅导员开展、优化网络文化育人模式提供助力。目前云梯辅导员论坛已举办16期，围绕时政学习、课题申报、班级建设、网络舆情应对、心理健康教育、辅导员入职培训等主题组织辅导员进行交流讨论，不断提升辅导员的工作素养和能力。同时坚持“走出去”“请进来”，到电子科技大学、西北工业大学、河北省网络思政中心、河北农业大学梧桐树网络文化工作室、东北大学秦皇岛分校易班中心、燕山大学燕行工作室等地方进行参观学习，邀请天津工业大学、河北师范大学、防灾科技学院等团队就辅导员工作室建设、团学工作等内容前来调研交流。工作室经验被中国大学生在线、“学习强国”学习平台、《河北日报》、高校辅导员在线、中国教育电视台等平台宣传报道。工作室案例荣获河北省高校辅导员工作精品项目二等奖。

四、工作室建设的优势和特色

（一）秉持一个理念

秉持“促进辅导员职业发展，服务大学生成长成才”的理念。

（二）面向两个群体

一是面向辅导员群体，通过在网络思政教育方面的理论学习、业务学习、专家指导、交流分享，帮助辅导员在提升新媒体思政工作能力的基础上，找到并实现自己的职业发展路径。二是面向大学生群体，依托新媒体思政工作平台，创作一批原创网络文化作品，落实立德树人根本任务，助力大学生成长成才。

（三）实现以文化人

通过探索网络文化融入高校思想政治教育的生成机理和实现路径，探究融入的要素体系、影响因素、一般规律和一般过程，创作一批原创网络文化作品，将网络文化更好地融入高校思想政治教育全过程，实现以文化人、立德树人。

五、工作室建设的未来规划

（一）在网络思政研究方面下功夫

学术研究一直是辅导员的短板，工作室这方面的成果也比较欠缺，工作室将继续在网络思政研究方面下功夫，力争为高校网络思政的实际工作提供理论参考。

（二）在网络队伍建设方面下功夫

辅导员岗位流动较快，这也给工作室的教师队伍建设带来一定困难。因此，下一步工作室将着力建设一支有活力、有传承、有能力的学生网络思政队伍，保障工作室的可持续发展。

（三）在网络作品创作方面下功夫

优秀网络文化作品是网络思想政治教育的重要支点。工作室将继续致力于创作具有一定传播度和影响力的网文、短视频、微电影等不同形式的优秀网络文化成果。

"杏林驿站"辅导员名师工作室

——甘肃省高校辅导员名师工作室

一、工作室主持人简介

工作室主持人　郜晋瑜

郜晋瑜，男，中共党员，甘肃中医药大学中西医结合学院专职辅导员，高级就业指导师、生涯规划师，甘肃省首批辅导员名师工作室主持人，负责省级样板党支部建设，运营"甘肃辅导员先锋"微信公众号。兼任学校乒乓球社团、军事爱好者协会指导老师。先后获得全国高等中医药院校辅导员素质能力大赛三等奖、全国中医药院校思想政治论文三等奖、全国中医药院校"优秀辅导员"、甘肃省"高校辅导员年度人物"提名、甘肃省思想政治案例三等奖及校级荣誉 20 余项。主持全国中医药院校课题 1 项，主编专著 1 部，参编论著 3 部，发表学生管理相关论文 10 篇。所带班级获甘肃省"五四红旗团支部"、甘肃省活力团支部。

二、工作室简介和定位

甘肃中医药大学"杏林驿站"辅导员名师工作室作为甘肃省首批高校辅导员名师工作室，以习近平新时代中国特色社会主义思想为指导，全面贯彻党的教育方针，落实新时代党的建设总要求，坚持立德树人根本任务。工作室以"增强育人实效、提升辅导员素质能力、助力学生成长成才"为目标，聚焦高校辅导员在网络思想政治教育理论与实践研究领域职业能力的提升，提高辅导员为党育人、为国育才的能力。

坚持"一二三四五"工作主线，即围绕一个核心(强化对学生的思想价值引领)，依托两个载体(线上网络矩阵、线下活动集群)，深挖三个功能(教育学生、管理学生、服务学生)，打造四个品牌(中医文化育人、名医榜样育人、杰出校友育人、身边典型育人)，扎实推进五项任务(理论学习、科学研究、工作交流、育人实践、业务培训)，从而提升网络思政工作的吸引力、执行力，提升学生的成长驱动力、核心竞争力，力争把工作室打造成学习交流的园地、汇智聚力的平台。

工作室成员集体照

工作室助理集体照

三、工作室的建设情况

(一)带队伍、促成长，构建梯队

工作室聚焦辅导员主责主业，紧密围绕辅导员九大职责中的网络思想政治教育、心理健康教育与咨询、职业规划及就业指导能力、党团与班级建设工作能力等重点，建成了涉及4个方向的工作团队，按照省级工作室建设要求，高标准、高规格调整充实团队成员，形成以研究型辅导员为特色的整体专业化团队，以辅导员整体专业化能力解决学生思政工作个体复杂化的问题。

(二)定好位、发好力，打造品牌

工作室聚焦网络思政教育，通过利用甘肃辅导员先锋公众号、甘肃中医药大学学工部公众号等学生喜闻乐见的主流媒体进行网络思政教育。截至目前，相关公众号、QQ号关注人数3万多人，推送文章80余篇，连续推送“每日思政”三年，阅读量达50万+。甘肃辅导员先锋公众号已推文80余期，阅读量8万+。其中，首批工作室主持人联合策划的建党百年特别节目《甘肃是片红色土地》50期系列微党课，由本工作室负责视频收集、排版、推送等工作。目前，已成功推送46期，其中工作室成员拍摄5期，并得到广泛好评。该项目也成功入选《百年珍贵记忆——全国高校庆祝中国共产党成立100周年原创精品档案》。除此之外，工作室还承担全校辅导员队伍能力提升工作，承办了甘肃中医药大学第四、五届辅导员素质能力大赛并取得了良好成效，为学校思政教育、辅导员能力提升提供了助力。

在学校各方指导帮助下，依托工作室平台，组织开展《向榜样致敬，与榜样同行——甘肃故事》100期微视频制作。该视频以甘肃党史、甘肃中医药文化史、甘肃中医药大学名中医、名师人物等为主题，通过网络展播，让学生树立榜样，致敬楷模，让正能量主流在学生中成为“顶流”。

工作室成员针对大学生思想政治教育工作中的热点难点问题开展探讨、交流，举办辅导员沙龙15次，提升辅导员综合素质能力。其中，工作室成员任海燕老师参加甘肃省辅导员素质能力大赛，获得二等奖，创学校历年来最好成绩。

以工作室为平台，承办全国性学生第二课堂竞赛多场。参与学生人数达万人，工作室被评为“优秀承办单位”，工作室多名成员获“优秀指导教师”称号。

联合哈尔滨师范大学辅导员工作室，举办“担当时代大任、青春献给祖国——弘毅讲堂”云沙龙 4 期，获广泛好评。

（三）下功夫、花精力，做好研究

工作室自创建以来，申报全国中医药院校课题 2 项、特色项目 1 项；参与教育部高校思想政治工作中青年骨干队伍建设项目；主持人参加全国中医药院校辅导员能力大赛荣获三等奖、参加全国中医药院校论文比赛荣获三等奖；主持人担任主编编写《致敬榜样 · 陇原故事》；主持人担任副主编编写《高校思想政治教育建设与辅导员工作研究》；主持人参编辅导员能力提升相关书籍 2 部；主持人发表学生思想政治教育、学生日常事务管理相关论文 10 篇；工作室成员撰写学生工作论文、案例 20 篇。

工作室主持人郜晋瑜在学校做沙龙分享

（四）强实践、融发展，提升效能

以党史学习教育为导向，持续深入推动党史学习教育走深走实走心。组织学生开展志愿服务类集体活动 20 余次，旨在加强社会实践能力的同时，也让学生深刻地感受到劳动者的艰辛与光荣，并用实际行动向“我为师生办实事”活动贡献自己的青春力量。

连续举办两届辅导员素质能力大赛，不断提升学校辅导员的理论水平、职业能力和专业素养，推动辅导员队伍建设工作高质量发展。组织开展国旗法、国家安全知识竞赛等活动，进一步弘扬爱国主义精神，深化学生思想政治教育，构建爱国主义文化育人共同体。组织学生开展“三下乡”社会实践活动，前往甘肃古浪开展了直播助农带货活动，在陕西延安进行了红色革命圣地探访活动并完成了活动相关论文发表、调研报告撰写，获评学校优秀团队、优秀调研报告等荣誉，其中延安实践团还入选了全国“千校千项”优秀榜单，取得了优异成绩。

四、工作室建设的优势和特色

工作室作为甘肃省首批高校辅导员名师工作室，围绕立德树人根本任务，牢牢把握青年成长的“拔节孕穗期”，坚持推动思想政治工作高质量发展。始终秉持“把职业当事业，把学生当孩子”的理念，贯彻落实提高辅导员工作水平、服务学生发展的工作目标。

（一）中医文化育人

传承和弘扬中华优秀传统文化，特别是中医药文化，培养学生的健康观念、道德品质和文化素养。中医文化是中华民族五千多年文明史的重要组成部分，具有深厚的历史底蕴和丰富的实践经验。着重培育中医道德教育，将仁爱、诚信、敬业贯穿培养全过程，培养学生的道德品质和社会责任感。

（二）名医榜样育人

工作室通过朋辈引领，拍摄相关微视频宣传医术高超、医德高尚的优秀医生，通过他们的典型故事和专业敬业精神来激励更多的学生提高专业技能和道德素质，进而更好地服务于患者和社会。

（三）融合发展省级样板党支部

工作室通过融合“省级样板党支部”，深化推进学生党支部建设，进一步加强党性修养，树立良好党员形象。通过开展一系列活动，激发学生党员的积极性、主动性和创造性，并且调动学生群体积极向党组织靠拢的热情，这不仅有利于更好地传达党的最新思想和指导性意见，更有利于学生坚定理想信念，提升思想境界。

（四）打造辅导员素质能力提升工程

为进一步提升辅导员的理论水平、职业能力和专业素养，举办辅导员素质能力大赛复盘会，制订辅导员培训计划、辅导员助理选聘办法、校级辅导员工作室启动工程等促进辅导员队伍专业化职业化发展。

（五）网络思想政治教育创品牌

工作室将传统的思想政治教育与互联网技术相结合，通过网络平台进行传播和推广，以提高教育效果和覆盖面。深入推进“融媒体”建设工程，不断强化思想政治教育的亲和力和时代感，引导师生树立网络思维，精耕网络创作，发展网络文化。培育“每日思政”网络文化品牌，打造创新“辅导员说”系列短视频及相关推文 20 期，以解决学生实际问题为主线，创办“杏林驿站”官方 QQ，已答疑解惑上千余次。

题名	作者	来源	发表时间	数据库
“农产品+直播”电商助农新模式研究——以甘肃省古浪县为例	郜晋瑜;袁芮;王毅;李翰林	山西农经	2023-08-30	期刊
医学生就业形势及高校辅导员的就业指导策略探讨	郜晋瑜;袁芮	佳木斯职业学院学报	2023-03-01	期刊
高校辅导员专业化发展的理论逻辑和现实路径	郜晋瑜;袁芮	甘肃教育	2023-02-01	特色期刊
创建省级五四红旗团支部的探索——以甘肃中医药大学第一临床医学院临床医学2018级B班为例	袁芮;郜晋瑜;郭坚;张彦雄	公关世界	2022-03-25	期刊
探究新形势下的高校辅导员学生管理工作方法	郜晋瑜;闫娟;袁芮;许敏	教育观察	2021-11-07	期刊
试论医学类高校辅导员队伍建设的职业化和专业化——以某中医药大学为例	郜晋瑜;李广远;许敏	山西大同大学学报(社会科学版)	2021-08-18	期刊
建立和谐人格在大学宿舍人际交往中的重要性	郜晋瑜;袁芮	心理月刊	2021-03-15	期刊
“互联网+”环境下高校辅导员思政工作的构建	郜晋瑜;袁芮	中国多媒体与网络教学学报(上旬刊)	2020-10-01	期刊
高校“80后”辅导员对“90后”学生教育管理探析	郜晋瑜	新西部	2017-10-31	期刊

工作室主持人发表论文、主编书籍

（六）理论与实践研究产出成果

近三年来，工作室围绕学生个体化难题、辅导员发展瓶颈难点，发表相关论文 10 篇，其中涵盖党团建设、辅导员职业发展、就业创业难点、心理健康等方面。围绕工作室“四大”育人工作主线，拍摄微视频 100 期，编撰专著 1 部。

五、工作室建设的未来规划

（一）清晰定位，打造特色项目研究

组织工作室成员讨论研究并完成全国中医药高等教育学会学生研究工作会科研立项项目，形成有操作性、推广性的研究成果。工作室成员要不断提升科研能力，积极申报科研项目。

（二）创新思路，深化网络思政教育

依托学校学工部、甘肃辅导员先锋公众号，“杏林驿站”官方 QQ 以及工作室网页，围绕学生成长规律和成才目标，继续为大学生提供咨询、资讯和帮助等服务，及时解答学生在学习、工作、生活等方面遇到的问题。持续通过推送大学生榜样典型案例，弘扬主旋律，传播正能量，帮助大学生成长成才。

（三）完善架构，打造专业思政团队

通过系统完善工作方案、制订成员培养方案、吸纳优秀辅导员加入、组织辅导员培训、举办特色主题班会等，让团队成员的能力得到突破，从而使团队整体水平得到更大的提升。

（四）示范引领，加强育人引领作用

工作室始终秉承“辅”之以情、“导”之以理、“圆”之以梦的工作理念，坚持立德树人、与学生共成长成才的育人原则，培养心中有大爱、手中有方法、肩上有担当的合格“引路人”。通过辅导员能力提升系列计划，加强辅导员队伍示范引领作用。在培育辅导员坚定理想信念、厚植爱国主义情怀、加强品德修养、增长知识见识上狠下功夫，不断锤炼辅导员干事创业真本领。

飞哥在线工作室

——江苏高校网络思政名师工作室

一、工作室主持人简介

韩飞，男，中共党员，淮阴工学院电子信息工程学院党委书记，副教授，教育部中国大学生在线专栏作者，江苏省首批高校网络思政工作室主持人，江苏省普通话测试员，研究方向为大学生网络思想政治教育、辅导员队伍建设和新媒体运营，出版思政专著4部(主编1部)。获全国第二届辅导员职业能力大赛优秀奖，全国基层思想政治工作优秀案例，江苏省教学成果一等奖，江苏省优秀党务工作者、魅力班主任，江苏省第一届辅导员职业能力大赛、优秀学术成果、辅导员工作精品、辅导员工作案例一等奖，获批江苏省社会实践一流课程、江苏省信仰公开课示范课等。

工作室主持人　韩飞

二、工作室简介和定位

飞哥在线工作室围绕立德树人根本任务，大力推进网络思想政治教育，在育人队伍、育人时间、育人空间上协同发力，在互联网视域下积极探索、实践“1+6+*N*”思政育人新模式，以“1”个网络思政平台(飞哥在线工作室)为核心，在周记、健跑、电台、节气、职业、成长等6个维度上协同发力，在辅导员职业能力提升、学生健康成长成才上下功夫，努力形成“*N*”个思政品牌，立足学生成长实际，以学生普遍性、现实性、关键性的现实问题为主导，及时回应舆论关切，深挖问题的主要矛盾，准确把脉热点难点，理性引导，化堵为疏，影响和带动更多的青年学生和辅导员。

飞哥在线工作室团队照

工作室紧紧围绕学生成长、思想领航、创新创业、志愿实践等内容，以“情系学生成长，网络思政领航，创新创业助力，公益志愿实践”为宗旨，以“线上线下良好互动，课内课外融合贯通，网上网下绘同心圆，校内校外谱正气歌”为原则讲好青年故事、大学故事、家国情怀故事，致力于建立运行机制，开展互动调查，加强思想引导，深化工作研究，成为学生思想引导、学业成长、情感解惑、就业指导、心理抚慰、助学励志的精神滋养，为学生烹饪出一份份有滋有味的“德育套餐”，引领学生塑造正确的世界观、人生观、价值观。

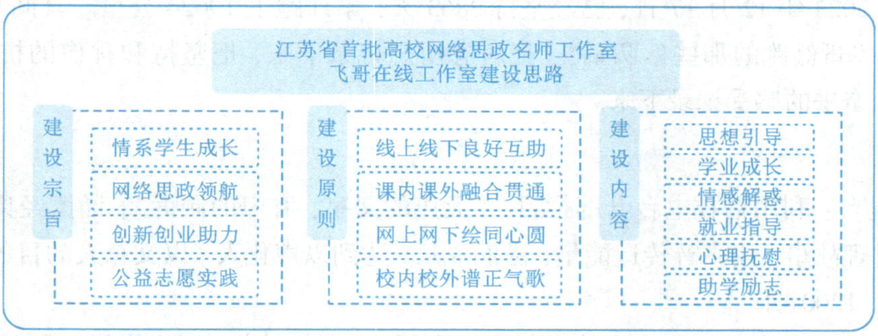

飞哥在线工作室建设思路

三、工作室的建设情况

（一）“一个平台”：飞哥在线工作室

主持人于 2014 年 12 月开设“飞哥在线工作室”微信公众号，创立“飞哥周记”“我们的故事”“辅导员案例集”“辅导员眼中的节气人生”等特色品牌，借助全媒体传播的优势，将平台建设成为师生校友关注的多位一体的在线思想政治教育宣传平台。

通过 QQ 空间、微信朋友圈、微博、公众号“四维一体”的互联网生态进行线上推送，因时而进、因势而新，打造学生“筑梦空间”，助力学生“成长之路”，做好思政教育的“大服务”，形成润物无声的育人力量，获得多方肯定和一系列荣誉表彰。

坚持每日更新，推送一篇图文信息，建立 48 小时积极回应机制，通过一对一回复用户问题，加强与用户的互动交流，提升工作室的权威性与服务力度。

（二）“六个维度”：周记、健跑、电台、节气、职业、成长

1.“网络思政+周记”，提供成长“维他命”

“飞哥周记”记录的是学生青春成长的生动画卷，留下的是辅导员摆渡青春的实践与思考，包含了学业成长、情感解惑、就业指导、心理抚慰、助学励志等一系列成长故事。在“飞哥在线工作室”平台上连续 8 年撰写“飞哥周记”系列网文，累计 735 篇共 200 多万字，内容兼具思想性、理论性、实践性和吸引力、亲和力、感染力。

在“教育部中国大学生在线”开设专栏——“飞哥青春汇”，获评 2022、2023 年度最具影响力专栏号，多次登上教育部中国大学生在线、高校辅导员在线、高校辅导员培训中心

和中青校园首页，周记也多次被转载，有效解决了学生在学业、情感、职业选择等多方面的困惑，中国大学生在线、中国青年网、江苏教育新闻网、《淮海晚报》等多家媒体刊登相关报道200余篇。

2.“网络思政+健跑”，跑出坚持“加速度”

飞哥健跑：2016年开始，工作室主持人每天坚持跑步6公里，不管风吹雨打，也不管身处何处，“我是行动派”“考研助力跑”“健康益起来”已经成为和学生之间的“坚持密码”。截至2023年12月17日，已经坚持2863天，累计跑了19624公里。其间写了79篇跑步日记《飞哥健跑的那些絮叨话》，把所思所想记录下来，把坚持和犹豫的抗争记录下来，把催人奋进的感受记录下来。

3.“网络思政+电台”，传递声音“正能量”

飞哥电台：利用荔枝电台开辟栏目，“无声的文字，有声的倾诉”，诵读经典散文、励志文章、哲理故事，用声音传递能量，滋润成长，达到以声化人、以文育人的目的，目前已经坚持6年1200期。

2017年1月开始，工作室主持人每个月利用“飞哥阅读悦青春”栏目向同学们推荐一本可以阅读的书，线上以新颖的形式，彰显具有青春活力的校园文化。

4.“网络思政+节气”，赋能节气“新形式”

二十四节气在四季中轮回，承载了中华民族的记忆，从2020年开始，围绕二十四节气，组建“节气人生”写作团队，感悟古语诗词，书写青春成长，传承传统文化，励志节气人生，构建节气励志成长的新传播生态。用农耕时代的二十四节气讲出新时代的精彩故事，让辅导员的节气诗词传承传统文化，焕发出新时代的夺目光彩。

5.“网络思政+成长”，学生发展“指南针”

这里的“成长”就是学生的健康成长成才，核心内容是“我们系列”“飞哥故事荟”等。“我们系列”包括我们的时光、我们的故事、我们是母校的窗等主题，共同构成百名学子成长记。《我们的时光——辅导员和100个学生的青春对话》已经于2018年4月汇编成书，由电子科技大学出版社出版。“我们的故事”已经推出350余篇，“我们是母校的窗——百名学子毕业说（2019届）”分享大学四年成长感悟。“飞哥故事荟”栏目中持续推出手绘部落的《红色组图点赞十九大》《春运暖冬四格漫画》《手绘北京路迎新》《“井”上添花，彩绘青春》《校园清风颂——手绘那些身边的廉洁事》等作品，在朋友圈传播，受到广大师生的好评。

6.“网络思政+职业”，守好浓郁“责任田”

辅导员的成长是工作室的重中之重，工作室通过1门课程和5个平台不断创新辅导员职业能力提升的新路径。1门课程就是江苏省信仰公开课示范课“青春故事绘成长，实践归来话实践”，5个平台分别是“辅导员工作坊”“辅导员会客厅”“辅导员午餐会”“辅导员读书社”“辅导员案例集”。

(三)“*N* 个品牌”：思政教育工作品牌

工作室主持人顺应新形势，不断强化守正创新，主动将教育工作阵地拓展至数字网络、移动终端，通过“线上线下+校内校外+课上课下”的方式走近学生，绘制成长同心圆，把工作重心延伸到网络空间，把教育要求融入网络空间，把文化阵地构筑到网络空间，达到在理性上说服人、在感性上吸引人的效果，努力形成 *N* 个网络思政品牌。

1. 飞哥周记

主持人自 2014 年以来每周推出 1—2 篇辅导员周记，累计已推送 735 篇。周记中既有辅导员职业发展的思考，也有和同学谈心谈话的具体案例，还有励志成长的工作记录，皆是有感而发，有思而写，有想而悟。电子科技大学出版社已出版《飞哥周记 1——辅导员的青春记录》《飞哥周记 2——让爱更有力量》《飞哥周记 3——在一起才会更加了不起》。

思政教育成果“飞哥周记”系列

2. 远山支教

线下连续 10 年组织学生远赴 5000 里外的云南大理白族自治州新登小学开展“来自远山深处的力量”支教活动，将“为中华之崛起而读书”的梦想厚植心中，成为白族娃娃看世界的“望远镜”，先后获得全国“三下乡”优秀团队、全国七彩假期示范团队等全国、省级表彰 80 余项。

3. 翔宇学社

学习和传承“周恩来崇高精神风范”，定期到高校开展理论宣讲，连续 6 年于 3 月 5 日组织“百名学子公益跑”，开设“学恩来、思未来”新生入学教育信仰公开课，开展“学周、知周、行周”“周恩来班”创建工作，参与的“周恩来精神八观八讲”获评江苏省社会实践一流课程，选树身边典型，讲述成长历程，分享成长收获，传递青春正能量。

4. 六微行动

从 2014 年开始，线下持续开展以“一小时微论坛、一课时微学堂、一小时微志愿、一千字微博文、一刻钟微访谈、一刻钟微声音”为主要内容的“六微行动”，此项目获江苏省辅导员工作精品项目一等奖。

四、工作室建设的优势和特色

(一) 涵养家国情怀，讲好身边故事

在坚定大学生理想信念上下功夫，帮助青年学生筑牢思想根基。

工作室贴近学生思想、情感和生活实际，打造有温度的网络思想政治教育文化，充分发挥其“涵濡浸渍”的作用，更好地满足青年学生成长的需求和期待。

讲好中国故事，讲好身边故事，用底蕴深厚的文化活动去讲，用有声有色的校园社会实践去讲，讲出历史厚重感、文化认同感、民族自豪感，深耕学生精神家园，厚植学生家国情怀。用讲故事的方式启迪人生，让道理充满温度，坚持用社会主义核心价值观凝聚团学青年向上向善的力量，树立青年人思想新风，发挥青年一代明辨是非、心系家国的思政潮流，积极传递青春正能量，为团学青年的成长与素质发展保驾护航，运用大学生喜闻乐见的方式开展思想政治教育。

（二）聚焦传播矩阵，构建全域平台

在探索网络传播路径上下功夫，增强网络思政教育的穿透力。

工作室围绕“如何将学生群体吸引到新媒体平台周围”“用什么样的内容粘住学生群体”等开展系统的调查与研究，针对在校大学生的认知规律和接受方式寻找契合点。新媒体矩阵坚持与学生的认知特点、成长需求、接受方式“匹配”“合拍”，将单向灌输、被动接受，变为多向交互、直接即时的交流对话、讨论辩论。

目前，已初步构建三级纵向新媒体矩阵，共同拓宽了高校全媒体网络思想政治教育的空间。

（三）筑造网络空间，提升传播效能

在创新网络内容和形式上下功夫，让网络思政工作充满感召力。

创新工作方式方法，熟练使用基于网络与新媒体生态产生的“网言网语”，在标题中凸显、在文章中融入，及时有效地占领新兴舆论阵地，把思想政治教育做到青年大学生的心坎里。在内容的呈现中更多地融入声音、短视频、微动画等元素，达到了多元化、饱满化的阅读效果，平面思政文宣产品用生动鲜活接地气的优秀内容赢得了学生受众的认可。

积极调动学生参与网络文化生产和传播的积极性，鼓励引导学生主动参与网络文化作品的制作与创作，强化他们在网络思想政治教育中的主体地位。2015 级建筑学韦奕钒同学在毕业前夕将校园里自己曾经去过的地方用笔画了下来，手绘了校园地图、校区大门、图书馆等 14 张图，这套“飞哥周记”的专属配图成为他最有意义的毕业礼物，中央电视台、人民网等国家级媒体给予了专题报道。

（四）创新工作模式，促进队伍成长

在推动辅导员专家化上下功夫，影响带动辅导员提升职业能力。

一方面，主持人在工作方法和育人艺术上更加接地气，书写着辅导员对于学生成长过程中每一个细节的深度参与，而另一方面，学生的信任和支持以及后续的成长反馈，也让辅导员在接下来的大学生思想政治教育工作中获得了更多的动力和宝贵的经验。

通过“互联网+思政”模式呈现了在实践的锤炼和思想的拷问下，将问题化为改进工作的动力和财富，使之成为辅导员职业成长路上的开山之石的过程，能为广大辅导员提高业务水平、增强自身工作能力带来新的启示。

五、工作室建设的未来规划

（一）融入理论研究，推进思政工作深入开展

团队成员在日常工作中注重理论研究，结合个人分管的工作，积极申报各级各类课题，积极撰写、发表调研报告和研究论文，把工作中积累的经验、体会、研究凝练成理论成果，有效促进辅导员职业能力提升，使其在专业化职业化专家化道路上坚定前行。

（二）融入学生工作，打造思政宣传特色模式

以“五微工作法”（讲好微故事、读出微声音、开展微讨论、进行微交流、实行微辅导）推进大学生思政教育，以“四字突出法”（写、谈、动、传）点燃工作热情，以“六格显示图”（思政身份亮出来、先锋示范树起来、主题活动办起来、公益志愿动起来、宣传阵地扬起来、自查修身动起来）激励思政队伍建设，在学深、学透上苦下功夫，在落地、落细上勤于实践，凝心聚力谋发展。

（三）融入网络思政，建好建强网络育人平台

进一步梳理、制订工作室的工作计划和工作目标，在网络内容建设、队伍建设、平台建设、学术研究和育人活动等方面列好具体目标，在培育成果上下足功夫。

充分运用“网言网语”和图表、音视频等多媒体手段，积极创作优秀网文、微电影、微课堂、微动漫等网络文化产品，开展网络培训或主题报告，出版专著 1 部、调研报告 1 篇，指导学生参加全国及省级网络文化活动并获奖。

“艳丽姐 de 小豆芽”工作室

——江苏省高校网络思政名师工作室

一、工作室主持人简介

工作室主持人　高艳丽

高艳丽，女，中共党员，在读博士，南京邮电大学外国语学院党委副书记、副院长，国家二级心理咨询师。荣获第八届全国高校辅导员素质能力大赛一等奖、第十五届全国“高校辅导员年度人物”、第十三届全国“高校辅导员年度人物”提名、首批江苏省“最美高校辅导员”、江苏省心理微课一等奖、江苏高校易班“金优课”一等奖等荣誉 40 余项。受邀为国家教育行政学院录制高校辅导员素质能力提升培训课程，入选江苏省高校学习宣传党的二十大精神师生巡讲团。相关事迹在《中国科学报》、江苏教育电视台、《江苏教育报》等进行专题报道。

二、工作室简介和定位

“艳丽姐 de 小豆芽”工作室于 2018 年成立，紧密围绕学生成长成才各环节，开展各类活动，产出多项网络文化作品，培育全方位网络育人平台，于 2022 年获批江苏省首批高校网络思政名师工作室。

工作室的理念来源于“小豆芽”的旺盛生命力，“芽”代表生命，孕育希望。“小豆芽”向阳的成长之路如同青年迎光成才的过程。每个学生，都是值得用心呵护的“小豆芽”。工作室用实践的汗水浇灌学生生长的土壤，用灿烂的微笑播撒学生成长的阳光。针对不同学生群体和学生不同成长阶段，坚持“一二三四”精准施策，线上线下精准滴灌、打药整枝，在“当好园丁育好苗”上下足功夫，用心呵护、用爱陪伴、用微笑施肥、用汗水浇灌，引导青年扎根沃土、胸怀祖国、成长成才。

三、工作室的建设情况

（一）运营导图

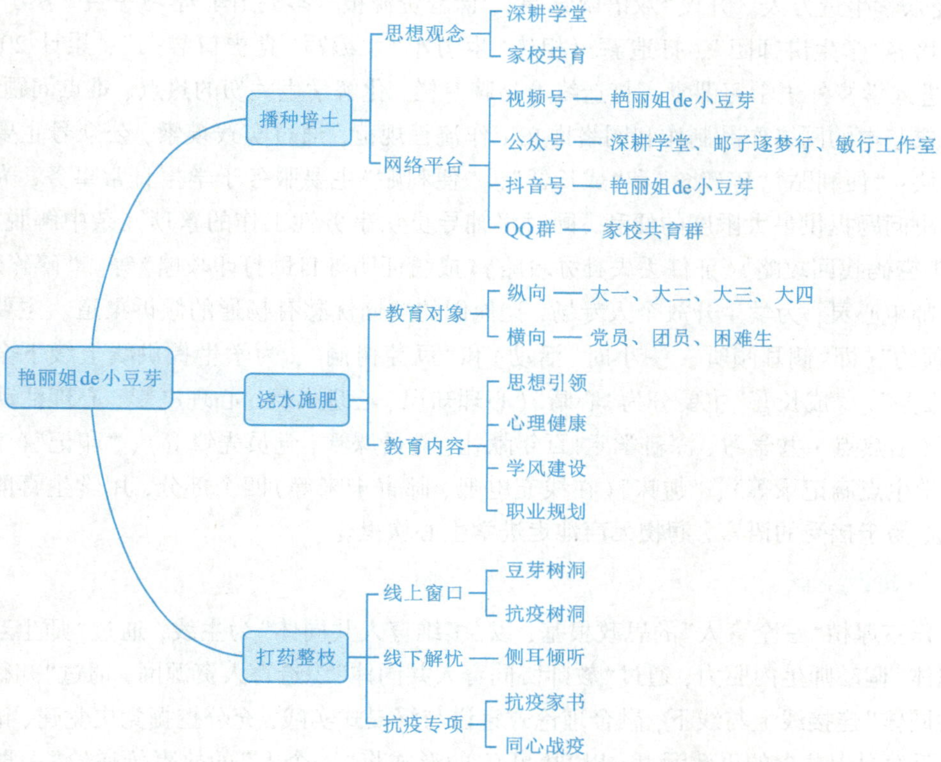

工作室模式框架

（二）建设内容和成效

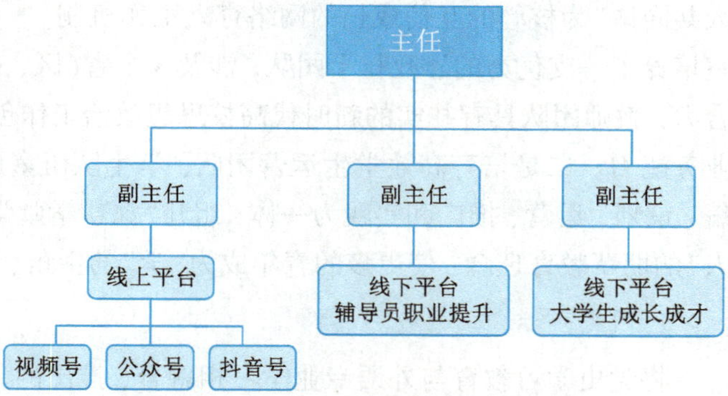

工作室组织架构

工作室秉持“立德树人有道，春风化雨无声”的工作理念，将政治性、思想性、理论性、政策性、导向性和实践性相结合，打造以“辅导员+学生”为主体的团队运营模式，用心用情用力对大学生开展理想信念教育、中国特色社会主义和中国梦宣传教育、社会主义核心价值观教育，精准地将党的理论方针政策配送到学生指尖、传播到学生耳边、扎根到学生心田，做青年朋友的知心人、青年工作的热心人、青年群众的引路人。

创新“互联网+”思政教育新模式，将思想引领、心理健康、日常事务、党团班级、就业指导相融合，将文化育人、网络育人和实践育人工作做得既有深度、广度，又有准度、温度，还有力度、亮度。通过搭建公众号、视频号、抖音号等“网络云平台”，守好思想引领“责任田”，各平台累计阅读量 7 万+。锤炼“品牌宣讲课”，筑牢理想信念“压舱石”，面向高校师生宣讲 80 余场次，影响辐射 18 个省(区、市)100 余所高校。组建辅导员“理论宣讲团”，受众学生近万人。开设“双语微党课”，课程资源被“学习强国”学习平台“学习专栏”收录。培养“学生讲师团”，打造薪火相传“生力军”。编写“党史口袋书”，累计 20 余万字，已进入学校外语学习课堂。打造线上品牌专栏，化解学生关切的热点、难点问题。

形成基本的网络作品制作和网络推文工作流程规范，通过实践摸索，公众号主要分为三大模块：“便利贴”“碎碎念”和“成长营”。“便利贴”主要服务于学生日常事务，为学生自主解决问题提供最大限度的便利，同时将辅导员从事务性工作的繁琐冗杂中解脱出来，如《各类密码找回攻略》《证件丢失补办攻略》《成绩证明等自助打印攻略》等。“碎碎念”主要联结师生心灵，为学生开放个人专场，让他们的烦恼忧愁有畅通的倾诉渠道。主要分为“倾听预约”(即“侧耳倾听 · 一小时”活动)和“豆芽树洞”，为学生提供线上线下全方位“解忧服务”。“成长营”主要分为“心晴”(心理知识、心理书籍、心理电影、心理活动等)、“时政”(话热点 · 共学习、深耕学堂|百年献礼、党员课堂、党员先锋等)、“印记”(学生风采、与学生点滴记录等)、“趣味”(在线充电吧、邮寄未来等)四个部分，用学生喜闻乐见的方式、易于接受的语言，润物无声地走进学生心坎里。

(三)建设经验

工作室厚植“三全育人”的思政根基，以“多维育人共同体”为主线，通过“师生互信成长共同体”调动师生内驱力，通过“教师协同育人共同体”织造育人资源网，通过“知行示范榜样共同体”连接线上与线下，融合理论式宣讲与沉浸式实践，充分挖掘党史党建、语言文化、生活学习中蕴含的思政元素，以“故事+”的形式将“一个人”的故事传递给“一群人”，感染、教育、塑造“一代人”。工作室尤其注重在育人主体上下功夫，逐步形成以“师生育人共同体”为核心的互信成长的网络育人工作机制。一是打造高素养专业师资团队，工作室培养了一支优秀的思政骨干团队，涉及 8 个省(区、市)，累计 10 余所高校，形成了育人合力，教师团队具有扎实的新时代高校思想政治工作创新的前沿知识、突出的专业素养与业务能力。二是培育高效学生运营团队，学生队伍素质过强、专业过硬、充满活力，集采编、策划、运营、推广和实践为一体，组建“深耕学堂学生讲师团”，以“用身边事影响身边人”的朋辈教育理念，使更多的青年成为“学”的主角、“讲”的主力、“听”的主体。

1. 因史而专，让网络思政教育“红”起来

将党史学习教育与外语专业学习相融合，推出的 150 余期中日、中英双语党史学习教育课程素材，包含党的历届全国代表大会、长征、生态文明、脱贫攻坚等主题，赓续红色血脉，坚定理想信念。

2. 因时而新，让网络思政教育“火”起来

带领团队将新媒体新技术与传统思政教育充分融合，借助图片、音乐、视频等网络流行资源，运用青年学生喜欢的表达方式，掀起党史学习教育热潮，陆续有其他网络平台转

载。同时线上线下相结合，将 150 期线上三语党史学习教育课程素材制作成纸质书册，作为学生第一课堂的课外读物，增强时代感、吸引力和实效性。

3. 因实而行，让网络思政教育“活”起来

将受教育对象转化为教育力量，发挥学生自我主体作用。学生团队成员主动查阅大量的党史资料，并进行整理、翻译、录音、排版、编辑。疫情防控期间，学生主动参与志愿服务活动，在线翻译防控宣传语，做公益家教，将爱国情、强国志转化为报国行。

建设网络阵地需要坚守立德树人根本任务，用心用情用力守护岗位职责。创新思政教育新模式，围绕学生、关照学生、服务学生，将专业教育与思政教育紧密融合，才能更好地激发学生的内在动力。

工作研讨及作品展示

四、工作室建设的优势和特色

（一）团队基础：成员素质过硬，呈现高度专业性

工作室主持人及其团队成员是思想政治教育工作领域的专家或一线工作者，有学院党委副书记、分团委书记、专职辅导员，也有学生党支部书记、学院心理辅导员、国家二级心理咨询师、国家三级创业咨询师等，他们专业性强，能实现可持续发展。成员先后荣获第八届全国高校辅导员素质能力大赛一等奖、江苏省团干部思政技能大比武一等奖等荣誉 100 余项，

以第一作者公开发表论文30余篇，主持省教育厅思政课题、校级党建与思政课题等多项。

1. 思想政治教育方面理论功底深厚

团队成员入选教育部、省级、校级学习宣传党的二十大精神宣讲团，主持、参与课题30多项，参编职业规划读物4部，发表论文50多篇。

2. 心理健康教育方面专业技能突出

工作室成员中有3名国家二级心理咨询师，配备线下心灵驿站、线上豆芽树洞等，总结出“望、闻、问、切”四诊法；搭建线上云平台，设立“小豆芽充电吧”和“豆芽树洞”，每晚在线倾听学生心声，为倾诉烦恼焦虑提供窗口。荣获江苏省大学生心理微课一等奖等荣誉近30项，录制的心理微视频累计浏览量1万+。

3. 生涯规划教育方面具备体系资源

工作室已编写《大学生生涯教育指南》，对生涯教育的指导思想、目标及原则、任务及途径等问题进行全面设计。开发优势挖掘、能力提升、专业探索、专业认同、定位决策、考研探索、求职技能训练、求职心态管理、生涯理念调整等九个主题的系列生涯教育团体辅导方案。出版《探索与选择：大学生职业生涯规划与发展》教材1本，形成了较为丰富的生涯教育资源体系。

（二）工作基础：工作基础扎实，育人特色品牌化

工作室在实践探索中，立足新形势，对标新要求，通过线上线下紧密融合，公众号体系已相对成熟，育人工作已形成自己的特色品牌，思政教育已获得初步成效。

1. 夯实党史学习教育，坚定学生理想信念

推出“深耕学堂|百年献礼”，三种语言讲党史，掀起党史学习教育热潮。

2. 敢于主动担当作为，强化学生社会责任

推出视频号“讲好中国故事”系列作品100余项，浏览量已10万+。

3. 坚持育心育德统一，培育学生健全人格

打造“艳丽姐de小豆芽”工作云平台，推出“侧耳倾听”计划，搭建与学生对话专场，深受学生喜爱。

五、工作室建设的未来规划

促进网络队伍专业化，开展基础网络素养与技能培训，打造辅导员团队和学生团队，以更专、更精、更高的标准，使思政教育、网络育人发挥更大实效。

开发网络平台多样化，着力从短视频着手，创建优化平台账号，完成平台小视频制作方案的策划。

推进矩阵连横合纵化，从大思政视角，加快推进“连横合纵”的态势。积极探索线上线下共建互融的新格局，打造寓教于乐的网络思想政治教育新亮点。

交大 Kelly 说网络思政工作室

一、工作室主持人简介

任凯利，男，中共党员，西南交通大学茅以升学院(唐臣书院)政务导师，校团委兼职副书记，校“青年讲师团”成员，马克思主义理论思政专项在读博士。曾获第五届四川省“高校辅导员年度人物”、第十一届全国“高校辅导员年度人物”入围、第三届中国青年好网民、第四届全国高校网络教育优秀作品推选展示活动工作案例二等奖等荣誉。

工作室主持人　任凯利

二、工作室简介与定位

(一) 工作室简介

为深入贯彻落实全国高校思想政治工作会议、全国教育大会和学校思想政治理论课教师座谈会精神，推进辅导员队伍专业化职业化专家化建设，推动辅导员工作精品化建设，根据《西南交通大学辅导员名师工作室建设管理办法》，西南交通大学启动了2019 年辅导员名师工作室申报工作，经过评审、答辩等环节，最终评选出学校首批辅导员名师工作室 6 个，交大 Kelly 说网络思政工作室就是其中之一。

“交大 Kelly 说”品牌于 2015 年成立以来，定位于“情系学生成长，做好良师益友”，日更不辍，为学生答疑解惑，截至 2023 年 10 月，微信公众号、抖音号、视频号、微博等新媒体矩阵平台总关注量突破 5 万，创作推文、短视频 2000 余个，总阅读量突破 500 万，多次被分享转载，累计解答学生各类疑问 10 万余次，受到师生喜爱，在学校师生中形成了一定的品牌效应，被评为西南大学优秀网络育人平台、四川省十佳校园媒体、全国校园媒体 30 强等。工作室继续依托“交大 Kelly 说”品牌，坚持因势而新，探索运用新媒体做好网络思想政治教育工作，初步构建了一套深化网络育人的有效模式。

(二) 工作室定位

工作室利用“交大 Kelly 说”已有的品牌效应，以提升高校思想政治工作质量为目标，坚持问题导向、目标导向、育人导向，顺应时代要求，聚焦重点群体和难点问题，加强分类指导。

工作室设计表情包

在学生层面，依托“交大 Kelly 说”新媒体矩阵，围绕立德树人根本任务，根据学生的成长规律和成才目标，为大学生提供咨询、资讯等服务，及时解答学生在学习、工作、生活等方面遇到的问题，弘扬主旋律，传播正能量，帮助大学生成长成才。在学生工作者层面，依托工作室，充分发挥工作室成员各方面的优势和主观能动性，打造出一批优秀网文作品和线下活动，重点围绕工作经验分享、工作能力提升、工作榜样树立、工作视野开阔等方面开展作品创作和交流活动，促进高校辅导员队伍专业化职业化专家化建设，为全校乃至全国思政工作者提供一个相互交流、相互学习的平台。

三、工作室的建设情况

（一）工作室的建设内容

在“交大 Kelly 说”已有基础之上，积极探索构建网络思想政治教育工作的“5W 工作法”：依托“一个品牌”（what），打造“两个平台”（where），实施“三点切入”（when），围绕“四个正确认识”（why），践行“五维育人”（how）。通过不断实践，让思政工作活起来。

1. 依托“一个品牌”

以新媒体矩阵“交大 Kelly 说”为依托，坚持每天推送，作品数量充足、维度丰富、形式多样，从答疑解惑、榜样树立、经典阅读、热点评析、心理调适等近 10 个维度进行创作，探索网文、长图、短视频、电台等丰富的表现形式，以大学生喜闻乐见的表现形式多点发力，走近学生，影响学生，引领学生。

2. 打造“两个平台”

因时而进，打造线上平台，以微信公众号为主阵地，并着力构建以“交大 Kelly 说”为品牌的抖音号、视频号、微博等多维新媒体矩阵，多点发力，力争做好网络育人阵地全覆盖；因势而新，打造网络思政线下平台，成立“交大 Kelly 说协会”（现已更名为“交大新媒体学习研究会”），面向全国高校师生举办“新媒体素养训练营”，既为学生提供成长和锻炼的平台，又激发线上新媒体平台的生命力，将网络思想政治教育工作与学生社团组织进行有机结合。

3. 实施"三点切入"

围绕重要时间节点，设置"Kelly 课堂""Kelly 之窗"等板块，精心设计主题育人文章，做好"节点"育人；围绕师生关注热点，设置"原创工厂""看天下"等板块，搜罗评析热点事件，引导学生独立思考，做好"热点"育人；围绕师生关注难点，设置"解忧店""Kelly 问答"等板块，分享实用技能和学习经验，搭建答疑解惑交流平台，为学生指引方向，做好"难点"育人。

4. 围绕"四个正确认识"

紧紧围绕"四个正确认识"进行板块设计与内容创作，通过思想政治教育工作为学生点亮理想的灯、照亮前行的路。引导学生正确认识世界和中国发展大势，让学生不断树立为共产主义远大理想和中国特色社会主义共同理想而奋斗的信念和信心；引导学生正确认识中国特色和国际比较，让学生全面客观认识当代中国、看待外部世界；引导学生正确认识时代责任和历史使命，激励学生自觉把个人的理想追求融入国家和民族事业；引导学生正确认识远大抱负和脚踏实地，让学生把远大抱负落实到实际行动中。

5. 践行"五维育人"

成立学生社团，培养网络人才，激发公众号的生命力，做好组织育人；定期组织学生骨干开展交流、培训、学习，为学生提供成长和锻炼的平台，做好培训育人；将微信公众号线上平台与学生社团线下平台有机结合，打造品牌活动，做好活动育人；总结育人模式，开发网络素养课程体系，做好课程育人；实践升华理论，指导学生骨干申报研究课题，参加竞赛项目，做好科研育人。

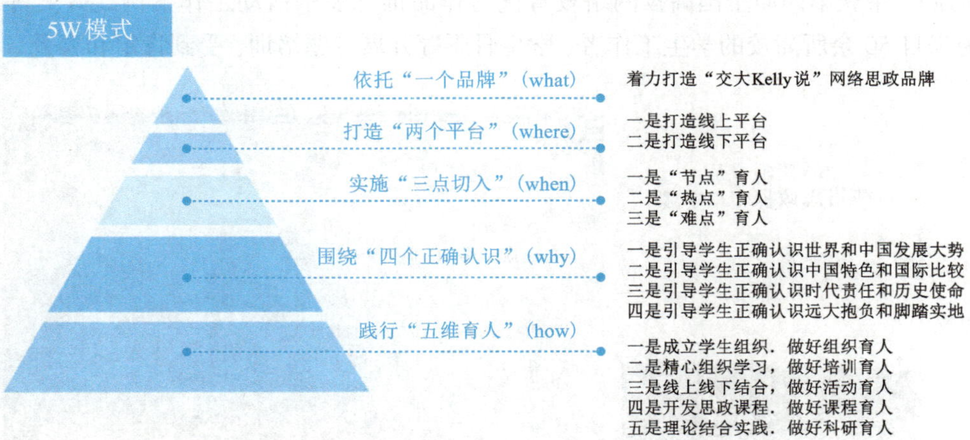

5W 模式图

(二)工作室建设成效与经验

1."交大 Kelly 说"育人模式效果彰显

一是因时而进，着力构建以"交大 Kelly 说"为品牌的多维新媒体矩阵。在不同的平台，以不同的视角，走近学生，服务学生，引领学生；二是因势而新，打造网络思政线下平台，成立“交大 Kelly 说协会”，既为学生提供成长和锻炼的平台，又激发线上公众号的生命力，影响和帮助越来越多的学生。“交大 Kelly 说”育人模式将网络思政工作与学生社团组织进行了有机结合，是一次突破和创新，为开展大学生思想政治教育工作提供了一种新思路，打造了一个全新有效的育人模式，为高校思想政治教育工作提供了参考。

2. 交大 Kelly 说网络思政工作室建设初成体系

工作室通过“交大 Kelly 说”品牌，着力打造大学生网络思政工作的“5W 工作法”：依托“一个品牌”（what），打造“两个平台”（where），实施“三点切入”（when），围绕“四个正确认识”（why），践行“五维育人”（how）。工作室巩固已有成果，充分发挥成员各方面的优势和主观能动性，打造出一批优秀网文作品和线下活动。在学生层面，重点围绕“交大 Kelly 说”网络思政品牌，开发网络思政产品；在学生工作者层面，重点围绕工作经验分享、工作能力提升、工作榜样选树、工作视野开阔等几个方面开展作品创作和活动交流，促进高校辅导员队伍专业化职业化建设，为全校思政工作者提供一个相互交流、相互学习的平台。

3. “交大 Kelly 说”不断被推广、被分享

一是“交大 Kelly 说”深受师生欢迎和好评。截至 2023 年底，新媒体矩阵关注量 5 万+，总阅读量 500 万+，回答学生各类疑问疑惑 10 万余次，已经成为学校网络思政工作的一张名片，并依托实践开展理论探索，发表 10 余篇学术论文，出版专著《高校辅导员网络思政探索与实践——以“交大 Kelly 说”为例》；二是“交大 Kelly 说”育人模式广泛推广，被评为西南交通大学优秀网络育人平台、2020 四川省十佳校园媒体、2020 年全国优秀校园媒体（30 强），荣获第四届全国高校网络教育优秀作品推选展示活动工作案例二等奖等，并受邀为来自 50 余所高校的学生工作者、学生骨干等开展专题培训，受到肯定和喜爱。

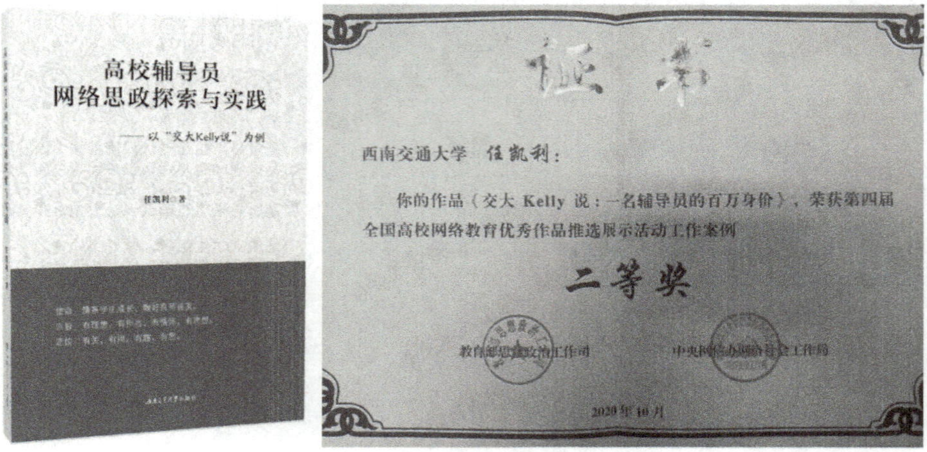

工作室成果

四、工作室建设的优势与特色

（一）抢占阵地

主动发声、乐于发声、敢于发声、善于发声，占领微信、微博、抖音、视频号、知乎、B站等青年网络主阵地，传播网上正能量，坚持态度，提升黏度，保持温度。

（二）打造形象

面对官方发声力不从心、官方卖萌境地尴尬等现状，着力打造“Kelly”这一虚拟形象，使它成为学生成长路上的小伙伴儿，可甜可咸，可萌可呆，无微不至，无处不在，激浊扬清，引领思想。

（三）矩阵互动

打造网络思政教育联合战队。面对平台分散、信息分散、受众分散的校园新媒体现状，贯通横向平台维度、纵向组织维度，实现平台互动、校院互动、校内外互动。

（四）文创开发

开启思政教育魅力引领。开发“Kelly 说”专属文创，把有意义的事做得有意思，有内涵的事做得有内容，有阻力的事做得有引力，有活力的事做得有魅力。

工作室文创作品

（五）人才培养

通过指导、培训、实践等多种方式，以政治素养为关键、新媒体素养为核心、责任意识为基石，着力打造网络思政人才队伍。

（六）模式提炼

工作室通过“交大 Kelly 说”品牌，着力打造大学生网络思政工作的“5W 工作法”，探索更有效的网络育人好模式，研究更系统的网络教育新思路，走近师生，影响师生，引领师生。

五、工作室建设的未来规划

下一步，工作室将继续坚持对标新时代高校辅导员的工作要求，落实立德树人根本任务，在网络宣传教育、网络热点阐释、网络作品创作、网络人才培养、网络阵地建设、网络机制研究六个方面巩固已有成果，突破重点难点，打造出更优质的理论宣传教育新方式，创作出更多更好的网络育人好作品，探索出更有效的网络育人好模式，研究出更系统的网络教育新思路，走向学生、走向文创、走向平台、走向学术、走近学生、影响学生、引领学生，开拓出有力度、有温度、受欢迎的高校网络思政新路径，争做全国最受欢迎的高校网络思政自媒体平台。

（一）网络宣传教育方面

成立网络思想政治理论宣讲团，创新多种形式，深入推进习近平新时代中国特色社会主义思想网络宣传教育。

（二）网络热点阐释方面

成立网络热点阐释团队，时刻关注、搜集师生关注的热点、重点、难点问题，认真策划，深入分析，做好宣传阐释。

（三）网络作品创作方面

以新媒体平台为载体、网络思政工作室为依托，充分运用网络多媒体手段，持续打造优秀网文、电台、短视频等形式多样的网络作品。

（四）网络人才培养方面

通过专题培训、实践锻炼等形式，培养一支有理想、有担当、有情怀、有思想的网络人才骨干队伍，通过网络文化节等活动，提高大学生网络素养。

（五）网络阵地建设方面

以新媒体平台为依托，着力打造全方位、多层次、多声部的网络思政工作融媒体矩阵，线下依托组织实体，线上依托融媒体矩阵。

（六）网络机制研究方面

总结典型经验，建立长效机制，形成理论成果，发表学术论文，编辑出版专著，撰写研究报告，打造出全新有效的网络育人机制。

“E 路同行”辅导员工作室

一、工作室主持人简介

伍晓芸，女，中共党员，西南石油大学专职辅导员。全球职业生涯规划师（GCDF），发哥辅导员工作室联席主持人，“E 路同行”辅导员工作室主持人。曾获四川省辅导员职业能力大赛一等奖、四川省“高校辅导员年度人物”提名奖、四川省教师培训示范课奖项等荣誉 30 余项；所带学生获学校“十佳班级”“五四红旗团支部”等荣誉 50 余项。运营中国大学生在线专栏号、微信公众号、视频号、抖音号——小芸成长部落，原创作品全网浏览量 100 万+。发起的“我眼中的中国精神——高校思政工作者接力讲”活动入选全国高校思想政治工作网原创精品档案；原创作品获全国高校网络教育优秀作品微课类优秀奖、全国高校大学生讲思政课公开课省级特等奖与一等奖等各级荣誉 40 余项，作品多次被“学习强国”学习平台、中国青年报客户端等媒体转载。

工作室主持人　伍晓芸

二、工作室简介和定位

在网络与多媒体技术高度普及的“微时代”，微平台已经成为青年学生获取信息、表达自我的重要阵地，而与之相适应的“微视频”“微网文 ”“微课堂”等“微”言语也成为开展大学生思想政治教育的重要渠道。2020 年，西南石油大学“E 路同行”辅导员工作室在此背景下应运而生。

工作室成立以来，聚焦大学生网络思想政治教育，以用“微”言语构筑网络思政育人“大”场域为建设目标，以“顶层引领，涵养中国心；中层浸润，传承石油魂；底层发芽，培育奋斗者”为建设原则，通过搭建全平台、组建强师资、开展微实践的建设路径，实现了三次跃迁，构筑起三大育人场域（从校内到校外，“微视频”构筑思政教育大场域；从微课到大课，“微课堂”构筑校史教育大场域；从平面到立体，“微平台”构筑朋辈教育大场域），探索出一条用“微”言“微”语建构思政育人“大”场域的网络思政育人之路。

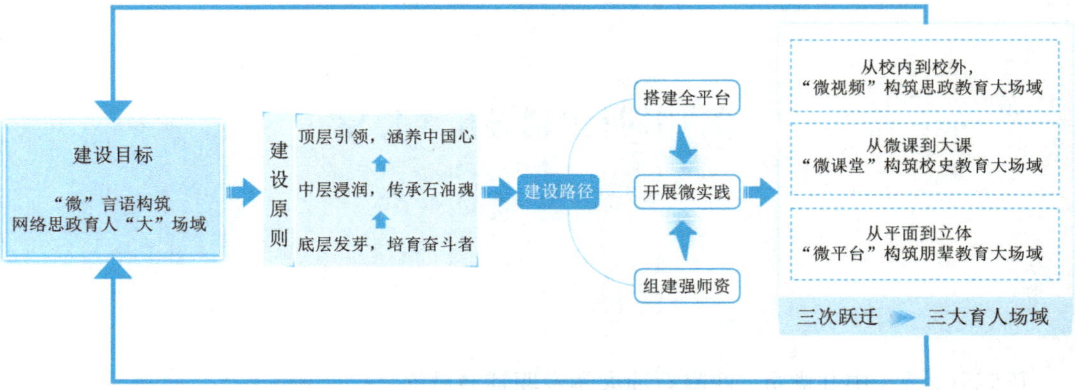

西南石油大学E路同行辅导员工作室工作思路

三、工作室的建设情况

工作室建设情况

（一）搭建“全平台”，聚焦线上阵地

工作室在中国大学生在线开通专栏号；同时在易班、微信公众号、视频号、抖音同步运营，推动各类新媒体平台的“聚合联动”，共同构成新媒体传播矩阵，全平台共计覆盖受众5万+。原创作品全网浏览量100万+，多次被“学习强国”学习平台、中国青年报客户端等媒体转载。

（二）组建“强师资”，聚合优质力量

工作室邀请教育部中青年骨干饶先发、全国“最美高校辅导员”刘国权、全国“高校辅导员年度人物”获得者舒小立作为工作室顾问，为工作室的发展掌舵领航。工作室现有教师成员8名，其中包括工作10年以上的辅导员3名、工作4—8年的辅导员3名，工作1—

3 年的辅导员 1 名，校史研究室负责人 1 名，成员均有志于长期从事大学生思想政治教育工作，工作室成员须在工作室中负责牵头 1 项特色工作。

（三）开展“微实践”，聚力三大转变

1. 从校内到校外，“微视频”构筑思政教育大场域

（1）建设包含 20 余个思政微视频的校内“资源库”。为使党史学习教育更接地气、更入人心，让青年大学生在切实的参与中知史爱党，知史爱国，在学思践悟中坚定理想信念，在奋发有为中践行初心使命，工作室发起“计科柚子说”“计科师说”系列主题视频活动。活动以中国精神为主线，内容涵盖中国共产党的百年历史、中国共产党的伟大成就、中国革命史上的重要人物等多个方面。自 2021 年 4 月以来，共创作微视频 20 余个，建设了一个内涵丰富的校内思政微视频资源库。其中，2 个视频被“学习强国”学习平台、中国青年报客户端转载；获得学校网络教育优秀作品一等奖 1 项、二等奖 3 项、三等奖 3 项；累计观看人数 4 万+。

“计科师说”“计科柚子说”系列主题视频

（2）联通共计百余个思政微视频的校外“大讲堂”。基于校内思政微视频资源库建设，工作室从校内走向校外，用“微视频”构筑起思政教育大场域。联合高校辅导员工作室发起网络思想政治教育主题活动“我眼中的中国精神——高校思政工作者接力讲”。共有来自全国的 100 余位思政工作者参与其中，项目以中国精神为教育内容，以原创微视频为教育载体，带动千万大学生在学思践悟中坚定理想信念，在奋发有为中践行初心使命。项目自实施以来共发布微视频 104 期，在“学习强国”学习平台，中国青年报客户端，全国各类思政教育相关公众号、视频号、抖音、哔哩哔哩和微博等平台同步更新。受到中国文明网、《教育观察报》、教育视窗、今日头条、搜狐网、新浪网、环球周刊、凤凰网等媒体的相继报道，浏览量高达千万人次，入选全国高校思想政治工作网《百年珍贵记忆——全国高校庆祝中国共产党成立 100 周年原创精品档案》，以此活动为基础撰写的案例获第六届全国网络教育优秀作品案例三等奖。

“我眼中的中国精神——高校思政工作者接力讲”主题视频

2. 从微课到大课，“微课堂”构筑校史教育大场域

（1）创作一系列校史文化主题“微课”。工作室联合学校校史研究室，将大学校训、大学精神作为故事的骨架和校史教育的鲜活载体，把师生熟悉的名人轶事和贴近学生的“柴米油盐酱醋茶”作为故事的鲜货，善于从小人物的视角表现具有家国情怀的宏大叙事，吸引学生主动靠近、自动联结，不断增强学生对学校精神的情感认同、理论认同和行动认同，引导学生做“为祖国加油，为民族争气”的新时代青年。3 年来，工作室以学校校史、大学精神、石油文化、三老四严等为主题创作思政类微课 20 余个，构筑起校史教育“微课堂”。作品获校级以上奖励 7 次，其中《西南石大精神传家宝》获第六届全国网络教育优秀作品微课三等奖，“将能源的饭碗端在自己手里”获四川省高校大学生讲思政课公开课特等奖，“在实现中国梦的实践中放飞青春梦想”获四川省高校大学生讲思政课公开课一等奖。

校史文化主题微课

(2)开发一整堂校史教育新生“大课”。基于校史文化主题微课的创作基础和实践基础，工作室从微课走向大课，从线上走到线下，用“微课堂”构筑校史教育大场域。2023年，工作室负责全校本科新生入学教育中校史教育的课程设计，以“压在车顶的煤气包”“鸡窝里飞出的金凤凰”“加油争气的传家宝”为课程主体，用铁人王进喜“没有条件，创造条件也要上”的故事，讲清楚大学精神的本质底蕴；用建校初期“一边建校，一边教学”的史实讲清楚大学精神的孕育发展；用学校“二次创业、三大转变”的发展讲清楚大学精神的形成与升华，用建校历史中的真人真事反映真情真感，不断增强校史教育的感染力、吸引力和公信力。

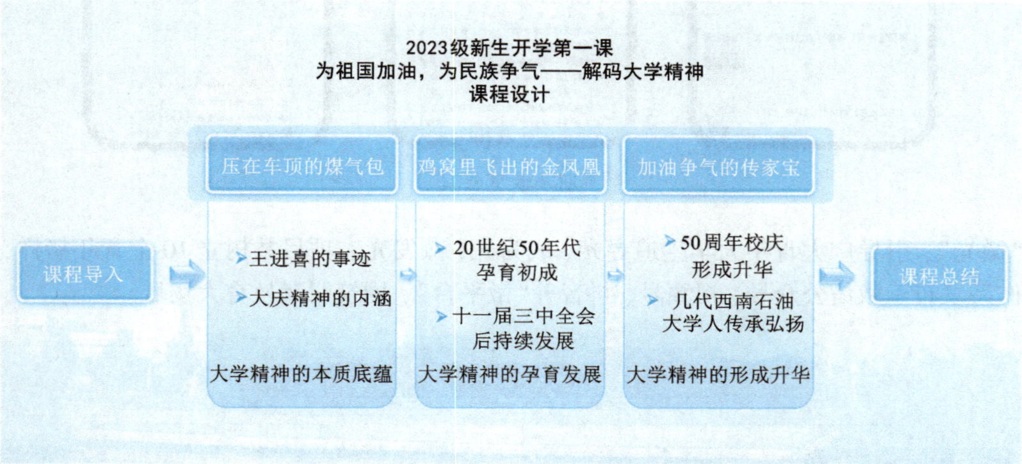

新生第一课——解码大学精神课程设计

3.从平面到立体，“微平台”构筑朋辈教育大场域

(1)图文并茂描画朋辈成长故事。身边榜样是生动的教科书，如何发挥青年大学生的朋辈力量，工作室在“选、掘、树、学”四个方面下功夫：遴选综合素质过硬，并在某一方面表现突出的青年大学生；挖掘他们成长中有血有肉、有悬念、有起伏、有趣味的故事；在推文中还原具体细节，把榜样的微事件讲鲜活，树立其可亲可信、可知可感的鲜活形象；使青年学生愿意看、有参照、可学习、可借鉴、能还原。3年来，工作室共树立青年榜样50余人，发挥“天边不如身边，道理不如故事”的育人作用，传递向上向善的力量，激励青年成长成才。

(2)多措并举璧画立体鲜活榜样。基于图文并茂描画朋辈成长故事的榜样教育实践，工作室从“平面”升级到“立体”，用“微平台”构筑朋辈教育大场域。工作室于2023年组织策划了“微光”计划系列活动，在前期准备中科学组建“星推”队伍，精准发掘“微光”榜样，精心策划“曝光”形式；在实施过程中精心细分主题，让“微光”多样但不重样，开展内容创作，让“微光”平易却不平凡，延展教育效果，让“微光”点亮新的“微光”。用图文、短视频、直播等方式立体地讲述了科研报国、志愿服务、投身军营、创新创造、奉献集体、奋斗逆袭的典型“身边人”，从“小切口”入手，通过讲好“小故事”，说清“大道理”；通过树立青

朋辈教育栏目

年"微光"，引导广大青年大学生追寻光、成为光、散发光。项目共树立10个青年榜样，相关作品发布于微信公众号、视频号、抖音等"微平台"，构筑朋辈教育大场域。

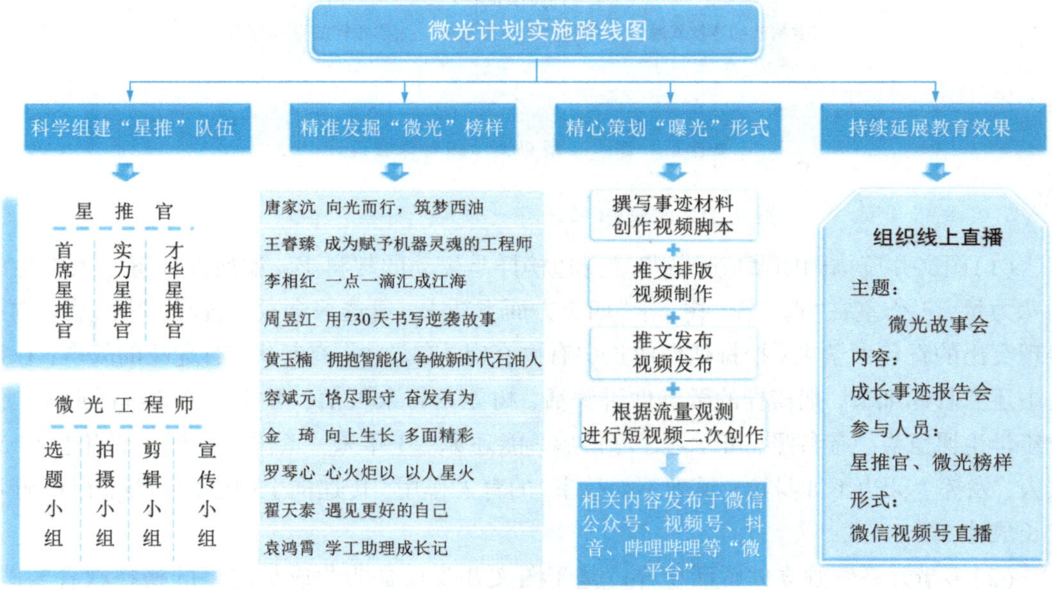

微光计划实施路线图

四、工作室建设的优势和特色

（一）坚持抬起头与祖国同心，加强学习，提高政治站位和育人能力

网络思政工作者要不断强化自身理论修养和业务能力，将思政教育工作融入大学生成长成才体系，为学生成长成才服务。加强学校、学院、辅导员三方联动，凝聚思政育人合

力。同时发挥网络宣传平台的作用，积极挖掘学校思政品牌项目，打造网络思政品牌活动。

工作室作品获奖情况(部分)

工作室自成立以来，成功打造出“我眼中的中国精神——高校思政工作者接力讲”“计科师说”“计科柚子说”等品牌活动；成功创作出《将能源的饭碗端在自己手里——做改革创新生力军》《在实现中国梦的实践中放飞青春梦想》《为祖国加油，为民族争气》等高水平新媒体作品，累计获得省级、校级奖励50余次。

(二)坚持俯下身与青春同行，深入一线，协助学生化解成长中的难题

工作室以“互联网+思想政治教育”为工作模式，加强与学生的沟通交流，走进学生的日常生活中，将思政工作深入到学生心中。通过面对面开展柚子茶会、键对键写作育人札记等形式与学生交流互动；在微信公众号上开设“微光计划”“朋辈教育”“考研服务”“学风建设”等栏目，每周定期推送学生榜样、学风建设动态，传递校园正能量；创作富有学校特色的思政微课，举办校史宣讲活动，向学生宣传校史文化，传递思政声音。

工作室自成立以来，累计开展线下活动50余次，发布线上报道200余篇，总阅读量近15万人次，优秀作品被“学习强国”学习平台、中国青年报客户端等媒体转载，在学校各类宣传平台推送相关稿件10余篇。

（三）坚持发出声与形势同步，聚力借力，打造全国性品牌化的网络思政活动

网络时代，开展网络思政工作，必须不断提高“走出去”的能力。工作室团队成员积极主动“走出去”进行网络育人实践。依托发哥辅导员工作室平台，发起“我眼中的中国精神——高校思政工作者接力讲”主题活动，该活动所讲精神覆盖了新民主主义革命时期、社会主义革命和建设时期、改革开放和社会主义现代化建设新时期、中国特色社会主义新时代，通过原型探访、史料梳理、实地拍摄等方式，小切口、接地气地讲述中华民族从站起来、富起来到强起来的历史性飞跃背后的精神力量。项目共有来自31个省（区、市）115所高校的128位一线思政工作者参与，在多平台连续更新183天，得到社会的普遍关注和广泛赞誉。

五、工作室建设的未来规划

（一）树IP+补短板，聚焦线上阵地守好建强“全平台”

一方面，深入研究“Z时代”（移动互联网时代）大学生特点，持续打造“柚子茶话会”“计科喜报”“成长宝典”“微光计划”“计科师说”“计科柚子说”等系列特色品牌IP，通过“家—企—导—辅—生”协同育人机制，让品牌IP切切实实起到多方协同、全员育人的“黏合剂”作用，打造好西南石油大学网络思政工作新名片。

另一方面，要以大学生喜闻乐见的形式，做好新媒体思想政治工作，推进网络思政阵地建设，守好建强线上“全平台”。对工作室现有的中国大学生在线专栏号、易班、微信公众号、视频号、抖音等线上平台上点赞高、评论多、反响好、转载广、育人成效显著的优质作品进行深入分析，打磨精品、补齐短板，瞄准关注“热点”、兴趣“靶点”走近学生，把握学生发展规律、成才规律引导学生。

（二）新血液+传帮带，提高队伍成员网络思政“引领力”

近年来，全国各高校逐步严格落实按师生比配齐辅导员政策，并侧重引导辅导员专业化职业化发展，在此背景下，工作室下一步将吸收更多有意愿长期从事一线辅导员工作的新鲜血液，充分利用队伍人才结构优势与资源优势，对年轻辅导员开展“传帮带”，通过专家沙龙、理论研讨会、工作经验分享、工作方法传授等方式不断提高年轻辅导员引导学生成长成才的能力。并由资深辅导员带领年轻辅导员牵头负责特色工作，让年轻辅导员在实践中成长，争取让年轻辅导员在加入工作室1—2年后，能够负责牵头一项原创特色思政工作。在“传帮带”的过程中探索出具有学校特色的育人模式和辅导员队伍专业化职业化发展路径。

（三）引进来+走出去，推动网络思想政治教育“协同化”

“天边不如身边，道理不如故事。”利用工作室前期建设的经验优势和与全国上百个工作室密切联系的资源优势，不断扩大“微光计划”“成长宝典”等品牌IP覆盖面，吸引更多不同学校、不同专业、不同发展方向的优秀学生参与，在严把活动质量的同时扩大宣传效果，让育人效果“走出去”，实现网络思想政治教育多校协同联动，引导更多青年学子看见光、追寻光、成为光、散发光。

嘻哈铺工作室

一、工作室主持人简介

工作室主持人 王晨

王晨，男，中共党员，在读博士，华北理工大学轻工学院专职辅导员。曾任河北省高校网络思想政治工作中心新媒体兼职教师，教育部中青年骨干队伍建设项目成员，河北省省级一流社会实践课程团队成员，江西理工大学发哥辅导员工作室成员，华北理工大学嘉树成蹊网络思政工作室成员，燕山大学燕行工作室成员，华北理工大学轻工学院职业核心能力教研室副主任，入选河北省第三、四批骨干辅导员人才库，2022 年河北省燕赵校园好网民。主持、参与科研项目 13 项，发表论文 20 余篇，主编、参编书籍 6 部。获得全国职业院校微课大赛优秀奖、全国 CVCC 金讲师大赛二等奖、河北省志愿服务先进个人、河北省暑期“大家访”工作先进个人、河北省冀青之星等各级荣誉 50 余项。

二、工作室简介和定位

华北理工大学轻工学院嘻哈铺工作室成立于 2018 年，旨在分享学生动态，探索网络思政育人。经过三个阶段的改革，目前嘻哈铺工作室共有师生团队 60 余人，粉丝 11000 余人，是具有特色的网络思政工作室。工作室以“运用新媒体新技术使工作活起来，推动思想政治工作传统优势同信息技术高度融合”为切入点，一面研究网络思想政治教育工作的普遍规律，一面创新工作方式、教育载体和互动机制。以线上线下相结合的方式，公众号“嘻哈铺工作室” 借助饮品店“外壳”，以学生喜闻乐见的方式开展网络思想政治教育工作，设立“树洞”时间，通过创作“秘制热茶”“鸡尾酒”“白开水”“珍珠奶茶”等网络品牌栏目，给予新时代大学生思想引领、学业辅导、情感疏导和创业就业指导，让学生在嘻哈铺里分享喜悦，在嘻哈铺里感悟人生，让嘻哈铺陪伴学生成长。

三、工作室的建设情况

工作室获批 2020 年河北省高校辅导员工作精品项目，2021 年被教育部高校辅导员在线、中国大学生在线、“学习强国”学习平台等平台报道。工作室大学生新媒体技术营获批

2023年河北省高校辅导员工作精品项目。工作室建设主要取得以下成效。

一是科研能力提升显著。工作室支持出版了《新时代高校辅导员理论宣讲技巧与实务》《新时代高校辅导员网络育人能力提升教程》《高校辅导员学生工作手册》等多部书籍。工作室团队成员主持、参与各类科研项目近20余项，涉及河北省创新创业教改项目、河北省人力资源和社会保障研究课题、河北省高校英语教改项目、河北省光电研究会项目、河北省一流本科社会实践课程等。

二是师生荣誉硕果累累。在工作室孵化下，团队师生在河北省网络思政案例、"挑战杯"大赛等多项活动中获奖100余项，工作室获批2020年河北省省级辅导员工作精品项目并获得三等奖，工作室团队荣获学院2020年度校园风采人物之团队之星。工作室参与录制"我眼中的中国精神——高校思政工作者接力讲"主题微党课，得到了"学习强国"学习平台、中国青年报客户端等多家媒体的报道，工作室及教师成员获评突出贡献奖等称号。工作室多名学生被聘为河北省高校网络思想政治工作中心新媒体成员。

三是交流推广不断延伸。工作室与江西理工大学发哥辅导员工作室、燕山大学燕行工作室等单位进行交流学习。2021年工作室主持人被聘为河北省高校网络思想政治工作中心新媒体指导教师。此外，工作室教师还参观调研河北省高校网络思想政治教育工作中心、易班发展中心等地。

四是网络育人成效显著。师生共创的150余篇原创文章被《人民日报》(海外版)、《河北日报》、国家教育行政学院、"学习强国"学习平台、高校辅导员在线、中国大学生在线等平台刊发转载。工作室教师王晨、韩洪彬的论文《新时代高校辅导员网络思想政治工作室建设的思考与探索研究》被评为河北省高校思想政治工作优秀论文。学生团队多人在中国大学生在线、网易新闻等平台实习。

五是影响传播收获好评。"嘻哈铺工作室"微信公众号5次入围全国高校辅导员微信公众号排行榜前50名，工作室推文3次入围全国高校辅导员微信公众号排行榜前30名，原创文章2次入围全国高校辅导员微信公众号排行榜原创文章前20位，作品全网浏览量120万+。

四、工作室建设的优势和特色

(一)新媒体矩阵下"树洞"网络思政育人辐射

创新"树洞"模式，以匿名的形式，让每个人都可以敞开心扉诉说内心的故事。借助嘻哈铺工作室公众号等新媒体矩阵，以学生喜闻乐见的方式开展网络思想政治教育工作。以留言或匿名邮件为表达方式，创建"树洞"作为接收倾诉的载体，在这里，学生记录心情，吐露心声，诉说心事；辅导员接收学生发送的邮件，对学生进行答疑解惑，陪伴学生成长，拉近与学生的距离，以笔传情。工作室不仅依托公众号的邮件往来，对学生出现的困惑进行指导，还依托省级一流社会实践"职业核心能力"课程，对学生的自我管理、职业沟通、团队合作、信息处理、礼仪训练、创新创业、解决问题等能力进行深层次挖掘，从而实现辅导员对大学生思想上的引领、学业上的辅导、情感上的疏导、创业就业上的指导。线上整合师生在“树洞”模式下进行深入交流的真实案例，推送至“嘻哈铺工作室”公众号，越来越多的学生从中有所收获。在“树洞”模式的运营下，线上师生交流效果显著，形成“倾诉—解忧—推广”的良好循环。

通过“嘻哈铺工作室”微信公众号，收集学生学习生活中遇到的问题，有针对性地帮助学生更好地寻找人生目标、树立生活理想，助力大学生成长成才。主持人团队运用互联网平台开展学生工作，形成了“互联网+学生工作”的工作思路，明显提升了工作实效。

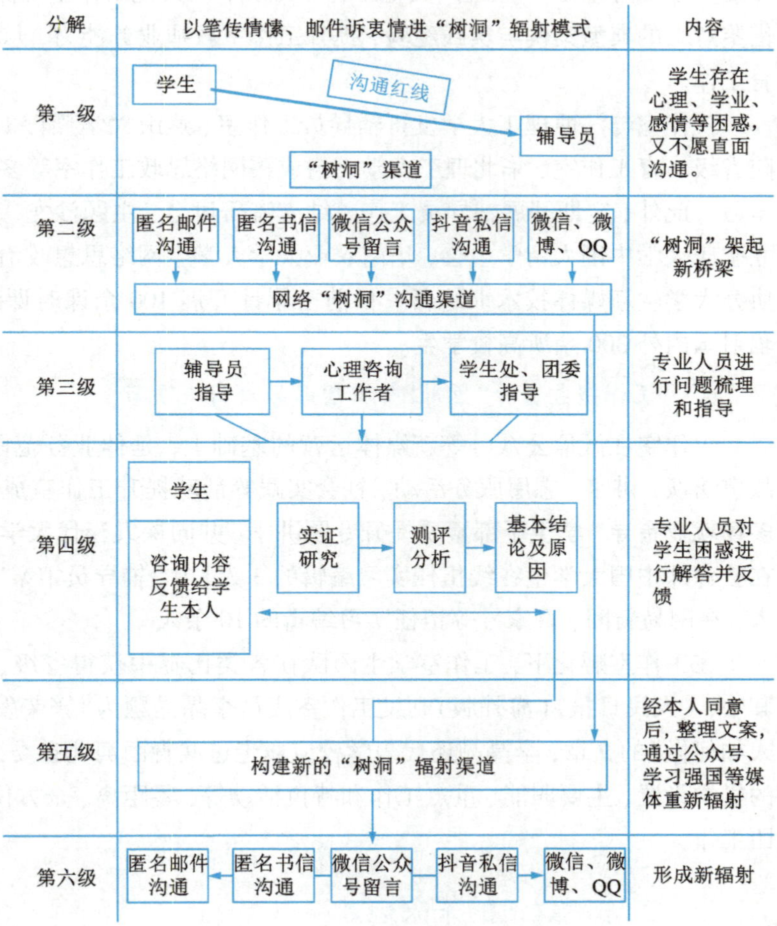

工作室“树洞”模式分解图

以“嘻哈铺工作室”为主的微信公众号平台，100余篇文章被国家教育行政学院、“学习强国”学习平台、高校辅导员在线、中国大学生在线、高校辅导员联盟、高校辅导员工作室等平台刊发转载。此外，主持人还为每一位学生建立德育档案，通过书信和邮件与学生沟通，累计书信往来1000余封，10万余字。利用网络思政解决思政工作的“最后一公里”问题，在学校率先实施了辅导员开设个人微信公众号、思政工作室等工作，建立了以互联网帮扶学生成长的工作体系，创新了服务学生的管理体系。目前，随着“树洞”模式运转日渐成熟，以其为圆心，更多学生组织通过“入驻”形式团结在工作室下，逐渐形成了一个结构看似松散但具有高度共识的校园网络文化建设联盟。

(二)工作室团队下“聚合”提升网络思政育人能力

为坚守网络舆论阵地，更好助力学生成长成才，工作室教师不仅借助“树洞”形式，利用微信、QQ、微博、抖音、小红书等网络平台，拓展服务学生、管理学生的时空平台，帮助学生解答问题，还采用“聚合”形式，提升网络思政育人能力，通过开展辅导员交流研讨、辅导员培训、主题沙龙、工作论坛、云端会等多种活动，深入推动学术研讨和辅导员日常工作交流。

工作室一直秉持思想政治教育工作“走出去”的理念，为工作室开展思想政治教育工作奠定了良好基础。“聚合”其他工作室经验，同其他工作室交流学习，为工作室提供具有借鉴意义的典型案例与实践经验，提升工作室教师业务能力，从而全方位开展思想政治教育工作。

工作室与江西理工大学发哥辅导员工作室、燕山大学燕行工作室、秦皇岛职业技术学院省级培育工作室、华北理工大学嘉树成蹊网络思政工作室等多个工作室进行了多次交流学习。此外，定期开展辅导员工作总结交流研讨会、主题沙龙、工作论坛等活动。联合国立釜庆大学中国人留学生会、华南农业大学大学生网络思想政治教育工作室等国内外组织协办大学生新媒体技术训练营。目前已累计开展100余课时课程，累计学习学生1万+，辐射国内外300余所高校学生。

（三）工作室业务外“延伸”提升思政教育育人实效

工作室在微信公众号等新媒体运营的基础上，延伸业务范围，通过新媒体技术学习、故事访谈、讲座、志愿服务活动、社会实践等活动提升工作室成员的能力。团队教师开展多场就业指导、学生干部素质提升专题讲座，共同探索当代大学生的发展方向。团队学生在教育部中国大学生在线担任实习编辑的3人，在“辅导员娘亲”公众号担任实习编辑的2人，在网易新闻、百家号等担任实习编辑的10余人。

在工作室孵化下，工作室学生团队在各类比赛中获得省级、校级各类荣誉120余项。其中，《人民日报》（海外版）刊发工作室成员李晶晶题为“繁荣发展文化事业、产业，青年人如何做”的文章，李晶晶还代表学校应邀走进共青团河北省委，参观各处室，了解各部门的机构设置、主要职能、重点工作和特色活动等，零距离、全方位、多角度地熟悉省级共青团工作。

五、工作室建设的未来规划

一是统筹规划校园网络文化建设。善于运用新思维、新理念、新方法，使网络阵地能够发挥思政育人的作用。

二是编写1001个故事访谈案例。按照“发现一批、培养一批、选树一批、储备一批”典型学生工作思路，努力推出一批具有示范效应的大学生思政工作典型人物。

三是录制学业生涯指导类微课。以学业指导课程建设为载体，着力培育一批具有示范性、引领性、创新性、实效性的高质量微课。录制学生关心的干部培养、入党培养、团日活动开展、生涯规划、自我管理、简历制作、考研指导等内容，有效提升高校思想政治教育质量。

四是扩大心理咨询工作成效。深入挖掘“树洞”的优势和特色，在“互联网+”背景下给予大学生思想引领、学业辅导、情感疏导。

“化语易班”网络文化辅导员工作室

一、工作室主持人简介

陈佳，女，中共党员，东北电力大学化学工程学院专职辅导员，学校辅导员网络思想政治教育研究团队成员。先后2次获全国优秀易班辅导员，吉林省优秀易班辅导员，吉林省高校师生“四史”优秀网络文化作品三等奖，第五届吉林省高校辅导员职业能力大赛三等奖，辅导员素质能力大赛校级一等奖1次、二等奖3次，辅导员校级优秀网文一等奖2次、三等奖1次，2023年吉林省“高校辅导员年度人物”提名奖，东北电力大学“优秀辅导员”等。

工作室主持人　陈佳

二、工作室简介和定位

（一）工作室简介

“化语易班”网络文化辅导员工作室成立于2018年，依托易班平台建立，由化学工程学院专职辅导员任工作室主持人。目前工作室学生成员10人，共有注册用户3300余人。工作室采取“1234”运营管理模式：面向一个群体（青年大学生），抓好两个平台（线上线下互融互促），三个建设领域（教育教学、生活服务、文化娱乐），四个育人目标（服务学生、教育学生、引导学生、鼓舞学生）。制定《“化语易班”工作室建设管理办法》《“化语易班”工作实施方案》等多项具体文件，确保工作室建设规范化、制度化。

工作室集体照

（二）工作室定位

1. 依托平台教育资源，引导学生自我教育

针对大学生群体的特征和需求，为广大学生提供资讯阅读、校园新闻、志愿征集、心理疏导、考研交流、在线课程等服务，为全国大学生的思想引导、心理疏导及就业指导提供平台和丰富资源。

2. 对接办公信息服务，提高学生办事时效

通过易班平台，可以简单轻松办理贫困生认定、失物招领、志愿者征集等一系列事务，简单方便且安全可靠。依托易班平台实名制管理方式，方便掌握学生相关信息，提高学生获取信息和办理事务的针对性和实效性。

3. 净化网络平台环境，确保网络信息安全

利用平台帮助辅导员在学生中传播正确的价值观，及时了解学生的价值判断和舆论倾向，以更好地应对网络危机，有利于辅导员占据网络思想政治教育工作的主阵地。

4. 拉近师生交流距离，提高师生沟通黏度

借助易班平台，师生以网民身份进行话题讨论互动，老师及时了解学生的最新思想和关注热点，同时也督促学生养成良好的使用网络工具的习惯，引导学生合理正确地使用网络用语，形成师生互动交流平台共同体。

三、工作室的建设情况

（一）建设内容

秉持强队伍、抓建设的工作理念，工作室深耕积极健康、向上向善的网络文化土壤，打造有态度、有厚度、有温度的易班文化育人体系。

1. 建强队伍，优化组织管理架构，建强三支学生骨干团队

（1）建强一支组织管理团队，提供有力保障。组织召开“化语易班”交流促进会，做好学院易班与班级工作的深度融合。通过调查问卷了解学生的易班诉求。对随机抽取的170名学生进行统计，结果显示，近60%的学生通过学校、学院宣传了解易班；87%的学生主要使用易班应用中的微社区及易班优课；对于易班未来发展，57%的学生希望易班提供丰富的校园文化资讯。调查结果明确了“化语易班”建设的总体方向。

（2）建强一支学生研发团队，提供技术支持。依托各类线下活动，开发微社区、轻应用、易班优课等模块建设。5名成员与35个班级形成对接机制，深入班级开展技术指导累计20余次。开展“春华秋实”学生骨干能力提升工程，从学习研讨、技能培训、共建交流等多途径提升团队技术骨干业务能力。

（3）建强一支理论创新团队，提升工作效能。组织开展研讨会，深挖易班优势，利用易班丰富的课程资源及其他学术资源，创新活动载体，不断增强易班平台对学生的吸引力，将建设成果转化成优秀网络文化作品。团队制作的党史设计作品《吉林抗联故事》在

全省高校师生“四史”优秀网络文化活动中获得三等奖，撰写的网文作品分别被校学工在线蒲公英专栏、《东北电力大学报》转载刊发。

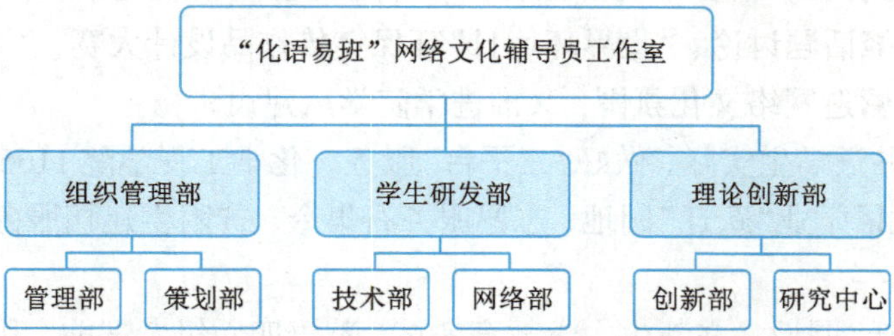

“化语易班”网络文化辅导员工作室组织架构

2. 多向发力，深化易班建设内涵

(1)有态度，加强思想引领，开展“七个一”行动。紧密结合00后学生网络原住民特点，在建党百年、建团百年、五四青年节等重要时间节点，利用易班平台开展中国特色社会主义理论体系学习教育。通过微社区、易喵喵，以图文并茂的方式开展“百年党史故事诵读”活动，展示党史学习教育成果；开展“一路书香”主题实践教育，围绕讲好中国故事、中国共产党故事开展图书分享交流，在阅读中品味红色精神；用“三行情书”的形式向党“告白”，精练的文字表达着青年学生对国家、对人民的赤诚之心。

在易班微社区开展“‘云’游中国 发现最美家乡代言人”活动，鼓励学生用镜头记录家乡，感悟百年来中国的巨大变化，其中涵盖了陕西延安、贵州遵义、江西井冈山、河北西柏坡等多个革命圣地；在建党百年到来之际，在师生中征集“庆祝建党百年”DIY手绘海报设计作品，加强教育互动，为师生提供表达情感、交流互动的平台。依托易班轻应用快搭组织“红色观影”活动，回顾党的艰辛历程，铭记党的光辉岁月，涵养爱国心、砥砺报国志、实践报国行。由于党建“七个一”行动特色鲜明、成效显著，学院被学校授予“学史力行 以史铸魂”优秀组织单位荣誉称号。

在学生军训时开展“我在东电唱红歌”主题活动，将各连队红歌演唱作品利用易喵喵及时上传，深入开展话题讨论，为酷热天气下军训的学生提振精神。“人民军队忠于党，青年学子爱中国”“青春向党，奋斗强国”“此生无悔入华夏，来世还做中国人”……质朴的语言表达了青年学子立志扎根祖国、奉献人民的坚定决心。

(2)有厚度，打造品牌文化，构建“三层级”联动。深入挖掘易班平台文化育人功能，从“寝—班—院”三个层面，丰富校园文化生活。

推进寝室文化互动。依托易班微社区打造“一站式”寝室网络文化节，增强与学生的网络互动，通过展示特色寝室名、创意桌面布局、寝室收纳“小红书”、寝室文化角等，促进寝室网络文化建设。

丰富班级文化活动。依托易班轻应用开展“我最喜爱的班徽”票选活动，参与人数1000余人，将评奖评优活动迁移到网络，充分发挥学生的积极性、主动性，增强学生的集体荣誉感。借助班级“资料库”，上传课堂笔记、模拟考试题、医保报销流程、奖学金公示名单等重要文件，优化资源共享与保存，为学生提供便利，加强班级网络文化建设。

推进学院文化联动。结合学院专业特点，打造特色网络文化活动，开展“点滴守护、‘碳’寻自然”碳达峰话题讨论、“世界环境日”环保宣传作品设计大赛、“弘扬劳模精神”实践教育等活动，既营造网络文化氛围，又推进学院学风建设。

（3）有温度，贴近学生实际，做好“三平台”服务。化学工程学院1166名学生全员注册易班。通过组建化语学业“跃迁”园地、志愿服务召集令、贫困生建档服务站三个平台，做好日常服务工作。

化语学业“跃迁”园地。在新生入学教育考试、英语四六级考试前，利用易班优质教育资源，便捷高效地开展学业讲授及帮扶，实现教学线上线下联动，为学生学习提供多元化的选择，将易班平台打造成“掌上学习通”。

志愿服务召集令。通过易班优课组建志愿服务平台，方便快捷地招募志愿者，真正实现“一呼百应”。先后开展了“爱心助学、情暖西城”义务支教、“保护母亲河”垃圾清理等活动，尤其在2022年吉林市疫情暴发时组建“化语守护志愿服务队”，志愿服务成效显著。据统计，与传统以班级层面传达志愿者招募信息相比，易班报名人数增加20%—30%。

贫困生建档服务站。依托易班平台帮boss轻应用，学生能通过手机“一站式”完成贫困生认定建档业务，解决了学生跑多次、学院数据统计繁琐的问题，使资助服务工作更便捷。

（二）建设成效

1. 宣传成效显著，实现易班全覆盖

2018年至今，工作室利用开学迎新、新生入学教育等时间节点，面向新生开展易班平台宣传共30余次，学院学生易班平台注册率均达100%，实现全员注册易班、全员使用易班、全员了解易班。由于工作成效显著，工作室连续两次受邀在学校易班推进会开展经验交流，充分展示工作室建设成果。

2. 提升研究内涵，促进成果产出

工作室积极申报学校网络思想组织工作研究网络思政专项。积极参与优秀网络文化作品创作，团队设计作品《吉林抗联故事》在全省高校师生“四史”优秀网络文化活动中获得三等奖，撰写的网文作品《@2021新同学，成长路上请收好这三个锦囊》分别被校学工在线、蒲公英专栏、《东北电力大学报》转载刊发，工作室案例在高校辅导员工作室公众号进行推送。

3. 打造活动品牌，形成示范效应

工作室开展党史学习教育网络文化活动，推出的系列作品受到学校师生的一致好评，被学校授予“学史力行 以史铸魂”优秀组织单位荣誉称号。

4. 凝练工作特色，荣获多项殊荣

工作室主持人总结工作室经验，先后2次获全国优秀易班辅导员、吉林省优秀易班辅

导员荣誉称号。

（三）建设经验

1. 坚持学生为本，充分发挥网络思政的感染力

工作室秉持“以平台聚学生、以服务拢学生、以内容带学生、以研究促学生”的建设思路，突出学生主体地位，提升学生参与度和主动性，让学生真正“动”起来，让人人参与网络文化建设的氛围“浓”起来。

2. 坚持内容导向，增强易班的吸引力

工作室注重以文化人、以文育人，依托易班平台开发形式多样、内容丰富、积极向上的优秀网络活动，加强校园网络文化建设。组织学生参与“民族振兴 教育强国”主题活动，加强爱国主义教育；组织学生开展“青春视角，寻迹中国”社会实践活动，将爱国情转化为强国志、报国行；工作室成员作为指导老师，积极指导学生进行“网络文化工作室”的申报和建设。

3. 坚持百花齐放，加强网络文化建设

工作室顺应移动互联网快速发展的趋势，整合优势资源，依托学校易班发展中心，积极推动高校网络文化建设和高校网络文化产品的产出，形成百花齐放、百家争鸣的网络文化建设局面。

四、工作室建设的优势与特色

（一）人员配置合理化

吸纳学院本科生、研究生及思政专业研究生参与工作室建设，既贴合学院学生实际，又能提升学生思想理论专业化水平，有效发挥学生在思想政治教育中的主观能动性。

（二）组织建设内涵化

工作室以青年学生思想政治教育为目标，将思政融入学生生活点滴，与学生党支部百时百分、“春华秋实”学生干部素质能力提升工程相结合，强化组织建设，深化内涵发展。

（三）形式内容多元化

丰富建设内容，使易班平台建设内容不仅涵盖校园文化活动，更紧密贴合青年学生日常生活，与生活服务、就业指导、心理健康等多项内容高度融合，多项发力更好地服务青年学生。

五、工作室建设的未来规划

（一）校院联动，强化组织引领

工作室将加强与校易班工作站的联系，明确工作方向，共享资源，改进工作方法，切实提高易班建设的针对性、实效性，提高网络思想政治教育的吸引力和感染力。

（二）师生互动，提升育人实效

紧密结合工作实际，制订易班建设推进方案。加强“青梨派”网络思政课研究，切实发挥学生骨干、教师的重要作用，精心组织和创造性地开展工作，将易班建设推广工作落到实处，提升育人实效。

（三）项目驱动，挖掘教育深度

主动作为、积极思考、加强研究、实践应用，推进易班建设项目落地，不断提高易班使用质量，为进一步加强和改进大学生网络思想政治教育工作提供理论、实践支持。

UNIQUE 辅导员网络思政工作室

一、工作室主持人简介

工作室主持人　安鑫

安鑫，男，中共党员，天津科技大学经济与管理学院辅导员，金融学生党支部书记。主持在研 2022 年度天津市高校思想政治工作精品项目、2021 年天津市思想政治工作专项局级课题 2 项，完成校级思政党建课题 2 项，发表思政论文 2 篇。曾获天津科技大学 2020 年辅导员素质能力大赛优秀奖、2021 年优秀辅导员等多项荣誉。

二、工作室简介和定位

天津科技大学 UNIQUE 辅导员网络思政工作室成立于 2017 年 12 月，立足所在的地方本科院校，围绕立德树人根本任务，积极创作网络作品，传播思政主旋律、弘扬青春正能量，运用新媒体对学生开展思想价值引领。工作室获天津市高校思想政治工作精品项目、天津市思政研究基地项目、天津科技大学思政专项支持。工作室将思想政治教育用音乐、朗诵、微视频等形式呈现，以学生喜闻乐见的方式将思政教育真正做到入脑入心，创作的网络思政作品曾被人民网、全国学校共青团、腾讯、搜狐、津滨网等多家媒体转载报道，浏览量突破 10 万。

工作室积极构建网络思想政治教育新阵地，以辅导员为主体，并充分依托思政课与专业课教师、学生群体共同开展大学生思想政治教育，围绕高校思想政治教育、管理、服务中的各类主题，通过打造优秀团队、注重品牌建设、培育精品项目、开展学术研究、围绕学生的热点话题，采用不同形式围绕学生、关照学生，服务学生，拉近与学生的距离，努力打造一个师生联动的网络宣传思想教育平台。

三、工作室的建设情况

（一）工作室建设经验

1. 以点带面，注重学生思想价值引领

以工作室为载体搭建学院辅导员共同的育人平台，将教育内容与教育平台深度整合以致融合，辅导员充分利用网络思政平台，灵活使用各种网络应用软件，开展各种专题网络思想教育实践活动，营造网络思想政治学习氛围，创造互动话题，提高思想政治教育的实

专题网络思想教育实践活动

效性。工作室主持人在教育部中国大学生在线（辅导员频道）发表文章《如何对“佛系”大学生进行价值观引导》。通过研究大学生思想理论教育和价值引领相关问题，以点带面，让学生成为网络文化建设的主人，让网络成为传播社会主义核心价值观的高地。

2. 捕捉热点，创新网络育人形式

工作室在国家重大纪念日推出了《歌唱祖国》《科大之心》《青年军魂》等原创视频，以理想信念教育为核心，以学生问题为导向，培育和践行社会主义核心价值观，服务学生成长成才。以促进辅导员队伍专业化职业化发展为核心，以辅导员团队建设为抓手，工作室推出了“夜谈——辅导员说”“你不知‘导’的事”等辅导员系列活动，引发学生强烈共鸣。在2020年，工作室召集学校20多名辅导员推出原创作品《守望花开》，帮助学生树立科学精神，坚定信念信心，保持积极心态，取得了一定的影响力和媒体支持，为新时代学院思政工作的创新提供了新思路与新方法。

3. 激发灵感，提供辅导员成长的新舞台

工作室建立辅导员学习空间站，通过素质提升工程、大学生讲习所、辅导员素质能力大赛训练营，凝练理论成果，走进不同高校开展工作交流，形成辅导员队伍建设的新平台、辅导员学习交流的新窗口、促进辅导员成长的新舞台。在交流、分享自我经验的过程中，辅导员进一步拓宽视野、开阔思路、激发灵感、启迪智慧，并在与同行的交流中探索问题、共享成果，进而增强工作责任意识、自主创新意识和自我发展意识。

4. 科学施策，引领学生就业创业

一方面，工作室坚持以精准指导及个性化服务为核心，开展面向学生的职业生涯规划、就业指导相关的咨询、团体辅导、共读书籍等活动，唤醒学生的生涯发展意识，激发学生的学习内驱力；另一方面，工作室结合校内外就业指导导师专长，开展形式多样的就业指导团体辅导活动，如无领导小组面试模拟、结构化面试模拟、求职形象礼仪等活动。

（二）工作室育人成效

1.“三全育人”体系建设初见成效

工作室积极搭建联动平台，在学风建设、考研就业、创新创业竞赛、新时代实践等工作中，加强教学联动、家校联动、朋辈联动，发挥好学校、家庭、社会各自的优势，调动起管理人员、专业教师、辅导员、家长、朋辈等多方力量，相互配合，为学生成长发展汇聚更多育人资源，构建高质量育人工作共同体，实现同向发力、同频共振。同时，工作室建立联动长效机制，加强组织领导，完善相关制度，营造出全员全过程全方位育人的良好氛围。

2. 兼容并蓄，发挥网络思政育人作用

工作室以辅导员为主体，并充分依托教师、学生群体共同开展网络思想政治教育，旨在积极探索网络思政教育相关规律，创作优秀网络思政作品与研究成果，满足不同形式、层次以及环境下进行思想政治教育的需求，不断在学生价值观教育、社会意识形态引领、校园文化活动开展、日常教育管理过程中打造网络思政新格局，其模式以及成果具有较高的推广价值和可复制性，对于网络思想政治教育的研究具有一定价值。工作室成员在长期的工作实践中积累了丰富的思想政治教育工作及教学经验，在坚持原创的基础上，对各种形式的教育作品兼收并蓄，推出了“夜谈——辅导员说”“你不知‘导’的事”等系列作品，得到了众多媒体支持，形成了一定的影响力，充分发挥了网络思政育人的作用。

3. 依托少数民族学生特色，促进各民族学生交流融合

依托学院少数民族学生优势，整合校内外资源，开展具有工作室特色的工作，重点面向少数民族学生开展政策宣讲，如打造了“石榴籽少数民族党史宣讲团”网络思想政治教育品牌。同时依托工作室平台对少数民族学生进行深度辅导、学业指导、经济资助、心理疏导、职业规划等，帮助少数民族学生健康成长成才；面向各民族学生开展民族团结教育，邀请学院各民族学生制作了《少数民族点赞改革开放四十周年》《我和我的祖国》等原创视频，引导各民族学生树立正确的价值观，促进各民族学生交流交融，铸牢中华民族共同体意识。

4. 科研成果丰硕

工作室成立以来，获得天津市高校思想政治工作精品项目、天津市思政研究基地（天津财经大学）项目、天津科技大学青年教师创新基金项目支持。发表论文 10 篇，被《智库时代》《时代论坛》《政工师论文集》等社科类期刊收录。在高校辅导员在线发表文章 2 篇，在高校辅导员联盟发表文章 1 篇。工作室成员在实践中总结经验，加强理论学习，不断完善平台的不足，指导工作室创新发展。

5. 搭建辅导员自我教育舞台

工作室通过网络思政工作的创新开展，建立健全辅导员学习基地，聚焦辅导员实际工作中的困惑和难题，给予辅导员工作方法和经验的指导，为辅导员提供智力支持和情感支撑，帮助一线辅导员改进工作方法，树立工作信心，保持良好的精神状态。工作室探索分析网络环境中的各种复杂现象，正确评价多元、复杂的传播信息，提升辅导员网络专业素养，满足不同形式、不同层次、不同环境下进行思想政治教育的需求，在砥砺交流中相互鞭策、共同成长，从而树立正确的自我教育、自我成长的观念。

四、工作室建设的优势和特色

（一）坚持立德树人，工作室网络思想政治教育因势而新

工作室始终把正确的政治方向放在首位，坚持立德树人根本任务，在学生充分参与的基础上牢牢把握话语权，有效引导学生在思想上、政治上、道德上形成正确的方向。同时，运用新媒体新技术，推动思想政治工作传统优势与信息技术高度融合。工作室创新工作路径，在建党 100 周年纪念日推出了天津科技大学师生版《万疆》原创视频，献礼建党百年华诞，点赞量上千，加强了与学生的网上互动交流。运用新媒体对学生开展思想价值引领，让新兴媒体为我所用，让网络思政因势而新，是新形势下对高校大学生思想政治工作的新要求。

原创音乐短片《万疆》

活动照片

（二）突出少数民族教育特色，构筑民族团结教育同心圆

培养少数民族人才和维护民族团结是高校的重要责任。对少数民族学生开展思想政治教育及日常管理服务工作，是高校辅导员所肩负的重要使命。工作室所在的经济与管理

学院是学校少数民族学生比较集中的学院，工作室充分动员少数民族学生加入工作室的建设，变学生的被动管理为学生的主动参与。近年来，在工作室的引领下，少数民族学生积极参与到网络思政工作中来，少数民族学生的书画、摄影等作品均通过工作室平台不断被推送。工作室在中国共产党成立100周年之际，成立了少数民族学生党史宣讲团，目前已经制作几期宣讲微视频，宣扬优秀中华儿女的事迹，增强各民族学生之间的沟通与交流，使党史学习教育深入各民族学生当中，增强各族同学追求美好生活的信心和决心。

（三）突出国际留学生教育特色，促进来华留学生的全面发展

在高等教育国际化水平不断发展进步的新形势下，我国高等教育国际化水平飞速发展，来华国际学生高等教育事业已经进入加速发展与质量提升的新阶段。工作室所在学院的留学生群体相对集中，工作室针对来华留学生特点提供有效的指导和服务，促进来华留学生的全面发展。比如，开设多语种“辅导员说”栏目，深受留学生的喜爱。同时，工作室的各种原创作品均积极邀请留学生参与，在校庆宣传片的制作和原创歌曲的录制上，留学生积极参与，发挥了重要作用。

（四）“三全育人”特色鲜明，提升工作室的影响力

工作室以辅导员为主体，并充分依托专业教师、学生群体共同开展大学生思想政治教育工作。长期以来，以全员全过程全方位育人为特色，工作室推出的主打品牌均是由辅导员、专业教师和学生群体共同完成的。专业教师加入辅导员工作室可以实现优势互补，共同指导学生开展科研活动、创新创业、就业等，达到协同育人效果。

五、工作室建设的未来规划

1. 构建智库型网络思政工作室

工作室要形成由校内学生工作队伍组成的核心团队，校内外专家、学者、骨干教师和校友组成的智库团队，开展网络育人项目。

2. 加强学习交流，重视成果转化，提升专业水平

工作室成员将赴发哥辅导员工作室、张晓京辅导员工作室、知行空间辅导员工作室等进行交流，学习先进经验。

3. 打造特色品牌活动，开展主题教育

工作室除传承已有的品牌活动外，准备打造“高校学生成长成长之路”品牌，倾力制作《辅导员之声》主播节目，就社会主要热点问题以及学生关切问题与学生进行交流探讨。

4. 加强平台模块化建设

工作室将进一步加强平台的模块化建设，增加“就业创业”“辅导员素质能力大赛训练营”“原创作品”“舆情监测”等模块。工作室建立健全辅导员学习基地，成立“青蓝工程”，聚焦辅导员实际工作中的困惑和难题给予经验指导。

第七章　校园危机事件应对

辅导员联播工作室

——辽宁省高校辅导员名师工作室

一、工作室主持人简介

刘明耀，男，中共党员，副教授，辽宁生态工程职业学院招生处处长，辽宁省高校辅导员名师工作室主持人，辽宁省高校网络育人名师工作室主持人，“全国百场校园巡讲行动”完成者，辽宁省人社厅“校园危机管理”专项能力证书开发人，“主题班会课程化开发与设计工作坊”主讲人。获辽宁省职业院校教学能力大赛一等奖，出版《新时代校园学生危机管理指导与实践》《辅导员打造个人品牌 IP 实战指南》等书籍。

工作室主持人　刘明耀

二、工作室简介和定位

辅导员联播工作室作为省级名师工作室，以校园危机管理与大学生安全教育内容为重点，通过整合力量，凝练特色，搭建平台，提升能力，致力于服务辅导员和大学生，打造高校辅导员素质能力提升共同体，积极探索辅导员个人成长路径，将学生培养成为有理想、敢担当、能吃苦、肯奋斗的时代新人。工作室结合学生工作，探索辅导员通过课程化、品牌化形成个人成长内驱力的路径，实现辅导员队伍专业化职业化专家化的建设。

三、工作室的建设情况

（一）建设内容

1. 人员场地经费到位

工作室照片

工作室老师成员一共 15 人，其中具备博士学历的 3 人、硕士学历的 5 人；具备副教授职称 4 人。其中全国“高校辅导员年度人物”1 人，高校思想政治工作中青年骨干 1 人。团队成员定期开展线上线下研讨交流。学校为工作室提供单独场地，统一配置了电脑、桌椅、打印机、投影仪等设备。学校每年为工作室提供专项经费 5 万元，鼓励工作室积极开展各项活动。

2. 发挥示范引领作用

工作室成立以来，累计完成了线下讲座 164 场、线上直播分享 196 场，单场直播超过 12.2 万人观看，获得了 154.8 万人气点赞；承办了辽宁省新入职辅导员岗前培训任务 2 期；完成了河南省、辽宁省 4 期高职院校专业教师省培授课任务；出版了思政教育专著 2 部，累计 67 万字，10 个月内累计印刷 5 次，曾获当当网、京东网教育类新书榜第 1 名；组织的培训宣讲直接影响辅导员 7 万余人次、学生 120 万余人次；2 篇网络文章阅读量均超过 10 万，738 篇网络文章的阅读量累计超过 100 万人次。

3. 培育工作精品项目

工作室开发的“高校校园学生危机事件应对与处理能力提升”“辅导员如何打造个人成长 IP”两门原创版权课程。该课程已被中国教育干部网络学院纳入网络课程资源库。截至目前，这 2 门课程视频累计播放次数达到 20 万+。工作室主持人撰写的《学生打架危机事件应对与处理》《新时期五有辅导员》《谈心谈话有效区别》3 篇网络文章入选中国大学生在线辅导员素质能力提升专题。

工作室先后设计完成“7 天辅导员素质能力提升线上训练营”（共计 6 期）、“7 天学生干部素质能力提升线上训练营”等项目，来自全国的 10000 余名辅导员以及学生干部累计打卡输出 80 余万字，形成了辅导员共创学习的新模式。

4. 推广凝练研究成果

工作室主持人出版了《新时代校园学生危机管理指导与实践》《辅导员打造个人品牌 IP 实战指南》两本专著，10 个月内累计发行 16000 余册，被全国 100 余所高校采用，成为全国高校辅导员入职培训、个人成长的指定阅读书目。工作室成员累计发表学术论文 10 余篇；荣获省级荣誉一等奖 2 项、二等奖 3 项、三等奖 8 项；主持完成省社科办课题 1 项、省教育厅课题 3 项、省教育厅思政课专项 1 项、省教育厅青年骨干专项 1 项；主编教材 3 部；先后荣获省级辅导员精品项目一等奖 1 项、二等奖 1 项；荣获“省青年教育科研骨干”称号 1 次；荣获省级职业院校教学能力大赛一等奖 1 次。

工作室主持人申报的“辅导员校园危机管理七堂课”已获得教育部中国大学生在线 2021 年度高校辅导员网络培训课程建设项目立项暨百门精品培训课程立项，现已完成课程建设并顺利通过验收。

相关照片

相关照片

（二）建设成效

工作室成立以来先后完成了线下讲座 164 场、线上直播分享 196 场，单场直播超过 12. 2 万人观看，获得 154. 8 万人气点赞；出版了思政教育专著 2 部，一年内累计印刷 6 次；工作室通过培训宣讲、训练营、工作坊等形式直接影响辅导员 7 万余人次、学生 120 万余人次；2 门课程入选国家教育行政学院课程师资库，播放量已达 20 万+；2 篇文章阅读量均超过 10 万；一门课程获得高校辅导员网络培训百门精品课程建设项目立项并顺利通过建设验收。工作室先后研发出“高校校园学生危机管理能力提升”“主题班会课程化开发与设计”“重构师生关系，做专家型好老师”“辅导员名师工作室的任务驱动与对标对表”等原创版权课程，为全国 200 余所院校开展讲座，深受学员好评。

（三）建设经验

工作室构建了学生管理“五位一体”总体布局，以学生为主体，充分发挥平台、实践、课程、品牌、名师的联动效果，实现成长有平台、实践有路径、课程有特色、品牌有 IP、名师有成果，积极发挥育人功能。

通过实施辅导员成长“五步走”战略，打造经历—经验—课程—商品—价值的辅导员未来成长生命线，通过线上网络课、线下实战课，积极构建双线并行的“五步走”战略，形成辅导员未来成长的内驱力。

构建“双师型”辅导员成长模式，使辅导员既成为学生的人生导师，以育人为核心，又成为学生的培训讲师，以点燃为核心。

四、工作室建设的优势和特色

（一）平台成型有关注

工作室运行了“辅导员联播”公众号，现粉丝关注人数为2.5万余人，撰写校园危机事件案例30余个，发表原创网络文章404篇，累计阅读量80万+；获批了省级网络育人名师工作室、省级辅导员名师工作室。

（二）课程积累有传播

工作室主持人开发了“走进知青岁月 点亮理想心灯”“高校校园学生危机事件处理能力提升”“辅导员打造个人成长IP”“大学生安全教育”等原创版权课程20余个，完成了全国线下校园巡讲164场、线上直播分享196场；“校园危机管理”课程入选中国教育干部网络学院网络课程师资库，观看人次已达20万+。

（三）榜样对标有创新

目前与全国12个省级以上的辅导员名师工作室、网络育人名师工作室建立合作支持共建关系。通过理论宣讲、研讨交流、经验分享、共创项目等，实现资源共享，项目联动，取长补短，对标看齐。同时，承担了全省50所中职学校名师工作室培育孵化建设任务，对其工作室建设进行点对点、一对一的指导服务。

（四）人员组合有成长

工作室现有成员22人，均来自全国一线辅导员、思政课教师，在工作室中各负其责。定期开展网络思政沙龙、工作坊，截至2023年底，已完成网络思想政治教育主题沙龙16期、辅导员成长工作坊8次。

（五）科研能力有提升

工作室主持人主持省教育厅、社科办、社科联等省级及以上课题6项；先后出版《新时代校园学生危机管理指导与实践》《辅导员打造个人品牌IP实战指南》2本专著，主编《系好人生第一粒扣子》《职业生涯规划与就业指导案例解析》《大学生劳动教育》等教材；曾获省“教科研青年骨干”、省“辅导员精品项目一等奖”、省“结对子”先进个人、省“优秀博客”等荣誉。

五、工作室建设的未来规划

（一）工作重点

未来三年，工作室将实施“十百千万”工程，即搭建十个平台、开展一百场讲座、链接一千名辅导员、覆盖一万名大学生成长。至少完成一部著作，创作十个网络作品，依托公众号、抖音、视频号等平台，立体化、多渠道、全天候、接地气地宣传阐释党的创新理论。

（二）建设思路

构建学生管理与思政教育“五位一体”总体布局，以学生为主体，充分发挥平台、实践、课程、品牌、名师的联动效果，实现成长有平台、实践有路径、课程有特色、品牌有IP、名师有成果，积极发挥工作室育人功能。

通过整合力量、凝练特色、搭建平台、提升能力，打造成网络名师人才培养的“聚集地”、学生成长成才的“梦工厂”、创新网络育人方法的“孵化器”。专家形成领队，导师形成梯队，精英形成团队，骨干形成方队，实现培育辅导员团队“出名师”、服务学生“有实效”、工作成果“塑品牌”、危机管理“可复制”。

（三）进度安排

1. 构建十个“一”思政育人平台

搭建十个“一”平台，即一个专家指导平台，一个法官对接平台，一个律师咨询平台，一个空中云端平台，一个舆情监控平台，一个网络宣传平台，一个案例共享平台，一个安全教育平台，一个课程开发平台，一个品牌孵化平台。

2. 开展“百场校园公益巡讲”行动

继续开展一百场校园公益巡讲行动，通过线上与线下的有机结合，为辅导员以及大学生成长赋能，提升辅导员素质能力，引领大学生成长成才。

3. 链接“一千名辅导员”成长

每年举办一次辅导员成长论坛，通过专题报告、成果发布、典型案例分享等，促进辅导员个人能力成长；每季度举办一次辅导员素质能力提升训练营，进行生涯规划、危机处理、心理疾病预防、谈心谈话等实战训练，提升辅导员教育管理能力；每月举办一次辅导员经验分享交流会，分享学生管理过程中遇到的危机案例，分析总结研判凝练，形成典型案例。

4. 覆盖“一万名学生”安全教育

面向全国学生通过线上与线下主题班会、抖音直播、视频号等载体，加强学生的安全教育，增强学生的安全意识。定期发布安全教育网文，帮助大学生正三观、辨是非、防安全。面向全体同学开展咨询服务，帮助大学生排忧解难、化解矛盾。努力实现有德成人、有技成才、有职成业的“三有三成”育人目标。

（四）预期成果

工作室未来计划出版专著3部，发表论文10篇，形成共享案例50个，孵化原创版权课程5个，开发辅导员培训虚拟仿真实训平台1个，开展校园宣讲100场，创作省级网络文化作品10个，开展全国性具有影响力的活动1次。

“向阳花”大学生危机预控工作室

——陕西普通高等学校辅导员工作室

一、工作室主持人简介

张俊华，女，中共党员，商洛学院生物学院辅导员，国家二级心理咨询师。曾获评陕西高校名优辅导员、陕西高校优秀辅导员、陕西省优秀共青团干部。主持陕西普通高等学校辅导员工作室“向阳花”大学生危机预控工作室（2019年成立）。先后主持完成陕西省学生工作精品项目、学生工作研究课题、网络思政实践项目、社科联项目等5项。先后获得陕西省高校“百佳心理辅导师”、陕西高校第七届心理健康教育优秀案例一等奖、陕西省高校“新闻奖”通讯类一等奖、2022年陕西省“三下乡”社会实践活动“优秀团队”指导教师等荣誉70余项。

工作室主持人　张俊华

二、工作室简介和定位

工作室以“教育为先、重在预防、防治结合”为原则，是高校辅导员对危机事件预防与应对的一次理论与实践探索，为构建更加科学有效的危机预控服务体系做出了积极的探索，提升了辅导员校园危机事件应对处理能力。

（一）在体制机制建设方面，完成了工作室及相关育人实践平台的体制机制建设

构建辅导员应对大学生危机事件“三位一体”工作机制、“向阳花”大学生危机预控工作室育心赋能育人体系、焦点理论在高校学生心理危机干预工作的理论体系等，有效提升了工作的针对性和实效性。工作室与学校心理健康中心合作，不断筑牢学生心理健康教育安全底线，丰富学生心理健康教育活动载体，推进二级学院心理辅导站建设，创新心理健康教育开展形式，构建全员参与的育人工作格局。

（二）在知识能力素养方面，整合力量，发挥优势

围绕建设方向，以“立德树人、共同成长”为宗旨，优化知识结构，提升能力素质，提升辅导员预防及应对危机的综合能力。围绕危机评估、危机干预模式、特定危机处理、重点干预对象识别和发现、辅导员自我成长和自我关照等问题重点着力开展工作。帮助更多的辅导员掌握工作核心技术和方法，培养学生形成乐观解释的风格、正向思考的习惯、积极阳光的心态，为学生全面成长赋能。

（三）在作用发挥方面，直面难点，辐射带动

编订《焦点取向大学生心理危机干预工作手册》指导实践工作，设计并优化《大学生幸福训练营方案》，推出网络思政节目近40期。工作室育人导向鲜明，品牌效应明显，运行模式健全，传播效果良好。特色工作和思政栏目在实施和运营过程中，形成了师生合作、共育共建共创的特点。工作室发挥了“网络育人+心理育人+文化育人+实践育人”合力，提升了大学生思政教育工作质量和水平，推进了辅导员队伍专业化职业化发展。

（四）在工作研究方面，知行结合，凝练特色

通过育心赋能，结合成员特点，凝练主题，申报了高校危机干预、奋斗幸福观、幸福力提升等方面的课题，其中陕西高校学生工作精品项目1项、学生工作研究课题5项、网络思政实践项目3项，校级学生工作课题10项；发表了代表性的学术论文10篇。通过开展一系列的理论研究与实践探索项目，拓宽了理论视野，创新了育人实践，提升了育人效果，促进工作室成员形成了“理论与实践相结合”的工作方法和思维习惯。

（五）在团队成员建设方面，培养了一批具有专业胜任力的优秀辅导员

结合工作室中期检查、结项验收、挂牌后工作室建设情况，三次调整团队成员，目前团队成员以各二级学院一线辅导员为主。通过不断整合团队优势，培养了一批具有良好业务能力的辅导员，多人获得各种荣誉和奖励，具备良好的胜任力。

三、工作室的建设情况

工作室成员

工作室的建设得到陕西省委教育工委及学校党委的政策及经费支持，学校和相关职能部门高度重视工作室建设。2021年顺利完成了省委教育工委组织的结项验收工作，工作室被评为“陕西高校省级辅导员示范工作室”，主持人获“陕西高校名优辅导员”称号。2023年工作室完成了省委教育工委对省级辅导员示范工作室挂牌后有关建设情况的检查工作，积极推动工作落地实施。

（一）健全制度，优化组织构架，建成服务新老校区师生的辅导员工作室

学校在北新街校区和丹江校区为工作室提供了独立的办公场地，并完成了基础装修和硬件配备，为辅导员集体学习、研讨和开展工作提供了良好的办公环境，有效调动了辅导员的积极性，增强了辅导员的职业认同和归属感。帮助主持人选好配强工作室成员，成员年龄、职称、学缘结构合理。制定了《工作室职责》《工作室主持人职责》《工作室发展规划》等规章制度，构建了大学生危机事件“三位一体”过程中辅导员的角色定位、素质与能力培养机制。在省级辅导员示范工作室建设的基础上，孵化培育了“大学生心灵滋养空

间”“大学生成长加油站”“心里有约 3C 工作室”等育人平台。

（二）科学定位，把握特点，做好危机预控服务体系建构

围绕建设方向，建立规章制度、组建人员队伍、构建宣教体系等，与各职能部门协力合作，形成育人合力。通过主题班会、全校性心理健康教育活动，针对大学生人际关系、恋爱、职业规划、自我意识等问题，开展心理危机主题预防教育，整合专业资源，完成了一系列课程视频的拍摄，部分成果在省级各类比赛中获奖。围绕危机评估、危机干预模式、特定危机处理、重点干预对象识别和发现、辅导员自我成长和自我关照等问题，重点着力开展工作。

（三）预防为主，源头维稳，积极构建育心赋能育人体系

预防是解决危机最好的方法，通过“向阳花”大学生危机预控工作室和“向阳花”大学生心灵滋养空间等实践育人平台，策划实施大学生“幸福训练营”团体体验活动，推出“读名人传记，学成长心法”和“青春阅读、悦享青春”2 个网络思政栏目，借助学校官网、学院官微、易班等网络思政平台，推出节目近 40 期。“读名人传记，学成长心法”栏目获得 2019 年陕西高校易班优秀思政教育工作案例。工作室为学生全面发展育心赋能所开展的一系列工作获学校 2020 年校园文化成果二等奖。通过教育引导、育心赋能、激发优势，全面建构育人体系，实施育人实践，创新育人品牌。

（四）聚焦问题，加强学习交流，提升辅导员专业化职业化水平

工作室成员先后前往西安科技大学“榴苑追梦”学业指导工作室、陕西铁路工程职业技术学院“新时代”学生思政教育工作室学习、调研、借鉴建设经验。组织成员参加全国高校心理危机预防干预网络培训、陕西高校心理健康课程建设与优秀教案研讨、陕西高校心理育人高级研修班等集中学习、研讨和培训，提升辅导员危机预控技能。将危机预防的长程过程与危机控制和危机干预的短程帮助相结合，通过焦点解决短期治疗和积极教育理念结合，促进了辅导员从以问题为焦点到以解决之道为焦点的思维模式转化，辅导员以敏锐的洞察、成熟的情感、坚定的信心，与学生合作共创。

（五）继承发展，创新育人理念和方法，理论与实践相结合，发挥育人合力

学校在多年的学生思政教育工作中，形成了较为完善的思政工作体制机制和多方位的育人传统，在时任校长刘建林的“一个理念 十个平台”学生工作创新体系思路的指导下，以特殊群体的关注帮扶为重点，开展了相关的实践和研究。特别是对学校特殊学生群体精准帮扶工作模式的探索与实践，已在学校 10 个二级学院全面开展，并在陕西 6 所同类高校及汉江流域大学联盟高校予以推广。重点帮扶和关注特殊群体学生，采取思想引导、心理疏导、经济帮助、行为养成、朋辈互助、家庭支持 6 种帮扶机制。其中工作室主要对思想引导、心理疏导这两种最有效的帮扶机制进行理论研究和实践探索，从关注特殊群体到覆盖全体学生，发挥育人合力，助力学生全面成长成才。

四、工作室建设的优势和特色

工作室积极发挥“陕西省普通高等学校辅导员工作室”的教育引领和辐射作用，满足了广大师生需求，服务了社会需要，项目成果及工作方法已成为2022年商洛市级工程技术中心“商洛智慧心理研究与服务中心”服务社会发展的重要内容。项目的成果和研究实践，在第十四届全国大学生心理健康教育与咨询学术交流会、陕西省易班中心培训会、汉江流域大学联盟工作会议上都进行了学术交流和工作经验分享。主持人通过2022年通用技术集团海外员工EAP员工健康关怀服务和河南省人民银行系统职工心理援助热线等项目，不断进行社会服务，以提升专业胜任力。广大成员发挥专业能力，积极为地方项目助力。

（一）工作室积极助力学校育人工作

通过咨询、服务、教育、实践活动，在育人体制机制的科学指导下，识别、筛查出特殊学生，及时转诊，家校共育，为防范部分危机事件的发生作出预警、识别和处置，一定程度上服务了育人工作，降低了风险，提升了育人实效。

（二）推出了一系列品牌栏目和特色项目

工作室推出的网络思政栏目，撰写文案15万字，累计推送文章39篇、音频19条。帮助学生提升应对能力，有效解决个体所面临的困难事件或情境，不断激发学生勇敢发展自我的信心，激励和引导学生立志爱国报国、成长成才。大学生幸福训练营逐步成为学校特色育人品牌，并仍在不断丰富和拓展。

（三）培育了一批优秀研究实践成果

整理并编辑出版《焦点取向在高校危机干预工作手册》，积极开展日常教育赋能班会、打造心理健康季品牌活动等。完成陕西高校辅导员精品项目和课题等16项。多名成员获陕西高校学生心理健康教育课程教学大赛优秀奖，陕西高校优秀咨询案例、优秀教案一等奖等荣誉。

（四）培养了一批优秀的辅导员骨干

组建了幸福指导师、情绪管理师、家庭教育咨询与服务团队，成员通过一线心理咨询、突发事件处理等积极开展心理危机预防和干预工作。成员先后获得教育部易班优秀辅导员、陕西省“三下乡”社会实践活动“优秀团队”指导教师、陕西省高校团干部素质能力大赛三等奖、校级优秀共产党员、校级优秀辅导员等荣誉。

五、工作室建设的未来规划

（一）培养思路

1. 加强团队建设，打造辅导员名师

为进一步打造专业化职业化的工作团队，提高师资团队整体水平，工作室将定期举办学习沙龙，开展网络学习小组和线下交流分享会，并组织团队成员外出学习，做到学得会、

用得好，工作实效突出。积极申报省级学工项目、参加微课大赛等省级比赛或作品推介活动，实现实践成果更大范围的推广和应用。

2. 营造浓厚氛围，打造品牌文化

一是营造温馨清雅的工作室氛围。将工作室划分为座谈区、借阅区和工作区，制定图书借阅制度，按照思想类、心理类、学习类、就业类4大板块陈列图书，每周固定时间面向学生开放。二是设置名师风采的照片展示墙。为方便来访学生充分了解团队教师的个人信息，设计咨询团队的照片展示墙，展示团队教师的个人简介和咨询方向。

3. 持续凝练团队的研究方向

根据成员的特色，继续发挥幸福指导师团队、情绪管理师团队、家庭教育与咨询团队的作用，组织团队成员参与相关课程的培训。下一步，一部分成员考取心理咨询相关资格证书，一部分成员在焦点解决、叙事疗法、行为认知等流派持续精进，继续参与相关的课程和培训，工作室提供经费支持，对学习成效进行考核，促使辅导员将培训成果转化为育人本领，推动更多特色工作开展，发挥育人优势。

4. 积极借鉴优秀的辅导员工作室发展经验

对标全国优秀辅导员工作室的建设情况，在团队"专业化"发展的"融合能力"、"职业化"发展的"钻研能力"、"专家化"发展的"引领能力"等方面进一步加强。引进社会性优质资源，聘请专家学者系统性指导。不断深化课题研究，推广研究成果，增强辅射影响力。

(二) 预期成效

1. 推动教育创新发展

继续发挥积极心理学、存在主义、后现代主义等思想理论在学生工作中的应用，帮助更多的辅导员掌握焦点核心技术、会焦点式对话、能做焦点取向的咨询；训练学生乐观解释风格，培养正向思考的习惯，培育阳光心态，为学生全面成长赋能。

2. 开展学术探讨与研究

强化工作学习和交流，在幸福指导师、情绪管理师、积极教育育人团队的带领下，努力申报国家级、省级项目，合作攻关。编辑出版《焦点取向在高校危机干预工作手册》《高校辅导员谈心谈话工作手册》等书籍。

3. 促进工作探索与实践

邀请专家学者开展有针对性的培训和讲座，加大外出参与培训、学习交流的力度，鼓励成员积极申报考取幸福指导师、社工证等资质证书，把握学生工作的时代特征和思想脉搏，凝练特色工作经验，提升专业素养和能力。

4. 加强经验总结和推广

秉持理论化、实践性的思路，持续提高辅导员大学生危机预防与应对能力，提升辅导员危机预防、控制、处理、咨询和服务的能力水平，发挥先进典型的示范和引领作用。

“护航青春”辅导员工作室

一、工作室主持人简介

工作室主持人　杨可

杨可，男，中共党员，工程师，重庆财经职业学院专职辅导员。国家级大学生创新创业训练计划项目——发哥辅导员工作室第五批、第六批成员，学校安全教育、军事理论教研室主任，曾指导学生获第十三届“挑战杯”中国大学生创业计划竞赛重庆赛区选拔赛银奖，指导学生获第八届中国国际“互联网+”大学生创新创业大赛重庆赛区选拔赛铜奖，所带班级（团支部）曾获市级先进班集体和市商务委系统“五四红旗团支部”等市、校级荣誉称号10余项，所带学生曾获国家奖学金、市级“三好学生”和优秀学生干部等奖项和荣誉称号20余次，所带学生曾获2023年金砖国家职业技能大赛中国分赛区总决赛全国一等奖、第十三届“挑战杯”中国大学生创业计划竞赛重庆赛区选拔赛金奖等20余次。

二、工作室简介和定位

“护航青春”辅导员工作室成立于2020年，是重庆财经职业学院第二批立项建设的辅导员工作室。杨可担任主持人，工作室成员共11名，平均年龄36岁，包括二级学院党总支分管学生工作负责人、团总支负责人、学工组长、心理辅导站负责人、专职辅导员，均为工作2年以上的一线优秀辅导员。成员获重庆市第九届辅导员素质能力大赛一等奖、重庆市第八届辅导员素质能力大赛二等奖、重庆市商务委“庆祝中国共产党成立100周年”文艺汇演一等奖等奖项3人次。工作室以“大学生安全教育和危机事件应急管理”为核心，通过抓“制度机制建设”保“安全稳定”，促立德树人。工作室于2023年3月通过结项验收，目前处于结项后常态

工作室主要成员合影

化建设阶段，正积极申报重庆市辅导员工作室，继续履行安全文化育人使命。

三、工作室的建设情况

(一)建设内容

1. 工作制度机制建设

建立工作室管理制度。制定主持人岗位职责、成员工作职责、成员考核制度、志愿者管理细则等管理制度，严格管理。完善学生安全管理机制，制定《工商管理学院学生安全管理十条》《工商管理学院学生安全管理实施办法》等学生安全管理机制，严格实施。

2. 宣传教育阵地建设

(1)宣传氛围打造。依托工作室场地打造宣传阵地，建设工作室简介和宣传教育展板5块、文化墙2面、安全知识阅读区1个，内容涉及防范电信(网络)诈骗、交通安全、消防安全、应急管理等方面。紧密结合工作室研究方向创建标识(logo)、室旗等文化标识，进行内涵阐释，定制印有工作室标志的活动小礼品，扩展宣传渠道。创建“护航青春”辅导员工作室微信公众号，设本室简介、安全贴士、警示教育三个板块，定期推送关于国家安全、消防安全、交通安全、防范电信网络诈骗、大学生安全防范、心理健康、防灾减灾、防范溺水等方面内容的文章50余篇，辐射学生近1000人。

(2)宣传教育资料库建设。收集整理《中华人民共和国消防法》《重庆市消防条例》《学生安全知识教育手册》《防震减灾知识读本》《急救手册》等资料，供学生们阅读学习，汇编《大学生安全教育读本》《学生消防安全知识读本》，录制“远离校园贷”“大学生防范溺水”“正确应对挫折”等安全教育微课，有效提升学生安全意识。

3. 骨干成员学习培训

骨干成员积极参加全国高校辅导员工作室建设与管理经验交流研讨会、笃学教育·第九期高校辅导员名师工作室建设与管理专题研修班、用雷锋精神涵养时代新人研讨会、新时代高校辅导员科研能力提升营(第三季)、新时代高校辅导员素质能力提升营(第四季)、校园应急处置能力和心理健康教育能力提升专题网络培训班等学习培训，不断提升工作室建设管理经验、育人能力、科研能力、学生突发事件应急处置和心理危机干预能力。工作室邀请江西理工大学能源与机械工程学院党委书记、副教授饶先发为学校学工队伍开展“弘扬工匠精神 提升育人水平——做一名新时代优秀的辅导员”讲座，就学生工作经验方法、辅导员素质能力大赛、辅导员工作室建设和学生社区育人等方面进行培训交流，有效提升学工队伍专业素养和综合能力。

4. 安全宣传队伍培养

开展志愿者培养。通过日常工作和活动筹备开展，锤炼提升志愿者队伍的工作能力和综合素养。组建退役军人大学生志愿服务队，开展校园安全巡逻、学生内务整理指导和良好卫生习惯养成督促等活动，3次在全校范围内招募志愿者100余人。

5. 安全教育活动开展

通过开展心理健康教育培训，组织师生代表参观永川区消防安全主题公园（桂山公园），举办"5·25"心理健康手抄报展、"4·15"全民国家安全教育日主题教育、"5·12"防灾减灾主题教育暨知识竞答等活动，增强维护个人安全和国家安全宣传教育成效。

6. 危机事件处置演练

开展防灾减灾应急疏散演练，提升学生应急逃生能力。开展消防安全培训，丰富学生消防安全知识、提升学生消防安全意识、提高学生初起火灾扑救能力。开展常见外伤处置及心肺复苏知识培训，邀请三甲医院普外科和心理科医生到校开展常见外伤处置及心肺复苏知识培训和心理健康教育培训，切实增强学生安全意识、安全应急能力和心理健康水平。

7. 建设经验总结分享

建设过程中注重经验特点的总结分享，积极发挥辐射带动作用，助力本校其他辅导员做好工作室的申报、管理、验收等工作。

（二）建设成效

1. 打造"1+4"学生社区矩阵育人阵地，建成学校学生管理"阵地+工作站+辅导员工作室"三结合育人矩阵

工作室以立德树人为根本任务，加强管理、深入研究、积极实践，充分发挥先进典型引领示范、辐射带动作用，打造1个校级辅导员工作室，党团学习阵地、心理辅导站、征兵宣传站、学生活动园地4个学生社区矩阵育人阵地，现已经成为学校学生管理"阵地+工作站+辅导员工作室"三结合中的重要支撑点，成为学校学生安全教育和突发事件应急管理的科普基地，培养了一批学生工作带头人和骨干，以此进一步提升了学校大学生思想政治教育工作质量和安全管理水平。工作室助力学校入选教育部"一站式"学生社区综合管理模式建设自主试点单位。

工作室组织开展常见外伤处置及心肺复苏知识培训

2. 稳扎稳打，创新共建共育建设模式，取得标志性成果和较好建设成效

学校党政高度重视，党委学生工作部牵头抓总，二级学院大力支持，团队成员积极配合，主持人统筹推进各项工作开展，顾问团队出谋划策，这都成为工作室取得标志性成果的先决条件。工作室通过建设，取得重庆市辅导员素质能力大赛一、二等奖，重庆市高校辅导员择优资助计划，校级大学生安全教育管理类科研课题等成果 20 余项。重庆市高校文明公寓评审专家组，重庆文理学院、四川财经职业学院、重庆健康职业学院、重庆科创职业学院等兄弟院校领导老师到工作室指导工作和参观交流，工作室的建设成效给兄弟院校工作室的建设管理带来了启发和借鉴。工作室建设经验先后被高校辅导员工作室微信公众号和“学习强国”学习平台刊载，影响逐步扩大。

（三）建设经验

（1）高度重视，积极协调，主持人全面统筹有力推进工作室各项建设任务。在立项之初，主持人撰写工作室建设总体方案和年度建设方案以及周期建设计划，同党委学生工作部领导积极沟通方案的可行性和工作室场地的选址以及建设经费的落实，为后续建设创造了条件。

（2）注意总结，发掘资源，用好工作经验和已有资料素材。主持人充分发挥高校安全管理工作和学生管理工作经验，深入发掘已有资料和素材，为后续建设夯实了基础。

（3）加强学习，注重借鉴，多向其他省（区、市）、校级辅导员（名师）工作室学习建设管理经验。主持人充分利用全国高校辅导员建设管理培训学习机会，积极加入发哥辅导员工作室团队，认真学习，虚心请教，锤炼本领，学习他人的先进建设管理经验并有效运用到工作室建设管理中来，收到了显著成效。

（4）精心筹划，积极准备，认真开展工作室研究方向的相关活动。主持人亲力亲为，提前谋划特色活动，如邀请学生工作知名专家学者为学工队伍进行培训，提升学工队伍的育人能力，邀请三甲医院急救专家到校开展常见外伤处置和心肺复苏培训，提升师生自救互救能力，带领师生代表参观消防主题公园，提升消防安全意识和火灾扑救能力。

（5）强化宣传，提炼特色，充分利用工作室微信公众号、学校和二级学院官网和微信公众号，大力宣传上级部门来工作室检查指导工作，开展相关活动，提升影响力，工作室先后接待 6 次上级部门和兄弟院校的参观交流，建设经验先后被高校辅导员工作室微信公众号和“学习强国”学习平台宣传报道，相关特色活动被全国高校思想政治工作网多次宣传报道，极大提升了工作室的曝光度和影响力。

四、工作室建设的优势和特色

（一）工作室团队经验资源丰富，契合国家要求和学生管理现实需要

经验资源丰富，形式多样，特色明显。工作室主持人持有重庆市级水利安全行政执法证、消防安全重点单位消防控制中心上岗证、五级建构筑物消防员证，具有 7 年丰富的高校安全管理、学生日常管理和学生危机事件应对处置工作经验，积累了比较齐全的大学生

安全教育管理资料素材。工作室的研究方向为大学生安全教育和危机事件应急管理，在深入贯彻党和国家对于加强高校学生安全管理要求的同时，积极应对新形势下高校学生安全管理新形势，不断增强大学生的安全意识，提升大学生的危机事件应急处置能力，最终实现大学生群体自身的安全稳定，助力大学生发展成长和学校安稳环境持续向好，切实维护学校和社会安全稳定。

（二）团队综合素质过硬，多方合力有力推动工作室向上向好发展

队伍数量充足，质量过硬，结构合理。工作室成员共 11 人，均为一线专（兼）职辅导员，硕士及以上学历的 8 人（占比 73%），中级职称的 3 人。从事辅导员职业 10 年以上的 1 人，5 年以上的 3 人，且全员具有长期从事辅导员工作的意愿。专业结构涵盖工学、理学、管理学、艺术学等。学校高度重视辅导员队伍建设和素质能力提升，将校级辅导员工作室建设和市级辅导员工作室孵化培育作为锻炼队伍的重要抓手纳入学校“十三五”“十四五”发展规划，这为校级辅导员工作室建设提供了顶层设计和根本遵循。党委学生工作部牵头抓总，将辅导员工作室建设作为年度重点工作来抓，在工作室场地、工作经费、建设资源和宣传推广方面提供最大保障。二级学院大力支持辅导员工作室建设，在配套经费、工作协调和活动开展上给予大力支持。顾问团队出谋划策，聘请学生工作和工作室研究方向相关专家等作为工作室建设顾问，为工作室建设问诊把脉、出谋划策，达到事半功倍的效果。

（三）团队科研能力强，推动工作室各项工作扎实有效开展

研究基础扎实，成果丰富，实效显著。工作室成员出版专著 2 本，立项市级科研课题 1 项、市级高校辅导员择优资助计划 1 项、校级课题 6 项，发表论文 10 篇（其中核心期刊 1 篇），获评校级优秀育人案例 1 个。主持人统筹推进各项工作，其他骨干成员积极配合主持人开展工作，确保建设取得成效。

五、工作室建设的未来规划

（一）抓好常态建设管理，夯实学生安全基础

持续做好工作室常态化建设管理，继续开展安全育人相关工作，完成第四批及后续批次志愿者招募培训，充分发挥朋辈安全宣传教育、安全志愿活动开展和安全宣传教育活动组织策划实施等方面的重要作用，在关键时间节点，积极开展特色校级活动，不断增强学生的安全意识、安全素养和应对突发事件的能力，发挥育人实效，为学生健康成长创造安全稳定的校园环境，助力学生成长成才。

（二）锚定团队能力建设，切实提升育人能力

不断强化学习，通过考察、交流、培训、参观和座谈等方式，以大学生安全教育课程和教学资源建设为着力点，以国防教育和国家安全教育为突破点，以大学生安全教育管理类和国防教育类科研课题为助力点，以大学生安全教育活动为载体，有效构建辅导员工作室、大学生安全教育和国防安全教育课程、大学生安全教育管理类科研课题“室—课—题”三位一体的大学生安全教育管理新模式，有效提升团队成员的工作、教学、科研能力。拟

申报辅导员副教授职称 1 人、讲师职称 3 人，发表大学生安全教育管理方面的论文 2 篇，立项大学生安全教育管理方面的市级课题 1 项。

（三）注重总结提炼升华，积极申报市级工作室

工作室结项验收后，紧紧依托工作室和安全教育、军事理论教研室，在充分利用前期工作的基础上，有效发挥顾问团队的出谋划策作用，重新整合团队和资源，在学校的支持下积极申报大学生安全管理类重庆市高校辅导员工作室。

第八章　职业规划与就业创业指导

“廿几青春”辅导员工作室

——全国首批高校辅导员名师工作室

一、工作室主持人简介

于涵宇，女，中共党员，副教授，湖南大学材料科学与工程学院学工办主任。国家二级心理咨询师、国家广告师、国家网络舆情分析师。获评全国“高校辅导员年度人物”(提名)、湖南省高校首届“最美辅导员”、湖南省“高校辅导员年度人物”、湖南省教书育人楷模提名奖等荣誉。全国首批高校辅导员名师工作室、湖南省首批高校辅导员综合发展工作室主持人。作为全国高校辅导员唯一代表在教育部新闻发布会介绍就业工作经验。近年来育人成效受到新华社、中央人民广播电台、《中国青年报》、*China Daily* 等 80 余家媒体专题报道。

工作室主持人　于涵宇

二、工作室简介和定位

“廿几青春”辅导员工作室是全国首批高校辅导员名师工作室、湖南省首批高校辅导员综合发展工作室，是在湖南省教育工委和湖南大学党委学生工作部(处)的指导下，依托教育部首批“三全育人”综合改革试点学院——湖南大学材料科学与工程学院建立的，以“中国化”的职业规划和就业指导为主题的辅导员队伍建设工作室。

近年来，工作室坚持立德树人根本任务，明确辅导员角色定位，把思想价值引领贯穿就业育人工作的全过程和各环节，培育了一支具有“互联网+大思政”思维的就业育人团队，着力构建就业工作“三全育人”生态。

工作室聚焦辅导员在学生职业规划和就业指导工作中的理论和实践探索，整合优化资源，结合网络思政坚持守正创新，遵循“三因”工作法则，创新“互联网+”工作模式。依托以“辅导员怎么办”为代表的网络思政品牌栏目、辅导员论坛、名师导学、案例讨论、交流分享、专题研讨等特色学习、活动，结合“麓星”辅导员培育工程，探索构建“大中台、小前端”的运行模式，有力推动辅导员在就业育人思政理论学习、能力建设、育人实践等方面的提升。尤其针对辅导员在就业育人工作中的痛点难点，以“数字思政”为抓手，用大数据赋能就业育人。积极探索以“新”的方式解决实际问题，探索了一条“中国化”的职业规划和就业指导路径，形成了可复制、可推广的工作模式和经验。

三、工作室的建设情况

(一)优化了资源丰富的就业育人工作生态

一是丰富的校院资源支持。工作室所在的湖南省和湖南大学一直以来高度重视学生思想政治教育和辅导员队伍建设工作，学校对工作室建设进行指导并拨付专项经费，同时聘请校内外资深专家指导支持。二是现代化的硬件条件支持。工作室所在湖南大学材料科学与工程学院作为教育部首批“三全育人”综合改革试点院，为辅导员的典型培育和辅导员工作室建设提供了大力支持，在学院新大楼为工作室批设了专用办公会议室(17 平方米)和学习活动开展场地(180 平方米)。

“廿几青春”辅导员工作室场地

工作室主持人于涵宇作为全国高校辅导员唯一代表参加教育部新闻发布会介绍就业工作经验

(二)打造了守正创新的就业育人工作队伍

工作室坚持以服务国家战略为导向、以提升就业质量为重点、以满足学生需求为根本、以培养专家型辅导员为目标建设团队。经过多年的建设，在精细化的培训和督导下，工作室充分利用“数字思政”手段开展工作，融合网络思政与就业育人进行科学研究，在职业规划和就业指导的专业化发展中不断精进，打造了“一点人生经验”“蕴姐陪你写青春”“彭姐姐的下午茶”等学生喜闻乐见的思政 IP；打破了现阶段高校就业教育工作者模式化、机械化进行就业指导授课、就业服务，缺少“本领恐慌”和危机意识的现状；总结了可复制、可推广的经验和做法，队伍建设初步呈现品牌化效应。

工作室成员有全国“高校辅导员年度人物”1 人，全国“高校辅导员年度人物”(提名奖)1 人，省高校“最美辅导员”2 人，省“高校辅导员年度人物”5 人，工作室成员获得省级及以上奖励 50 余项，出版专著 7 本，发表学术论文 30 余篇，1 人作为全国高校辅导员唯一代表参加教育部新闻发布会介绍就业工作经验。

(三)创新了“三全育人”视域下“互联网+”就业育人工作模式

1. 打造“互联网+大思政”，用“三全育人”的理念培育辅导员就业育人思维

工作室坚持以立德树人为根本任务，结合“三全育人”理念，落实就业育人工作，以全面提高人才培养能力为工作关键，把就业整体工作放在“三全育人”的视域中进行具体分析并开展实践，打破辅导员只完成通知和任务的“工具人”现状，最终达到良好的育人实效。相关研究已录制线上课程“辅导员就业育人的‘道’与‘术’”，由中国教育出版社电子出版，同时获批全国高校辅导员网络培训课程建设项目。

2. 打造“互联网+就业”，用新方法解决学生实际问题

利用直播、短视频、微信公众号等开展职业规划和就业指导工作，从“云”到“端”，开展训练营、培训会等实践活动，引导教育学生成为能够担当民族复兴大任的时代新人，鼓励学生到祖国最需要的地方去建功立业，近年来，工作室服务的毕业生中去行业重点单位、军工科研单位、基层等就业人数大幅增加。在《中国青年报》《半月谈》《南方周末》等数十家主流媒体上针对高校毕业生就业的热点话题进行引导和探讨，就“内卷”“大学生付费实习”“高校毕业生反向背调”等话题主动发声，积极引导学生树立正确的就业观和择业观。现阶段工作室已制作了一项针对大学生成长规律的生涯规划和就业指导的微信前端网络产品。

3. 打造“互联网+党建”，用新思维提升就业思政针对性

工作室在全国率先利用直播将党课搬上“指尖”，将思想政治教育融入就业工作，引导学生树立正确的价值观和就业观，着力培养经世致用的领军人才，受到新华网、中央人民广播电台、湖南省教育电视台等专题报道。近年来，工作室制作的党建新媒体产品“廿几说”“廿几听”经《湖南大学探索创新“互联网+党建”模式》推介，被教育部官网报道。

4. 打造“互联网+学习”，用新举措塑造高质量就业预备军

工作室率先将新生入学教育搬到“云”端，引导新生厚植家国情怀，更好地适应新阶段的学习生活。把就业育人理念贯穿第一课堂、第二课堂与第三课堂，通过课内课外、线上线下的多元融入，创新就业工作方式方法，把价值观培育和“基因式”思政理念融入学生的就业指导工作。

四、工作室建设的优势和特色

(一)构建了“大中台、小前端”的工作室运行模式，加快辅导员工作室创新性成果产出

针对辅导员工作室成员普遍存在同质化程度高、积极性创造性不强的问题，工作室优

化运行模式，构建“大中台、小前端”的模式，即以学生为中心，以立德树人为根本任务建设工作室的业务中台，主要内容为工作室的规划、战略布局和发展、培训方案。工作室通过快速响应学生实际需求、时代发展特色、相关工作即时性的要求来创建“小前端”团队，使成员一起运作，彼此直接整合，达到同时段开展多项特色创新工作，与时俱进开展育人工作的目标，真正聚焦育人实效，减少工作室不必要的日常流程性工作，充分激发成员的创新力，同时通过该运行模式加强团队辅导员典型的培育。

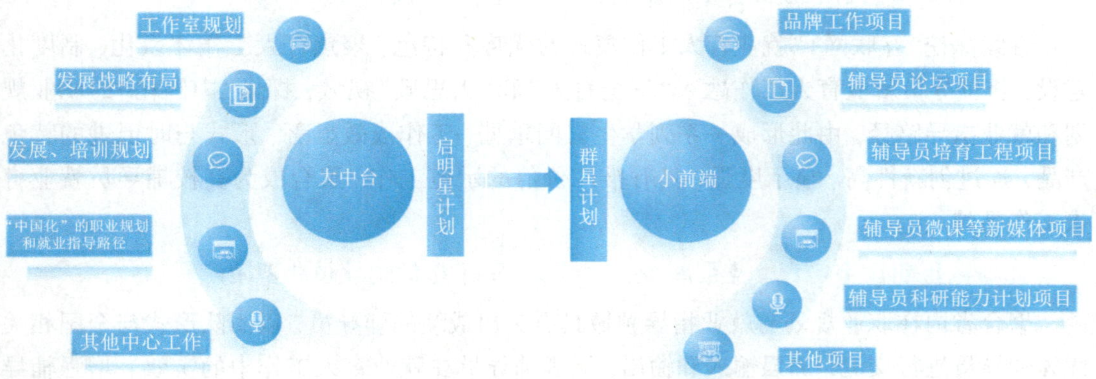

“大中台、小前端”工作室运行模式

（二）创新了“麓星”辅导员培育工程，构建阶梯型的工作室培育模型

工作室开展“麓星”辅导员培育计划，通过阶梯型的培育模型打造优秀团队。具体培养方案为：工作室骨干成员加入“启明星”计划，培养目标为培育在全国范围内有影响力的高校辅导员、全国“最美高校辅导员”和全国“高校辅导员年度人物”，培育“启明星”计划成员成为职业规划和就业指导板块的专家，承担工作室核心工作中台的构建工作；工作室其他成员加入“群星”计划，培养目标为培育省级“高校最美辅导员”和“高校辅导员年度人物”等典型，“群星”计划成员能够肩负特色“小前端”的运作运营，在 3 年内形成或加强品牌工作建设，在理论和实践上都产出具有一定影响力的育人成果；工作室同时吸纳有志于在职业规划和就业指导方向深耕的辅导员加入“星河”计划，通过工作室成员的示范、引领，发挥工作室辐射、带动作用，推动高校辅导员就业育人能力水平整体提升，“星河”计划的人员相对不固定，构建轻便但强韧的“碳纤维”式团队结构，提升工作室育人工作实效。

（三）加强了“互联网+”就业育人工作实效，探索“中国化”的职业规划和就业指导路径

工作室在原有的基础上加强“互联网+”就业育人工作的实践，以直播、短视频等新媒体为有效抓手，结合网络育人进行深耕。针对辅导员群体开展系列微课——“辅导员怎么办”，在全网络平台进行推广，以如何通过就业工作打通育人实效为主题，加强就业方向的辅导员队伍专业化建设。建设全省的职业规划和就业指导方向“辅导员网络社群”，加强

辅导员“云”交流。工作室在理论和实践方面探索如何将就业指导科学有效地“中国化”，将思政教育进一步融入就业指导工作，把价值观培育和塑造“基因式”思政理念融入学生的就业指导工作，在“三全育人”视域下构建科学的、可持续发展的就业思想政治教育体系，深入研究回应大学生关心关注的就业相关问题，推动理论成果产出。

五、工作室建设的未来规划

（一）工作特色上形成具有全国影响力的“互联网+”就业育人品牌

继续深挖“互联网+”就业育人工作模式的优势和特色，聚焦育人工作体系化、制度化建设，将辅导员就业育人工作融入“三全育人”和“大思政”视域，探索“中国化”的职业规划和就业指导路径，由此形成一系列学生喜闻乐见、工作成效显著、形式与时俱进的特色产品，通过创新性高、显示度强、具有推广价值的示范工作，聚合成为高校辅导员就业育人工作品牌。

（二）队伍建设上培育一支创新型、学习型、实干型的辅导员典型团队

聚合省内在职业规划与就业指导领域具有突出成绩的辅导员，以团队形式与全国相关优秀辅导员进行交流，加强输入和输出，展现辅导员在就业育人工作中的实效。增强辅导员团队协作能力，针对职业规划和就业指导工作中的难点和重点，协同集体攻关，强化思政工作“揭榜挂帅”“赛马制”的意识。通过“麓星”辅导员培育工程，培育若干在全国具有影响力的就业育人领域专家和辅导员典型。

（三）项目预期产出一批高质量的思政研究成果

以著作和论文、新媒体平台建设、工作项目团队建设、典型工作案例、特色品牌工作项目、教育厅简报、主流媒体报道等形式，展示工作室建设成果。

（四）利用“数字思政”打造一个大数据赋能就业育人交互平台

为了进一步提升高校辅导员就业育人的针对性和实效性，契合数字时代思想政治教育守正创新的内在要求，全面提升高校毕业生的就业质量和满意度，工作室现阶段正在数字思政赋能辅导员就业育人工作中进行有效探索。

七彩人生职业发展工作室

——全国高校职业生涯咨询特色工作室

一、工作室主持人简介

工作室主持人　祝伟华

祝伟华，男，中共党员，浙江师范大学终身教育学院党总支书记，全球职业规划师(GCDF)、生涯规划师(CCP)、青少年生涯发展辅导师[ACDF、家庭教育指导师(高级)]，英国雷丁大学访问学者，浙江省"高校辅导员年度人物"，浙江省网络教育名师(2022年)。曾获第一届全国高校辅导员职业能力大赛优秀奖、浙江省高校辅导员职业能力大赛一等奖、全国高校网络教育优秀作品三等奖、浙江省大学生职业规划与创业大赛优秀指导教师(5次)、浙江省高校职业生涯规划教育案例大赛一等奖、浙江省高校职业生涯规划教育微课大赛二等奖等，受聘北京仁能达生涯学术研究院专家库特聘讲师、浙江省高校辅导员岗前培训讲师、宁波市辅导员培训和研修基地导师。

二、工作室简介和定位

七彩人生职业发展工作室成立于2018年1月，致力于大学生生涯教育与就业指导，旨在培育5—7个生涯教育与就业指导的行家里手，形成一系列学生职业能力提升活动或产品，服务一批毕业生实现高质量就业，促使工作室成员在服务大学生生涯管理、就业指导、职业成长的实践中，逐步实现辅导员专业化职业化专家化的职业梦想，助力学校辅导员队伍建设。

工作室现有成员15人，主要由三部分人员构成：一是顾问(1人)，聘请学校就业指导中心主任担任；二是专家(2人)，聘任校内外就业指导专家为工作室成员成长提供指导；三是成员，共12人，主要由二级学院党委书记(1人)、副书记(1人)、学工办主任(4人)和一线辅导员(6人)组成，均具有一线就业指导工作经历，并承担职业生涯规划与就业指导课程。

多年来，工作室始终秉承浙江师范大学的"三为"(为每一个有梦想的学子搭建成长舞台，为每一个有追求的学子构筑心灵港湾，为每一个有准备的学子创造成功机遇)学生工作理念，坚持普及式生涯理论教育、团体式职业能力实训、个体式职业发展咨询相结合，探索形成了一个公众号、一个工作坊、一个集训营、一个加油站、一个云课堂、一个咨询团、一个直播间的“七彩行动”特色服务品牌，工作室助力大学生就业的案例入选教育部全国高校毕业生就业创业工作典型案例（全国100个），工作室事迹受到《新闻联播》、《朝闻天下》、《光明日报》、光明网、《人民日报》（海外版）、浙江卫视、浙江日报、浙江新闻客户端、浙江教育报等持续关注与报道。工作室连续2次获评浙江师范大学优秀辅导员工作室，2022年7月，工作室获评2022年全国高校职业生涯咨询特色工作室。

团队风采

工作室相关图片

三、工作室的建设情况

工作室始终坚持理论研究与实践训练、走出去与请进来、线上交流与线下互动、提升自我与服务学生相结合的“四个结合”建设理念，提出了工作室成员“七个一”成长计划（每月召开1次实务论坛、每人每月提交1篇网文、每年通读1本经典书目、参加1次就业培训、走进1家知名企业、提交1份就业案例、开设1次就业讲座），探索形成了一号（“七彩人生职业发展工作室”微信公众号）、一坊（大学生职业能力提升工作坊）、一营（大学生职业能力提升公益集训营）、一站（大学生就业加油站）、一课（就业指导公益课堂）、一团（空中咨询团）、一间（网络面试直播间）的“七彩行动”特色服务品牌，取得了显著成效。

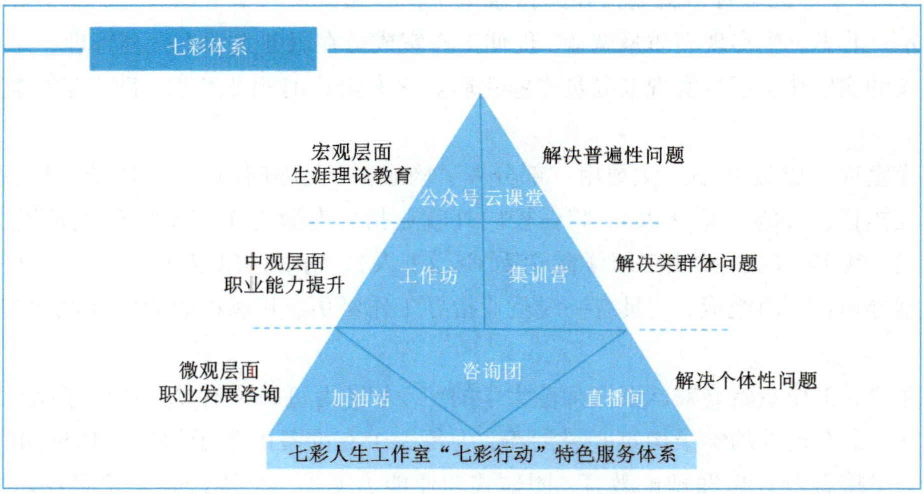

七彩人生工作室“七彩行动”特色服务体系

(一) 运营好一个公众号——“七彩人生职业发展工作室”微信公众号

“七彩人生职业发展工作室”微信公众号于 2018 年 3 月上线运营，专注生涯教育理论普及、求职面试技巧传授、职业能力行动研究，开设生涯理论、职业体验、求职技巧、团体辅导、职规大赛等多个板块，推出“如何读大学”“如何找工作”“如何深造”“如何管理生涯”“职规赛”“小彩虹”“留学生生涯发展”等个性化“七彩专栏”，每周发布 1 篇原创文章，由工作室成员自主采编、运维。截至 2023 年 11 月，共推送网文 313 期，总计 60 余万字，阅读量 20 万+。

(二) 开办好一个工作坊——大学生职业能力提升工作坊

2018 年 5 月，工作室推出以就业指导实训为特色的“大学生职业能力提升工作坊”，自主研发自我介绍与演讲艺术、求职简历制作与投递、结构化面试加分技巧、无领导小组面试攻略、就业面试礼仪现场实训、面试考官心理大揭秘、网络求职方法与技巧等“七彩课程”，旨在通过团体辅导的方式，公益助力毕业生提升就业实战能力。工作室构建了就业梦想导师 1+1 师徒机制，每学期滚动开课，每期固定 30 个名额，至今已开坊 53 期，直接服务学生 1500 余人，受到学员广泛好评。

(三) 组织好一个训练营——大学生职业能力提升公益集训营

2018 年 7 月，工作室开办“大学生职业能力提升公益集训营”，致力于服务每一位有志于考研、考教师编制、考公务员的学生，每年暑期举办一期，一周线下集中培训、半年在线跟踪指导，每期培训 500 人左右，至今已举办 6 年，直接服务学生达 3000 余人。此外，工作室研发一系列就业服务产品，开设就业面试技巧与攻略、就业形势分析与就业准备、大学生职业生涯规划大赛指导、考研辅导等公益讲座 20 多场。

(四) 建设好一个加油站——大学生就业加油站

2018 年 11 月，工作室开展“大学生就业加油站”现场咨询活动，浙江省高校师范类专场招聘会、学校春季招聘会、学校秋季招聘会现场，组织就业梦想专家现场“把脉问诊”，为毕业生提供职业目标澄清、就业简历体检、就业技巧传授、就业礼仪指导、职业形象设计、就业形势分析、就业政策解读等“七彩门诊”，面对面解决毕业生就业难题，手把手教授就业技巧，并在公众号开通“专家门诊”专栏，线上线下联动问诊。

“大学生就业加油站”活动照片

（五）讲授好一个云课堂——就业指导公益课堂

2020 年，工作室积极响应教育部关于指导大学生“足不出户在家找工作”号召，开设“就业指导公益课堂”，将工作坊课程由线下转到线上，开设“大学生求职面试‘扫雷’指南”等 10 多门网课，1 人在中国大学生在线开设“新冠肺炎疫情背景下大学生就业行动选择与分析”网课，1 人在浙江省大学生就业市场开设“师范生就业的智慧：系统准备与全面提升的具体技巧”网课，受益学生达 2 万多人次，8 人次入围教育部 2022、2023 年度“中央专项彩票公益金宏志助航计划”培训教师名单，主讲“建立求职网络”等 10 个“宏志助航计划”公益课程。

“就业指导公益课堂”活动照片

（六）打造好一个咨询团——空中咨询团

工作室现有全球职业规划师 5 人、青少年生涯发展辅导师 1 人、就业指导师 4 人、心理咨询师 4 人，均长期在学校职业咨询中心“坐诊”，面对面接受学生咨询。疫情期间，工作室就业梦想导师组成“生涯规划与就业指导空中咨询团”，开通“空中有约”QQ 咨询号，启动远程就业指导服务，每半天安排一位导师在线咨询，提供“一对一”个性化指导。2 年多来，在线咨询 160 多班次，解答学生问题 2200 多条，这一做法受到了海外网媒体的专题报道。

（七）搭建好一个直播间——网络面试直播间

2022 年 4 月，工作室为解决疫情背景下毕业生线上面试难题，与学校就业指导中心联合打造专属“网络面试直播间”，购买网络面试直播设备，配备化妆台、职业装、茶水台，为 7000 多名毕业生提供面试指导服务，毕业生只要扫码预约就有专人对接，工作室就业梦想导师在直播间为毕业生提供网络面试一对一指导。这一创举受到央视《新闻联播》《朝闻天下》《浙江新闻联播》《光明日报》、光明网、浙江新闻客户端等媒体关注报道。

3. 2022年5月7日，浙江卫视《浙江新闻联播》视频播放　1. 2022年5月12日，CCTV1《新闻联播》视频播放　2. 2022年5月12日，CCTV13《朝闻天下》视频播放

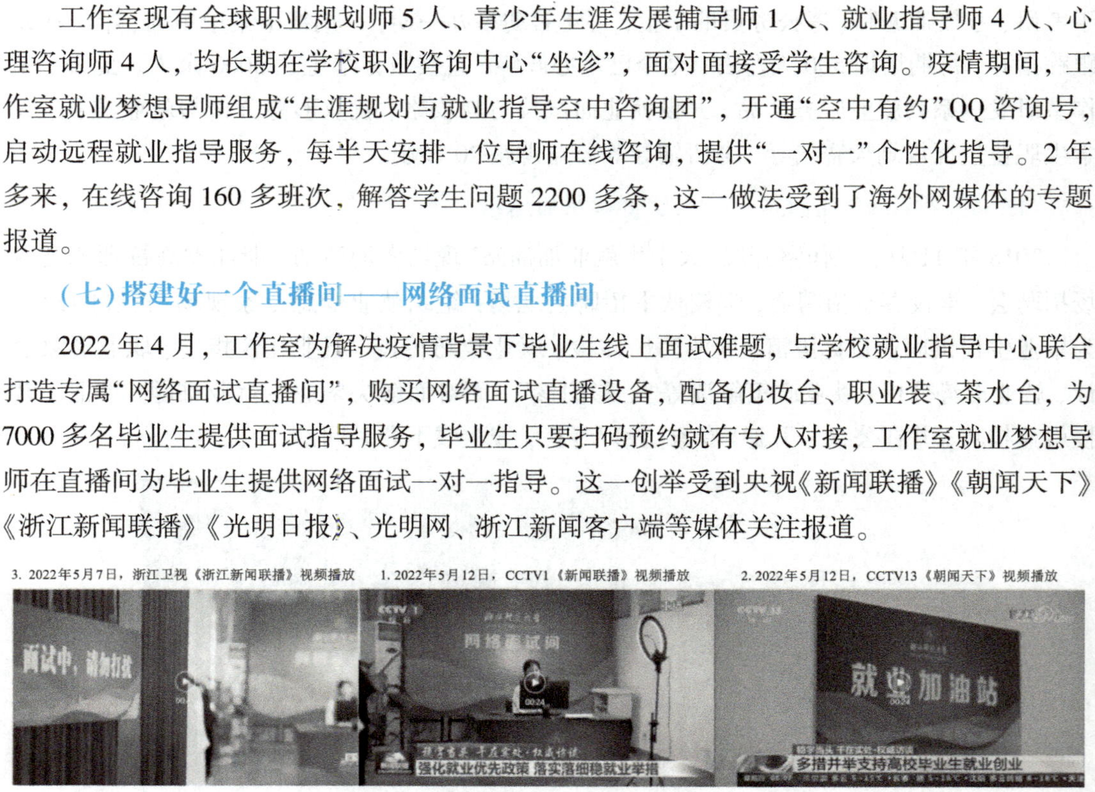

“网络面试直播间”活动照片

四、工作室建设的优势和特色

工作室在学校学生处和就业指导中心的指导下，全体成员的共同努力下，取得了一定成效，得到了校内外师生的广泛认可。

一是助力了一波毕业生满意就业。工作室倡导“人职匹配”生涯理论，直接帮助5600多名毕业生满意就业，其中入职公立学校的1300多人、公务员(选调生)岗位的600余人、大中型国企的650多人，学校毕业生专业对口率比全省本科院校平均值高出15%，总体就业率达95%，毕业生对母校总体满意度位列全省本科院校第一、就业满意度位列全省本科院校第二。

二是引领了一批毕业生投身基层。工作室秉持“成为大写的人”的价值追求，将就业育人贯穿工作始终，引导毕业生把个人前途和国家命运联系起来、把个人梦融入中国梦，鼓励毕业生到基层就业，用脚步丈量中国大地，学校毕业生到基础教育领域工作的占比65%。2018年以来，来访者中有31人投身西部建设、34人投身军营、1人获评全国大学生年度人物和全国大学生军营战士典型人物。

三是培养了一支专业化工作队伍。工作室高度重视辅导员队伍建设，定期开展实务论坛，邀请省教育厅职业发展中心主任、北森生涯研究院院长等领导、专家来工作室指导。工作室积极支持辅导员职业发展，鼓励辅导员参加各级各类培训、各项赛事和课题研究。工作室成员参加全球职业规划师培训(GCDF)7人次、生涯规划教学师资培训(TTT)10人次、就业培训32人次、职业规划大赛指导培训28人次，获国家级奖项4项、省级奖项20多项，主持教育部就业育人项目2项、产教融合项目3项、省级课题5项。

四是产生了一批显著性社会成效。工作室十分注重对外交流，曾赴上海龙英堂工作室考察学习，与华东交通大学、宁波大学等20多所省内外高校交流，应邀在浙江省高校名师辅导员培训班、辅导员岗前培训班等分享20多次，1个案例入选教育部全国高校毕业生就业创业工作典型案例，工作室助力毕业生就业事迹得到中央电视台、《光明日报》、光明网、海外网、浙江卫视、《浙江日报》、《浙江教育报》等媒体报道20多次。

经过多年的探索，工作室建设取得了积极效果，主要是抓住了“三个着力点”：

一是坚持自上而下推进和自下而上探索相结合。工作室的快速发展，离不开学校学生处和就业指导中心给予的政策、搭建的平台、提供的制度保障；同时，工作室的服务内容源于学生的需要，满足了工作室有事可做的需求。

二是坚持个体成长目标与组织发展目标相统一。工作室由主持人自主申报、各辅导员自愿选择，这是基于辅导员自身成长的内在需要的；学校根据学生工作板块和辅导员发展方向设立工作室，实现了学校组织意图与辅导员个人内在成长的有机统一。

三是坚持辅导员自身职业发展与学生成长需求相契合。工作室通过实务论坛、对外交流、培训学习、工作坊课程、职业咨询等途径，有效推进辅导员自身的专业化职业化专家化，并在这一过程中，为广大毕业生提供了有效的就业服务指导和职业发展产品。

五、工作室建设的未来规划

下一步，工作室在继续深化“七彩行动”特色服务品牌的同时，积极响应国家战略、社会发展和学生成长需求，在纵、横两个维度进行拓展和深化。

一是在横向上，由国内学生向国际学生拓展，在做好国内学生生涯教育和就业指导的同时，积极对接国家战略，探索开展国际学生的生涯教育和职业发展指导。从 2021 年开始，工作室连续两年申报了学校来华留学生校园文化活动资助项目，开展来华留学生适应性教育和生涯发展能力提升活动，组织来华留学生参加团体辅导、文化考察等，帮助国际学生更好地适应校园生活、了解中国文化、探索职业发展。工作室 1 名成员申报的来华留学生适应性教育课题获得省级立项。

二是在纵向上，由大学生向中小学生延伸，推进大中小学生涯教育一体化，主动对接中小学，将生涯教育课堂搬到中小学校，助力高中生选科、填报志愿、激发学习内生动力等，积极与地方公益性组织合作开展生涯教育。2023 年，工作室与金华市婺城区弘益社会工作服务中心共同申报开展了困境儿童寻梦环游记公益项目，深入 2 所初中、1 所小学开展生涯启蒙教育和职业体验活动。同时由校内指导向校外体验延伸，主动对接企业，开通“就业直通车”项目，建立大学生职业(生涯)发展教育校外实践基地，组织大学生到企业生产一线参观学习、顶岗实习，亲身体验目标职业，为大学生真正走向职场奠定坚实基础。

范新宇名师工作室

——内蒙古自治区高校思想政治工作名师工作室

一、工作室主持人简介

范新宇，女，中共党员，副研究员。现任内蒙古财经大学金融学院党委副书记、副院长，2020 年度内蒙古自治区第二批思想政治教育工作名师工作室范新宇名师工作室主持人，2018 年度内蒙古自治区思政中青年骨干队伍建设项目主持人，自治区“改革开放四十年高校优秀辅导员巡讲团”成员、“学习宣传贯彻十九大精神优秀辅导员宣讲团”成员。2016 年和 2020 年两次获得自治区“高校辅导员年度人物”荣誉称号，获自治区第五届辅导员技能大赛二等奖，第六届全国高校辅导员技能大赛华北赛区优秀奖。撰写的论文获团中央优秀研究成果二等奖，发表学生工作论文 17 篇，参与各级各类课题 15 项。

工作室主持人　范新宇

二、工作室简介和定位

（一）工作室简介

范新宇名师工作室，成立于 2018 年 12 月，是内蒙古财经大学成立的第一个辅导员工作室，于 2020 年获批内蒙古自治区第二批高校思想政治工作名师工作室。工作室成员共 13 人。

工作室的总体建设思路是围绕立德树人根本任务，秉承“辅引相济，细实相通，德才兼备，全面发展”的教育理念，围绕思想引导、学业辅导、生涯咨询和就业指导等打造品牌活动，聚焦学生及辅导员的生涯发展，提升辅导员综合素质，从而达到将学生教育和管理落到细处和实处，服务学生，助力学生成长成才。

（二）工作室的主要职能和定位

一是落实立德树人。工作室的宗旨是培育学生成长成才。通过开展学生成长服务，切实发挥工作室的育人功能，推动高校思想政治教育创新发展，将立德树人的根本任务落到实处。

二是研修提升。以项目为驱动，以实践为促进，以成员集体智慧为依托，拓展学生思想政治教育工作的广度与深度，进而提高辅导员队伍的整体素质。

三是队伍建设。以内蒙古财经大学骨干辅导员为核心成员，全力推进工作室队伍建设，打造一支既有专业背景，又有经验和能力、德才兼备、结构合理、动态平衡的高素质复合型辅导员人才队伍。

四是打造精品。以辅导员工作实践为基础，针对新形势下大学生思想政治教育管理面临的热点问题、难点问题进行研究、实践，不断探索大学生教育管理工作的新途径、新方法，做到知行合一。

三、工作室的建设情况

（一）建设内容

1. 硬件建设

已经设立专门的工作室场所并挂牌，配备沙发、书架、书柜、桌椅等基本办公用品，购买相关书籍若干；制定相应的工作管理制度并上墙。

工作室内部设置

2. 软件建设

已开设官方微信公众号“范新宇辅导员工作室”，发布辅导员原创推文 24 篇、学生成长故事 31 篇、人物专栏故事 12 篇，录制并推广辅导员经典文章朗诵作品 11 个。

3. 构建“1234” 工作模式

（1）打造“1”批辅导员名师。依托工作室，加强辅导员能力建设，打造一批具有专业优势，工作特色，术业有专攻，在学生中吸引力大、影响力强的辅导员名师。

（2）依托“2”个公众平台。利用工作室的微信公众号和“到梦空间”的各项功能，开展多种形式的思想政治教育活动，达到网络育人目的。

（3）构建“3”级工作体系。工作室采取“主持人—团队成员—学生助理”的形式组建团队，实现成员在知识结构、时间精力和技术技巧等方面的优势互补。

（4）打造“4”类品牌活动。主要指在学生成长方面，开展思想引导、学业辅导、生涯咨询和就业指导四类品牌活动。

思想引导：通过工作室的微信公众号、学生成长沙龙、暑期社会实践等活动，开展思想政治教育。

学业辅导：学业规划，指导先行，促进学生学习适应与发展。开展校“好作业好笔记”

评选展示活动，促进学生养成良好学风。

生涯咨询：开展线上和线下生涯咨询与指导，给学生量身定制成长方案。

就业指导：对学生的大学成长和就业创业提供指导，提高学生的就业竞争力。

（二）建设成效

1.“学生成长沙龙”系列活动

工作室通过调研，立足学生需求，开展“学生成长沙龙”系列活动，邀请专业老师、优秀校友、学生代表，就学生关注的某些特定领域的问题，进行交流分享，形成“一对一”“面对面”的交流模式，关注学生每个成长节点，助力学生成长成才。截至目前，已经开展学生成长沙龙 7 期，如“如何让你的大学‘变’三年”“普通话应试指导”“玩转我的大学”“教你学会时间管理”等，学生普遍反响良好，参与度高。

2.“辅导员成长沙龙”系列活动

工作室主持人利用区外调研、区内宣讲结识知名辅导员的契机，邀请各类辅导员名师工作室主持人举办辅导员沙龙，拓宽学校辅导员的工作视野。目前已开展辅导员成长沙龙 4 期，即“如何开展理论宣讲”“如何开好军训后的第一次班会”“辅导员谈心的艺术和方法”“辅导员如何提升科研能力”。

学生成长沙龙：教你学会时间管理

辅导员成长沙龙：如何开展理论宣讲

3.“好作业好笔记”评选展示活动

为引导学生明确学习目标，端正学习态度，规范学习习惯，改进学习方法，营造浓厚的学习氛围，2019 年 6 月，工作室举办学校首届“好作业好笔记”评选展示活动，学生普遍反映良好，目前已举办 3 届。

首届“纸笺才情、墨香财大”好作业好笔记评选展示活动

4.“大学生涯第一课”职业生涯规划讲座

为了帮助新生尽快适应大学生活，工作室主持人范新宇为学院 500 多名新生连续 3 年举办了“大学生涯第一课”职业生涯

规划讲座。范新宇从生涯规划的相关理论入手，告诉学生要合理看待高考，明确大学阶段的三大主要任务，尽早确立自己的职业发展方向，并教会同学们用生涯九宫格的方法，进行职业生涯规划。

5. 科研成果

工作室成员撰写《基于学生成长需求的辅导员工作室建设路径研究》等论文，申报立项内蒙古自治区高教学会学生工作委员会课题。除此之外，还组织成员编写了《内蒙古财经大学辅导员工作日志》《内蒙古财经大学学生事务实操流程图手册》《班主任工作手册》。

（三）建设经验

1. 整合力量，健全机制，探索师生成长路径

当前高校辅导员工作模式基本上是“两眼一睁，忙到熄灯”“上面千条线，下面一根针”，辅导员需要花费大量的时间、精力处理各类琐碎的事务，繁忙的工作任务使辅导员疲于应付，无暇思考、总结自己的工作方法，提高教育效果，更疏于自身能力的提高。

工作室的建立，可以整合高校辅导员力量，将具有共同愿景、不同专长的辅导员整合在一起，通过建立相应的研讨、学习、交流制度，开展辅导员工作沙龙、学术讲座、问题研讨、案例分析等活动，促进辅导员之间的交流和沟通，提升辅导员的职业素养和工作水平，打造辅导员学习团队、创新团队，促进辅导员向专业化职业化专家化发展，提高解决学生实际问题的能力，从而更加高效地为大学生的成长与发展提供个性化、精准化的指导和辅导，拓展育人、管理、服务的深度，提高学生工作的实效性，探索师生成长路径。

2. 根植学生，另辟蹊径，打造思政活动品牌

随着世界形势的发展变化以及我国改革开放的进一步深入，大学生的成长环境也发生了巨大的变化，多元文化的交融、多种思想的碰撞、多重因素的影响，使大学生在成长过程中更倾向得到个性化、精细化的教育和帮扶。

当前高校党委学生工作部、团委、各学院虽然开展了丰富多彩、类型多样的思想政治教育活动，但是学生参与人数有限，多数学生充当的是观众的角色，教育效果缺乏针对性、实效性；并且辅导员、班主任对于学生的引导多是采取班会的形式，形式较为单一，班会内容较为随意，缺乏系统性、规划性和针对性，无法突出个体性、差异性教育，更难达到“一对一”的精准帮扶效果。因此，工作室可以另辟蹊径，通过开展学生喜闻乐见的品牌活动，强化层次性与针对性，通过对话、沟通、合作的方式，对学生进行启发、引导，通过“一对一”个性化订制、师生双向选择等方法，合理分配时间，精准定位，精准帮扶，促进师生互动由被动变主动，建立起师生之间彼此了解、理解、信任、支持的桥梁，提高学生工作的针对性和实效性。

3. 跟踪研究，反复论证，促进项目趋向成熟

工作室在开展各项活动后，还要对活动的成效进行积极调研与评价，通过征求学生、校内相关部门的意见和建议，反复论证，不断发现问题、反馈问题，及时改进工作方法，并

引导广大辅导员自觉将个人的工作经验及对学生问题的思考上升到理论层面，深入研究学生成长规律，探索思政教育规律，并将理论研究成果应用到实践中，在理论联系实际的过程中，促进工作室项目成熟化，保证工作室持续焕发活力，使工作室真正成为学生成长的助推器。

四、工作室建设的优势和特色

（一）微信公众号方面

（1）主题创新。“范新宇辅导员工作室”微信公众号在建设方面，区别于校内“巴特尔辅导员工作室”的易班网络答疑，区别于李剑伟“李老师私房课”的思政教育，以职业生涯规划理论为指导，聚焦学生的生涯规划，通过工作室成员撰写推文、学生投稿、优秀生涯人物事迹采访三个途径，切实帮助学生做好生涯规划。

（2）形式创新。采用线上与线下活动相结合的方式，不断提高微信公众号的吸引力。比如，结合内蒙古财经大学首届“好作业好笔记”评选展示活动，开展了为期 3 天的复赛作品投票环节，增加了与学生的互动性。为了增加公众号的粉丝量，还开展了“关注抽奖”“你最喜欢的成长故事评选”等活动，凡是参加活动的，均可获得由工作室精心准备的小礼品，增强用户黏性。

（3）视角创新。顺应形势，转换视角，直面学生工作痛点。针对当前学生中存在的缓就业、慢就业问题，从职业生涯规划的角度出发，号召广大同学转变观念，积极行动，勇于尝试，占领就业高地，当时在学生中反响强烈，其他学院的辅导员也纷纷转载。2021 年，针对金融学院学生考研二战率较高的情况，发布了《考研二战，真的是最好的选择吗？》《就业中的复利现象，你知道吗》等推文，从生涯规划的角度帮助学生做出理性决策。

（二）工作室活动设计方面

工作室在各类活动设计方面充分考虑学生的主体地位，设计了“学生成长沙龙”，根据前期调研，每期确定一个主题，从学生的自我认知、自我评估、学习管理、压力管理、情绪管理、时间管理、目标管理和职场能力提升等角度入手，并将活动参与人数控制在 15 人以内，确保教育效果。

五、工作室建设的未来规划

（一）在公众号建设上下功夫

高校辅导员作为开展大学生思想政治教育的骨干力量，利用新媒体占领网络阵地已经成为辅导员工作的必然趋势。下一步，工作室将在“范新宇名师工作室”微信公众号建设方面下功夫，着力挖掘一批“优秀生涯人物”，通过他们在微信公众号讲述自己的成长故事，为广大在校生提供指导，并通过“你最喜欢的生涯故事评选”等多种活动，进一步增强公众号的影响力。

（二）在凝练品牌特色上下功夫

以职业生涯规划理论为指导，以学生需求调研为基础，以学生对辅导员的角色期待为目标，进一步完善“辅导员成长沙龙”和“学生成长沙龙”主题，做精做好沙龙系列活动。以此为基础，下一步争取拓展、凝练一些新的活动品牌，如“如何读大学系列”“如何管理生涯系列”“就业加油站”系列，进一步拓展职业生涯教育指导服务的覆盖面和受益面。

（三）在开展理论研究上下功夫

工作室成员在做好日常工作的基础上，要积极发挥合力，努力开展理论研究和行动研究，把日常工作与科学研究有机结合起来，鼓励成员聚焦当代大学生成长中的热点问题，认真总结凝练，撰写工作案例、论文，申报课题，形成相应的科研成果。同时支持工作室成员参加专题性培训、论坛和会议，积极探索生涯教育与高校思想政治教育的深度融合，提升工作室成员的理论研究水平。

（四）在创新服务内容上下功夫

在“辅导员成长沙龙”和“学生成长沙龙”方面，不断拓展服务领域，扩大服务范围，拓宽思政育人的点和面，多举措完善工作室的品牌建设，比如开通抖音、进行直播等，优化工作室品牌阵地，进一步深化思想政治教育工作的内涵。

“礼润小西”辅导员工作室

——广西壮族自治区高校高水平辅导员工作室

一、工作室主持人简介

吴达慧，女，中共党员，广西大学资源环境与材料学院党委副书记、纪委书记，副教授，国家高级职业生涯规划师，国家三级心理咨询师，大学生 KAB（know about business，了解企业）创业导师，被全校学生推选为“我心目中的好老师”，先后荣获全国“高校辅导员年度人物”、全国优秀创新创业导师、全国高校辅导员素质能力大赛二等奖、广西“最美高校辅导员”、广西“高校辅导员年度人物”、广西高校优秀辅导员、广西高校优秀党务工作者、广西高校优秀共产党员、广西高校辅导员素质能力大赛第一名等荣誉奖励 40 余项，入选首批广西高校思政教育卓越教师支持计划，获聘广西壮族自治区人民政府发展研究中心决策咨询专家，作为第一指导老师指导学生摘得中国国际“互联网+”大学生创新创业大赛全国金奖，育人事迹和成果获《光明日报》《中国教育报》等 20 多家主流媒体报道。

工作室主持人　吴达慧

二、工作室简介和定位

基于不断提升学生整体精神风貌与文明水准的现实需要，以及满足学生对塑造个人形象、掌握礼仪规范的强烈需求，“礼润小西”辅导员工作室应运而生。工作室取名“礼润小西”，寓意用礼节礼仪润泽青年学子。

工作室成员

2021 年 11 月，工作室建在学校“一站式”学生社区东 17 栋，配齐相关设施设备。工作室建设目标明确，发展思路明晰，功能分区包括研讨交流区（用于团队会议研讨和开展小型的团体辅导）

和个体指导及造型区(用于为学生提供职业礼仪和职业形象个性化指导服务)。作为学校首批辅导员工作室之一,工作室入选第一批广西壮族自治区高校高水平辅导员工作室。

三、工作室的建设情况

工作室围绕"资源整合为基础、点面结合为抓手、双线融合为途径、师生联合为保障、经验凝合为落脚"的"五合"建设思路,用好"五个一",让品行规范、文明修为浸漫校园、沁润学生,使之成为知书达理的新时代好青年。

(一)资源整合,打造一门"形象与礼仪"特色课程

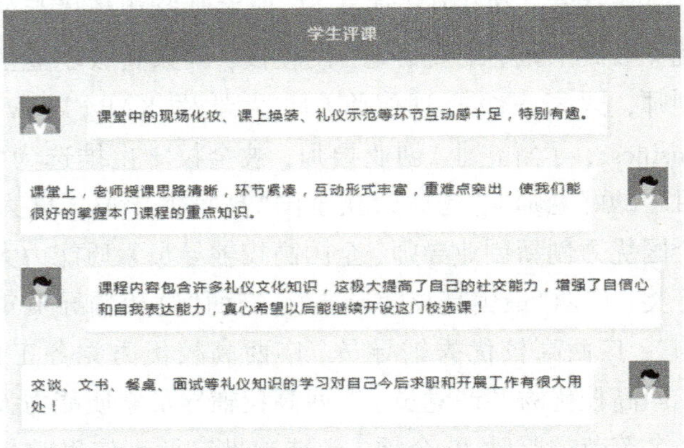

学生评课截图

工作室整合资源,形成案例数据库,探索高校辅导员工作课程化,申报的特色通识课程教学改革项目"思政融入、混合互动、个性指导的'形象与礼仪'课程教学模式改革与实践"获2023年度广西高等教育本科教学改革工程重点项目立项(项目编号:2023JGZ106)。"形象与礼仪"课程构建"欣赏美—发现美—创造美"三级递进美育模式,综合运用观摩、体验、互动、讨论、实践等多种形式开展课程教学,让学生在聆听、沟通、交流、冲突、反思、感悟、分享中提升审美感受能力、塑造美好自我形象、涵养个人文明修为。这一深挖厚植课程思政元素、创新教学方法手段、丰富教育教学内容、构建立体评价体系、提供课后延伸服务的探索与实践,实现了教育理念、教学模式、评价体系创新,广受师生好评,"形象与礼仪"成为全校最受欢迎的校级选修课之一,课程班次不断扩容,开课以来学生好评率100%,据不完全统计辐射学生超万人。

备课会照片

课堂活动照片

（二）点面结合，组织一系列形象与礼仪实践活动

工作室构建职业理想启蒙、职业发展规划、职业形象塑造、职业礼仪传授“四维一体”实践体验模式，形成“12345”工作方法：坚持培根铸魂 1 个中心，抓好个体和团体 2 条主线，培养学生形象塑造、求职面试、礼仪提升 3 项技能，开展学生社区文化节、求职团体辅导、“书香激扬青春”读书会、职业形象设计 4 大主题活动，加强理想信念、中华优秀传统文化、行为习惯养成、审美塑美和心理健康 5 大模块教育。通过提供“订单式”形象设计服务，让学生个人和团体根据实际需求，对照“菜单”进行预约，个性化开展就业面试形象设计与礼仪指导，实现精准服务，指导学生写好“下半篇文章”，打通服务学生“最后一公里”。2022 年以来，工作室指导服务学生近 1.2 万人次。

各类活动照片

（三）双线融合，推出一批形象与礼仪宣讲作品

工作室创新“线下线上”双线融合模式，线下扎根学校“一站式”学生社区，创设个体形象塑造空间，根据毕业生就业去向的个体需求，有针对性进行就业面试形象设计与礼仪指导，帮助学生顺利求职就业，促进教育与就业有机结合；线上打造“微信公众号+QQ+抖音+B 站”网络宣传矩阵，组织师生摄制推广系列宣讲微视频作品，贯通线下线上融合的职业礼仪和职业形象宣传渠道，2022 年至今，网络宣传总浏览量达 3.1 万人次。这一做法创新性地将职业礼仪和职业形象教育作为思想政治工作载体，用形象与礼仪文化涵养思政教育，使个体价值和社会价值有机统一，切实做到入脑入心，促进学生成长成才，以“小切口”诠释“大思政”。

读书会活动照片

讲座活动照片

(四)师生联合，建成一个形象与礼仪育人阵地

工作室采取“主持人—团队成员—学生助理”三级联动的形式组建团队，构建“一核两翼四驱”辅导员成长模式(“三全育人”为核心、“理论和实践双提升”为两翼、“优化队伍结构、增强责任担当、提升素质能力、提高工作水平”为四轮驱动)，通过“分享+内训+外培+研讨+观摩+研究+实践+反馈”，让团队成员在形象与礼仪的知识结构、专业素养和技术技巧等方面优势互补，不断创新工作理念、思路和方法，助推辅导员专业化职业化专家化。同时，工作室提供的助教、助研、助管岗位培养锻炼了大批学生骨干，选树的学生先进典型在学生群体中广泛发挥示范带动作用。工作室成为师生共商共建共享的形象与礼仪育人阵地。

《中国教育报》电子版 - 中国教育…

“四合四一”创新辅导员工作室育人路径

“四合四一”
创新辅导员工作室育人路径

推进体教融合发展
赋能学生健康成长

“三问三答”助推学校高质量发展

媒体报道照片

（五）经验凝合，实现一批形象与礼仪成果转化

工作室积极组织辅导员参加线上线下、校内校外培训共百余人次，召开“形象与礼仪”辅导员集体备课会十余次，加强同行交流，举办辅导员论坛分享经验，参与人数超过200人，培养有理想信念、有道德情操、有扎实学识、有仁爱之心的职业形象、职业礼仪教育专家。工作室注重总结建设经验，推进建设成果固化与转化，成功孵化2个校级辅导员工作室，建设经验刊发于《中国教育报》、高校辅导员在线，在高校辅导员名师工作室高端论坛、广西学校美育研讨会上分享建设经验。

四、工作室建设的优势和特色

工作室基于学生需求让学生工作课程化，将职业素养纳入人才培养全过程，引领学生树立正确的审美观念、陶冶高尚的道德情操、塑造美好心灵，实现以美育人、以美化人、以美培元。

工作室主要成员为13名来自学校不同学院的专职辅导员，其中副教授2人、讲师7人、助教4人；另有客座名师顾问团队数十人，主要是校内外知名形象造型、美学、中华文化、礼仪传播等领域的优秀教师；还有一支由研究生与本科生组成的百人学生助理团队；正在吸引国内有志于参与“引导学生树好形象礼仪”的各校辅导员加入工作室。

工作室成员在年龄结构、学历结构、专业背景结构和职务职称方面搭配合理，均深耕辅导员工作多年，名师顾问团队在形象与礼仪方面具备资深资历，长期开展文明礼仪教育工作，学生助理品学兼优、能干肯干，有利于各项工作的组织实施、持续推进。

五、工作室建设的未来规划

（一）不断提升辅导员素质能力与育人实效

通过“组织理论学习，提高理论素养”“开展教学研究，锻造精品课程”“实施课题研究，指导育人实践”“进行专题培训，促进专业发展”“统筹整合资源，实现资源共享”等方式，推动工作室成员在引导助力学生成长成才的过程中成为学习型、特色型、研究型、有一定影响力的辅导员，并向广西、全国辐射，以此推动育人工作取得实效。

（二）不断紧扣主题产出更多精品固化成果

紧紧围绕工作室“形象与礼仪”的美育建设主题，产出一系列具有针对性和实效性的精品微课，使用Python编写爬虫程序从抖音、头条、微博、快手、微信公众号、朋友圈、视频号等社交媒体平台与各大门户网站中爬取与“形象与礼仪”美育主题相关的热点事件和讨论。结合现有的“形象与礼仪”教学资料、经验教训等教学成果，并在大数据赋能平台互动交流栏目中收集宝贵意见，广泛征求学生群体的诉求和建议，再经过工作室老师集中说课、备课、磨课，不断改良和修缮，在高校辅导员队伍能力提升大数据赋能平台的网络课程栏目、工作室微信公众号、慕课、易班、国家智慧教育读书平台等，产出一系列符合当代大学生需求、具有较强针对性和实效性的“形象与礼仪”精品微课、活动方案、工作指导等固化成果。

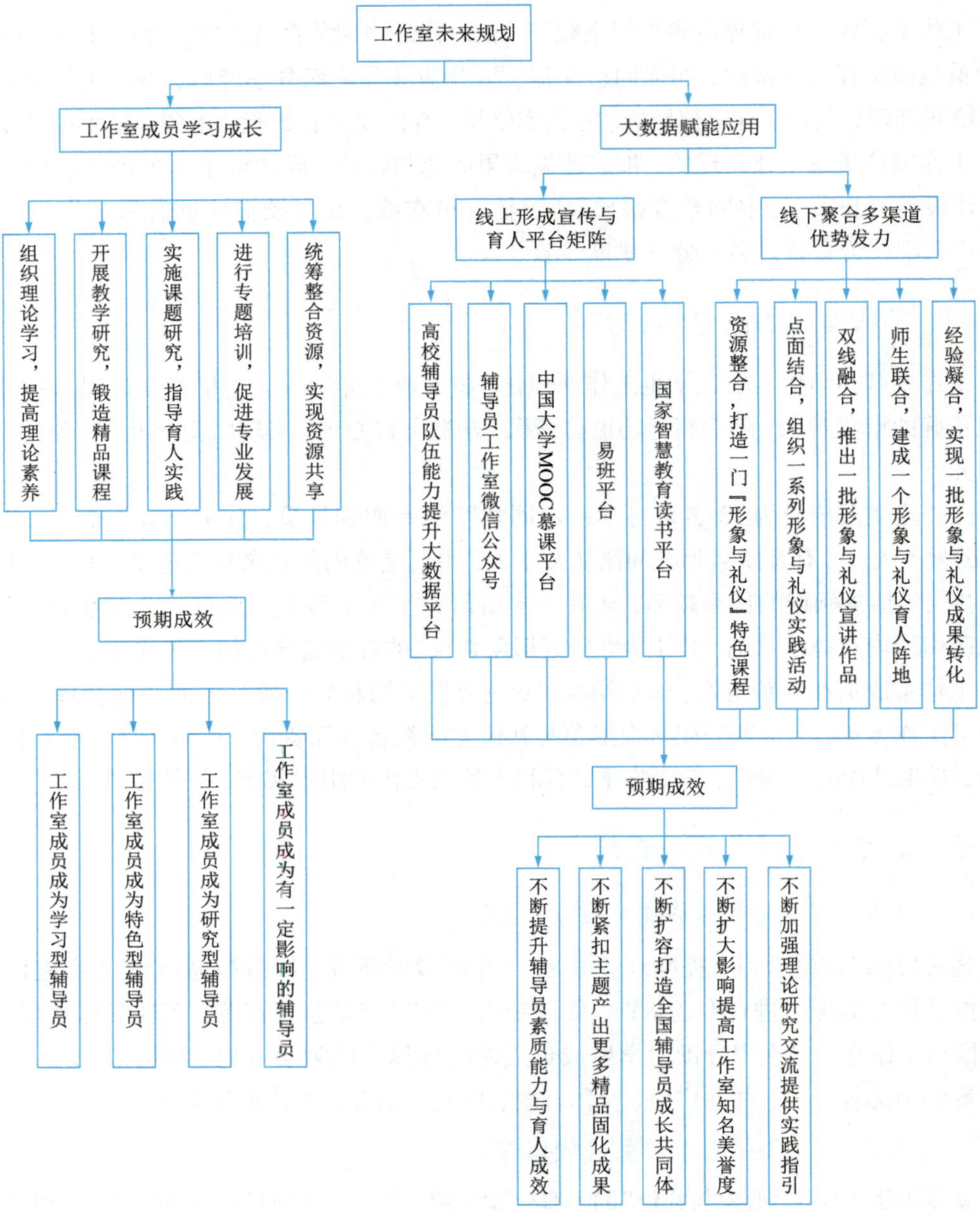

工作室未来规划图

（三）不断扩容打造全国高校辅导员成长共同体

充分利用各类平台发布工作室的精品课程、微课、短视频、教材、案例汇编等，打造全国高校辅导员学习成长共同体。

（四）不断扩大影响提高工作室知名美誉度

通过"线上线下相结合""走出去请进来"的方式，让工作室在组织活动、分享经验、邀请观摩、提供订单式服务、孵化更多辅导员工作室等过程中不断提高影响力、知名度、美誉度。

（五）不断加强理论研究交流提供实践指引

充分利用各类平台，邀请知名辅导员、优秀前辈回答辅导员队伍在日常工作中遇到的共性难点，为晚辈同行排忧解难；针对一些疑难杂症和新鲜热点问题，广泛邀请同行参与讨论研究，以跟帖、线上会议、访谈、专访等多种方式共同探讨解决方案。

医路领航工作室

——广西壮族自治区高校高水平辅导员工作室

一、工作室主持人简介

工作室主持人　蒋艳平

蒋艳平，女，中共党员，桂林医学院临桂临床医学院学工办主任、专职辅导员，国家二级职业指导师、创业指导师、全球职业规划师(GCDF)、大学生心理辅导师。从事大学生思想政治教育工作17年，有丰富的学生管理经验，主持的医路领航工作室入选第一批广西高校高水平辅导员工作室。曾获广西“最美高校辅导员”、广西“高校辅导员年度人物”、广西高校共青团干部、广西优秀社团指导老师主持和参与课题12项，发表论文7篇。指导学生获得“挑战杯”大赛广西赛区三等奖2次，大学生创新创业训练计划项目国家级1项、自治区级3项。

二、工作室简介和定位

医路领航工作室于2021年获批桂林医学院首批校级辅导员工作室，于2022年获批第一批广西高校高水平辅导员工作室培育建设项目。工作室以职业规划与就业创业指导为建设方向，通过跨学院、跨专业、跨部门组建团队，以“团结一批辅导员、凝聚一批学生、激发创新创业基因、孵化几个优质创新创业项目”为建设目标，采用“1223”模式(奉行一个宗旨，围绕两条主线，依托两个平台，遵循三早理念)推进各项工作，致力于打造成辅导员工作交流的重要载体、辅导员职业能力提升的重要阵地、学生工作理论研究与实践创新的重要平台，推进辅导员队伍专业化职业化专家化建设，不断提升学生的创新意识、创业精神和创新创业能力。

工作室的建立基于团队共建、师生共成长的团队成长模式，搭建以辅导员为主导、专家为指导、优秀学生为助教的“导师、专家、朋辈三合一”工作平台。主持人蒋艳平系专职学生管理工作者，另一名主持人刘梦青曾入选2020年度“广西高校思想政治教育杰出人才支持计划”第二期支持对象，同时吸纳学校各二级学院的10余名一线辅导员组成团队。整体团队成员年龄、职称结构合理，有着较高的理论研究水平和丰富的学生管理经验。并邀请校内外思想政治教育领域、学生工作方面的专家担任指导老师，为工作室提供强大的智力支持。

团队成员在职业规划和就业创业指导上具备专业背景，9 人具有职业指导师证、4 人具有创业指导师证、1 人具有全球职业规划师证，均经过就业创业培训。在指导竞赛方面，工作室扎实推进大学生创新创业项目、互联网+、挑战杯、创青春等系列竞赛的组织申报工作。工作室成员指导学生团队获得“挑战杯”竞赛自治区级一等奖 2 项、二等奖 5 项、三等奖 9 项，“互联网+”大学创新创业大赛广西赛区金奖 1 项、银奖 7 项、铜奖 18 项；大学生创新创业训练计划项目国家级 5 项、自治区级 8 项。2021 年以来，工作室成员带队的志愿服务团队连续三年入选“三下乡”社会实践工作全国重点团队。

工作室成员

三、工作室的建设情况

工作室围绕“1223”模式开展工作。即奉行一个宗旨，围绕两条主线，依托两个平台，遵循三早理念。

1. 奉行一个宗旨

工作室始终坚持以立德树人为根本，以理想信念教育为核心，以培养具有创新精神和创业能力的综合性人才为宗旨。充分发挥工作室成员凝聚力，带动校内一批学生，聚焦创新创业项目，不断提升大学生的创新意识和创业能力。

2. 围绕两条主线

一是面向大学生群体，重点抓职业规划与就业创业指导，以解决学生思想政治工作的实际问题为出发点，探索解决问题的方法和路径，探索形成可复制、可推广的经验，总结经验并形成制度体系辐射全校；二是面向高校学生工作者，以促进辅导员队伍专业化职业化发展为抓手，提升辅导员能力水平和专业素养。

3. 依托两个平台

线上平台包括团队成员所在学院及部门的微信公众号、微博、QQ 空间、官方网站、易班 App 等，并计划设置专门的工作室网络平台，整合工作室成员的媒介资源，将优质的网络资源进行合力推广和传播，提高网络信息传播的速度和覆盖面，形成网络育人工作圈；线下平台包括桂林医学院的 7 所附属医院，桂林市临桂区的 11 所乡镇卫生院、2 所城区公立医院、1 所社区卫生服务中心等 14 家医共体单位，以及与工作室达成共建合作关系的企业、学校、社区、乡镇等。线上、线下平台相结合，共同推进工作室建设。

4. 遵循三早理念

一是早接触临床，组织学生参加临床医学专业基础知识竞赛、诊断技能操作大赛、口腔技能大赛、预实习（教学口）等，让学生在大学阶段尽早获取临床知识，掌握相关技能；

二是早接触科研，组织学生参加大学生创新创业训练计划项目、“挑战杯”大学生课外学术科技作品竞赛、“互联网+”大学生创新创业大赛等，以赛促学，以赛促练，不断提高就业创业教育的实效，不断健全教育体系；三是早接触社会，组织学生到医院、社区、学校、乡镇等地方参与志愿服务，参加暑期“三下乡”活动等，让学生尽早接触社会，培养学生的职业素养和医学人文精神。

四、工作室建设的优势和特色

1. 搭建指导平台，开设创新创业门诊

为了给学生在创新创业项目的申报、创新创业竞赛的备赛、创业项目的孵化方面提供帮助和指导，2023 年 4—6 月，工作室共开设 7 期创新创业门诊。门诊主要为创新创业项目申报、竞赛咨询专场。7 名工作室成员担任出诊专家，共接待来自学校 7 个学院的 42 名同学，咨询项目 23 项，其中创新项目 15 项、创业项目 8 项，并建立咨询门诊记录表，便于后期项目追踪。创新创业门诊是学校首次以预约形式进行规范、系统的指导，深受学生好评。

创新创业门诊

2. 打造职业生涯规划培训营，提升大学生职业素养

针对本校大学生的专业特性，引导学生树立正确的职业生涯规划，工作室将学生的职业选择能力提升分解为职业定位规划、就业技能培训、职业素养培训、实战模拟等四大类。通过医院、企业等人力资源部的经验交流、专项指导、成长沙龙、工作坊等形式打造职业生涯规划训练营，发挥学生潜能，提高大学生的综合素养和就业创业能力，缩短大学生从学生到职业人的转变适应时间。

工作室于 2023 年开展两期模拟招聘会，均由分管人力资源部的老师担任面试官。组织校各二级学院的 85 名学生前来参加模拟招聘。面试官对每一名求职者进行一对一面试模拟，通过现场提问的方式来考验学生的面试准备与临场应变能力。一对一面试结束后，对学生进行集体辅导，丰富了大学生的就业工作经验，提升了大学生的职业素养，为学校就业工作做出了贡献。

3. 创设校内外协同育人机制，发挥校友和地方资源

工作室与用人单位及学校其他部门形成共建合作关系，以顾问、名师、成员分工协作为工作模式，搭建理论与实践相结合的工作研究平台，在就业指导、创业帮扶等方面引领和服务学生成长成才。2023 年 4 月，工作室开展“走访创业校友，搭建‘大健康’平台”实地走访活动。工作室与学校相关部门积极创设校内外协同育人机制，发挥校友资源，走访校友创设的桂林市煦朗职业培训学校，依托职业培训学校，搭建学生实践基地、创业基地，增强医学生社会实践经验。同时，工作室举行“优秀校友”就业指导讲座，与大学生分享就业创业心得，引导学生树立正确的就业观，提升学生的就业竞争力。

校内外合作

工作室充分发挥地方资源优势，组织学生参与社会实践志愿服务工作，利用附属医院优势和专业特长，组成急救宣讲培训小组，深入逸夫小学、新城宝贤小学、博元小学进行“口腔健康知识”主题知识宣讲和急救宣讲培训活动，与新城宝贤小学、博元小学、广西桂林图书馆共建社会实践基地；与各二级学院联合组织志愿服务队赴龙胜、灵川县等地开展暑期文化科技卫生“三下乡”社会实践活动，培养学生的职业素养和医学人文精神；组织学生参与广西大学生实习“扬帆计划”，深入政府和企业实习。此外，还积极打造社会实践品牌，实现“三早”教育，成绩显著。菁华志愿服务队、全心全医实践团、人文与管理学院、

口腔医学院实践团等连续入选全国大中专学生志愿者暑期文化科技卫生“三下乡”社会实践活动重点团队，工作室老师带队的多个志愿服务团队入围乡村振兴“笃行计划”专项行动、乡村振兴志愿服务项目、“圆梦工程”服务农村未成年人传承优秀传统文化志愿服务项目、“投身乡村振兴，助力健康中国”全国大学生暑期社会实践专项活动等全国社会实践单项。

4. 组建创新创业竞赛团队，推进校园自主创业项目落地

工作室成员指导学生参加大学生创新创业训练计划项目、“挑战杯”大学生课外学术科技作品竞赛、“互联网+”大学生创新创业大赛等，探索指导老师和学生成员跨专业、跨学院组队的备赛模式。目前，已组成 4 支队伍，其中学生涵盖 5 个专业，形成专业优势互补，积极参加各类创新创业大赛，获自治区级三等奖 2 项。

创业技能成长陪跑训练营

工作室于 2023 年 8 月举行大学生创业技能成长陪跑训练营，以孵化优质创业基因为目标，跨学院、跨专业组建第一批“大学生创业技能成长陪跑训练营”，利用暑假开展中医适宜技术技能培训和创业实训，让学员了解中医推拿馆的开设和经营管理，充分发挥导师在管理、技术等过程中的指导作用。学生团队经过规范的技能培训后，工作室为其在校园内提供成熟的创业场地，并为其长期聘用校外创业导师，推进校园内桂林颐然健康科技有限公司创业实体落地。

5. 强化辅导员协同交流，提升辅导员职业素养

为促进辅导员工作室之间的协同交流，不断提高工作室队伍的工作能力和业务水平，工作室主持人以及成员赴外考察学习。考察学习为推进辅导员工作室建设提供了有益的启示，进一步完善了工作室的建设。工作室积极参与各类学习交流培训，借鉴其他工作室的成长经验，也通过全国辅导员交流扩大工作室的影响力，带动更多辅导员参与大学生创新创业项目，提升辅导员的整体职业素养。

工作室也是辅导员工作交流的阵地，通过互相学习、交流，团队成员的理论研究水平和职业素养都有所提高。2023 年，团队成员中，1 名博士毕业并于同年聘为硕士生导师，1 名博士在读，1 名研究生在读；发表相关论文 6 篇；申报课题 3 项。

五、工作室建设的未来规划

（一）进一步做好微信公众号建设

加大微信平台公众号的宣传力度，扩大工作室的影响力，让创新创业指导惠及全校师生，让一批人影响一批人，推动创新创业教育高质量发展。

（二）推进校园内创业实体落地

为学生团队提供规范的技能陪跑、校园内成熟的创业场地，以及长期聘用的校外创业导师，推进校园内桂林市颐然健康科技有限公司实体落地。

（三）提升工作室科学研究水平

工作室是学校各学院辅导员工作交流的阵地，结合学生的需求以及热点问题，发挥各辅导员之间的合力，凝练工作中的实践案例，以学生工作中的问题为切入点，将问题转变为课题研究，提高工作室成员的研究能力和学术水平。

启路生涯导航工作室

——上海高校学生职业(生涯)发展教育工作室(示范点)

一、工作室主持人简介

工作室主持人　高晓霞

高晓霞，女，中共党员，曾任上海健康医学院医学技术学院党总支副书记、医疗器械学院党总支副书记等职务，从事一线学生工作20年。长期深耕在大学生职业生涯规划教育领域，提出并实践“生涯三维导航服务”，创建的大学生职业生涯教育“三合三导”工作法获学校2021年辅导员特色工作法。曾获上海市育才奖、上海市普通高等学校毕业生就业工作先进个人等荣誉，主持完成上海德育实践研究课题等10余项校级及以上课题。

二、工作室简介和定位

启路生涯导航工作室成立于2017年，获评2017年度上海高校学生职业(生涯)发展教育工作室，2020—2021年、2022—2023年上海高校学生职业(生涯)发展教育工作室(示范点)，2018年至今为上海健康医学院九大辅导员工作室之一。

工作室以“专注生涯规划，助力大学生成长成才”为宗旨，通过“三合三导”，即“资源整合、合力辅导；点面结合、精准指导；双线融合、覆盖引导”，扎根学生宿舍园区，面向在校学生提供生涯意识启蒙、职业素养培养、职前技能指导的“生涯三维导航服务”，成为学生成长成才的加油站、教师专业提升的助推器、工作成果交流的共享园。

工作室成员

三、工作室的建设情况

(一)资源整合、合力辅导

1. 凝聚教育合力

大学生正处于"拔节孕穗"的关键时期，在大学生的生涯成长指导上，要凝聚教育合力，精心引导，促进大学生成长成才。工作室积极整合资源，发挥优势，形成辅导合力。工作室校内导师团由9位老师组成，她们有丰富的大学生职业生涯教育相关经验，主要做好日常辅导；部分校内教授、骨干教师进行特约辅导；优秀学生成员开展朋辈辅导；由优秀校友、行业企业专家组成的校外导师团开展专项辅导。

2. 汇聚智慧力量

工作室建立月例会制度，在每月工作例会上，进行头脑风暴，群策群力，汇聚师生团队集体智慧，研究制订每月活动计划。例如，"芳菲四月，启路已就绪，等你来起航""浪漫五月，启路来相邀，共做追梦人""激情六月，启路再蓄力，展多彩青春""金秋十月，启路添新颜，青春绘彩图""灿烂十一月，启路挂云帆，长风共逐梦"等活动计划。师生团队自编自导自演的工作室首部生涯心理剧《初心》，荣获校级优秀剧本奖。

(二)点面结合、精准指导

1. 构建生涯教育新模式

工作室构建了生涯意识启蒙、职业素养培养、职前技能指导的生涯三维导航新模式，将职业生涯规划教育贯穿大学生从入学到毕业的学习和成长全过程，帮助大学生"树立意识—掌握技能—制订规划—提升素养"，努力成为大学生成长成才的加油站。

(1)"点"上突出个体生涯咨询。工作室根据大学生的成长规律、各阶段的特点以及所面临的实际问题做好精准指导。咨询涵盖自我认知、职业探索、生涯决策、求职技巧、求职礼仪、求职心理调适、留学指导、创业指导、就业政策等，通过"线上+线下""预约+对接"方式精准服务学生个性化生涯发展需求。一方面对校内外有需求的学生开展个体咨询，另一方面在每年5—6月份主动对接学院未就业学生群体，做好精准指导，在每年春、秋季校园招聘会上主动对接参会学生，开展咨询服务。

(2)"面"上聚焦生涯三维导航。工作室设计开展了形式多样、有吸引力的职业生涯教育活动，服务于不同发展程度的学生。首先，在生涯意识启蒙上，由于低年级学生对于大学生活不够了解和尚未适应，容易在生涯规划方面存在偏差和不足，为此，工作室重点面向低年级学生开展"我与教授面对面"主题沙龙、"生涯启程，楷模伴行"校友分享周、职业生涯规划大赛、生涯人物访谈等各项活动，目的是培养学生职业生涯规划意识，尤其是学业规划意识，为随后的大学学习生活和毕业后的就业打下基础。其次，在职业素养培养上，面向有需求的在校学生开展"浸润书香，点亮人生"品读沙龙、菁英训练营等活动，目的是提升学生时间管理能力、沟通能力、职场礼仪等职业素养。最后，在职前技能指导上，面向高年级学生设计求职技巧工作坊、职场英语角、“萌新闯职关”主题活动等，目的是提升大学生的求职能力，帮助学生顺利就业。

2. 打造生涯教育品牌活动

工作室紧密围绕学生生涯发展和成长成才的实际需求，突出“三合三导”特色，形成系列深受学生喜爱的生涯教育品牌活动。品牌一：“我与教授面对面”主题沙龙。该活动邀请教授到工作室开展生涯特约辅导，与学生共话成长路。疫情期间，将“我与教授面对面”主题沙龙从线下调整到线上，开展了“平时的点滴积累，助力创新创业走向成功”“请相信自己是最美好的存在”“‘明日好医生’成长之路”等 10 场“我与教授云端有约”活动。该项活动已开展了 3 年，共举办 24 期，参与教授 22 位，参与线下活动的学生累计 300 余人次，参与线上活动的学生累计 2800 余人次，在青年学生中产生了热烈反响。品牌二：训练营。工作室引进校外有丰富经历的师资力量，先后举办了菁英女生训练营、销售菁英训练营、文职菁英训练营、“启梦计划”训练营等。针对不同的训练营设计相关的活动模块，将“时间管理”“销售沟通与说服力”“目标管理”“职场礼仪”“优势识别”“团队沟通”等受学生欢迎的课程融入相应的主题训练营，每期训练营力求做到内容丰富、形式多样、效果明显。

“职业生涯规划大赛”活动

“启梦计划”训练营活动

（三）双线融合、覆盖引导

1. 扎根园区服务学生

工作室扎根学生生活园区，积极探索契合大学生生活学习实际的生涯教育工作模式。工作室包含咨询区、阅读区、活动区、宣传区，强调体验式、分享式、学习型的培育理念。截至 2023 年年底，已开展线下活动 100 余次，累计参与人数 2000 余人次。

2. 开启云端教育模式

工作室团队积极思考疫情带来的挑战，主动跟进生涯三维导航，开启了“云端”生涯辅导模式。先后举办了“考研复试经验云端交流”“我与教授云端有约”主题沙龙等系列活动 30 余次，线上参与学生累计 3000 余人次。

3. 优化线上宣传平台

工作室以丰富的内容和形式不断优化工作室微信公众号，开设三维导航、启路风采、资讯频道三个模块，每个模块又设有若干个子模块，及时推送工作室活动的宣传报道及契合学生需求的服务信息。工作室团队正努力将工作室微信公众号打造成为服务学生生涯成长的有一定影响力的平台。

四、工作室建设的优势和特色

（一）树品牌：学生成长成才的加油站

工作室开展“生涯三维导航提质增效计划”，紧密结合不同阶段学生的实际开展针对性指导，线上线下参与学生累计5000余人次，个体咨询、训练营、教授沙龙等活动也吸引了校外学生的热情参与，开展的大学生职业生涯教育既有覆盖面又有典型个案，较好地满足了学生的多元化需求。工作室获评2020—2021年、2022—2023年上海高校学生职业（生涯）发展教育工作室（示范点）。

（二）强内功：教师专业提升的助推器

工作室实施“教师团队专业能力提升计划”，通过理论探讨、教学研究、案例交流、课题研究等方式，积极整合校内外相关资源，邀请优秀同行给工作室团队分享经验，选派教师参加职业生涯教育相关培训，提升工作室成员的专业水平和科研能力。团队成员参加GCDF&BCF生涯规划师认证、BCC全球生涯教练认证、GCT生涯团体辅导认证等培训近20人次，3人获评上海高校毕业生就业工作优秀典型，3人获评上海市模拟求职大赛优秀指导教师，1人获评全国大学生创新促进就业（简历设计）大赛全国优秀指导教师奖，1人获上海高校辅导员素质能力大赛三等奖，1人获上海市“沪江杯”高校心理教师心理知识竞赛一等奖，1人获上海市育才奖，1人提名上海“高校辅导员年度人物”，2人获上海市“就业创业课程微格教学大赛”三等奖、2人获优胜奖等。

（三）做示范：工作成果交流的共享园

工作室推行“成果交流计划”，通过“引进来，走出去”、优化微信宣传平台、总结分享工作室建设实践经验等方式，起到示范引领作用。经过近7年的建设，工作室已形成系列工作成果。

一是创建了1项辅导员特色工作法（大学生职业生涯教育“三合三导”工作法）；二是编写了3本访谈录（《优秀女校友访谈录》《青春导航——五大新城基层就业人物访谈录》等）；三是制作了2本指导手册（《青春导航——生涯人物访谈案例集》《青春导航——新生职业生涯规划指导手册》）；四是设计了1套课程教案（《青春导航——医学生职业生涯规划与就业指导》）；五是录制了4期生涯微课（“让HR一见钟情的简历”“职场礼仪小课堂”等）；六是制作了1部生涯微电影（《初心》）；七是完成了2项调研（医学技术类毕业生职业生涯发展跟踪调研、医学院校本科生基层就业意愿及其影响因素专项调研）；八是发表了6篇论文（《医学院校大学生职业生涯教育新模式探析——以上海市A高校职业生涯教育工作室建设为例》等）；九是制作了8期工作室刊物（《启路生涯》）。

五、工作室建设的未来规划

工作室在原有“扬‘三合三导’特色，启三维导航之路”的建设基础上，以“人的全面发展的生涯建构”为理念，在系统建构的基础上，横向推行“菜单式”精准服务，纵向实现“2+X”深耕培养，在“精准”上下功夫，在“深耕”上做文章，在“成效”上求突破，助力学生成长成才，推动实现更加充分更高质量就业。

（一）“菜单式”精准服务

工作室将改进之前的组织方式，结合团队成员的优势，形成生涯指导“菜单”，确定活动内容、形式、人数等，校内外各班级、学生团体、学生个人可根据实际需求，对照生涯指导“菜单”进行预约，激发学生生涯成长自觉，提升精准度。

（二）“2+X”深耕培养

工作室下一步将重点开展个体生涯咨询和系列生涯工作坊，并根据学生需求，开展训练营、生涯沙龙、校友聊吧、生涯访谈、职业生涯规划大赛等活动。

幸福生涯工作室

——全国高校职业生涯咨询特色工作室

一、工作室主持人简介

陈璐，女，法学博士，华南师范大学学生就业指导中心讲师、教研室负责人，持续17年深耕职业生涯规划与就业指导研究。全国高校就业创业指导教师培训特聘专家，全球职业规划师、生涯教练。曾赴新加坡南洋理工大学考察学习，赴美参加国际生涯协会论坛、考察佛罗里达州立大学等高校，曾在美国俄克拉荷马州立大学生涯辅导中心跟岗工作。曾获"安博杯"首届全国高校就业指导课程教学大赛全国总决赛一等奖、首届全国高校教师教学创新大赛就业指导课程教学赛事一等奖，所讲授课程获广东省就业创业金课、就业创业示范课。

工作室主持人　陈璐

二、工作室简介及定位

幸福生涯工作室为华南师范大学2016年首批成立的13个学生发展工作室之一，旨在为学生提供个性化的职业规划与就业指导服务，引导师生"学生涯、用生涯、活出好生涯"，成立至今已通过三期工作室建设考核，现已进入第四个建设周期。

如何创新工作模式，激发学生学习内驱力，着力提升学生就业竞争力，彰显就业育人成效是工作室持续关注的议题。基于此，工作室以新时代大学生就业能力研究为基点，融合"游戏化课程设计理念"，研发了一系列大学生就业能力提升项目，以精准、个性化就业指导活动赋能学生，推动毕业生高质量充分就业。

活动照片

（一）工作室定位

工作室以学校人才培养为核心，提升学生就业能力，通过就业指导需求调研、就业指导活动开展、就业指导效果跟踪、就业去向及质量调研的系统思维，形成高校就业指导工作闭环，回应“为谁培养人”“培养什么人”“怎样培养人”“人到哪里去”的问题。工作室以个性化咨询、团体辅导、小型就业指导沙龙、学院定制就业指导讲座等方式，着力培养学生成才观、职业观、就业观，实现就业育人。根据活动覆盖面由多至少的原则，强化活动的精准性及个性化，工作室设计了从梦想蓝（普及型活动）至魔力紫（个性化咨询辅导）的七级活动体系。

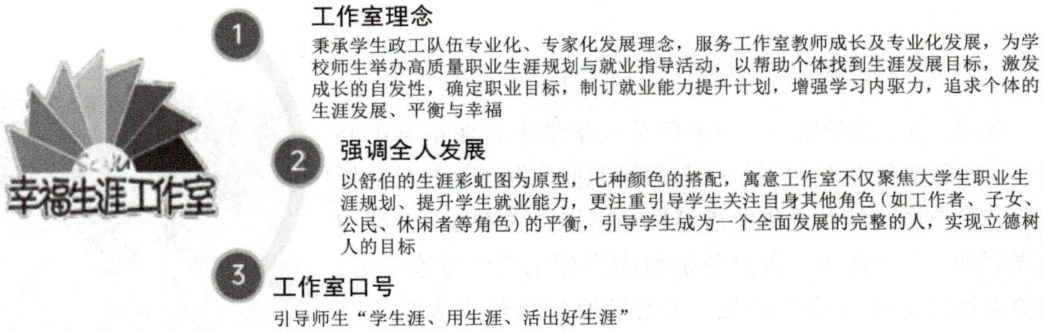

工作室使命

活动层级	活动设计
梦想蓝	定期举办生涯普及讲座、看电影学生涯、生涯游戏体验等生涯普及活动
青春绿	定期举办职业探索类活动、职业生涯沙龙、生涯人物访谈
柠檬青	定期举办生涯之旅（企业、单位参观）、职业探索类活动
闪亮黄	设生涯与就业书籍阅读室。定期举办生涯学习精进、生涯书吧等活动，引导学生以学期为单位共读一本职业生涯发展的图书
活力橙	依托“大学生职业生涯规划与管理”课程以及“职业素质实训与就业指导”课程建设，引导学生开展生涯系统学习活动
烈焰红	定期举办生涯发展能力团体辅导及就业能力提升训练营活动
魔力紫	聘请校内具有全球职业规划师、生涯规划师以及生涯教练认证资质的教师担任咨询师，为学生提供生涯咨询、生涯教练等个性化生涯与就业辅导

幸福生涯工作室七级活动设计思路

秉承学生政工队伍专业化专家化发展理念，工作室为师生举办高质量职业规划与就业指导活动。在就业能力提升方面，开展个体咨询、团体辅导、工作坊等活动，形成课堂教学、团队辅导、个体咨询三位一体的教育模式。在就业指导师资队伍建设方面，打造覆盖各学院的专业师资队伍，力争实现“一院一就业指导专员”。

（二）工作室设计

工作室现有成员18名，涵盖学校三校区四校园。其中，学院党委书记、副书记4名，专业教师2名，一线辅导员8名，行政人员2名，就业指导中心专职人员2名。团队成员中，博士4人，在读博士4人；获得国家级奖项2人、省级奖项7人；立项省级课题9项、校级课题5项；发表学术文章76篇，出版教材6本。

工作室坚持以精准化、个性化服务为核心，建构高校职业规划教育2.0版本。一方面，面向学生开展生涯咨询、团体辅导、共读书籍等活动，唤醒学生生涯发展意识，激发学习内驱力；另一方面，面向教师开展研讨会、项目打磨会、咨询督导等活动，促进工作室教师成员专业化发展，增强教师的成长感及获得感。

工作室开展的生涯团体辅导及生涯读书会

三、工作室的建设情况

（一）建设内容：从点到面、化零为整，实现“4+”就业育人模式

1. 整合“专业化+专家化”就业指导咨询资源，开展精准化就业育人

工作室将职业咨询定位为专业助人工作，坚守职业咨询师准入机制，只有具备全球职业规划师（GCDF）、生涯教练（BCC）、生涯规划师其中一个资质证书者方能承担咨询任务。校外咨询导师则须在此基础上兼具5年以上行业及工作经历，且为优先校友。工作室现有在册登记的校内咨询师27人、校外咨询师15人，均具有丰富的咨询经验。

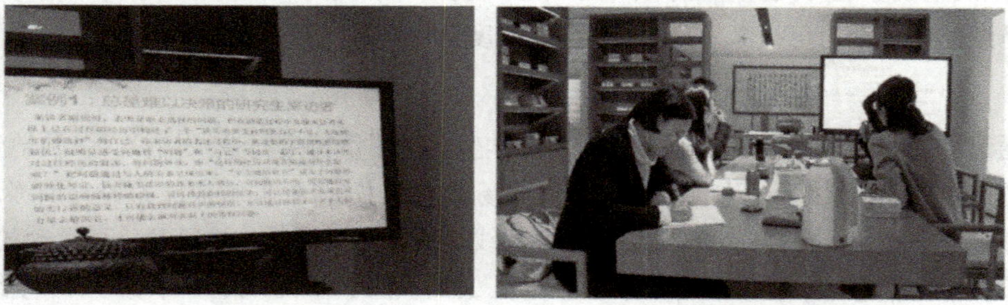

工作室进行叙事取向的咨询案例研讨

为规范生涯咨询服务，工作室建立了咨询预约机制、线上线下咨询流程、咨询反馈机制、学生咨询档案管理及督导机制，并与学校心理咨询中心联动，按需实现咨询转介。为提高咨询师的专业助人水平，工作室面向咨询师组织了共读《生涯咨询与辅导》活动，形成了章节的学习思维导图，并开展《助人技术：探索、领悟、行动三阶段模式》《尊重与希望：

焦点解决短期治疗》共读活动。此外，工作室共开展过四次咨询督导，组织咨询师撰写并提交就业指导工作案例，并于 2019 年出版《大学生生涯咨询案例集》。

2. 整合“线上+线下”资源，开展系统化大学生就业能力提升讲座

工作室定期开展大学生就业能力提升讲座。其中，比较有代表性就业指导讲座有：“疫情之下如何成功云面试”网络直播课，10000 余名毕业生收看直播；“扬帆起航——如何做好本科阶段的学业生涯规划”网络直播课，吸引了 1.7 万人次收看直播，直播现场互动获得 8.8 万个赞；参与教育部 24365“互联网+”就业指导公益课程录制，“赢在就业起跑线——如何发挥实习最大的价值”专题吸引了超过 20 万人次观众收看。

大学生就业能力提升训练营网络直播课

为满足不同学生的成长需求，就业能力提升训练营研发出了线上版本及线下版本。线上版本采用了游戏化课程教学方法，通过打卡、解锁盲盒任务、积分排名等方式解决学生线上学习动力及黏性不足的问题。为增强学生学习效果，研发团队借助鲸打卡平台，对打卡作业进行及时点评及答疑，有效实现了师生互动、生生互动，促进了教学相长。已开设的 12 期线上就业能力提升训练营中，累计学习打卡人数达 19125 人次，实践及数据表明，学生持续的学习动力可被激发，深度参与、深度学习可被实现。

3. 整合“校内+校外”资源，开展朋辈化“职场真人图书馆”活动

通过开展“职场真人图书馆”活动，引导学生主动了解特定行业及岗位，引领学生树立正确的就业观，做到“强国志，强本领”。“职场真人图书馆”根据就业能力提升训练营学员感兴趣的职业类别，分类、分行业、分批开展线上职业分享活动，并通过分享活动的录制，形成校级职业信息库，供学生自主学习。截至 2023 年 11 月 10 日，共举办了 11 期线上职业分享活动，邀请了近 50 名校内外导师分享行业、职业信息。

4. 整合“课堂内+课堂外”育人载体，开展过程化云平台就业育人

依托工作室公众号，实现全员实践资源共享。工作室成立之初就注册了微信公众号，截至 2023 年 11 月 24 日，公众号关注人数达 13088 人，共发布推送文章 712 篇，其中含原创推送 101 篇。为更好地回应学生困惑及需求，公众号开辟了就业指导“你问我答”栏目，

将学生典型就业困惑以师生问答的形式加以呈现。同时，公众号开辟了“生涯咨询手记”栏目，在征得来访学生知情同意及授权的情况下，将具有代表性的就业咨询议题以总结性的文章加以宣传。而“实习生日记”栏目、“就业先锋”栏目则通过征集学生中的先进典型个案，向受众学生传授实习及求职经验。2022 年，《五“化”并举，共筑育人阵地——基于幸福生涯工作室公众号的网络就业育人实践案例》获得广东省“立志修身博学报国”主题教育系列活动评选二等奖。

创新大学生法治专业化教育，围绕实习、就业情景，工作室积极为学生创造学习平台、建设学习资源，如录制网络课程“大学生就业权益保护”“大学生就业常见法律问题”，累计 3072 人次收看课程。工作室公众号发布了 17 条就业法律相关推送，形成了就业普法氛围，有效解决了毕业生“出口”问题中常见法律纠纷和疑惑。

依托千聊、鲸打卡等平台，实现全方位课程资源共享。共建设有 165 个专题的课程资源，并开发了自我探索系列微课及自我探索体验营，使用鲸打卡作为学生打卡互动、教师点评平台，通过“学生打卡—老师点评—生生互动”，实现学生学习全过程互动。

（二）建设成效和建设经验：扩大外部影响力，提升师生获得感

工作室坚守立项初心，致力于引导大学生树立正确的就业观、职业观及成长观，以大学生职业生涯规划能力及就业能力培养为抓手，形成了品牌效应。

1. 业内媒体显著关注

工作室成立建设以来，通过公众号持续对外宣传，并获得了国内其他高校的关注、转发及宣传。其中，团队以游戏化教学理念自主研发的大学生就业能力提升项目，受到各大知名媒体关注、刊载。

媒体关注及报道

2. 师生参与度及满意度显著提高

工作室坚持搭建师生学习平台，发挥团队师资特长，开展多元就业指导活动，提升师

生参与度及满意度。截至 2023 年 11 月 24 日，工作室共举办 322 场活动，报名人次达 21414 人次，其中，教师教研活动 38 场，开展一对一咨询 512 人次，切实服务师生成长发展。工作室依托千聊、小鹅通等网络课程平台建设了网络课程资源库。截至 2023 年 11 月 24 日，工作室在千聊平台共建设 165 门就业指导与职业生涯规划系列网络微课，吸引了 7072 名学生关注，55198 人次学生参与听课，是学校职业规划与就业指导的优质校本网课资源。调研显示，学生对大学生就业能力提升项目的整体满意度达到 8.94 分(总分为 10 分)。学生通过学习复盘，对职业的认知度、就业指导的重视程度都有所提升。

3. 学生受教育效果显著强化

通过将游戏化教学方法运用于就业能力提升项目，学生的学习主动性被有效激发，从学生打卡内容呈现度能判读出，学生成为学习的主体、知识的创造者，教师成为学习促动者，教与学实现了良性循环。运用游戏化教学理念设计的"求职星球"项目获得 2021 年度 GCA 最佳教育实践奖，新华网及北京教育电视台均有报道。

主题	前测掌握度 (调研数据平均值)	后测掌握度 (调研数据平均值)
您目前对自己兴趣、能力的了解程度	6.44	7.62
您对目标职业的信息了解程度	5.46	7.58
您对简历制作的掌握程度	4.80	7.64
您对自己面试技能水平的评价	4.68	7.21
您对自己目前的就业权益知识的了解程度	4.34	8.03
您对求职形象与礼仪要求了解程度	5.19	8.01

(数据来源："求职星球"项目前后测问卷)

"求职星球"项目学员学习成效对比表

四、工作室建设的优势和特色

结合校内实践总结和校外经验交流，发现传统的大学就业指导存在表面化、同质化、单一化及理论化等问题，忽视了学生的个性需求，导致就业指导有效性不强。基于此，工作室致力于构建体系化和精细化的就业指导模式，探索提供多元化、精细化、专业化的就业指导课程。

具体创新性做法是围绕大学生就业能力提升开展系列实践活动，其中最典型的有"一对一"就业咨询及就业能力提升系列线上训练营，形成了"实践促进研究，以研究深化实践"的模式。

(一)规范个体就业咨询服务

个体就业咨询是专业助人工作。工作室对标心理咨询服务建制，规范了职业咨询师的准入机制，将职业咨询服务工作定位为专业助人工作，建立就业咨询督导机制，形成了《大学生生涯咨询案例集》成果及“生涯咨询技术在就业指导工作中的运用”“慢就业学生就业辅导技巧”等师资培训课程。

（二）创新就业能力提升模式

工作室举办了多场分享活动或提供了其他讲座活动的渠道，如职业价值观探索工作坊、洞见人生游戏体验、自我探索体验营、共读一本生涯书等活动，满足了学生的不同兴趣特点及需求。

（三）赋能教师专业化发展

工作室在全体成员成长需求调研基础上举办了多场教师沙龙，从理论前沿、教学经验分享、培训学习心得分享、教学比赛经验分享等方面为成员提供了多方位的交流平台。2018 年，工作室三位老师获得广东省职业生涯规划教学技能比赛一等奖，其中，唐婷芳老师获得“金牌讲师”称号。

五、工作室建设的未来规划

经过多年的建设，工作室在品牌建设及特色活动研发上取得了显著成果。《坚持立德树人，用专业化服务助力学生生涯发展——华南师范大学幸福生涯工作室建设工作案例》获得广东高校学生工作优秀案例一等奖（2021）。2022 年，工作室荣获广东省高校职业生涯咨询特色工作室、国家级高校职业生涯咨询特色工作室。目前工作室已进入第四期运营，新发展新征程，工作室将坚持守正创新，拟从三个方面实践突破：

（一）助力教师专业化成长

一是进一步整合资源，加大教师研修投入力度，形成师资培训反馈、教师共同成长的良性循环，更好地助力教师的专业化发展。二是增强工作室成员的科研能力，采取组队专题研究、集体报课题的方式，以科研带动工作创新及总结输出。

（二）赋能学生高质量就业

坚持校本特色活动的自主研发是工作室的核心竞争力，未来工作室将结合学校一校三地四区办学新实际，增加学生个性化辅导的主题及频次。打通本科生和研究生的就业指导资源，开展更多维度的就业指导活动。同时，持续研发、迭代线上职业规划与就业指导项目，解决多校区学生成长需求差异化问题，赋能学生高质量就业。

（三）强化工作室的品牌建设

强化公众号建设，逐步开展工作室视频号建设，增强工作室辨识度，提高信息触达率。同时，加强工作室与校内其他学生发展工作室的合作，优化活动效果。争取“走出去”交流，向国内高校建设运营效果良好的同类工作室学习宝贵经验，开阔视野，守正创新。

广东工贸职业技术学院曾秀芳创新创业辅导员工作室

一、工作室主持人简介

工作室主持人　曾秀芳

曾秀芳，女，广东工贸职业技术学院计算机学院辅导员，从事创新创业教育和大学生思想政治教育10余年，指导学生团队在“互联网+”创新创业大赛、“挑战杯”创新创业比赛等高水平赛事中荣获省级及以上荣誉10余项，多次被评为创新创业比赛优秀指导教师，公开发表学术论文10篇，主持参与各级各类课题8项。

二、工作室简介和定位

广东工贸职业技术学院曾秀芳创新创业辅导员工作室于2019年10月正式成立。工作室目前由广东工贸职业技术学院计算机学院、团委、双创学院负责人，以及计算机学院辅导员、专任老师组成。从2019年10月至今，工作室为本学院培养了268名软件技术型学生、132名创业型学生，前后共计做过10余个创业项目（包含软件开发项目和资源化项目），参与10余个各类省级比赛项目。

工作室立足于计算机学院，建设方向为创新创业教育研究与实践，围绕大学生“意识培养、技能培训、竞赛参与、项目孵化、思想引领”等五位一体的创新创业核心元素（以下简称为“五核元素”），紧扣“三全育人”目标，深入学生实际，突出特色、打造精品，致力于把实现中华民族伟大复兴的中国梦与学校创新创业教育相融合，形成大思政格局，培养德智体美劳全面发展的社会主义建设者和接班人。经过4年多的摸索和探究，工作室紧扣“五核元素”，逐渐形成了“一体两翼三力”的创新创业教育模式。工作室聚焦学生和辅导员两大群体：一是为辅导员搭建一个开放性、研究性、实践性的学习交流平台，成为开展创新创业教育理论研究、学术交流的平台；二是为学生提供一个创新创业平台，根据学生的个人能力及需求，成立专创融合的“软件开发工作室”和以资源为导向的项目化工作室，以此增强学生的创新意识、创业精神和创新创业能力。

三、工作室的建设情况

（一）工作室的建设内容

经过4年多的摸索和探究，工作室围绕“意识培养、技能培训、竞赛参与、项目孵化、思想引领”等五位一体的创新创业核心元素，逐渐形成了“一体两翼三力”的创新创业教育模式。“一体”是指基于工作室，搭建一个创新创业科研实践平台；“两翼”是指结合专创融合及项目驱动两个导向，分别成立软件开发工作室和项目化工作室；“三力”是指着力构建创新创业实践长效机制，形成成果转化机制、系统化工作运行机制。

（二）工作室的建设成效

自紧扣“五核元素”，实施“一体两翼三力”创新创业教育模式以来，工作室建设取得了较好的效果。其中，获得创新创业大赛等相关省级荣誉10余项，拥有知识产权20余项，立项省校级科研课题10余项，横向技术转化到账经费10万元。

2020年“码上就明”双创团队荣获学校创新创业团队奖学金。该团队的负责人叶智辉和黄炽分别荣获了学校双创奖学金的优秀个人奖。叶智辉入选2021年学校优秀学生案例，成为学生“创新创业之星”的典型代表。

软件开发工作室在校企共建的模式下，分别与3家公司达成合作协议，共同完成了“大喜金榜小程序”“招聘系统”和“奶茶小程序”项目。目前该工作室的第一批成员中，65%的成员成功专升本，35%的成员成功入职软件技术岗位，已入职成员平均薪资水平比同一届毕业生平均水平高2355元。

项目化工作室通过自身固有模式，目前已经成功孵化了3个项目，这3个项目的负责人均创办了公司。该工作室的一名项目负责人成功带动本届就业人数10人，横向技术转化到账经费10万元。

（三）工作室的建设经验

紧紧围绕大学生“意识培养、技能培训、竞赛参与、项目孵化、思想引领”等五位一体的创新创业核心元素，紧扣“三全育人”为目标，形成了如下的“一体两翼三力”的创新创业教育模式。

1. 一体：搭建创新创业科研实践平台，培养学生创新创业综合素养

以工作室为基础，搭建一个适用于学生进行创新创业研究及探索性项目化的实践平台，即创新创业科研实践平台。同时，成立校企导师团队并制定相应的管理制度。有创新创业意愿的学生在校企导师的指导下，结合自己的能力及优势，通过调研分析当前市场，选择具有市场需求的项目，寻找合适的队友，组建学生创业团队，并落实孵化自己的项目，从而实现创新创业项目的“从0到1”，培养学生创新创业综合能力素养。学生通过创新研究与实践锻炼，不仅可以积累创业经验，还可以提升合作能力、研究及解决问题能力及整合资源能力。

2. 两翼：形成以专业为导向的软件开发工作室和以人才为核心、以资源为驱动的项目化工作室，孵化学生创新创业项目落地

(1)以专业为导向的软件开发工作室。软件开发工作室是在专创融合的时代背景下，结合计算机学院的专业特色而建立起来的。该工作室每年上半年从新生中选拔50名技术基础较为扎实的学生，组建一个培训班。该培训班以“自主学习+校内专任教师指导+高年级学生导师制”“三合一”的形式进行培优。经过“课程考核+课后实操项目”的综合考核，最终选拔大约20人，与留任的约20名高年级优秀学生，形成“梯队化”的人才模式，组成软件开发工作室。其后，根据校企合作的项目需求，按照“1名技术优秀的高年级学生+3名技术较弱的低年级学生”的组合原则，在企业技术教师和校内教师的指导下，共同完成项目的研发。这种“做中学、学中做”的方式，既可以让学生能够有效率地学习并掌握软件开发的实操技能，又可以增强团队的自我造血能力。

计算机学院软件开发工作室的第一期学员培训班

(2)以人才为核心、以资源为驱动的项目化工作室。项目化工作室以人才为核心、以资源为驱动开展项目化创新创业实践活动。因为创新创业实践项目的成功离不开“人”和“好资源”。“人”就是具有创新创业思维意识、行动力强且具有一技之能的人，而“好资源”则必须具备落地性强、符合市场需求的特性。所以，项目化工作室每年都会在各年级优先挖掘一批符合该工作室需求的“人”或者是带有“好资源”的人，通过建立这种“梯队化”的人才模式(即按照每个人所拥有的资源优势及能力大小进行排序)，帮助项目团队匹配其所需的人才，从而让这些项目真正落地实施。又或者项目团队有其他资源需求，借助校企合作的资源，帮助学生解决资源难的问题。这种方式，在学校层面有效解决了高职院校大学生创业难的问题，从学生角度扫清了其创业道路上的障碍，助力学生在创业路上越走越远。

3. 三力：建立成果转化机制、系统化工作运行机制和“四导师”指导机制，形成创新创业实践长效机制

（1）建立成果转化机制，让团队每个人都有价值成就感。根据各工作室的定位、性质、功能、产品，制定每个工作室每年必须完成的目标。由于软件开发工作室是专创融合的产物，主要从事小程序研发以及为各赛事提供软件技术支持，所以与之对应的成果转化的四个指标是知识专利、横向课题、横向专利转化和赛事荣誉。而项目化工作室则以孵化项目为主，对应的成果转化指标则为项目的年利润率、投资回报率和横向技术转化到账额度。

建立这种成果转化机制，一方面，不仅能够让团队师生明确自己的任务目标，而且能够让团队每个人在实施过程中都拼尽全力，想方设法地解决所遇到的任何难题；另一方面，也能提高团队的积极性，在保护自己知识产权的同时还能实现自己价值的转化，提升自己的荣誉感和价值成就感。在这种机制的激励下，软件开发工作室在 4 年期间已经获得 20 余项知识产权和 3 个横向技术转化项目。

（2）建立系统化工作运行机制，落实系统扶持方案。为有效地推进软件开发工作室和项目化工作室的进一步发展，工作室构建了系统的工作运行机制，从人员配备、项目、赛事、技术及能力的培养、知识产权的申报、保障制度等方面给予了有力的支持。修订了“两翼”工作室师生的考核奖励方案：对于校内指导教师，参照学校的职称评审标准，规划了每位指导教师的分工，明确了每年要完成的目标任务；而对于学生，则是参照学校的奖学金评选标准、组织评选标准和创业实践项目的股权分红，在树立正确的人生价值观下，引导学生有效率地完成自己的任务，实现项目的孵化。同时，通过“引进来+走出去”的创业人才培养机制，增加学生与企业家的接触机会，让参与的学生深刻了解创业的意义，找到自己的价值目标，学习创业的精髓，为以后的创业之路铺平道路。另外，工作室也会加大校企合作的深度与广度，以此推进以项目、以赛事促进创新创业的有效转换。

（3）构建“四导师”指导机制，为双创工作提供保障。构建“校内导师—企业导师—创新创业专家导师—高年级学生导师”的指导机制，创新创业项目以市场需求为导向，由校内导师和企业导师共同研讨选择。在学生的指导过程中，校内导师负责指导学生开展项目试验、撰写商业策划书、制作路演 PPT，校外导师负责指导学生完成项目市场调研；创新创业专家导师负责指导学生优化商业策划书、PPT 以及路演答辩环节；高年级学生导师负责帮助解决比赛团队的技术难题。“四导师”机制的构建为双创工作的提质增效提供了保障。工作室也因此在各类大学生创新创业比赛及相关比赛中获得省级以上荣誉 10 项。

四、工作室建设的优势和特色

一是强化专业知识，提升就业竞争力。以“专业为导向”的软件开发工作室是建立在计算机学院软件技术的特色专业基础上，以校企合作为契机，以专业指导教师指导为辅，形成的以学生成员为主力的软件技术研发工作室。这样不但提高了该工作室成员的专业能力，解决了软件专业学生因缺乏软件研发实践项目而导致就业难的问题，提升了该工作

室成员整体的专业素质水平，为进一步的创业提供了更大的可能性。

二是人尽其才，提高创业成功率。以人才为核心、以资源为驱动的项目化工作室是让一部分有资源或者综合能力强的“领头羊”，通过“强带弱”的形式，甄选出可行性强的创业项目，以团队形式进行实操，从而让这些项目真正落地实施。又或者项目团队有其他资源需求，借助校企合作的资源，帮助学生解决资源难的问题。这种“人尽其才，物尽其用”的方式，有效解决高职院校大学生创业难的问题，助力学生在创业路上越走越远。

五、工作室建设的未来规划

（一）不忘初心，扎实推进工作

不忘初心，继续前行，始终把辅导员团队建设和立德树人成效作为工作室建设的出发点和落脚点，致力于成为辅导员专业化成长的孵化器、牵引器，培养一批作风优良、业务精专的优秀辅导员人才。同时要求辅导员加强理论学习，总结工作经验，改进工作方法，不断提高教育引导学生成长成才的能力。坚持以服务学生为中心，着力加强工作针对性、实效性和吸引力，探索出工作室自己的育人模式和辅导员专业化职业化专家化的发展路径。

（二）坚持打造精品项目品牌化、持续化

进一步发挥工作室的作用，结合大学生成长成才需求，将“思想政治教育”与“创新创业教育”有机结合，以“创新创业行动”促进“个人梦”与“中国梦”结合，着力培养一批批有担当、敢作为的创业新青年，实现工作室的品牌化和传承化。

（三）工作室将完善各项机制，促进师生的共同成长

继续完善工作室的各项规章制度，完善组织架构，优化建设方案、计划、考核和管理办法、奖励办法等约束机制，实行目标和计划管理，开展过程考核和目标考核，提升建设水平。特别是人才激励制度方面，激励师生在各自领域中不断发挥自己的优势，提升自己的能力，更好地促进师生共同成长。

第九章　理论和实践研究

发哥辅导员工作室

——江西省首批高校辅导员名师工作室

一、工作室联席主持人简介

饶先发，男，中共党员，博士，副教授，硕士研究生导师，江西理工大学能源与机械工程学院党委书记，教育部高校思想政治工作中青年骨干，全国网络正能量榜样，英国雷丁大学访问学者，国家高级职业指导师，国家心理咨询师，江西省高校辅导员名师工作室主持人，曾获全国高校“高校辅导员年度人物”提名、全国“十佳”博客奖、全国学生工作学术成果特等奖、新时代“赣鄱先锋”、江西省“最美高校辅导员”等荣誉 70 余项。出版著作 8 部，主持教育部人文社会科学研究专项任务项目(高校辅导员研究)、团中央重点课题等省部级课题 13 项，发表论文 30 余篇(其中 SCI 论文 5 篇)，发明专利 7 项，先后在全国 170 多所高校作相关工作报告。

张晓宾，男，中共党员，西安工业大学党委学工部(处)副部(处)长，工作室联席主持人，高校创业指导师，陕西省非物质文化遗产研究基地研究员、陕西省人口学会理事，学校学工干部宣讲团成员。

伍晓芸，女，中共党员，西南石油大学计算机科学学院辅导员，工作室联席主持人、红心柚辅导员工作室成员、“E 路同行”辅导员工作室主持人。全球职业生涯规划师(GCDF)、BCC 生涯教练。

蒋晓敏，女，中共党员，副教授，成都航空职业技术学院专职辅导员，工作室联席主持人、“学思践悟”辅导员领航力工作室主持人，国家三级心理咨询师、高级职业指导师、全球职业生涯规划师、BCC 生涯教练。

陈亮，男，中共党员，副教授，四川传媒学院智慧广电学院分党委副书记(主持工作)，工作室联席主持人、“智慧导语”辅导员工作室主持人，全国民办高校优秀辅导员，国家高级职业指导师。

李萍，女，中共党员，大理大学数学与计算机学院团委书记，工作室联席主持人、“传·承”辅导员工作室主持人（省级培育对象），中央彩票公益金宏志助航计划就业创业特聘导师、大理州国防教育讲师团成员。

王治平，女，中共党员，西南石油大学南充校区学生发展部（团委）团学工作中心副主任，工作室联席主持人、“好学深思”辅导员工作室主持人，全球职业生涯规划师、BCC 生涯教练。

廖名海，男，中共党员，南昌大学抚州医学院辅导员，工作室联席主持人、南昌大学抚州医学院辅导员工作室主持人，中国大学生在线专栏作者，抚州市基层理论宣传宣讲师、抚州市青年讲师团成员，国家三级心理咨询师。

徐丹，女，中共党员，秦皇岛职业技术学院辅导员，工作室联席主持人、“匠心筑梦”工匠精神培育工作室（省级培育对象）成员，国家三级心理咨询师、高级职业指导师。

二、工作室简介和定位

发哥辅导员工作室 2014 年创建，工作室微信公众号原名为“饶先发”；2019 年 1 月，更名为“发哥辅导员工作室”；2020 年 8 月，再次更名为“高校辅导员工作室”。2020 年，工作室立项为江西省首批高校辅导员名师工作室。工作室成员从江西理工大学辅导员逐渐拓展到 31 个省（区、市）150 余所高校的 300 多名思政工作者，成员中拥有高级职称的 29 人，中级职称的 120 人；博士 25 人，硕士 132 人。88 人拥有工作室，其中国家级工作室 2 项、省级工作室 14 项、市级工作室 20 项、校级工作室 52 项。近年来，工作室成员共获批项目 100 余项，其中教育部人文社会科学研究专项任务项目（高校辅导员研究）等省部级及以上项目 90 余项，出版著作 11 部，发表学术论文百余篇，获国家级荣誉 40 余项、省级荣誉 120 余项。

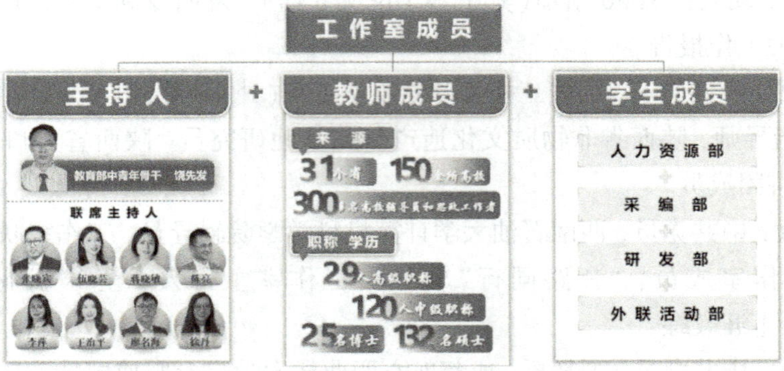

工作室成员

截至 2023 年底，工作室形成了江西理工大学校内教师团队、江西理工大学校内学生团队和国内高校辅导员团队等三大主力团队。工作室采用“矩阵式”管理模式，根据职能设立 8 个纵向组，根据能力提升设立 7 个横向组，纵横结合，抱团发力。工作室采取“线下线上”相结合的运营模式，线下建立了工作室场地，线上平台有“高校辅导员工作室”微信公众号、视频号、抖音、哔哩哔哩、微博、QQ 群、网站和高校辅导员先锋微信公众号等 8 个阵地。

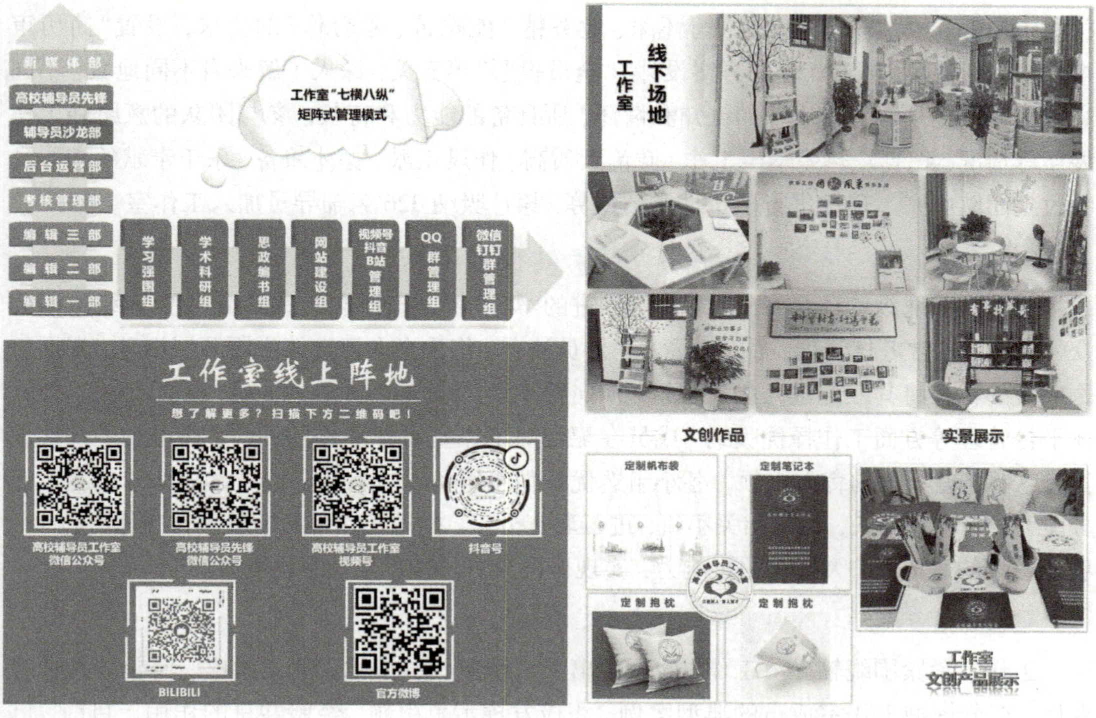

工作室线上+线下阵地

三、工作室的建设情况

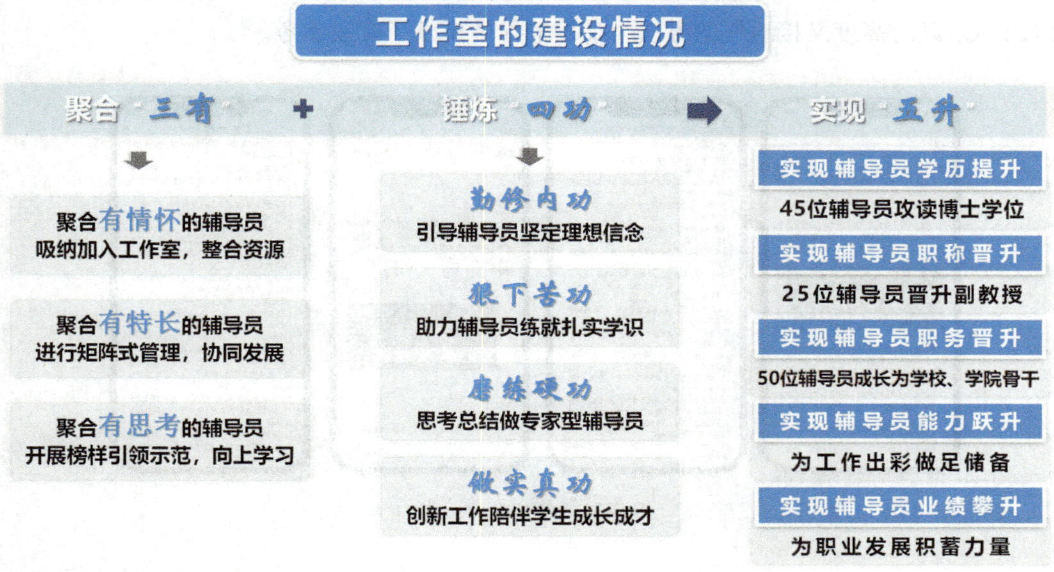

工作室搭建的成长平台

（一）聚合“三有”，搭建辅导员成长平台

1. 聚合有情怀的辅导员，创新选拔考核，结对互促

工作室为落实立德树人根本任务，立足工作室建设目标和需求，开展“一年四季”常态化集中招募和季度招募，围绕“情怀深、业务精、能吃苦、善合作”的要求，设置“简历审核”“初心叩问”“推文策划”“方案设计”“全员投票”等五关，深入了解来自不同地域、不同高校的辅导员从事育人事业的认知和情怀、所具备的能力和特长、参与团队的意愿和工作展望等情况，把真正热爱学生工作、政治素质高、作风正派、德才兼备、乐于奉献的辅导员吸收到团队中来。现已进行了 7 批成员招募，累计吸纳 326 名辅导员加入工作室。

2. 聚合有特长的辅导员，矩阵式管理培养，协同共进

工作室采取纵横项各有侧重、协同推进的“矩阵式”管理模式，纵向组主要围绕微信公众号建设、日常考核管理、后台运营、辅导员沙龙、优秀个人评选等主题开展活动，根据每位成员的特长将其匹配进入相关小组；横向组主要围绕辅导员学术科研、思政编书、新媒体平台管理等方面工作择优吸纳，成员在配合好工作室日常工作的同时，突破自我，实现提升，增强辅导员的育人本领。各小组选优配强小组负责人，结合成员本职工作内容、业务能力、兴趣和特长，编入相关小组，进行职责分工，推动工作室日常管理、特色活动、专项任务等的完成，扩大育人的影响力，实现协同共进，提升个人的竞争力。

3. 聚合有思考的辅导员，榜样引领示范激发，向前向上

工作室紧紧围绕辅导员工作，先后推出了工作室经验展示、学工榜样、辅导员人物等专栏，充分挖掘工作室成员的典型案例，积极发挥示范引领、经验共享的作用。目前，已有 179 个工作室在工作室微信公众号展示建设经验和成果。2022 年 7 月，“中教华影”学习强国号开始转载工作室系列建设经验，推出学工榜样 180 多期，围绕学生思想政治工作进行了多维思考和有效探索，其中“高校辅导员年度人物”风采展示 64 人、辅导员风采展示 125 人，既有高度又接地气的方法为高校辅导员提供了有效参考。

工作室微信公众号专栏

（二）锤炼“四功”，锻造辅导员过硬本领

1. 勤修内功，引导辅导员坚定理想信念

工作室立足“为党育人、为国育才”的使命，坚持因事而化、因时而进、因势而新，在育人实践中不断探索思想政治工作规律、教书育人规律、学生成长规律，结合建党建国周年庆祝、学生开学毕业季教育等重要时间节点开展专题活动，坚定育人初心，锤炼辅导员内功。2021 年，在建党 100 周年之际，由工作室牵头，联合中国青年报客户端和中教华影全国校园电影院线推出庆祝建党百年特别活动“我眼中的中国精神——高校思政工作者接力讲”，128 位主讲人，持续 183 天平台更新，共推送 104 期视频。其中，104 个视频发布于“学习强国”学习平台，51 个视频同期发布于中国青年报客户端，得到央视网、中国文明网等 80 余家媒体报道。该项目的作品被纳入全国高校思想政治工作网《百年珍贵记忆——全国高校庆祝中国共产党成立 100 周年原创精品档案》。此外，还打造了辅导员为中国共产党建党 100 周年献礼、辅导员七一深情告白、用奋斗向伟大祖国告白、辅导员有话说等一系列思想政治教育品牌活动，产生了较好的育人效果，在师生中产生了重要的影响力。

工作室思想政治教育品牌活动

2. 狠下苦功，助力辅导员练就扎实学识

工作室主动为辅导员成长搭建平台，通过组织开展辅导员素质能力提升训练营、辅导员沙龙、辅导员圆桌会议等形式，引导辅导员思考和总结工作，强化辅导员能言善道的能力，推动各高校辅导员之间的思想碰撞、经验共享。目前辅导员沙龙线上活动已经开展了 70 多期，从工作模式创新到科研能力提升，从素质能力提升到内心成长感悟，从工作室建设打造到思政专项研讨，辅导员沙龙从个人到团队、由点及面、由浅入深，为辅导员构筑了一个开放性、研究性、学术性的交流平台，增强了辅导员自主研究意识，促进了辅导员有效开展学生工作研究，提升了辅导员的综合素质和能力，创建了学习型、研究型的学生工作团队。

工作室开展的辅导员沙龙活动

3. 磨炼硬功，思考总结做专家型辅导员

工作室通过季度考评、年度考核的形式督促成员加强育人成效、学术科研、专业竞技、工作室建设等方面的能力。近年来经过不断的努力发展，成员不仅在各类竞赛、科研上取得了一批成果，还孵化带动、培育了一批高校辅导员工作室。工作室入选江西省高校辅导员名师工作室、国家级大学生创新创业项目；主持人入选教育部高校思想政治工作中青年骨干、全国网络正能量榜样，主持获批各级各类课题 30 多项。在图书出版方面，工作室团队已出版立德树人系列丛书(《新时代高校辅导员工作室建设指导手册》《新时代高校辅导员素质能力提升教程》《新时代高校辅导员理论宣讲技巧与实务》等)11 部。

“立德树人”系列丛书

在辅导员素质能力大赛方面，自 2012 年全国举办高校辅导员素质能力大赛以来，工作室成员有组织地备赛，以赛促学，不断提升自身理论水平、职业能力和专业素养，聚焦辅导员九大工作职责，引领带动辅导员队伍建设发展，全面提升辅导员育人能力和工作实效，取得了可喜的成绩。近年来，工作室成员 7 人获全国“最美高校辅导员”、全国“高校辅导员年度人物”；在全国高校辅导员素质能力大赛中 40 余人获奖；先后获全国高校学生工作优秀成果特等奖 1 项、二等奖 4 项；获全国“十佳”博客奖、优秀博文奖、省“最美高校辅导员”、省“高校辅导员年度人物”、省优秀团干部、省优秀辅导员等荣誉 200 余项。在学术科研方面，工作室成员共获批项目 100 余项(其中省部级项目 90 余项，含教育部项目 17 项)，发表学术论文百余篇，出版著作 11 部。在孵化培育工作室方面，目前工作室孵化和培育成员建设各类工作室 88 个(其中国家级工作室 2 个、省级工作室 14 个、市级工作室 20 个、校级工作室 52 个)，直接或间接辐射千余人。

4. 做实真功，创新工作陪伴学生成长成才

工作室结合新时代“00 后”大学生的特点和新形势下的育人要求，主动拓展育人载体，丰富育人资源。除了充分发挥工作室运营的公众号、视频号、抖音、哔哩哔哩、微博、QQ 和高校辅导员先锋微信新媒体公众号等线上平台的优势外，还充分拓展育人平台，创新思政载体。

(1)创新思政载体，打通思政工作“最后一公里”。一是解决学生思想困惑，帮助学生树立目标。工作室开创“晨思语”模式，从 2016 年 9 月开始，坚持每天给学生发送一段正能量的话语。目前已经坚持了 2500 多天，发送了 500 万人次，影响了 4000 余名学生。

工作室“晨思语”活动

二是创新思政工作载体，打通育人“最后一公里”。经过多年的实践探索，工作室设计了《入党积极分子、党员成长手册》《学生参加公益服务活动登记手册》《本科生听讲座记录

手册》等，并在工作中采用，解决了思想政治工作“最后一公里”问题，这些经验成功应用于 50 余所高校。

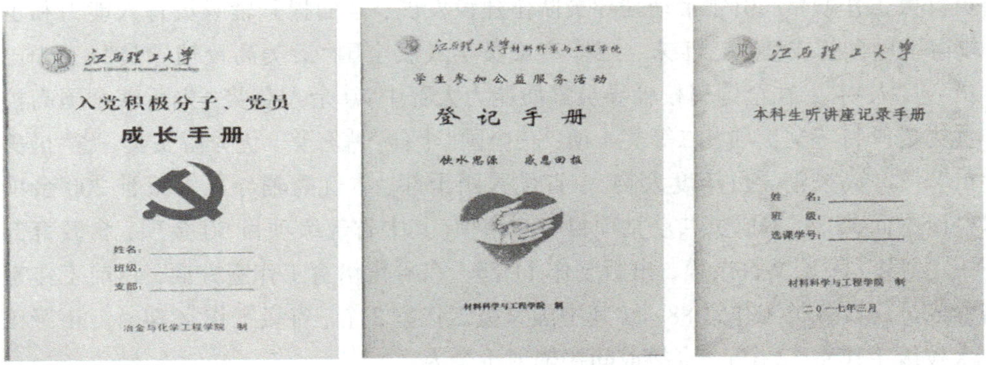

工作室系列手册

三是利用新媒体答疑解惑，帮助大学生成长成才。主持人建立学生服务微信群 200 多个，24 小时为学生服务；主动添加学生微信，目前微信好友达到 18000 余人；工作室针对学生关心关注的问题，撰写网络文章，借助新媒体的渠道增进与学生交流沟通；将写给学生的信整理出版，如《青春导航——致大学生的一封信》《全国优秀辅导员给大学生的 100 封信》。

(2)开展文化探索，让红色文化不断深入人心。一是矿冶文化育人探索。组建红色文化宣讲团、红色赋能宣讲团，寻访中华钨矿公司旧址、江西小龙钨业、江西白鹅洗砂场、西华山钨矿旧址等地，踏寻矿业足迹，传承红色精神，触摸“历史的厚度”，体会“红色的热度”，感受“文化的温度”，形成的“矿冶报国：矿冶文化育人体系的探索与实践”获批 2024 年度全国高校思想政治工作精品项目。

二是开展“一周一社区”校外宣讲。校外宣讲活动目前已经完成针对社区、烈士陵园、中小学、党组织等的活动数百场次，覆盖人数超 10 万人。

三是成立红色书屋。自建立以来，红色书屋阵地受到校内外各界的关注，迎来省内外各级领导参观考察 40 余批次。

(三)实现“五升”，构筑辅导员成长体系

1. 实现辅导员学历提升，为自身成长筑牢根基

用辅导员的力量来助力辅导员成长，是工作室一直以来努力实现的目标。工作室定期分享博士招录计划，鼓励工作室成员积极报考，并为成员备考提供政策咨询、复习资料共享、考试方法指导等方面的帮助。同时，工作室还在每期辅导员沙龙中专设考博经验分享环节，邀请工作室成员中已经考上博士的老师分享考博经验，介绍考博历程和具体备考方法，为考博辅导员架起学历提升的桥梁。目前，工作室成员已经有 45 位辅导员考取了博士研究生。

2. 实现辅导员职称晋升，为学术科研厚植底蕴

制约辅导员职称晋升的主要难题就是高水平论文的撰写和课题项目的申报，工作室注重成员学术科研能力的提升，专门成立学术科研组，开展项目申报、论文撰写的深入研究，通过邀请辅导员学术大咖分享项目、优秀学术论文和经典学生工作案例撰写的方法和技巧，同时就论文选题、撰写、修改、投稿等进行具体指导，助力工作室成员在日常工作中进行系统性总结、逻辑性提炼、学术性凝练，并对工作室成员的论文发表和项目申报进行督促，不断提升其学术科研能力。目前，工作室成员中每年有3—5位获批教育部人文社会科学专项任务项目(高校辅导员研究)，已有25位辅导员晋升副教授职称。

3. 实现辅导员职务晋升，为个人发展奠定基础

工作室通过矩阵式管理、项目化运作、信息化共享、多领域互助等，实现成员的快速成长和持续进步。工作室成员可以担任联席主持人、小组组长和副组长、沙龙主持人、专项活动负责人等，通过沙龙活动、小组内部例会、工作室年会、成员线下集体交流等，开阔了视野，拓展了思路。目前，工作室成员已有30余位辅导员得到了职务的晋升；有50位辅导员成长为学校和学院的骨干。

4. 实现辅导员能力跃升，为工作出彩做足储备

工作室成员都是学工一线的辅导员，经过长期的工作，都积累了丰富的工作经验。工作室通过定期推送“学工榜样”，分享“高校辅导员年度人物”64期，分享来自各高校的辅导员风采125期，事迹分享的同时，引导大家围绕主责主业提炼总结，同时针对新时代学生的学习生活特点、社会热点问题、即时社会现象等开展集体创作，如“我眼中的中国精神——高校思政工作者接力讲”的联合录制，合作开展学工类书籍的出版，分享和交流思政类前沿信息等。工作室还定期检查成员的成长情况，正向督促，引导提升，让成员在工作室的每一天、每一项工作、每一次参与活动都有收获，最终实现能力的跃升。

5. 实现辅导员业绩攀升，为职业发展积蓄力量

紧紧围绕立德树人根本任务，紧盯辅导员九项职责，工作室成员聚焦具体工作进行线上线下沟通，如素质能力大赛的政策、技巧和方法指导，各高校辅导员工作室建设经验展示，辅导员沙龙的主题等。工作室成员工作中遇到问题时，大家共同协助，疫情防控等特殊时期大家共谋共进，让自己有了依靠，让思路有了头绪，让工作有了借鉴，让事迹展示有了平台，工作室成员的工作业绩得到了显著提升，个人职业归属感、荣誉感、认同感进一步增强。

四、工作室建设的优势和特色

(一)打破地域壁垒，实现校际资源共享

一直以来，工作室都致力于促进辅导员队伍建设，打破地域壁垒，努力打造覆盖地域广、参与教师多、工作针对强的合作模式。2014年成立以来，工作室结合辅导员九大工作

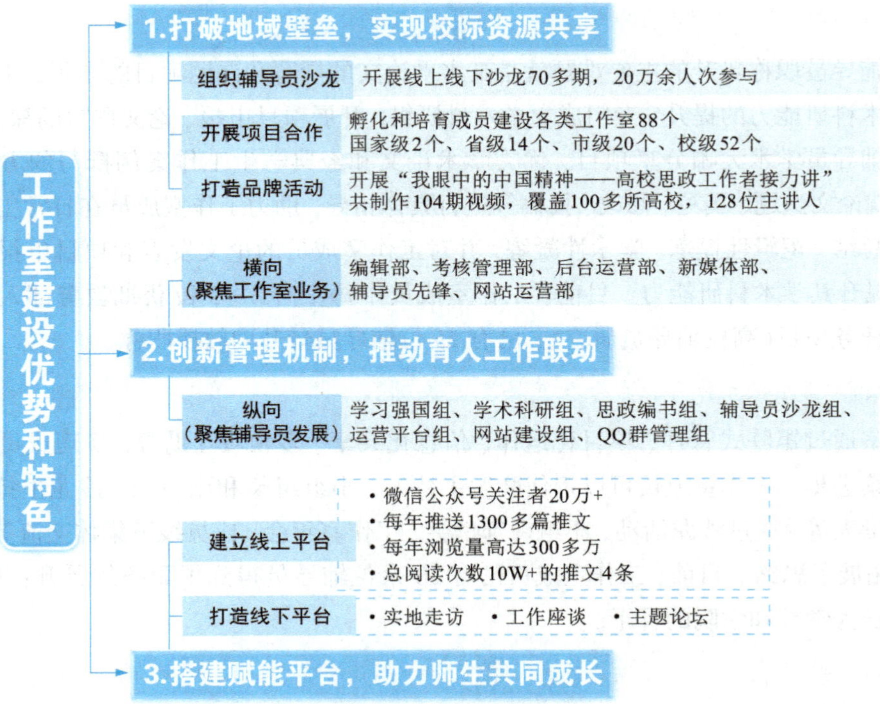

工作室建设优势和特色

职责，通过设置考核关卡，层层选拔，积极吸纳来自全国各地不同高校的300余名辅导员加入团队。结合辅导员业务岗位、能力专长，工作室提供资源平台，引领辅导员成长。

1. 组织辅导员沙龙

以邀请行业专家和工作室内部成员的形式，围绕辅导员素质能力提升、工作模式创新、科研项目申报、育人经验分享等内容组织开展线上线下沙龙70多期，20万余人次参与，扩大育人同心圆，实现经验共享、学习互促。

2. 开展项目合作

联动各学校资源，发挥“头雁”效应，工作室形成“一带一、一带多、多带多”的项目合作局面。目前工作室孵化和培育成员建设各类工作室88项，直接或间接辐射千余人，并出版《新时代高校辅导员工作室建设指导手册》《新时代高校辅导员素质能力提升教程》《新时代高校辅导员理论宣讲技巧与实务》等育人书籍11部。

3. 打造品牌活动

由工作室牵头，联合中国青年报客户端和中教华影全国校园电影院线推出庆祝建党百年特别活动“我眼中的中国精神——高校思政工作者接力讲”，共制作视频104期，覆盖100多所高校的128位主讲人。该项目的作品被纳入全国高校思想政治工作网《百年珍贵记忆——全国高校庆祝中国共产党成立100周年原创精品档案》。

（二）创新管理机制，激发育人队伍活力

工作室深入探索跨校共建机制，设置联席主持人 9—11 人，围绕队伍管理、平台建设、活动策划、科研出品等任务进行统筹规划，推进“矩阵式”管理模式，根据职能设立编辑一部、编辑二部、编辑三部、考核管理部、后台运营部、新媒体部、高校辅导员先锋、网站运营部等 8 个纵向组；设立学习强国组、学术科研组、思政编书组、辅导员沙龙组、运营平台组、网站建设组、QQ 群管理组等 7 个横向组。纵向组主要以队伍建设、平台打造、公众号运营等为主要任务，横向组以成员能力提升、项目合作、成果产出为重点开展工作。此外，对于申请加入者，鼓励他们根据自身的专业特长或兴趣方向，选择适合的小组。在小组内，成员们将被分配相应的任务，深化并提升教育育人的专业能力，以推动辅导员队伍专业化职业化专家化发展，进一步加速辅导员的成长，并最终实现全员的积极参与和共同发展。结合各项任务安排，工作室定期围绕素质能力提升进行专项培训。在这个过程中，不同高校的老师建立起工作链接，形成了紧密的联动与互动。

（三）搭建赋能平台，打造立德树人品牌

工作室坚持问题导向，注重精准施策；坚持目标导向，突出价值引领；坚持育人导向，顺应时代要求。随着信息化时代发展，结合新时代育人要求，工作室打造多元赋能平台，助力师生共同成长。一是建立线上平台，扩大育人影响力。2014 年，工作室建立了高校辅导员工作室微信公众号。目前，高校辅导员工作室微信公众号关注者 23 万+，每年推送 1300 多篇推文，累计总浏览量高达 300 多万，其中总阅读次数 10 万+的推文 4 条。同时，工作室运营的视频号、抖音号、哔哩哔哩、微博、QQ 群、高校辅导员先锋号等平台，已经成为全国高校思想政治工作者交流学习、提升展示的重要舞台，并逐渐成为一个有魅力有影响的传播平台。二是打造线下平台，增强成长黏合度。围绕国家政策、辅导员素质能力大赛、业务工作技能提升、育人典型榜样等主题开展活动。2014 年至今，工作室在江西、海南、四川等多地组织研学活动，通过实地走访、主题论坛、工作座谈等多种形式，实现线上线下联动，促进经验互鉴、信息互通，并形成理论成果，使工作室成为展示辅导员风采的窗口、创新育人理念的平台和孵化辅导员名师的摇篮。

五、工作室建设的未来规划

（一）立足学生成长的角度

一是持续加强青年学生思想教育引领工作，以“文化浸润”为引领，通过网络阵地建设，增强网络育人的针对性和实效性。创作新时代青年喜闻乐见的微视频、歌曲、海报等系列作品，通过线上、线下方式在学生群体中、兄弟院校之间传播，影响更多青年学生。

二是持续完善工作室师生共同体，促进学生自我成长、自我服务、自我教育、自我监督。通过吸纳优秀学生进入工作室学生团队的方式，建立一套以辅导员为主体、以学生为重要补充的师生共建发展模式，通过学生的自我管理提高工作效率，通过学生的自我服务促进自身成长，通过学生的自我成长带动工作室发展进步。

工作室对外交流活动

(二)立足辅导员成长的角度

一是打造新媒体矩阵，提供更具精准性、实效性的价值输出。立足现有的工作室微信公众号、视频号等平台，围绕育人工作和辅导员职责，提供专业信息、专业帮助、专业工具。

二是搭建交流合作平台，营造协同育人的良好环境氛围。充分挖掘工作室成员中已建立个人工作室的资源，积极带动未建立工作室的成员主动探索，通过举办主题沙龙、活动共办、项目共建、课题共研、资源共享等方式，由“单打独斗”向“协同育人”转型，努力形成发展合力。

三是促进工作室成果转化，为高校辅导员成长发展护航。通过协同高效的课题申报、书籍编撰、手册制作、视频录制等多种方式，工作室致力于为辅导员工作提供理论支持和实践指导，推动高校辅导员专业化职业化专家化发展。

红魂立德辅导员工作室

——全国首批高校辅导员名师工作室

一、工作室主持人简介

胡邦宁，男，中共党员，副教授，硕士生导师，南昌大学人文学院党委副书记，教育部雷丁大学访问学者，国家高级职业指导师、全球职业规划师，江西省高校铸牢中华民族共同体意识研究中心常务副主任。全国和江西省首批辅导员名师工作室主持人。作为江西省辅导员代表参加了 2019 年 3 月 18 日由习近平总书记主持召开的全国思政教师座谈会。先后获得全国“最美高校辅导员”、全国“高校辅导员年度人物”（提名）、全国高校辅导员工作优秀论文一等奖、全国团干部直接联系青年工作“最美青春故事”、全团“青年之声”建设工作先进个人、全国学校共青团优秀研究成果一等奖等省部级及以上荣誉 40 余项。承担教育部人文社会科学研究专项任务项目（高校辅导员研究）3 项、主持和参与其他省部级课题 20 余项，出版专著教材 6 部，发表论文 30 余篇。撰写多篇咨政报告被采纳，并得到中央和省委领导批示。

工作室主持人 胡邦宁

二、工作室简介和定位

红魂立德辅导员工作室在原江西省高校辅导员名师工作室——胡邦宁辅导员名师工作室的基础上组建而成，始终以构建高校辅导员学习成长“共同体”为目标，致力于把工作室打造成辅导员形象展示的亮窗口、干事创业的大平台、凝聚人心的强磁场、思政教育的强智库、人才培养的孵化器和整合资源的聚宝盆，不断提升高校辅导员的理论水平、职业能力和专业素养。经过近 7 年的建设，工作室先后入选江西省高校辅导员名师工作室、全国高校辅导员名师工作室，形成了建立一整套制度、打造一系列活动、推出一大批成果、培育一支高素质专业化队伍的良好格局，为赋能高校辅导员队伍高质量发展、助力培育时代新人做

工作室图片

出了应有的贡献。

三、工作室的建设情况

（一）制度建设

工作室自建设以来，就强调用制度教育人、凝聚人、激励人。通过持续的制度建设，工作室章程日益完善，分为总章 11 条、制度 23 条，涵盖了工作室宗旨和主要任务、成员权利和义务，以及成员选拔、成员培养、成员退出、成员激励、日常活动、经费使用、公众号管理等方面内容。工作室主持人还与工作室每个成员签订协议书，在工作室工作任务完成和个人专业化职业化成长方面制定周期发展目标，规定双方职责、权利及奖惩机制。

（二）活动建设

工作室分层分类分级，应势应时应需打造多项精品活动。

面对校内辅导员：一是打造“学工沙龙”精品活动，通过组织专家互动、技能研习、案例研讨等形式多样的系列沙龙，为校内辅导员提供一个沟通交流、答疑解惑、工作研讨、思路创新的良好平台，由多名全国“最美高校辅导员”、“高校辅导员年度人物”及思政专家担任主讲嘉宾，现已成功举办 69 期。二是定期举办“平安香樟大家谈”活动，组织校内辅导员分析、研判学生安全工作中的既往案例和后续工作中存在的安全隐患、风险，织密学生安全“防护网”，筑牢学生安全“生命线”，现已成功举办 36 期。三是开展主题班会展示活动，每月为辅导员提供班会的活动方案和主题内容。

面对校内学生：一是开展理论宣传活动，从 2019 年起，工作室先后承担了学习贯彻党的十九届五中全会精神专题宣讲、习近平总书记七一重要讲话精神宣讲、党史学习教育宣讲、党的二十大精神专题宣讲、学习贯彻习近平新时代中国特色社会主义思想主题教育宣讲等学生宣讲任务，召开宣讲会上百场，每次均覆盖全校 5 万余名学生。二是在特殊时期开展专题活动。2023 年，工作室在端午、中秋等传统佳节，开展传承中华优秀传统文化系列活动。三是针对学生群体开展“精准”引导和“滴灌”渗透，如每个暑假组织学生开展“红色走读”活动，组织学生“云上游”、线下比、实地走，将初心感悟与所学专业完美融合，创作了一批视频、绘画、文创、模型等红色走读“云游”作品，多次获得省级一等奖；又如邀请专业教师为全校 100 余名民族学生免费开设国家通用语言文字培训班，凝聚文化认同。

面对省内辅导员：主要是开展“高校辅导员素质能力提升工作坊”系列活动。活动旨在提升江西省辅导员专业素养，增强育人本领，交流推广江西省各校辅导员的典型经验做法。活动主题紧紧围绕理论宣讲、案例撰写、课题申报、班级建设、社会实践组织等辅导员工作实际，通过微讲座、典型经验分享、总结点评等形式开展活动。2022 年至今，“高校辅导员素质能力提升工作坊”活动已成功举办 10 场，参与分享的辅导员来自本省 30 余所高校，线上线下参与人数近 4000 人次。

面对全国高校辅导员：主要是开展“高校辅导员学习贯彻党的二十大精神工作坊”系列活动。活动的初衷是在辅导员中深入学习宣传贯彻教育部有关文件要求，提升辅导员的政治引领、思想引领和价值引领能力。结合大思政建设、传承中华优秀传统文化、廉洁教育、学生基层党组织建设、新质思政能力等相关主题开展交流研讨。活动每次邀请至少1位全国思政专家或“高校最美辅导员”做主题报告，选择8所全国知名高校的青年优秀辅导员和院系学工负责人做分享点评，实现辅导员队伍的共享、共研、共成长。至今，工作坊活动已顺利召开15场，来自北京大学、北京航空航天大学、南京大学、电子科技大学等50余所高校的辅导员进行了高质量分享，近万名辅导员通过线上的方式参与，在全国高校辅导员中享有一定的声誉。

工作室相关活动

（三）队伍建设

经过近7年的发展，工作室打造了一支既懂理论又懂实践还懂管理的队伍。工作室成员主要分为核心成员和合作成员两种。核心成员共有7人，均为从事8年以上辅导员工作的本校辅导员，主要负责工作室的日常运转、活动开展、宣传报道等工作。合作成员现有50余人，来自全国各个高校，不参与工作室的日常管理，而是以合作的形式参与工作室某项具体任务或项目，成果集体署名，共享发展红利。工作室的成员通过参与工作室建设，一是基本实现了职务、职级、职称、学历的晋升；二是政治素质、业务能力、育人水平得到了显著提升，在全国、全省各项辅导员荣誉推选和能力竞赛中荣获佳绩；三是坚定了长期从事辅导员工作的信心和决心，迄今为止参与工作室建设的辅导员无一人转岗。

同时，为了保证工作室的高效运转，让工作室成员将更多的精力放在业务工作上，在学校的支持下，工作室组建了一支15人的学生助理团队，协助工作室成员开展各项日常管理工作。

（四）教学研究建设

近年来，在工作室成员的共同努力下，工作室各个方面都取得了一定成果。在典型人物选树方面，工作室主要成员中先后涌现了1名全国“最美高校辅导员”、3名全省高校“最美辅导员”；3人获全省高校“最美辅导员”（提名），获其他省部级荣誉20余项；1人获2022年全国高校辅导员素质能力提升骨干训练营“优秀风采奖”，1人获全国高校辅导员职业能力大赛决赛三等奖，4人次获全省辅导员素质能力大赛一等奖、2人次获三等奖，并获得其他省部级奖励20余项；3人次获得省级教学成果一等奖、二等奖。在经验推介方面，工作室近年来编撰了《全员育人思政职责矩阵》《辅导员工作台账》《辅导员“12345”工作法》《学生人身安全应急处置指南》《学生网格员工作手册》《学生党务工作手册》《大学生社会实践指南》等各类工作指南，同时撰写各类辅导员工作案例上百篇，近期将结集出版。在课程建设方面，针对辅导员科研能力提升打造的精品课“打通‘四关’辅导员科研提升策略”入选高校辅导员队伍能力提升大数据赋能平台和中国教育干部网络学院，并成功结项2021年度高校辅导员网络培训课程建设暨百门精品培训课程建设；针对学生打造的“习近平新时代中国特色社会主义思想实践研修”“红色研学：江西红色文物青年行动”获得省级一流本科课程（社会实践课程），“大学生劳动教育概论”获省级精品在线开放课程，“礼仪文化与实操”和“大学生与国家安全”获校级一流本科课程和校级课程思政示范课。在网络思政方面，2020年创建工作室微信公众号，撰写原创文章《一封写给春天的信》《学生如何跳出精致利己主义者的“怪圈”》《赣鄱大地七十载，四色共绘新画卷》《辅导员发展的加法和减法》《辅导员怎样才能跳出“中位现象”》《“双抢”来了——辅导员如何抓住窗口期》等30余篇，制作网络正能量的原创视频和音频作品（《温暖相伴，一路前行》《辅导员的一天》《以赣为家》《春风十里》《记得你》等）30余部，相关作品多次入选全国高校网络教育优秀作品推选展示活动。同时工作室与学校相关科研机构、互联网企业联合完成了《基于Python的大学生思想动态挖掘引擎》《利用深度学习的单通道聚类分析和多通道关联分析构建学生安全管理服务系统》《资助政策答疑AI机器人——助宝》等系统开发设计，为辅导员工作提质赋能。在指导学生方面，指导国家级大学生创新创业项目3项；指导学生获得“互联网+”“挑战杯”等国家级、省级学科竞赛奖励30余项。在工作室孵化方面，孵化出江西省第二批高校辅导员名师工作室1个、校级辅导员工作室5个。

四、工作室建设的优势和特色

（一）研究秉持“三化五字”

工作室始终坚持“把问题课题化，把工作科研化，把结果成果化”的建设思路，聚焦“深、实、细、准、效”五字诀，围绕学生工作和辅导员队伍建设中小而关键的热点、难点、痛点、堵点开展调查研究。

（二）交流坚持“三三原则”

工作室一直重视对外交流和拓展人脉，持续整合多方有效资源，积聚力量，扩大影响。坚持主动“走出去”、精准“请进来”和有效“整一起”三大原则。

（三）工作注重科技结合

工作室积极推进工作与元宇宙相结合，注重工作与科技相结合，有一定软件开发和前端开发的能力和经验，成功设计开发了一批系统和应用程序，更好地助力辅导员工作开展。

五、工作室建设的未来规划

当前高校辅导员队伍建设已经从增量扩张阶段转向内涵提升新阶段，给辅导员提出了更高要求、给予了更多期待，并催生出辅导员育人能力的“新域新质”。其以新需求为牵引，以新技术为支撑，以新能力为标志。因此，工作室的学习成长计划将会围绕创造新需求、掌握新技术、培养新能力三个维度精准发力，实现工作室成员“新域新质”育人能力整体跃升，真正做到因事而化、因时而进、因势而新。在需求维度上，工作室通过共享共研、共商共讨和共建共创来保证学生需求的发现、满足和创造。在技术维度上，工作室计划从构建数智思维、淬炼数智技术、打造数智平台三个层面全面提升工作室成员的数字化思维与智慧思政能力。在能力维度上，工作室将全面对标新形势新任务新要求，着力提升工作室成员的学习力、思考力、创造力、设计力、共情力、故事力、领导力、整合力，切实担负起为党育人、为国育才的光荣使命。

高校辅导员队伍能力提升大数据赋能平台是集学习成长、交流互鉴、自我提升、数据采集等于一体的辅导员成长赋能平台。它可以为工作室建设提供优质的资源与服务。基于此，本工作室将采用“资源贯通、人才融通、技术互通”的应用方式，深度融入高校辅导员队伍能力提升大数据赋能平台的建设发展中。

“红色陇原”辅导员名师工作室

——全国首批高校辅导员名师工作室

一、工作室主持人简介

刘博，甘肃农业大学管理学院团委书记、教授辅导员。全国首批高校辅导员名师工作室——“红色陇原”辅导员名师工作室、甘肃省首批辅导员名师工作室——刘博辅导员名师工作室主持人。获得全国“高校辅导员年度人物”荣誉称号。主持完成教育部人文社会科学研究专项任务（高校辅导员研究）项目1项、甘肃省人文社会科学研究项目1项。出版专著《高校辅导员专业化指南》（第一主编）。从事辅导员工作15年，始终坚持“思想教育是根本，细致服务是基础，引领发展是核心，引导陪伴是途径”的工作理念，帮助学生在阳光下自信、健康、积极地成长。

工作室主持人　刘博

二、工作室简介和定位

“红色陇原”辅导员名师工作室是在原刘博辅导员名师工作室的基础上组建而成的，围绕立德树人根本任务，聚焦学生成长诉求与辅导员成长需求，以大学生思想政治教育与辅导员素质能力提升的理论与实践教育创新为方向持续开展工作。工作室在建设的过程中不断聚焦工作重点、凝练工作方向、申报科研项目、培育工作精品、提炼工作品牌，形成了一些特色明显、成效显著的工作成果，促使工作室成员走向专业化职业化专家化的发展道路，达成工作室成员职业发展与工作室建设共同成长的职业愿景。

工作室团队成员共15人，包含6名骨干成员和9名辅导员学员。6名骨干成员分别来自校内外6所本科高校，具有丰富的辅导员工作经验。骨干成员在建党100周年、党史学习教育等工作中多次共同开展工作，成绩突出、特色明显、效果良好。9名辅导员学员年轻且有创新精神，热爱辅导员岗位，有专业化职业化专家化发展的愿望与成长诉求。工作室团队成员中有副教授3人、讲师8人、助教4人，专业方向涵盖大学生思想政治教育、教育学、新闻媒体传播、社会学、心理学等，可以从不同学科视角开展思政育人及辅导员素质能力提升工作。

经过3年建设，工作室对内凝聚并带动团队，对外形成辐射并示范创新，通过线上与线下工作，持续开展思想政治教育理论与实践教育创新工作。工作室建有公众号、视频号及工作室网站“三位一体”的宣传平台。建设过程中，工作室不断凝练特色，发挥优势，探索新时代“思政教育理论+实践育人”的新模式。目前工作室针对大学生已探索形成“理论研究+思政”“实践教育+思政”“公众号+思政”“短视频+思政”“微课程+思政”“文化创意产品+思政”等“六位一体”的育人模式，针对辅导员开展了“辅导员素质能力提升线上训练营”“辅导员沙龙”“辅导员学术赋能工作提升月”等工作。

三、工作室的建设情况

（一）建设内容

1. 以甘肃红色文化理论研究为工作基础，提升工作室成员思想政治教育理论素养

经过3年的建设，工作室较好地发挥了甘肃省首批辅导员名师工作室的引领带动及示范作用。工作室主要通过挖掘和利用甘肃红色资源蕴含的教育价值，深挖甘肃红色文化资源的内涵和外延。通过对甘肃红色文化资源内涵，特别是其中蕴含的党史文化、中国红色革命的故事、中国共产党人的故事、中国共产党人的精神等的挖掘和研究，提升工作室成员思想政治教育理论水平，通过理论研究促进丰富的甘肃红色资源向优质的党史学习教育资源转化。工作室成员积极开展理论研究课题申报，立项“甘肃红色文化资源融入大学生党史学习教育实践研究”“以爱国主义为核心的思想政治理论课实践教学模式研究”“红色文化资源融入大学生党史学习教育实践研究”“利用开学典礼、毕业典礼开展思想政治教育研究”等各级研究课题12项。发表《新时代校馆合作开展爱国主义教育创新模式构建》《红色基因传承融入新时代大学生网络素养培育》等论文12篇，撰写研究报告4份（8万字）。

2. 以甘肃红色文化传承传播为实践载体，深入开展大学生党史学习教育

工作室通过挖掘甘肃红色文化资源，创新大学生党史学习教育实践方式，打造党史学习教育实践活动名片，提升大学生党史学习教育的效果，提高大学生对党史学习教育的学习兴趣。工作室挖掘和利用甘肃红色资源蕴含的教育价值，把丰富的甘肃红色资源转化为优质的党史学习教育资源，通过各类实践活动用“活”甘肃红色文化资源，拓宽党史学习教育渠道，丰富党史学习教育载体，讲好红色革命的故事、讲好长征的故事、讲好党的故事，让党史学习教育“立起来”、让红色资源“活起来”，让学生更好地传承红色文化基因，肩负起实现中华民族伟大复兴的历史使命。工作室以主题教育为契机，开展学生实践教育活动。结合学校行业特色发起“五谷杂粮红色地标红色人物拼图大赛”“学习党的二十大精神主题十字绣”“手绘思维导图”“我是红色讲解员”等实践教育活动。

3. 以学生和辅导员共同成长为结果导向，提炼可复制可推广的工作模式

工作室通过理论研究，提升工作室成员开展大学生思想政治教育的理论素养，拓宽工作室成员开展大学生思想政治教育的途径。通过理论研究赋能实践教育，促进大学生内心对革命历史、革命精神的理解，激励大学生将革命精神内化于心，外化于行。在“理论+实

践”的工作循环过程中，提炼出一套可复制的工作模式，打造出一套可推广的工作经验，着力提升工作室成员的能力素质，指导学生成才，服务学生成长，发挥工作室的双向育人功能。工作室持续开展“青年榜样说——榜样领航线上分享会”“红色读书分享会”“我是红色讲解员”“红色场馆里的思政课”等红色实践育人项目。通过一系列的实践活动，促进学生与工作室成员共同成长，摸索出的“理论+实践+实事”的党史学习教育模式取得了良好的育人效果。

工作室组织的辅导员沙龙活动

（二）建设成效

经过3年建设，工作室成功孵化甘肃省第三批辅导员名师工作室1个、校级辅导员名师工作室2个。3名工作室成员晋升副教授。工作室主持人成功入选第十三届全国“高校辅导员年度人物”。主持人及成员获得省级及以上奖项26项，发表论文12篇，主持人出版专著《高校辅导员专业化指南》（第一主编）。拍摄“甘肃是一片红色土地”“庆祝建党100周年系列沙画”“党课开讲了”三个系列微党课11期，在公众号及网站平台发表网文80余篇。主持人受邀参与了教育部高校学生心理健康管理动态分析与会商指导信息化平台日常百问案例建设、高校辅导员队伍能力提升大数据赋能平台建设等工作。

工作室标志性理论成果

（三）建设经验

1. 发挥工作室主持人头雁效应，打造工作室发展共同体

工作室主持人在引领成员坚守初心、职业认同、成长引领三方面下功夫。通过抱团取暖组团发展，工作室成员将工作室视为发展共同体，共同追求事业的成功与愿景的实现、共享知识与信息、共同谋划工作室的未来发展，实现共同成长。通过学术沙龙、专题研讨、论文发表、专著撰写等形式提高工作室成员的实操水平、专业技能和职业素养，进而提升职业获得感。

2. 搭建工作室成员成长桥梁，分层分类给予工作指导

针对年纪轻、资历浅的辅导员，依托工作室基础性工作，聚焦年轻辅导员的成长诉求，提供专业的培训机会，给予手把手的指导，帮助提升工作能力与水平。针对工作室骨干成员，主要在专业化职业化专家化的发展方向上下功夫。通过工作室工作串联骨干一致的工作愿景与目标，凝练工作精品，产出优质成果。挖掘具有培养潜力的优秀成员，给予重点关注，进行分层分类指导，尽力提供与搭建有效平台促其成长，使其成长为“职业理想坚定，职业定位明确，业务本领过硬，能抓住发展机遇，勇于担当责任”的优秀辅导员。

四、工作室建设的未来规划

围绕立德树人根本任务，立足学校行业特色，聚焦红色育人工作。从红色理论育人、红色实践育人、红色网络育人三个方面产出高质量理论实践成果（文创、论文、案例等）；深入挖掘和利用甘肃红色资源蕴含的教育价值，把丰富的甘肃红色资源转化为优质的党史学习教育资源和爱国主义教育资源，面向大学生讲好甘肃红色故事，激发大学生爱国热情，增强大学生红色文化认同，引领大学生传承红色基因、赓续红色血脉、争做时代新人。

拓宽工作室成员成长途径，积极搭建工作室成员发展平台。通过工作室这一平台，成员间取长补短，加强同行间的交流与学习，缓解职业倦怠，突破职业瓶颈，让新手辅导员逐渐成长为校级的辅导员骨干，而“熟手”则能在省级甚至国家级的平台中崭露头角，从而使工作室成员工作有动力、成体系、讲方法、破瓶颈，最终完成工作室一套丛书、一个平台、一套经验三个“一”的成果产出。

海棠工作室

——全国首批高校辅导员名师工作室

一、工作室主持人简介

工作室主持人　郭海棠

郭海棠，女，中共党员，副教授，广西建设职业技术学院管理工程学院党总支副书记。“广西高校思想政治卓越教师”支持计划第一期支持对象。在学生工作一线深耕不辍19年，获评全国“高校辅导员年度人物”、广西优秀教育工作者、广西“最美高校辅导员”、广西“高校辅导员年度人物”、广西优秀共青团干部，荣获第八届全国高校辅导员素质能力大赛三等奖、第九届广西高校辅导员素质能力大赛一等奖。近年来，主持、参与课题20余项，参编教材1部，理论研究成果荣获全国建筑类院校思政教育（德育）研究成果评审优秀奖、广西统战理论政策研究创新成果一等奖，指导学生获得省部级及以上奖励50余项。

二、工作室简介和定位

海棠工作室室内场景

海棠工作室是广西建设职业技术学院于2021年6月批准成立的首个校级辅导员工作室，2022年12月获批成为第一批广西高校高水平辅导员工作室，2023年12月入选全国高校辅导员名师工作室。工作室围绕立德树人根本任务和学校“双高”建设要求，按照“一核两擎三通路”（以“三全育人”为内核、以“师生成长共同体”为驱动、以“平台联通+素养融通+成果贯通”为路径），聚焦培育精品项目、开展学术研究、打造优秀团队、增进工作交流四个方面，助力学校打造专业化职业化专家化的辅导员队伍，探索新时代高校思政工作的特色做法，形成了一系列可操作、可示范、可推广的实践成果和创新理论。

工作室以学生和辅导员为双主体，着力构建“师生成长共同体”。面向学生群体，工作室立足于“双高”建设背景下高校文化育人工作，以青年大学生全面发展为目标，遵循青年大学生成长规律，探索广西民族文化创造性转化、创新性发展的新思路，形成新时代高校文化育人的有效路径，着眼于帮助青年学子更好地掌握知识、认识世界、提高本领，为他们向更远、更高的方向成长赋能。面向辅导员群体，工作室认真贯彻落实党中央和国务院关于加强高校辅导员队伍的重要方针和政策，着力培养“政治强、业务精、纪律严、作风正”的新时代辅导员。作为校级辅导员大赛备赛基地，负责辅导员素质能力大赛备赛工作的具体实施；作为首个校级辅导员工作室，为该校第二、三批辅导员工作室建设提供示范性经验，助力“样板房”成为“新常态”，不断推动辅导员团队专业化职业化专家化建设。

三、工作室的建设情况

（一）人员架构

工作室现有主持人 1 名、校内成员 10 名、校外成员 2 名、顾问 3 名。主要成员均为 80 后、90 后，年富力强，高级、中级、初级职称占比分别为 40%、50%、10%，“双师”比率达 100%，具备梯队培育优势；成员中有思想政治教育、新闻传播学等不同学科的组合优势；有主持和参与国家级、区级、校级科研项目的成功经验，能承担理论研究任务；也有较强工作能力的切实保障。工作室成员分工合理，优势互补，是一支政治过硬、信念坚定、情怀深沉、业务精湛、团结协作的优秀团队。

工作室部分成员风采

（二）建设任务

一是培育精品项目。工作室的建设成果以论文、专著、讲座、研讨会、报告会、论坛、观摩考察等形式在全校范围内推广介绍，并依托各项工作任务，打造一系列精品项目，面向校内外进行展示。

二是开展学术研究。工作室以学校工作实际为基础，以成员集体智慧为依托，针对新时代大学生思想政治教育面临的热点和难点问题进行专题研究，不断探索大学生思想政治教育工作的新途径、新方法。

三是打造优秀团队。制订工作方案和成员培养方案(包括培训目标、培训内容、培训形式、研究专题、培训考核等)，指导和帮助工作室成员在工作周期内达到培养目标；推荐、指导工作室成员参加辅导员素质能力大赛。

四是增进工作交流。充分利用学校所提供的机会与平台，积极推荐成员自学与辅导员工作相关的课程，创造机会参加各类论坛、会议和培训班，积极争取校内外考察和研修的机会，承办学校辅导员发展论坛、学术沙龙，并通过指导学生参赛等多种方式加强实践锻炼。

(三)建设内容、建设成效和建设经验

成立以来，工作室在学校领导的关怀指导、校内同仁的支持和兄弟院校的帮助下，探索取得了一定成绩，形成了良好的发展态势。学校党委专门研究出台、党委学生工作部牵头指导制定《广西建设职业技术学院辅导员工作室管理办法》等有关制度，科学制定建设目标和任务，围绕成员配备与选聘、工作室发展与保障、成员考核与评估等方面推进工作室科学化、规范化管理。在学校党委的关心和支持下，工作室形成了“工作有空间、建设有保障、团队有力量、工作有成效”的良好格局。

1.深化品牌建设，培育精品项目

一是立足党史学习教育，打造党史学习教育品牌。工作室主持人参与学校党建思政教育基地建设，工作室成员参与录制学校“辅导员讲党史”系列宣讲视频8期、主创主题音乐党课10期。工作室指导的作品获广西高校大学生党的二十大精神理论微宣讲比赛一等奖、三等奖，广西党员教育省直机关“八桂先锋”优秀作品，广西高校大学生“四史”网络故事微视频作品一等奖、音频作品三等奖，广西 “学思践悟二十大，踔厉奋发新征程”理论宣讲微视频大赛二等奖；工作室成员何丽梅获广西壮族自治区百万学生党史知识网上问答活动“优秀管理员”，冯光帆获广西“感党恩跟党走，助学筑梦成才”资助主题征文“优秀指导老师”，孙文获中华经典诵读大赛教师组优秀奖；工作室指导的学生团队荣获广西高校多层级集群结对共建第六组大学生理论宣讲比赛一等奖，工作室主持人荣获该项赛事“优秀指导老师”。

二是发掘文化育人内涵，传承优秀少数民族文化。首先，充分挖掘广西少数民族文化的育人功能，突破课堂教学限制，探索大学生思政课学习新途径，连续6年举办“初心之旅·红色课堂”校外思政课，每年组织千余名学生利用课余时间到广西民族博物馆等爱国主义教育基地进行研学，让社会生活与课堂教学有机融合，通过“三自三转三要”坚定文化自信，实现“阵地引流+文化引路+价值引领”。其次，以“中华文化节”为依托，创新开展“遇见非遗”广西非遗文化沉浸式体验、广西“三月三”民俗趣味运动会等活动，有效传承并弘

扬少数民族文化；联动管理工程学院“红船精神”学生公寓党建工作室、“一站式”学生社区书院，开展“思政下午茶”“最美阅读追梦人”“跨年读书会”等一系列阅读体验活动，师生用研讨、朗读、歌唱的方式，唱响壮族山歌，朗读民族经典，品味民族文化。

三是整合专业资源，激发学生创新创造潜能。工作室指导学生参加全国青少年零碳科技项目(创意)征集活动，获入围奖；指导学生团队参加中国国际“互联网+”大学生创新创业大赛，获广西区赛金奖15项、银奖3项、铜奖6项；指导学生参加第六届中华职业教育创新创业大赛(高职组)，获铜奖1项；指导学生参加“挑战杯”大学生课外学术作品科技竞赛(区赛)，获二等奖2项、三等奖4项。

2. 坚持问题导向，开展学术研究

工作室坚持问题导向，遵循教育规律、思想政治工作规律、学生成长规律，围绕学生、关照学生、服务学生，扎实开展理论和实践研究。团队成功申报了2023年广西高校大学生思想政治教育理论与实践研究科研课题“高校辅导员工作室‘蜂巢模型’构建与实践”，积极探索“蜂巢模型”与辅导员工作室建设的内在关联、实践意义和构建维度，尝试为高校辅导员工作室建设提供新的路径选择。工作室主持人参与的“建筑水电工程计价(电1)”获广西壮族自治区2021年高等职业学校课程思政示范课程，主要参与的“五融一体·理实结合·三力共育：高校‘一站式’学生社区育人模式创新与实践”获自治区级教学成果奖二等奖。工作室成员结题自治区级课题3项、校级课题3项，发表研究论文13篇。

3. 激发内生动能，打造优秀团队

工作室直接推动团队成员提升素质能力，并通过一个优秀团队间接带动学校辅导员队伍提升工作水平。工作室率先在校内实现了团队“双师”型教师比率达100%的突破。其中，高级“双师”型教师1名、中级3名、初级7名。

工作室成功培育第十四届全国“高校辅导员年度人物”1名，获评广西“高校思想政治教育卓越教师”支持计划第一期支持对象1人，主持人所在教学团队获评2023年广西壮族自治区高校“黄大年式教师团队”。主持人获聘为教育部高校辅导员队伍能力提升大数据赋能平台常驻专家、教育部思政司辅导员网评员、教育部思政研修培训中心(云南师范大学)讲席专家和特聘研究员、广西高校学习宣传党的二十大精神师生巡讲团成员，受邀到多所高校开展经验介绍40余次，榜样贡献度和示范性作用突出。

工作室成员荣获2022年广西高校思政课教师教学基本功大赛暨“精彩一课”比赛教授组一等奖、校级“十佳优秀教师”，成员甘麒燕、冯光帆、封炫妃多次受邀到校内外分享大学生思想政治教育观点和方法。

工作室成功孵化出扬帆工作室(第二批广西高校高水平辅导员工作室)，扬帆工作室成功孵化出国防教育工作室(第三批校级辅导员工作室)，工作室的空间建设、制度建立、常态运营等有效经验为学校第二、三批共7个辅导员工作室的建设提供了示范，助力“样板房”成为“新常态”。工作室系列固化成果反哺学校学生工作，有效促进学校辅导员队伍整体业务水平的提升。

作为学校辅导员大赛备赛基地，工作室负责学校辅导员参加广西高校辅导员素质能力大赛备赛、参赛工作的具体实施，成立了立足当年、应对长远的梯队形备赛团队，采用“线上+线下”“观摩+分析”“理论+实践”的形式备赛。工作室成员封炫妃、冯光帆凭借扎实的理论功底和优异的业务素质脱颖而出，双双荣获第十届广西高校辅导员素质能力大赛一等奖。其中，封炫妃老师总成绩在高职高专参赛选手中名列第一，实现了学校在广西高校辅导员素质能力大赛上的新突破。

工作室成员封炫妃(右三)、冯光帆(左三)获第十届广西高校辅导员素质能力大赛一等奖

工作室承办校际辅导员沙龙

4. 注重学习借鉴，增进工作交流

工作室积极关注其他优秀辅导员工作室的建设情况，通过专家指导、线上查阅、实地考察等方式，走访参观广西大学、广西师范大学等高校，学习借鉴先进建设经验。积极搭建对外展示交流平台，先后接待40余所院校到访指导、交流经验。

工作室承办“三方论坛”

工作室充分发挥“集群效应”，与立项的广西高校高水平辅导员工作室——广西大学“礼润小西”工作室、广西师范大学“美思艺想”工作室、广西民族师范学院“引路人”辅导员发展工作室、广西生态工程职业技术学院“启心”党团辅导员工作室、广西水利电力职业技术学院“慕水”辅导员工作室等多个工作室互动频繁，交流深入，合作密切。工作室科学构建辅导员探讨学习机制，成功承办14期校际辅导员沙龙，通过集群合力将各工作室的建设理念、特色品牌、工作成果、先进经验等更好地触达自治区内辅导员工作室，并辐射到全国。

四、工作室建设的优势和特色

工作室按照“一核两擎三通路”，以“三全育人”为内核，以“平台联通+素养融通+成果贯通”为路径，构建“育人+自育”为驱动的“师生成长共同体”。

一是实现平台联通。聚合学校“一站式”学生社区资源，联通工作室成员所在二级学院和相关部门、“第三批全国党建工作样板支部培育创建单位”、“首批新时代省级高校党建工作标杆院系培育创建单位”、“第二课堂成绩单”体验中心、学院书馆等资源、平台和基地，对辅导员和学生的能力素质提升进行一体化设计、一体化展示。

二是实现素养融通。根据团队成员研究方向和专业优势，尽可能整合校内外各种资源，向学生提供成长成才的全方位服务。工作室主持人牵头，将不同学院、不同专业背景、不同年龄结构但目标一致、兴趣相同的辅导员组合到一起。在工作室主持人的带领下，通过团队内的通力合作、优势互补、互帮互学，提升辅导员素质能力，把团队成员锻炼成为“专家”和“能手”，为大学生思想政治教育工作提供保障，从而提升学校人才培养质量。编印了第一本校本化工作案例《初心如磐向未来——学校辅导员工作优秀案例汇编》，有效凝练了工作经验，对学校学生工作的开展具有一定的借鉴和指导意义。编印了校本化工作手册《辅导员工作指南》，提高了辅导员业务指导的针对性、实效性，为高校辅导员专业化职业化专家化成长提供了更多智力支持和资源保障。

三是实现成果贯通。首先，充分发挥“名师效应”，打造专家型辅导员骨干，培育了一批有一定影响力和知名度的辅导员。结合工作室建设实践形成了建设经验《从个体专业化到团体专业化——新时代职业院校辅导员工作室建设》，受邀为 2023 年全国高职高专辅导员骨干示范培训班授课，广受好评。其次，充分发挥“生态效应”，团队成员在各级各类课程思政、社会实践、技能大赛等方面与其他团队建立合作关系，积极探索新手段、新模式、新方法，培育工作精品项目，形成育人模式，进一步实现成果贯通的良好生态。

五、工作室建设的未来规划

下一步，工作室将认真贯彻落实党中央和国务院关于加强高校辅导员队伍的重要方针和政策，紧紧围绕工作室建设主题，聚焦辅导员履职尽责、成长发展需要，把团队打造成学习型、创新型、专家型优秀团队。发挥团队的引领带动作用，积极为辅导员队伍搭建发展、交流平台；深化理论研究及实践探索，产出一批具有较强针对性与实效性的工作指南、案例和视频；完成辅导员培训课程标准化、定制化建设，输出工作标准，产出优秀成果，精准助力辅导员成长提升；依托高校辅导员队伍能力大数据赋能平台，吸纳更多优秀辅导员加入工作室建设，深化拓展工作室建设成效；主动咨政建言，围绕配备与选聘、发展与保障、考核与评估等方面，积极助力学校和地区辅导员队伍制度化、科学化、规范化管理。

“大树小树共成长”辅导员工作室

——全国首批高校辅导员名师工作室

一、工作室主持人简介

工作室主持人　宫婷婷

宫婷婷，女，中共党员，教育学博士在读，江西外语外贸职业学院学工处副处长，国家二级心理咨询师、二级职业指导师、家庭教育指导师、婚姻家庭咨询师，全国首批高校辅导员名师工作室、江西省首批高校辅导员名师工作室主持人。曾荣获全国“高校辅导员年度人物”提名，江西省高校“最美辅导员”，江西省新时代“学生心中的好老师”，江西省第二届高校辅导员职业能力大赛一等奖，江西省高校思政工作优秀论文一等奖(2 次)、二等奖(3 次)等荣誉 30 余项。

自 2013 年从事高校辅导员工作起，以“做一名可亲又可敬的老师”为职业理想，用真心关爱学生，用真爱温暖学生，用真诚感动学生，以自己的满腔热情诠释着这份平凡工作的不平凡，以自己的实际行动践行着立德树人育人初心，幸福地在这个平凡的岗位上播洒着汗水和爱心，收获快乐和希望。指导大学生创业项目荣获省部级及以上荣誉 11 项，所带的学生荣获各类省级及以上奖项 80 余项，主持人事迹被江西省教育电视台、江西省教育网、人民网、凤凰网等平台报道。

二、工作室简介和定位

“把小树培养成大树的同时，自己也成为栋梁之材。”“大树小树共成长”辅导员工作室主要聚焦辅导员与学生成长的理论与实践研究。工作室于 2015 年初探索建设，2017 年正式成立，2018 年占地面积 200 余平方米的实体室揭牌使用。“树”寓意和象征“向下扎根，正直坚韧，向上仰望，充满朝气”。“大树”寓为辅导员，“小树”寓为学生，“大树小树共成长”意指辅导员和学生一起同频共振、同向发力、同步前行。工作室口号为“师生成长共同体，大树小树共成长”。2023 年，工作室获批教育部立项高校辅导员名师工作室。

工作室以“培育团队、打造精品、协同创新、引领成长”为工作理念，紧紧围绕立德树人根本任务，对标辅导员职业能力标准，立足现有辅导员和学生成长的规划，将“共同体理念”融入辅导员成长和学生成才的实践中，通过构建“德育共同体、学习共同体、实践共同体、价值共同体”四种“师生成长共同体”模式，促进辅导员队伍专业化职业化发展，引领青年学生成长成才。目前，工作室已经成为高职院校创新学生工作理念的试验田、孵化职业型辅导员的摇篮和展示新时代辅导员风采的窗口。

三、工作室的建设情况

工作室成员中有马克思主义理论、教育学、心理学等学科背景的辅导员 12 位，均为硕士研究生及以上学历，其中副教授 5 人、讲师 7 人，国家二级心理咨询师 7 人，在读博士 3 人。工作室成立以来，构建育人新模式，引领团队实追求，推动育人真成效。以“立足高职，助力全省，面向全国”为目标，截至 2023 年底辐射全省乃至全国千余名辅导员共同成长，引领与辐射辅导员在专业化职业化的道路上昂首阔步，努力前行。

工作室 logo

（一）素质高、能力强，团队成长迅速

工作室成员均是具有优秀特质、业务能力强、理论基础好的高职辅导员。工作室全体成员根据辅导员成长规划，须完成 10 个相应的任务。例如，抓住每次机会、每个平台，展示自己、锻炼自己、提升自己；抓住职业生涯的关键时间窗，主动占领“C”位（中心位），努力做好补位。团队成员在工作室建设中发生了量和质的转变，工作室成员连续 6 年荣获全省高校“最美辅导员”及提名奖 5 人次，全国“高校辅导员年度人物”、江西省“新时代学生心中的好老师”等师德先进典型不断涌现。这样的成绩离不开工作室合理的管理制度和辅导员成长规划的建构。工作室获批省直青年文明号、省级辅导员名师工作室，省教育电视台专门报道了工作室的建设经验和育人成果。

（二）成果优、业绩足，团队经验丰富

工作室成员秉承“工作中加强研究，研究中促进工作”的工作理念，近些年 5 篇论文荣获江西省思政工作论文一等奖，10 余篇获二、三等奖；主持或参与省部级及以上课题 30 余项；发表各类论文 50 余篇（含核心期刊论文 7 篇）；参加各级各类竞赛，获省部及以上荣誉 20 余项；《辅导员优秀论文集》《辅导员优秀工作案例集》共征集文章近 400 篇，合计 14 万余字。初入高校的辅导员，面临从学生向教师的角色转变，要经历知识上的短缺、学习上的短板、工作上的挑战及职业上的各类风险，工作室受此启发，团队共商撰写《学生摆渡人：新时代高校辅导员工作实务》（江西高校出版社出版，共 22 万字），直面新时代高校辅导员面临的工作问题，探索行之有效的思政工作路径，凝练具有实践导向的经验做法，为广大新手辅导员提供一些可借鉴、可参考的工作思路与成长平台。

（三）模式新、活动全，育人成效显著

工作室狠抓内涵建设，以“442”为工作方法，即以特色性、创造性、可行性、示范性

“四个性”作为建设条件；以学术研究、团队建设、日常工作、成果推广“四个考核点”为评价指标；以紧贴大学生思想和辅导员成长实际，将学年作为建设/培养周期，动态建设工作室、动态交流辅导员“两个动态”为管理机制。成功举办辅导员学术沙龙近百期，榜样的力量、完成你的心愿书单、“助力乡村教育振兴，关心关爱留守儿童”、辅导员素质能力提升营、理论宣讲等活动百余场。所带学生获得国家级荣誉 20 余项、省级荣誉 80 余项，培育出全国大学生“自强之星”2 位、江西省“最美大学生”提名奖 1 位等青年榜样。指导学生组织荣获全国青年文明号、全国活力团支部、全国暑期“三下乡”社会实践活动优秀团队等国家级、省级奖项和荣誉称号 40 余项。

工作室活动

(四)强交流、重合作，搭建共同成长平台

目前，工作室已与省内外知名辅导员工作室建立良好的工作交流关系，成功链接和带动全国高职辅导员工作室 40 余个，遍布 16 个省(区、市)，累计在线上交流、线下座谈百余次。工作室成功举办全国职业院校辅导员班主任论坛 3 次、高校辅导员名师工作室建设专题研讨会 1 次，组织全国高职辅导员成长沙龙——庐山夜话，主动帮扶省内外高职院校辅导员工作室建设，搭建辅导员成长对话空间和平台，把好的经验传递出去。工作室通过“请进来、走出去”开拓思路谋发展，组织工作室成员到省内外兄弟院校交流学习和分享

曲建武教授来工作室参观指导

工作室建设经验30余次，邀请20余位全国优秀辅导员到校传经送宝。

（五）玩跨界、善转型，形成共同育人合力

工作室成员具备新生代辅导员的跨界本领，善于利用新媒体技术，将课堂上到田野，带思政教育走进网络。通过线上运营“大树小树共同成长”微信平台，以优秀案例、他山之石、榜样力量、辅导员说、思政通信等为切入点，开展大学生网络思政教育，有效地辐射工作室成果，使之成为工作室的动态工作站、成果辐射源和资源生成站，积极培育富有创造性、推广价值和示范意义的“师生成长共同体”精品项目或主题教育。以构建“师生成长共同体”研究方向为纽带，紧密结合大学生成长成才需求和高校育人模式的特点，开展学术研究、实践探索、研讨交流等，形成专业性、实效性强的理论成果，同时发挥示范引领、辐射带动作用，有效推动工作室成员的专业成长和育人能力的提升。

四、工作室建设的优势和特色

（一）工作室具备的优势

1. 团队优势：为高校辅导员赋能

工作室已成为全省高校创新学生工作理念的试验田、孵化职业型辅导员的摇篮和展示新时代辅导员风采的窗口。工作室成员具备丰富的专业知识和实践经验。工作室可以提供全方位培训、活动和学习机会，有效地提升辅导员的职业能力和育人水平。

2. 目标优势：“大树小树共成长”助力辅导员成长

工作室具有明确的工作理念和目标：“师生成长共同体，大树小树共成长。”工作室所有工作都围绕这个核心理念展开，能提高工作效率和效果。工作室目标优势明确、发展主线明确，能助力工作室成员顺利提升。

3. 示范优势：具备示范性和辐射作用

工作室产出的理论和实践成果已经复制和推广到了省内其他高校，受益辅导员上千余人。工作室当前对于其他高校辅导员工作室具有示范性优势。

4. 创新优势：解决辅导员工作上的困惑

工作室专注于如何履足实地帮助辅导员创新工作思路和模式，减少辅导员繁冗的工作事务，给予其更多自身成长的空间。当前，辅导员因工作繁冗而无法关注自身成长，因此，工作室创新了“辅导员和大一新生的十个一起”新生入学教育工作法、辅导员职业生涯规划手册、辅导员红色文化活动等，助力辅导员提升自我。

5. 科研优势：专注于职业教育中的思政工作研究

工作室成员长期从事职业教育中的思政工作，积累了大量的工作经验、理论知识、实践经历，能够精准掌握当前研究的趋势。鼓励工作室成员少走“高大上”的研究，多思考“接地气”的项目，把理论和实践紧密结合，推出有意义、有价值的研究成果。

6. 技术优势：大数据赋能平台的应用策略

工作室成员对于平台应用方面有着较好的专业技能，善于思考数据赋能平台的应用方式、应用策略，在平台应用模块、应用效果、数据分析、数据监测等方面具有良好的经验。

（二）工作室的特色

1. “师生成长共同体”模式：聚焦高校辅导员工作室建设

工作室一直以来坚持“师生成长共同体，大树小树共成长”的理念，聚焦高校辅导员工作室建设，探索和打造1234“师生成长共同体”模式（围绕“全面发展的人”这1个核心，结合辅导员成长和学生成才2个方面，制订辅导员成长和学生成才的3年行动计划，构建“德育共同体、学习共同体、实践共同体、价值共同体”4种“师生成长共同体”）。针对高校辅导员幸福指数不高、学生自控能力弱、学生多数来自乡村等特点，工作室专注于高校辅导员的素质能力提升和育人方式的创新。

2. “辅导员困惑信箱”：为高校辅导员解决成长困惑

工作室通过实际调研，深入访谈，探究当下高校辅导员的工作困难和成长困惑，帮助新辅导员搭建“辅导员成长之家”，让还处在迷茫中的辅导员有人可问、有样可学、有学可参，通过建立“辅导员困惑信箱”，倾听当下辅导员的声音，解答好辅导员的问题，并积极总结宝贵的经验。

3. “庐山夜话”：全国高校辅导员公益沙龙

工作室带领高校辅导员开展了近百期辅导员学术沙龙，成为全省唯一一个开展百期沙龙的工作室。这些沙龙的成果汇聚成了辅导员工作和研究的基础，也是全体工作室成员共同努力的结晶。2023年，工作室成员共同创建“庐山夜话”辅导员沙龙平台，这是全国高校辅导员共同成长的沙龙平台，辅导员可在线上自愿报名参加。工作室以公益沙龙的方式为辅导员成长保驾护航、提升力量。

4. “拨动心弦的艺术”：高校辅导员工作室建设育人方略

工作室将继续做好高校辅导员工作室育人模式，做好“拨动心弦的艺术”高校辅导员品牌建设。

5. “大树小树共成长”：网络思政发挥工作室强大育人力量

“大树小树共成长”微信公众号作为工作室当前发挥网络育人力量的主要平台，开设“辅之以才、导之以德、圆之以梦”三大模块，以优秀案例、他山之石、榜样力量、辅导员说、思政通信等为切入点开展大学生网络思政教育，采用线上、线下“双线”形式定期开展在线交流、研讨，有效地辐射工作室的成果，使之成为工作室的动态工作站、成果辐射源和资源生成站，积极培育富有创造性、推广价值和示范意义的“师生成长共同体”精品项目或主题教育。

6. “辅导员成长规划”：辅导员工作室成员成长的密码

工作室建设6年多来，通过调研、实践和验证，总结凝炼出辅导员成长的十个重要方面，为工作室成员创设成长解读密码。

五、工作室建设的未来规划

（一）积极推动辅导员“十大引领计划”

工作室将继续打造辅导员成长“十大引领计划”：参加一次集中系统培训、撰写一篇理论文章、开好一个特色主题班会、做好一个育人案例、申报一项研究课题、凝练一个精品项目、参加一次素质能力大赛、做好一个育人平台、打造一个育人品牌、形成一项工作亮点。举办“新时代高校辅导员名师工作室建设专题研讨会”“辅导员学工学术沙龙”“全国辅导员成长沙龙——庐山夜话”等一系列品牌活动，将辅导员沙龙和提升营拓展至全国更多地区，形成辅导员学习共同体，细化工作室成员成长路线和具体思路，提升辅导员活动品牌效应，汇集更多辅导员参与到“大树小树”辅导员专业化职业化成长活动当中去，提高名师工作室的辐射力度和辅导员的培育深度。

（二）以辅导员工作室“五个一”为成长优化点

工作室将辅导员的成长规划和获得感作为重点、亮点，以“五个一”为成长优化点打造辅导员梯队。一是打造一批优秀团队，形成辅导员梯队，以“老带新”“经验足带经验少”“优势互补”等方式，形成辅导员互帮互助闭环模式。二是举行一系列研讨交流，举办“全国辅导员成长沙龙——庐山夜话”“高校辅导员素质能力提升营”等活动，赋能辅导员成长。三是开展一系列研究与实践，从“横向+纵向”提升辅导员素质能力、“内涵+外延”提高学生职业素养、“理论+实践”做好学生价值引领、“线上+线下”提升思政育人实效这四个方面来开展一系列专题研究与实践，提升辅导员的科研水平、幸福指数和工作动力。四是创建一个网络思政平台，运营“大树小树共成长”微信公众号、视频号、抖音号等，以新媒体为媒介，创新“互联网+”时代大学生思想政治教育方式和路径，创造一系列“有时代热度、有人文温度、有思想深度”的网络思政教育“新产品”。五是推广一批工作成果。工作室注重辅导员成果的转化，努力让工作室辅导员获得感增强，提升辅导员在岗位的幸福指数和工作动力。这些年，工作室连续 6 年征集辅导员优秀论文、案例，共计 400 余篇，拍摄沙龙视频 20 余部，成员荣获江西省思政工作论文一等奖 5 篇（高职院校唯一），二、三等奖 10 余篇，主持或参与教育部课题 6 项，主持省级课题 30 余项；发表核心期刊论文 7 篇，其他期刊论文 100 余篇。

袁利辅导员成长工作室

——重庆市高校辅导员名师工作室

一、工作室主持人简介

袁利，1990 年 7 月进入重庆大学工作，曾担任原通信工程学院及自动化学院党委副书记，现为马克思主义学院党委副书记，获全国“最美高校辅导员”、全国“高校辅导员年度人物”等荣誉及奖励 20 多项。坚守在学生工作一线，从事专职辅导员工作 33 年，利用德育基地、社会实践、榜样示范三大教育抓手，与团学工作、体验式教育相结合，促进理想信念教育在“情感—认同—践行”上的提升，带领工作室成员在成长发展、阵地建设、资源整合三个方面开展工作，致力于锻造思政工作的一流队伍，提升思政队伍工作质量。

工作室主持人　袁利

二、工作室简介和定位

袁利辅导员成长工作室成立于 2019 年，现为重庆市、重庆大学名师工作室，由 6 名经验丰富的学工领导干部、思政骨干辅导员组成团队，分别承担工作室内生发展、对外交流的各项工作。团队成员均常年坚守在辅导员工作一线，有着丰富的实践经验，整体上具备良好的制度设计和执行能力，形成了优势互补、高度协作的工作模式。近年来，在学校领导和相关部门的支持下，工作室主持人带领团队成员在辅导员队伍建设领域开展团队建设、素质能力大赛、理论研究等工作，总结了一批具有推广价值的新时期学生工作实践经验及理论成果，形成了一套符合辅导员成长规律、适应高等教育改革发展的学工队伍培养机制。

工作室围绕立德树人根本任务，积极践行“三全育人”理念，聚焦于建设“传帮带，共成长”式辅导员团队，以提升辅导员育人能力、促进辅导员成长发展为主线，不断深化落实“共同成长”的理念，抓住辅导员职业成长的方向和关键节点，实现辅导员的职业生涯全过程陪伴。工作室以辅导员培训、素质能力大赛、沙龙交流等形式为抓手，创新打造全国高校辅导员学习成长“共同体”，构建前辈领航、朋辈互助、同行交流的工作格局，充分发挥先进典型的示范引领和辐射带动作用。

三、工作室的建设情况

（一）建设内容

（1）以结对共建为抓手，构建辅导员学术培养模式。与全国重点马克思主义学院结对，围绕工作重点、畅通合作渠道、创新工作方式，为辅导员和思政课教师搭建良好的交流教研合作互动平台，从理念层面明确“育人共同体”，从知识层面建立“学习共同体”，从现实层面完善“实践共同体”，从保障层面落实“机制共同体”，着力构建辅导员学术培养模式，积极探索合力育人的有效载体和路径，创新打造辅导员成长“共同体”。

（2）以学工品牌为牵引，打造辅导员实践提升平台。围绕十大育人主题方向，将有利于学生成长成才的教学方法、管理制度、团学活动等作为重点项目进行品牌打造，为其不断注入最新的科技、文化成果，调整、充实和完善其内容和方法，按照“实践—总结—规范—提升—推广”的思路深化提升，坚持品牌建设与工作实际相结合、继承与创新相结合、短期目标与长远目标相结合的建设原则，打造辅导员实践提升平台，建设一批主题突出、特色鲜明、形式新颖、有示范引领作用和宣传推广价值的学生工作品牌，构建“三全育人”大格局。

（3）以案例推广为依托，建设辅导员校际交流中心。通过讲座、研讨会、交流会等形式，搭建全国高校辅导员沟通交流平台，将具有针对性与实效性的工作指南、典型案例、经验心得相互分享借鉴，发挥示范引领和辐射带动作用，聚焦目标导向、问题导向、效果导向，打造辅导员的学习共同体、专业共同体、思想共同体、发展共同体，推动辅导员职业成长良好生态建设。

（二）建设成效

（1）形成育人工作资料库，为校内思政工作提供良好范例。工作室主持人先后汇编了四本学生教育管理工作材料：307 页的《辅导员、班主任、学生、家长工作手册》、455 页的《成长历程》、604 页的《书写人生辉煌》和 436 页的《做最好的自己》。指导辅导员建立运行谈心谈话周记制度，2016 年至今已形成 30 多本共 50 多万字的谈心谈话周记。这些记录本已经作为学生工作示范资料，陈列于学校立德树人专题展览馆。团队成员撰写的案例获重庆大学 2022 年辅导员创新工作案例一等奖，为校内思想政治教育工作提供良好范例。

（2）打好理论与实践组合拳，全方位提升成员综合素质。工作室指导年轻辅导员参加各级职业能力大赛，成员全部学习观摩重庆市高校辅导员素质能力大赛，并通过座谈沙龙的方式要求每一位成员对比赛题目的解题思路和方法进行分析分享，同时汇总成工作资料库。工作室成员先后荣获全国“高校辅导员年度人物”提名奖、全国高校辅导员职业能力大赛复赛一等奖、重庆市高校辅导员素质能力大赛三等奖等表彰奖励。组织“辅导员夜校”培训班，通过理论学习、主题研讨、实践研学等方式，帮助辅导员掌握大学生思想政治教育相关的理论知识、研究方法和协同育人研究方式，不断增强辅导员开展大学生思想政治教育的专业能力与职业素养。工作室成员主持教育部高校思想政治工作精品项目 1 项、重庆市教育委员会人文社科项目 1 项、重庆市社会科学规划项目 1 项、重庆市高校思想政治教育“十大育人”精品项目 1 项，校级网络思政实践项目 1 项、“红岩先锋”党支部培育项目 1 项，主研校级基层党建工作创新实践项目 1 项。

（3）在全国范围逐步建立影响力。工作室充分发挥“跨界”的独特优势，实现校内外辅导员联动，为辅导员队伍专业化职业化创设良好的成长环境，加强成员之间相互学习、交流与合作。定期开展校内外辅导员沙龙、辅导员工作坊、专题讲座，主题涉及如何打造辅导员个人品牌、如何做好思政研究、学生典型案例剖析等内容。工作室主持人袁利同志已在全国范围内开展沙龙 7 场、线上线下专题讲座 42 场，覆盖上万名辅导员。

工作室成员杨森林、周瑶琴获得重庆大学 2023 年辅导员素质能力大赛一等奖

中国大学生在线网络课程

（三）建设经验

1. 依托校内外“理论+实战”指导专家，扩大辅导员学习圈

依托重庆大学作为首批“全国党建工作示范高校”培育创建单位、教育部高校思想政治工作创新发展中心承建单位、重庆大学马克思主义学院和全国高校辅导员名师群体，整合各方面专家资源，邀请具有丰富经验和专业知识的专家和学者，为辅导员提供高质量的培训和指导。

工作室邀请武汉大学骆郁廷教授做分享

西南交通大学力学与航空航天学院党委副书记孔祥彬为工作室首次重庆市辅导员沙龙做分享

2. 聚焦辅导员成长需求与自身优势，形成阶梯成长模式

工作室围绕辅导员成长，实现辅导员能力的全面塑造和成长，帮助团队成员分析自身工作特长和优势，引导其在十大育人领域中瞄准一个工作方向，按照“培养一个专才，做深一个领域”的培养模式，为每一位辅导员量身定制成长方向和培养方案，同时构建高级、中级、初级三级高校辅导员网络交流平台，帮助成员完成辅导员职业能力三级分类中三个级别的顺利过渡，最终形成“高级领航、同级互助、共同交流”的交流机制，探索为全国高校持续输送优秀辅导员的良性造血机制。

重庆大学党委副书记冯业栋莅临指导工作室校内辅导员沙龙

工作室关注每个成员的个性化发展需求，提供有针对性的培训、指导和支持。引导他们走适合自身优势及特点的专业化发展道路，通过开展教育科研、培训等活动，提升成员的专业素养和职业能力，使他们更好地为学生服务。鼓励成员之间相互支持、相互学习，充分利用各种教育培训资源、学术研究资源、社会企业资源等，为成员提供丰富的学习与成长机会，最终形成个性化发展和团队协作有机结合的良性循环。

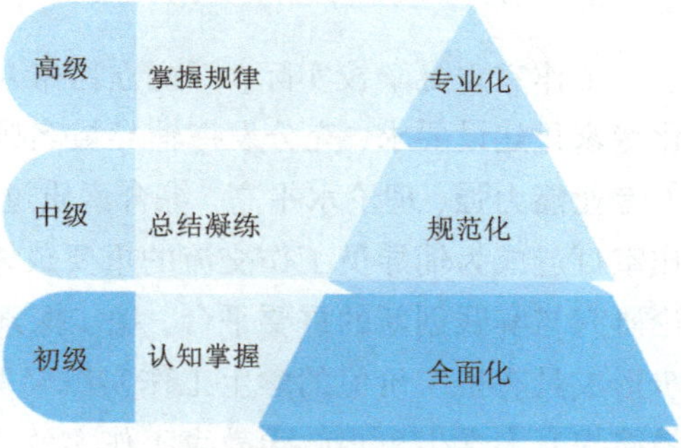

辅导员三级成长图

四、工作室建设的优势和特色

工作室聚焦辅导员履职尽责和成长发展的路径，从深化共同成长理念、优化思政育人场景、创立辅导员校际交流中心三个维度出发，推动高质量辅导员队伍建设，厚植“三全育人”思政根基，助力教育强国建设行稳致远。其中，深化成长理念，实现辅导员职业生涯全过程陪伴，帮助团队成员分析自身工作特长和优势，引导其在十大育人领域中瞄准一个方向，按照“培养一个专才，做深一个领域”的培养模式，有针对性、体系化地为每一位进入工作室的辅导员量身定制成长方向和培养方案；优化党建、宿舍、网络三大育人场景，形成一个红色基因“朋友圈”和工作室宿舍育人工作案例库，建立“一个中心”“三个平台”模式，不断提升辅导员育人质效；构建交流平台，充分发挥“跨界”的独特优势，通过建设相关机制体制，实现校内外辅导员联动，为辅导员队伍专业化职业化创设良好的成长环境，加强成员之间相互学习、交流与合作，促进辅导员互学共鉴。截至 2023 年底，工作室已在

全国范围内开展沙龙 7 场、线上线下专题讲座 36 场，覆盖全国上万人。

在研究基础方面，工作室成员积累了大量实践经验，形成了丰富的育人工作案例，汇编了多本教育管理工作材料；实施学术能力专门提升计划，组织“辅导员夜校”、辅导员学术沙龙等培训活动，以提升辅导员的学术能力和职业素养；有序推动理论研究，工作室成员主持各级各类项目多项，主研校级基层党建工作创新实践项目——本科生党支部“三位一体”后进生帮扶计划，指导校级学生素质能力提升项目(SQIP)3 项。

在队伍基础方面，重庆大学作为全国党建工作示范高校、教育部高校思想政治工作创新发展中心承建单位，拥有一批思想政治工作优秀人才，其中全国“思政杰青”蒲清平、全国“最美高校辅导员”袁利、全国“高校辅导员年度人物”杨联星、重庆市辅导员技能大赛一等奖李颖等，为辅导员的成长提供了学习榜样。工作室成员承担辅导员思政能力提升、学术发展支持、职业发展支持、团队制度建设、育人经验交流等工作，形成优势互补、高度协作的工作格局。同时，工作室还联合马克思主义思想研究领域等多位校内外学术专家、企业优秀校友为工作室的研究与实践工作提供指导。

五、工作室建设的未来规划

工作室立足学校实际，围绕立德树人根本任务，深入贯彻落实辅导员队伍专业化职业化专家化建设要求，充分发挥辅导员名师工作室的培养、研究、引领示范功能，致力于培养专业能力强、理论水平高、综合素质过硬的辅导员队伍。通过短、中、长三期建设，将工作室打造成为辅导员工作交流的重要载体、辅导员职业能力提升的重要阵地、学生工作理论研究与实践创新的重要平台，稳步探索适应高等教育改革发展的学工队伍培养机制，逐步形成具有推广价值的学生工作实践经验及理论成果，通过专题研究、成果推广等方式，最终提升大学生思想政治教育工作实效，真正服务大学生成长成才。

在预期效果方面，工作室旨在打造一支高水平的辅导员团队，提升辅导员的专业素养和综合能力，建立完善的辅导员工作管理体系，并提升学校的社会影响力和品牌效应。通过引进和培养具有专业知识和丰富经验的辅导员，为学生提供全方位的服务和支持。同时，通过开展各类培训、研讨和实践活动，提高辅导员的研究能力、管理能力和创新能力，使其能够更好地适应高等教育发展的需求。在此基础上，制定和完善相关制度和规范，建立健全的辅导员工作管理体系，提高辅导员队伍的管理水平和工作效率。最后，工作室将积极参与学校大思政课协同育人，开发整合育人资源，提升思政教育教学实效，推动学校事业的发展。

张金学名师工作室

——湖南省高校思想政治工作质量提升工程骨干队伍建设项目

一、工作室主持人简介

张金学，男，中共党员，中南大学五级职员，教授。曾任中南大学基础教育学院、马克思主义学院、建筑与艺术学院党委副书记，从事学生教育管理工作37年。全国“高校辅导员年度人物”，全国“最美高校辅导员”，湖南省“高校辅导员年度人物”，教育部、湖南省高校党的十九大、二十大精神“双巡”宣讲团成员。湖南省高校思想政治工作质量提升工程骨干队伍建设项目——张金学名师工作室主持人。

工作室主持人　张金学

二、工作室简介和定位

湖南省高校思想政治工作质量提升工程骨干队伍建设项目——张金学名师工作室，是湖南省教育工委2019年为鼓励和引导高校思想政治工作者注重理论水平和素质能力的提升，注重探索创新理论研究和实践工作模式，加强团队合作与集体攻关，培育一批具有强大发展后劲的中青年工作骨干、在全省乃至全国具有较大影响的创新团队和高水平的名家名师，牵头开展具有引领示范作用的典型工作中的一部分，每年选拔建设不超过10个工作室，建设周期3年。

工作室授牌仪式

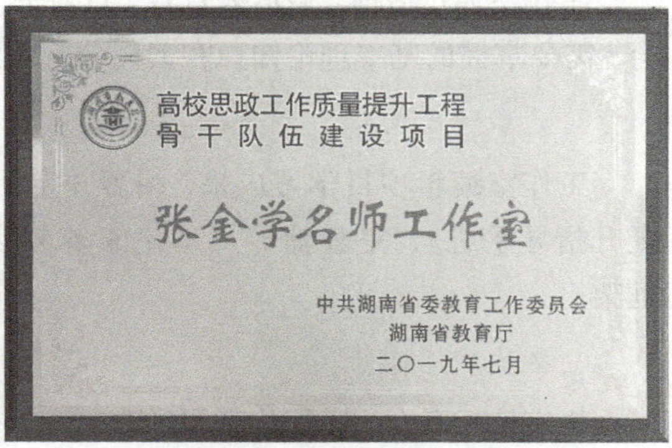

工作室2019年立项为湖南省思政名师工作室

该项目建设目标：开展理论宣讲或思政公开课3场；培养副高及以上职称青年思政工作者3人；举办思政理论课教学经验交流会或思政工作研讨会1次；牵头开展具有引领示范作用的典型工作1项，总结一套具有推广价值的工作模式和经验；获得国家级荣誉或科研课题1项，在全国中文核心期刊发表论文5篇，或出版学术著作或教材1本；提交高校思想政治工作重点难点热点问题工作研究报告或政策咨询报告1份。

工作室始终围绕立德树人根本任务，坚持"一主线、二培养、三育人、四践行"的运行原则，积极培养大学生成长成才，助力辅导员职业发展，在大学生思想政治教育和管理工作中落实全员育人、全方位育人、全过程育人，使工作室成员成为新思想的传播者、新模式的探索者、新方法的创造者、新要求的推动者。工作室初步成长为辅导员专业化职业化素养提升的"智库"和"辐射源"。

三、工作室的建设情况

工作室自立项以来，聚焦思想政治工作质量提升，立足推动思想政治工作研究与实际工作相结合，服务思想政治工作改革创新，围绕思想政治工作者理论水平和素质能力提升的议题，汇聚校内外资源，充分调动学生工作干部队伍、思政教师和人文社科专业教师等各方力量，形成了较为丰富的理论提升和实践指导经验。项目结合学校推进思想政治工作队伍专业化职业化建设的相关举措，积极建设，显著提升了思想政治工作队伍的专业化职业化水平，同时也为学校思想政治工作提供了有力支持。

（一）工作室建设内容

1. 构建学习平台

工作室建立了辅导员学习工作小组并形成了定期集体学习制度，使理论学习进入常态化阶段，在高校辅导员素质能力大赛期间，工作室成员坚持互帮互助，集中学习，共同进步，取得良好成效。

2. 搭建交流载体

工作室通过微博、微信公众号、直播平台等新媒体载体，推送辅导员日常工作心得体会、需要掌握的基本理论知识和案例分析方法等，形成正向积极交流新路径。

3. 共享研习成果

工作室编辑项目学习成果，编著并定期更新《辅导员学习读本》和《辅导员理论素养提升指导手册》，完善辅导员理论素养知识题库，形成辅导员理论知识学习思维导学框架。

4. 拓展示范效应

构筑校际联合、资源共享和思政交流等多个板块，工作室成员发挥跨校优势组织开展两校、三校线上线下思政教育活动，使不同高校学生共享优势资源。工作室与中南大学机电工程学院联合挂牌，扩大工作室团队成员联动效应，组织开展新入职辅导员培训班，促进新任辅导员快速上手开展工作；联合省内外辅导员团队举办专题沙龙、名师论坛，促进工作室成员和优秀思想政治工作者互动交流，不断提升工作室的社会影响力和团队成员的素质能力。

5. 探索课程思政

通过组织课程思政专题研讨会、开展移动思政课堂、参与红色作品创作等方式积极摸索思政工作与课程思政的协同机制，促动专业教师抓好课程思政并产出与专业教育相关的优秀作品。

（二）工作室建设成效

工作室在思想政治工作者的理论积累与实践结合能力培养、立德树人能力与育人水平提高、科研水平与宣讲能力进步、思想政治工作亲和力与针对性提升等方面形成了一系列成果，主要体现在以下四个方面。

1. 在学习宣讲层面

活动照片

工作室结合重要会议和文件精神，注重在“十大育人”体系框架下，积极引入校内外相关资源，引领团队建设、领航成员成长。注重在辅导员队伍与思政课教师队伍优势互补的基础上，采取切实有效的举措，将思想政治理论课的人力资源、学科资源、教学资源、科研资源等嵌入工作室日常建设中，创新两支队伍融合的现实路径，构建业缘和学缘良性互动的生态圈，促使团队成员在工作中加强研究，在研究中促进工作提升。工作室在运行期间，开展理论宣讲 24 次，辐射 16 省（区、市）31 校 19000 余人次，开展示范课程、专题论坛、沙龙、培训等 22 次。工作室成员张金学被选聘为教育部党的二十大精神宣讲团成员，张金学、常徕、刘宓密、连选被选聘为湖南省党的二十大精神宣讲团成员，并在省内高校进行多次宣讲。

2. 在学术研究层面

工作室坚持执行思想政治理论学习制度，为团队成员参与相关论坛、研讨活动的辅导员购买相关学习资料，每周组织一次集中理论学习，提高理论素养和政策理解水平。结合辅导员工作实际，制订规章制度，增强大学生思想政治工作的亲和力和针对性。工作室紧贴高校辅导员工作主责主业，结合工作对象和时代特点，以成员集体智慧为依托，针对新时代辅导员理论素养提升的路径和大学生思想政治教育面临的热点和难点问题进行多项专题研究，在聚焦的专业化方向上取得科研成果的突破，理论水平得到显著强化。工作室成员主持或参与各级课题 10 项，公开发表论文 23 篇，其中 SSCI 论文 1 篇、CSSCI 论文 5

篇、中文核心期刊论文2篇、《湖南日报》(理论版)文章5篇，撰写专著1部，参编专著7部，在高校思政网等平台发表高质量文章26篇。

3. 在团队建设层面

紧扣思想政治工作规律、教书育人规律、学生成长规律，聚焦工作室团队理论素养提升及职业素养能力转化实践的能力，推动辅导员队伍建设整体能力的提升。通过高校思想政治工作者思想政治素养的提升，整合校内外育人资源，探索思政工作者理论素养提升的研学宣讲“双促进”模式。工作室自立项以来，以多维度的设计、多板块的运营和多样化的活动为标准，结合疫情防控、党史学习教育等热点问题，邀请全国“最美高校辅导员”等行业标杆、名师大家和职业先锋从旁辅助，充分发挥了工作室的“智库”及“辐射源”作用，在孵化出多名优秀思想政治工作者的同时，也成为众多思想政治工作者素质提升的“加油站”和“训练营”。

王梓懿等10名工作室成员参与形势与政策课、就业指导课、军事理论课等课程教学，2人受聘担任教育部“宏志助航”计划授课教师，多人受邀担任国家教育行政学院网络学院授课教师。同时，工作室通过整合各方资源、立足队伍发展、发挥团队优势，培育了多个辅导员典型，实现了研究平台建设、成长阶梯搭建、引领示范效应的三大建设目标，其中，张金学、常徕、连选获评2019、2022、2023年全国“最美高校辅导员”，张金学、连选、刘宓密分别获评第七届、十三届、十四届全国“高校辅导员年度人物”，王梓懿获得第八届全国高校辅导员素质能力大赛一等奖，连选、刘宓密、常徕获评湖南省高校首届“最美辅导员”。常徕、谭林湘、刘宓密、唐青获评思政系列副教授职称，胡栋材、罗方禄获评教师系列副教授职称，同时多名团队成员截至2023年底具有高级职称评聘资格。

4. 在成果推介层面

工作室取得的实践和科研成果通过媒体宣传、论文、著作、专题讲座、研讨会、沙龙、报告会、研习考察等形式在全校乃至全国范围内进行了一定推广。工作室自成立以来，开展理论宣讲30余次，线上线下覆盖近万人次；开展校际联合辅导员专题讲座30余次，覆盖40余校；中央电视台、中国教育电视台分别录播节目《老友初心》《学思践悟话初心》，在全国同行中有较热烈的反响和推广作用。参与编著的《高校学生思想政治工作百佳案例》《大学生关注的热点问题与解决方案年度报告(2020)》《大学生关注的热点问题与解决方案年度报告(2022)》成为比较受高校辅导员欢迎的学习材料。引导创作的《沁园春·雪》《领袖与代表》《半条被子》《逆行者》等优秀艺术作品受到省级以上媒体报道，其中《半条被子》被选送参加全国大学生艺术展演。

四、工作室建设的优势和特色

工作室成立以来，受到所在单位中南大学、湖南师范大学、湘潭大学、长沙理工大学、湖南农业大学校院两级及学工部领导和同仁的高度重视、大力支持。

(一)建设优势

1. 在条件支持上

工作室利用中南大学“辅导员之家”“56度中南工作室”、建筑与艺术学院“四家”等阵地开展辅导员沙龙、论坛、专题研讨会；工作室入驻机电与工程学院“一站式”思政实践育人长廊，联结科学发展长廊、中兴师生互动课堂、美的“未来”工作室、机械名人长廊等，共同打造思政资源育人基地。

2. 在平台搭建上

教育部高校思想政治工作队伍研修中心(中南大学)、湖南省高校思想政治工作队伍培训研修中心(中南大学)、教育部高校思想政治工作队伍研修中心(湖南大学)、湖南省高校思想政治工作队伍培训研修中心(湖南大学)、湖南省高校思想政治工作队伍培训研修中心(长沙理工大学)充分利用团队成员工作成效开展辅导员专项和新入职辅导员培训，既是对工作室成员的鼓励与鞭策，也为工作室成员作用的发挥提供有利平台。

工作室举办辅导员工作论坛

3. 在作用发挥上

工作室成员在立项前后通过自身努力、团队研讨等形式在大学生思想教育与管理、辅导员专业化职业化素质能力提升中取得了较好成绩。在湖南省高校工委的领导下，由中南大学牵头，在2020年全国高校辅导员素质能力大赛、2022年全国高校辅导员素质能力提升骨干训练营备赛中，工作室9名成员被邀请作为省队的指导老师，精心指导、认真陪练，为湖南省摘得辅导员大赛“三连冠”成绩发挥了积极作用，打造出一支辅导员“湘军”。学校辅导员连续三届荣获大赛一等奖(第一名)，同行称其为“中南现象”。

（二）建设特色

学生思政工作队伍建设是工作室建设最根本的任务，也是本工作室的特色。工作室紧紧围绕建设目标，以提升辅导员职业素质能力，打造持续发展的思政工作队伍为手段，全面提升思政育人实效。工作室主要成员 20 人，在建设周期内，5 人晋升副教授，2 人提任二级单位党委书记、3 人提任二级单位党委副书记、4 人晋升正副科级辅导员或担任学办主任或副主任，进一步增强了相关院系学生思政工作和管理工作的续航能力。

五、工作室建设的未来规划

未来，工作室始终以立德树人为根本任务，以平台为依托，以团队为阵地，不断挖掘思想政治工作的深度，拓宽思想政治工作的广度，取得更大的思想政治工作效度，进一步为全校乃至全省思想政治工作者提供素质能力升级和理论水平提升的“养分”，充分发挥合力作用，在资源共享、协同发展和理论实践方面取得更大突破。

"小胡杨"辅导员工作室

——新疆生产建设兵团高校辅导员工作室

一、工作室主持人简介

李丹丹，女，中共党员，塔里木大学专职辅导员。新疆兵团高校辅导员工作室建设项目——"小胡杨"辅导员工作室主持人，全国高校学习宣传党的二十大精神师生巡讲团成员、新疆兵团青年讲师团成员。曾获全国"最美高校辅导员"、全国"高校辅导员年度人物"、全国优秀共青团干部、新疆兵团青年五四奖章、新疆兵团暑期"三下乡"社会实践先进个人；在辅导员职业能力大赛中曾获省级二等奖，校级一、二等奖；荣获塔里木大学师德标兵、优秀教师、优秀党员、优秀团干部、优秀辅导员、优秀指导教师、向上向善好青年、胡杨青年等荣誉称号40余项。完成校长基金项目1项，参与国家社科重大项目等9项，发表论文9篇，编写专著3部、教材1部。

工作室主持人　李丹丹

二、工作室简介和定位

"小胡杨"辅导员工作室于2021年1月成立，是新疆兵团首批高校辅导员工作室。工作室主要研究方向为融媒体时代红色基因融入高校思想政治教育长效机制构建。工作室旨在推动塔里木大学辅导员队伍专业化职业化建设，全面提升队伍整体素养，为培养传承红色基因的新时代"胡杨青年"奉献青春力量。

工作室以培养"传承红色基因的新时代成边人"为目标，以构建"分类化指导、模式化运作、研究性工作室"为中心，以理论与实践相结合、线上线下相结合和课堂内外相结合的方式，形成"专职辅导员+专兼职导师+胡杨青年学长制"三元互动工作团队，打造"基因铸魂工程、基因融情工程、基因成才工程、基因传承工程"四大育人体系，从而着力培育若干个特色工作和优秀项目，吸引和聚集班主任、青年教师、辅导员，邀请专家教授参与工作室的工作和活动，逐步建立起学生入校专家导航，学生团体专家引导，学生个体专家指导的全时性、全方位性的素质提升、成长成才长效工作机制。

三、工作室的建设情况

(一)提升辅导员素质能力，打造一支专业化职业化辅导员队伍

1. 发挥工作室主持人传帮带作用，提升队伍整体能力素养

工作室发挥主持人作为全国“最美高校辅导员”与全国“高校辅导员年度人物”的辐射带动作用，提升团队成员的综合素质能力，力争打造一支专业化职业化辅导员队伍。通过学习培训、交流研讨、实践锻炼等方式使团队成员在理论素养和工作技能等方面都有所提升，逐步确定成员职业发展目标，做好生涯规划。在理论提升方面，开设辅导员初级班、辅导员专题班、辅导员提升班等；在工作技能提升上形成同一活动赶比超、各类活动展风采、特色活动显专长的工作氛围。近 3 年，工作室主持人受邀参加《闪亮的名字》节目录制，做客“最美高校辅导员”直播大讲堂(第三季)，受邀为新疆兵团高校思想政治工作骨干培训班、全国各兄弟院校开展各类专题讲座 20 余场，与全国高校辅导员分享工作经验，交流工作心得，起到了很好的示范引领作用。同时，作为“胡杨青年”代表、辅导员骨干，工作室主持人在全校青年五四奖章获得者事迹分享会上作专题分享，做客塔里木大学胡杨讲堂、明德论坛，与青年学生探讨“胡杨青年”的使命和担当。

2. 开展“先锋引领”辅导员素质能力提升系列讲座

为了促进辅导员队伍专业化职业化建设，夯实理论基础，打造特色队伍，不断提升辅导员学生工作能力和育人水平，工作室牵头组织“先锋引领”辅导员素质能力提升系列讲座。截至 2023 年底，已经开展题为“新时代高校辅导员暖心聚心‘七十二变’”“教育唯爱与榜样——结合职业生涯规划谈辅导员工作”“在辅导员专业化职业化道路上不断成长”等专题讲座 16 场。每月组织一次思政工作集中学习，全国“最美高校辅导员”刘国权、马军以及全国“高校辅导员年度人物”任佳伟，全国高校辅导员职业能力大赛获得者柏杨、贾昌路、阿拉法特等一批学生工作专家、骨干相继应工作室邀请进行交流指导。

3. 开展辅导员减压沙龙

为了缓解辅导员工作压力，营造健康向上的工作生活状态，工作室先后组织了花艺减压和彩妆减压沙龙 6 场，全校辅导员积极参与，在插花和美妆中释放工作压力，找到生活乐趣，遇见更好的自己。

工作室定期开展辅导员减压沙龙

4. 开展辅导员经验交流座谈会

工作室定期开展辅导员经验交流

为了进一步探索和创新高校思想政治教育新模式、新方法，推广典型工作案例、优秀工作经验，工作室定期组织辅导员经验交流座谈会，围绕"全国优秀共青团干部和全国'高校辅导员年度人物'获奖经验分享""辅导员职业能力大赛参赛经验分享""如何准备辅导员职业能力大赛""如何与学生谈心谈话""把方向 搭舞台 搞服务 坚持学生为本，开展'第二课堂'校园活动"等主题开展经验交流座谈会15场。

(二)依托融媒体矩阵，加强工作室平台建设

1. 打造融媒体互动平台

工作室在利用好校园广播、电子显示屏、宣传栏、公放电视等传统媒体的同时，还通过QQ、钉钉、腾讯会议、抖音、微信等自媒体平台构建与大学生互动的交流指导体系。

2. 形成人人皆知的特色平台

通过校报、广播、公布栏及自媒体平台等多种宣传形式，不断提升工作室的知名度，使工作室的活动项目覆盖面更广、满意度更高，开设《成员风采》《解密红色基因》《特色项目》《名师讲堂》《我身边的小胡杨》等若干个栏目，将其打造成学校学生工作的特色和品牌。

3. 制作工作室专题网页、公众号和小胡杨App

一方面，制作工作室专题网页，开设微信、抖音等自媒体公众号，占领网络主阵地，讲好红色故事。另一方面，开发小胡杨App小程序，用于育人体系的各项活动打卡、积分、投票等，通过线上App记录"胡杨青年"成长历程。

(三)围绕红色基因育人目标，依托四大育人体系，开展形式多样的特色活动

1. 基因铸魂工程——开展大学生讲思政公开课比赛

组织开展主题为"百年辉煌路·奋斗正当时"的塔里木大学首届大学生讲思政课公开课大赛暨第五届全国高校大学生讲思政课公开课展示活动，共计收到参赛作品31件，推荐4件作品参加新疆兵团赛，最终获得一等奖1件、二等奖2件、三等奖1件。同学们在不断学习和自我讲述中深刻理解了中国共产党为什么能、马克思主义为什么行、中国特色社会主义为什么好，深化了对思政课教学内容的认识和思考，展现了新时代大学生的马克思主义理论素养和精神风貌。

2. 基因融情工程——开展“文化润疆”读书会

开展每月读书分享会，将兵团精神、胡杨精神等红色书籍列入必选书目，鼓励大家以书会友，以书明辨，在知识的海洋中畅游新疆生产建设兵团，爱上新疆生产建设兵团，形成良好的文化氛围。工作室通过导师荐读、学生品读、导师领读、师生交流、分享汇报的形式提升读书会成效。新生每学期至少参加一个读书小组，工作室将红色书籍、国学经典书目推荐给新生，引导新生阅读经典。团队成员每学期至少指导一个读书小组、领读至少一本书，每学期至少集中组织一场“阅读书 · 越青春”读书分享会，相互荐书并交流读书心得。目前已经开展6场院级读书分享会，15位青年教师担任读书导师，建立读书小组30余个，完成小组读书分享200余场次。

3. 基因成才工程——开展形式多样的校园文化活动

为了丰富同学们的课余生活，让同学们在“第二课堂”的实践中更加全面地认识自己，遇见更好的自己，工作室通过科技创新、志愿服务、社会实践以及校园文化活动等形式，鼓励同学们在校期间完成“八个一”训练计划（为了丰富同学们的课余生活，让同学们在“第二课堂”的实践中更加全面地认识自己，遇见更好的自己，工作室通过科技创新、志愿服务、社会实践以及校园文化活动等，鼓励同学们在校期间参加1次科技创新、1次志愿服务、1次社会实践、1次体育竞赛、1次文艺晚会、1次主师演讲、1次学习汇报、1次先进分享“八个一”训练计划），培养全面发展的高素质人才。工作室围绕“党在我心中”和“我心目中的英雄”开展主题征文比赛2场，共计收到作品103件，推荐18件作品参加新疆兵团学习强国“我心目中的英雄”征文比赛。围绕“感党恩 送祝福”和“反诈同心 你我同行”开展主题手抄报大赛2场，共计收到作品81件。针对不同专业，开展专业类竞赛6场，举办医学类第一届解剖绘图大赛和盲人摸骨大赛。工作室以“歌声悠扬 逐梦杏林”为主题开展新生歌友会，以“杏林之光”为主题开展系列心理健康教育活动等，营造了积极向上的校园文化氛围。

4. 基因传承工程——开展学百年党史主题教育

在建党百年之际，为深入贯彻落实习近平总书记在党史学习教育动员大会上的重要讲话精神，传承红色基因，赓续红色血脉，切实引导广大学生做到学史明理、学史增信、学史崇德、学史力行，工作室组织开展了形式多样的党史学习教育。工作室成员在课堂内外、线上线下开展理论宣讲、党史学习教育等主题活动上百场，受众群体两万余人次，号召工作室成员参与拍摄党史学习教育掌上微党课10部，其中“胡杨精神”等微党课被“学习强国”学习平台收录，受到众多媒体转发。工作室组织开展“胡杨青年”红色之旅教育实践活动，召集百名胡杨学子打卡红色地标社会实践活动，鼓励大家走进革命博物馆、红色遗址、革命历史人物纪念馆等红色文化教育地，通过学习、走访、参与实践活动、做志愿讲解员，深化党史学习教育，该项目获批立项国家级大学生创新创业项目，获新疆兵团优秀团队2次、校级优秀团队3次。

开展胡杨青年红色之旅教育实践活动

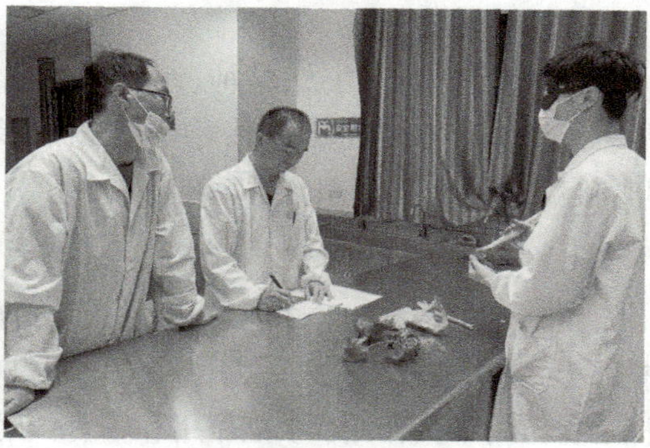

开展“盲人”摸骨大赛

四、工作室建设的优势和特色

(一)工作室建设特色

1. 工作内容的聚焦性(全方位育人)

工作室在探讨融媒体时代高校思政教育存在的机遇与挑战的基础上，总结学校红色基因传承与思政教育取得的成效，阐述面对挑战如何运用融媒体时代的新特点、新技术，推动高校思政教育与时俱进。以构建“分类化指导、模式化运作、研究性工作室”为中心，形成“专职辅导员+专兼职导师+胡杨青年学长”三元互动工作平台，融合以胡杨精神育人、文化育人、网络育人、实践育人为主要工作任务的四大育人体系，以“线上+线下”同步推进为重点工作手段，以教育引导大学生传承红色基因，争做新时代成边人为工作目标，全面提升工作的针对性和着力性。

2. 工作方式的时代性(全员全过程全方位育人)

工作室成员包括学工领导、思政骨干、一线辅导员以及任课老师等，汇聚学校思政工作骨干精英，着力培养一支以“专职辅导员+专兼职导师+胡杨青年”为核心人物的思政教育工作队伍。工作室前期强调红色基因在高校思想政治教育中的育人价值，充分挖掘育人资源，拓宽育人途径，以期达到全员全过程全方位育人目标。

3. 工作视角的前瞻性(依托融媒体时代背景)

工作室基于红色基因视角，结合学校育人实际，力图将“融媒体”的应用与高校思政教育相结合，加强网络思政教育，从而使教育传播途径更广阔、方法更新颖、内容更丰富，更易于满足当代大学生的需求，以此提升教育的实效性，为高校思政教育提供新的视角和素材。

(二)工作室育人优势

1. 环境优势

首先，塔里木大学地处塔克拉玛干沙漠边缘，恶劣的环境有益于淬炼青年学生的坚强意志和奋斗精神。

2. 文化优势

以南泥湾精神、抗大精神、兵团精神和胡杨精神为核心的红色基因，是塔里木大学开展思想政治教育的重要资源，使学校逐渐形成了“用胡杨精神育人、为兴疆固边服务”的办学特色，为工作开展奠定了基础。

3. 人才优势

工作室主持人经验丰富，在思想政治教育工作中取得过突出成绩，具有一定的传帮带教能力，能够带领团队扎实开展工作。同时，团队成员结构合理，整体素质高，能充分发挥工作室的带头作用、示范作用和辐射作用。

五、工作室建设的未来规划

工作室致力于创新融媒体时代大学生思想政治教育特别是传承红色基因方面，着力培育“胡杨青年”，注重“胡杨精神”的传承，更好地服务学生成长成才。同时，培育优秀辅导员，充分发挥工作室的带头作用、示范作用和辐射作用。工作室未来工作规划有：

（一）搭建工作平台，建强工作队伍

工作室旨在为新疆兵团高校思政工作者搭建一个交流工作经验、相互借鉴学习的平台。在此基础上，确定工作室成员的职业发展目标，提升工作室成员的职业能力，使其在辅导员、班主任成长梯队中相应提升一级，或成为在某一方面有专长、有专攻的青年引路人。借此，为新疆兵团高校思想政治教育培育一支专职为主、专兼结合、数量充足、素质优良的工作力量。

（二）凝练工作特色，推广先进经验

工作室将以实践探索促工作，以工作促亮点，以亮点出特色，以特色成品牌，打造若干个特色工作和优秀项目，吸引和聚集辅导员参与工作室的工作和活动。力争培育一批“胡杨青年”先进典型，展示一批红色基因育人优秀成果，形成可转化、可推广的红色基因育人模式，陆续推出特色品牌。

（三）加强理论研究，形成课题成果

紧密结合高等教育规律和学生成才成长规律，积极组织工作室成员进行理论研究和实践探索，力争在一定周期内，形成育人图书、文章、案例等成果。

（四）传承红色基因，落实根本任务

工作室最终目标在于落实立德树人根本任务，践行“用胡杨精神育人、为兴疆固边服务”职责使命。带领青年学生深入学习和不断领悟兵团精神、胡杨精神、老兵精神，自觉成为爱国爱疆、担当奉献的社会主义建设者和接班人。

辅导员谈心谈话能力提升实训实验室

——天津市普通高等学校辅导员工作室

一、工作室主持人简介

工作室主持人　马丽娇

马丽娇，女，副教授，现任南开大学党委学生工作部副部长，扎根一线辅导员岗位 16 年。全球生涯规划师（GCDF），生涯团体辅导师（UCG），南开大学生涯教练团成员。曾荣获全国“高校辅导员年度人物”提名奖、全国高校辅导员职业能力大赛总决赛三等奖、全国高校辅导员工作论文三等奖、天津市普通高校优秀辅导员、南开大学“十佳”辅导员、南开大学“最美辅导员”提名奖等荣誉。曾带领辅导员团队创立了“直言职语”辅导员工作室，具有丰富的辅导员工作室建设经验。

二、工作室简介和定位

从思想价值引领到学风建设，从日常事务管理到心理健康教育，从网络思政到危机干预处理，都离不开辅导员与学生谈心谈话。谈心谈话，是辅导员工作中最常用的工作方法，也是辅导员开展各项工作的基础。为推进学校辅导员队伍建设，促进辅导员谈心谈话能力提升，2022 年 4 月，南开大学整合原有辅导员谈心谈话相关培训、课题研究、交流活动，成立了南开大学“辅导员谈心谈话能力提升实训实验室”。旨在围绕辅导员九大工作职责，紧密结合学生群体特点和成长成才需求，围绕大学生思想政治教育工作中的重点难点问题开展探索实践，凝聚工作合力、突出亮点特色、打造工作品牌、培育骨干专家，使之成为创新育人理念方法的高地、孵化精品育人项目的平台、研究思政教育的智囊团、学校辅导员队伍专业化发展的示范区，为广大辅导员提供更具专业性、个性化的支持和服务。

谈心谈话实训培训

工作室设有主持人 1 名，成员由来自全校 14 个学院的 26 名辅导员组成。下设教材编写组、成果总结组、教育培训组、办公管理组和宣传组 5 个工作组，每个组均有相应辅导员负责推动各项工作，2023 年初，工作室申报天津市普通高等学校辅导员工作室，并成功获得审批立项。

三、工作室的建设情况

（一）编制辅导员谈心谈话指导教材

工作室全体成员以日常谈心谈话为方向参与教材撰写。教材名称为《高校辅导员谈心谈话工作指南》，内容包括辅导员谈心谈话工作内容、工作方法、工作技巧以及辅导员谈心谈话工作案例汇编。目前教材编写工作正在推进中，已征集全校辅导员谈心谈话案例汇编近 10 万字。

（二）开展辅导员谈心谈话能力提升培训

一是围绕思想引领与意识形态、心理健康教育、学业问题、新生教育、校园安全稳定、网络思政等主题，结合具体案例交流谈心谈话的技巧与方法，聚焦辅导员工作主责主业。工作室邀请全国“最美高校辅导员”、天津市优秀辅导员代表等 8 位校内外辅导员分享谈心谈话工作经验，促进沟通，提升能力，相互借鉴，帮助辅导员提升谈心谈话工作水平。

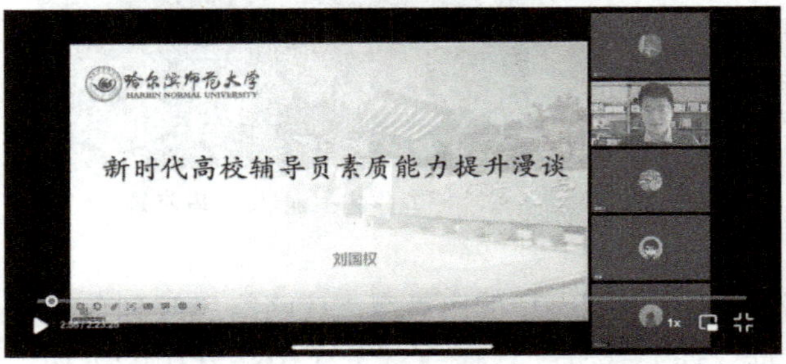

谈心谈话交流

培训交流合照

二是卓有成效的教练型教育者（ECE）认证培训。邀请北森生涯教练为成员做教练培训。围绕辅导员目标管理、动力提升、资源挖掘、行动促进和案例整合五个方面，提出了卓有成效的辅导员八项原则，聚焦师生面对面沟通过程中的倾听练习、情绪管理和有效反馈，引入福格模型、自信方程式、要事四象限、改变天秤等理论进行形象教学，针对学生工作中的常见案例及辅导员素质能力大赛中的谈心谈话案例共创解决方案。

三是生涯团体辅导认证培训（GCT）。邀请北森生涯高级培训师围绕团体辅导的基本概念、特征及团体动力等基础知识，系统聚焦团体辅导的招募和准备、深度引导技术、生涯辅导设计的技巧等进行实地教学。通过纸飞机、合作默剧、扑气球不落地、跳棋等团体游戏和小组活动，增强教师间的情感联结，指导辅导员更好地将其应用于后续团队活动的设计和开展。结合日常工作重难点，就如何利用团体辅导培养学生骨干、改善宿舍关系、提升班级凝聚力等进行有效提问，讨论设计适用于工作实际的团体辅导。认证培训聚焦于团体辅导的设计和应用，引导辅导员通过去个体化技术、连接技术、冲突去他化内引技术、升华见证技术等，更好地促进学生进行自我探寻和目标确立，完成团体赋能，为辅导员工作提出了新的角度和思维范式。

四是辅导员谈心谈话工作实训会。定期开展辅导员谈心谈话实训练习，梳理典型案例，通过现场抽取案例题目进行模拟谈话，并请专家进行现场点评，帮助辅导员提升谈心谈话能力。目前已开展内训一期，围绕辅导员日常工作中常见的几种典型谈心谈话主题出题，组织参训辅导员进行 5 分钟的模拟谈话和 1 分钟的总结表述。点评嘉宾针对命题意图、谈话技巧和谈话过程，进行讲解和点评，总结分享谈心谈话的模式和方法。

培训交流合照

谈心谈话实训练习

（三）指导日常谈心谈话的开展

一是定期举办辅导员下午茶活动，工作室成员可交流近期学生谈心谈话中遇到的困惑和难点，成员之间互相交流心得体会，提出积极建议，互帮互助，共同提升。

二是工作室成员在日常工作中如遇不好解决的学生谈心谈话问题，可及时向工作室进行反馈，工作室帮助协调有相关经验的辅导员进行一对一交流解惑。

三是通过工作室微信群和飞书群进行群内交流互动。

四是为工作室成员提供个性化服务，搜集各类谈心谈话能力提升线上培训资源，定期通过微信群和飞书群进行推送和分享，鼓励工作室成员有针对性地参与。

（四）规范工作室规章制度

1. 建设方案明确

工作室自成立以来，形成了完善的建设方案，制定了每一年的目标和建设任务，已经平稳顺利运行一年半，三个主要建设任务都取得了较大的工作成效。

2. 工作团队经验丰富

工作室主持人马丽娇具有 16 年一线辅导员工作经验，曾担任南开大学“直言职语”辅导员工作室主任，具有丰富的辅导员工作室建设经验。目前工作室有完善的工作机制和组织架构，每个组均有相应的负责人，负责人均为学院副书记和辅导员，在负责的组内具有较强的专业能力，能够确保工作室各项工作的顺利推进。

3. 考核办法详细

一是工作室由学校党委学生工作部统一管理和考核，工作情况被纳入年度辅导员工作考核加分项目。二是工作室学员参与情况由工作室工作组负责记录，年底颁发结业证书，并评选优秀学员(30%)。三是工作室学员缺勤率高于50%将自动退出工作室，年底不予颁发工作室结业证书。

4. 经费硬件支持有力

学校党委学生工作部为工作室建设提供了经费支持。工作室成员来自全校14个学院，党委学生工作部和相关学院都可以为工作室活动开展和建设给予场地等硬件支持。

四、工作室建设的优势和特色

(一)在成员交流融合上下功夫，搭建辅导员交流互动平台

辅导员通过参与工作室活动，彼此熟悉，分享经验，学习互动，互通有无，提升工作水平，结交工作朋友，加强职业认同。如工作室成员下午茶活动，会让成员就近期与学生谈心谈话交流中遇到的问题和难点进行互动，大家群策群力，分享经验，总结不足，还可以通过交流，释放工作压力，加强情感支撑，为成员更好地投入工作提供有力支撑。

(二)在个性化服务上下功夫，有针对性地帮助每一名辅导员成长提升

工作室调研每位辅导员的谈心谈话能力成长需求，为每位辅导员提供个性化指导服务，如一对一经验分享、分类别培训提升、热点问题专题研讨、具体案例分析讨论等，主动出击，提供支持，加强各类培训资源的分享推送，帮助每一名辅导员提升谈心谈话工作水平。

(三)在成果转化上下功夫，让工作机制可复制可传承

工作室不仅帮助辅导员提升谈心谈话工作能力和水平，还鼓励大家及时将好的经验做法转化为工作成果，撰写工作案例，推进教材编写，让成果服务于更多辅导员谈心谈话能力的提升。大学生思想教育和日常问题的解决都需要深入细致的谈心谈话，其工作技巧、方法、内容具有一定的可学习可复制可传承性，将典型案例及时总结为文字案例，并集结成册，可以帮助更多年轻辅导员提升工作水平。

(四)在资源共享上下功夫，以点带面推动辅导员整体工作水平提升

南开大学拥有全国高校辅导员培训基地，为工作室建设提供了强有力的后盾。一方面，工作室可以充分利用学校基地培训的师资力量，选拔优秀的成员参加相关培训；另一方面，工作室组织的各项活动也会根据工作需要面向全校辅导员公开，加强资源共享。工作室建设过程中所涌现的优秀辅导员也会回归所在学院，带动身边辅导员共同成长。工作室将通过以点带面的方式，让部分辅导员先成长起来，再逐渐带动更多辅导员参与工作室活动，共同提升谈心谈话工作水平。

五、工作室建设的未来规划

未来，工作室将围绕成果转化和培训交流深入推进工作。

在成果转化方面，一是开启案例征集的第二阶段，面向全体辅导员和其他高校优秀辅导员广泛征稿，鼓励老师们结合学期内的日常工作，将工作中积累的谈心谈话案例，尤其是在与学生接触过程中遇到的新问题和构建的新方法及时记录下来，踊跃投稿，共同汇编谈心谈话案例集，为更多辅导员提供有力支持；二是推进案例集中审稿、修订工作，针对征集的案例，教材编写组将开展经常性的交流会，集中审稿，并邀请专家指导，为每篇谈心谈话案例逐一进行点评，形成书面点评意见，丰富案例成果；三是梳理、总结谈心谈话的内容、意义、原则和方法论，梳理理论要点，丰富案例集的内容层次，将理论概述和案例汇编有效结合。

在培训交流方面，进一步加强各类培训资源的分享和推送，开展相关技能认证培训和模拟训练，提升辅导员谈心谈话的业务能力和工作实效；搭建线下交流互动平台，定期组织辅导员下午茶等活动，加强成员间的交流互动，使老师们可以经常性面对面地交流日常工作，相互借鉴经验，真正为学生解决更多的实际困难和问题。

“美思艺想”工作室

——广西壮族自治区高校高水平辅导员工作室

一、工作室主持人简介

工作室主持人　刘金玲

刘金玲，女，中共党员，广西师范大学专职辅导员。第一批广西高校高水平辅导员工作室、广西师范大学“美思艺想”工作室主持人。连续20年坚守一线岗位，以辅导员的深沉大爱守好学生的心、守好学生的思、守好学生的行，以“大美”赋能青年成长，获评全国教育系统先进工作者、第十五届全国“高校辅导员年度人物”提名、自治区优秀教育工作者、广西“高校辅导员年度人物”（2次）、自治区党委教育工委优秀党务工作者等多项荣誉称号。入选首批“广西高校思想政治教育杰出人才支持计划”骨干教师。

二、工作室简介和定位

“美思艺想”工作室是广西师范大学于2019年7月正式授牌的首批校级辅导员工作室，于2022年12月入选第一批广西高校高水平辅导员工作室培育建设项目，于2024年1月正式挂牌。工作室坚持弘扬中华美育精神，立足于青年大学生的理想信念教育和价值引领，创新工作方法、手段和载体，以美育人、以美化人、以美固元，努力培养心灵美、形象美、语言美、行为美的新时代青年。

目前，工作室在广西师范大学雅园“一站式”学生社区和网络思政社区建有2个线下美育实践中心，常态化开展“志美行厉”沉浸式体验活动，举办“唯美有道”辅导员圆桌论坛，同时在桂林市卓然学校、独秀书房、乡村振兴援建点“猴背村”等单位共享多个校外美育空间实体；线上建有“美思艺想”工作室微信公众号，学生团队原创工作室logo、IP形象“大思”“小美”，独立拍摄、制作剪辑工作室宣传片等。

工作室在建设过程中，注重转化育人成果，打造精品项目，形成可操作、可示范、可推广的先进经验和典型做法，凝练“思政+美育”品牌案例，产生辐射效应；同时在与其他辅导员工作室的交流互鉴中，搭建辅导员“学习成长共同体”，共同探索新时代高校思想政治教育工作的创新理论和有效实现路径。

三、工作室的建设情况

（一）建设背景

2013年，党的十八届三中全会提出“改进美育教学，提高学生审美和人文素养”；2015年，国务院办公厅印发《关于全面加强和改进学校美育工作的意见》；2019年，教育部印发《关于切实加强新时代高等学校美育工作的意见》；2020年，中共中央办公厅、国务院办公厅印发《关于全面加强和改进新时代学校美育工作的意见》。新时代学校美育要与党的教育方针政策同向同行，与学生全面发展的迫切要求同向同行，进一步强化美育的综合育人功能。

（二）建设目标

工作室坚持以立德树人为根本任务，强化美育育人功能，充分发挥美育的综合育人价值，以美培元，以美育人，向美而行，持续提升学生的审美和人文素养，培养德智体美劳全面发展的社会主义建设者和接班人。

1. 坚持正确方向，以美培元

坚持弘扬社会主义核心价值观和传承中华优秀传统文化，整合相关学科的美育内容，增强青年大学生文化主体意识，构建网络化、智能化、数字化的线上线下相结合的美育空间，以美培元，筑牢青年大学生理想信念根基，让祖国青年一代身心健康成长。

2. 坚持面向全体，以美育人

建立健全面向人人的美育育人机制，丰富艺术实践活动，常态化开展艺术展演和艺术创作，让所有在校学生都享有接受美育的机会，促进美育和其他学科中蕴含中华美育精神特质的部分有机契合，以美育人，促进学生德智体美劳全面发展。

3. 坚持改革创新，向美而行

以学生发展为中心，注重艺术专业学生和非艺术专业学生的不同层次需要，深化美育综合改革，以大数据调研整合学生艺术需求，在推进专业艺术教育和艺术师范教育的改革发展上与学校形成合力，向美而行，共同构建充满活力、开放高效的美育新格局。

（三）团队成员

工作室设有主持人1名，聘请校内外双导师作为专家指导，核心骨干成员9名，学生干部按照运营部门需要配备若干名。团队成员基本都是一线专职辅导员，占比达75%，专业背景涵盖美学、心理学、文学、法学、社会学、音乐学、美术学等，在年龄、职称等方面进行梯队式优化设计，“导师指导+主持人负责+团队支持+学生骨干参与”的运行机制效果显著。

（四）建设成效

工作室经过探索期、筹备期和培育建设期，在组织架构、体制机制、理论研究、实践探索等方面都取得了显著成效。

1. 体制机制健全

一是建设目标明确。工作室在建设过程中，遵循美育特点，挖掘美育的核心意义和价值，引导青年学生在感悟美、创造美、传播美的过程中激励精神，坚定信念，树立正确的审美观念，陶冶高尚的道德情操，塑造美好心灵。二是组织架构合理。团队成员按年龄配比，涵盖多学科背景，兼顾职称和学历，具备梯队培育优势；成员个人素质能力优，指导学生团队经验多，具备争先协作优势。三是运行机制有效。依托竞赛和科研项目，常态化开展艺术创作和艺术展演，指导学生团队产出系列文化精品项目；下沉"一站式"学生社区，打造美育体验中心，建立健全"美育面向人人"机制，近万名学生受益；校内承办"新时代辅导员工作坊"，校外进行专题讲座和理论宣讲，搭建交流平台，强化辅导员队伍建设。

工作室开展系列美育体验活动

2. 理论成果丰富

工作室主持人主持并顺利结题国家社科基金艺术学青年项目 1 项、广西高校大学生思想政治教育理论与实践研究课题 1 项、其他各级各类科研课题 10 项。团队成员作为主要参与者完成的《以西南剧展为核心的美育改革》案例，荣获全国第六届大学生艺术展演活动高校美育改革创新优秀案例一等奖；出版专著《望道之路——大学生学术型社团的培育与发展之路》1 部；作为参与者获得广西社会科学优秀成果奖三等奖和广西教学成果奖一等奖。

3. 实践成果显著

近年来，工作室主持人指导学生团队以"四史""社会主义核心价值观""校史""抗疫"为主题，原创 60 余项系列文化艺术衍生品，获校级奖励 24 项、自治区级及以上奖励 16

项。受邀到全国高校学工队伍能力提升班进行专题授课、分享育人经验 20 余次。多次组织开展美育实践活动，其中“三省四校云端沉浸式党课”得到“学习强国”学习平台、《光明日报》等主流媒体关注报道。团队成员荣获第八届广西高校辅导员素质能力大赛二等奖、第十一届广西高校辅导员素质能力大赛一等奖，作品《我唱山歌给党听》荣获第五届全国高校网络教育优秀作品推选展示活动新媒体作品二等奖。

活动照片

（五）建设条件和保障

1. 政策指导

工作室根据中共中央、国务院办公厅《关于全面加强和改进新时代学校美育工作的意见》，落实《广西师范大学新时代美育工作实施方案》要求，制定实施《“美思艺想”工作室建设实施细则〈试行〉》，为工作室建设提供政策指导。

2. 队伍保障

工作室实行双导师制，校外聘请全国“最美高校辅导员”李青山教授、校内聘请马克思主义学院博士生导师张红教授为工作室发展把舵。团队成员在年龄、职称、专业背景等配比适度，一线专职辅导员占比 75%，为工作室建设提供人员保障。

3. 经费和场地保障

工作室 2022 年 12 月入选第一批广西高校高水平辅导员工作室培育建设项目，广西教育厅投入专项经费支持，学校提供专门建设场地和学生工作专项经费，为工作室健康持续发展提供支持。

四、工作室建设的优势和特色

（一）深化美育改革，形成聚合力

围绕美育课程中的课程设置、课堂管理、教学效果、课程吸引力等问题，充分运用现代化信息技术手段，依托大数据等，分析大学生的学习态度、学习目的、学习行为、学习成绩等情况，形成基于学校学生美育课程育人效果的调研报告并进行反馈，形成育人合力。

（二）推进文化传承，扩大影响力

不断深化文化传承，大力推进主题性艺术创作活动，推广校本原创文化精品，创作深入生活、讴歌时代、扎根人民的优秀作品。大力推广惠及全体学生的话剧展演、校园红歌快闪、艺术实践工作坊等学习实践活动，扩大美育覆盖面和影响力。

（三）强化社会意识，提升服务力

注重强化艺术服务社会意识，开展美育浸润计划和“艺术乡建”寒暑假社会实践活动，依托已有的“小雨滴”“童心绘梦”等公益团队继续支持乡村中小学美育基础教育，同时提升在校大学生的社会服务能力。

五、工作室建设的未来规划

（一）平台建设的深化升级

一是现有场地的升级，依托广西师范大学美术馆等资源，筹建打造中华优秀传统文化和美育数字化体验中心，努力建成面向校内外开放的美育参观实践基地；二是加强线上微信公众号的运营推广，包括内涵上的升级、技术上的突破，扩大宣传阵地的覆盖面和影响力。

（二）品牌活动的优化培育

以“工作室开放日”等形式常态化开展系列沉浸式美育体验活动；以“党课我来讲”“送书下乡”“秋季丰收村晚”凸显特色，赋能乡村文化建设；筹办自治区辅导员圆桌论坛，在交流学习中促进辅导员队伍建设。

（三）建设成果的转化运用

总结经验，凝练品牌，产出系列工作案例和短视频，积极申报思想政治教育精品项目和科研课题；依托辅导员圆桌论坛，征集发表系列论文；加强与校外高水平辅导员工作室的交流学习，在宣传推广工作室建设成果的过程中凝聚合力，发挥示范辐射作用。

“五航工程”辅导员工作室

——广西壮族自治区高校高水平辅导员工作室

一、工作室主持人简介

工作室主持人 林燚宁

林燚宁，男，中共党员，教授，广西交通职业技术学院党委学生工作部、武装部副部长(主持工作)。2019年入选广西高校思想政治教育杰出人才支持计划，第一批广西高校高水平辅导员工作室“五航工程”辅导员工作室主持人，广西高校“三全育人”示范综合改革示范院系负责人，全国高校党建工作样板支部负责人。主持省厅级课题11项，同时作为主要参与人参与省厅级课题30余项。在北大中文核心期刊和广西优秀期刊以第一作者身份公开发表学术论文20多篇；获得国家级教学成果一等奖1项，省级教学成果一等奖2项、二等奖1项，承担自治区课程思政示范课3门。获全国“高校辅导员年度人物”入围奖、广西高校优秀共产党员等省级及以上荣誉30多项。

二、工作室简介和定位

工作室拟通过资源整合，为辅导员成长提供指导、帮助和交流互动的平台，立足学校，辐射广西，围绕立德树人根本任务，为辅导员建“思想库”“经验池”和“信息站”，致力于打造全自治区高校辅导员交流、学习和分享平台。邀请全国优秀辅导员、全国“最美高校辅导员”、全国“高校辅导员年度人物”、全国思政骨干、全国教育先进工作者和全国高校辅导员素质能力大赛获得者等一批先进人物担任工作室专家顾问，建立学校辅导员稳定的培训体系；通过发挥学校辅导员队伍人才优势，拓宽辅导员队伍交流学习平台，加强辅导员队伍建设，打通辅导员成长渠道。

三、工作室的建设情况

(一)把准学生成长规律，协同工作室和辅导员队伍动能转换

把握规律是做好思想政治教育的着力点。立足工作实际，扎根于学生工作现实土壤，着眼于规律研究，总结工作室的成果和辅导员队伍建设协同育人的经验。把握好客观规

律，将工作室探索和积累的模式积极主动融入日常思政教育之中。一是围绕党史学习教育规律，加强大学生的党史学习教育，使大学生更加坚定“四个自信”，增强实现中华民族伟大复兴的中国梦的责任感和使命感。二是紧跟大学生成长的需求规律，探究青年学生“看”什么、“想”什么、“干”什么，主动学习、研究和占据阵地，进行思想引导和价值引领。三是紧跟大学生思想政治教育工作的变化规律，力争实现从内容影响到文化引领的提升。四是以党建为引领，以工作室为基地，以文化为抓手，在思想政治教育上，通过辅导员带动、宿舍间联动、特色活动牵引、党员和入党积极分子联合推动，使学生教育工作载体更有特色、抓手更加多样、成效更加显著，协同创新，同向同行，实现党建引领，党史学习教育持续推进，宿舍红色文化建设和日常思政教育有机融合，共同助力立德树人、铸魂育人的根本任务。

（二）聚力时代新要求，共克学生管理难题

一是宿舍文化建设的思想政治教育实施路径研究。通过实施党建文化“进宿舍”工程，加强学生的思想政治教育，形成以“九无、六亮、三齐”卫生达标为基础的学习型、活力型、友好型、技能型等正能量宿舍。

二是提升班干部工作能力的“思政 30 分”小课堂试点研究。通过班干部“思政 30 分”小课堂帮助班干部坚定克服困难的信心，促进他们提升岗位技能，加快班干部从技能成熟到思想成熟。

三是提升学生党员培养质量的入党积极分子常态化教育研究。工作室参照《中国共产党党员教育管理工作条例》对入党积极分子实施常态化教育，提升党员培养质量。

四是流动优秀班级机制下的后进学生驱动力研究。通过实施“十百千”行动计划优秀班级评选制度，强化后进学生的集体意识，通过集体作用驱动学生积极向前。

五是高素质技能型人才培养视域下的课程思政实践研究。大力实施与高职学生相关的劳动精神、工匠精神、行业文化等方面的思政教育，紧扣教师与学生两大主体，搭建思政教育新平台，逐步探索航海类专业思政教育新途径，开展新时代大学生期待的思想政治教育。

六是“校园职场化”劳动育人平台研究。践行劳动思政教育理念，在学院“三全育人”体系建设背景下，树立“劳动光荣”的观念，增强学生的劳动意识和爱国意识。

七是班级导师制在学生思想政治教育中的作用研究。通过聘请党内外专任教师作为班级导师，提升非党员专任教师在学生思想政治工作中的作用。

（三）工作室成员素质拔节高，学生管理育人出成效

1. 团队互促共进，工作业绩显著

一是团队建设“建”出新成效：党团教育方式创新化。以学生宿舍为建设点，结合学生专业特色，组织辅导员一起布置航海文化宿舍区、资助文化宿舍宣传区、“茶谈”文化宿舍区等；给每一位入党积极分子“贴标签”“亮身份”，让其接受全体师生的“考察”；划分宿舍卫生“责任区”，充分发挥青年大学生的责任与担当。

二是跨越式发展“发”出新动力：常规性工作规范化。提升辅导员队伍工作效能；建立

学业预警，营造“比、学、赶、超”的学习氛围；与辅导员一起实施“十百千”行动计划（打造10个先进班集体，选树100个青春榜样人物，实现1000张荣誉证书表彰），立标杆、树典范，解决“后进生”迷茫、内生动力不足问题。

2. 管理工作系列化，管理成果品牌化

工作室成员在工作室的指导下和团队成员的交流协作中相互进步，促进手头工作有谋划、成系列。经过建设，工作室成员的学生管理工作形成了品牌，自编了囊括学生心理工作、资助工作、团学工作、安全工作等10本学生工作手册，航海工程学院微信公众号推出了立德树人系列工作总结和宣传9篇。

主持人与曲建武老师合影

3. 班级建设有活力，宣传引领树立榜样

班级管理工作是工作室成员的主要工作职责之一，如何管理和建设好所带班级是团队成员常讨论的问题。经过工作室的总体谋划，强化榜样宣传，促进个人带动班级，班级推动学院，航海工程学院微信公众号推出了“时代新人”系列个人宣传文章30篇、“感动我的精神故事”系列文章36篇、“强国有我（班）”系列文章20篇。

四、工作室建设的优势和特色

（一）工作基础：早谋划、强落实，把高质量育人“强能级”平台奋斗出来

2020年12月，由学校党委牵头，林燚宁主持成立校级辅导员工作室（学校唯一）。工作室成立以来，积极推进工作室的建设工作，认真制定团队的发展规划，加强团队建设，在校内组织开展辅导员工作业务培训52次。同时，为增强工作室的“动能转换”，提升学习效果的辐射影响力，2021年7月，广西大学承接的北海职业学院辅导员培训班在工作室举行交流活动；桂林电子科技大学、广西国际商务职业技术学院、广西工业职业技术学院辅导员和广西电力职业技术学院辅导员，先后到工作室现场教学和考察交流。工作室主持人先后受邀到广西民族大学、河池学院、南宁职业技术学院、广西现代职业技术学院、广西国际商务职业技术学院、广西英华国际职业学

工作室交流活动

院等高校作经验分享，同时和全国300多名辅导员面对面交流。工作室成果被“学习强国”学习平台、全国高校思想政治工作网、人民网、广西电视台等报道20余次，持续扩大了学校思想政治教育在社会上的影响力。

（二）研究基础：注重实践、成果转化，把高质量育人“真实效”奋斗出来

工作室主持人注重科学研究，善于思考和总结，把理论研究与日常教育相结合，把学生工作中遇到的问题当作课题深入研究。2017年以来，他先后主持立项或完成厅级及以上课题7项，主持完成校级课题2项，参与完成或在研厅级及以上课题21项。其中2020年主持完成广西高校大学生思想教育理论与实践研究重点项目课题“现代学徒制模式下辅导员与企业师傅间沟通合作机制与实践研究”并得到应用推广；2018年以来，工作室主持人先后在《教育与职业》《广西教育》《教育观察》等刊物上以独著或第一作者的身份发表《产教融合背景下高职学生教育管理的特点、困境及出路》《航海类学生千日成长“五航”工程育人服务体系探讨》等与辅导员工作相关的论文12篇(其中2021年在北大核心期刊发表论文2篇)，形成系统性研究成果；在广西高校思想政治教育调研报告评比中2次获得三等奖；指导学生参加省厅级思想教育工作学工项目比赛获奖7项；参与的“公路与桥梁检测技术”课程建设获2021年广西课程思政示范课；获得广西职业教育自治区级教学成果一等奖2次，其成果已被北部湾大学、北海职业学院等多所高校应用。

（三）队伍基础：实施学生工作“大培育、强品牌”行动，把高质量育人“好项目”奋斗出来

坚持以立德树人为根本任务，以“思想导航、新生启航、优秀领航、分类护航和文化远航”的“五航”工程学生工作品牌为基点，打造一个“十百千”行动计划学生工作品牌。以“为党育人、为国育才”为目标，以“创双高”为方向，从“实”从“深”开展各项学生管理工作，坚持以学生为中心打造“十百千”行动计划学生工作品牌，实施“两项工程”，打固“三大基础底色”，开展“四大教育”，做到“五深入”，办好“六大活动”，培育“七项”学生工作特色案例，抓好“八大常规工作”，录制“九大主题教育”微视频，策划编辑“10+1”本学生工作指导手册。推出“强国有我(班)”系列推文41篇；以“我眼中的英雄人物”为主题，推出10个讲述英雄人物的视频；以2018级先进个人等为对象，编辑出版《学子春秋》；2022年组织的“见证千年平陆运河，看广西交通新变化”发展成就观察团“三下乡”暑期社会实践活动获评全国重点团队；编制《学生千日成长手册》等10本学生工作手册，解决了思政工作“最后一公里”问题。这些创新品牌项目为职业院校加强文化育人，监控文化育人质量，引导学生全面发展、主动发展、个性发展贡献了新经验。

学校党委陈湘如书记指导工作室活动开展

三、工作室建设的未来规划

（一）以高品位实践创新，搭建辅导员“强能级”学习交流平台

工作室在实践创新上按照站位有高度、育人有温度、实践有力度、工作有韧度、成效有广度的“五度”思路，以“思政+载体”夯实思想导航、“活动+形式”助推新生启航、“特长+培养”落实分类护航、“内容+传播”推动文化远航、“榜样+宣传”引领优秀领航等五个工程充分结合十大育人体系，构建“三全育人”格局，与第二课堂活动深度结合，充分利用世界海员日、中国航海日等海事“四日”，开展航海科普特色活动。

（二）以高质量团队建设，搭建辅导员“共同体”培养平台

一是打造工作室成员成长共同体。从共同分享信息、共同申报课题、共同撰写论文、共同编撰书籍等四个方面合作共建。二是打造校内辅导员发展共同体。充分发挥工作室辐射作用，以点成线、以线成面的方式影响带动全校辅导员素质能力提升，切实提高辅导员队伍对思政育人项目、科研项目的关注度和黏着度。

（三）以高水平成果转化，推动辅导员育人成效“新动能”

为实现将工作室打造成辅导员工作交流的重要载体、辅导员素质能力提升的重要阵地、学生工作理论研究与实践创新的重要平台这一目标，工作室着力将教学、科研、成果转化、项目孵化等价值链条充分融入辅导员专业化职业化发展及人才培养全过程，取得一系列高质量成果。

邵清友辅导员名师工作室

——云南省高校辅导员名师工作室

一、工作室主持人简介

工作室主持人　邵清友

邵清友，男，副教授，现任云南艺术学院学生工作部副部长。云南省首批高校辅导员名师工作室——邵清友辅导员名师工作室主持人。在学生事务管理和学生思想政治教育过程中，以问题为导向，不断实践探索，改进工作方法、创新工作思路，形成了多项品牌工作。获全国“高校辅导员年度人物”、云南省“高校辅导员年度人物”、云南省高校工委优秀共产党员、云南省优秀共青团干部、云南省普通大中专学校毕业生就业先进工作者、云南省学习贯彻党的十九大精神——高校优秀辅导员校园巡讲活动优秀宣讲员等荣誉；多次获校级优秀辅导员、优秀班主任、优秀党务工作者、优秀辅导员标兵等荣誉。

二、工作室简介和定位

邵清友辅导员名师工作室由全国十佳辅导员邵清友老师担任主持人，牵头带领学校学工干部和骨干辅导员开展工作，立足云南艺术学院实际，学习全国优秀工作室经验，围绕科研、实践、网络、心理四个方向开展工作。来自全校各二级学院的优秀辅导员参与工作室的建设和管理，以工作室建设为契机，以解决学生思想政治工作的实际问题为出发点，探索解决问题的方法和路径，积极探索形成可复制、可推广的经验，总结经验形成制度体系辐射全校，使辅导员队伍人才逐步形成梯队、骨干形成团队、带头人形成核心，为辅导员队伍专业化发展提供持续动力，助力辅导员队伍建设和思想政治教育工作能力提升。

工作室以“1124”（一个宗旨、一项制度、两个平台、四个方向）建设思路为基础，本着以学生为中心的宗旨，按照工作室管理制度，充分用好线上线下两个平台，围绕科研、实践、网络、心理四个方向，通过查找问题、专题研究、成果推广、选派进修、评选先进等方式，将工作室建设成为辅导员工作交流的重要载体、辅导员职业能力提升的重要阵地、学生工作理论研究与实践创新的重要平台，最终提升大学生思想政治教育工作实效，服务大学生成长成才。

三、工作室的建设情况

（一）加强理论学习方面

紧紧围绕立德树人根本任务，深入贯彻落实辅导员队伍专业化职业化专家化建设的具体要求，定期组织带领辅导员系统学习党的理论知识、大学生思想政治教育、大学生发展指导和大学生事务管理等方面的知识，掌握《高等学校辅导员职业能力标准》中规定的辅导员应具备的职业知识。

（二）切实服务学生方面

一是带动全校辅导员围绕学生、关照学生、服务学生。以学生日常工作为基础，以工作项目为抓手，不断提高工作水平和服务质量，让工作室建设与实际工作不成“两张皮”。二是带领辅导员团队深入一线工作，切实解决大学生在学习与生活中的思想问题和实际问题，以就业指导和心理健康为重点，初步形成一套有效的教育模式。三是以学生需求为导向，带领团队结合专业协助学校设计学生公寓庭院景观提升项目，积极打造宿舍文化节和雨花文创周品牌活动。

（三）培育优秀团队方面

一是工作室建设以来，团队成员从开始的 9 人增加到 18 人，其中主持人 1 人、核心骨干成员 11 人、辅助成员 6 人，并结合学校人事调整及人员调动情况，开展工作室成员退出及增补工作。二是每月利用辅导员例会，组织一期辅导员工作案例学习分享和研讨活动，目前已分享 30 余个工作案例。三是承接辅导员校内培训工作 7 期、校外培训工作 16 期，逐步形成老带新培养机制；协办高校辅导员培训 1 期，来自全国其他院校 40 余名辅导员共同参加了本次培训。

（四）开展科学研究

一是以学校学生日常教育管理工作实际为基础，对项目不断探索新途径、新方法、新模式。二是团队成员共计完成国家级科研成果 2 项、省级科研成果 3 项，完成专著《高校辅导员核心素养提升策略研究》。三是协助学生工作部研究制定《云南艺术学院辅导员专项岗位津贴发放管理办法（试行）》《云南艺术学院大学生思想政治教育专业技术职称评审管理办法（试行）》等相关制度。

（五）形成成果体系

团队成员在新生入学教育方面形成体系，具有可推广的大学生思想政治教育模式；在征兵工作和班主任考核机制方面形成有效可行、可推广的工作模式；就业工作案例、入学教育工作体系和学生社区化建设得到其他学校借鉴和上级部门报道。

（六）建设成效方面

一是聚焦主业，助力学生成长成才。团队成员指导学生先后在“互联网+”大学生创新创业大赛、全国大学生“爱我国防”主题演讲大赛、全国大学生网络文化节、大学生职业生涯规划大赛、大学生模拟求职大赛中取得优异成绩。张露月荣获全国大学生“爱我国防”主题演讲大赛一等奖，斩获“时代新人说——我和祖国共成长”青春力量全国高校青年师生演讲比赛银奖，荣获第十五届云南省“大学生年度人物”。此外，学生在第四届全国大学生网络文化节荣获一等奖 1 项、三等奖 1 项、优秀奖 2 项。

二是拓展平台，扩大服务学生领域。团队成员充分利用微信、QQ、短视频等网络平台，拓展服务学生、管理学生的时空平台，通过平台帮助学生解答问题、传递正能量消息，得到学生的一致好评。截至 2023 年底，工作室短视频平台发布作品 360 余条，不断提升影响力，学生教育服务管理不断增强实效性。

三是开展讲座，引领师生共成长。团队成员面向广大学子开展了 40 多场专题讲座，贴合学生生活，结合当下政治热点对学生进行思想引领，如开展了“新生入学教育——我的大学理想”“大学生学生干部培训”“本科生素质能力提升讲座”“辅导员职业发展与能力提升”等讲座。通过主题报告，增强了青年学子进行理想信念教育的实效性。除此之外，团队成员先后在省内外等 20 余所高校，面向 1000 多名高校辅导员分享了作为辅导员的心得体会，介绍了辅导员成长的经验。

四是加强培训，提升团队成员素质能力。团队成员获云南省第六届高校辅导员工作优秀论文评选一等奖 1 次、二等奖 1 次、三等奖 1 次，1 人获评第十一届云南省最受学生敬佩辅导员、2 人获评云南省高校优秀辅导员，1 人获第十二届云南省“高校辅导员年度人物”、1 人获评云南省高校优秀辅导员，2 人获评云南省 2020 年易班“十佳辅导员”。朱立霞荣获云南省第十七届职工职业技能大赛“高校辅导员技术状元”称号和“云南省五一劳动奖章”；邵清友被云南省教育厅推荐参选教育部第五批高校思想政治工作中青年骨干队伍建设项目。

五是潜心研究，工作经验得以推广。不断优化管理模式，科学构建大学生思想政治教育管理体系，坚持学生工作例会正常化。紧紧围绕“大思政”格局不断完善队伍建设和提升工作水平。将培育和践行社会主义核心价值观融入教育教学全过程和各环节，利用重要节庆日、重大事件、新生入学教育、毕业生离校教育等特殊时期开展专题思想政治教育，将爱国主义教育、民族团结进步教育和时代精神教育、爱家爱校教育等融入日常管理教育中。在工作实践中形成多项品牌，被本校及其他学校推广运用。以超文本标记语言（H5）为核心的特色融媒体就业工作入选云南省 2020 届毕业生就业创业工作典型案例。新生入学教育“四个结合”扎实开展第一课被《云南日报》、云南省教育厅官方微信公众号专题报道。

四、工作室建设的优势和特色

（一）结合日常工作项目突出网络思政教育

创新思政教育的形式，将传统的思政教育内容转化为生动有趣的短视频，传递思政理念，提高思政教育的趣味性和实效性。学生可以更加方便地参与到思政教育中，例如通过投票、评论等方式与工作室活动进行互动，提高学习积极性和参与度。通过直播等形式邀请专家学者进行专题讲解、展示校园文化活动和选树学生榜样，传递正能量和主流价值观，提高思政教育效果，推动网络文化建设。工作室团队 3 年来运营“云艺邵清友工作室”网络思政短视频平台，在全省学生思想政治工作实践领域已有一定的影响力，已经自然转化为工作室推介平台。截至 2023 年底在视频号和抖音平台推送学生工作项目短视频 360 余条，推送学生工作项目 10 余项。

（二）提升学生工作能力

通过工作室日常项目促进辅导员工作方法、模式的变革和升级，创新构建学生工作“四个一”模式（一次会议，集中管理；一张清单，统筹部署；一张推进表，落实监督；一份反馈表，强化服务），优化学生管理工作机制。以问题为导向，结合学生工作实际，不断完善学生工作流程设计。突出过程管理和结果管理，精简会议，精简发文，达到学生工作“放管服”目标，提升学生工作团队建设和工作效能。

五、工作室建设的未来规划

（一）聚焦网络思政

着力打造“云艺邵清友工作室”线上网络思政教育平台。一是以短视频创作为主要方向，在视频号和抖音公众号平台的基础上，逐步拓展至快手、秒拍、今日头条、小红书、哔哩哔哩等传播平台，推选展示一批校园网络文化作品，引领建设校园网络新媒体矩阵。二是丰富网络内容，积极做好“大学生网络文化节”“高校网络育人优秀作品推选展示”“网络文明进校园”等网络文化建设活动，推广展示一批“网络名篇名作”，建设一支“政治强、业务精、作风硬”的网络工作队伍。

（二）打造线下品牌项目

一是依托大学生职业生涯规划课程和全国大学生职业规划大赛，结合课程内容和比赛要求，开展线下活动，向更多的大学生普及职业生涯规划的重要性，帮助他们认识职业生涯规划对未来职业发展的影响，使大学生更好地了解自己的兴趣、优势和职业能力，更加明确自己的职业方向和目标。二是打造大学生卓越训练营。每年以学生自愿报名、竞选入营的组织方式举办 1—2 期训练营。通过培训和活动，针对大学生的不同需求和特点，提供全方位、系统化的培训和锻炼，提升大学生综合素质和能力，拓展人际交往和沟通能力，培养领导力和自信心，增强就业竞争力和职场适应能力，帮助学生更好地应对职场挑战和未来发展。三是打造新生话题。带领辅导员策划线下与线上同步的新生话题，引领新生快速融入大学环境，传递积极向上的价值观，鼓励新生树立正确的学习态度和生活态度，积极面对挑战和困难；帮助学生认识自己的专业和未来可能从事的职业领域，从而提高他们的自我认知和职业规划意识；帮助新生增强心理健康意识，提高其应对压力和挑战的能力；加强辅导员与新生之间的信任和互动，为今后的学生工作打下坚实的基础；展示学校的特色优势、校园文化和学生风采，提升学校的品牌形象和知名度，同时增强校友对母校的归属感和认同感。

（三）提升团队科研水平

通过工作室活动项目和辅导员日常工作内容，工作室成员养成“在工作中加强研究，在研究中促进工作”的良好习惯，具备在省级及以上期刊发表论文、独立主持省级及以上与大学生思想政治教育相关课题的研究能力。

第三篇 附录

附录1　全国省级高校辅导员工作室立项情况一览表

省(区、市)	2012	2013	2014	2015	2016	2017	2018	2019	2020	2021	2022	2023	备注	数量/个
北京					立项	立项						立项	2016年10个第一批北京市高校“辅导员工作室” 2017年12个第二批北京市高校“辅导员工作室” 2023年30个北京市高校思政工作创新示范工作室、15个北京市高校思政工作创新示范工作室(培育类)	67
天津												立项	2023年10个第一批天津市高校辅导员工作室	10
河北									立项				2020年16个河北省高校辅导员领航工作室	16
山西													无	0
内蒙古							立项		立项	立项			2018年31个第一批内蒙古自治区高校思想政治工作名师工作室 2020年38个第二批内蒙古自治区高校思想政治工作名师工作室 2021年32个第三批内蒙古自治区高校思想政治工作名师工作室	101
辽宁									立项、培育通知		立项		2020年20个第一批辽宁省高校辅导员名师工作室、20个培育对象 第一批20个培育对象2022年获批第二批辽宁省辅导员名师工作室 第二批20个培育对象仍在培育中	60
吉林												立项	2023年21个吉林省高校辅导员名师工作室	21
黑龙江									立项				2020年12个第一批黑龙江省高校辅导员名师工作室	12

续表

省(区、市)	2012	2013	2014	2015	2016	2017	2018	2019	2020	2021	2022	2023	备注	数量/个
上海	立项		立项	立项			立项					立项	2012 年 2 个上海市高校辅导员名师工作室 2014 年 6 个上海市高校辅导员名师工作室 2015 年 7 个上海市高校辅导员名师工作室 2018 年 10 个上海市高校辅导员名师工作室 2023 年 7 个上海市高校辅导员名师工作室	32
江苏											立项		2022 年 15 个第一批江苏省高校网络思政名师工作室	15
浙江												立项	2023 年 15 个浙江省高校辅导员名师工作室	15
安徽			立项		立项	立项	立项	立项	立项			立项	2014 年 20 个第一批安徽省弘扬核心价值观名师工作室 2016 年 36 个第二批安徽省辅导员名师工作室 2017 年 35 个第三批安徽省辅导员名师工作室 2018 年 32 个第四批安徽省辅导员名师工作室 2019 年 50 个第五批安徽省弘扬社会主义核心价值观名师工作室 2020 年 25 个第六批安徽省弘扬社会主义核心价值观辅导员名师工作室 2023 年 20 个第七批安徽省弘扬社会主义核心价值观名师工作室	218
福建												立项	2023 年 15 个第一批福建省高校辅导员名师工作室	15
江西									立项			立项	2020 年 10 个江西省高校辅导员名师工作室 2023 年 10 个江西省高校辅导员名师工作室	20

续表

省(区、市)	2012	2013	2014	2015	2016	2017	2018	2019	2020	2021	2022	2023	备注	数量/个
山东		立项			立项				立项			立项	2013 年 7 个第一批山东省高校辅导员名师工作室 2016 年 12 个第二批山东省高校辅导员名师工作室 2020 年 11 个第三批山东省高校辅导员领航工作室 2023 年 14 个第四批山东省高校辅导员名师工作室	44
河南									立项		立项	立项	2020 年 10 个河南省高校辅导员工作室 2022 年 10 个河南省高校辅导员工作室 2023 年 10 个河南省高校辅导员工作室	30
湖北									立项				2020 年 8 个第一批湖北省高校学生工作示范团队	8
湖南				立项	立项	立项	立项					立项	2015 年 50 个湖南省高校辅导员名师工作室 2016 年 40 个湖南省高校辅导员名师工作室 2017 年 35 个湖南省高校辅导员名师工作室 2018 年 35 个湖南省高校辅导员名师工作室 2023 年 10 个湖南省高校辅导员综合发展名师工作室	170
广东			立项		立项		立项						2014 年 1 个第一批广东省名辅导员工作室 2014 年 3 个第二批广东省名辅导员工作室 2016 年 3 个第三批广东省名辅导员工作室 2018 年 50 个广东省骨干辅导员工作室	57
广西											立项		2022 年 35 个第一批广西壮族自治区高校高水平辅导员工作室	35
海南													无	0
重庆				立项		立项						立项	2015 年 4 个重庆市高校辅导员名师工作室 2017 年 4 个重庆市高校辅导员名师工作室 2023 年 5 个重庆市高校辅导员名师工作室、30 个辅导员工作室	43

续表

省(区、市)	2012	2013	2014	2015	2016	2017	2018	2019	2020	2021	2022	2023	备注	数量/个
四川											立项		2022 年 20 个第一批四川省名辅导员工作室	20
贵州						立项		立项		立项			2017 年 5 个第一批贵州省高校名辅导员工作室 2019 年 10 个第二批贵州省高校名辅导员工作室 2021 年 8 个第三批贵州省高校名辅导员工作室	23
云南								立项				立项	2019 年 16 个第一批云南省高校辅导员名师工作室 2023 年 6 个第二批云南省高校辅导员名师工作室	22
西藏													无	0
陕西						立项		立项					2017 年 20 个第一批陕西省普通高校辅导员工作室 2019 年 32 个第二批陕西省普通高校辅导员工作室	52
甘肃									立项	立项		立项	2020 年 10 个第一批甘肃省高校辅导员名师工作室 2021 年 7 个第二批甘肃省高校辅导员名师工作室 2023 年 14 个第三批甘肃省高校辅导员名师工作室	31
青海							立项	立项					2018 年 4 个青海省高校辅导员名师工作室 2019 年 2 个青海省高校辅导员名师工作室	6
宁夏												立项	2023 年 17 个宁夏回族自治区高校名班主任(辅导员)工作室	17
新疆									立项				2020 年 10 个新疆自治区首批高校名辅导员工作室	10
新疆兵团									立项	立项	立项		2020 年 4 个新疆兵团高校辅导员工作室 2021 年 4 个新疆兵团高校辅导员工作室 2022 年 4 个新疆兵团高校辅导员工作室	12

注：数据统计截至 2023 年 12 月 31 日。

附录 2　全国各省(区、市)高校辅导员工作室名单

2024 年度全国高校辅导员名师工作室公示名单

序号	工作室名称	院校	主持人	批准年份
1	高校智慧思政工作室	浙江树人学院	丁健龙	2023
2	“廿几青春”辅导员工作室	湖南大学	于涵宇	2023
3	壹小家辅导员工作室	石河子大学	于　磊	2023
4	“同心圆梦”辅导员名师工作室	南华大学	马　军[a、b]	2023
5	“满天星”辅导员实践育人能力提升工作室	南京大学	王宇伟	2023
6	“梁师益友”职业生涯发展工作室	华北电力大学	王栋梁	2023
7	王银思工作室	燕山大学	王银思[a、b]	2023
8	“生涯创新试验田”王晶生涯工作室	华侨大学	王　晶	2023
9	“润心工匠”辅导员素质能力提升工作室	郑州航空工业管理学院	王　强	2023
10	新时代雷锋精神种子培育工作室	辽宁石油化工大学	孔祥慧[a、b]	2023
11	“红梅引航”辅导员工作室	扬州大学	左红梅	2023
12	红色青春工作室	江西师范大学	付妍妍	2023
13	思向云端——云南大学辅导员网络思政工作室	云南大学	付秋静	2023
14	“向善”党团班级建设辅导员工作室	太原理工大学	冯　妍	2023
15	美美中南民族团结教育工作室	中南财经政法大学	尼加提·艾买提[a、b]	2023
16	“暖风”辅导员工作室	辽宁科技大学	曲文泉[b]	2023
17	“建功铸梦”辅导员工作室	青海建筑职业技术学院	朱　娜	2023
18	任怡辅导员工作室	郑州大学	任　怡[a、b]	2023
19	黑龙江省“知与行”辅导员素质能力提升工作室	哈尔滨工程大学	刘　正	2023
20	亦心工作室	天津大学	刘　佳	2023
21	“红色陇原”辅导员名师工作室	甘肃农业大学	刘　博[b]	2023
22	“吉杏花开”辅导员网络思政工作室	长春中医药大学	齐　勋[a]	2023

续表

序号	工作室名称	院校	主持人	批准年份
23	米娜工作室	宁波职业技术学院	米娜瓦尔·艾力[b]	2023
24	许森辅导员工作室	河南工业大学	许　森	2023
25	“精准把脉·个性支持·筑梦成才”——大学生发展支持辅导员工作室	华中科技大学	孙　伟	2023
26	“笃行”辅导员工作室	西南大学	李心悦	2023
27	信仰行路人辅导员名师工作室	沈阳工业大学	李青山[a、b]	2023
28	李佩洁辅导员工作室	中国人民大学	李佩洁	2023
29	“思创融合”辅导员领航工作室	北京科技大学	李勇威	2023
30	“萌哥有话说”辅导员专业化引领工作室	陕西科技大学	李　萌[b]	2023
31	薪火工作室	三亚航空旅游职业学院	李　雪	2023
32	“熠熠生辉”辅导员工作室	电子科技大学	李　毅[a、b]	2023
33	“匠心工商”辅导员名师工作室	安徽工商职业学院	杨　东	2023
34	“启承”育人工作室	重庆大学	杨联星[b]	2023
35	“铸魂领航”辅导员工作室	中南大学	连　选[a、b]	2023
36	高校大学生心理健康教育辅导员工作室	广东技术师范大学	肖孟琦	2023
37	“星火锦年”名辅导员工作室	贵州交通职业技术学院	肖　梅	2023
38	地学微风大学生网络文化工作室	桂林理工大学	吴田波	2023
39	“紫荆花匠”辅导员工作室	华南师范大学	何雪梅[b]	2023
40	就业余谭网络育人工作室	保定职业技术学院	余良川	2023
41	“同心圆”民族团结教育工作室	西安交通大学	库来西·依布拉音[a、b]	2023
42	汪导在线工作室	上海交通大学	汪雨申[a、b]	2023
43	沈晓倩思政名师工作室	内蒙古师范大学	沈晓倩[b]	2023
44	“致远”名师工作室	湖南师范大学	张小春	2023
45	“新时代青年领航+”工作室	陕西师范大学	张　倩	2023
46	“遇见”工作室	南京理工大学	张海玉[a、b]	2023
47	山栀花网络思政工作室	山东职业学院	张　锦	2023
48	益创辅导员名师工作室	哈尔滨师范大学	范晓丹	2023

续表

序号	工作室名称	院校	主持人	批准年份
49	情感教育工作室	山东大学	范　蕊[a、b]	2023
50	“浙群辅导员”融媒体工作室	浙江工业大学	林静姗	2023
51	匠心筑梦创新创业工作室	合肥师范学院	周　玉	2023
52	东方姐姐网络思政工作室	吉林师范大学	赵东方[b]	2023
53	理论宣讲名师培育工作室	安徽工业大学	赵颖虹[a、b]	2023
54	郝鹏工作室	新疆农业大学	郝　鹏	2023
55	红魂立德辅导员工作室	南昌大学	胡邦宁[a]	2023
56	指南针知行工作室	中国石油大学(北京)	胡　锐[a、b]	2023
57	“匠心创梦”创新创业辅导员工作室	广东工业大学	柯　婷[b]	2023
58	GREAT 生涯工作室	天津理工大学	姜　琨	2023
59	“大树小树共成长”辅导员工作室	江西外语外贸职业学院	宫婷婷	2023
60	祝鑫工作室	华中农业大学	祝　鑫[a、b]	2023
61	大学生生命教育(姚玉红)名师工作室	同济大学	姚玉红	2023
62	莫伶名师工作室	内蒙古大学	莫　伶[a]	2023
63	红润初心工作室	青岛科技大学	贾可好	2023
64	“砺行”劳动教育名师工作室	浙江旅游职业学院	徐　敏	2023
65	亦师亦友辅导员名师工作室	宁夏民族职业技术学院	郭立军	2023
66	海棠工作室	广西建设职业技术学院	郭海棠[b]	2023
67	晋华文化育人工作室	山西财经大学	陶　陶[b]	2023
68	“红色基因”辅导员工作室	西北大学	常雅慧[b]	2023
69	E+辅导员网络思政名师工作室	黑龙江大学	寇玉达[a]	2023
70	红色文化育人辅导员名师工作室	皖西学院	韩　梅	2023
71	“红心柚”辅导员工作室	西南石油大学	舒小立[b]	2023
72	普旺堆良友工作室	西藏农牧学院	普旺堆	2023
73	“聚力追光”思政教育工作室	暨南大学	曾庆慧	2023
74	敏行辅导员工作室	武汉理工大学	靳　敏[a、b]	2023
75	同舟简敏工作室	西南政法大学	简　敏[a、b]	2023

续表

序号	工作室名称	院校	主持人	批准年份
76	“研之有理”——党的创新理论青年化阐释辅导员工作室	南京航空航天大学	阙　愚	2023
77	“映山红”辅导员工作室	江西财经大学	廖春妍[b]	2023
78	“彩虹生涯”辅导员工作室	成都理工大学	缪　笛	2023
79	精准思政辅导员工作室	四川大学	黎红友	2023
80	辅导员数字赋能工作室	山东大学	薛　冰[a]	2023

注：a 指主持人曾获全国“最美高校辅导员”称号。b 指主持人曾获全国“高校辅导员年度人物”称号。

北京市高校辅导员工作室建设情况

序号	工作室名称	院校	主持人	批准年份
1	“星辰大海”网络思政工作室	北京科技大学	刘　冰	2016
2	北林刘伟学业辅导工作室	北京林业大学	刘　伟	2016
3	“琪人琪语”网络思政工作室	北京交通大学	张　琪[b]	2016
4	艾克热木正能量工作室	北京邮电大学	艾克热木·艾尔肯[b]	2016
5	“景行”传统文化教育工作室	首都师范大学	白向宁	2016
6	“学霸讲堂”李伟学业辅寻工作室	北方工业大学	李　伟	2016
7	“残健融合”大学生成长辅导工作室	北京联合大学	陆忠华	2016
8	“生活加减法”大学生日常管理工作室	北京工商大学	张　悦	2016
9	“翔宇”外培生思政教育工作室	北京第二外国语学院	饶其康	2016
10	“明理致远”核心价值观工作室	北京物资学院	张建宝	2016
11	“紫荆之声”网络思政工作室	清华大学	鄂炎雄	2017
12	“数说心语”舆情调查工作室	中国人民大学	边　策	2017
13	“智惠芳华”研究生心理素质教育工作室	北京师范大学	郭智芳	2017
14	“立学·立志·立心”学生党建工作室	华北电力大学	崔　灿	2017
15	“微·Share”学业与职业发展工作室	北京外国语大学	鞠　丹	2017
16	“世说心语”跨文化适应工作室	北京语言大学	梁　清	2017
17	“LADY First”女生成长发展工作室	对外经济贸易大学	梁　伟	2017
18	“润行空间”学生发展辅导工作室	中央财经大学	孟　雪	2017
19	“学思研”辅导员成长工作室	北京理工大学	孙　硕	2017
20	“指南针”生涯规划工作室	北京工业大学	廖满媛	2017

续表

序号	工作室名称	院校	主持人	批准年份
21	“成长故事会”网络思政工作室	首都医科大学	聂　伟	2017
22	“心·航”新生成长工作室	首都经济贸易大学	陈蒲晶	2017
23	“知心赋能暖心向阳”心理创新工作室	北京航空航天大学	—	2023
24	师德师风工作创新工作室	中国人民大学	—	2023
25	教师思政工作创新工作室	首都师范大学	—	2023
26	“微言航语”学生媒体工作室	北京航空航天大学	—	2023
27	“筑梦引航”班团建设实训工作室	北京建筑大学	—	2023
28	“导学热线”工作室	清华大学	—	2023
29	“实思”理想信念工作室	中国农业大学	—	2023
30	教师思政工作创新工作室	北京大学	—	2023
31	“耕读植绿”劳动育人工作室	北京林业大学	—	2023
32	“心理+科技”工作室	北京理工大学	—	2023
33	“好老师”工作室	中国传媒大学	—	2023
34	吾心 E 站工作室	北京交通大学	—	2023
35	“梁师益友”网络思政工作室	华北电力大学	—	2023
36	“立学启智”学业发展辅导工作室	北京化工大学	—	2023
37	“嘹亮生命号”网络思政工作室	北京师范大学	—	2023
38	“辅导员会客厅”网络思政工作室	北京电影学院	—	2023
39	“同心护航”——学院二级心理辅导站建设工作室	中国农业大学	—	2023
40	“初心工程”工作室	首都医科大学	—	2023
41	“北印青梅”网络思政工作室	北京印刷学院	—	2023
42	北科小博士新媒体工作室	北京科技大学	—	2023
43	双引擎驱动教师思想政治工作创新工作室	首都经济贸易大学	—	2023
44	“精准思政”工作室	北京邮电大学	—	2023
45	海棠工作室	北京第二外国语学院	—	2023
46	悠邮自得工作室	北京邮电大学	—	2023
47	“思+”教师思政工作室	北京工业大学	—	2023
48	培基铸魂——党团班一体化纵向体系建设辅导员工作室	北京物资学院	—	2023

续表

序号	工作室名称	院校	主持人	批准年份
49	国际学生国情教育创新工作室	中国科学院大学	—	2023
50	“戎光”退役大学生士兵成长发展工作室	北京联合大学	—	2023
51	“绣花”思政工作室	北方工业大学	—	2023
52	李佩洁辅导员工作室	中国人民大学	—	2023
53	原点深度辅导工作室[c]	北京交通大学	—	2023
54	“领航员”辅导员工作室[c]	中国地质大学(北京)	—	2023
55	“心畔”朋辈心理辅导工作室[c]	北京工商大学	—	2023
56	“职面人生”辅导员工作室[c]	中国政法大学	—	2023
57	美·好辅导员工作室[c]	北京服装学院	—	2023
58	“共育·共美”工作室[c]	中央民族大学	—	2023
59	指南针知行生涯辅导工作室[c]	中国石油大学(北京)	—	2023
60	“金课堂”时代新人铸魂工作室[c]	对外经济贸易大学	—	2023
61	海棠花开思政工作室[c]	北京电子科技职业学院	—	2023
62	“V 成长”辅导员工作室[c]	北京农学院	—	2023
63	“尚善·小棉花”心理工作室[c]	中央戏剧学院	—	2023
64	“音为悦心”心理育人工作室[c]	中国音乐学院	—	2023
65	“幸福班级”工作室[c]	北京经济管理职业学院	—	2023
66	岐黄天使铸魂育人创新工作室[c]	北京中医药大学	—	2023
67	“花开学前卓越幼师”学生辅导员工作室[c]	北京青年政治学院	—	2023

注：a 指主持人曾获全国“最美高校辅导员”称号。b 指主持人曾获全国“高校辅导员年度人物”称号。c 指该工作室立项为培育类。

天津市高校辅导员工作室建设情况

序号	工作室名称	院校	主持人	批准年份
1	“亦心”工作室	天津大学	刘　佳	2023
2	马建伟辅导员素质能力提升工作室	天津财经大学	马建伟	2023
3	“GREAT Career”辅导员工作室	天津理工大学	姜　琨	2023

续表

序号	工作室名称	院校	主持人	批准年份
4	明德工作室	天津医科大学	郭　琳	2023
5	“星辰”辅导员日常疑难教育案例研究中心	天津师范大学	史晓晨	2023
6	辅导员谈心谈话能力提升实训实验室	南开大学	马丽娇	2023
7	“丰碑领航”辅导员工作室	天津城建大学	王　菲	2023
8	“职”言“微”语，思源润心	天津职业大学	孟　洁	2023
9	石榴籽工作室	天津铁道职业技术学院	胡修茵	2023
10	大学生团辅工作室	天津工业大学	肖建伟	2023

河北省高校辅导员领航工作室建设情况

序号	工作室名称	院校	主持人	批准年份
1	耕云网络思政工作室	河北师范大学	黄福元	2020
2	梧桐树网络文化工作室	河北农业大学	邵宝健	2020
3	“机思广益”党建思政工作室	燕山大学	王银思[a、b]	2020
4	心理育人工作机制创新工作室	河北医科大学	王　锃	2020
5	“知行”体验式思想政治育人工作室	保定学院	张　铮	2020
6	牧星湖畔工作室	河北科技大学	孙小锋	2020
7	“云梯”网络文化工作室	河北经贸大学	郭鹤男	2020
8	“铺路石”辅导员工作室	河北交通职业技术学院	郭　威	2020
9	“彩虹人生”生涯教育工作室	华北电力大学	杨红月	2020
10	高校辅导员工作标准化建设	河北工业职业技术学院	何晓卉	2020
11	“同心”辅导员工作室	河北科技师范学院	徐　鑫	2020
12	高职学生的自我效能感提升	秦皇岛职业技术学院	李韦璇	2020
13	“滴答”双创辅导员领航工作室	河北地质大学	赵　明	2020
14	辅导员党建骨干培训基地	河北工程大学	包月英	2020
15	“旗帜领航”辅导员工作室	保定电力职业技术学院	刘　伟	2020
16	抓党建、促团建，做好新时代大学生思想政治教育引领	河北中医学院	葛玉芹	2020

注：a 指主持人曾获全国“最美高校辅导员”称号。b 指主持人曾获全国“高校辅导员年度人物”称号。

内蒙古自治区高校思想政治工作名师工作室建设情况

序号	工作室名称	院校	主持人	批准年份
1	李为民名师工作室	内蒙古大学	李为民	2018
2	陈智名师工作室	内蒙古大学	陈　智	2018
3	周琳娟名师工作室	内蒙古大学	周琳娟	2018
4	高云峰名师工作室	内蒙古师范大学	高云峰	2018
5	付桂军名师工作室	内蒙古师范大学	付桂军	2018
6	侯振虎名师工作室	内蒙古农业大学	侯振虎	2018
7	韩瑞平名师工作室	内蒙古农业大学	韩瑞平[b]	2018
8	孙玉伟名师工作室	内蒙古农业大学	孙玉伟	2018
9	李慧名师工作室	内蒙古工业大学	李　慧	2018
10	尚进名师工作室	内蒙古工业大学	尚　进	2018
11	傅彩云名师工作室	内蒙古财经大学	傅彩云	2018
12	闫立志名师工作室	内蒙古医科大学	闫立志	2018
13	周秀清名师工作室	内蒙古广播电视大学	周秀清	2018
14	靳秀兰名师工作室	内蒙古科技大学	靳秀兰	2018
15	王立东名师工作室	内蒙古科技大学	王立东	2018
16	张春梅名师工作室	包头师范学院	张春梅	2018
17	马晓玲名师工作室	包头医学院	马晓玲	2018
18	白树全名师工作室	内蒙古民族大学	白树全	2018
19	张清华名师工作室	赤峰学院	张清华	2018
20	王云介名师工作室	呼伦贝尔学院	王云介	2018
21	刘嵘名师工作室	集宁师范学院	刘　嵘	2018
22	苏伦高娃名师工作室	呼和浩特民族学院	苏伦高娃	2018
23	梁琳名师工作室	河套学院	梁　琳	2018
24	姜南名师工作室	内蒙古艺术学院	姜　南	2018
25	侯晨曦名师工作室	鄂尔多斯应用技术学院	侯晨曦	2018
26	张静媛名师工作室	内蒙古建筑职业技术学院	张静媛	2018
27	刘晓霖名师工作室	内蒙古化工职业学院	刘晓霖	2018

续表

序号	工作室名称	院校	主持人	批准年份
28	肖延昌名师工作室	内蒙古机电职业技术学院	肖延昌	2018
29	姜淑兰名师工作室	呼和浩特职业学院	姜淑兰	2018
30	贺斐名师工作室	内蒙古农业大学职业技术学院	贺　斐[b]	2018
31	肖平名师工作室	内蒙古大学创业学院	肖　平	2018
32	傅锁根名师工作室	内蒙古大学	傅锁根	2020
33	李宏宇名师工作室	内蒙古大学	李宏宇	2020
34	黄雅丽名师工作室	内蒙古师范大学	黄雅丽	2020
35	张瑞军名师工作室	内蒙古师范大学	张瑞军	2020
36	刘漫中名师工作室	内蒙古农业大学	刘漫中	2020
37	彭静名师工作室	内蒙古农业大学	彭　静	2020
38	王武名师工作室	内蒙古工业大学	王　武	2020
39	巴特尔名师工作室	内蒙古财经大学	巴特尔	2020
40	范新宇名师工作室	内蒙古财经大学	范新宇	2020
41	岳冬青名师工作室	内蒙古医科大学	岳冬青	2020
42	金海斌名师工作室	内蒙古科技大学	金海斌	2020
43	李德英名师工作室	包头师范学院	李德英	2020
44	张亚琼名师工作室	包头医学院	张亚琼	2020
45	格根哈斯名师工作室	内蒙古民族大学	格根哈斯	2020
46	徐利颖名师工作室	赤峰学院	徐利颖	2020
47	姜明红名师工作室	呼伦贝尔学院	姜明红	2020
48	孙继红名师工作室	集宁师范学院	孙继红	2020
49	张海峰名师工作室	呼和浩特民族学院	张海峰	2020
50	李俊红名师工作室	河套学院	李俊红	2020
51	李丹名师工作室	内蒙古艺术学院	李　丹	2020
52	张慧超名师工作室	内蒙古电子信息职业技术学院	张慧超	2020
53	赵安香名师工作室	内蒙古化工职业学院	赵安香	2020
54	郑云宏名师工作室	内蒙古机电职业技术学院	郑云宏	2020
55	李艳芬名师工作室	呼和浩特职业学院	李艳芬	2020

续表

序号	工作室名称	院校	主持人	批准年份
56	孙淑卿名师工作室	乌兰察布职业学院	孙淑卿	2020
57	冯庆芳名师工作室	通辽职业学院	冯庆芳	2020
58	安武名师工作室	乌海职业技术学院	安　武	2020
59	王海军名师工作室	内蒙古交通职业技术学院	王海军	2020
60	任玉凤名师工作室	包头职业技术学院	任玉凤	2020
61	王丽萍名师工作室	包头钢铁职业技术学院	王丽萍	2020
62	闰凤鸣名师工作室	鄂尔多斯职业学院	闰凤鸣	2020
63	张淑云名师工作室	呼伦贝尔职业技术学院	张淑云	2020
64	黄素丽名师工作室	赤峰工业职业技术学院	黄素丽	2020
65	金英子名师工作室	扎兰屯职业学院	金英子	2020
66	莫伶名师工作室	内蒙古大学交通职业技术学院	莫　伶[a]	2020
67	呼和名师工作室	内蒙古师范大学青政治学院	呼　和	2020
68	李一吉名师工作室	内蒙古农业大学职业技术学院	李一吉	2020
69	张莉名师工作室	内蒙古大学创业学院	张　莉	2020
70	许晋工作室	内蒙古大学	许　晋	2021
71	李娟工作室	内蒙古大学	李　娟	2021
72	徐成芳工作室	内蒙古大学	徐成芳	2021
73	王立华工作室	内蒙古师范大学	王立华	2021
74	沈晓倩工作室	内蒙古师范大学	沈晓倩[b]	2021
75	格日勒其其格工作室	内蒙古师范大学	格日勒其其格	2021
76	斯钦工作室	内蒙古师范大学	斯　钦	2021
77	王雪鹏工作室	内蒙古农业大学	王雪鹏	2021
78	常亮工作室	内蒙古农业大学	常　亮	2021
79	马军工作室	内蒙古工业大学	马　军	2021
80	米丹工作室	内蒙古工业大学	米　丹	2021
81	孙国权工作室	内蒙古工业大学	孙国权	2021
82	杨彦斌工作室	内蒙古科技大学	杨彦斌	2021
83	张利敏工作室	内蒙古科技大学	张利敏	2021

续表

序号	工作室名称	院校	主持人	批准年份
84	夏承伯工作室	内蒙古科技大学	夏承伯	2021
85	王彦工作室	内蒙古医科大学	王　彦	2021
86	苏雅拉图工作室	内蒙古医科大学	苏雅拉图	2021
87	薛宁工作室	内蒙古医科大学	薛　宁	2021
88	杜和平工作室	内蒙古财经大学	杜和平	2021
89	张丽娜工作室	包头医学院	张丽娜	2021
90	郑国军工作室	赤峰学院	郑国军	2021
91	刘凤琴工作室	呼伦贝尔学院	刘凤琴	2021
92	尤俊成工作室	鄂尔多斯应用技术学院	尤俊成	2021
93	李向东工作室	内蒙古电子信息职业技术学院	李向东	2021
94	陈春丽工作室	内蒙古商贸职业学院	陈春丽	2021
95	魏晓颖工作室	内蒙古商贸职业学院	魏晓颖	2021
96	包苏红工作室	内蒙古警察职业学院	包苏红	2021
97	杨永利工作室	呼和浩特职业学院	杨永利	2021
98	吴春燕工作室	包头轻工职业技术学院	吴春燕	2021
99	白莉萍工作室	包头铁道职业技术学院	白莉萍	2021
100	于健工作室	呼伦贝尔职业技术学院	于　健	2021
101	孙玲工作室	兴安职业技术学院	孙　玲	2021

注：a 指主持人曾获全国“最美高校辅导员”称号。b 指主持人曾获全国“高校辅导员年度人物”称号。

辽宁省高校辅导员名师工作室建设情况

序号	工作室名称	院校	主持人	批准年份
1	“信仰行路人”工作室	沈阳工业大学	李青山[a、b]	2020
2	“凌风”辅导员工作室	大连海事大学	赵　帅	2020
3	大爱吾疆工作室	大连理工大学	张晶晶	2020
4	“指南针驿站”学生成长发展工作室	东北大学	赵丽娜	2020
5	文德工作室	辽宁中医药大学	葛骁欧	2020
6	新时代雷锋精神种子培育工作室	辽宁石油化工大学	孔祥慧[a、b]	2020
7	“守初”工作室	辽宁大学	刘　巍[a、b]	2020
8	一群辅导员读大学工作室	中国医科大学	宝景春	2020
9	“明德”思政工作室	大连交通大学	齐　昆	2020

续表

序号	工作室名称	院校	主持人	批准年份
10	启明星工作室	沈阳农业大学	杨　宇	2020
11	曲文泉工作室	辽宁科技大学	曲文泉[b]	2020
12	赵辉辅导员工作室	沈阳师范大学	赵　辉	2020
13	同心筑梦工作室	大连民族大学	崔　杰	2020
14	“凭海临风”生涯指导工作室	大连医科大学	霍小舟	2020
15	航空航天精神培育与研究工作室	沈阳航空航天大学	赵　楠	2020
16	青春健康教育工作室	沈阳医学院	于晓霞	2020
17	辅导员联播工作室	辽宁生态工程职业学院	刘明耀	2020
18	七彩生涯工作室	大连广播电视大学	刘晓燕	2020
19	信仰之光党建育人工作室	大连东软信息学院	李婷婷	2020
20	红色先锋辅导员工作室	辽宁工程技术大学	刘　洋	2020
21	大学生人格教育技术化工作室	辽宁师范大学	董成文	2022
22	启承辅导员工作室	东北财经大学	马富春	2022
23	顾岱泉工作室	辽宁师范大学	顾岱泉	2022
24	康昕“职得遇见”生涯工作室	辽宁工业大学	康　昕[a、b]	2022
25	“e 视界”辅导员工作室	渤海大学	刘洪志	2022
26	“易”网直前辅导员工作室	沈阳建筑大学	孙作青	2022
27	“青蜂侠”工作室	大连海洋大学	张峰峡	2022
28	刘长溥“爱集体”工作室	辽宁大学	刘长溥	2022
29	“软萌君”学生工作室	大连外国语大学	王滨生	2022
30	“84612”工作室	沈阳航空航天大学	李　江	2022
31	“育人先锋”党建工作室	大连财经学院	王晨菲	2022
32	“拾梦涯”辅导员工作室	渤海大学	王　蕊	2022
33	“解忧杂货铺”网络思政工作室	沈阳医学院	齐　柳	2022
34	民族之家工作室	辽宁科技大学	董文武	2022
35	“立名与他的朋友们”工作室	沈阳体育学院	孙立名	2022
36	“为党育人、为国育才”思想政治教育工作室	辽宁财贸学院	张洪军	2022
37	学业指导工作室	沈阳工业大学	王春艳	2022
38	丁玲玲博实辅导员工作室	东北财经大学	丁玲玲	2022
39	心灵牧场工作室	沈阳化工大学	林　燕	2022

续表

序号	工作室名称	院校	主持人	批准年份
40	润心工作室	辽宁中医药大学	陈艳萍	2022
41	红色文化育人工作室[c]	辽宁科技学院	张　睦	2020
42	辅导员团建工作室[c]	辽宁省交通高等专科学校	朱　永	2020
43	启航思想价值引领工作室[c]	营口理工学院	车晓彦	2020
44	石化师说工作室[c]	辽宁石油化工大学	杨青舟	2020
45	船成工作室[c]	渤海船舶职业学院	官桂香	2020
46	云说工作室[c]	沈阳科技学院	贾云飞	2020
47	周东剑工作室[c]	沈阳城市学院	周东剑	2020
48	姜喜双工作室[c]	辽宁工程技术大学	姜喜双	2020
49	雀跃双创空间工作室[c]	辽东学院	宫　奎	2020
50	沈药红黄蓝辅导员工作室[c]	沈阳药科大学	赵宏格	2020
51	媛之声工作室[c]	辽宁特殊教育师范高等专科学校	葛媛媛	2020
52	王袆雪辅导员工作室[c]	沈阳工程学院	王袆雪	2020
53	赵颖辅导员工作室[c]	朝阳师范高等专科学校	赵　颖	2020
54	李博勋工作室[c]	中国医科大学	李博勋	2020
55	马平野工作室[c]	阜新高等专科学校	马平野	2020
56	“阿依莱”辅导员工作室[c]	锦州医科大学	刘宇杰	2020
57	孙晓静工作室[c]	沈阳化工大学	孙晓静	2020
58	谢飞工作室[c]	辽宁科技学院	谢　飞	2020
59	“明德”辅导员工作室[c]	锦州医科大学	庞　博	2020
60	王龙工作室[c]	辽宁装备制造职业技术学院	王　龙	2020

注：a 指主持人曾获全国“最美高校辅导员”称号。b 指主持人曾获全国“高校辅导员年度人物”称号。c 指该工作室立项为培育。

吉林省高校辅导员名师工作室建设情况

序号	项目名称	院校	主持人	批准年份
1	互联网融合中华优秀传统文化助力青年成长研究	长春中医药大学	齐　勋[a]	2023

续表

序号	项目名称	院校	主持人	批准年份
2	“四育人”工作法视域下构建新时代残障大学生思政教育模式研究与实践	长春大学	刘海涵[b]	2023
3	高校辅导员网络文化育人研究	东北师范大学	曹威威[b]	2023
4	智媒体视域下朋辈互溢式价值观养成实践研究	吉林师范大学	赵东方[b]	2023
5	“健康中国2030”战略视域下白求恩精神赋能新时代医学思政育人	吉林大学	魏宇航[b]	2023
6	高校学团一体化建设研究	吉林农业大学	佟　鑫[b]	2023
7	辅导员职业规划与就业指导能力提升项目	东北师范大学	李　健	2023
8	课程思政背景下高校学生思想政治教育遵循逻辑研究	吉林大学	秦　雪	2023
9	红色文化育人能力平台的建设与实践	东北师范大学	赵　雪	2023
10	以“团风”精神为核心，构建“12345”育人新模式	长春大学	王　伟	2023
11	大学生思想理论教育和价值引领研究	吉林建筑科技学院	徐成波	2023
12	新时代高等农业院校大学生职业生涯发展实践研究	吉林农业大学	秦小冬	2023
13	基于辅导员工作室模式的高校学业发展路径研究	延边大学	郑仁顺	2023
14	大学生思想引领和学业指导研究	北华大学	张　鹏	2023
15	高校辅导员职业能力培养与提升研究	吉林建筑大学	李　哲	2023
16	生涯教育理论与辅导员工作的融合创新	吉林财经大学	遇　言	2023
17	红色文化在高校学生思想政治教育中的应用研究	长春大学旅游学院	于　刚	2023
18	新时代辅导员“微言说理”话语体系构建研究	长春师范大学	赵海燕	2023
19	大学生积极心理构建	长春汽车工业高等专科学校	马海艳	2023
20	“三全育人”视域下师生共进生涯发展路径探索	吉林医药学院	马　赫	2023
21	基于“三全育人”理念的“三位一体”学风建设新模式的探索	长春中医药大学	杨　陆	2023

注：a 指主持人曾获全国“最美高校辅导员”称号。b 指主持人曾获全国“高校辅导员年度人物”称号。

黑龙江省高校辅导员名师工作室建设情况

序号	工作室名称	院校	主持人	批准年份
1	紫丁香航程工作室	哈尔滨工业大学	王　芳	2020
2	“敬国”工作室	哈尔滨师范大学	王敬国[b]	2020
3	“石榴籽”辅导员工作室	哈尔滨理工大学	任佳伟[b]	2020
4	“星火联盟”辅导员职业能力提升工作室	东北林业大学	庄雯培	2020
5	“知与行”辅导员素质能力提升工作室	哈尔滨工程大学	刘　正	2020
6	“新时代,新青年,新担当”辅导员工作室	哈尔滨师范大学	刘国权[a]	2020
7	“创践青春”辅导员工作室	东北农业大学	安美忱	2020
8	心扉工作室	哈尔滨工业大学	李　飞	2020
9	铁人辅导员工作室	东北石油大学	宋建申	2020
10	心路辅导员名师工作室	哈尔滨医科大学	祖　胥	2020
11	e+辅导员网络思政工作室	黑龙江大学	寇玉达[a]	2020
12	和U+辅导员工作室	哈尔滨工程大学	潘　强	2020

注：a指主持人曾获全国“最美高校辅导员”称号。b指主持人曾获全国“高校辅导员年度人物”称号。

上海市高校辅导员名师工作室建设情况

序号	工作室建设内容	院校	主持人	批准年份	建设时间
1	职业理想教育	复旦大学	包　涵	2012	
2	少数民族学生成长	上海中医药大学	洪汉英	2012	
3	校园文化	上海交通大学	汪雨申[a, b]	2014	2013—2016
4	党团组织与班级建设	华东政法大学	姚　兰	2014	2013—2016
5	心理健康与危机干预	上海海洋大学	李兴华	2014	2013—2016
6	学生网络行为引导	上海大学	陈　然	2014	2013—2016
7	实践育人	上海师范大学	孙雅艳[b]	2014	2013—2016
8	学生职业生涯辅导	上海对外经贸大学	黄　静	2014	2013—2016
9	研究能力提升	复旦大学	邱柏生	2015	2016—2018
10	以“教练技术”方法提升辅导员职业技能	上海理工大学	王凌宇	2015	2016—2018
11	高校学生事务法治化管理	华东政法大学	应培礼	2015	2016—2018
12	心理健康教育能力提升	上海海洋大学	马　莹	2015	2016—2018
13	中医心理	上海中医药大学	王庆其	2015	2016—2018
14	社会主义核心价值观教育	上海对外经贸大学	祁　明	2015	2016—2018

续表

序号	工作室建设内容	院校	主持人	批准年份	建设时间
15	“主题教育”能力提升	上海立信会计金融学院	许　玫	2015	2016—2018
16	新时代专家型辅导员培育	复旦大学	高国希	2018	2019—2021
17	引导大学生赴西部、基层就业	同济大学	刘　润	2018	2019—2021
18	学生事务管理创新和养成教育	华东师范大学	吴　薇	2018	2019—2021
19	高校网络育人	东华大学	刘淑慧	2018	2019—2021
20	辅导员学风建设能力提升	上海理工大学	盛　春	2018	2019—2021
21	社会主义核心价值观教育	上海对外经济贸易大学	祁　明	2018	2019—2021
22	大学生思想动态大数据研究和运用	华东政法大学	闵　辉	2018	2019—2021
23	“主题教育”能力提升	上海立信会计金融学院	许　玫	2018	2019—2021
24	辅导员人文素养提升	上海电力学院	徐　凯	2018	2019—2021
25	高校意识形态安全教育	上海政法学院	徐俊峰	2018	2019—2021
26	“启航·卓越”工作室	复旦大学	陈　睿	2023	2023—2024
27	汪导在线工作室	上海交通大学	汪雨申[a、b]	2023	2023—2024
28	大学生生命教育(姚玉红)名师工作室	同济大学	姚玉红	2023	2023—2024
29	“声入人心”理论宣讲工作室	东华大学	魏金婷	2023	2023—2024
30	辅导员政治引领能力提升工作室	上海理工大学	盛　春	2023	2023—2024
31	“六阶攀登”辅导员成长共同体	上海对外经贸大学	缪韵笛	2023	2023—2024
32	“辅导员说”同心圆网络育人工作室	上海第二工业大学	叶维明	2023	2023—2024

注：a 指主持人曾获全国“最美高校辅导员”称号。b 指主持人曾获全国“高校辅导员年度人物”称号。

浙江省高校辅导员名师工作室建设情况

序号	工作室名称	院校	批准年份
1	“石榴籽”辅导员工作室	浙江师范大学	2023
2	高校智慧思政工作室	浙江树人学院	2023
3	“浙群辅导员”融媒体工作室	浙江工业大学之江学院	2023
4	米娜工作室	宁波职业技术学院	2023
5	“砺行”劳动教育名师工作室	浙江旅游职业学院	2023
6	育心育人，艺术实践赋能心理成长工作室	中国美术学院	2023
7	辅导员专业培养名师工作室	浙江工业大学	2023
8	科普实践育人工作室	浙江理工大学	2023
9	浙江省高校辅导员素质能力提升工作室	浙江工商大学	2023
10	点燃心动力　赋能心健康——心福工作室	温州医科大学	2023
11	“越思政”卓越辅导员名师工作室	绍兴文理学院	2023
12	艺飞冲天工作室	宁波诺丁汉大学	2023
13	红石榴民族融合工作室	浙江工贸职业技术学院	2023
14	“红色引领　数字赋能　深度浸润”高职学生职业素养提升工作室	浙江育英职业技术学院	2023
15	“起航·新征程”主题教育工作室	嘉兴职业技术学院	2023

江苏高校网络思政名师工作室建设情况

序号	院校	主持人	批准年份
1	南京航空航天大学	徐　川[b]	2022
2	南京大学	张　亮	2022
3	南京师范大学	蔡炳锋	2022
4	扬州大学	左红梅	2022
5	南京邮电大学	高艳丽[b]	2022
6	中国矿业大学	王梦倩	2022
7	南京审计大学	强　飙	2022
8	淮阴工学院	韩　飞	2022
9	苏州大学	孔　川	2022
10	镇江市高等专科学校	丁　钢	2022
11	无锡职业技术学院	郑月圆	2022
12	江苏师范大学	吴夏蓉	2022

续表

序号	院校	主持人	批准年份
13	南京理工大学	马　千	2022
14	苏州经贸职业技术学院	苏　雷	2022
15	江苏经贸职业技术学院	徐　燕	2022

注：b 指主持人曾获全国“高校辅导员年度人物”称号。

安徽省弘扬社会主义核心价值观名师工作室建设情况

序号	工作室名称/项目名称	院校	首席专家	批准年份
1	学生社区辅导员名师工作室	安徽大学	李　军	2014
2	志愿服务指导工作室	安徽师范大学	张园园	2014
3	高校先进典型培育工作室	安徽师范大学	汪贻洋	2014
4	“梦立方”名师工作室	安徽农业大学	杜亚娜	2014
5	“医路同行”心理健康教育工作室	安徽医科大学	高晓妹	2014
6	大学生创新教育名师工作室	安徽工业大学	杨　建[a、b]	2014
7	大学生发展性辅导工作室	安徽理工大学	李　洁	2014
8	“徽人新梦”工作室	安徽财经大学	项　鑫	2014
9	大学生职业素养培育名师工作室	安徽工程大学	黄　炜	2014
10	大学生创新能力培养名师工作室	安徽中医药大学	彭青和	2014
11	易海导航辅导员工作室	安徽建筑大学	李万银	2014
12	医学生职业道德培育工作室	蚌埠医学院	黄中岩	2014
13	心理导航工作室	皖南医学院	王　平	2014
14	陈宏建辅导员工作室	阜阳师范学院	陈宏建	2014
15	Huahua 在线工作室	安庆师范学院	华秀梅[b]	2014
16	大学生创业辅导工作室	安徽科技学院	杨仕勇	2014
17	雪晴工作室	淮南师范学院	周雪晴	2014
18	贫困生职业规划与就业指导工作室	铜陵学院	周文华	2014
19	职业规划与就业指导工作室	滁州学院	陈　薇	2014
20	高校辅导员队伍专业化、职业化建设工作室	安徽新华学院	马凤余	2014
21	大学生感恩励志教育工作室	合肥工业大学	武国剑	2016
22	“兰台学生党员之家”工作室	安徽大学	汪　勤	2016
23	“正青春”辅导员名师工作室	安徽农业大学	方　黎	2016
24	大学生党员实践教育工作室	安徽医科大学	黄　锟	2016

续表

序号	工作室名称/项目名称	院校	首席专家	批准年份
25	大学生创客培育名师工作室	安徽工业大学	卫军帅	2016
26	“领航成长——学生分类指导”辅导员工作室	安徽理工大学	马文婷	2016
27	“职场佳人”名师工作室	安徽财经大学	王骥卓	2016
28	大学生创新创业能力培养名师工作室	淮北师范大学	伯　娜	2016
29	高校就业创业联盟发展名师工作室	安徽工程大学	李卫东	2016
30	大学生学业指导工作室	安徽中医药大学	孙　黎	2016
31	“四时君子”辅导员工作室	安徽建筑大学	丁贞权	2016
32	高校研究型辅导员培育工作室	蚌埠医学院	乔　凯	2016
33	互联网+“双创”教育工作室	皖南医学院	王爱侠	2016
34	张月工作室	阜阳师范学院	张　月	2016
35	弘毅体验教育名师工作室	安庆师范学院	程启平	2016
36	安馨工作室	安徽科技学院	张　程	2016
37	基于二级学院的辅导员团队工作室	皖西学院	商圣虎	2016
38	月琴“CM”工作室	淮南师范学院	黄月琴	2016
39	自杀预防——网络哨兵在行动名师工作室	巢湖学院	吴多智	2016
40	学生之家工作室	黄山学院	吴兆云	2016
41	高校校园网络舆情监测与处理工作室	铜陵学院	柏家文	2016
42	伴你同行——梦想起航工作室	滁州学院	张发勤	2016
43	“心灵教官”辅导员工作室	宿州学院	贾彦峰	2016
44	大学生成长成才工作室	池州学院	俞念胜	2016
45	思政教育共同体工作室	安徽师范大学	喻　娜	2016
46	“蜂巢艺术教室”名师工作室	安徽大学艺术与传媒学院	刘长华	2016
47	“启航”工作室	芜湖职业技术学院	计　荣	2016
48	高校社团指导工作室	合肥职业技术学院	王克勇	2016
49	地方高职院校创新创业教育工作室	滁州职业技术学院	谢丽丽	2016
50	大学生就业导航工作室	安庆职业技术学院	王瑞兰	2016
51	大学生职业生涯规划研究指导名师工作室	安徽交通职业技术学院	汪　莉	2016
52	高职学生创业能力培养名师工作室	安徽商贸职业技术学院	陆　娟	2016
53	徽商文化传承工作室	安徽财贸职业学院	徐　明	2016

续表

序号	工作室名称/项目名称	院校	首席专家	批准年份
54	刘艳彩工作室	安徽国际商务职业学院	刘艳彩	2016
55	“城”心“城”意工作室	安徽城市管理职业学院	张君丽	2016
56	碧玉工作室	安徽医学高等专科学校	黄碧玉	2016
57	年永琪工作室	合肥工业大学	年永琪	2017
58	彩霞工作室	合肥工业大学	孙彩霞	2017
59	起航在线名师工作室	安徽大学	曹义宏	2017
60	E 路进阶名师工作室	安徽大学	何华莉	2017
61	“青禾文化”名师工作室	安徽农业大学	韩弥明	2017
62	扬帆起航职业生涯辅导工作室	安徽医科大学	何婷婷	2017
63	“大数据共协同”名师工作室	安徽工业大学	董春辉	2017
64	安小鱼大学生网络舆情工作室	安徽理工大学	钱　元	2017
65	“互联网+社会实践”创新工作室	安徽理工大学	冷金兰	2017
66	新常态“心”能量工作室	安徽财经大学	陈媛媛	2017
67	大学生创业技能培养名师工作室	安徽工程大学	王介石	2017
68	“引航”网络舆情应对工作室	安徽中医药大学	张　博	2017
69	“易海双创”辅导员工作室	安徽建筑大学	帅　英	2017
70	大学生法制教育工作室	蚌埠医学院	吴　涛	2017
71	大学生手机运用价值及引导工作室	皖南医学院	束玉洁	2017
72	敬敷女生工作坊	安庆师范学院	陈银凤	2017
73	大学生团体心理辅导工作室	安徽科技学院	陶　漫	2017
74	卓越班级培育名师工作室	合肥师范学院	杨尔飞	2017
75	辅导员“双心”加油站	淮南师范学院	左春荣	2017
76	“新冀航”大学生成长与发展工作室	合肥学院	黄雄英	2017
77	安全有梦名师工作室	巢湖学院	李本祥	2017
78	大学生安全教育与应急能力培养名师工作室	黄山学院	马国香	2017
79	“童草花”网络德育指导工作室	铜陵学院	崔　磊	2017
80	大学生中华传统文化素养提升工作室	滁州学院	夏斌文	2017
81	刘超工作室	宿州学院	刘　超	2017
82	大学生主题教育工作室	安徽师范大学	余妍霞	2017
83	高校学生就业个性化指导工作坊	安徽师范大学	左方敏	2017
84	高职学生人文素质培育工作室	安徽工商职业学院	周　维	2017

续表

序号	工作室名称/项目名称	院校	首席专家	批准年份
85	问药求德名师工作室	安庆医药高等专科学校	徐　灵	2017
86	高校学生公寓教育创新工作室	合肥职业技术学院	尹宗平	2017
87	SWOT“颖”领工作室	安庆职业技术学院	陈　颖	2017
88	个性化高校学生管理工作室	安徽交通职业技术学院	承友明	2017
89	燕语晓晨工作室	安徽商贸职业技术学院	陈晓燕	2017
90	梦想启航辅导员工作室	安徽电子信息职业技术学院	王平霞	2017
91	高校危机事件应对工作室	安徽国际商务职业学院	张　懿	2017
92	“聚魂励行”班级文化建设工作室	合肥工业大学	何庆领	2018
93	“筑梦人”名师工作室	安徽大学	杜鹏程	2018
94	“LOVE”四维辅导名师工作室	安徽大学	王慕清[b]	2018
95	“德医双馨”医学生德育工作室	安徽医科大学	张　博	2018
96	大学生网络伦理构建名师工作室	安徽工业大学	屈桂春	2018
97	高校学生干部能力体验教育名师工作室	安徽工业大学	王　菁	2018
98	大学生“三创融合”型群体协同培育名师工作室	安徽理工大学	任少伟[b]	2018
99	新生教育名师工作室	安徽理工大学	肖　婷	2018
100	聚力工作室	安徽财经大学	沈红艳	2018
101	大学生志愿服务名师工作室	安徽工程大学	冉昆玉	2018
102	张筱荣工作室	安徽中医药大学	张筱荣	2018
103	传承徽文化弘扬价值观工作室	安徽建筑大学	许畅畅	2018
104	高校贫困生精神援助工作室	皖南医学院	康贝贝	2018
105	李涛工作室	阜阳师范学院	李　涛	2018
106	班级“三修”文化建设工作室	安庆师范学院	杨永久	2018
107	“双困生”就业创业帮扶工作室	安徽科技学院	余维发	2018
108	大学生就业软实力培育名师工作室	合肥师范学院	叶纯亮	2018
109	“E+”学业指导工作室	淮南师范学院	张　婕	2018
110	“创客行”名师工作室	巢湖学院	王　倩	2018
111	地方优秀传统文化育人工作室	黄山学院	金美东	2018
112	创业心理资本开发工作室	铜陵学院	程海云	2018
113	服务于高水平地方应用型人才培养的高校班级建设工作室	滁州学院	崔淑卿	2018

续表

序号	工作室名称/项目名称	院校	首席专家	批准年份
114	大学生公益创业指导工作室	宿州学院	王　艳	2018
115	李月云工作室	宿州学院	李月云	2018
116	高校学生骨干群体核心价值观塑造与培育工作室	安徽师范大学	乔　静	2018
117	大学生党员发展培养指导工作室	安徽师范大学	龚　伟	2018
118	吴青山工作室	安徽师范大学	吴青山	2018
119	高职学生网络自控能力培养指导工作室	合肥职业技术学院	施芳芳	2018
120	大学生就业创业法律护航工作室	安徽交通职业技术学院	吕中国	2018
121	田荣名师工作室	安徽机电职业技术学院	田　荣	2018
122	卓越外贸人才培育工作室	安徽国际商务职业学院	刘　超	2018
123	养成教育工作室	阜阳幼儿师范高等专科学校	郭玉敏	2018
124	共建马院视角下提升思政课育人成效研究	中国科学技术大学	叶　政	2019
125	六有大学生三全育人辅导员工作室	中国科学技术大学	李　峰	2019
126	潘莉教授工作室	合肥工业大学	潘　莉	2019
127	以节日活动涵养大学生家国情怀品质的教育路径研究	合肥工业大学	叶　兵	2019
128	“砼创民族星空”名师工作室	合肥工业大学	李丽鹏	2019
129	创新拓展习近平新时代中国特色社会主义思想“三进”路径研究	安徽大学	吴家华	2019
130	“智慧思政课资源平台构建与应用”名师工作室	安徽大学	顾友仁	2019
131	“创·未来”辅导员名师工作室	安徽大学	夏林童	2019
132	安徽省“高校思政理论课建设情况调研”	安徽师范大学	杨　希	2019
133	高校思政课系列示范课建设与推广研究名师工作室	安徽师范大学	胡梅叶	2019
134	安徽省高校辅导员队伍建设名师工作室	安徽师范大学	周　楠	2019
135	“三全育人”理念下高校辅导员工作创新研究	安徽师范大学	戴和圣	2019

续表

序号	工作室名称/项目名称	院校	首席专家	批准年份
136	大学生宿舍文化“四维空间”建设工作室	安徽医科大学	王　颖	2019
137	“医话”思政共同体培育工作室	安徽医科大学	朱　慧	2019
138	安徽红色文化资源融入“中国近现代史纲要”教学研究	安徽农业大学	张传文	2019
139	新时代“形势与政策”课教育教学创新名师工作室	安徽农业大学	龚小平	2019
140	“耕读安农”文化育人工作室	安徽农业大学	刘　灿	2019
141	《马克思主义基本原理概论》名师工作室	安徽工业大学	许屹山	2019
142	理论宣讲名师培育工作室	安徽工业大学	赵颖虹[a、b]	2019
143	研究生《自然辩证法概论》教学改革工作室	安徽理工大学	郭金明	2019
144	高校思想政治理论课智慧课堂教学研究	安徽财经大学	周　宁	2019
145	智慧就业工作室	安徽财经大学	汤龙升	2019
146	“求真理·明价值”青年名师工作室	安徽财经大学	王　程	2019
147	《毛泽东思想和中国特色社会主义理论体系概论》名师工作室	安徽工程大学	刘　聪	2019
148	高校辅导员实践育人名师工作室	安徽工程大学	毕亚琴	2019
149	智慧思政平台与思想政治理论课的融合发展研究	安徽建筑大学	石丽娟	2019
150	“绿动能量”名师工作室	安徽建筑大学	雷雪芹	2019
151	安徽省大学生思想动态分析研判	安庆师范大学	邹　斌	2019
152	“大医精诚”工作室	蚌埠医学院	陈明华	2019
153	“易家”工作室	安徽科技学院	陈君君	2019
154	班级核心文化理念的培育与塑造研究	合肥师范学院	张　晖	2019
155	弘扬核心价值观名师工作室	皖西学院	吴学东	2019
156	思政课教师协同育人工作室	淮南师范学院	赵悦悦	2019
157	“轻羽清风”资助育人名师工作室	巢湖学院	牛美芹	2019
158	习近平历史观进“纲要”工作室	滁州学院	方玉萍	2019
159	海荣工作室：辅导员职业能力加油站	滁州学院	师海荣	2019

续表

序号	工作室名称/项目名称	院校	首席专家	批准年份
160	邬旭东工作室	蚌埠学院	邬旭东	2019
161	民办高校思政课研究工作室	安徽新华学院	何小刚	2019
162	班级治理中的核心价值观培育践行	安徽新华学院	朱诵贵	2019
163	“生涯规划+”工作室	安徽医学高等专科学校	龚潇潇	2019
164	高校“毛泽东思想与中国特色社会主义理论体系概论”课程实践教学研究	马鞍山师范高等专科学校	王发友	2019
165	马和平名师工作室	芜湖职业技术学院	马和平	2019
166	思想政治教育视域下大学生积极社会心态培育研究	芜湖职业技术学院	何玉梅	20192019
167	匠人匠心辅导员名师工作室	合肥职业技术学院	伍东升	2019
168	高职院校学生宿舍文化的培育与塑造研究	滁州职业技术学院	李晓辕	2019
169	新时代高职高专“形势与政策”课教学改革与创新名师工作室	安徽职业技术学院	胡辉平	2019
170	“思想道德修养与法律基础”名师工作室	安徽水利水电职业技术学院	董彩荣	2019
171	大学生创新创业个性化指导服务平台	安徽机电职业技术学院	赵　婧	2019
172	张少兵名师工作室	安徽财贸职业学院	张少兵	2019
173	“五一丰收农场”劳动育人工作室	安徽大学	李　洪	2020
174	辅导员名师工作项目：大学生核聚变“双创”教育工作室	安徽师范大学	黄友生	2020
175	“婷姐下午茶”心理工作室	安徽中医药大学	刘维婷	2020
176	莳心工作室	合肥工业大学	李　艳	2020
177	“美美与共”大学生中华优秀传统文化教育工作室	安徽大学	李瑞瑞	2020
178	红色文化育人辅导员名师工作室	皖西学院	韩　梅	2020
179	红色基因传承名师工作室	安庆师范大学	方　瑞	2020
180	“思政+艺术”辅导员名师工作室	安徽工业大学	赵　颖	2020
181	辅导员思想引领能力提升名师工作室	安徽工业大学	王　萌	2020
182	致知力行大学生爱国主义教育工作室	安徽理工大学	曹宣明	2020
183	琼瑶工作室	宿州学院	吴琼瑶	2020
184	“楚怀之声”文化育人工作室	安徽理工大学	杨志华	2020

续表

序号	工作室名称/项目名称	院校	首席专家	批准年份
185	武峥工作室	阜阳师范大学信息工程学院	武　峥	2020
186	打造“双创”升级版名师工作室	合肥学院	储昭辉	2020
187	“悦己兮”网络思政育人工作室	滁州学院	张　悦	2020
188	大学生日常思想政治教育场域中的辅导员职业能力提升研究	安徽交通职业技术学院	赵　婧	2020
189	“大学生社会责任感培育”工作室	铜陵学院	李小虎	2020
190	“益”路有你工作室	黄山学院	柳丽平	2020
191	“信未来”生涯工作室	安徽农业大学	陈晓玲	2020
192	“青禾”创新创业名师工作室	皖南医学院	叶　兰	2020
193	莹哥网络思政工作室	合肥师范学院	陈梦莹	2020
194	“知行”领航工作室	安徽财经大学	宗　惠	2020
195	融媒体在高校“三全育人”中的探索研究	铜陵职业技术学院	查晶晶	2020
196	雨葭双创工作室	淮南师范学院	杨　葭	2020
197	高校学生管理工作创新研究	安徽建筑大学	王昊禾	2020
198	“一起向未来”辅导员名师工作室	合肥工业大学	王锐琴	2023
199	“星火相传”辅导员政治引领名师工作室	安徽大学	龚世星	2023
200	理工科大学生思想引领工作室	安徽师范大学	刘冠琪	2023
201	“耕读教育”实践育人工作室	安徽农业大学	彭琼琼	2023
202	大学生宿舍文化培育名师工作室	安徽工业大学	钱春梅	2023
203	“红色灯塔”辅导员网络思政名师工作室	淮北师范大学	徐小雪	2023
204	“杏林青春”大学生职业生涯发展工作室	安徽中医药大学	方林莉	2023
205	一“职”陪你工作室	安徽建筑大学	朱志伟	2023
206	“4+1”党史育人名师工作室	安庆师范大学	操龙德	2023
207	“职为你来”大学生职业规划与就业指导名师工作室	合肥学院	张爱萍	2023
208	体梦启航工作室	巢湖学院	郭世洪	2023
209	融媒体时代大学生网络思政教育工作室	铜陵学院	程　洁	2023

续表

序号	工作室名称/项目名称	院校	首席专家	批准年份
210	“蔚青春”辅导员工作室	滁州学院	李　慧	2023
211	“艺心 1+N”辅导员工作室——多元协同视域下融合育人育心模式研究	安徽艺术学院	于博文	2023
212	“党团班协同育人”辅导员名师工作室	安徽文达信息工程学院	李爱萍	2023
213	“杏林春暖”大学生就业创业技能培育名师工作室	安徽中医药高等专科学校	范　蓉	2023
214	辅导员法律事务工作室	黄山职业技术学院	洪婷婷	2023
215	“匠心”工商辅导员名师工作室	安徽工商职业学院	杨　东	2023
216	“萤火”辅导员心理育人工作室	安徽财贸职业学院	李林育	2023
217	“春雨润物”辅导员名师工作室	万博科技职业学院	盛婷婷	2023

注：a 指首席专家曾获全国“最美高校辅导员”称号。b 指首席专家曾获全国“高校辅导员年度人物”称号。

福建省高校辅导员名师工作室建设情况

序号	工作室名称	院校	主持人	批准年份
1	“生涯创新试验田”王晶生涯工作室——专业的生涯导航，温暖的成长陪伴	华侨大学	王　晶	2023
2	辅导员知行在线工作室	福州大学	陈永福	2023
3	向阳工作室	福建师范大学	李文祥	2023
4	肖红新“初心”辅导员名师工作室	福建农林大学	肖红新	2023
5	“医路助航”工作室	福建医科大学	庄莹莹	2023
6	“追光”辅导员职业素质提升工作室	集美大学	杨　敏	2023
7	“愈”见心“理”话工作室	泉州师范学院	陈奕希	2023
8	“同心结”辅导员工作室	莆田学院	陈国成	2023
9	“笃行致远”辅导员名师工作室	三明学院	苏庆雪	2023
10	“福信小砖”辅导员工作室	福建信息职业技术学院	张家章	2023
11	“新·思·享”辅导员工作室	福建水利电力职业技术学院	许广琦	2023
12	“生芽”大学生职业发展工作室	闽江师范高等专科学校	董秋锋	2023
13	“火眼金菁”网络素养培育工作室	厦门城市职业学院	林燕菁	2023
14	“青春逐梦，快乐成长”辅导员工作室	黎明职业大学	李光考	2023
15	“五技育新”辅导员工作室	湄洲湾职业技术学院	翁秀琴	2023

江西省高校辅导员名师工作室建设情况

序号	工作室建设方向	院校	主持人	批准年份
1	理论和实践研究	南昌大学	胡邦宁[a]	2020
2	思想理论教育和价值引领	江西师范大学	付妍妍	2020
3	党团和班级建设	江西财经大学	周海燕	2020
4	网络思想政治教育	华东交通大学	王冰雪	2020
5	网络思想政治教育	江西理工大学	饶先发	2020
6	思想理论教育和价值引领	南昌航空大学	谢大进	2020
7	网络思想政治教育	赣南师范大学	黄　晖[b]	2020
8	思想理论教育和价值引领	井冈山大学	黄志兴	2020
9	心理健康教育与咨询工作	南昌工程学院	杨　铖	2020
10	理论和实践研究	江西外语外贸职业学院	宫婷婷	2020
11	思想理论教育和价值引领	南昌大学	谭　潭	2023
12	思想理论教育和价值引领	江西师范大学	汤美丽	2023
13	网络思想政治教育	江西农业大学	袁颖芳	2023
14	思想理论教育和价值引领	江西财经大学	廖春妍[b]	2023
15	职业规划与就业创业指导	华东交通大学	严荷君	2023
16	职业规划与就业创业指导	江西理工大学	曹希西	2023
17	职业规划与就业创业指导	江西科技师范大学	刘　兴	2023
18	学生日常事务管理的课程化实践	赣南师范大学	叶芜为	2023
19	思想理论教育和价值引领	南昌工程学院	张雯雯	2023
20	党团和班级建设	江西旅游商贸职业学院	祝文锦	2023

注：a 指主持人曾获全国“最美高校辅导员”称号。b 指主持人曾获全国“高校辅导员年度人物”称号。

山东省高校辅导员名师工作室建设情况

序号	院校	主持人	批准年份
1	山东大学	高　弟[b]	2013
2	山东大学(威海)	于培丽	2013
3	齐鲁工业大学	左殿升	2013
4	青岛理工大学	孙海涛	2013
5	青岛科技大学	肖　强	2013
6	聊城大学	唐玉琴	2013
7	山东师范大学	修　蕾	2013

续表

序号	院校	主持人	批准年份
8	中国石油大学(华东)	王　青	2016
9	山东农业大学	冯国营	2016
10	烟台大学	郭冬梅	2016
11	山东科技大学	庄立臣	2016
12	山东理工大学	刘东峰	2016
13	山东建筑大学	李俊策	2016
14	山东财经大学	李洪星	2016
15	临沂大学	胡秀俊[b]	2016
16	泰山医学院	岳　芸	2016
17	山东青年政治学院	温永慧	2016
18	山东商业职业技术学院	龚爱国	2016
19	济南工程职业技术学院	胡星鹏	2016
20	山东大学	范　蕊[a、b]	2020
21	曲阜师范大学	王　琼	2020
22	滨州医学院	王爱英	2020
23	山东工商学院	张海燕	2020
24	山东交通学院	单　珊	2020
25	山东女子学院	刘瑶青	2020
26	青岛酒店管理职业技术学院	庞　阳	2020
27	济南幼儿师范高等专科学校	陈玲玲	2020
28	山东农业大学	齐宪磊	2020
29	济南大学	王显尊	2020
30	青岛农业大学	王宏儒	2020
31	山东大学	王璐璐	2023
32	山东科技大学	许　琳	2023
33	青岛科技大学	贾可好	2023
34	济南大学	宋莉璐	2023
35	山东建筑大学	贾德芳	2023
36	曲阜师范大学	朱伟卫	2023
37	聊城大学	刘　洁	2023
38	潍坊医学院	许婷婷	2023

续表

序号	院校	主持人	批准年份
39	山东青年政治学院	李　杨	2023
40	山东外国语职业技术大学	高晓莉	2023
41	潍坊职业学院	王　茜	2023
42	淄博职业学院	丁　好	2023
43	山东工业职业学院	魏静静	2023
44	济南工程职业技术学院	刘　燕	2023

注：a 指主持人曾获全国“最美高校辅导员”称号。b 指主持人曾获全国“高校辅导员年度人物”称号。

河南省高校辅导员工作室建设情况

序号	工作室名称	院校	主持人	批准年份
1	“青春导航”辅导员工作室	洛阳师范学院	张亚刚	2020
2	“红话筒”辅导员工作室	河南财经政法大学	张晓静	2020
3	“学理论”辅导员工作室	河南农业大学	韩　笑	2020
4	“素质提升”辅导员工作室	郑州大学	张　珂	2020
5	“青心之声”辅导员工作室	河南师范大学	王　芳	2020
6	“E 言 E 语”辅导员工作室	河南科技学院	栗　宁	2020
7	“匠心”辅导员工作室	郑州航空工业管理学院	李振宇	2020
8	“艺馨为你”辅导员工作室	河南理工大学	王雷霞	2020
9	“成长家园”辅导员工作室	郑州轻工业大学	沈高峰	2020
10	“科研之路”辅导员工作室	河南科技大学	吴晓昊	2020
11	任怡辅导员工作室	郑州大学	任　怡[a、b]	2022
12	黄鑫辅导员工作室	河南大学	黄　鑫	2022
13	朱瑞萍辅导员工作室	河南农业大学	朱瑞萍	2022
14	许森辅导员工作室	河南工业大学	许　森	2022
15	魏华辅导员工作室	华北水利水电大学	魏　华	2022
16	孔馨雨辅导员工作室	郑州轻工业大学	孔馨雨	2022
17	王强辅导员工作室	郑州航空工业管理学院	王　强	2022
18	丁晨辅导员工作室	洛阳理工学院	丁　晨	2022
19	贾普君辅导员工作室	河南科技学院	贾普君	2022
20	张俊辅导员工作室	郑州工商学院	张　俊	2022
21	刘小梅辅导员工作室	河南理工大学	刘小梅	2023
22	李倩辅导员工作室	河南中医药大学	李　倩	2023

续表

序号	工作室名称	院校	主持人	批准年份
23	陈冉辅导员工作室	新乡医学院	陈冉	2023
24	胡唯唯辅导员工作室	洛阳师范学院	胡唯唯	2023
25	王岨辅导员工作室	商丘师范学院	王　岨	2023
26	毛晓飞辅导员工作室	黄淮学院	毛晓飞	2023
27	管欣辅导员工作室	黄河水利职业技术学院	管　欣	2023
28	袁春霞辅导员工作室	河南农业职业学院	袁春霞	2023
29	聂丹辅导员工作室	信阳职业技术学院	聂　丹	2023
30	翟利丹辅导员工作室	新乡职业技术学院	翟利丹	2023

注：b 指主持人曾获全国“高校辅导员年度人物”称号。

湖北省高校学生工作示范团队建设情况

序号	团队类型	院校	团队主持人	批准年份
1	心理健康教育工作团队	湖北大学	赖海雄	2020
2	辅导员工作团队	华中农业大学	祝　鑫[a、b]	2020
3	辅导员工作团队	中南财经政法大学	尼加提·艾买提[a、b]	2020
4	辅导员工作团队	汉江师范学院	毛晶玥	2020
5	辅导员工作团队	华中师范大学	杨灵珍	2020
6	辅导员工作团队	湖北大学	袁　勋	2020
7	辅导员工作团队	武汉理工大学	靳　敏[a、b]	2020
8	辅导员工作团队	武汉华夏理工学院	张　亮	2020

注：a 指主持人曾获全国“最美高校辅导员”称号。b 指主持人曾获全国“高校辅导员年度人物”称号。

湖南省高校辅导员名师工作室建设情况

序号	项目/团队名称/研究方向	院校	主持人	批准年份
1	少数民族大学教育辅导员团队	中南大学	彭春丽	2015
2	“核心价值观领航工程”——大学生党员教育辅导团队	湖南大学	陈义红	2015
3	树人以德育人以情——大学生心灵成长辅导团队	湖南大学	黄伟妮	2015
4	心方向辅导员团队	湖南师范大学	谢胜文	2015
5	“先锋源动力”大学生党建辅导团队	湘潭大学	孙明辉	2015

续表

序号	项目/团队名称/研究方向	院校	主持人	批准年份
6	“我们向太阳”系统性班级团体辅导实践团队	长沙理工大学	刘卓明	2015
7	家校双驱联动育人辅导团队	湖南农业大学	李　华	2015
8	“授人以渔”优秀辅导员团队	中南林业科技大学	张胜利	2015
9	“涌泉”辅导员团队	湖南中医药大学	何桂华	2015
10	“医路有你”——医学生人文素质培养辅导员团队	南华大学	徐婵娟	2015
11	“朝阳党建”优秀辅导员团队	湖南科技大学	曾治国	2015
12	“风飞”大学生创新创业教育辅导员团队	吉首大学	王江生	2015
13	“启明星”学生职业生涯规划与素质拓展指导团队	湖南工业大学	宋　魁	2015
14	“追梦一族”辅导员团队	湖南商学院	周军军	2015
15	“南湖微引”学生思想引领辅导员团队	湖南理工学院	万娟霞	2015
16	“君子淑女”培育——大学生传统文化素养提升辅导员团队	衡阳师范学院	罗　灿	2015
17	湖南文理学院社会主义核心价值观培育和践行辅导员团队	湖南文理学院	刘　双	2015
18	“人职匹配”职业生涯规划辅导员团队	湖南工程学院	罗　荃	2015
19	“修其身,正其心”辅导员团队	湖南城市学院	唐海欧	2015
20	邵阳学院“梦・青春”德育导师团队	邵阳学院	蔡玉梅	2015
21	高校应用型人才“通用素质教育”指导团队	怀化学院	罗先海	2015
22	“引路人”大学生通识教育辅导员团队	湖南科技学院	欧阳智超	2015
23	“远行导航”——校园文化建设团队	湘南学院	石　苗	2015
24	“一擎双翼”辅导员团队	湖南人文科技学院	付　盾	2015
25	4D模式构建——困难毕业生能力提升辅导员团队	长沙学院	唐珍妮	2015
26	“引路人”大学生生涯规划辅导员团队	湖南涉外经济学院	王　银	2015
27	“大爱无疆”辅导员团队	长沙医学院	王　斌	2015
28	“微”你筑梦团队	湖南工学院	曾喜云	2015
29	“雨人”大学生生涯导航服务团队	湖南第一师范学院	欧阳斐	2015

续表

序号	项目/团队名称/研究方向	院校	主持人	批准年份
30	“互助学习型”宿舍思政辅导员团队	湖南财政经济学院	王庆辉	2015
31	阳光快乐辅导员团队	湖南警察学院	付碧超	2015
32	“指南针”辅导员团队	湖南女子学院	黄灵芝	2015
33	“麦田守望者”辅导员团队	长沙师范学院	贺恩格	2015
34	微课传情——高校思想政治“微”教育团队	湖南医药学院	余　杨	2015
35	“1+Z+T”专业型辅导员团队	湖南信息学院	史珺宇	2015
36	“逐梦航修”——大学生职业素养培育辅导员团队	长沙航空职业技术学院	黄　韬	2015
37	“我成长·我快乐”系列主题班会辅导团队	湖南大众传媒职业技术学院	李惠华	2015
38	“立德树人筑梦引航”女大学生三成教育辅导员团队	湖南商务职业技术学院	余　卉	2015
39	“三人行”成长互助辅导员团队建设——以体验式特色成长辅导室为依托提升辅导员团队建设	湖南工程职业技术学院	廖黎芳	2015
40	“心随舞动”舞蹈系辅导员团队	湖南艺术职业学院	杨　蕊	2015
41	“安之韵”优秀辅导员团队	湖南安全技术职业学院	徐长国	2015
42	“激扬青春”优秀辅导员工作创新团队	湖南铁道职业技术学院	贺静波	2015
43	辅导员博客团队	湖南化工职业技术学院	江　朝	2015
44	“三型”(阳光型、专业型、拓展型)护理人才培养辅导员团队	湘潭职业技术学院	陈华娟	2015
45	大学生公民意识培育导师团队	湖南城建职业技术学院	袁轩宇	2015
46	“明德·自强”文化培育辅导员团队建设	湖南电气职业技术学院	邓祖禄	2015
47	“E路爱心”辅导员团队	湖南软件职业学院	赵勋进	2015
48	校企文化融合传承辅导员团队	湖南石油化工职业技术学院	孔令艳	2015
49	“阳光成长”邵阳医专辅导员“深度辅导”团队	邵阳医学高等专科学校	肖丽群	2015
50	“启航”辅导员团队	郴州职业技术学院	周华艳	2015
51	大学生创新创业指导	湖南大学	李　曼	2016
52	大学生思想政治教育	湖南师范大学	周彩姣	2016
53	网络思想政治教育	湘潭大学	黎益君	2016

续表

序号	项目/团队名称/研究方向	院校	主持人	批准年份
54	思想政治教育	长沙理工大学	施一满	2016
55	网络思想政治教育	中南林业科技大学	孟志波	2016
56	思想政治教育——医德涵育	湖南中医药大学	章小纯	2016
57	心理健康教育与咨询	南华大学	马　军[a、b]	2016
58	大学生生涯规划与就业指导	湖南科技大学	曾淑艳	2016
59	大学生思想政治教育	吉首大学	廖　浩	2016
60	高校特殊学生群体危机事件防控应对	湖南工业大学	陈登科	2016
61	职业规划与就业创业教育指导	湖南商学院	易玉梅	2016
62	心理健康教育与咨询	湖南理工学院	周　畅	2016
63	女大学生德育美育教育	衡阳师范学院	何　芳	2016
64	思想政治教育	湖南工程学院	尹湘鹏	2016
65	大学生心理健康教育	湖南城市学院	王　静	2016
66	就业指导	邵阳学院	帅启梅	2016
67	大学生团体心理辅导	湘南学院	欧朝晖	2016
68	心理健康教育与咨询	长沙学院	宋　颖	2016
69	思想政治教育与心理健康教育	长沙医学院	周建兰	2016
70	心理咨询与辅导	湖南工学院	李光红	2016
71	公费定向师范生职业技能提升与职业理念培养	湖南第一师范学院	袁耀宗	2016
72	宿舍网络思想政治教育	湖南财政经济学院	邓　滔	2016
73	德育与教育基本原理	长沙师范学院	刘晓霞	2016
74	职业规划与就业指导	湖南医药学院	姜　俊	2016
75	大学生日常事务管理	湖南交通工程学院	赵荣华	2016
76	思想政治教育	长沙民政职业技术学院	张晓琳	2016
77	网络思想政治教育	湖南邮电职业技术学院	姚　菡	2016
78	职业规划与就业指导	湖南商务职业技术学院	王　晨	2016
79	学生就业创业指导	湖南工程职业技术学院	邓玉喜	2016
80	职业规划与就业创业指导	湖南机电职业技术学院	王凤斌	2016
81	高职听力障碍大学生教育教学	长沙职业技术学院	梁定华[b]	2016
82	职业生涯规划	湖南现代物流职业技术学院	伍　瑛	2016
83	大学生德育教育	湖南汽车工程职业技术学院	刘海渔	2016

续表

序号	项目/团队名称/研究方向	院校	主持人	批准年份
84	心理健康教育与咨询	湘潭医卫职业技术学院	张扬传	2016
85	学生日常事务管理	湖南电气职业技术学院	钟　冲	2016
86	大学生思想政治教育与习惯养成教育	湖南环境生物职业技术学院	肖　明	2016
87	思想政治教育	湖南民族职业学院	刘瑞蕾	2016
88	大学生成长辅导	邵阳职业技术学院	肖艳群	2016
89	学生党团组织与班级建设	郴州职业技术学院	李玲林	2016
90	大学生网络思想政治教育	长沙卫生职业学院	韩丹丹	2016
91	班团文化体系建设	中南大学	易险峰	2017
92	思想政治教育	湖南大学	茹　娜	2017
93	大学生创新创业教育	湘潭大学	丁小燕	2017
94	学业发展辅导	长沙理工大学	丁　丹	2017
95	高校就业指导	湖南农业大学	张胜利	2017
96	思想政治教育	中南林业科技大学	李健林	2017
97	党团建设和班级建设	湖南科技大学	刘学泳	2017
98	创新创业教育	湖南工业大学	李新生	2017
99	大学生思想政治教育	湖南商学院	李吉林	2017
100	大学生心理健康教育	湖南理工学院	毛　伟	2017
101	大学生德育教育——师德培育	衡阳师范学院	王方晖	2017
102	大学生成长辅导	湖南文理学院	邓　俊	2017
103	学习指导	湖南工程学院	唐星星	2017
104	学生党建和心理健康	湖南城市学院	冷　红	2017
105	职业规划和就业指导	怀化学院	杨　育	2017
106	大学生心理健康教育	湖南科技学院	胡敏辉	2017
107	大学生创新创业指导	长沙学院	王永启	2017
108	新疆籍少数民族学生思想政治教育和成长精准帮扶	长沙医学院	何平波	2017
109	国防教育	湖南工学院	刘　斌	2017
110	大学生核心素养的培育与职业指导	湖南第一师范学院	罗　燕	2017
111	大学生就业创业指导	长沙师范学院	肖　辉	2017
112	党团和班级建设	湖南工业职业技术学院	彭　伟	2017
113	日常行为习惯养成教育	长沙航空职业技术学院	凌　晨	2017
114	思想政治教育、日常事务管理	湖南交通职业技术学院	刘　敏	2017

续表

序号	项目/团队名称/研究方向	院校	主持人	批准年份
115	农业类高职大学生职业素养养成与职业道德培育	湖南生物机电职业技术学院	刚　良	2017
116	心理健康教育与咨询	湖南司法警官职业学院	熊伟娥	2017
117	职业规划与就业指导	湖南外贸职业学院	周红波	2017
118	大学生创新创业	湖南现代物流职业技术学院	米志强	2017
119	大学生意识形态安全教育	湖南水利水电职业技术学院	邓　飞	2017
120	创新创业教育	湖南化工职业技术学院	刘　颖	2017
121	大学生思想政治教育	湖南铁路科技职业技术学院	罗　娜	2017
122	医学人文素质实践教育	湘潭医卫职业技术学院	李　莉	2017
123	高职学生职业生涯规划与就业指导	湖南环境生物职业技术学院	盛　利	2017
124	班级建设	常德职业技术学院	贺德辉	2017
125	心理健康教育与咨询	郴州职业技术学院	王丽平	2017
126	辅导员理论素养提升	中南大学	张金学[a、b]	2018
127	网络思政教育	湖南大学	杨文蕴[b]	2018
128	辅导员职业素质能力提升	湖南师范大学	刘宓蜜[b]	2018
129	大学生创新创业教育引导	湘潭大学	许筱婷	2018
130	思想政治教育	长沙理工大学	唐　青	2018
131	思想政治教育艺术传播	湖南农业大学	常　徕[a]	2018
132	思想政治教育	中南林业科技大学	徐钰婷[b]	2018
133	大学生职业人文素养培育与就业指导	湖南中医药大学	马改红	2018
134	大学生学业发展辅导	湖南科技大学	刘　韧	2018
135	思想政治教育	吉首大学	唐　琪	2018
136	大学生职业生涯规划与就业指导	湖南商学院	曾　平	2018
137	思想政治教育、学生工作管理、管理学	衡阳师范学院	李　翠	2018
138	大学生创新创业教育	湖南工程学院	刘　洁	2018
139	生涯规划与就业指导	怀化学院	肖　韬	2018
140	大学生创新创业指导	湖南科技学院	王志堂	2018
141	理工类学生人文素养提升	长沙学院	胡小毅	2018
142	辅导员专业素质的三维培养	长沙医学院	李　琴	2018
143	班级精细化管理	湖南工学院	代俭英	2018
144	实践育人	湖南第一师范学院	陈　阳	2018

续表

序号	项目/团队名称/研究方向	院校	主持人	批准年份
145	网络思想政治教育	长沙师范学院	刘吉春	2018
146	辅导员学术能力提升	湖南大学(辅导员工作研究会)	成黎明	2018
147	党团和班级建设	湖南工业职业技术学院	李陟威	2018
148	网络思想政治教育	湖南大众传媒职业技术学院	刘嫔妮	2018
149	职业规划与就业创业指导	湖南商务职业技术学院	阙庆华	2018
150	大学生职业规划与就业能力提升	湖南生物机电职业技术学院	金　华	2018
151	高职学生就业指导	湖南工程职业技术学院	刘丽波	2018
152	理论与实践研究	长沙商贸旅游职业技术学院	谢路奇	2018
153	班级建设	湖南铁道职业技术学院	沈铁敏	2018
154	思想政治教育	湖南铁路科技职业技术学院	熊　芬	2018
155	高校辅导员队伍建设、学生党建及思想政治教育	湖南城建职业技术学院	周萌梦	2018
156	学生成长辅导	湖南理工职业技术学院	黄　静	2018
157	大学生危机事件应对	湖南环境生物职业技术学院	李英杰	2018
158	马克思主义信仰教育	湖南民族职业学院	王　永	2018
159	网络思想政治教育	娄底职业技术学院	王　琦	2018
160	团体心理辅导与素质拓展	湖南工艺美术职业学院	陈燕妮	2018
161	高校辅导员综合发展工作室	中南大学	连　选[a、b]	2023
162	高校辅导员综合发展工作室	湖南大学	于涵宇	2023
163	高校辅导员综合发展工作室	湖南师范大学	张小春	2023
164	高校辅导员综合发展工作室	长沙理工大学	彭琼英	2023
165	高校辅导员综合发展工作室	湖南农业大学	马若龙	2023
166	高校辅导员综合发展工作室	中南林业科技大学	徐钰婷[b]	2023
167	高校辅导员综合发展工作室	吉首大学	魏　浓	2023
168	高校辅导员综合发展工作室	湖南理工学院	徐　丹	2023
169	高校辅导员综合发展工作室	湖南第一师范学院	马青梅	2023
170	高校辅导员综合发展工作室	湖南工业职业技术学院	汤　灵	2023

注：a 指主持人曾获全国“最美高校辅导员”称号。b 指主持人曾获全国“高校辅导员年度人物”称号。

广东省高校名辅导员工作室建设情况

序号	工作室名称	院校	工作室方向	批准年份
1	李敏工作室	广州大学	少数民族大学生教育管理服务	2014
2	陈小花工作室[a、b]	广东技术师范大学	大学生就业创业指导	2014
3	陈晓梅工作室	华南农业大学	研究生思想政治教育研究	2014
4	林路生工作室	广东医科大学	理论研究与实践	2014
5	王鹏工作室	华南师范大学	大学生社团活动指导	2016
6	张丹工作室	广东财经大学	大学生思想政治教育	2016
7	何小梅工作室[b]	广东轻工职业技术学院	高职院校大学生思想政治教育	2016
8	靳祥鹏工作室	中山大学	大学生学业和科技学术实践指导	2018
9	冀早早工作室	华南理工大学	大学生学业和科技学术实践指导	2018
10	唐小煜工作室	华南师范大学	大学生学业和科技学术实践指导	2018
11	董婷工作室	广东外语外贸大学	大学生学业和科技学术实践指导	2018
12	邓淑容工作室	惠州学院	大学生学业和科技学术实践指导	2018
13	肖孟琦工作室	广东技术师范学院	大学生心理健康教育与咨询	2018
14	桂莉娜工作室	广东药科大学	大学生心理健康教育与咨询	2018
15	何凯工作室	华南农业大学	大学生心理健康教育与咨询	2018
16	杨茜工作室	广州民航职业技术学院	大学生心理健康教育与咨询	2018
17	张宏渝工作室	东莞理工学院城市学院	大学校园文化活动指导	2018
18	肖向东工作室	深圳大学	大学校园文化活动指导	2018
19	柯东贤工作室	韩山师范学院	大学校园文化活动指导	2018
20	吴慧明工作室	深圳职业技术学院	大学校园文化活动指导	2018
21	易广工作室	广东轻工职业技术学院	少数民族学生教育管理	2018
22	王刚工作室	广东金融学院	大学生思想理论教育	2018
23	付艳工作室	广州大学	大学生思想理论教育	2018
24	海景龙工作室	东莞理工学院	大学新媒体应用和网络文化活动指导	2018
25	许灿荣工作室	华南师范大学	大学校园危机事件预警应对	2018
26	谢明亮工作室	岭南师范学院	大学生职业规划与就业创业指导	2018
27	陈洪源工作室	广东石油化工学院	大学生职业规划与就业创业指导	2018
28	黄林成工作室	广东水利电力职业技术学院	大学生职业规划与就业创业指导	2018
29	魏争工作室	华南理工大学	大学生党团和班级建设	2018
30	裴九雄工作室	广州大学	大学生学业和科技学术实践指导	2018

续表

序号	工作室名称	院校	工作室方向	批准年份
31	耿云霄工作室	广东食品药品职业学院	大学生学业和科技学术实践指导	2018
32	周捷信工作室	顺德职业技术学院	大学生学业和科技学术实践指导	2018
33	谢锐凌工作室	佛山科学技术学院	大学生学业和科技学术实践指导	2018
34	叶琳琳工作室	广州铁路职业技术学院	大学生心理健康教育与咨询	2018
35	郑秋强工作室	北京师范大学珠海分校 北师大珠海分校	大学生心理健康教育与咨询	2018
36	尚丹工作室	广东外语外贸大学	大学校园文化活动指导	2018
37	蔡晓颖工作室	广东医科大学	大学校园文化活动指导	2018
38	刘奕涛工作室	嘉应学院	大学校园文化活动指导	2018
39	王瑶工作室	佛山科学技术学院	大学校园文化活动指导	2018
40	王伟江工作室	广州工商学院	大学校园文化活动指导	2018
41	邓庆华工作室	广东工业大学	少数民族学生教育管理	2018
42	曾庆慧工作室	暨南大学	大学生思想理论教育	2018
43	王亚惠工作室	南方医科大学	大学生思想理论教育	2018
44	何雪梅工作室[b]	华南师范大学	大学生思想理论教育	2018
45	陈浩华工作室	东莞理工学院城市学院	大学生思想理论教育	2018
46	胡勉强工作室	广东医科大学	大学新媒体应用和网络文化活动指导	2018
47	吴国庆工作室	广东科学技术职业学院	大学新媒体应用和网络文化活动指导	2018
48	刘洁予工作室	中山大学	大学校园危机事件预警应对	2018
49	李全森工作室	广东石油化工学院	大学校园危机事件预警应对	2018
50	魏锡坤工作室	顺德职业技术学院	大学校园危机事件预警应对	2018
51	黄燕平工作室	广州航海学院	大学生职业规划与就业创业指导	2018
51	罗志聪工作室	广东轻工职业技术学院	大学生职业规划与就业创业指导	2018
53	何凤梅工作室	广东海洋大学	大学生党团和班级建设	2018
54	梁嘉工作室	广东药科大学	大学生党团和班级建设	2018
55	李峰工作室	广东技术师范学院	大学生党团和班级建设	2018
56	庄庆滨工作室	广东省外语艺术职业学院	大学生党团和班级建设	2018
57	李素素工作室	广东农工商职业技术学院	大学生党团和班级建设	2018

注：a 指主持人曾获全国“最美高校辅导员”称号。b 指主持人曾获全国“高校辅导员年度人物”称号。

广西壮族自治区高校高水平辅导员工作室建设情况

序号	工作室名称	院校	主持人	批准年份
1	“慕水”辅导员工作室	广西水利电力职业技术学院	王 婷	2022
2	小泥鳅辅导员工作室	桂林电子科技大学	王德民	2022
3	“领航”工作室	广西民族大学	邓 昊	2022
4	“筑梦联盟”辅导员工作室	柳州城市职业学院	古文珍	2022
5	助梦职业发展工作室	梧州学院	叶子琛	2022
6	“韶华心坊”辅导员工作室	广西科技大学	刘阿娜	2022
7	“美思艺想”工作室	广西师范大学	刘金玲	2022
8	“电亮心光”工作室	广西水利电力职业技术学院	刘馥萍	2022
9	“匠心铸魂”工作室	广西工业职业技术学院	农 贵	2022
10	知行工作室	广西建设职业技术学院	李姿蓉	2022
11	地学微风大学生网络工作室	桂林理工大学	吴田波	2022
12	“礼润小西”辅导员工作室	广西大学	吴达慧[b]	2022
13	“561”劳动教育工作室	柳州铁道职业技术学院	邹秀楠	2022
14	“红话筒”理论宣讲辅导员工作室	桂林学院	宋丹阳	2022
15	“红心塑旅”辅导员工作室	桂林旅游学院	陈 竹	2022
16	“兴农创梦”辅导员工作室	广西农业职业技术大学	陈花兰	2022
17	湘约网事辅导员工作室	南宁职业技术学院	林为湘	2022
18	“五航工程”辅导员工作室	广西交通职业技术学院	林燚宁	2022
19	铸牢中华民族共同体意识辅导员工作室	广西民族大学	周 婷	2022
20	“启航”生涯辅导工作室	广西医科大学	郑 茸	2022
21	大数据·辅导员工作室	桂林理工大学	郝文佳	2022
22	“思行致远”辅导员工作室	广西医科大学	徐晓君	2022
23	海棠工作室	广西建设职业技术学院	郭海棠[b]	2022
24	梦马辅导员工作室	桂林师范高等专科学校	郭 震	2022
25	“启心”党团辅导员工作室	广西生态工程职业技术学院	黄晓赫	2022
26	红美之家辅导员工作室	百色学院	黄翠秋	2022
27	锦绣生涯工作室	广西财经学院	梁雄霞	2022
28	“头雁”辅导员职业能力建设工作室	广西财经学院	黄琳婷	2022
29	医路领航工作室	桂林医学院	蒋艳平	2022

续表

序号	工作室名称	院校	主持人	批准年份
30	“匠心远航”生涯发展工作室	柳州职业技术学院	曾　志	2022
31	“青言新语”网络思想政治教育工作室	广西师范大学	曾振华	2022
32	“远志”辅导员工作室	广西卫生职业技术学院	谢　菊	2022
33	“引路人”辅导员发展工作室	广西民族师范学院	蓝观覃	2022
34	“四力同圆”辅导员工作室	广西大学	雷圆媛[b]	2022
35	“知我”辅导员工作室	桂林电子科技大学	熊丽娜	2022

注：b 指主持人曾获全国“高校辅导员年度人物”称号。

重庆市高校辅导员名师工作室建设情况

序号	工作室名称	院校	主持人	批准年份
1	陈兰工作室	重庆大学	陈　兰	2015
2	简敏工作室	西南政法大学	简　敏[a、b]	2015
3	严怡工作室	西南大学	严　怡	2015
4	毛霞工作室	重庆师范大学	毛　霞[b]	2015
5	奉飞工作室	重庆大学	奉　飞	2017
6	邓洪波工作室	西南大学	邓洪波	2017
7	柏杨工作室	重庆邮电大学	柏　杨	2017
8	胡小强工作室	重庆师范大学	胡小强	2017
9	杨联星工作室	重庆大学	杨联星[b]	2023
10	王华敏工作室	西南大学	王华敏	2023
11	马小又工作室	重庆师范大学	马小又	2023
12	王婷工作室	重庆工商大学	王　婷[b]	2023
13	牟芷工作室	重庆文理学院	牟　芷	2023
14	李颖工作室	重庆大学	李　颖	2023
15	刘汭雪工作室	西南大学	刘汭雪	2023
16	胡绵娓工作室	西南政法大学	胡绵娓	2023
17	杨化工作室	西南政法大学	杨　化	2023
18	陈敏工作室	重庆医科大学	陈　敏	2023
19	瞿聪工作室	重庆师范大学	瞿　聪	2023
20	张婷婷工作室	重庆邮电大学	张婷婷	2023
21	蒋琳工作室	重庆邮电大学	蒋　琳	2023

续表

序号	工作室名称	院校	主持人	批准年份
22	易虹工作室	重庆交通大学	易　虹	2023
23	潘庆工作室	四川外国语大学	潘　庆	2023
24	蒋智丽工作室	四川美术学院	蒋智丽	2023
25	唐沙工作室	重庆理工大学	唐　沙	2023
26	刘彦涵工作室	重庆理工大学	刘彦涵	2023
27	杨华工作室	重庆三峡学院	杨　华	2023
28	彭瑶工作室	重庆文理学院	彭　瑶	2023
29	彭甜媛工作室	长江师范学院	彭甜媛[b]	2023
30	张文文工作室	重庆第二师范学院	张文文	2023
31	周波工作室	重庆警察学院	周　波	2023
32	王薇工作室	重庆工程学院	王　薇	2023
33	冉锦工作室	重庆机电职业技术大学	冉　锦	2023
34	白玥婕工作室	重庆电子工程职业学院	白玥婕	2023
35	雷希工作室	重庆工业职业技术学院	雷　希	2023
36	丁晓亮工作室	重庆工程职业技术学院	丁晓亮	2023
37	侯晓玲工作室	重庆水利电力职业技术学院	侯晓玲	2023
38	吴秋平工作室	重庆工商职业学院	吴秋平	2023
39	田静工作室	重庆青年职业技术学院	田　静	2023
40	朱思恺工作室	重庆建筑工程职业学院	朱思恺	2023
41	陈小容工作室	重庆商务职业学院	陈小容	2023
42	董万杰工作室	重庆化工职业学院	董万杰	2023
43	郗晓波工作室	重庆科创职业学院	郗晓波	2023

注：a 指主持人曾获全国“最美高校辅导员”称号。b 指主持人曾获全国“高校辅导员年度人物”称号。

四川省名辅导员工作室建设情况

序号	工作室名称	院校	主持人	批准年份
1	“北极星”黎红友名辅导员工作室	四川大学	黎红友	2022
2	“同心圆”熊钰名辅导员工作室	西南交通大学	熊　钰	2022
3	“熠熠生辉”李毅名辅导员工作室	电子科技大学	李　毅[a、b]	2022
4	“心中金融”倪灵运名辅导员工作室	西南财经大学	倪灵运	2022
5	“蓉融”卢立文名辅导员工作室	西南民族大学	卢立文	2022

续表

序号	工作室名称	院校	主持人	批准年份
6	“红心柚”舒小立名辅导员工作室	西南石油大学	舒小立[b]	2022
7	“彩虹生涯”缪笛名辅导员工作室	成都理工大学	缪　笛	2022
8	“职生芽”徐春霞名辅导员工作室	西南科技大学	徐春霞[b]	2022
9	“博雅心语”万娟名辅导员工作室	成都信息工程大学	万　娟	2022
10	“星火”李萌名辅导员工作室	西华大学	李　萌	2022
11	“医影树人”张廷宇名辅导员工作室	四川农业大学	张廷宇	2022
12	“微光青语”张邵希名辅导员工作室	四川师范大学	张邵希	2022
13	“玉·见”刘玉名辅导员工作室	西华师范大学	刘　玉	2022
14	“巴山青语”刘天名辅导员工作室	四川文理学院	刘　天	2022
15	“薪传”胡忠浩名辅导员工作室	成都大学	胡忠浩	2022
16	“匠心筑梦”周瑶名辅导员工作室	成都纺织高等专科学校	周　瑶	2022
17	“启明星”虞剑英名辅导员工作室	成都航空职业技术学院	虞剑英	2022
18	“指南针”任竹梅名辅导员工作室	成都职业技术学院	任竹梅	2022
19	“蓉青筑梦”王丽英名辅导员工作室	四川邮电职业技术学院	王丽英	2022
20	“同心逐梦”黄占波名辅寻员工作室	达州职业技术学院	黄占波	2022

注：a 指主持人曾获全国“最美高校辅导员”称号。b 指主持人曾获全国“高校辅导员年度人物”称号。

贵州省高校名辅导员工作室建设情况

序号	工作室名称	院校	主持人	批次	批准年份
1	德馨辅导员工作室	贵州民族大学	王倩倩	第一批	2017
2	周蕾辅导员工作室	贵州财经大学	周　蕾	第一批	2017
3	“知行”辅导员工作室	贵州商学院	赵　翔	第一批	2017
4	黔黔辅导员工作室	铜仁学院	张　钱	第一批	2017
5	丽琼工作室	贵州师范学院	谭丽琼[b]	第一批	2017
6	“溪山芳林”学生发展辅导员工作室	贵州大学	晏　超	第二批	2019
7	师雅辅导员工作室	贵州师范大学	余　阳	第二批	2019
8	“杏林医语”辅导员工作室	贵州医科大学	李　丹	第二批	2019
9	贾婀娜辅导员工作室	遵义医科大学	贾婀娜[b]	第二批	2019
10	“雅河新语”辅导员工作室	贵州理工学院	江　旭	第二批	2019
11	“龙·狮”辅导员工作室	贵州师范大学求是学院	喻　竞	第二批	2019
12	润物工作室	贵州交通职业技术学院	王　昕	第二批	2019

续表

序号	工作室名称	院校	主持人	批次	批准年份
13	“员员港湾”工作室	贵州工程应用技术学院	陈雅洁	第二批	2019
14	匠心工作室	贵州电子信息职业技术学院	薛运强	第二批	2019
15	树人辅导员工作室	贵阳护理职业技术学院	姜钟光	第二批	2019
16	贵中医辅导员工作室	贵州中医药大学	欧　阳	第三批	2021
17	辅正导新工作室	贵州职业技术学院	周秀芬	第三批	2021
18	“田田的秘语”工作室	黔南民族师范学院	邓成凤	第三批	2021
19	光舆辅导员工作室	凯里学院	张竞月	第三批	2021
20	“行知”辅导员工作室	贵州工业职业技术学院	陈家梅	第三批	2021
21	占应工作室	遵义师范学院	唐占应	第三批	2021
22	“映·印”工作室	安顺学院	崔亚飞	第三批	2021
23	“青春·引航”工作室	贵阳学院	邓晶艳	第三批	2021

注：b 指主持人曾获全国“高校辅导员年度人物”称号。

云南省高校辅导员名师工作室建设情况

序号	工作室名称	院校	主持人	批准年份
1	朱丹辅导员名师工作室	云南大学	朱　丹[a、b]	2019
2	刘虹辅导员名师工作室	云南师范大学	刘　虹	2019
3	张根辅导员名师工作室	云南民族大学	张　根	2019
4	邵清友辅导员名师工作室	云南艺术学院	邵清友[b]	2019
5	余一夫辅导员名师工作室	昆明学院	余一夫	2019
6	高瑞阳辅导员名师工作室	曲靖师范学院	高瑞阳	2019
7	李雨健辅导员工作室	昆明理工大学	李雨健	2019
8	王萍辅导员工作室	云南中医药大学	王　萍	2019
9	李永祥辅导员工作室	云南财经大学	李永祥	2019
10	杨晓蓉辅导员工作室	大理大学	杨晓蓉	2019
11	乐林会辅导员工作室	楚雄师范学院	乐林会	2019
12	付丽荣辅导员工作室	云南大学滇池学院	付丽荣	2019
13	沈鹏辅导员工作室	云南交通职业技术学院	沈　鹏	2019
14	保少兵辅导员工作室	云南国土资源职业学院	保少兵	2019
15	郇琰辅导员工作室	云南林业职业技术学院	郇　琰	2019
16	梅晓芳辅导员工作室	昆明工业职业技术学院	梅晓芳	2019

续表

序号	工作室名称	院校	主持人	批准年份
17	张瑶辅导员工作室	昆明理工大学	张　瑶	2023
18	黄涛辅导员工作室	云南艺术学院	黄　涛	2023
19	付秋静辅导员工作室	云南大学	付秋静	2023
20	郑敏辅导员工作室	昆明医科大学海源学院	郑　敏	2023
21	安磊辅导员工作室	昆明医科大学	安　磊	2023
22	邓志华辅导员工作室	西南林业大学	邓志华	2023

注：a 指主持人曾获全国“最美高校辅导员”称号。b 指主持人曾获全国“高校辅导员年度人物”称号。

陕西省高校辅导员工作室建设情况

序号	工作室名称	院校	主持人	工作室方向	批准年份
1	知心工作室	西安交通大学	叶　明	思想理论教育和价值引领	2017
2	明德至善工作室	西安电子科技大学	穆宏浪	思想理论教育和价值引领	2017
3	石榴籽工作室	陕西师范大学	郝高建	少数民族学生教育管理服务	2017
4	同心圆工作室	西安交通大学	库来西·依布拉音[a、b]	少数民族学生教育管理服务	2017
5	“树魂立德”工作室	西北大学	郝团虎	思想理论教育和价值引领	2017
6	阳光工作室	西安理工大学	张治国	少数民族学生教育管理服务	2017
7	大学生安全教育工作室	西安建筑科技大学	何磊磊	校园危机事件应对	2017
8	李萌工作室	陕西科技大学	李　萌[b]	辅导员队伍建设	2017
9	“榴苑追梦”学业指导工作室	西安科技大学	王军妮	学风建设	2017
10	“圣地红炉”辅导员工作室	延安大学	李生策	思想理论教育和价值引领	2017
11	大学生党建工作室	西安工程大学	杨建军	党团和班级建设	2017
12	“正心”学风建设工作室	西北政法大学	李伟弟	学风建设	2017

续表

序号	工作室名称	院校	主持人	工作室方向	批准年份
13	思创辅导员工作室	西安邮电大学	曹　江	职业规划与就业创业指导	2017
14	大学生“立诚”工作室	西安财经大学	罗　楠	思想理论教育和价值引领	2017
15	“杏林花开”育心工作室	陕西中医药大学	倪　娜	心理健康教育与咨询工作	2017
16	绽放青春就业工作室	陕西理工大学	周　辉	职业规划与就业创业指导	2017
17	心灵花园工作室	西安培华学院	吴　博	心理健康教育与咨询工作	2017
18	创新创业教育工作室	西京学院	王素兰	职业规划与就业创业指导	2017
19	思想导航工作室	陕西铁路工程职业技术学院	李昌锋	思想理论教育和价值引领	2017
20	红色铸魂工作室	西北农林科技大学	和红燕	党团和班级建设	2017
21	薪火工作室	西安交通大学	赵　颖	学风建设	2019
22	“红色基因”辅导员工作室	西北大学	常雅慧[b]	党团和班级建设	2019
23	“心晴·小筑”工作室	西北农林科技大学	符　丹	心理健康教育与咨询	2019
24	“艺创客”创新创业教育工作室	西安美术学院	刘　荣	职业规划与就业创业指导	2019
25	“法苑之声”工作室	西北政法大学	刘　驰	学生日常事务管理	2019
26	溪涧清源辅导员工作室	西安建筑科技大学	宋　阳	思想理论教育和价值引领	2019
27	“信思行”工作室	西安理工大学	郭　轶	党团和班级建设	2019
28	新时代青年领航工作室	陕西师范大学	屈　桃	思想理论教育和价值引领	2019
29	“向阳花”大学生危机预控工作室	商洛学院	张俊华	校园危机事件应对	2019
30	“精彩青春”使命教育工作室	西安科技大学	郭胜忠	思想理论教育和价值引领	2019
31	“学长导航”辅导员工作室	延安大学	常佩艳	学生日常事务管理	2019

续表

序号	工作室名称	院校	主持人	工作室方向	批准年份
32	铸魂育人辅导员工作室	西安电子科技大学	钱德年	思想理论教育和价值引领	2019
33	“助学成长”工作室	陕西科技大学	董　雪	学风建设	2019
34	“鱼化龙”辅导员工作室	西安外事学院	刘亚杰	思想理论教育和价值引领	2019
35	“知行”工作室	西安工业大学	姚敏茹	学风建设	2019
36	“三叶草”辅导员工作室	西安思源学院	陈建甫	职业规划与就业创业指导	2019
37	“阳光团体”辅导员工作室	陕西工业职业技术学院	耿　丽	心理健康教育与咨询	2019
38	“杏林育英”公寓辅导员工作室	西安医学院	李美玥	思想理论教育和价值引领	2019
39	大学生生命教育工作室	长安大学	李雪飞	心理健康教育与咨询	2019
40	“杏林春暖”医学生职业道德培育工作室	陕西中医药大学	凯文娟	思想理论教育和价值引领	2019
41	红心工作室	西安外国语大学	郭佳鑫	思想理论教育和价值引领	2019
42	“航空心翼”辅导员工作室	西安航空学院	刘晋云	心理健康教育与咨询	2019
43	“卓越计划”工作室	西京学院	曾皈栋	学风建设	2019
44	“学业领航”辅导员精准帮扶工作室	陕西理工大学	武凌芸	学风建设	2019
45	“常青树”工作室	西安工程大学	赵勇进	辅导员队伍建设	2019
46	乐学工作室	陕西学前师范学院	白　艳	学风建设	2019
47	“聚力五环”辅导员工作室	西安体育学院	樊　敏	思想理论教育和价值引领	2019
48	“星空领航”党团工作室	西安航空职业技术学院	周　莹	党团和班级建设	2019
49	“旭苑青苗”学生党建工作室	西安邮电大学	张增峰	党团和班级建设	2019
50	树洞心理咨询工作室	西安欧亚学院	寇　延	心理健康教育与咨询	2019

续表

序号	工作室名称	院校	主持人	工作室方向	批准年份
51	“长风”创新创业教育工作室	榆林学院	王金鹏	职业规划与就业创业指导	2019
52	匠心工作室	西安职业技术学院	孙媛媛	职业规划与就业创业指导	2019

注：a 指主持人曾获全国“最美高校辅导员”称号。b 指主持人曾获全国“高校辅导员年度人物”称号。

甘肃省高校辅导员名师工作室建设情况

序号	院校	主持人	批准年份
1	甘肃农业大学	刘　博[b]	2020
2	兰州大学	夏　睿[b]	2020
3	西北师范大学	蒋　玲	2020
4	兰州理工大学	马　玥	2020
5	西北民族大学	任　嵘	2020
6	河西学院	张正琴	2020
7	兰州交通大学	林安秀	2020
8	临夏现代职业学院	李　静	2020
9	甘肃中医药大学	郜晋瑜	2020
10	天水师范学院	董晓玫	2020
11	甘肃民族师范学院	李海凤	2021
12	陇南师范高等专科学校	何玉鹏	2021
13	兰州工商学院	张晓霞	2021
14	甘肃林业职业技术学院	石福彬	2021
15	甘肃石化职业技术学院	赵立祥	2021
16	甘肃工业职业技术学院	邓薇薇	2021
17	甘肃建筑职业技术学院	刘丽华	2021
18	西北师范大学	江　琦	2023
19	陇东学院	付香香	2023
20	兰州大学	李传辉	2023
21	兰州财经大学	周　亮	2023
22	甘肃农业大学	赵　莉	2023
23	兰州理工大学	贾永胜	2023
24	西北民族大学	李　娜	2023

续表

序号	院校	主持人	批准年份
25	兰州交通大学	陈　浩	2023
26	兰州文理学院	唐艳丽	2023
27	河西学院	常明涛	2023
28	兰州现代职业学院	冯　蓉	2023
29	武威职业学院	高鹏堂	2023
30	甘肃畜牧工程职业技术学院	贾德旺	2023
31	兰州职业技术学院	黎兆跂	2023

注：b 指主持人曾获全国“高校辅导员年度人物”称号。

青海省高校辅导员名师工作室建设情况

序号	院校	主持人	批准年份
1	青海大学	潘起来	2018
2	青海大学	谈美琴	2018
3	青海师范大学	雷梅莉	2018
4	青海民族大学	艾　蓉	2018
5	青海大学	王黎明	2019
6	青海大学昆仑学院	丁春丽	2019

宁夏回族自治区名班主任（辅导员）工作室建设情况

序号	工作室名称	院校	主持人	批准年份
1	“匠心筑梦”名辅导员工作室	宁夏职业技术学院	王　丹	2023
2	“师生成长共同体”工作室	宁夏工商职业技术学院	高　旭	2023
3	中国传统文化教育辅导员工作室	宁夏工商职业技术学院	刘爱琴	2023
4	贝贝姐与你同行思政实践工作室	宁夏建设职业技术学院	符　洁	2023
5	“助学·筑梦·铸人”名辅导员工作室	宁夏职业技术学院	谭小芳	2023
6	“心赋能”辅导员工作室	宁夏财经职业技术学院	和　娟	2023
7	“正心育人”解晓丽辅导员工作室	宁夏财经职业技术学院	解晓丽	2023
8	“五育并举”学生成长工作室	宁夏工商职业技术学院	米　茹	2023
9	“北辰”辅导员工作室	宁夏财经职业技术学院	董　冰	2023
10	“E 路同行”辅导员工作室	宁夏财经职业技术学院	丁　祺	2023
11	“知行”辅导员工作室	宁夏建设职业技术学院	马　宁	2023
12	“梦想 旅途”工作室	宁夏工商职业技术学院	李冀超	2023

续表

序号	工作室名称	院校	主持人	批准年份
13	领航成长辅导员工作室	宁夏警官职业学院	王海波	2023
14	“工匠之星”辅导员工作室	宁夏民族职业技术学院	邵　华	2023
15	“青春领航” 辅导员工作室	宁夏民族职业技术学院	郭立军	2023
16	苏荷瑞舟辅导员工作室	宁夏警官职业学院	辛建平	2023
17	“梦想践行者”大学生就业创业辅导员工作室	宁夏民族职业技术学院	王安琦	2023

新疆自治区高校名辅导员工作室建设情况

序号	工作室名称	院校	主持人	批准年份
1	伏文艳工作室	新疆大学	伏文艳	2020
2	王建华工作室	新疆师范大学	王建华	2020
3	郝鹏工作室	新疆农业大学	郝　鹏	2020
4	沙娜瓦尔工作室	新疆医科大学	沙娜瓦尔・雪克来提	2020
5	刘娜工作室	新疆财经大学	刘　娜	2020
6	努力工作室	伊犁师范大学	努力・赛买提	2020
7	林强“创客引航”工作室	中国石油大学(北京)克拉玛依校区	林　强	2020
8	王俊丽工作室	新疆农业职业技术学院	王俊丽	2020
9	吐尔逊麦麦提・艾麦提江工作室	克拉玛依职业技术学院	吐尔逊麦麦提・艾麦提江[a、b]	2020
10	申细花工作室	阿克苏职业技术学院	申细花	2020

注：a 指主持人曾获全国“最美高校辅导员”称号。b 指主持人曾获全国“高校辅导员年度人物”称号。

新疆生产建设兵团高校辅导员工作室建设情况

序号	工作室名称	院校	主持人	批准年份
1	“小胡杨”辅导员工作室	塔里木大学	李丹丹[a、b]	2020
2	“小白杨”辅导员工作室	石河子大学	柏　杨	2020
3	胡杨引航辅导员工作室	塔里木大学	王小云	2020
4	壹小家辅导员工作室	石河子大学	刘红勤	2020
5	“初心”工作室	石河子大学	朱　红	2021
6	“润心小筑”辅导员工作室	石河子大学	马　勇	2021
7	“胡杨新思域”教育引领工作室	塔里木大学	时学梅	2021

续表

序号	工作室名称	院校	主持人	批准年份
8	“小兵”辅导员工作室	兵团兴新职业技术学院	万永成	2021
9	“匠人”辅导员工作室	石河子大学	王宝凤	2022
10	“博雅美育”辅导员工作室	石河子大学	蓝燕飞	2022
11	“胡杨梦工厂”辅导员工作室	塔里木大学	吴　垠	2022
12	“军号”辅导员工作室	石河子职业技术学院	杨徐飞	2022

注：a 指主持人曾获全国“最美高校辅导员”称号。b 指主持人曾获全国“高校辅导员年度人物”称号。

参考文献

[1] 郑杭生. 社会学概论新修精编本(第二版) M. 北京：中国人民大学出版社，2015：158.
[2] 冯刚. 辅导员队伍专业化建设理论与事务[M]. 北京：中国人民大学出版社，2009：36-37.
[3] 郝清杰. 中国特色社会主义进入新时代的多维辨析[J]. 思想教育研究，2018(01)：3-6.
[4] Turner J H. The Structure Of Sociological(Seventh edition)[M]. Beijing：Peking University Press，2004：384-392.
[5] 程媛媛，杨阳."提质培优"背景下高职院校辅导员综合能力提升探究——以"E+星火"辅导员工作室为例[J]. 商丘职业技术学院学报，2023，22(3)：68-72.
[6] 梅晓芳. 高校辅导员工作室：共同体视域下辅导员专业化发展的新向度[J]. 江苏高教，2020(7)：120-124.
[7] 肖华. 辅导员工作室模式下民办高校中青年骨干辅导员素质能力提升路径探究——以"云梦"职业能力提升辅导员工作室为例[J]. 经济师，2023(12)：164-166.
[8] 陈晓晶. 专业化发展视域下高校辅导员工作室培育与优化的四重维度[J]. 成都中医药大学学报(教育科学版)，2022，24(4)：86-89.
[9] 陈向明. 扎根理论的思路和方法[J]. 教育研究与实验，1999(4)：58-63.
[10] 陈向明. 质的研究方法与社会科学研究 [M]. 北京：教育科学出版社，2000：332-333.
[11] 张宝生，张庆普. 基于扎根理论的隐性知识流转网成员合作意愿影响因素研究 [J]. 管理学报，2015，12(8)：1224-1229.
[12] 费小冬. 扎根理论研究方法论：要素、研究程序和评判标准[J]. 公共行政评论，2008(3)：23-43.
[13] 程琼，王洛忠. 新时代高校辅导员核心素养的价值、构成与培育[J]. 学校党建与思想教育，2020(3)：86-89.
[14] 张艺露. 高校辅导员工作室建设路径研究[D]. 哈尔滨：东北林业大学，2022.
[15] 郭婧，雒春生. 专业化职业化背景下高校辅导员工作室建设路径探讨[J]. 经济师，2023(9)：203-205，208.
[16] 胡晓燕. 铸牢中华民族共同体意识视域下高校辅导员工作室建设探析——以内蒙古农业大学为例[J]. 内蒙古农业大学学报(社会科学版)，2023，25(3)：25-29.
[17] 杨俊萍."三全育人"视角下高校辅导员心理育人路径探索——以"萤火虫"辅导员工作室为例[J]. 山西青年，2023(11)：196-198.
[18] 马景瑶. 第五项修炼理论视域下的高校辅导员工作室建设探析[J]. 黑龙江教师发展学院学报，2022，41(10)：106-108.
[19] 华晓晓，孙琪. 新时代高校辅导员工作室专业化和精细化建设路径探究[J]. 科技资讯，2022，20(11)：212-215.
[20] 孟瑶，何雯. 高校辅导员网络思政工作室实现路径研究——以陕西职业技术学院"鼎利相助"网络思政辅导员工作室为例[J]. 成才，2022(7)：17-18.

[21] 王捷. 高校辅导员工作室制度设计与建设路径分析[J]. 教书育人(高教论坛), 2021(36): 63-65.
[22] 杨雪. 基于未来职业发展的高校辅导员工作室育人功能实现路径探究[J]. 吉林省教育学院学报, 2021, 37(12): 122-125.
[23] 郑睿, 刘思颖, 王泽颖. 高校辅导员工作室建设路径研究——以某工科类综合性大学为例[J]. 中国多媒体与网络教学学报(上旬刊), 2021(12): 144-146.
[24] 李剑伟. 提升高校辅导员工作室实效性的路径探析[J]. 内蒙古财经大学学报, 2021, 19(04): 15-18.
[25] 徐艳. 全国高校辅导员工作室建设经验研究[J]. 大众标准化, 2021(14): 31-33.
[26] 郭培. 高校辅导员工作室专业化职业化精细化建设探索——以陕西高校辅导员队伍建设为例[J]. 中国培训, 2021(6): 77-79.
[27] 王英, 李奇龙, 刘黎明等. 新时代高校辅导员工作室在网络思想政治教育中的实践与探索——以江西理工大学发哥辅导员工作室为例[J]. 绿色科技, 2021, 23(9): 216-218.
[28] 张瑞, 张晓京. 高校辅导员工作室育人功能的实现路径——以中国人民大学“张晓京辅导员工作室”为例[J]. 北京教育(德育), 2021(3): 83-87.
[29] 李锐. 高校辅导员工作室建设创新模式探究——以粤港澳大湾区和深圳先行示范区为例[J]. 知识文库, 2021(5): 177-178.
[30] 李罡, 冯秀玲. 非正式组织视域下高校辅导员工作室的建设路径研究[J]. 渤海大学学报(哲学社会科学版), 2021, 43(2): 104-107.

后 记

独行快，众行远。《新时代高校辅导员名师工作室建设理论与实务》一书在“一众人”的共同努力下，终于如期和您见面了。

本书由饶先发统筹设计并指导推进，理论部分由伍晓芸负责、实践部分由蒋晓敏负责、附录部分由张晓惜负责。其中，理论部分由伍晓芸撰写初稿，饶先发、李萍、蒋晓敏、张晓惜、蔡虔修改定稿；实践部分由蒋晓敏、李萍、敬晓娟、王乃婧、徐丹、欧阳超群汇集整理并修订完善；附录部分由张晓惜、袁鸿霄进行汇总统计。北京工商大学赵丽红、广东金融学院周鸣、湖北工程学院华丽、成都航空职业技术学院李悦和吴永翠等50余位同仁从行文结构、语言措辞、标点规范等方面为本书提出了600余条修改建议，他们既是第一批读者，也是共同创作者。可以说，本书凝聚着每一位参与者的心血，在此要向每一位参与者、批评者、建议者致谢！

2022年1月，本书编委会面向全国高校思想政治工作者征集“高校辅导员工作室建设经验”，前后征集到稿件130余篇，编委会精选了70余篇在“学习强国”学习平台“创新思政栏目”和“高校辅导员工作室”微信公众号上进行展示，并将这些稿件汇总整理，**这是本书的1.0版本。**仅仅是工作室建设经验的汇总，无法清晰地勾勒高校辅导员工作室的发展历程，也无法准确地预测高校辅导员工作室未来的发展方向，更无法全面地建构出高校辅导员工作室优化的策略方法。

因此，编委会决定将本书分为理论部分和实践部分：理论部分主要侧重回答高校辅导员工作室为何建、建什么和怎么建的问题；实践部分则侧重回答不同的建设方向、建设主体、立项级别的高校辅导员工作室的建设内容、成效经验和未来规划等问题，**这是本书的2.0版本。**修改后的版本具备了一定的理论价值和实践价值，但是距离成为“辅导员的参考书、案头书和工具书”的目标还有很大的差距。

于是编委会决定增加本书的附录：收集整理了2012年至2023年12年间28个省(区、市)立项的1182个省级高校辅导员工作室的信息，同时也在理论部分对数据进行统计分析和可视化处理，运用扎根理论进行质性研究，积极邀请全国“最美高校辅导员”、全国“高校辅导员年度人物”、省级及以上名师辅导员工作室主持人参与撰写本书的实践部分，**本书升级为3.0的版本，**即由理论部分、实践部分和附录三部分组成。

我们诚挚地希望《新时代高校辅导员名师工作室建设理论与实务》能够在高校辅导员工作室的建设中发挥一点作用，给建设工作室的老师们一点启发，给站在思政一线的辅导员同仁们一点帮助。

从 2022 年到 2024 年，脑海中的思路经过 1000 余天的辛勤耕耘，最终印成铅字，这于我们而言，是一段难忘又美好的共同回忆。

这 1000 余天，有艰难、有困惑、有挑战。每一位编者都是来自基层一线的学生工作者，不仅要在校在岗竭力完成自己的本职工作，更要在每一个深夜、每一个周末冥思苦想高校辅导员工作室建设的筹备之基、实践之道和优化之维。如何在书中讲清楚高校辅导员工作室的历史缘起、内涵价值、发展沿革和优化策略，是每一位编者心中的疑问。携此诸多问题，我们这些来自全国各个省(区、市)的学生工作者，按照规划，克服困难，定期集中召开线上会议，深入交流探讨，在热烈且深刻的辩论中形成共识，并逐句反复推敲、斟酌，在审校过程中精细打磨，以求尽善尽美。

这 1000 余天，有学习、有思考、有突破。感谢北京大学的陈向明教授、张冉副教授和兰州大学的贾旭东教授，虽然并未和 3 位老师谋面，但 3 位老师关于扎根理论的论文和课程、关于 NVivo 软件的操作指导，是编者们重要的学习资料。让从零开始的我们在 15 万字的文本中，通过 477 个编码参考点，抽象出 90 个初始概念，聚拢为 18 个范畴，归纳成 3 个主范畴，最终形成高校辅导员工作室建设模型。

这 1000 余天，有支持、有共创、有收获。无论是理论部分的锤炼打磨，还是实践部分的反复校对，抑或是附录部分的逐年收集，工作量无疑都是巨大的。编者们雷打不动地每周一次线上会议汇报实时进度，相互指正、鼓励、分担、协作。这三年来，编委会就是基于高校辅导员工作室这个载体之上的实践共同体、学习共同体、科研共同体、育人共同体和创新共同体，这又何尝不是基于高校辅导员工作室这一组织形态进行成果共创的生动实践呢？这本书用实践回答了高校辅导员工作室存在的意义与价值。期盼有越来越多的同仁因为本书相识、相知、互助、互爱、共勉、共进！

当然，因为编者们学识有限、阅历有限、水平有限，本书内容覆盖广，难免有不足甚至是错讹之处，还望全国高校辅导员同仁慷慨赐评，予以指正。

本书编委会

2024 年 7 月

本书得到以下研究课题支持

教育部高校思想政治工作专项经费资助
2020年教育部高校思想政治工作中青年骨干队伍建设项目(教思政司函〔2020〕2号)
2023年度国家社会科学基金一般项目(17BZX096)
2021年教育部人文社会科学研究专项任务项目(高校辅导员研究)(21JDSZ3181)
2022年教育部人文社会科学研究专项任务项目(高校辅导员研究)(22JDSZ3053)
2023年教育部人文社会科学研究专项任务项目(高校辅导员研究)(23JDSZ3103)
2023年度教育部人文社会科学研究专项任务项目(高校辅导员研究)(23JDSZ3100)
2023年教育部高校思想政治理论课教师研究专项一般项目(23JDSZK148)
2020年教育部中外语言交流合作中心国际中文教育重点项目
2024年高校思想政治工作质量提升综合改革与精品建设项目(教思政厅函〔2024〕3号)
2022年教育部第二批产学合作协同育人项目(220903436301954)
2024年教育部第三期供需对接就业育人项目(2023123121686)
2024年教育部第三期供需对接就业育人项目(2023122042483)
2023年教育部高校思想政治工作队伍培训研修中心(西南交通大学)(SWJTUKF23-13)
2022年教育部高校思想政治工作队伍培训研修中心(河北师范大学)(2022HYY005)
2020年教育部高校思想政治工作队伍培训研修中心(江西师范大学)(JXSDSYZX001)
2023年中国高等教育学会高等教育科学研究规划课题(23XG0401)
2023年中国高等教育学会高等教育科学研究规划课题(23XG0402)
2022年吉林省总工会“吉工·伙伴”公益创投项目(ZMW-2022-080)
2024年河南省高校人文社会科学研究一般项目(2024-ZDJH-532)
2021年内蒙古自治区高等学校科学研究项目(NJSZZX2193)
2022年江西省教育科学“十四五”规划课题(22YB094)
2022年江西省高等学校教学改革课题(JXJG-22-7-30)
2023年浙江省哲学社会科学规划“ 高校思想政治工作”专项课题(23GXSZ052YB)
2023年浙江省教育厅一般科研项目(Y202354088)
2023年安徽省质量工程项目(2023jyxm0111)
2023年福建省教育系统哲学社会科学研究项目(高校辅导员研究专项)(JSZF23009)
2023年湖北省哲学社会科学研究项目(高校学生工作品牌)(23Z417)
2023年湖南省高校思想政治工作精品项目(23JP076)
2023年湖南省高校辅导员综合发展工作室专项资金资助(湘教工委通〔2023〕17号)
2024年湖南省第十六届“高校辅导员年度人物”专项研究课题(24FDY12)

2024 年湖南省教育科学研究工作者协会“十四五”规划课题(XJKX24A027)
2024 年湖南省普通本科高校教学改革研究项目(202401001972)
2022 年湖北省教育厅哲学社会科学研究专项任务(22Z619)
2023 年广东省教育科学规划课题(德育专项)(2023JKDY066)
2023 年广东省高校思想政治教育课题(2023GXSZ052)
2023 年广东省高等职业院校公共基础课教学指导委员会教改项目(GGJCKJZW202321)
2023 年广西教育科学“十四五”规划高校创新创业教育专项课题(2023ZJY1791)
2023 年广西高等教育本科教学改革工程项目(2023JBG311)
2023 年广西高校中青年教师科研基础能力提升项目(2023KY1215)
2023 年广西高校大学生思想政治教育理论与实践研究课题(2023MSZ029)
2021 年重庆市教育科学规划课题(2021-GX-411)
2022 年重庆市教育委员会人文社科项目(22SKGH604)
2024 年重庆市高等职业技术教育研究会科研课题(一般课题)
2024 年重庆市人文社科重点研究基地项目(24SKJD105)
2021 年甘肃省教育科学“十四五”规划课题(GS〔2021〕GHB1767)
2022 年宁夏回族自治区全区职业教育提质培优行动计划项目认定(宁教函〔2023〕378 号)
2021 年度新疆党建研究会高校党建研究专业委员会党建课题(XJGXDJ2021B42)
2024 年洛阳市社会科学规划项目(一般课题)(2024B233)
2023 年泉州市社会科学规划项目青年项目(2023E10)
2023 年汕尾基础教育高质量发展中心课题(SWJC23-012)
2023 年江西理工大学学位与研究生教育教学改革研究项目(YJG2023025)
2023 年四川民族学院校级思想政治工作精品项目(川民院宣〔2023〕9 号)
2019 年四川轻化工大学教学改革研究课题(JG- 19-47)
2023 年重庆交通大学党建工作专项课题(DJYB202302)
2022 年重庆三峡医药高等专科学校人文及教育教学改革研究项目(2022XRYB01)
2022 年遵义医科大学教育教学改革课题(XJJG2022-30)
2024 年大理大学育人工作研究重点课题(YRKTZ202405)
2022 年新疆农业职业技术学院院级科研课题(XJNZYSK202219)
2024 年德州学院思想政治工作培育建设重点项目(2024DJSZ10)
2023 年广西高校思想政治教育研究课题
2023 年南昌医学院学生工作精品项目
2024 年包头市党的建设研究会研究项目(党研文〔2024〕3 号)
2024 年泉州医学高等专科学校校级专项课题“高校辅导员工作室建设路径研究”
2021 年广东工程职业技术学院校级科研课题(KYYB2021033)
2023 年广西生态工程职业技术学院大学生思想政治教育实践课题(2023SZ45)

本书得到以下辅导员工作室支持

全国首批高校辅导员名师工作室——红魂立德辅导员工作室
全国首批高校辅导员名师工作室——海棠工作室
全国首批高校辅导员名师工作室——红润初心工作室
全国首批高校辅导员名师工作室——“红心柚”辅导员工作室
全国首批高校辅导员名师工作室——“红色青春”辅导员工作室
全国首批高校辅导员名师工作室——“大树小树共成长”辅导员工作室
全国首批高校辅导员名师工作室——“亦师亦友”辅导员工作室
全国首批高校辅导员名师工作室——“同心圆梦”辅导员名师工作室
全国首批高校辅导员名师工作室——“廿几青春”辅导员工作室
全国首批高校辅导员名师工作室——“红色陇原”辅导员名师工作室
全国首批高校辅导员名师工作室——地学微风大学生网络文化工作室
全国高校职业生涯咨询特色工作室——七彩人生职业发展工作室
全国高校职业生涯咨询特色工作室——幸福生涯工作室
北京高校思政工作创新示范工作室——“耕读植绿”劳动育人辅导员工作室
江西省高校辅导员名师工作室——饶先发工作室
江西省高校辅导员名师工作室——胡邦宁工作室
江西省高校辅导员名师工作室——周海燕工作室
江西省高校辅导员名师工作室——官婷婷工作室
江西省高校辅导员名师工作室——付妍妍工作室
安徽省高校辅导员名师工作室——红色基因传承名师工作室
重庆市高校辅导员名师工作室——袁利工作室
重庆市高校辅导员工作室——“云.com”学业辅导工作室
重庆市高校辅导员工作室——易虹辅导员工作室
福建省高校辅导员名师工作室——“同心结”辅导员工作室
甘肃省高校辅导员名师工作室——“杏林驿站”辅导员名师工作室
甘肃省高校辅导员名师工作室——“醇心琢玉”刘丽华辅导员名师工作室
甘肃省高校辅导员名师工作室——“一路芳华”辅导员就业创业工作室
甘肃省职业教育名班主任工作室——于小妮班主任工作室
广西高校高水平辅导员工作室——医路领航工作室
广西高校高水平辅导员工作室——“匠心铸魂”辅导员工作室
广西高校高水平辅导员工作室——“礼润小西”辅导员工作室
广西高校高水平辅导员工作室——“美思艺想”工作室

广西高校高水平辅导员工作室——“五航工程”辅导员工作室
广西高校高水平辅导员工作室——“启心”党团辅导员工作室
广西高校高水平辅导员工作室——“求瑱践行”辅导员工作室
广东省高校骨干辅导员工作室——大学生思想理论教育工作室
广东高校网络文化工作室——易网情深网络文化创作工作室
广东高校网络文化示范工作室——融通网络文化工作室
贵州省高校名辅导员工作室——丽琼工作室
河北省高校辅导员领航工作室——“云梯”网络文化工作室
河北省高校辅导员领航工作室——“梧桐树”网络文化工作室
黑龙江省高校辅导员名师工作室——“新时代 新青年 新担当”辅导员工作室
湖南省高校辅导员名师工作室——张金学思政名师工作室
湖南省高校辅导员名师工作室——常来工作室
湖南省高校辅导员名师工作室——“小莉有约 与你有约”辅导员工作室
湖南省高校辅导员综合发展工作室——生涯北斗工作室
江苏高校网络思政名师工作室——“艳丽姐 de 小豆芽”工作室
江苏高校网络思政名师工作室——飞哥在线工作室
吉林省高校辅导员名师工作室——马赫辅导员名师工作室
辽宁省高校辅导员名师工作室——辅导员联播工作室
辽宁省高校辅导员名师工作室——大连海事大学“信仰不息”辅导员工作室
内蒙古自治区思政教育名师工作室——张亚琼名师工作室
内蒙古自治区高校思想政治工作名师工作室——范新宇名师工作室
宁夏回族自治区高校名辅导员工作室——梦想践行者辅导员工作室
宁夏回族自治区高校名辅导员工作室——“工匠之星”辅导员工作室
山东高校辅导员名师工作室——育新工作室
陕西省教科文卫体系统职工创新工作室——李昌锋工匠精神培育工作室
陕西高校辅导员工作室——“向阳花”大学生危机预控工作室
上海高校辅导员名师工作室——“辅导员说”同心圆网络育人工作室
四川省辅导员名师工作室——“博雅心语”万娟名辅导员工作室
四川省辅导员名师工作室——“启明星”虞剑英名辅导员工作室
新疆生产建设兵团高校辅导员工作室——“小胡杨”辅导员工作室
云南省高校辅导员名师工作室——朱丹工作室
云南省高校辅导员名师工作室——邵清友辅导员名师工作室
天津市普通高等学校辅导员工作室——辅导员谈心谈话能力提升实训实验室
鄂尔多斯市王磊名班主任工作室
安徽大学安芽乐业工作室
首都师范大学科德学院演艺学院导师制工作室
大理大学传·承辅导员工作室
东北电力大学“化语易班”网络文化辅导员工作室

德州学院四季常“心”辅导员名师工作室
福建理工大学“启智润心”辅导员工作室
泉州医学高等专科学校辅导员欧阳超群工作室——“欧阳老师大学笔记”辅导员工作室
广东医科大学“青E行”网络思政文化工作室
广东药科大学党团和班级建设辅导员工作室
广东工程职业技术学院名辅导员黄洋工作室
广东工贸职业技术学院“E创”梦想创新创业辅导员工作室
汕尾职业技术学院筑梦辅导员工作室
广西大学“锐见”辅导员工作室
赣南医科大学青春健康同伴教育辅导员工作室
哈尔滨铁道职业技术学院复兴领航辅导员工作室
海南职业技术学院“朋辈”工作室
河南工业职业技术学院“成长导航”辅导员工作室
河南工业职业技术学院“知行合一”辅导员工作室
秦皇岛职业技术学院“匠心筑梦”工匠精神培育工作室
武汉工程大学“微特师姐”生涯发展工作室
湖北工程学院“职”等你来辅导员工作室
长江职业学院张晓英(五育坊)工作室
湖南工程职业技术学院“E-Change心语空间”成长辅导工作室
湖南邮电职业技术学院“邮信初心”辅导员工作室
华北电力大学“天工开物”辅导员工作室
华北理工大学轻工学院嘻哈铺工作室
吉林建筑科技学院“初心”辅导员工作室
江西理工大学发哥辅导员工作室
江西理工大学理想筑梦工作室
江西理工大学致远启航工作室
江西理工大学红色赋能宣讲团
江西理工大学三实PLUS党建工作室
江西理工大学“树洞小屋”心理成长辅导员工作室
江西机电职业技术学院“崇德”辅导员工作室
江西冶金职业技术学院“椰青年”辅导员工作室
江西青年职业学院“青桃园”辅导员工作室
南昌医学院初心领航辅导员工作室
南华大学“与你同行”辅导员工作室
洛阳职业技术学院知行合医辅导员工作室
内蒙古医科大学“创享青春”辅导员工作室
三峡大学“笃行致远”辅导员赋能成长工作室
三峡大学聚力工作室

上海大学研究生辅导员导学思政工作室
上海健康医学院启路生涯导航工作室
石家庄铁路职业技术学院文华辅导员工作室
四川大学启秀辅导员工作室
四川轻化工大学“三联三促”党建育人工作室
四川旅游学院“驿旅阳光”辅导员工作室
四川民族学院“籽籽同心”辅导员工作室
四川传媒学院“智慧导语”辅导员工作室
成都航空职业技术学院“学思践悟”辅导员领航力工作室
成都航空职业技术学院“知行”学风涵养工作室
成都航空职业技术学院“至臻于行”品格涵养工作室
成都航空职业技术学院“星火·启航”党团共建辅导员工作室
成都航空职业技术学院“天天向上”卓越班级建设辅导员工作室
成都航空职业技术学院“翼智渔乐”资助育人工作室
四川财经职业学院“博雅领航”辅导员工作室
雅安职业技术学院“晓言惜语”名辅导员工作室
天津理工大学老马辅导员工作室
天津工业大学“灯塔领航”辅导员工作室
天津科技大学 UNIQUE 网络思政辅导员工作室
温州医科大学艾为明教师工作室
梧州职业学院名辅导员工作室——“职争朝夕”辅导员工作室
梧州职业学院名辅导员工作室——成就劳模辅导员工作室
西南大学“叶海燕”心理工作室
西南交通大学交大 Kelly 说网络思政工作室
西南石油大学“E 路同行”辅导员工作室
新疆理工学院贾昌路辅导员工作室
新疆农业职业技术学院“心语心愿”名班主任工作室
浙江树人学院“聚青春”辅导员工作室
浙江工商大学东语学院“彩虹桥”辅导员工作室
中国地质大学(北京)“攀高峰”辅导员工作室
遵义医科大学薪星辅导员工作室
桂林医学院医路同行大学生网络文化工作室
常州艺术高等职业学校“百果”辅导员工作室
重庆三峡医药高等专科学校“医路初心”辅导员工作室
重庆财经职业学院“护航青春”辅导员工作室
重庆化工职业学院“预见未来”辅导员工作室
重庆交通职业学院“无涯”辅导员工作室

图书在版编目(CIP)数据

新时代高校辅导员名师工作室建设理论与实务 / 饶先发，伍晓芸，蒋晓敏主编. --长沙：中南大学出版社，2024.7.（2025.11 重印）--ISBN 978-7-5487-5894-5

Ⅰ. G645.1-62

中国国家版本馆 CIP 数据核字第 2024J8G489 号

新时代高校辅导员名师工作室建设理论与实务

XINSHIDAI GAOXIAO FUDAOYUAN MINGSHI GONGZUOSHI JIANSHE LILUN YU SHIWU

饶先发　伍晓芸　蒋晓敏　主编

□出 版 人　林绵优
□责任编辑　谢金伶
□责任印制　李月腾
□出版发行　中南大学出版社
社址：长沙市麓山南路　　邮编：410083
发行科电话：0731-88876770　　传真：0731-88710482
□印　　装　广东虎彩云印刷有限公司

□开　　本　787 mm×1092 mm　1/16　□印张 34　□字数 779 千字
□版　　次　2024 年 7 月第 1 版　□印次 2025 年 11 月第 2 次印刷
□书　　号　ISBN 978-7-5487-5894-5
□定　　价　98.00 元